한국 금융의 미래

한국 금융의 미래

한국금융학회 엮음

율곡출판사

이 책에 참여한 사람들(가나다순)

한국금융학회 회장

이기영 전임 회장(32대 한국금융학회 회장, 경기대 경제학부 교수)

함준호 회장(33대 한국금융학회 회장, 연세대 국제학대학원 교수)

추진위원회

전성인 위원장(홍익대 경제학부 교수)

권구훈 위원(골드만삭스(아시아), MD)

김진호 위원(이화여대 경영학과 교수)

서정호 위원(한국금융연구원 선임연구위원)

엄영호 위원(연세대 경영학과 교수)

정중호 위원(한양대 경제학부 특임교수)

원승연 부위원장(명지대 경영학과 교수)

권재중 위원(BNK금융지주 부사장)

박중호 위원(McKinsey Korea 파트너)

신보성 위원(자본시장연구원 선임연구위원)

이종구 위원(김·장 법률사무소 변호사)

[집필자]

강기윤

연세대학교에서 경영학부를 졸업하고 한국은행에서 6년간 근무하였다. 이후 Washington University in St. Louis에서 경제학 박사학위 취득 후 연세대 경영대학에서 근무하며 거시·화폐 경제학을 강의 및 연구하고 있다. 특히 블록체인과 디지털 화폐에 대해 많은 관심을 가지고 연구 중이다.

김경록

서강대학교 경제학과를 졸업하고 서울대학교 대학원에서 경제학 석사·박사 학위를 받았다. 장기신용은행을 거쳐 미래에셋자산운용 대표이사, 미래에셋캐피탈 대표이사, 미래에셋은퇴연구소장을 지냈다. 지금은 미래에셋자산운용 고문, 서강대학교 경영전문대학원 겸임교수로 있으면서 생애자산관리와 고령화에 관한 연구를 하고 있다.

김세완

연세대학교 물리학과를 졸업하고 장은경제연구소에서 근무하였다. 미국 Texas A&M 대학에서 경제학 박사를 졸업하고, 미국 캘리포니아 주립대에서 경제학과 조교수로 근무하였다. 2004년부터 이화여자대학교 경제학과에서 금융경제학을 강의하고 있다.

김정연

서울대학교 법학전문대학원에서 법학전문 석사·박사 학위를 취득하였다. 외교부와 김·장 법률사무소에서 근무하였고, 현재는 이화여자대학교 법학전문대학원에 재직 중이다. 주로 회사법, 비영리조직, 자본시장, 금융소비자 보호에 관한 연구를 진행하고 있다.

김진호

서울대학교를 졸업하고 미국 뉴욕 컬럼비아대학교에서 박사학위를 취득하였다. 한국금융연구원을 거쳐 현재 이화여대 경영대학 교수로 재직 중이며, 금융 리스크 관리를 중심으로 다양한 금융 이슈들을 연구해 왔다.

문종우

고려대학교 경영대학 학사, 미국 Johns Hopkins SAIS에서 석사 졸업하고 연세대학교 국제학대학원에서 박사학위를 취득하였다. 현재 한국환경연구원 탄소중립연구실에서 부연구위원으로 재직 중이며, 탄소중립 정책 분석 및 모델링 연구를 수행하고 있다.

박복영

서울대학교 경제학과를 졸업하고 동 대학원에서 경제학 박사학위를 받았다. 국제금융과 국제개발 분야 연구에 집중하고 있으며, 대외경제정책연구원(KIEP)에서 10여 년간 근무한 후 현재는 경희대학교 국제대학원에 재직 중이다. 미국 UC 버클리 대학과 존스홉킨스대학 방문학자, 그리고 청와대 대통령 경제보좌관을 역임하였다.

박재빈

서울대학교 경제학부를 졸업하고 한국은행에서 근무한 뒤 미국 Washington University in St. Louis에서 경제학 박사학위를 취득하였다. 미국 미시시피 주립대 조교수를 거쳐 현재 숭실대학교 경제학과에서 부교수로 재직하고 있다.

박창균

서울대학교 경제학과를 졸업하고 영국 런던정경대(LSE)와 미국 코넬대학교에서 각각 석사와 박사 학위를 취득하였다. 한국개발연구원, 중앙대학교를 거쳐 현재는 자본시장연구원에 재직 중이다. 금융규제, 정책금융, 정책평가 등의 영역에서 관련 업무를 수행하여 왔다.

빈기범

연세대학교 수학과를 졸업하고, 서울대학교 경제학부에서 석사·박사 학위를 취득하였다. 자본시장연구원에서 근무하였고, 2009년부터 명지대학교 경제학과에 재직 중이다. 한국증권학회, 한국재무학회, 한국파생상품학회, 한국금융소비자학회의 부회장을 역임하였고, 수원녹색소비자연대 공동대표이다.

서근우

서울대학교 대학원에서 경제학 박사를 받았다. 한국신용평가, 한국금융연구원, 금융감독위원회, 하나금융그룹, 신용보증기금 등 금융 관련 기관에서 근무하였다. 경기대, 한신대, 동국대에서 금융 관련 과목을 강의하였다. 『인공지능과 금융(공저)』 등 금융 관련 저서와 보고서, 연구논문이 있다.

신관호

서울대학교 경제학과에서 학사·석사 학위를 취득하고 UCLA에서 박사학위를 취득한 후 미 캔자스대학에서 조교수를 거쳐 현재 고려대학교 경제학과에 교수로 재직 중이다. 연구분야는 경기변동 및 성장, 금융 및 통화, 국제금융, 노동 등 다양하다.

심명화

서울대학교 산업공학과를 졸업하고 한국과학기술원(KAIST) 경영대학에서 박사학위를 취득하였다. HP Korea, 한국산업은행에 재직한 바 있으며, 현재는 명지대 경영학과 교수이다. 금융시장의 자산가격 결정과 관련한 다양한 분야를 연구하고 있다.

이상호

고려대학교를 졸업하고 동 대학원에서 석사·박사 학위를 취득하였다. 자본시장연구원에서 연구위원으로 재직 중이며, 자본시장회계, ESG 분야 등을 중심으로 시장 규율 체계 및 기업 가치와 밀접한 관련이 있는 연구를 수행하고 있다.

이윤수

서울대학교 경제학과를 졸업하고 로체스터대학교에서 경제학 석사·박사 학위를 취득하였다. 미국 클리블랜드 연방준비은행에서 근무하는 동안 서브프라임 위기를 겪으면서 주택담보대출에 대한 연구를 하게 되었다. IMF, World Bank, ADB의 컨설턴트와 한국은행과 금융감독원의 자문위원으로 활동한 바 있으며, 서강대학교 경제학과 교수로 재직 중이다.

이지윤

연세대학교 경영대학(학사) 및 대학원(석사)을 졸업했으며, University of Illinois, Urbana Champaign에서 재무 박사를 취득했다. 박사학위 취득 후 George Washington University에서 조교수로 근무했다. 현재는 연세대학교 경영대학 재무 전공 부교수로 재직 중이다. 주요 연구분야는 실증기업재무, ESG 등이다.

이창민

서울대학교에서 경제학 학사, 미국 Indiana University, Bloomington에서 경제학 석사·박사 학위를 취득하였다. 현재 한양대학교 경영대학 교수로 재직 중이며, 경제개혁연구소 부소장을 맡고 있다. 주요 연구분야는 재무, 금융, 기업 지배구조 등이다.

전성인

1959년 서울 출생, 서울대학교 경제학과와 동 대학원을 거쳐 미국 MIT대 경제학과에서 박사학위를 받았다. Univ. of Texas at Austin 대학 경제학과와 KDI를 거쳐 홍익대학교 경제학부에 재직 중이다. 금융규제를 주로 연구하며, 제26대 한국금융학회 회장을 역임하였다.

정지만

서울대학교 경제학과를 졸업하고 미국 Yale University에서 경제학 박사학위를 취득하였다. 그 후 한국금융연구원에서 부연구위원을 역임하였으며, 1995년 이후 현재까지 상명대학교 교수로 재직 중이다. 한국금융학회에서 편집위원, 이사, 부회장, 감사를 거쳐 제28대 회장을 역임하였다.

정태용

서울대학교 무역학과를 졸업하고 미국 뉴저지주립대학에서 경제학 석사·박사 학위를 취득하였다. 세계은행과 아시아개발은행 등에서 근무하였으며, IPCC 6차 종합보고서의 기후 투자 및 금융 챕터의 총괄 주저자를 역임하였다. 현재 연세대 국제학대학원 교수로 재직 중이다.

한재준

서울대학교에서 경제학 학사·석사 학위를 취득하고, 미 텍사스주립대학교에서 박사학위를 취득하였다. 한국은행과 금융연구원을 거쳐 2008년부터 인하대 글로벌금융학과에 재직 중이며, 재무와 금융시장, 그리고 금융정책 관련 연구를 수행해 오고 있다.

허인

미국 University of Rochester, NY에서 경제학 박사학위를 취득하였다. 삼성금융연구소, 하나은행, 대외경제정책연구소 등에서 연구원으로 일하였으며, 전남대학교를 거쳐 가톨릭대학교 경제학과 교수로 재직 중이다. 대외경제정책연구원에서 국제금융팀장을 역임하였으며, 거시 및 국제금융 분야에서 연구활동을 지속하고 있다.

[대담자]

사회 : 이기영

서울대학교 경제학과에서 학사·석사 학위를 취득하고, 미국 University of Pennsylvania에서 경제학 박사학위를 취득하였다. 한국조세재정연구원에서 연구위원을 역임하였으며, 현재 경기대학교 경제학부 교수로 재직 중이다. 한국금융학회에서 편집위원, 이사, 부회장, 감사를 거쳐 제32대 회장을 역임하였다.

대담 : 김우찬

서울대학교 국제경제학과를 졸업하고 하버드대학교에서 정책학 석사·박사 학위를 취득하였다. 재정경제부, KDI국제정책대학원를 거쳐 현재는 고려대학교 경영대학에서 교수로 재직 중이다. 연구분야는 기업 거버넌스이며, 경제개혁연대와 경제개혁연구소장을 역임하였다.

신보성

연세대학교 경영학과를 졸업하고 동 대학원에서 경영학 박사학위를 취득했다. 장기신용은행, 신한은행을 거쳐 2003년부터 자본시장연구원 선임연구위원으로 재직 중이다. 금융위원회 금융발전심의회(금발심) 위원, 금융감독원 원장 자문관, 금융감독자문위원회 자본시장분과 위원장, 자본시장연구원 부원장을 역임했다.

이종구

서울대학교 경제학과를 졸업하고 미국 Stanford 대학교에서 경제학 박사, Stanford Law School에서 법학박사(J.D.)를 취득했다. 그 후 뉴욕의 Sullivan & Cromwell 등 law firm에서 변호사로 근무 후 귀국하였다. 글로벌 위기 당시 금융위원회 상임위원으로 Financial Stability Board (Steering Committee) 한국 대표로 참여하였다. 현재 김·장 법률사무소의 선임미국변호사로 금융규제, FinTech, 블록체인 업무를 주로 담당하고 있다. 금융위원회 금융규제혁신회의 위원 및 한국은행 자문위원 등 활동을 하고 있다.

정중호

고려대학교 경제학과에서 학사·석사 학위를 취득하고 프랑스 파리 13대학에서 초빙연구원을 지낸 후 고려대학교에서 박사학위를 취득하였다. 정보통신산업진흥원(NIPA)을 거쳐 하나금융경영연구소에서 근무하였으며, 현재 한양대학교 경제학부 특임교수로 재직 중이다. 주로 금융기관, 금융 제도 및 정책에 관심을 가지고 있다.

한국금융학회가 창립 35주년을 기념하여 한국 금융의 미래를 주제로 향후 10년의 도전과제와 금융부문의 방향을 모색하는 프로젝트의 결과물인 『한국 금융의 미래』 책자가 발간되었습니다. 본 프로젝트는 제가 한국금융학회 회장으로 취임한 2022년 학회 사업을 구상하면서 시작되었고, 이번에 그 결과물을 세상에 내놓게 되어 개인적으로 매우 기쁘게 생각하고 있습니다.

사실 한국 금융을 둘러싼 내외의 여건이 급변하고 있어 그 내용을 정확하게 파악하고 대응방안을 강구하기가 여간 어려운 것이 아닌 것 같습니다. 플랫폼과 가상자산으로 대표되는 디지털 혁신, 기후 환경 변화, 지정학적 긴장과 갈등의 확산으로 인한 글로벌화의 후퇴와 인플레이션 등 세계 경제에 공통으로 적용되는 새로운 도전과제뿐만 아니라 저성장, 고령화 및 양극화 등 국내의 구조적인 문제도 본격화되고 있습니다. 이러한 여건의 변화는 한국 금융의 변화를 요구하고 있지만, 1997년 외환위기 이후 재편되어 정착된 한국 금융은 그 대응능력과 탄력성이 저하되어 미래 금융 기능이 약화되지 않을까 하는 우려가 제기되고 있는 것이 사실입니다. 이러한 문제의식 하에 현재 한국 금융이 처한 현실과 환경 변화를 파악하고, 향후 10년을 시계로 하여 한국 금융의 미래를 진단하고 과제를 제시하고자 하는 것이 본 프로젝트의 취지라고 하겠습니다.

이러한 취지의 대규모 프로젝트를 개별 학회가 주도하여 독자적으로 수행하게 한 것은 아마도 최초의 시도인 것으로 알고 있습니다. 학회라는 느슨한 조직에서 결코 풍부하다고 할 수 없는 자원을 가지고 다양한 주제에 대해 종합적으로 좋은 결과물을 내는 것은 쉽지 않을 것으로 예상되었지만 도전하기로 하였습니다. 과거 금융위기 등 한국 경제의 중요한 변곡점에서 우리의 선배님들이 학자로서의 역할과 소임을 다했듯이 한국금융학회가 변화하는 세상에서 의미 있는 연구를 해서 한국 금융, 나아가 한국 사회에 다소라도 기여를 해보고자 하는 마음으로 시작했습니다. 이번 프로젝트는 위의 다양하고 복잡한 문제들에 대해 완결된 해법을 제시한다기보다는 현 시점에서 우리가 고민해야 할 다양한 이슈나 그 이슈를 둘러싼 쟁점과 견해들을 드러내고 좀 더 진일보한 논의로 이어질 수 있는 가교 역할을 할 수 있다면 좋겠다는 바람으로 시작되었습니다.

내실 있는 연구 결과물이 나오기 위해서는 상당한 연구기간이 필요함을 감안하여 당시 차기 학회장인 함준호 교수님과 협의하여 2년간 사업으로 진행하기로 하였습니다. 그리고 연구의 세대 간 연계가 이루어질 수 있도록 집필진은 중진학자와 신진학자를 배합하여 구성하기로 기획하였습니다.

금융의 문제만큼 관련 이해관계자의 이해가 첨예하게 대립되어 객관적인 방안을 마련하기가 어려운 분야도 드물 겁니다. 따라서 연구의 중립성을 유지하여 집단적 이해관계나 특정 경제철학에 구속되지 않고 연구서가 작성되도록 하는 것이 무엇보다 중요하다고 판단하였습니다. 이에 연구의 중립성 유지를 담보하기 위해 프로젝트의 매 단계마다 세심한 주의를 기울였습니다. 우선 소요 경비를 전적으로 학회의 예산으로 충당하였습니다. 금융회사, 금융 관련 협회 등으로부터 일체의 경제적 지원을 받지 않았습니다. 그리고 학계, 금융계 및 관련 기관 출신으로 전문성과 신망을 겸비한 열두 분으로 추진위원회Steering Committee를 구성하였으며, 추진위원들로 하여금 독립적으로 세부 주제 및 집필자를 선정하도록 하였습니다. 추진위원회는 이렇게 선정된 필자들의 집필의 자율성을 전적으로 보장하고, 연구서 전체의 일관성을 위해 집필 구성을 체계화하는 것을 원칙으로 하였습니다.

이러한 원칙 하에 적절한 주제와 훌륭한 집필자를 선정하기 위해 무수히 많은 공식·비공식 회의를 가졌습니다. 개인별로 금융에 대한 시각이 매우 다양하여 현재 모습의 세부 주제와 집필자를 선정하기까지 갑론을박도 많았지만 최종안에 대해 모든 위원님들께서 흔쾌히 동의하기에 이르는 멋진 모습도 보여주셨습니다.

9개의 소주제를 선정하고 20명의 집필진을 최종적으로 확정하였으며, 학회와 연구자들 간 용역계약을 개별적으로 체결한 후 본격적으로 연구에 착수하였습니다. 우선 필자들과 추진위원들이 함께 참여하여 전체적인 집필 방향과 세부 내용을 조율하는 토론회를 가진 후 Proposal 발표회를 가졌습니다. 이후에는 학술지 논문 심사에 준하는 심사과정을 거쳐 수정 및 재수정 작업을 하여 최종 원고를 완성하기에 이르렀습니다.

그리고 마지막 부록에는 연구를 종합하는 차원에서 네 분의 전문가가 대담한 내용을 수록하기로 하였습니다. 이를 위해 우선 수차례의 토론회를 거쳐 Quesionnare를 마련하고, 이를 기초로 하여 4시간에 걸친 토론의 내용을 정리하였습니다. 진솔하면서도 생산적인 열띤 토론이 진행되었으며, 다양한 생각거리가 제공된 의미 있는 대담이었다고 생각됩니다.

이러한 과정들을 거쳐 『한국 금융의 미래』가 책자의 형태로 발간되었습니다. 모쪼록 이번 연구서의 발간이 한국금융학회 회원뿐만 아니라 정책 당국자, 금융업계 종사자, 일반인 모두 우리 금융이 직면하고 있는 과제와 중장기 대응방안 등에 대해서 고민하고, 보다 나은 한국 금융을 만들어 가는 데 도움이 되는 토론의 계기가 되기를 바랍니다. 그리고 세월이 지나 이번 연구를 따갑게 비판하는 후속 작업이 이루어지길 희망합니다.

많은 분들이 2년에 가까운 과정에서 도움을 주셨습니다. 이 지면을 빌려 이 분들에게 깊은 감사의 말씀을 드립니다. 우선 이 프로젝트의 방향을 초기에 잘 설정해 주신 추진위원회 위원님들께 심심한 경의와 감사를 표합니다. 특히 추진위원회 위원장으로서 다양한 의견을 중립적으로 조율하면서 위원회를 훌륭하게 이끌어주신 전성인 교수님, 부위원장으로서 프로젝트의 전 과정에서 그야말로 헌신적인 노고를 다해 주신 원승연 교수님께는 각별한 사의를 표합니다. 또한 열과 성을 다하여 원고를 완성해 주신 모든 집필자와 심사과정에서 귀중한 조언을 주신 심사자들께 진심으로 감사의 말씀을 드립니다. 아울러 대담에 참여해 주신 네 분의 전문가에게도 감사의 마음을 전합니다.

감사합니다.

경기대학교 경제학부 교수, 전 한국금융학회장 이기영

지난 60여 년간 우리 금융부문은 실물경제의 눈부신 발전을 성공적으로 뒷받침하며 괄목한 만한 성장을 이룩했다. 압축된 성장과정에서 누적된 취약성과 불균형 등으로 1997년 외환위기를 겪었지만 과감한 구조조정을 통해 빠르게 위기를 극복하였고, 그 결과 2007년 글로벌 금융위기의 파고도 무난히 넘길 수 있었다. 금융산업과 자본시장의 규모가 크게 확대되었으며, 수차례의 금융개혁을 통해 선진 금융시스템으로 거듭나기 위한 제도 개선과 역량 강화도 이루어졌다.

그러나 최근의 대내외 경제환경은 우리 금융부문이 실물경제를 견인하며 안정적인 발전을 지속해 가는 데 결코 우호적이지 않다. AI와 디지털 혁명의 가속화는 전통적인 금융서비스 모형을 해체시켜 금융의 탈중앙화, 탈기관화를 가속화시킬 것으로 예상되며, 경제 블록화와 지정학적 위험의 고착화, 초고령사회와 장기 저성장 국면 진입, 기후 변화와 저탄소 경제 전환 등 기저적인 변화 추세에 대응하여 우리 금융부문이 충분한 복원력과 자생력을 갖추고 있는지 우려를 지우기 어렵다.

금융의 핵심적 역할이 희소한 금융저축을 생산적인 투자처로 효율적으로 배분하고 지속적으로 감시하는 데 있음을 주지한다면, 이러한 본연의 기능이 시장 메커니즘을 통해 보다 효율적으로 발휘될 수 있도록 내생적인 역동성이 발휘되는 시스템을 정립하는 것이야말로 금융혁신의 요체라 할 수 있다. 금융혁신은 비단 IT, 인공지능 등 새로운 기술을 금융에 접목시키는 것뿐만 아니라, 경쟁을 활성화하여 거래비용을 낮추고 자생적 유인에 의해 정보를 창출하여 시장의 완전성을 추구해 가는 역동적인 금융산업과, 시장의 실패를 보완하고 공정한 경쟁과 금융 안정을 뒷받침하는 투명한 규제시스템을 만드는 것을 포함한다.

이러한 관점에서 한국 금융의 현실을 냉정히 바라보면 화려한 양적 성장의 이면에 다양한 고질적 불균형과 위험의 그림자가 공존하고 있음을 부인하기 어렵다. 산업구조의 고도화에도 불구하고 만기 변환과 위험 인수에 한계가 있는 은행부문과 단기성 자본시장에 금융저축이 편중되면서 고성장 혁신기업에 대한 중개 기능은 여전히 미흡하다. 그 결과 금융이 실물경제와 괴리되어 성장을 견인하지 못하고 신용이 부동산 등 저생산성 부문에 상대적으로 집중되고 있다.

과다한 정책금융과 보증 등으로 시장 규율이 원활히 작동하지 못하는 가운데, 은행과 자본시장의 감시 기능이 취약하여 부실 기업의 선별, 퇴출 등 구조조정이 상시적으로 이루어지지 못하고 만성적 한계기업이 연명하며 생산성 저하를 야기하고 있다. 일부 금융회사들은 시장성 수신과 레버리지 확대를 통해 부동산 PF 등 고위험 투자에 군집행동 양상을 보이며 시장 불안정성을 높이고 있으며, 가계, 기업, 정부 부채의 합인 매크로 레버리지가 가파르게 증가하여 글로벌 금융순환 충격에 대한 취약성이 크게 확대되었다.

나아가 빅테크의 금융 진출에 대응한 전통 금융산업의 디지털 기술 수용 능력은 아직 미흡하고, 디지털 전환에 대응한 규제와 감독 시스템은 제대로 정비되어 있지 않다. 사회적으로도 양극화가 심화되면서 금융의 공공성과 사회적 책임이 점차 강조되고 있다. 그러나 이러한 공공성과 상업적 원리의 경계에 대한 원칙이 정립되지 못하면서 금융회사의 경영과 가격 기능에 대한 개입이 종종 이루어지고, 구제금융과 손실 보전 기대 등으로 시장원리의 훼손에 따른 중개 기능 저하 또한 우려되는 상황이다.

이러한 인식을 바탕으로 한국금융학회에서는 중장기적인 시각에서 우리 금융환경에 심대한 영향을 미치게 될 기저적 변화 추세를 짚어보고, 이에 대응하여 보다 효율적이고 건전하며 역동적인 미래의 금융시스템을 재정립하기 위한 방향 제시를 목적으로 연구사업을 추진하게 되었다. 전임 회장단 임기 중 시작된 본 연구는 2년에 걸쳐 진행되어 왔으며, 이번 학회 창립 35주년 기념일에 맞추어 그 결실을 맺게 되었다. 연구의 중립성을 최대한 보장하기 위해 학회 운영진과는 별도로 독립적인 발간 추진위원회를 설립하였으며, 이를 통해 아홉 개의 중기 과제와 담당 연구진을 선정하고 과제별로 논평과 수정 과정을 거쳤다. 한국 금융에 대한 젊은 학자들의 관심과 이해를 높이기 위해 연구진 구성을 신진학자와 중견학자의 조합으로 안배하였으며, 가급적 현시점에 매몰되지 않고 미래지향적 시각에서 정책 함의를 제시토록 하였다. 아울러 학계나 전문가 집단뿐만 아니라 일반 독자들의 이해와 가독성을 높이기 위해 논문이 아닌 일반 전문서 형식을 택하여 학술적 용어는 가급적 배제하여 서술하였다.

물론 그간 이러한 취지의 연구가 없었던 것은 아니다. 그렇지만 이 책은 전문 연구기관이 주도하거나 특정 정책 또는 유관기관이 발주한 용역 형태가 아닌 학회 자체의 예산으로 수행한 자발적인 연구물이라는 점에서 의의가 있다. 추진위원회 또한 부문별 집필자의 독립성을 최대한 존중하였기에 챕터별로 연구의 관점과 접근방식, 정책 제언 등의 통일성 면에서 다소 미흡한 점이 있을 수 있다. 하지만 한국금융학회와 같은 대규모 학회의 역할은 통일되고 합의된 특정 결론을 제시하기보다는 여러 상이한 관점과 접근방식을 가진 다양한 학자들의 견해가 활발히 교류되는 공론의 장을 제공하는 데 있다는 점, 아울러 본 연구의 기여 또한 이러한 면에서 찾을 수 있다는 점에 대해 독자들의 너그러운 이해를 기대해 본다.

본 연구가 한국 금융의 발전적 미래를 선도하는 작은 마중물이 될 수 있기를 진심으로 바라며, 이 책이 나오기까지 노고를 아끼지 않은 여러 집필자와 추진위원회, 논평자와 출판사 관계자께 깊은 감사의 뜻을 전한다. 끝으로 이 책에 담긴 내용은 어디까지나 저자들의 개인적인 견해이며 한국금융학회의 공식 견해가 아님을 밝혀 둔다.

2024. 5. 1.

한국금융학회 회장 함준호

| 차례 |

CHAPTER 03

노령화와 금융시장의 변화, 그리고 정책과제

— **김세완**(이화여대 경제학과 교수) · **김경록**(서강대 경영전문대학원 겸임교수, 미래에셋자산운용 고문)

CHAPTER 04

가계부채의 지속 가능성 및 부동산 금융의 안정화

—**이윤수**(서강대 경제대학 교수)

CHAPTER 05

한국 경제의 금융중개 기능 고도화

—**빈기범**(명지대 경제학과 교수) · **서근우**(전 동국대 경영학과 석좌교수) · **정지만**(상명대 경제금융학부 교수)

CHAPTER 06
저탄소 경제 전환과 금융산업의 대응

—**정태용**(연세대 국제학대학원 교수) · **이지윤**(연세대 경영대학 부교수) · **문종우**(한국환경연구원 부연구위원)

CHAPTER 07

국제경제질서 변화와 금융 국제화

—박복영(경희대 국제대학원 교수) · 허인(가톨릭대 경제학과 교수)

CHAPTER 08

금융회사(은행)의 지배구조와 사회적 책임

—이창민(한양대 경영대학 교수)

CHAPTER 09

자본시장 인프라 : 평가와 과제

—**박창균**(자본시장연구원 부원장) · **김정연**(이화여대 법학전문대학원 부교수) · **이상호**(자본시장연구원 연구위원)
한재준(인하대 글로벌금융학과 교수)

부록 대담 : 한국 금융의 미래

—**사회** : **이기영**(경기대 경제학부 교수, 전 한국금융학회장)
토론 : **김우찬**(고려대 경영학과 교수) · **신보성**(자본시장연구원 선임연구위원) · **이종구**(김·장 법률사무소 변호사)
정중호(한양대 경제학부 특임교수)

프롤로그 『한국 금융의 미래』 개관

전성인(홍익대 경제학부 교수, 『한국 금융의 미래』 발간 추진위원회 위원장)

1. 『한국 금융의 미래』 발간의 배경

1.1 책 발간 작업의 태동

일반적으로 경제 또는 경영 관련 학회가 학회 차원에서 현실 문제의 진단 또는 대책과 관련하여 해당 분야 학자들에게 연구과제를 발주하고, 이를 학회 차원의 공식 책 형태로 공표하는 것은 이례적인 일이다. 현실 문제라는 것이 복잡다기하여 문제를 보는 관점이 다양할 수도 있고, 또 해당 분야 학자들이 어떤 형태로든 이해관계자들과 연관되어 있어 중립성을 담보하는 것이 쉽지 않을 수 있기 때문이다. 무엇보다도 기회비용이 높은 경제 또는 경영 분야 학자들에게 그 기회비용을 부분적이나마 보전하는 경제적 보상을 학회가 단독으로 부담하기에는 학회의 재정적 형편이 취약한 것이 보통이다.

이런 정황은 이 책의 발간 주체인 한국금융학회의 경우에도 부분적으로 적용된다. 현실의 금융 문제가 복잡한 것은 물론이고, 전문분야 학자들이 분석의 대상과 다양한 이해관계로 얽혀 있을 가능성도 마찬가지이다. 그러나 다른 학회와 구별되는 차별성도 있다. 한국금융학회의 경우 상당한 정도의 재무적 역량을 축적하고 있어 학회 내부의 공감대만 형성되면 별도의 연구비 조성 작업 없이 연구자들의 기회비용을 부분적으로 보상하는 자체 연구과제를 발주할 수 있다.

실제로 한국금융학회 제21대 집행부(회장 : 김대식 전 한양대학교 경영학부 교수)는 저축은행 사태 이후 금융감독제도의 개편 논의가 무성하던 2011년 하반기에 이 주제에 대한 중립적인 검토가 필요하다고 판단하여 제15대 회장이었던 윤석헌 교수(전 숭실대학교 금융학부)를 연구책임자로 하여 금융감독 체계 개편에 관한 학회 차원의 보고서 작성을 의뢰하였고, 이를 2012년 한국금융학회 정기학술대회에서 공개한 바 있다.[1] 이 보고서는 향후 추구해야 할 바람직한 금융감독 체계의 구조로 건전성 감독기구와 시장 감독기구를 분리하는 쌍봉형 체제twin-peaks system를 제안하여 기존 개편 논의에 새로운 기여를 하였다.

그렇다면 이번 『한국 금융의 미래』는 어떻게 태동하게 되었을까? 가장 표면적인 이유는 1989년 6월에 창립하여 2024년 6월로 창립 35주년을 맞이하는 한국금융학회가 이를 기념하여 한국 사회에 무엇인가 뜻깊은 학술적 기여를 해야 할 필요가 있었다는 점이다. 그러나 학술행사는 늘상 개최해 왔던 것이고, 외국의 저명한 경제·경영학자를 초청하는 국제적 학술행사 역시 별반 새삼스러울 것이 없을 정도로 일상화되었다. 따라서 무엇인가 한국금융학회만의 차별화된 학문적 기여에 대한 고민이 깊었을 것으로 생각된다.

이 책은 그런 고민의 산물이다. 아마도 이 책을 구상하게 된 가장 중요한 이유는 한국의 금융시장을 둘러싼 외부 여건이 최근 들어 매우 급변하고 있을 뿐만 아니라, 이에 대한 대응방향의 모색이 쉽지 않다는 자각일 것이다. 예를 들어 2008년의 서브프라임 위기나 2011년의 저축은행 위기 같은 금융위기의 경우 사태의 진전은 매우 급박하고 그 결과도 위중하지만, 위기에 대한 대응방향은 기본적으로 잘 합의되어 있다. 이에 비해 현재 한국 금융시장이 당면한 여건은 그 진전 속도가 느린듯 보이지만 그 추세는 확연하고, 그 효과는 과거의 경험을 단순히 연장하는 것만으로는 그 파장을 예단하기가 쉽지 않다. 또한 외부 여건의 변화가 하나의 요인에 의해서만 발생하는 것이 아니라 디지털 시대의 도래, 노령화의 진전, 과거 모순의 존속 등 다양한 요인에 의해 복합적으로 발생하고 있다. 결국 현재의 여건 변화

1. 윤석헌 외(2012), "금융감독체계 개편, 어떻게 할 것인가?", 2012년 한국금융학회 특별 정책심포지엄, https://www.kmfa.or.kr/paper/annual/2012/2012_06_08_special_symposium.pdf

에 대해서는 여러 연구자들이 협업을 통해 한국 금융이 향후 10년 동안 당면할 문제를 종합적으로 검토하는 것이 필요한 상황이었다.

한국금융학회 제32대 집행부(회장 : 이기영 경기대학교 경제학부 교수)의 인식도 아마 이러했을 것이다. 이에 한국금융학회는 대략 2022년 11월 즈음 다시 한 번 학회 차원의 중립적이고 포괄적인 연구를 통해 한편으로는 학회 창립 35주년을 기리면서도, 다른 한편으로는 한국 금융의 향후 10년을 대비하는 연구과제를 기획하게 되었다. 특히 이번 연구과제의 경우 관련된 내용이 광범위하고, 도전의 성격과 그 함의 파악이 간단치 않은 만큼, 한국금융학회는 연구자들에게 상대적으로 충분한 연구기간과 (학회라는 점을 감안할 때) 비교적 충분한 보상을 보장하는 것이 필수적이라고 판단하였다. 따라서 이번 연구는 1년 이상의 연구기간을 상정하여 그 비용은 제32대와 제33대 집행부(회장 : 함준호 연세대학교 국제학대학원 교수)에서 공동으로 부담하는 것으로 결정하였다.

이에 따라 2022년 12월 19일 이기영 당시 회장과 함준호 당시 차기 회장은 제26대 회장이었던 전성인 교수(홍익대학교 경제학부)와 당시 학회 부회장이었던 원승연 교수(명지대학교 경영학과) 등과 회동하여 전성인 교수를 『한국 금융의 미래』 발간 추진위원회(이하 "추진위원회"라 함) 위원장, 원승연 교수를 부위원장으로 하고, 당시 회장과 차기 회장은 고문 지위에서 책 발간을 지원하는 기획안에 합의하였다. 이 책의 첫 걸음은 그렇게 시작되었다.

1.2 책 발간 작업의 진행 경과

(1) 발간 기획안의 주요 취지

먼저 발간 기획안은 한국 금융을 둘러싼 주요 변화 요인으로 노령화, 디지털화, 기후 환경 변화, 글로벌화의 후퇴 및 인플레이션 등을 선정한 뒤, 이런 위기 요인의 진전에 따라 이에 대한 정확하고 탄력적인 대응이 요구되고 있으나, 1997년 외환위기 이후에 재편된 현재의 금융질서는 한국 금융의 위기 대응 능력과 탄력성을 저하시키는 측면이 있어 위기에 대한 적절한 대응이 쉽지 않고, 이에 따라 결과적으로 미래의 금융 기능이 약화될 위험성이 크다는 점을 중시하였다. 이에 따라 이 책은 현재 한국 금융이 처한 현실과 환경 변화를 진단하고 한국 금융의 미래 방향과 과제를 제시하는 것을 그 발간 목적으로 하였다. 구체적으로 향후 10년을 주된 전망 시계time horizon로 하여 미래를 진단하고 과제를 제시하되, 특히 집필의 중립성을 유지하여 집단적 이해관계나 특정 경제철학에 구속되지 않도록 하여야 함을 명시하였다.

발간 기획안은 세부 연구과제를 이 책의 추진위원회 논의를 거쳐 도출하도록 하되, 논의의 효율적인 진행을 위해 잠정적으로 다음과 같은 과제를 예시하였다. 먼저 이 책의 취지와 전체적인 내용을 개관하는 글을 책의 서두에 게재한 후 책의 내용을 크게 3가지 부분으로 구분하였다.

제1부는 경제 및 금융 환경 요인의 변화가 금융산업에 미치는 영향을 다루는 부분으로, 구체적으로 디지털 경제 및 플랫폼 경제의 도래와 같은 기술적 발전이 금융산업 및 금융구조에 미치는 영향을 분석하는 것과 탈국제화de-globalization와 같은 현상이 국제경제와 국내 금융시장에 미치는 영향을 분석하는 것 등을 예시했다. 제2부는 이런 변화 속에서 금융시장이 어떤 역할을 하여야 하는가에 초점을 맞추었다. 예를 들어 인공지능AI 및 기후 환경의 변화가 발생하는 이행기에 기업금융이 해야 하는 역할, 고령화에 따른 인구 구조의 변화에 기인한 저축 및 연금 수요의 변화, 우리 금융이 과도하게 집중되어 있는 부동산 부문의 향후 변화에 따라 가계부채 및 부동산 금융의 건전성 문제, 그리고 한국 금융의 국제화 진전에 따른 해외 투자의 역할 등이 그런 논점들이다. 제3부는 미래를 대비하는 정책과 제도의 변화에 관한 것으로 시장과 정부와의 관계 재정립, 경제성장과 불평등 개선을 위한 금융정책상의 과제, 그리고 금융 안정성 제고를 위한 금융시스템의 정비 등의 논점을 예시했다. 다만 이런 의제는 논의의 진전을 위한 하나의 예시에 불과했으며, 구체적인 세부 연구과제는 후술하는 추진위원회 회의를 통해 의견을 수렴하여 최종

확정하는 절차를 거쳤다.

(2) 추진위원회 회의를 통한 세부 연구과제의 도출

앞서 언급한 발간 기획안에 의거하여 2023년 1월 12일 책 발간을 위한 세부 연구주제를 도출하고 책 발간 작업 전반에 대한 논평과 자문을 제공하는 역할을 담당할 추진위원회가 그 구성을 완료하고 제1차 회의를 가졌다.[2]

추진위원회는 2023년 1월 12일의 제1차 회의에서『한국 금융의 미래』집필 방향에 관해 다양한 의견을 검토했다. 특히 집중적으로 논의된 부분은 어떤 성격의 책을 만들 것인가 하는 점이었다. 이에 관해서는 대략 3가지 의견이 제시되었다. 첫 번째 의견은 금융환경 변화, 기술환경 변화 등 몇 가지 큰 카테고리를 선정한 뒤 이들 주제에 관해 변화의 성격, 파급효과, 대응과제 등의 측면에서 이야기를 풀어나가는 스토리 텔링story-telling 위주의 책을 만드는 것이었다. 이에 비해 두 번째 의견은 '왜 우리나라 금융부문에는 비금융부문의 삼성과 같은 세계적인 기업이 없는 것인가?'와 같이 몇 가지의 상식적이고도 대담한 질문을 던진 후 그에 대한 진단과 향후 대응과제를 모색하는 내용의 책을 만드는 것이었다. 마지막으로 세 번째 의견은 거대한 주제에 대해 논의하는 것도 물론 중요하지만 구체적이고 미시적인 관점에서의 주제 선정도 중요하다는 것이었다.

추진위원회는 그 후 2월과 3월에 한 차례씩 회의를 속행하여 세부 연구주제를 구체화했다. 그 과정은 구체화의 과정이었지만, 돌이켜 보면 각 주제의 성격은 위에서 살펴본 세 가지 의견 중 첫 번째 의견과 세 번째 의견을 절충하여 먼저 광의의 카테고리를 나눈 후 구체적인 세부 주제를 광의의 카테고리와 연관짓는 작업에 가까웠다. 예를 들어 2023년 2월 즈음에 검토되던 카테고리 후보와 미시적인 현안 후보는 〈표 1〉과 같다.

2. 추진위원회의 명단은 이 책의 권두에 따로 실었다.

표 1 추진위원회가 검토한 세부 연구과제 초안(2023년 2월)

주요 카테고리 후보	▪ 디지털화 경향 ▪ 노령화, 저성장 + 실물부문의 변화 ▪ ESG + 금융회사 지배구조, 경영구조 (▪ 금융의 탈세계화, 블록화 등 대외 환경 변화) ▪ 금융 인프라와 금융규제 (▪ 부채의 구조조정)
10대 현안 과제	▪ 원화/금융산업의 국제화 ▪ 금융정책과 금융회사의 자율성 재정렬 ▪ 부실 기업/과다 부채 구조조정 ▪ (과잉 부채와) 금융회사의 유인구조/지배구조/산업구조 왜곡 ▪ 과점시장의 비효율/금융산업 경쟁구도의 변화 ▪ ESG 중 특히 E와 저탄소, 탄소 중립 ▪ 금융산업의 국가경제 기여도 제고(부가가치 제고) ▪ 실물경제의 변화에 따른 금융의 역할 변화 ▪ 노령화에 따른 가계의 저축, 부채, 자산 구조 변화와 금융 영향 ▪ 부동산/주택시장 연착륙/전망/대책 ▪ 국제금융의 Bloc화, 탈세계화, 지역화 ▪ 원화 국제화 ▪ 금융산업 인프라(법조, 회계, 외환시장) 개혁 ▪ 중앙은행의 역할 변화

주 : 주요 카테고리 후보 중 괄호 속의 후보는 예비 후보

(3) 최종 확정된 세부 연구과제와 집필진 위촉

추진위원회의 논의 결과 세부 연구과제 선정의 핵심은 위 〈표 1〉에 나타난 주요 카테고리와 핵심 현안 과제 중 어떤 것을 위주로 책을 구성할 것인가에 달려 있다는 것이 명확해졌다. 각각의 방법은 장단점이 있다.

구체적인 현안을 10개 정도로 엄선한 특정 과제를 중심으로 그 과제에 영향을 미치는 변화 요인 및 문제 해결을 위한 포맷으로 정리(편의상 “과제별 집필방식”이라 칭함)할 경우, 해당 과제에 영향을 주는 여러 요인들이 매트릭스처럼 다양하게 연관되어 있어 특정 요인과 과제로 간명하게 대응시키기 어렵다. 그렇다고 관련된 모든 요인을 고려해 기술할 경우에는 글이 산만할 수 있고, 특정 집필자가 이를 모두 소화

하기 어려울 수 있다는 문제가 있다. 반면에 주요 변화 요인을 큰 범주로 묶어서 각 범주별로 독립적으로 집필할 경우(편의상 "범주별 집필방식"이라 칭함)에는 범주 간 통일성이 결여되어 전반적인 책 구성이 산만하게 이루어질 수 있다는 문제점이 있다. 따라서 이 두 종류의 집필방식 사이에서 오는 딜레마를 해결할 필요가 있었다.

이런 딜레마 해결을 위해 추진위원회가 찾아낸 방법은 본문을 제1부와 제2부로 구분하고, 제1부는 전체 본문의 개관overview으로서 한국 금융이 직면한 각종 변화를 개괄적으로 서술하고 이에 대한 대응을 10대 과제로 도출하여 제2부에서의 논의의 배경이 되도록 하고, 제2부는 10대 현안 과제를 중심으로 과제별 집필방식에 따라 집필하도록 하는 것이었다. 이런 과정을 거쳐 잠정적으로 도출한 세부 연구과제의 내역은 〈표 2〉와 같다.[3]

표 2　　추진위원회가 도출한 세부 연구과제 잠정안(2023년 3월)

과제	주요 내용
제1편	**디지털 금융의 미래**
디지털 경제 출현과 금융산업의 미래	민간 금융시장 및 금융산업 구조의 미래
중앙은행에 대한 새로운 도전	통화체계의 변화와 중앙은행의 역할
제2편	**국민경제 구조 전환과 금융의 역할**
저성장·노령화와 국민경제 구조 변화	거시적 관점에서의 금융구조 변화
가계부채의 지속 가능성 및 부동산 금융의 안정화	가계부채 및 부동산 금융 안정화(미시적 관점)
금융중개 기능의 고도화와 기업 구조조정	기업금융이라는 금융중개 기능의 개선(미시적 관점)
제3편	**국제경제질서와 한국 금융의 대응**
저탄소 경제 전환과 금융산업의 대응	저탄소 및 탄소중립 추세에 대한 금융기관의 대응
국제경제질서 변화와 금융 국제화	국제경제질서의 변화와 금융 국제화 방향

3. 추진위원회는 각 연구과제에 포함될 수 있는 잠재적인 상세 논점 역시 개괄적으로 정리하였다. 다만 이는 해당 세부 주제를 집필하는 연구진과도 협의해야 하는 사항이어서 최종 집필 범위에는 포함되지 않을 수도 있다. 그럼에도 이런 논점은 향후 한국 금융을 연구하려는 후속 세대에게 중요한 시사점을 제공할 수도 있다는 점에서 개관의 말미에 [부표]로 제시하였다.

제4편	한국 금융의 혁신 과제
금융의 사회적 책임과 금융회사의 지배구조	민간 금융회사의 내부 혁신
자본시장 인프라 혁신 방안	금융 제도와 시스템의 혁신
금융과 정부 간 관계 재정립	정부 기능과 역할의 개혁

집필진과 관련하여서는 제1부의 개관은 추진위원 중 1인이 집필하는 것을 적극적으로 검토하고, 제2부의 집필진은 해당 분야의 전문가를 물색하여 위촉하되 가급적 학문 후속 세대를 포함시켜 학문 후속 세대가 한국 금융의 현실이 내포하고 있는 다양한 역사성과 특수성에 보다 가깝게 접근할 수 있도록 하였다.

적절한 집필진을 물색하는 과정은 세부 연구과제를 도출하는 것만큼 지난한 과정이었다. 물론 어떤 세부 과제의 경우에는 쉽게 떠오르는 권위자가 존재하는 경우도 있다. 그러나 기존 권위자에게만 과제를 부탁할 경우 자칫 금융 현실에 대한 우리 학계의 연구는 당대에서 단절될 가능성을 염려하지 않을 수 없었다. 이는 우리나라 학계가 전문적이고 이론적인 학술 연구에 상대적으로 더 집중하고, 실증 분석의 경우에도 해외 유수의 학술지에 게재를 목표로 할 경우 한국적 상황을 분석 대상으로 삼는 것이 현실적으로 어렵다는 데 기인한다. 따라서 이런 추세가 지속될 경우 한국적 금융 현실이 내포하는 역사성과 특수성은 자칫 망각되고, 학자들이 설사 한국 금융의 현실을 연구하려고 해도 매우 험난한 진입장벽에 직면할 가능성도 배제할 수 없었다.

이번 연구과제를 한국금융학회가 학회의 자체 재원으로 지원하는 이유 중 하나는 한국 금융의 현실을 연구하는 학문 후속 세대를 발굴하고 양성하자는 뜻도 있었다. 이런 문제의식 하에 추진위원회는 가급적 해당 주제에 관심이 있는 소장 또는 중견 학자를 물색하여 연구를 부탁하되, 해당 주제의 진입장벽이 높거나 다른 의미에서의 식견과 조언이 필요한 경우 노장 학자를 추가로 연구진에 포함시키는 방식을 채택했다.

연구진의 선정은 대략 5월 중순 경에 윤곽이 결정되었고, 연구진과 학회 간 용역 계약이 체결되어 드디어 책 집필 작업이 본격적으로 개시되었다. 당초 한국금융학회 집행부가 책 발간을 구상한 지 대략 6개월이 지난 시점이고, 32대 집행부의 임기가 거의 만료되어 가던 시점이었다.

다만 한 가지 유감스러운 점은 10대 현안 과제 중 마지막 과제인 정부의 기능과 역할 개혁을 주요 논점으로 하는 '금융과 정부 간 관계 재정립' 부분이 집필진을 확보하지 못하여 최종 과제에서 불가피하게 누락되게 된 점이다. 이 부분을 어떻게 처리할지에 대해 여러 논의가 있었으나 최종적으로 내부 좌담회를 개최하여 각 세부 과제에서 누락된 점을 종합적으로 논의하는 자리에서 간접적으로 다루기로 정리하였다.[4]

(4) 연구 결과 제출, 논평 및 수정 과정

연구 개시 이후 중간 발표회는 2023년 8월 24일에 있었고, 이 자리에서 당초 연구과제 도출 시의 문제의식과의 집필진 연구 방향과의 비교, 현실적 적합성, 연구 논문으로서의 논리적 정합성 등의 측면에서 소중한 논평이 오갔다. 최종 연구 결과의 초고는 2023년 말 경에 제출되었고, 그 후 수차례의 논평과 수정 과정이 반복되었다. 출판사 편집 부분을 제외한 최종본이 완성된 시기는 대략 2024년 3월 말 즈음이었다.

이후 2024년 4월 4일 이 최종본을 참고하여 각 장에서 발견한 내용에 대한 논평이나 충분히 다루지 못한 사항에 대해 이기영 전임 회장의 사회로 대담을 가졌다. 이 대담에서는 이 책의 내용과 관련된 9개의 지정 주제와 2개의 일반 주제를 가지고 참가자들이 열띤 토론을 벌였다. 이 책은 이런 과정을 거쳐 비로소 세상의 빛을 보게 된 것이다.

---

4. '금융과 정부 간 관계 재정립' 과제를 통해 당초 이 책에서 다루려고 했던 세부 내용과 관련해서는 개관 말미의 [부표] 참조.

2. 세부 연구과제의 주요 내용 요약

이 책은 개관 부분을 제외하고 9개의 세부 연구과제와 1개의 대담으로 구성되어 있다. 이 중 권말에 수록된 대담은 그 내용이 방대하고 다루는 범위도 이 책의 주제 전반에 걸쳐 있어 이 자리에서 그 내용을 간략하게 요약하는 것은 가능하지도 않거니와 자칫 발언자의 요지를 잘못 전달할 위험성이 있다. 따라서 여기서는 대담 부분을 제외한 9개 세부 연구과제의 주요 내용과 상호 관련성을 간단히 조망함으로써 독자들이 해당 부분을 살펴볼 때 이해를 증진하는 배경으로서의 역할을 하고자 한다.

2.1 9개 세부 연구과제의 사후적 연관 관계

'금융과 정부 간의 관계 재정립' 과제를 제외한 9개 세부 연구과제를 도출할 때 추진위원회가 상정했던 카테고리는 대략 앞에서 제시한 〈표 2〉와 같다. 즉, 9개 세부과제는 각각 '디지털 금융의 미래', '국민경제 구조 전환과 금융의 역할', '국제경제질서와 한국 금융의 대응', '한국 금융의 혁신 과제'라는 4개의 카테고리에 속하는 것으로 상정했다. 물론 이런 범주적 구분은 실제 연구 내용에서도 비교적 잘 보존되었다.

그러나 9개 세부 연구과제를 사후적으로 분류할 때 꼭 위와 같은 분류방식만 가능한 것은 아니다. 이하에서는 9개 세부 연구과제를 다른 시각에서 재분류하여 그 특성을 살펴보고자 한다. 이런 접근방식은 각 세부 연구과제의 내용이 서로 어떻게 연관되어 있는지에 관해 추가적인 시각을 제공해 줌으로써 독자들이 해당 주제는 물론이고 다른 주제들을 이해하는 데에도 도움을 줄 것으로 기대한다.

9개 세부 연구과제를 분류하는 또 다른 방식은 이들 과제를 '외부적 변화를 연구대상으로 한 연구'와 '현존하는 구조의 문제점을 연구대상으로 한 연구'로 나누는 것이다. 이 중 외부적 변화를 연구대상으로 하는 세부 연구과제로는

제1과제 : 디지털 경제의 출현과 금융산업의 미래

제2과제 : 중앙은행에 대한 새로운 도전

제3과제 : 노령화와 금융시장의 변화, 그리고 정책과제

제6과제 : 저탄소 경제 전환과 금융산업의 대응

제7과제 : 국제경제질서 변화와 금융 국제화

를 들 수 있을 것이다. 반면에 현존하는 구조의 문제점을 연구대상으로 하는 세부 연구과제로는

제4과제 : 가계부채의 지속 가능성 및 부동산 금융의 안정화

제5과제 : 한국 경제의 금융중개 기능 고도화

제8과제 : 금융회사(은행)의 지배구조와 사회적 책임

제9과제 : 자본시장 인프라 : 평가와 과제

를 들 수 있다.[5]

9개 세부 연구과제에 대한 또 다른 구분은 다른 연구주제와의 상호 연관성의 강도에 의한 것이다. 예를 들어 제1과제와 제2과제는 서로 밀접하게 연관되어 있다. 또한 제3과제는 비록 그 분석의 중점은 중첩세대 모형으로 단일하지만, 그 함의는 제4과제와 상당히 긴밀하게 연관되어 있다. 그러나 기본적으로 제1과제와 제2과제를 제외할 경우 여타 연구과제의 경우 다른 부분을 읽지 않는 독자라도 커다란 의미상의 손실 없이 독립적으로 해당 과제의 내용을 파악할 수 있을 것으로 보인다.

---

5. 물론 이런 분류는 절대적인 것은 아니다. 예를 들어 외부적 변화를 다루는 제7과제의 경우에도 우리나라 국제금융 구조의 문제점을 지적하는 부분이 있고, 반대로 현존하는 구조의 문제점을 다루는 제9과제의 경우에도 자본시장을 둘러싼 외부적 변화를 검토하는 부분이 있기 때문이다. 여기서의 재분류는 각 연구과제의 전체적인 성격을 감안한 대체적인 분류라고 이해하는 것이 적절하다.

9개 세부 연구과제에 대한 세 번째 구분 방식은 과거의 역사적 경험이나 제도 변화의 연혁을 어느 정도로 소개하고 있는가에 의한 것이다. 한국 금융의 현주소를 이해하는 데에는 이런 부분을 상대적으로 소상하게 밝힌 연구과제들을 먼저 살펴보는 것이 변화 그 자체의 양상으로 곧장 몰입하는 것보다 어쩌면 변화의 함의를 이해하는 데 더 도움이 될 수도 있다. 이런 관점에서 한국 금융의 현주소를 이해하는 데 가장 큰 도움을 주는 안내 자료로는 은행을 중심으로 금융중개 기능의 변천사를 소개한 제5과제, 자본시장의 현주소를 소개한 제9과제, 그리고 우리나라의 외환시장 관련한 각종 정책의 변천을 정리한 제7과제 등을 들 수 있다.

독자들은 자신들의 선택에 따라 제1과제와 제2과제처럼 외적 변화, 특히 디지털 시대의 도래와 같은 주제를 본격적으로 다루는 부분부터 읽을 수도 있고, 반대로 우리나라 금융산업의 변천 과정 및 정부와 시장 간의 관계를 설명한 제5과제나 제9과제를 먼저 읽은 후 외부적 변화를 다룬 주제로 넘어갈 수도 있다. 이하에서는 외부적 변화 대 구조의 문제점이라는 첫 번째 재분류 방식에 따라 세부 연구과제의 핵심 내용을 살펴보기로 한다.

2.2 외부적 변화를 연구대상으로 한 연구과제들의 주요 내용

제1과제는 디지털 시대의 도래가 금융산업에 미치는 영향에 대한 매우 포괄적인 서베이 논문이다. 이 논문은 디지털 시대의 도래라는 매우 방대한 주제를 제한된 지면에 담기 위해 매우 압축적인 서술 방식을 택했다. 따라서 독자들은 이 논문을 읽을 때는 한 문장, 한 단어의 의미에 함축된 필자의 주장을 세심하게 따라갈 필요가 있다.

필자들은 이 논문에서 먼저 인공지능(이하 AI)이나 블록체인과 같은 디지털 기술 환경의 변화가 금융에 미칠 영향들을 살펴본 후, 다음으로는 디지털 시대의 금융수단으로 변모하고 있는 가상자산들을 소개하고, 이들이 전통 금융에 미칠 영향을 분석하였다. 그 후 새롭게 금융시장에 등장한 사업자인 핀테크, 빅테크, 디파이Decentralized Finance ; DeFi, 다오Decentralized Autonomous Organization ; DAO들의 도전이 전통적인 금융시장에 미칠 다양한 가능성을 기대론과 회의론의 입장에서 분석하였다. 그리고 필자들은 더 나아가 금융회사의 대응전략, 금융 감독 및 규제의 문제를 다룬 후 향후 연구방향을 제시하였다.

제2과제는 향후 10년 동안 중앙은행이 직면할 다양한 도전 중에서 디지털 시대의 도래가 중앙은행의 통화정책 수행 능력에 미칠 영향을 중점적으로 분석하였다. 이 논문은 디지털 시대의 여러 양상 중에서도 특히 중앙은행 디지털 화폐Central Bank Digital Currency ; CBDC의 발행이 가지는 함의를 다양한 각도에서 검토하였다.

필자들은 이 논문에서 민간에서 다양한 형태의 디지털 화폐가 유통될 경우 우선 민간 상업은행의 입지가 크게 줄어들 가능성이 있음에 주목하고, 중앙은행의 통화정책이 민간 상업은행의 지급준비금 운용에 근거하고 있기 때문에 전통적인 통화정책의 유효성도 크게 감소할 가능성이 있다고 지적하였다. 또한 디지털 화폐는 기존의 제도화된 외환시장이나 외환규제를 우회하여 국경을 넘나들 수 있기 때문에 외환규제나 국제적인 자금 세탁 규제를 일정 부분 무력화시킬 수 있는 가능성을 지적했다. 필자들은 이런 문제점의 대안으로 거론되는 CBDC가 부분적으로 중앙은행 통화정책의 유효성을 회복시킬 수 있으나, 자칫 개인들의 사생활 침해 논란이나 상업은행의 몰락을 가속화할 가능성이 있음을 우려했다. 이와 관련하여 필자들은 은행권의 몰락을 방지하기 위한 도매형 CBDC 발행이나 CBDC에 금리를 부과하는 방안을 적극적으로 검토할 것을 제안했다.

제3과제는 노령화로 대표되는 우리나라의 인구 구조 변화가 금융시장에 미치는 영향을 3세대 중첩세대 모형을 통해 전망하고, 그 정책 대안을 제시하였다. 연구 결과에 따르면, 노령화가 진행되면서 가계의 금융자산이 지속적으로 축적되지만 2060년대부터는 감소하는 것으로 예측되었다. 주식시장의 시장 규모는 빠르게 증가하는 것으로 나타났지만 2040년 이후 급속하게 그 규모가 감소하는 것으로 추정되었다. 채권시장의 변동성은 상대적으로 크지 않지만, 저축, 주식, 채권을 합한 금융자산은 2040년까지 규모가 증가하다가 이후 감소하는 모습을 보였다.

필자들은 이 논문에서 저축 규모 감속에 따른 수신기관의 경쟁 격화, 예금 집중과 부동산 시장의 변화, 주식시장의 자산시장 붕괴 가능성meltdown, 인출withdrawal사회의 도래 등 다양한 부작용이 발생할 수 있다고 전망하면서 이를 방지하기 위해서는 초기 저성장 때 부동산을 통해 경기를 살리는 것을 지양해야 하며, 주식시장의 붕괴 가능성을 방지하기 위해 외국 투자자의 국내 주식 투자 유인을 제고하며, 해외와 국내 간의 자본 흐름의 장벽을 제거하여 가계가 글로벌로 최적의 자산배분을 할 수 있게 해야 한다고 강조했다.

제6과제는 저탄소 경제의 도래가 금융산업에 미치는 영향을 분석한 논문이다. 필자들은 먼저 저탄소 경제 전환 논의의 국제적 진행 과정을 소개하고, 기후변화가 가져오는 리스크와 금융부문에 미치는 영향에 대해 개괄적으로 살펴본 후, 자본시장, 금융규제기관, 연기금 및 국부펀드, 중앙은행 및 국제기구 등 저탄소 전환을 위한 금융부문의 대응을 살펴보았다.

일반적으로 저탄소 경제의 도래는 탄소를 집중적으로 사용하는 전통 산업의 경쟁력을 저하시키고 이런 산업에 자금을 공여한 금융회사들의 위험노출도를 증가시킨다. 저탄소 경제의 도래는 이런 위험 증가만을 의미하는 것이 아니라, 저탄소 경제로의 전환을 위해 금융회사들과 중앙은행이 보다 적극적으로 나서야 할 의무도 발생시킨다. 이와 관련하여 필자들은 향후 10년간 금융부문이 저탄소 경제 전환을 위하여 나아가야 할 방향으로 기후금융의 거버넌스 및 녹색금융 수단 확대를 위한 제도 개선, 녹색투자은행 설립, 한국은행의 기후금융 정책 구체화, 민간-공공 협력Private Public Partnership ; PPP을 통한 기후금융 확대, 국내 금융기관의 해외 녹색투자 확대 등을 제시하였다.

제7과제는 글로벌 금융시장을 둘러싼 여러 환경 변화가 우리나라 금융시장, 특히 금융시장의 안정성에 미치는 영향을 분석한 논문이다. 필자들은 2008년 글로벌 금융위기 이후 글로벌 유동성 과잉, 디지털 금융의 발전, 주요국 정책 불확실성 확대, 지정학적 분열 위험 고조 등으로 글로벌 금융시장의 불확실성이 고조되고 있으며, 특히 우리나라의 경우 급속한 고령화, 중국 경제성장 둔화 및 보호무역주

의의 강화로 경상수지가 악화될 위험까지 대비해야 한다고 강조하였다.

필자들은 이 논문에서 먼저 우리나라의 금융 국제화 과정을 비교적 소상하게 소개한 후 최근의 대외 여건 변화가 초래할 잠재적 위험을 분석하였다. 필자들은 이런 위험에 대비하기 위해 금융안전망의 강화와 다층화, 그리고 분산화가 구비되어야 함을 강조하였다. 또한 외환보유액의 통화 구성이나 통화스와프의 체결을 다변화하고 치앙마이 이니셔티브와 같은 지역 금융협력 메커니즘을 현명하게 활용할 것도 주문하였다.

2.3 현존하는 구조의 문제점을 연구대상으로 한 연구과제들의 주요 내용

제4과제는 가계부채와 부동산 금융의 현황과 증가 배경을 살펴보고, 가계부채의 지속 가능성 평가를 통해 위험요소들을 분석하고 가계부채 문제 해결을 위한 과제를 제시한 논문이다. 필자는 최근 급증한 가계부채 증가가 거시경제에 잠재 위험을 내포하며, 소비 위축, 경기침체, 성장 저하 등의 문제로 이어질 수 있다고 경고하면서 채무 재조정, 부실 자산 처리 등을 포함한 연착륙 방안과 취약계층을 위한 대책을 제시하였다. 또한 부동산 금융의 성숙을 위한 정책과제로 거시건정성 정책의 한계와 개선 방향, 주택담보대출제도 및 전세대출제도의 개선방안도 제시하였다.

필자는 이 논문에서 가계부채와 부동산 금융의 총량 관리가 필요하지만 그렇다고 가계부채의 안정화가 단순히 총량 축소로 해결될 수 있는 문제가 아니라는 점도 강조하였다. 왜냐하면 높은 주택 가격으로 인한 대출의 필요성에 대한 고려 없이 대출 총량을 무작정 제한하는 것은 합리적이지도 않으며, 금융의 포용성 측면에서 바람직하지 않기 때문이다. 가계부채 정책은 주택 수요, 금융 포용성, 부동산 경기 등 다양한 복합적 요인을 다각화하여 고려해야 한다. 필자는 구체적으로 주거 문제의 해결과 부동산 시장의 안정화, 재정의 역할을 금융이 떠안는 문제의 해결,

금융서비스의 혁신과 은행산업의 성장 등에 대한 정책적 관심 증가를 제안하였다.

제5과제는 우리나라 금융시장에서 금융중개 기능의 고도화가 진척되지 않고 있는 이유를 분석한 논문이다. 필자들은 개발연대 이후 현재까지의 각종 금융 관련 정책들을 적절히 소개하면서 이들 정책이 금융시장의 효율화를 달성하기는커녕 오히려 금융중개 기능을 약화시키는 데 기여했다고 비판하였다. 구체적으로 필자들은 1960~1970년대 정부 주도의 고도 성장 시기에는 금융 지배와 억압이, 그리고 1997년 경제위기를 전후한 시기에는 국내 은행들에 대한 구조조정 및 국내 기업의 성장에 따른 글로벌화 및 탈은행화 등이 이런 추세를 가속화시켰다고 진단하였다.

필자들은 이 논문에서 금융중개 기능 고도화를 위해 은행은 과도하게 축소된 기업금융 관련 기능을 회복하고, 부실 자산에 대한 관리와 정상화를 위해 구조조정 시장에 적극 참여해야 한다고 강조하였다. 한편 자본시장에서는 정보 열위의 투자자 보호와 공정한 경쟁을 위해 공시 등 정보 제공 기능을 강화하고, 다수 투자자를 기만하는 범죄를 엄벌해야 하며, 주주의 권리는 동일하게 보호되어야 한다. 필자들은 또한 우리나라 금융시장에서 자기 책임의 원칙이 분명하게 정립되어야 하며, 정부의 금융부문에 대한 개입 행위는 결과적으로 국민 전체가 감당해야 할 비용을 낳는다는 사실을 강조하였다.

제8과제는 금융회사의 지배구조와 사회적 책임을 주로 은행의 관점에서 분석한 논문이다. 필자는 현재 우리나라 금융회사의 지배구조가 상당히 취약하며, 이것이 은행을 중심으로 한 제국 건설 등 외형 팽창 위주의 경영전략을 초래했다고 주장하면서, 지배구조 선진화를 위한 기존의 정책을 비판적으로 검토하였다.

필자는 이 논문에서 지배구조 개선과 관련하여 기관투자자의 적극적 행동주의, 최고 경영진에 대한 장기성과 연계 보상 도입, 연임·해임 판단에 대한 이사회의 자율성 강화, 잘 구성된 경영권 승계 계획의 존재, 경영진 보수 구조에 대한 영국식 세이온페이 제도의 도입, 주주위원회 또는 주주 추천 사외이사 후보의 수용, 금융회사 지배구조법·금융소비자보호법의 역할 제고 등을 강조하였다.

사회적 책임과 관련해서 은행은 전환금융이나 지속 가능 성장과 연관된 금융 역량의 강화, 금융소비자 보호 강화, 시장의 실패 보완, 환경과 사회 관련 선도적인 권고적 주주제안 제도 도입, 금융회사만의 기후 환경 공시 등의 과제에 관심을 기울일 것을 제안했다.

제9과제는 자본시장의 핵심 인프라라고 할 수 있는 자본시장 관련 법제도, 주식거래소 및 신용평가사, 그리고 회계 및 공시 제도의 현재 상황을 점검하고 보다 나은 시장 환경 조성을 위하여 필요한 제도 개선 방향을 모색한 논문이다. 필자들은 먼저 자본시장에 대한 핵심 규율 체제인 자본시장법과 금융회사 지배구조법, 그리고 금융소비자보호법의 주요 성과와 과제에 대하여 검토한 후, 정보 생산의 핵심 인프라인 주식거래소와 신용평가사의 문제점을 경쟁 미흡과 이해상충에 기인하는 비효율적 자원배분이라는 관점에서 논의하였다. 필자들은 또한 공시와 회계 제도 전반의 최근 변화를 점검하고 개선 방향을 논의하였다.

필자들은 이 논문에서 특히 자본시장 관련 법제에 대한 평가에서 기능별 규제나 포괄주의negative system 원칙을 채택한 자본시장법의 취지가 경직적인 법령 해석과 적용으로 인하여 법률 제정의 목적을 충분히 달성하지 못하였음을 지적하였다. 주식거래소의 경우 독점화 경향을 시정하기 위해 대체거래소 설치 등으로 경쟁을 강화해야 한다고 주장하였다. 신용평가의 경우 증권 발행자가 신용평가사에게 수수료를 제공하는 현재의 구조가 등급 인플레이션이나 등급 쇼핑 등의 문제를 야기하고 있으므로, 이를 시정하기 위해 영업행위에 대한 규제를 강화하고 장기적으로는 증권 발행자가 아니라 투자자가 수수료를 지급하는 체제로 전환할 필요가 있다고 지적하였다. 마지막으로 공시제도와 관련해서는 성실한 공시를 유도하기 위하여 불성실 공시에 대한 제재를 실효적인 수준으로 강화할 필요가 있음을 주장하였다.

3. 다루지 못한 세부 논점

앞에서는 이 책의 탄생 배경과 주요 내용에 대해 살펴보았다. 이하에서는 이 책에서 미처 다루지 못한 남은 논점들에 대해 간단히 살펴보기로 한다.

3.1 중앙은행의 역할 변화

향후 10년의 정책 시계에서 중앙은행은 다양한 도전에 직면할 것이 확실하다. 그중 이 책에서는 디지털 경제의 도래와 중앙은행이 직접 발행하는 디지털 화폐CBDC의 함의에 대해 상당히 많은 비중을 할애하여 다루었다. 그러나 중앙은행이 직면한 도전은 디지털 경제의 도래나 디지털 화폐의 발행에 국한되지 않을 것이다.

첫 번째는 노령화와 저성장이 초래할 디플레이션의 가능성에 대한 대처다. 지금은 코로나 사태의 여파와 우크라이나와 중동의 국지전에서 파생된 각종 원자재 공급망의 교란에 따른 인플레이션이 주요 정책적 관심사다. 그러나 우리나라는 확연하고도 매우 빠른 노령화 추세를 경험하고 있고, 성장 잠재력 역시 하락 추세에 있다. 따라서 향후 10년의 어느 시점부터는 코로나 사태에 의해 잠시 멈추었던 디플레이션 경향이 다시 등장할 가능성을 배제할 수 없다.

문제는 이때 중앙은행이 통화정책으로 대응할 수 있는 정책수단이 많지 않다는 것이다. 미국이나 유럽연합, 일본 등은 양적 완화 정책을 채택했으나, 국제적 기축통화가 아닌 원화를 이용하여 한국은행이 대규모의 양적 완화 정책을 펼칠 여력은 크지 않아 보인다. 금리 인하 역시 기본적으로 하한이 존재하고, 또 대내외 금리차를 의식할 수밖에 없는 상황이어서 한계가 있을 수밖에 없다. 이 책에도 노령화와 저성장을 다루는 연구과제가 있었지만 연구 기간과 범위의 제약상 이 문제를 본격적으로 다루지는 못했다.

두 번째 문제는 우리나라에 조금 더 특유한 문제이다. 그것은 중앙은행의 독립성 문제다. 앞으로 저성장이 본격화될 경우 성장에서 뒤쳐진 산업부문이 등장하고,

필연적으로 부실 기업 구조조정 문제가 대두될 수밖에 없다. 과거 한국은행은 이 문제에 대해 자본확충펀드로 대응했다. 그러나 이 방식은 중앙은행이 유동성 지원에 그치지 않고 지급불능 위기에 근본적으로 개입한다는 점에서 많은 비판을 받았다. 혹자는 심지어 이를 한국은행 독립성 훼손의 증거로 간주하기도 하였다. 문제는 앞으로 이와 유사한 상황이 발생했을 때 과연 한국은행이 원론적 입장을 견지하면서 유동성 지원만 하고 자본 확충 지원을 거부할 수 있을 것인가 하는 점이다.

이보다 더 본질적인 질문은 다가오는 미래에서 중앙은행의 역할을 전통적 역할인 유동성 위기에 대한 대응만으로 한정하는 것이 과연 바람직한가 하는 점이다. 이 문제는 중앙은행의 역할과 예금보험의 역할을 재설정하는 논점을 포함하는 매우 본질적인 사안으로, 학계의 본격적인 연구가 필요한 것으로 판단된다.

3.2 금융시장과 정부와의 관계

금융시장과 정부와의 관계 재정립은 당초 추진위원회가 도출한 10대 현안 과제에 포함될 정도로 연구 필요성에 관한 공감대가 컸던 부분이다. 그러나 결국 적절한 집필진을 확보하지 못해서 이 책에는 포함되지 못했다. 이 책의 마지막에 수록된 대담에서도 이 문제는 심도 있게 토론되지 못했다. 다만 '한국 경제의 금융중개 기능 고도화' 과제에서 과거 한국 금융의 역사적 경험과 문제점을 기술하는 과정에서 금융회사 또는 금융시장과 정부와의 관계가 새로 설정될 필요가 있음을 간접적으로 시사했을 뿐이다.

이 주제가 이 책에서 누락되었다는 말이 이 주제가 상대적으로 중요하지 않다는 뜻은 아니다. 오히려 그 반대에 가깝다. 한국 금융이 안고 있는 많은 숙제들, 특히 그중에서도 제도적이거나 구조적인 숙제들의 저변에는 종종 금융시장과 정부와의 관계가 비정상적으로 설정된 측면이 자리하고 있다. 따라서 한국 금융이 향후 10년을 바라보면서 각종 변화와 도전에 적절히 대응하기 위해서는 금융시장과 정부와의 관계를 정상적으로 재정립할 필요가 있다. 이 논점은 잠재적으로 현재 관료가 행사하고 있는 금융감독 권한의 귀속, 금융회사의 이윤 등 성과에 정부가 직접적으로 개입하는 경향, 부실 기업에 대한 구조조정이나 부동산 정책에 금융을 과도하게 지렛대로 사용하는 전통 등 다양하고 중대한 문제를 포괄하고 있다.

정부와의 관계 재정립을 연구하는 것이 어려운 또 하나의 이유는 연구진의 자율성과 독립성을 담보하는 것이 실질적으로 쉽지 않다는 점이다. 통화정책을 관장하는 금융통화위원회부터 금융회사의 사외이사 추천까지 관료와 정치권이 상당한 영향력을 행사하는 현실 속에서 세속적인 이해관계를 떠나 객관적이고 중립적인 입장에서 정부가 금융시장에 깊숙하게 개입하고 있는 현실에 대해 비판적인 입장을 취하는 것은 쉬운 일이 아니다. 바로 이런 의미에서 이 논점은 학회 차원의 독립적인 연구 의뢰가 절실하다고 볼 수 있다.

3.3 금융감독기구와 법원의 역할

금융산업은 대표적인 규제산업이다. 금융은 수많은 법령과 규정, 준칙, 가이드라인, 모범규준, 그리고 법원의 판례에 의해 영위된다. 그런데 이 책에서는 이 부분이 기본적으로 누락되어 있다. 그러나 이 주제 역시 한국 금융의 현실에서는 금융회사의 행위를 좌우하는 가장 중요한 관건일 수 있다. 통상 이 문제는 '법과 제도의 문제'로 언급된다. 그러나 현실에서는 명문으로 공개된 법령상의 내용 못지않게 그 내용을 법원이 어떻게 판단하는가도 중요하다. 그런데 거의 언제나 법원의 판단 성향은 금융학자(금융법을 전공하는 법학자를 제외하고는)의 분석 대상을 벗어나 있다. 바로 이런 의미에서 금융학자들이 분석하는 법과 제도의 문제는 불완전할 수밖에 없다. 앞으로 제도의 실제 운영성과를 판단할 경우 명문의 법령 뿐만 아니라 법원의 판례로까지 금융학자의 분석대상이 확대되기를 기대한다.

법원의 판결과 관련해서 또 하나 주의 깊게 살펴보아야 할 점은 금융감독기구와 법원 간의 관계를 재정립하는 부분이다. 현재 우리나라에서 금융감독기구가 금융회사를 상대로 한 행위는 모두 행정법상의 행정처분이고, 특히 제재와 같은 교정적 감독행위corrective supervisory action의 경우는 소위 '불이익한 행정 처분'에 해당한다. 따라서 이에 불복하는 금융회사 또는 금융회사의 임직원은 행정법원에 소를 제기하고, 행정법원은 행정법의 원리를 기준으로 해당 감독행위의 적부를 판단한다. 과연 이런 관행이 옳은 것일까?

행정법원은 통상 불이익한 행정처분의 적법성을 판단할 때 상대적으로 엄격한 기준을 적용한다. 이는 일반적인 행정기관의 전형적인 행정처분이 주로 국민의 기본권을 침해하는 형태로 나타나기 때문에, 국가 권력의 자의적 행사를 방지하고 국민의 기본권을 수호한다는 차원에서 충분히 공감이 가는 판단 원칙이다. 그런데 문제는 금융감독기구의 제재가 과연 금융회사 또는 그 임직원의 기본권을 침해하는 행위라고 단순히 일반적 상황을 확장하는 것이 쉽지 않다는 것이다.

금융회사는 일정한 인허가 조건을 충족해야 영업이 가능한 경우가 많고, 그 임직원 역시 누구나 그 역할을 할 수 있는 것이 아니라 사전에 규정된 적격성fit and proper을 보유해야 하고 그 적격성을 동태적으로 유지할 수 있어야 한다. 금융회사 또는 그 임직원이 적절한 요건을 구비하고 있는지에 대한 판단은 물론 그 기준이 법령에 규정되어 있기는 하지만 구체적 사례에서는 거의 언제나 감독 당국의 재량적 판단에 달려 있다. 물론 감독 당국의 재량적 판단은 법령의 위임 범위 내에서 이루어져야 하고, 재량권을 남용해서는 안 되지만, 그렇다고 그 판단의 영역을 지나치게 축소하는 것도 바람직하지 않다. 왜냐하면 이 책에서 강조해서 살펴보았듯이 금융시장을 둘러싼 외부 여건은 지속적으로 변화하고, 이에 따라 비단 금융회사의 대응에 대해서만 시의적절성이 요구되는 것이 아니라, 금융감독 당국의 감독행위도 상황 변화에 적절하게 대처해야 할 필요가 있기 때문이다. 따라서 감독 당국이 그 재량권을 과도하게 남용한 것이 아닌 한 법원은 특정 사안에 대한 감독 당국의 판단을 충분히 존중할 필요가 있다.[6]

---

6. 미국의 경우 법령이 구체적인 감독상 판단에 관한 사항을 감독기구에 위임하였고, 감독기구의 재량적 판단이 과도할 정도로 불합리하지 않는 한, 법원은 원칙적으로 감독 당국의 판단에 이의를 제기하지 않는다. 이 원칙을 소위 쉐브론 원칙(Chevron doctrine)이라고 한다.

물론 무엇이 적절한 재량적 판단이고 무엇이 재량권의 남용인가에 대해서는 수많은 법원의 판단들이 판례로 정착되어야 하겠지만, 적어도 현재처럼 감독 당국의 행위를 행정법상의 불이익한 처분으로만 재단하는 시각이 적절한지에 대해서는 학계의 보다 엄밀한 검토가 필요할 수도 있다. 이 주제 역시 후속 세대의 역할을 기대한다.

3.4 금융학자들의 역할

이 책에서 다루지 못한 논점을 되새기는 이번 부분의 모든 논점들은 예외 없이 민감하고 껄끄럽다. 한국은행의 독립성을 우려하는 것은 물론이고, 시장과 정부와의 관계 재정립이나 금융감독기구와 법원 간의 관계 재정립 모두 하나같이 섣불리 꺼내기 어려운 주제다. 그러나 남겨진 논점 중 어쩌면 가장 민감한 문제는 금융현상을 연구하는 연구자인 우리 자신들의 모습일 수도 있다.

과연 우리들은 한국 금융의 현실을 이해하고, 다가오는 향후 10년을 예측하고 그에 대한 대응방향을 모색하는 데 있어 충분한 역량을 가지고 있는가? 또 어떠한 이해관계로부터도 독립되어 자율적이고 열린 마음으로 해당 주제를 천착하고 있는가?

그 대답은 쉽지 않고 일률적이지도 않을 것이다. 그러나 이 두 가지 질문에 대해 흔쾌하게 '그렇다'라고 답변하는 것도 쉽지 않다는 점에 많은 연구자들이 공감할 것이다. 그중 연구역량의 문제는 한국 금융의 문제를 연구함에 수반되는 가파른 진입장벽의 문제 때문일 수도 있다. 이 부분은 이 책의 집필방식처럼 노장 학자와 학문 후속 세대가 연합하여 수행하는 연구방식을 통해 어느 정도 해소될 수 있다. 그리고 이런 점이 이 책이 제시하는 중요한 공헌일 수 있다.

그러나 두 번째의 문제, 즉 학문적 독립성의 문제는 그리 쉽게 극복할 수 있는 문제가 아니다. 금융을 연구하는 학자 주위에는 수많은 유혹이 도사리고 있다. 개인적 차원에서 금융회사 대표이사가 실질적으로 통제하는 이사회나 관료가 통제하는 금융발전심의위원회의 일원이 되고 싶은 욕구가 있을 수 있고, 더 나아가 금융통화위원회, 금융위원회 등의 자리에 합류하고 싶은 욕구가 충분히 있을 수 있다. 보다 은밀한 유혹은 학회를 통해 들어올 수도 있다. 학회의 재정수입 중 일정 부분이 연구대상자의 기부에 의해 조달되는 한, 연구자와 연구대상자 간의 관계는 너무나 쉽게 악어와 악어새의 관계로 전락할 수 있다.

이 책은 이런 문제에 대한 반성에서 출발했다. 과연 그 종착역에서의 모습이 출발점에서의 문제의식에 얼마나 부합하는지는 이제 독자들이 판단할 부분이다. 그 피드백을 허심탄회하게 수용하고, 다가오는 미래를 더 잘 준비할 수 있는 대응 방향을 모색하는 것은 우리들 금융 연구자들의 몫이다.

4. 감사의 말씀

이 책이 출간되는 데 여러 사람들의 노고와 지원이 있었다. 이 자리를 빌려 이 분들의 노고에 진심으로 감사를 드린다.

우선 권두에 밝힌 추진위원님들은 엄청난 기회비용에도 불구하고 수차례의 회의에 기꺼이 참여하여 한국 금융의 현주소와 미래에 대해 평소에 쉽게 경청할 수 없는 고견을 제시해 주셨다. 그 의견의 대부분은 추진위원회가 큰 시각에서 이 책의 카테고리를 구분하고 세밀한 관점에서 세부 연구과제를 도출하는 데 중요한 역할을 하였다.

몇몇 추진위원님들은 추가적인 기여도 하였다. 정중호 추진위원님은 추진위원회 회의 공간을 지원해 주시기도 하였고, 신보성, 이종구 추진위원님들과 함께 권말에 수록된 대담에도 참여하셔서 세부 연구과제에서 미처 담지 못한 여러 말씀을 해주셨다.

세부 연구과제를 집필한 연구진들은 노장 세대와 후속 세대의 조화를 잘 유지하면서 방대한 내용의 연구과제의 범위를 적절히 조정한 후 훌륭한 내용의 연구 내용을 만들어 주셨다. (다만 개별 연구과제의 내용은 집필자의 견해이며 한국금융학회의 공식 견해가 아님을 밝힌다.) 집필진이 아닌 교수님들도 이 책의 발간에 많은 도움을 주셨다. 김우찬 교수(고려대학교 경영대학)는 세부 연구과제에 대한 논평과 대담에 모두 참여하셔서 좋은 제언을 해주셨다. 그 외 다수의 교수님들께서 세부 연구과제에 대한 논평을 통해 이 책의 질을 높이는 데 기여하셨다.

고문직을 맡았던 두 분의 전현직 한국금융학회 회장님들도 학회 차원의 재정 지원뿐만 아니라, 뒤에서 수많은 갈등을 슬기롭게 조정하면서 이 책이 세상에 모습을 나타낼 수 있도록 도움을 주셨다. 이기영 전 학회장님은 대담의 사회를 맡아 전체 책 내용의 의미가 잘 부각될 수 있도록 이끌어 주셨고, 함준호 현 회장님은 책 전체를 통독하고 여러 중요한 조언을 해주셨다.

또한 한국금융학회의 이기쁨 국장님은 수많은 이메일과 자료, 세부 과제의 초안과 수정 내용을 잘 정리하고, 수시로 필요한 연락을 담당하셔서 이 책이 당초 예정된 일정을 맞추어 발간되는 데 없어서는 안 될 사무 지원을 해주셨다. 율곡출판사의 박기남 사장님과 방조일 이사님께서는 이 책이 깔끔하고도 중후한 모습으로 독자들과 만날 수 있도록 출판 과정에서 큰 도움을 주셨다.

마지막으로 가장 많은 수고를 하신 원승연 부위원장님의 노고를 언급하지 않을 수 없다. 원 부위원장님은 거의 1년 반 동안 이 책의 발간에 매진하시면서 최초 발간 기획안의 태동, 추진위원의 섭외, 집필진 섭외, 연구 용역 계약의 체결, 책의 발간 일정 관리, 대담 주제 정리, 최종 출판 감독 등 이 책 발간의 시작부터 끝까지의 모든 과정을 함께 했다. 원 부위원장님의 노고가 없었다면 이 책은 현재의 모습으로 출간될 수 없었다. 학문 후속 세대의 양성과 한국 금융의 미래 대응에 기여한 원 부위원장님의 노고에 깊은 감사를 드린다.

[부표] 과제별 세부 내용

(과제별로 주제, 현안·요인, 과제로 구분하여 논의되었던 내용을 정리, 2023년 3월)

과제	주요 내용
디지털 경제 출현과 금융 산업의 미래	주제 : 디지털 경제 출현에 따른 금융에 대한 직·간접적인 영향을 분석하고, 금융산업의 변화 방향 등 미래 전환 과제를 제시 현안·요인 : 플랫폼 경제 / 금융산업과 빅테크 산업 간의 관계 / 금융거래 구조의 변화 / 가상자산의 증권화 / 비대면 거래 증가의 영향 등 과제 : 디지털화에 따른 리스크 관리 방안 / 디지털 및 플랫폼 경제와 관련한 제도 및 규제 정비 방안 / 투자자 및 금융소비자 보호 방안
중앙은행에 대한 새로운 도전	주제 : 디지털 화폐로 인한 통화체계의 변화와 그에 대응한 중앙은행의 역할 변화 모색 현안·요인 : CBDC / NFC 등으로 인한 결제시스템의 변화 / 통화체계의 변화 / 국제 간 결제시스템 변화 과제 : 중앙은행의 통화체계 및 결제시스템 재편 방안 / 국제 간 거래의 안정성 및 투명성 제고 방안
저성장·노령화와 국민경제 구조 변화	주제 : 저성장·노령화로 인해서 발생하는 가계의 자산 및 부채 구성의 변화 등 국민경제의 재무적 구조 변화와 자금의 초과공급 구조에서 요구되는 금융의 역할 변화 현안·요인 : 소득 증가 둔화로 인한 부채 부담 확대 / 자금의 초과공급 구조로의 전환 / 저축 구조의 변화로 인한 금융산업의 변화 / 실물부문 투자 저하와 부의 상속으로 인한 이자율 하락 및 금융시장의 구조 변화 / 금융시장 구조 변화와 디플레이션 추세로 인한 중앙은행 통화정책의 제약 과제 : 자산운용과 자본시장 기능의 개선 / 노후 보장을 위한 금융의 역할(연금제도 등) / 해외 투자 활성화 및 안정성 확보 방안
가계부채의 지속 가능성 및 부동산 금융의 안정화	주제 : 최근 가계부채 및 부동산 금융의 현황을 분석해 구조조정 현안의 대응방안을 모색하고, 부채 부담 대응력 하락을 보완하기 위한 가계부문 부채의 안정화 방안 제시 현안·요인 : 가계부채 및 부동산 금융의 취약성 분석 / 가계 및 금융기관의 건전성 점검 과제 : 가계부문 부채에 대한 경기순응성 완화 및 안정화 방안 / 취약계층 가계부채 구조조정 방안
금융중개 기능의 고도화와 기업 구조조정	주제 : 경제산업구조 및 기업의 자금 조달 방식 변화에 대응한 금융시장의 중개 기능 개선방안을 모색하고, 저성장으로 발생하는 사양산업에 대한 구조조정 개선을 통한 금융부문의 생산성 기여 방안 제시 현안·요인 : 산업구조 변화에 따른 기업의 자금 수요 변화 / 자금 초과공급 상태에도 불구한 수요-공급의 미스매치 / 사양산업 및 좀비기업에 대한 구조조정 미흡 / 기업의 자금 조달 방식 변화로 인한 은행 중심의 자금 공급 및 기업 구조조정의 한계 / 정부 개입 및 정책금융으로 인한 자금시장 왜곡 과제 : 경제 전체의 생산성 제고를 위한 금융의 기능 고도화 / 기업 구조조정 인프라 개선방안 / 자금 조달 구조 변화에 맞는 새로운 기업 구조조정 방안 모색 / 자본시장의 기능 개선방안

저탄소 경제 전환과 금융 산업의 대응	**주제** : 저탄소 및 탄소중립의 국제적 추세가 한국의 금융에 미칠 영향을 분석하고 금융의 대응과제를 제시 **현안·요인** : 국제적인 저탄소 및 탄소중립 전환 추세 / 기후금융 / 국제적인 제도 및 금융시장의 변화 요인 **과제** : 금융회사의 저탄소 경제 대응방안 / 중앙은행 및 정부의 대응방안
금융의 사회적 책임과 금융회사의 지배구조	**주제** : 한국 금융의 낙후 원인으로서 금융회사의 지배구조 문제점을 지적하고 개선방안을 제시하며, 팽창 지향적 행태를 시정하고 사회적 책임을 제고할 방안을 모색 **현안·요인** : 팽창 지향적인 금융회사 경영진의 유인구조 / 주주 및 사회적 책임에서 벗어난 경영진의 유인 및 행태 / 과점적 담합 구조로 인한 시장경쟁의 한계 / 정부의 과도한 금융산업 보호 **과제** : 금융산업 경쟁력 제고를 위한 지배구조 개선방안 / 상업성과 공공성의 균형을 도모할 수 있는 금융의 사회적 책임 강화 방안
국제경제질서 변화와 금융 국제화	**주제** : 외환위기 이후 형성된 금융체계의 국제화 한계를 점검하고, 향후 변화하는 국제경제질서 변화에 대응을 전제로 한 금융 국제화 방안을 모색 **현안·요인** : 원화 국제화의 제약요인 점검 / 외환거래제도의 문제점 / 금융회사의 대외 경쟁력 분석(특히 해외 투자 능력 점검 필요) / 탈세계화 및 지정학적 이슈로 인한 외환거래의 불안정성 분석 **과제** : 원화 국제화 및 외환거래 제도 및 규제 개선방안 / 금융산업 국제적 경쟁력 강화 방안 / 외환 및 국가 부채 안정화 방안(외환보유액의 통제 및 관리 방안, 대외부채 리스크 관리 방안)
금융산업 인프라 혁신 방안	**주제** : 금융산업 발전을 지원하기 위한 인프라 혁신 방안의 제시 **현안·요인** : 법률 및 회계 서비스의 개선 필요성 / 은행 중심으로 형성된 금융 규제 및 제도의 한계 / 자본시장의 효율성 및 공정성 지원 미흡(정보 제공 산업의 부족, 불공정거래 차단 장치의 부족, 금융소비자 보호 미흡) **과제** : 금융 인프라 제도 개선방안 / 자본시장 제도 개선방안
금융과 정부 간 관계 재정립	**주제** : 정부가 주도하는 금융제도 및 금융정책의 문제점을 지적하고, 장기적인 관점에서 금융과 정부 간의 역할 재정립 방안을 모색 **현안·요인** : 금융산업 육성에 치우친 정부 정책 / 관치와 금융의 정치화 / 관료와 업계와의 폐쇄적 담합 **과제** : 탈관료화 및 탈정치화 방안 / 금융시장과 정부 역할의 재정립 / 금융정책(감독 및 규제 포함)의 역할 및 기능의 전환 방안

CHAPTER 01

디지털 경제의 출현과 금융산업의 미래

김진호(이화여대 경영대학 교수) · 심명화(명지대 경영학과 교수)

2023년 8월 한국금융학회 세미나 및 11월 하나-FiREC 라운드테이블에 참석해서 생산적 제언을 주신 지정논평자 강경훈 교수를 포함한 여러분들께 감사드린다. 물론 남아 있는 오류는 필자들의 책임이다.

〈요약〉

디지털 기술로 금융은 변화하고 있다. 가상자산과 핀테크·빅테크와 같은 새로운 금융이 전통 금융에 도전하고 있으며, 전통 금융 또한 이에 적극 대응하고 있다. 전통 금융과 새로운 금융 간의 경계는 점차 흐려지고 있으며, 이들 간의 상호작용은 새로운 균형점을 모색하고 있다. 금융중개 서비스는 기능별로 해체되고 재구성될 것으로 전망되며, 탈중앙화·탈기관화 또한 새로운 조류가 될 것이다.

디지털 금융 혁신은 비용 효율성을 높일 뿐만 아니라, 사용자 편의성 및 접근성 향상으로 금융 포용 개선에 기여한다. 그러나 동시에 보안, 소비자 보호 등의 측면에서 새롭고 예측하기 어려운 리스크를 내포하며, 시스템 리스크도 증가시켜 금융 안정에 위협이 된다. 따라서 혁신과 안정을 조화롭게 추구하는 것이 중요하다. 기술의 발전 정도, 금융소비자의 수용성, 정부의 정책 및 규제·감독 방향에 따라 금융의 미래는 그려질 것이다.

1. 서언

역사적으로 기술 발전은 체제 변환regime shift을 유발하고 신문명을 등장시켰다. 그러나 통제되지 않는 과학기술 발전은 미래 예측을 어렵게, 그리고 어둡게 한다(유발 하라리, 2020). 그렇다면 작금의 디지털 기술은 금융에 축복인가, 재앙인가?

이 장에서는 디지털 기술이 가져올 금융권의 환경 변화를 살펴보고, 이에 대한 금융권의 대응전략을 모색한다. 2절에서는 4차 산업혁명으로 불리는 디지털 기술 환경, 그중 대표적으로 인공지능(이하 AI), 블록체인, 메타버스, 빅데이터, 클라우드 컴퓨팅, 웹 3.0, 양자컴퓨팅이 금융에 미칠 영향들을 살펴본다. 3절에서는 가상자산들을 소개하고 이들이 전통 금융에 미칠 영향을 분석한다. 그리고 그 연장선에서 스테이블코인, CBDCCentral Bank Digital Currency 및 토큰 금융이 가져올 변화를 다룬다. 4절에서는 테크기업들, 즉, 핀테크, 빅테크, 디파이Decentralized Finance; DeFi, 다오Decentralized Autonomous Organization; DAO들의 도전을 살펴본다. 5절에서는 디지털 금융의 주요 이슈들로서 전통 금융, 가상자산 금융, 테크 금융의 관계, 분산화 환상과 트릴레마trilemma, AI 중심의 디지털 기술 통합을 분석한다. 6절에서는 디지털 전환[1]에 따른 금융권의 대응전략을 살펴본다. 금융권이 당면한 현실을 디지털 전환의 공급, 수요 및 제도 측면에서 살펴보고, 금융회사 경영 측면에서 디지털 기술들이 리스크 관리에 미칠 영향을 분석한다. 이어서 금융권역별 도전 과제와 대응전략을 상업은행, 금융투자회사, 보험회사에 대해 각각 분석한다. 7절에서는 금융권 디지털 전환을 지원하는 금융정책, 감독 및 규제를 다루며, 마지막으로 8절에서는 마무리와 향후 연구 방향을 제시한다.

1. 디지털 기술을 적용하여 전통 금융의 디지털화를 촉진시키는 것을 의미한다.

2. 디지털 기술 환경

4차 산업혁명의 핵심은 디지털 기술이다. 빅데이터를 자원으로, 네트워크를 인프라로 하며, AI를 통해 서비스를 제공하고 가치를 창출한다. 디지털 기술들은 파괴적 혁신을 통해 금융 상품과 서비스를 개선하며, 새로운 산업과 비즈니스 모델을 탄생시킨다(최홍식·구본성, 2021). 제반 비용을 절감하고 효율성을 증가시키며, 금융 포용성을 개선하고 개인화·맞춤화를 통해 후생을 증진시킨다. 보다 정확한 미래 예측과 분석으로 리스크 관리 능력을 향상시킨다.

그러나 디지털 기술들이 장밋빛 미래만을 보장하지는 않는다. 부정적 측면으로 먼저 지정학적 위기와 기술주권 문제가 꼽힌다. 21세기 들어 미국과 중국 간 반도체, AI 등을 두고 벌어진 갈등이 대표적이다. 디지털 기술에서 표준화를 둘러싼 기술주권 리스크는 기업의 성패를 좌우할 정도로 큰 문제이다. 기술혁신은 블랙홀처럼 자금을 흡수하며 버블을 생성할 우려도 크다(임경, 2014 ; 존 D. 터너, 윌리엄 퀸, 2021). 2000년 닷컴버블이 대표적 사례이다. 로봇과 AI는 일자리 양과 질에 복잡하고 다양한 영향을 미칠 것이며, 이로 인한 파바로티 효과[2], 양극화 심화와 빨대 현상[3]도 걱정된다(유발 하라리 외, 2019). 디지털 기술이 복잡해지면서 사이버 리스크가 부각될 것이며, 시스템 간 연결성이 증가하여 개별 문제가 전체로 확산되는 시스템 리스크도 간과할 수 없다.

다음에서는 금융을 변화시키고 있는 대표적 디지털 기술 7가지가 금융에 어떤 영향을 미치고 있는지 설명한다.

---

2. 루치아노 파바로티 같은 최고를 제외하고는 음반이 거의 팔리지 않는 현상으로, 최근에는 디지털 기술 발달로 나타나는 부의 양극화, 불평등을 지칭하는 데 사용된다.
3. 좁은 빨대로 컵의 음료를 빨아들이듯이 대도시가 주변 중소도시의 인적·물적 자원을 흡수하는 현상을 말한다. 디지털 신기술 산업이 전통 산업을 흡수하며 발전하는 것을 설명하는 데에도 원용된다.

2.1 AI

2022년 말 ChatGPT의 등장으로 본격화된 AI는 디지털 기술의 핵심으로 자리잡으며 금융권에 커다란 영향을 주고 있다. 금융서비스의 생산성 증가와 비용 절감으로 효율성을 개선하며, 금융 접근성과 포용성, 안정성 향상에도 긍정적 영향을 미칠 것으로 기대된다. 새로운 금융 상품 및 서비스를 제공하며, 리스크 관리와 준법 감시에서 부정거래 탐지와 보안 강화에도 기여할 것이다. 현재 신용평가, 대출심사, 챗봇, 금융자산 추천 및 관리, 리스크 모니터링 개선에서 진전을 보이고 있으며, 알고리즘 거래, 로보어드바이저, 금융분석 등으로 영역을 확장하는 중이다(서정호, 2021 ; 이태우, 2023 ; UK Finance and Oliver Wyman, 2023).[4]

부정적 측면으로는 프라이버시 및 인간 존엄성 침해, 공정성과 투명성 결여, 설명 가능성과 견고성 부족, 안전 및 보안상 우려, 책임 소재 불분명 등이 제기되고 있다(Salvi del Pero et al., 2022 ; 금융보안원, 2023).[5] 일자리 감소와 양극화, 잠재적 편향과 차별, 기술 중립 위협, 기존 금융감독 및 내부 거버넌스 체계와 호환 문제도 우려된다(OECD, 2021). 인간 능력을 크게 능가하는 AI가 야기할 금융시스템 불안정도 막연한 불안감으로만 치부할 수는 없다(Danielsson et al., 2022). 이에 다수 전문가들은 AI의 발전을 늦추고 인간 통제를 강화하도록 기다려야 한다고도 주장한다.[6]

4. 특히 생성형 AI는 금융회사의 일하는 방식을 근본적으로 변화시킬 것이다. 가치사슬 전반의 업무 프로세스 재설계가 요구된다(이태우, 2023).
5. Danielsson and Uthemann(2023) 참조.
6. Jones(2023), Guerreiro et al.(2023), 연태훈(2023), 한국지능정보사회진흥원(2023) 참조.

2.2 블록체인

블록체인의 특징은 투명하며 탈중앙화된 분산원장 기술로 '중앙집중된 신뢰 중재자' 없이 신뢰성을 확보한다는 것이다(박성준, 2022). 이는 중앙집중이 당연시되어 온 전통 금융에 대한 신선한 도전으로 받아들여진다. 또한 기술 특성상 데이터 조작이 어려워 상대적으로 안전하며, 프로세스 자동화로 거래비용을 절감하여 효율성을 증대시킨다는 장점이 있다(World Bank, 2023).

부정적 측면도 무시할 수 없다. 분산화 특성으로 인해 책임 소재가 불분명하다는 것은 금융의 신뢰성 확보 측면에서 불안한 점이다. 보안을 책임질 주체가 따로 없기 때문에 비밀번호 유출이나 해킹에서 자유롭지 않다. 확장성과 보안 측면에서 우려도 있다. 비트코인의 결제, 송금 속도가 신용카드에 크게 못 미치는 점은 블록체인의 확장성에 의문을 갖게 하는 한 예이다(Boissay et al., 2022). 기술 자체가 복잡하여 효과적 구현에 상당한 전문지식이 필요하다는 점도 확장성의 한계로 지적된다.

2.3 메타버스

메타버스 세계에서의 금융, 투자, 소비 및 수익 활동은 금융권에 새로운 비즈니스 모델과 기회를 창출한다. 사용자의 온라인 행동 및 거래 기록을 바탕으로 신용을 평가하는 새로운 접근법도 시도되고 있다.

그러나 충분한 제도적·법적 정비가 완비되지 않은 상태에서 메타버스 세계에서 금융 범죄 및 사기 우려가 있으며, 개인정보 보호 이슈도 해결되지 않은 상태이다. 더욱 심각한 점은 메타버스 세계에서 금융업의 진입 방식과 사업 모델에 대해 확실한 솔루션이 제시되지 않고 있다는 것이다(한국딜로이트그룹, 2022). 이에 대해 미래는 답을 기다리고 있다.

2.4 빅데이터

빅데이터를 활용한 패턴 인식과 예측으로 최적화된 투자전략을 추천할 수 있다는 점은 금융권의 큰 기대 중 하나이다. 금융회사들은 고객들의 다양한 거래 기록, 투자 패턴, SNS 등을 분석하여, 개인화된 금융 서비스와 상품을 제공하여 고객 만족도를 증대시킬 수 있다. 신용 리스크 분석에 필요한 정보를 파악하며, 이상거래 패턴이나 부정행위를 신속하게 감지하고 대응할 수도 있다.

그러나 충분한 정보가 확보되지 않을 경우 빅데이터의 무리한 활용은 '차원의 저주'를 유발할 수 있으므로 표본 외 예측에는 유의해야 한다. 윤리 및 개인 프라이버시 문제도 있으며(세스 스티븐스 다비도위츠, 2018), 빅데이터의 그릇된 사용이 소비자 피해, 시장 독점, 노동소득 감소를 초래할 여지도 있다(Duffie et al., 2022).

2.5 클라우드 컴퓨팅

클라우드 컴퓨팅은 트래픽 증감에 효율적으로 대응하는 확장성과 탄력성을 제공한다(이두희, 2017; 금융감독원, 2020). 거대한 IT 투자 관련 고정비의 경직성을 줄임으로써 금융회사 경영의 효율성을 높인다. 데이터 분석을 통한 신용평가, 리스크 관리 및 투자전략 최적화 서비스를 제공하며, 데이터 보안, 개인정보 보호 및 디지털 혁신을 지원한다.

그러나 클라우드에 집중된 정보 유출로 인해 과거에 큰 고통을 겪었던 금융권에서는 아직까지 클라우드에 대한 신뢰를 제대로 회복하지 못하고 있다(이진현, 2023). 이를 극복하기 위해서는 정보 중요도에 비례한 접근성 부여, 제로 트러스트[7] 보안 시스템, IT 자원 집중화 리스크 관리능력 배양이 필요하다(Koh and Prenio, 2023). 금융회사는 외부 클라우드 컴퓨팅 업체와 효율적이고 안전한 소통을 위해

7. 모든 사용자와 장치를 기본적으로 불신하고 접근 전에 항상 검증하는 보안 방식이다.

내부 전문가를 양성해야 하는 부담도 있다(서병호, 2022).

2.6 웹 3.0

웹 3.0은 기존의 중앙집중형 웹에서 벗어나 탈중앙화 인프라로 데이터 주권 민주화를 추구한다(정의현, 2021). 프라이버시와 데이터 소유권, 보안을 강화하여 디지털 거래와 금융서비스에서 신뢰성을 강화할 수 있다. 또한 AI에 기초한 '의미론적 웹'[8]은 효율적이고 정확하게 정보를 검색하고 처리하여 맞춤형 금융 상품과 서비스를 제공할 수 있다. 블록체인과 연계해 투명성과 신뢰성을 강화함도 웹 3.0의 장점으로 꼽힌다.

하지만 웹 3.0은 프로토콜 경제의 주체로서 기존 전통 금융회사들 및 플랫폼 기업들과 경쟁해야 하는 부담이 크다.[9] 플랫폼 경제에서는 대부분 권한이 서비스를 제공하는 중앙 조직에 집중된 반면, 프로토콜 경제에서는 권한이 지적재산 창작자와 이용자에게로 대폭 이동한다(정의현, 2021 ; 황순민, 2022). 전통 금융과 플랫폼 기업들이 기득권을 지키려는 힘과 욕구가 강할수록 프로토콜 경제의 주체인 웹 3.0이 뚫고 나가야 할 길은 멀고 험할 수 있다.

2.7 양자컴퓨팅

양자컴퓨팅의 장점은 전통 컴퓨터와 비교조차 되지 않는 엄청난 속도이다. 빠른 처리속도로 고도의 모델링이 가능해져 리스크 관리, 포트폴리오 최적화, 투자전

---

8. 의미론적 웹(semantic web)은 컴퓨터가 사람의 인지과정을 학습해서 사고 흐름에 따라 데이터를 처리하는 지능형 웹이다.
9. 플랫폼 경제는 플랫폼을 제공하는 중앙집중형 사업자가 존재하지만, 프로토콜 경제는 여러 경제주체들이 자신들이 만든 규칙에 따라 거래를 하는 탈중앙화, 개방형 경제를 추구한다. 상호 합의된 규칙, 즉 프로토콜의 구현에는 이더리움과 같은 프로그램 가능 가상자산이 핵심적 역할을 한다.

략 개발, 사기 및 자금 세탁 방지, 시뮬레이션, 보안, 결제 등 계산 집약 부문에 크게 기여할 것으로 기대된다(이령화, 2022). 복잡한 금융상품의 가격 책정, 고객 맞춤형 금융 상품 및 서비스 제공에 획기적 발전을 이룰 것이다.

양자컴퓨팅이 상용화될 경우 금융권의 기존 암호체계가 취약해질 수 있음은 커다란 우려사항이다(Citi, 2023).[10] 중장기적 대책이 없는 경우 보안 경쟁력을 상실할 수 있음을 금융회사들은 각별히 유의할 필요가 있다. 다만 그간의 상당한 투자에도 불구하고 양자컴퓨팅은 아직은 실험실 차원에 머물러 있어 상용화까지는 시간이 필요해 보인다.

3. 가상자산 금융

3.1 가상자산의 등장 배경과 영향

특정 금융거래 정보의 보고 및 이용 등에 관한 법률(이하 특금법)과 가상자산 이용자 보호 등에 관한 법률(이하 가상자산법)은 가상화폐, 암호화폐, 암호자산, 디지털 자산 등으로 다양하게 사용되던 용어를 '가상자산'으로 통일했다. 가상자산은 '경제적 가치를 지닌 것으로서, 전자적으로 거래 또는 이전될 수 있는 전자적 증표와 그에 관한 일체의 권리'를 뜻한다. 이렇게 되면 비트코인과 이더리움으로 대표되는 암호화폐는 가상자산의 부분집합이 된다. CBDC는 가상자산에서 제외되지만 NFT[11]는 여전히 분류가 불명확하다.

가상자산의 등장 배경으로 2008년 글로벌 금융위기, 그 전후로 계속되어 온 통화신용정책에 대한 불신 및 디지털 기술 발전을 꼽는다. 2009년 비트코인 등장 이래 가상자산은 가격 급등락과 많은 금융사고와 악재를 경험했는데, 이는 새로운

---

10. 현재 대부분의 암호체계는 소인수 분해 방식으로 설계되어 있어 양자컴퓨팅이 엄청난 속도로 시도할 경우 암호 탈취가 가능할 수 있다.

11. NFT(Non-Fungible Token)에 대해서는 3.2절 참조.

시스템과 기술이 검증을 거치는 필연적 과정으로 해석된다.

그렇다면 가상자산은 새로운 화폐인가, 아니면 투자자산인가? 화폐라고 한다면 법화의 대체재인가, 보완재인가? 아예 가상자산은 네덜란드 튤립과 같은 거품인가? 이에 대해서는 아직까지도 치열한 논쟁이 진행 중이다.[12] 핵심은 학계와 금융업계의 가열찬 논쟁에도 불구하고 가상자산이 '실존'한다는 것이다. 블록체인에 기반한 가상자산 금융이 플랫폼 경제의 대안으로서 프로토콜 경제를 지향한다는 점을 긍정적으로 평가하는 시각이 점차 자리 잡아 가고 있다.

가상자산 중 암호화폐의 쌍두마차라고 할 수 있는 비트코인과 이더리움은 성격이 크게 달라 금융권의 관심도 양분되어 있다. 비트코인은 가장 오래된 역사를 바탕으로 신뢰를 얻어 가치 저장 기능이 돋보이는 '디지털 금'의 성격을 갖는다. 반면 이더리움은 프로그램 가능한 스마트 계약, 즉 사전 합의된 프로토콜을 기반으로, 현행 주주 자본주의, 플랫폼 경제 등의 문제를 해결하여 시스템 자체를 근본적으로 바꿀 자원으로 여겨진다(홍익희, 2022 ; Schmeling et al., 2023). 이에 '디지털 석유'에 비견된다(Galindo and Ferraioli, 2022).

가상자산 등장에 따라 전통 금융권에도 큰 변화가 감지된다. 고액 자산가 및 기관투자자의 가상자산 투자가 증가하면서, 전통 금융회사들은 고객 유지 및 유치 차원에서 관련 상품과 서비스를 제공한다. 특히 은행은 가상자산의 발행, 보관, ICO[13], 중개, 청산 등에 연계되고 있으나, 가상자산에 대한 직접 익스포저는 아직 제한적이다. 향후 익스포저는 가상자산의 법적 지위, CBDC 개발 진척도, 투자자 관심도, 디지털 인프라 등에 따라 달라질 것이다(Auer et al., 2022 ; BIS, 2022).

전통 금융이 우려하는 것은 가상자산 가격의 심한 변동성과 기술 리스크, 전통 금융과의 연계 강화가 금융 안정성을 저해할 가능성이다(이대기, 2022a ; Azar et al.,

12. 존 스튜어트 밀은 '유용하거나 즐거움을 주는 모든 재화'의 가치를 인정하는 반면, 존 러스킨은 탈 수 없는 말은 재산가치가 없다고 본다(에드워드 챈슬러, 2022). 이에 따르면 밀은 가상자산의 가치를 인정하는 편에 속한다.

13. ICO(Initial Coin Offering)는 사업자가 가상자산을 발행하여 투자자에게 판매함으로써 자금을 조달하는 것으로, 전통적인 IPO와 달리 제3의 공개 주간사 없이 진행되는 경우가 많아 사기에 취약하다.

2022). 따라서 금융감독 당국은 디지털 기술이 가져올 창조적 파괴의 긍정적 측면을 온존시키면서 금융 안정을 해치지 않도록 보호해야 하는 어려운 과제를 안고 있다.

3.2 진화하는 가상자산

가상자산의 종류는 수천 개가 넘으며, 빠르게 진화하고 있다. 이 중에는 비트코인이나 이더리움처럼 이미 안정적 시장점유를 확보한 경우도 있지만, 상당수는 치열한 시장경쟁 속에서 사라져 갈 가능성이 크다. 이 절에서는 진화하는 가상자산의 사례로서 스테이블코인, CBDC, 토큰 금융에 대해서 살펴본다.[14]

(1) 스테이블코인

스테이블코인의 긍정적 측면은 특정 자산에 페깅pegging되어 안정적 가치를 유지한다는 것이다(Waerzeggers et al., 2023).[15] 은행 요구불예금이나 MMF 등과 성격이 비슷하여 결제수단, 송금 및 투자에 활용될 수 있고, 따라서 금융 접근성이 떨어지는 지역에서 금융 포용성을 높이는 장점이 있다.

그러나 부정적 측면도 만만치 않다. 2022년 루나-테라 사건 당시 보여준 발행자의 도덕적 해이는 아직도 가상자산 금융권에 깊은 상처로 남아 있다. 당시 부정적 네트워크 효과로 인해 전통 금융권에도 적지 않은 충격을 주었다. 가상자산 기술의 복잡성과 감독 및 규제 미비에 따른 정보 비대칭성 문제도 있다(Liu et al., 2023). 중앙은행은 스테이블코인이 지급결제수단으로 사용되어 통화신용정책에 부정적 영향을 줄 수 있음을, 금융감독 당국은 스테이블코인으로 인해 가상자산과

14. 이 중 CBDC와 NFT는 가상자산으로 분류하는 데 논쟁이 있으나 편의상 함께 다룬다. NFT의 분류는 향후 디지털자산기본법(가칭)의 제정 등을 통해 논의될 것으로 보인다.

15. Kosse et al.(2023) 참조.

전통 금융의 연계가 깊어져 시스템 리스크가 커질 가능성을 우려하고 있다(이소영, 2021; 이대기, 2022b; 이명활, 2022; 장보성, 2022). 다만, 스테이블코인이 전통 금융에 미치는 영향은 자금 유입원과 준비금 구성에 따라 달라질 것으로 본다(Liao and Caramichael, 2022).

(2) CBDC

CBDC는 현금 소멸 시 금융 소외 문제를 해결하며, 민간 가상자산 등장에 따른 화폐주권 위협에 대응하고 통화신용정책 확장에 필요한 마이너스 금리에 대비한다는 장점을 갖는다(디스트리트-헥슬란트, 2020; Brunnermeier et al., 2020). 금융 시장 접근이 어려운 개발도상국에서는 금융 포용을 개선하며, 선진국에서는 지급결제 비용을 절감하고 효율성을 제고시킨다(곽선호, 2022; Demertzis and Martins, 2023b). 지급결제수단이 잘 갖춰진 선진국에서 소매 목적으로는 부가가치가 거의 없지만, 국경을 넘나드는 도매 목적으로 사용될 수 있다.[16]

부정적 측면으로는 CBDC가 상업은행 예금을 대체하여 은행 중개 기능과 신용 창출 기능을 해치며 통화신용정책 경로를 약화시킬 수 있다는 점이 지적된다(박동욱, 2021; 이승호, 2021; 김남현, 2022; Adalid et al., 2022). 그러나 이에 대한 반론도 만만치 않아서(이광상, 2021; 장혜원, 2021; 김영식·권오익, 2022; Infante et al., 2022) 향후 본격적 도입 시기에 다양한 검토와 보완조치가 강구될 것으로 보인다. 한편, 개인과 기업들이 중앙은행 계좌를 갖게 됨에 따라 중앙은행발 개인정보 침해 및 프라이버시 문제도 지적되며(박동욱, 2021; 한국은행, 2022a, b, c), 국제적 정합성을 갖춘 협약이 불완전할 때 국경 간 거래 시 발생할 문제점들에 대한 우려도 적지 않다(Auer et al., 2021; 장보성, 2023).

---

16. Infante et al.(2022), Lannquist and Tan(2023), Tourpe et al.(2023), IMF(2023a) 등을 참조.

(3) 토큰 금융

토큰 증권은 분산원장(블록체인) 기술을 이용해 '자본시장법에 규정된 증권'을 디지털화한 것이다(금융위원회 외, 2023).[17] 즉, 미래 현금흐름 자체는 달라진 바 없이, 이를 현재가치화하여 거래하는 수단이 중앙집중형 '증권'에서 블록체인상의 '토큰'으로 바뀐 것뿐이다.[18] 다만 이 과정에서 기존 증권이 담지 않던 다양한 신상품이 토큰 금융 영역에 새롭게 소개될 가능성을 금융업계는 기대하고 있다. 블랙록의 래리 핑크 회장은 '다음 세대의 증권과 시장은 자산의 토큰화'가 이끌어 갈 것이라고 했다(Aldasoro et al., 2023).[19] 특히 예금토큰은 스테이블코인보다 화폐의 단일성 원칙을 잘 충족하여 스테이블코인의 강력한 경쟁자가 될 가능성이 크다.

토큰 금융의 하나로 볼 수 있는 NFT는 디지털 자산에 희소성의 가치를 부여하며 아우라를 제공한다.[20] 과시, 구별, 자랑 욕구를 충족시키기도 한다(이시한, 2022). 또한 웹 3.0의 구성요소로서 향후 새로운 형태의 디지털 상호 작용, 소유권 및 교환을 가능하게 할 것으로도 기대된다(WEF, 2023).

토큰 금융에 대한 커다란 기대에도 불구하고, 도입 초기의 심한 가격 변동성, 사기 및 불법거래, 해킹 리스크에 적절하게 대응하지 못할 경우 토큰 금융의 취약점이 기존 금융시스템으로 전이되어 금융 안정을 위협할 가능성이 우려된다(Beau, 2023). 디지털 기술의 창의성과 금융 안정의 두 마리 토끼를 잡아야 하는 금융권의 지혜가 요구되는 또 하나의 영역이다.[21]

---

17. 토큰은 블록체인을 활용하는 가상자산을 지칭하는 용어로 사용되어 왔다. 가상자산 업계에서는 ICO 등으로 탄생한 가상자산을 '토큰'으로, 이들 중에서 메인넷을 갖추고 발전한 경우 '코인'으로 구분하기도 한다. 토큰 금융에서 '토큰'은 이러한 구분과 직접 연관된다고 보기 어렵다.
18. Leung et al.(2023) 참조.
19. 현실세계 자산(Real-World Asset; RWA)의 토큰화 또한 주목받고 있다(Carapella et al., 2023; FSB, 2023e).
20. NFT는 블록체인에 저장된 고유 자산의 디지털 표현으로, 소유권이 블록체인에 기록되므로 복제하거나 위조할 수 없다.
21. Garrido(2023) 참조.

3.3 가상자산에 대한 감독과 규제

가상자산 거래소나 전자지갑의 해킹·탈취, 범죄 및 불법·부도덕한 자금의 은닉 및 자금 세탁 수단으로 악용, 투자 사기 등 가상자산 금융에서 발생한 사건들을 손꼽자면 한이 없다. 다만 그동안 가상자산의 부정적 사건들의 원인을 분석해 보면, 지속 불가능한 사업구조, 유동성 리스크 관리 실패, 레버리지, 불투명한 재무상황 등 전통 금융에서와 유사하다(한국은행, 2023a). 결국 전통 금융이 발전하며 수백 년간 경험해 온 부정적 사건들을 가상자산 금융은 단시간에 집중적으로 경험하고 있다고 볼 수 있다(CGDFS, 2023).

가상자산 금융의 감독과 규제 핵심은 가상자산 금융의 장점은 키우되 단점을 보완하는 것이다. 즉, 디지털 기술의 창의적 기여를 유지하되 가상자산 금융의 리스크가 전통 금융으로 연계되는 경로를 차단하는 것이다(FSB, 2022).[22]

가상자산 규제에서 특히 가상자산의 증권성 여부가 뜨거운 감자가 되고 있다. 증권성 여부를 판단하는 하위 테스트Howey test는 돈이 투자되어 공동사업에 쓰이며, 투자에 따른 이익을 기대할 수 있고, 이익이 타인의 노력으로 발생될 경우 '증권'으로 본다. 이에 따르면 현존하는 상당수 가상자산이 증권으로 판명될 수 있다. 그렇게 되면 전통 금융권에서 다루어 온 증권과 가상자산 간 실체적 구분이 없어지며, 사실상 이들 가상자산을 전통 금융권에서 다루어야 하고, 현재의 가상자산 금융은 실정법에 위배된다고도 볼 수 있다. 그러나 이는 기존 거래질서의 안정성을 보호하는 법리에 반하게 되어 금융질서에 큰 충격을 줄 여지가 있다. 따라서 이에 대한 금융 당국과 법원의 현명한 판단이 요구된다. 이에 대해 EU는 MiCA, 한국은 가상자산법을 각각 제정하며 한 걸음씩 나아가고 있다.[23]

비트코인 탄생 이래 금융권의 엄청난 찬반 논란 속에서도 가상자산은 실존하며 진화하고 있다. 존재 자체를 부정하는 시기는 이미 지났고, 지금은 '대응'의 방

22. 이에 대해서는 6절에서 상세하게 다룬다.
23. 노태석(2023), 이해붕(2023), 임병화(2023) 참조.

향을 논해야 한다(CGDFS, 2023). 디지털 기술이 가져올 가상자산의 긍정적 측면은 보호하되, 금융 안정, 포용성, 공정성, 정보 비대칭성 해소 등 전통 금융이 그간 지켜온 가치들은 훼손되지 않도록 금융 정책 및 감독 당국과 민간 금융회사들의 유기적 협력이 필요하다.

4. 테크기업들의 도전

전통 금융은 이미 권역, 지역, 국경을 넘어선 치열한 경쟁을 벌여온 데다가 비은행 금융중개회사들에 이어 핀테크 및 빅테크 등 테크기업들의 강한 도전에 직면하면서 전방위적 혼전에 돌입한 양상을 보인다. 전통 금융은 정보 비대칭 해소와 규모 및 범위의 경제로 인해 고객 획득, 자금 조달, 컴플라이언스, 데이터 및 금융 서비스에서 아직까지는 우위에 서있지만 그 위상이 시간이 갈수록 위협을 받고 있다. 이 절에서는 이들 중 테크기업들의 도전에 대해 살펴본다.

4.1 테크기업의 종류

(1) 핀테크

핀테크는 금융서비스의 편리성과 접근성으로 사용자 중심의 개인화된 서비스를 제공하며, 소비자 편의를 증진하고 사회 후생을 증대시킨다(박창균, 2018). 비용 절감과 효율성 증대를 바탕으로 새로운 유형의 금융 상품과 서비스를 창출하며(이성복, 2021), 전통 금융과 경쟁보다는 공생의 파트너로 자리 잡아 왔다(김범수·윤지환, 2022; 홍지연, 2023). 특히 전통 금융 접근성이 떨어지는 부분에서 금융 포용성을 개선하는 점은 평가할 만하다(Parvez et al., 2023).

그러나 핀테크는 전통 금융과 다른 새로운 리스크를 초래하며, 금융 안정에 악영향을 줄 우려가 있다(김범수·윤지환, 2022; Dedola et al., 2023; Naceur et al.,

2023). 2023년 美 실리콘밸리은행 파산 사례는 이에 대한 경각심을 높이기에 충분했다. 디지털 기술 도입에서 흔히 발생하는 규제, 사기·해킹, 개인정보 보호 등의 문제도 아직 충분히 해결되지 않고 있다. 가진 자들이 교육 및 환경의 도움으로 디지털 문맹에서 벗어날 가능성이 더 크므로, 매튜 효과[24]의 양극화 우려도 있다(Gambacorta et al., 2023). 핀테크 집중도가 높아지면 대마불사의 폐해가 발생할 수도 있다(Corbae et al., 2023).

(2) 빅테크

빅테크는 데이터Data, 네트워크Network, 활동Activity의 'DNA 순환구조'를 특성으로 한다(Doerr et al., 2023). 플랫폼 경제의 주체로서 우월적 지위를 가지며, 정보 비대칭성을 해소하고 탐색 및 거래 비용이 낮다(이효섭, 2023). 소비자 개개인의 성향에 맞춘 금융상품·서비스의 개발, 이용 편의성 증진에도 강점이 있다(이석훈·조성훈, 2023). 네트워크 내 압력으로 차주의 신용상환을 강제하며 상업은행 지위를 위협할 힘도 있다(이도경, 2021; Gambacorta et al., 2021).

하지만 빅테크가 갖는 네트워크 효과가 부정적으로 쓰이면 시장지배력 증가, 경쟁 제한적 영업행위나 정보 우위적 불공정 경쟁으로 이어진다(이성복, 2021; 전선애, 2022; 이석훈·조성훈, 2023). 빅테크에 의한 개인정보의 상업적 이용이나 데이터 독점 문제도 우려할 사항이며(김남현, 2022; 백연주, 2023; 이석훈·조성훈, 2023; 이효섭, 2023), 빅테크와 전통 금융의 연계 심화는 시스템 리스크 증대로도 이어질 수 있다(이순호, 2021; 장명현, 2022; Bains et al., 2022b). 빅테크의 전통 금융 영역 잠식은 한동안 전통 금융을 불안하게 해왔다. 다만 빅테크가 금융규제의 새로운 부담을 짊어지면서까지 금융업에 본격 진출하여 얻을 실익이 있을지에 대해 일부

24. 성서 마태복음(Matthew)에 '무릇 있는 자는 더욱 받아 풍족하게 되고, 없는 자는 있는 것까지도 빼앗기리라'는 구절을 들어 부익부 빈익빈의 양극화를 나타낸다.

에서는 회의적이다.

따라서 혁신, 금융 안정, 경쟁, 개인정보 보호와 같은 정책 목표 사이에 새로운 트레이드오프trade-off가 생겨나고 있으며, 정책, 감독 및 규제 당국은 절충점을 찾기 위해 노력 중이다(Doerr et al., 2023).

(3) 디파이

디파이는 스마트 계약을 활용하여 중앙기관 없이 투명하고 안전한 서비스를 제공하며(Demertzis and Martins, 2023a), 블록체인, 가상자산, 오픈파이낸스, 디파이앱 등이 주요 특징이다(Weingärtner et al., 2023). 극단적으로는 직원을 고용하거나 전산설비를 갖추지 않고도 단지 프로그래밍 코드를 개발하고 배포함으로써 금융서비스를 구현한다. 이로써 거래비용과 시간을 절감하며(권민경, 2021 · 2023 ; 고동원, 2022 ; Demertzis and Martins, 2023a), 효율 증진, 금융 포용성 개선 및 혁신을 이룬다(Deshmukh et al., 2021 ; Demertzis and Martins, 2023a).[25]

하지만 디파이 역시 디지털 기술에 기반하므로 해킹으로부터 자유롭지 못하며, 핵심 영역인 스마트 계약의 불완전성과 규제 리스크 노출에 따라 구조적으로 취약하다는 단점이 있다(FSB, 2022 ; Makarov and Schoar, 2022). 분산화 환상[26]이 지나치다는 지적도 있으며(Aramonte et al., 2021), 전통 금융과 통합되면서 관련 리스크가 부각되어 전통 금융에 타격을 주고 금융 안정에 위해를 끼친다는 우려도 있다(FSB, 2022 · 2023a−e ; 권민경, 2023 ; Auer et al., 2023).[27]

---

25. 디파이는 중앙집중화된 금융(CeFi)과 비교되는데, 디파이와 달리 CeFi는 중개기관이 사용자의 정보를 확인한 후 그들 간 거래를 매칭한다. 따라서 전통 금융은 CeFi의 부분집합이 된다(Makarov and Schoar, 2022).
26. 분산화 환상은 5.2절을 참조.
27. Weingärtner et al.(2023) 참조.

(4) 다오

다오는 탈중앙화 자율조직으로 중앙관리자 없이 공통 목적을 가진 자들이 모여 투표를 통해 의사결정을 내린다. 익명성과 투명성을 바탕으로 수평적 관계를 유지하다는 점이 장점으로 꼽힌다. 그러나 기술적 복잡성과 법적 불확실성, 스마트 계약의 취약점, 합의 도달 과정의 복잡성 등은 해결해야 할 과제들이다.

4.2 테크기업에 대한 감독과 규제

테크기업들은 효율성과 접근성을 무기로 전통 금융의 중개 역할을 축소하며 영역을 확장하고 있다. 이 과정에서 개인정보 침해, 사이버 보안 위협, 시장 과점화 및 불완전한 규제 등이 이슈가 되고 있지만, 핵심은 차별적 규제에 따른 규제차익regulatory arbitrage 가능성이다. 전통 금융이 정보 비대칭성 해소, 금융소비자 보호, 금융회사 건전성 유지, 금융 안정, 은산분리 등을 추구하는 복잡하고 다양한 감독과 규제를 받고 있는 데 반해, 테크기업들은 금융업 영위에 있어 상대적으로 느슨한 감독과 규제를 받고 있다는 것이다.

따라서 테크기업들이 갖는 효율성, 포용성 등 긍정적 면을 유지하되 잠재적 리스크를 명확하게 하고 이를 완화하여 금융 안정을 추구할 필요가 있다(Feyen et al., 2023).[28] 또한 특정 디지털 기술에 편향되지 않도록 기술 중립 정책을 유지해야 한다. 이를 위해서 테크기업들이 전통 금융과 공정 경쟁을 추구하도록 '동일 행위, 동일 리스크, 동일 규제' 원칙을 유지하되, 빅테크의 특성을 고려하여 '액티비티activity 기반 규제'로는 잡아낼 수 없는 새로운 리스크에 대비하기 위해 '엔티티entity 기반 규제'도 추가적으로 검토할 필요가 있다(Carstens et al., 2021; Crisanto et al., 2021;

28. 황현철(2023) 등 참조.

Ehrentraud et al., 2022).[29]

5. 디지털 금융의 주요 이슈들

5.1 전통 금융, 가상자산 금융, 테크 금융의 관계

(1) 전통 금융, 가상자산 금융, 테크 금융의 비교

1) 가상자산 금융과 전통 금융

〈표 1-1〉은 가상자산, 그리고 빅테크 및 핀테크 금융을 전통 금융과 비교한 것이다. 먼저 가상자산 금융은 분산 네트워크를 기반으로 블록체인 기술을 통해 합의를 이루는 개별 참가자들에 의해 관리된다. 블록체인 기반 탈중앙거래소와 스마트 계약 기술을 사용하여 거래를 처리하는데(한국은행, 2023b), 국가마다 기준이 다르거나 아직 미비하여 법적 안전성이 상대적으로 낮은 편이다. 그리고 아직 시장규모가 작고 유동성도 낮아 가격 변동성이 큰 편이다.

이에 반해 전통 금융은 은행, 금융투자회사, 보험회사 등 중앙기관이 통제·관리하며, 거래 또한 중앙화된 거래소, 은행, 브로커를 통한다. 정보 비대칭성을 해소하고 금융 안정을 유지하기 위해 정부와 중앙은행이 오랜 역사를 통해 쌓은 경험으로 감독과 규제를 한다. 금융회사, 거래소, 예탁기관들 간 권한과 책임을 분리하여 이해상충의 여지를 제거하고 있음도 가상자산 금융과 구별된다.[30]

29. '동일 행위-동일 규제'는 액티비티 기반 규제로서 디지털 전환 시대의 리스크 관리와 금융 안정 확보에는 불충분하므로 보완책으로 엔티티 기반 규제가 추가적으로 필요하다는 주장이 설득력을 얻어가고 있다.

30. 확장성 등의 제약으로 그동안 가상자산 금융거래는 대개 중앙화된 거래소에서 이루어졌는데, 거래소가 딜러, 관리, 은행의 역할을 모두 맡아 이해상충의 문제가 있었다(Behnam, 2022; 한국은행, 2023b).

표 1-1　　전통 금융과 가상자산 및 빅테크·핀테크 금융의 비교

	전통 금융	가상자산 금융	빅테크·핀테크 금융
A. 시장			
거래 통화	법화	▪ 암호화폐 및 법화	▪ 자체 지급결제수단 및 법화
거래소	공공	▪ 민간 ▪ 블록체인에서 수행 ▪ 탈중앙화	▪ 개별 빅테크 내에서 실행
B. 주체			
회사	상업은행	▪ 예금, 대출 서비스 제공	▪ 빅테크는 자체 지급결제수단에 대한 예금, 전자상거래 관련 대출을 시도(2023년 8월 전금법 개정으로 소액후불결제업의 겸영 가능) ▪ 핀테크는 P2P 대출 등을 제공
	금융투자회사	▪ 가상자산 또는 비가상자산으로 구성한 포트폴리오 제공(집합투자기구의 기능)	▪ 전통 금융과 제휴한 자산관리서비스 제공(빅테크)
	보험회사	▪ 현실 세상의 위험뿐만 아니라 해킹 등 가상자산 거래 관련 위험을 보장	▪ 온라인 보험상품 비교·추천 서비스 제공(2023년 11월 혁신금융서비스로 지정)
C. 상품			
상품	예금·대출	▪ 예금은 블록체인망에 필요한 자원을 공급하고 댓가를 수취하는 형태(스테이킹, 일드파밍) ▪ 대출은 다른 가상자산을 담보로 제공하고 원하는 가상자산을 빌리는 방식	▪ 자체 지급결제수단에 일정 비율로 대가를 지급하는 서비스가 시도되었으나 규제로 중단(빅테크) ▪ 전통 금융 제휴 계좌에 대해 자체 지급결제수단으로 이자 지급(빅테크) ▪ 전자상거래에 연계한 소액후불결제 서비스(빅테크) ▪ P2P 대출 플렛폼(핀테크)
	채권·주식	▪ 가상자산 및 RWA의 토큰화 ▪ 운용전략을 스마트 계약화	▪ 크라우드펀딩, 조각투자 등의 자금중개, 로보어드바이저 등 자산관리 서비스(빅테크) ▪ 지급결제계좌 잔액으로 MMF 조성한 해외 사례도 있었으나 규제로 중단(빅테크)
	파생금융상품	▪ 수익이 기초자산의 가치에 연동되도록 스마트 계약화	▪ 없음
실물상품	원자재, 원유	▪ 수익이 실물상품의 가치에 연동되도록 스마트 계약화	▪ 없음
D. 하부구조			
중앙은행	한은 (BOK Wire)	▪ 없음	▪ 법화와 관련한 거래는 전통 금융과 제휴하여 청산·결제하고, 빅테크 내부의 거래는 빅테크가 자체 청산

(발권)	한은	▪ 중앙화된 민간주체 또는 다오가 발행	▪ 빅테크가 발행
(최종대부)	한은	▪ 없음	▪ 없음
(주조차익)	한은	▪ 발행주체에 귀속	▪ 없음(법화와 일대일 교환)
예금보험	예보	▪ 없음(단, 디파이 보험상품은 예외)	▪ 선불충전금에 대한 보험은 없으나 전통 금융과 제휴한 예금은 부보 대상
예탁 기능	금융예탁원	▪ 블록체인이 예탁 기능을 수행 ▪ 중앙화 거래소의 경우 투자자 자산은 거래소 내 지갑에 보관(분리예탁 아님)	▪ 선불충전금의 일정 비율 이상은 금융회사 신탁, 예치, 지급보증 등으로 별도 관리(전금법)
증권금융	한국증권금융	▪ 중앙화 거래소는 가상자산법에 의거 예치금 분리 예치 또는 신탁 의무 있음	▪ 없음
E. 당국			
정책	기재부, 금융위, 한은	▪ 금융위, 한은	▪ 금융위, 공정위
감독·규제	금융위, 금감원, 한은	▪ 금융위, 금감원, 한은	▪ 금융위, 공정위
F. 규제			
인허가	금융위	▪ 가상자산 사업자는 금융위 신고 의무(특금법)	▪ 선불업자는 금융위의 허가(전금법)
상장	IPO	▪ 개별 거래소가 자체 심사로 결정하고 동일 종목의 복수 거래소 상장이 가능	▪ 해당 사항 없음
공시	규제	▪ 가상자산 발행·보유 현황 공시 의무(금감원 회계기준서)	▪ 선불충전금 규모 및 신탁 내역, 지급보증보험 가입 여부, 부보금액 등에 대한 공시 권고(금감원 가이드라인)
가격제한	있음	▪ 없음	▪ 해당 사항 없음
암호	있음	▪ 전자지갑의 공개 키와 개인 키	▪ 있음
실명제	규제	▪ 100만 원 이상의 입출금에 대한 트래블 룰(특금법)	▪ 자체 기준 적용
과세	규제	▪ 가상자산의 양도·대여로 발생하는 소득에 대해 과세 예정(특금법)	▪ 전통 금융에 준함
정보 비대칭	존재	▪ 가상자산 사업자와 사용자 간, 가상자산 거래자 간 정보 비대칭이 전통 금융 대비 높으며, 기술 이해도에도 비대칭이 존재	▪ 전통 금융에 비해 테크기업과 사용자 간 정보 비대칭이 높을 수 있음
G. 국제			
국경 간 거래	규제	▪ 제한 없음	▪ 일부 제한
해외 계좌	개설 제한	▪ 일부 제한	▪ 일부 제한

2) 빅테크·핀테크 금융과 전통 금융

빅테크와 핀테크는 지급결제 및 송금·환전, 투자, 자산관리, 보험 등에서 금융서비스를 제공하고 있다. 핀테크는 주로 자사의 신기술을 전통 금융에 접목하는 형태로 전통 금융회사와 협업하여 전통 금융의 혁신을 촉진하면서도 보완하는 역할을 한다. 빅테크는 전통 금융 대비 우위에 있는 데이터 및 플랫폼의 고객접점을 기반으로 제한적인 영역에서 전통 금융의 기능을 일부 수행 중이다.[31]

(2) 전통 금융, 가상자산 금융, 테크 금융의 연계

가상자산 금융과 핀테크·빅테크 금융은 태동 이후 계속 진화하며 성장 중이며, 전통 금융은 이에 대응하며 변화를 꾀하고 있다(Bache, 2021). 상호작용하며 새로운 균형을 찾는 과정 중에 있는 것이다. 디지털 기술이 성숙하고 사용자들의 이해가 높아질수록 금융은 수요자 중심으로 발전할 것이고, 전통 금융, 가상자산 금융, 테크 금융을 구분하는 의미는 점차 퇴색할 것이다. 종국에는 하나의 체계로 통합될 가능성이 있다. 다만 가상자산 업계와 테크기업들 공히 전통 금융이 받아온 엄격한 금융규제를 부담스러워하는 것은, 이들의 본격적인 금융업 진출을 가로막는 한 원인이 되고 있다.

1) 전통 금융과 가상자산

가상자산 시장이 확대될수록 전통 금융과 가상자산 시장은 더 연결될 것이다(Aramonte et al., 2021; Adrian et al., 2022; Iyer, 2022; FSB, 2023e; IMF, 2023b). 가상자산 가격의 등락은 투자자의 리스크 회피 성향, 심리 등을 변화시키고 전통 금융자산에 대한 투자에도 영향을 미칠 수 있다(Corbet et al., 2018; Bouri et al.,

31. 전통 금융회사의 계좌와 연계한 예금, 전자상거래 관련 소액후불결제, 온라인 보험상품의 비교·추천 등이 있다.

2021; Iyer and Poposcu, 2023). 특히 금융회사가 가상자산에 투자하는 경우 두 시장의 연계는 더 직접적이고 강력해진다(CGDFS, 2023; ESRB, 2023). 실제 금융회사들은 가상자산 관련 금융서비스에 적지 않은 관심을 가져왔으며, 몇몇 금융회사들은 가상자산 사업자에게 대출을 실행하거나 가상자산 시장으로부터 자금을 조달하는 시도를 하였다. 가상자산의 수탁, 펀드 중개, 파생상품 발행 등도 이루어졌다(최순영, 2022; Ernst & Young, 2022). 최근 가상자산 ETF의 상장, 예금토큰의 발행, 실물 자산 토큰화 등은 금융회사의 가상자산 수요가 증가하고 있음을 보여준다(Aramonte et al., 2022; Carapella et al., 2022).

2) 디파이와 전통 금융

FSB(2023e)는 디파이와 전통 금융의 통합에 대해 세 가지 시나리오를 제시한다. 첫째, 디지털 기술 발전의 부진, 가상자산에 대한 금융 당국의 과도한 규제, 가상자산 금융의 부가가치에 대한 의문 등으로 가상자산 금융이 한정된 영역으로 남는 경우이다. 둘째, 가상자산 금융이 성장하여 전통 금융과 더불어 주요 금융수단으로 자리 잡는 경우이다. 적정한 규제 하에서 생태계가 성장하고 토큰화가 활성화되는 경우에 가능한 시나리오일 것이다. 셋째, 가상자산의 독자적 생태계는 축소되고 전통 금융에 기여할 수 있는 기능으로서만 일부 남는 경우이다. 스마트 계약 등의 기능만 전통 금융의 부품으로 흡수되고 가상자산 시장 자체는 쇠퇴한다는 것이다. 디지털 기술의 발달, 가상자산에 대한 사용자들의 이해와 관심, 그리고 정책 당국의 규제적 대응 방향에 따라 미래의 모습은 달라질 것이다.

3) 빅테크와 가상자산

빅테크는 플랫폼의 높은 사용자 접근성을 이용하여 가상자산 매매 및 지급결제 서비스, 나아가 가상자산 금융서비스의 제공을 시도 중이다(안유미, 2022; CRS, 2022). 빅테크의 가상자산 취급은 사용자들이 친숙하게 가상자산에 접근할 수 있도록 하여 네트워크 효과를 통한 가상자산 사용자 확산의 효과를 가져올 수 있

다.[32]

글로벌 스테이블코인이라고 불리는 빅테크의 스테이블코인 발행도 주목할 만하다. 빅테크의 국경을 초월하는 네트워크 효과, 지급결제 시장에서의 우월적 지위, 축적된 데이터와 앞선 AI 기술력 등을 고려할 때 빅테크 스테이블코인은 파괴적 변화를 가져올 잠재력이 있다(Carstens et al., 2021; Panetta, 2021; Bains et al., 2022a ; Kotovskaia and Meier, 2022 ; IMF, 2023b).

4) 테크기업과 전통 금융

테크기업과 전통 금융은 협력하면서 또 경쟁하고 있다. 핀테크는 자체 개발한 금융서비스를 전통 금융회사와 제휴해 소비자에게 제공하거나, 금융회사에 직접 제공하는 등의 방식으로 전통 금융과 협업하여 왔다. 협업을 통해 핀테크는 금융회사의 영업력을, 금융회사는 차별화된 서비스를 얻을 수 있었다. 그러나 빅테크의 양상은 다르다. 그들은 전자상거래 온라인 플랫폼을 중심으로 자체적으로 금융서비스를 제공하며, 사실상 전통 금융과 경쟁하여 왔다. 그 결과 지급결제 및 송금 분야에서 상당한 영향력을 확보하였으며, 대출, 금융상품의 판매까지 영역을 확대하고 있다.

빅테크가 금융에 진입하던 초기에는 데이터 우위, 강력한 네트워크 효과로 금융산업의 판도를 바꿀 것이라는 예상이 많았다. 강력한 고객접점을 바탕으로 영업력을 장악하여 기존 금융회사를 대체할 것이라는 전망도 있었다.[33] 그러나 공정 경쟁, 소비자 보호의 취약성, 금융 안정에 대한 우려가 불거지고 관련 규제가 강화되면서 빅테크의 금융서비스는 아직까지는 제한적인 수준에 머물고 있다(Crisanto et al., 2021; Ehrentraud et al., 2022).

---

32. 일례로 페이팔은 앱에서 가상자산의 거래, 가상자산을 이용한 결제·송금을 지원하며, 애플페이는 가상자산거래소와 제휴하여 가상자산 직불카드의 온·오프라인 결제를 지원하고 있다.
33. 2017년 알리페이의 MMF 조성은 이러한 전망을 뒷받침하는 사례이다. 온라인 결제계좌의 잔액을 자금시장에 투자하는 서비스로 단시간 내에 당시 최대 규모였던 JP모건의 MMF를 뛰어넘는 규모의 펀드를 조성하였다.

빅테크와 전통 금융의 연결은 인프라에서도 일어난다(FSB, 2019; Adrian, 2021; 삼정KPMG, 2022). 전통 금융회사는 디지털 전환 과정에서 클라우드 등을 이용하여 운영을 효율화하는데, 이를 소수 빅테크에 의존하고 있어(Richter, 2021; 장명현, 2022; Carstens, 2023) 운영 리스크가 빅테크와 직결되어 있다.

5.2 분산화 환상과 트릴레마

블록체인 기술이 활성화되기 시작한 이래 탈중앙화에 대한 높은 기대가 시장에 퍼졌지만, 블록체인에는 '확장성scalability, 탈중앙화decentralization, 보안security'을 동시에 달성할 수 없는, 소위 블록체인 트릴레마가 존재했다.[34] 탈중앙화와 보안을 양보하지 않고는 블록체인망을 확장할 수 없어 많은 경우에 부분적 중앙화가 불가피하였다(Schär, 2021; Boissay et al., 2022; Duley et al., 2023). 하지만 이를 보완하는 다양한 기술적 방안이 연구되었고 일부는 이미 구현되고 있다.[35] 기술의 한계를 또 다른 기술 진보가 보완하는 전형적인 기술 발전의 과정으로 보인다.

5.3 AI 중심의 디지털 기술 통합

디지털 기술들은 앞서거니 뒤서거니 발전하여 금융권의 관심을 끌어왔다. 어떤 기술도 단독으로 상용화를 추구하기는 어려워 다양한 기술들이 합종연횡으로 연계되며 금융권에 도입되어 왔다. 그런데 2022년 ChatGPT 이후 AI가 중심축으로 확고하게 자리 잡으며 여타 디지털 기술들이 AI를 축으로 발전을 모색하는 양상으로 바뀌었다.

---

34. 블록체인은 자원 소모를 제어하고 검증인에게 적절한 보상을 유지하기 위해 처리량에 상한을 둔다. 그러나 이 제한 때문에 혼잡 시 거래 수수료가 급격히 상승하고 사용자가 이탈할 수 있다. 보안과 탈중앙화를 지키기 위한 필수불가결한 장치가 확장성을 제한하는 것이다.

35. Buterin(2021), Koyluoglu et al.(2023) 등을 참조.

디지털 기술이 가져오는 혁신의 가치는 이들이 경제 내에서 어떻게 활용되는가에 달려 있다. 우리가 지금 마주하고 있는 디지털 기술들도 과거 인터넷이 그랬던 것처럼 패러다임 전환을 이끌며 새로운 비즈니스 기회 창출의 기반이 될 것이다. 중요한 것은 신기술이 제공하는 새로운 환경 하에서 '얼마나 다양하고 창의적인 비즈니스가 공급될 것인가' 하는 것이다. 기술의 활용은 창작의 영역으로, 분석하고 고민하여 가치있는 새로운 것을 만드는 과정이다.

이의 핵심에 AI가 있다. AI는 데이터를 수집·분석·학습·생성하며, 무엇을 할 것인가에 대해 고민하고 의사결정할 수 있다.[36] 예를 들어 블록체인 하에서 다양한 형태의 암호화폐 스마트 계약을 설계하거나, 메타버스 서비스를 창작하여 사용자의 경험을 풍부하게 할 수 있다. AI를 중심으로 디지털 기술의 활용이 본격화된다면, 기술은 더 발전하고 기술 간의 창의적 결합은 더욱 촉진될 것이다.

6. 금융권 대응전략

6.1 금융권 디지털 전환 현황

전통 금융이 디지털 전환을 추진함과 더불어 가상자산과 테크기업들의 도전을 함께 받으며 금융시장은 격변의 와중에 있다.[37] 디지털 기술의 등장은 지급결제 시스템의 혼란, 디지털 자산과 데이터 사용의 이점과 리스크 부각, 금융시장 전자화 등을 야기하였다(Duffie et al, 2022). 금융거래와 금융산업 구조에 변화를 촉발하였고, 디지털 금융 서비스는 속도, 편의성, 저비용성 등 장점으로 고객들 수요가 높아

---

36. 로봇이 주로 블루컬러 노동력을 대체한다면, AI 중심 디지털 기술들이 전통적 화이트컬러 산업인 금융권의 노동력을 대체할 가능성이 있는지 초미의 관심사다.

37. 금융상품의 제조·판매가 분리되고 복수의 금융·비금융회사가 서비스 체인에 참여하면서 금융업과 비금융업의 경계가 모호해지고 경쟁은 더욱 치열해지고 있다(이정두, 2023).

금융권은 이에 적극 대응하고 있다.[38]

[그림 1-1]은 금융권 디지털 전환을 공급, 수요 및 제도의 3축에서 살핀다. 이 중 공급 축은 디지털 기술을 제공하는 기술 발전을 다루며, 여기서 핵심 과제는 기술 중립 추구, 전문인력 양성 등이다. 수요 축은 디지털 상품과 서비스를 수용하기 위한 금융소비자들의 디지털 기술 문맹을 다루며, 핵심 과제는 디지털 문맹 제거 등이다. 제도 축은 금융의 디지털 전환과 관련한 정부 정책 및 감독 포용성을 다루며, 핵심 과제는 혁신과 금융 안정의 동시 추구 등이다.

그림 1-1 금융권의 디지털 전환 : 공급, 수요 및 제도의 3축

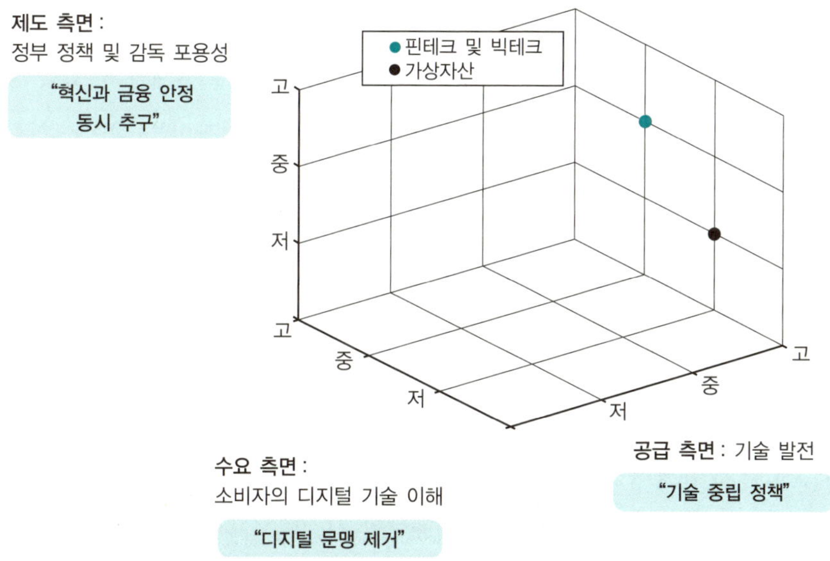

[그림 1-1]의 세 축에서 볼 때, 기술 발전 측면에서는 가상자산과 테크 금융이 비슷하지만, 가상자산의 기술 문맹 정도와 감독 포용성 부족이 테크기업에 비해 상대적으로 심한 편으로 판단된다. 따라서 전통 금융과의 융합에서 테크 금융보다 가상자산 금융이 상대적으로 늦을 가능성이 크다.

---

38. 구본성·이순호(2020) 참조.

다음에서는 현재 금융권의 디지털 전환 주요 현황을 공급, 수요, 제도 측면에서 각각 살펴본다.

(1) [공급 측면] 디지털 전문인력 부족과 기술 중립

디지털 기술의 금융산업 적용을 위해 디지털 전문인력의 중요성은 아무리 강조해도 지나치지 않다. 그러나 국내에서 배출되는 디지털 전문인력 자체가 크게 부족한 데다가[39] 해외 및 테크 기업들이 이들을 우선적으로 채용하고 난 뒤 금융권이 후순위로 채용할 전문인력은 더욱 부족한 실정이다. 더군다나 이들 중 상당수는 주어진 과제를 코딩으로 풀어내는 실력은 갖추었더라도, 금융에서 필요한 문제를 발굴하고 이를 해결하기 위해 필요한 시스템을 거시적으로 설계할 수 있는 능력까지 갖추지는 못하였을 수도 있다. 건설 현장에 목수와 미장이는 많으나 안토니 가우디는 없는 것이다. 아무리 솜씨 좋은 목수와 미장이라도 멋지고 거대한 건물을 설계할 수는 없다.[40]

디지털 전환에 대한 뚜렷한 비전의 부재, 특정 부서 의존, 고객 편의보다는 금융회사 업무 편의성을 추구하며 혁신을 저해하는 조직 문화, 경직적 규제 등이 금융의 디지털 전환에 장애요인으로 지적된다. 성공적 디지털 전환을 위해서는 경영진의 꾸준한 관심과 뚜렷한 비전, 디지털 부서와 타 부서 간 협업체계 구축, 디지털 관련 실적에 대한 중장기적 접근, 금융보안 시스템 선진화가 필요하다(서병호, 2023a).[41]

디지털 기술 공급 측면에서 기술 중립성 유지도 중요한 과제이다. 기술 중립성

---

39. 국내 금융업의 AI 인력, IT 인사·예산 비중은 글로벌 기준 대비 매우 낮다(노성호, 2023).

40. 직업적 편견은 전혀 없음을 분명히 밝힌다. '와이어드(Wired)'의 캐빈 캘리는 (미래에는) 기계가 답을 하고 인간은 질문을 하는 존재가 되어야 한다고 주장한다. 앞서 예에서 가우디는 금융에 필요한 신상품과 서비스가 무엇인가를 질문하는 '개발자', 목수와 미장이는 이에 답하여 요구사항을 훌륭하게 만들어 내는 '코딩 전문가'에 비유된다.

41. 이태우(2023) 참조.

은 다양한 기술을 공급함에 있어 제약을 없애고, 소비자가 기술을 자유롭게 선택할 수 있도록 하는 것이다. 정부는 특정 기술을 선호하거나 편견을 가지지 않는 기술 중립적인 접근으로 다양한 기술 간의 공정 경쟁이 장려되는 환경을 조성해야 한다(Garrido et al., 2022).

(2) [수요 측면] 디지털 교육과 소비자 보호

금융권에서 뛰어난 디지털 기술로 새로운 상품과 서비스를 공급하더라도 소비자가 이를 제대로 수용하지 못하면 성과를 내기 어렵다. 따라서 계층별·연령별 금융 소외를 해결하기 위한 금융 리터러시와 소비자 보호의 중요성이 한층 부각되고 있다.

디지털 문맹은 소비자 보호, 금융 포용, 금융 안정에 부정적 영향을 미쳐 디지털 금융의 확대에 장애가 된다(CGDFS, 2023). 디지털 이해가 낮은 사용자들에게 디지털 금융 서비스가 공급되면, 기술에 대한 이해 부족으로 잘못된 의사결정을 할 수 있고 사기 등에도 대응하기 어렵다. 디지털 금융 서비스의 높은 접근성이 사용자들의 충동적 행동을 유도하며, 디지털 소외가 금융 소외로 이어질 수 있다(Panos and Wilson, 2020). 반면, 디지털 이해력은 금융 이해도를 증진시키고 금융 포용, 나아가 금융 안정에도 긍정적 영향을 미친다(Lusardi, 2019; Kass-Hanna et al., 2022; Prete, 2022).

디지털 소외 문제에 대응하여 고연령층과 사회적 소수자들의 금융 포용성을 촉진하기 위해 정부와 금융회사는 협력하여 다양한 지원 프로그램을 마련해야 한다(中澤, 2023). 디지털 리터러시 개선 전략 마련을 위한 심층적 연구 수행과 기관별 기술 교육 제공, 파트너십 활용 등이 필요하다(디지털플랫폼정부, 2023; Lusardi and Mitchell, 2023). 디지털 불평등 문제를 해결하기 위한 디지털 기술의 보급과 인프라의 확충도 필요하며, 교육 컨텐츠를 강화하고 교육체계 또한 변화해야 한다. 기업들의 개인정보 처리 방침 공개와 투명성 강화는 물론이다(FSB, 2023a-d).

(3) [제도 측면] 금융정책, 감독과 규제

기존 금융안전망으로는 디지털 기술 발전과 이로 인한 자금중개 기능의 본질적 변화에 대응하기 어렵다(김동환, 2022). 당면 과제로서 빅테크가 제공하는 금융서비스에 대한 소비자 보호를 강화하고, 빅테크와 은행 간 관계에 대한 문제를 해결할 필요가 있다(서정호·이병윤, 2020). 디지털 뱅크는 결제 시스템의 일익을 담당하므로, 감독 당국은 사이버보안, 자금 세탁 방지 대책 등을 강화해야 한다(이병관, 2023).

이들 각론보다 중요한 것은 정책, 감독 및 규제의 핵심 원칙이다. 정책, 감독 및 규제 당국은 금융권의 디지털 전환을 지원하되, 금융 안정을 유지하는 균형잡힌 미래를 설계해야 한다. 올바른 정책, 감독 및 규제를 위해서 우선되어야 하는 것은 당국의 디지털 기술에 대한 제대로 된 연구와 이해이다. 충분한 지식과 경험 없이 과거의 전통 금융적 사고에만 매몰되어 다가오는 새로운 시대 흐름을 제대로 읽어내지 못하고 헛발질을 하게 되면 이에 따른 피해는 온전히 금융시장과 소비자들이 부담하게 될 것이다.[42] 금융정책, 감독과 규제가 추구할 방향에 대해서는 7절에서 상세하게 다룬다.

6.2 디지털 기술과 리스크 관리

리스크 요소들 간 상호작용과 연계성이 획기적으로 증가하면서 금융회사 경영에서 리스크 관리는 여러 가지 어려움들에 봉착했다. 다행히도 디지털 기술은 이러한 난관을 돌파할 새로운 도구를 제공해 줄 수 있다. 빅데이터는 다양한 데이터 소스들을 분석함으로써 전통적 신용평가 방식보다 고객 신용도와 부도 리스크를

42. 가상자산 도입 초기에 정부 내 일부 각료들의 시대착오적 발언들은 이러한 균형을 잡는 것이 얼마나 어려운지 보여주는 예이다.

더 정확하게 평가한다. 리스크를 실시간으로 모니터링하여 급변하는 시장 상황에 대응할 수 있으며, 거래 패턴과 이상 행동을 식별하여 부정거래와 금융사기를 감지하고 예방한다. 규제 준수 및 리스크 관리를 개선하기 위한 인사이트를 제공하기도 한다.

AI는 신용평가, 대출심사, 리스크 모니터링에 도움을 준다. 데이터를 효율적으로 분석하고, 리스크를 정확하게 분석하여 빠르게 대응하게 해준다. 법규 위반, 시장 조작, 자금 세탁 등의 리스크 요소를 식별하고, 관련 규제 및 법률 요구사항에 부합하는 조치에 도움을 준다. 다만 애로사항으로 고빈도 데이터 부족, 전문인력 부족, 망 분리 규제[43], AI 관련 규제의 불투명성 등을 지적한다(서정호, 2022). 한편, 리스크 관리에서 AI의 사용이 증가하면 잠재적 주기성 증폭으로 시스템 리스크를 유발함에 유의해야 한다. AI가 시장 참여자들의 신념과 행동을 동조화시켜 경기순환주기의 진폭을 확대하기 때문이다. 우수한 기술과 데이터를 보유한 소수의 회사에 리스크 관리 아웃소싱이 집중될수록 이러한 우려는 더 심화된다(Danielsson and Uthemann, 2023).

디지털 기술은 SNS, 거래 기록, 온라인 행동 데이터 등 다양한 출처의 대량 데이터를 빠르고 정확하게 수집·처리함으로써 행태금융학에 필요한 투자자 행동·심리의 정밀 분석을 가능하게 한다. 이를 통해 금융회사들은 행태금융학의 이론 및 모델, 예를 들어 인지 편향, 대중심리 등의 행동 패턴을 예측하고 맞춤형 금융상품을 개발하며 리스크 관리 전략을 개선할 수 있다.

한편, 2010년 ECB의 트리셰는 경제주체들이 이성적이고 최적화된 판단을 한다는 생각을 벗고 복잡계를 경제이론에 접목해야 한다고 주장했다(마크 뷰캐넌, 2019). 금융시장은 수많은 참가자와 거래, 글로벌 이벤트 등 다양한 요소들이 복합적으로 상호작용하므로 기존의 선형적 이론보다는 복잡계 이론이 시장 변동성과

43. 금융회사 업무용 컴퓨터의 외부 통신망 접속을 차단한 것으로, 생성형 AI 도입에 장애가 된다는 주장이 있다.

연계성을 설명하기에 더 적합하다는 것이다.[44] 복잡계 이론과 AI의 결합은 금융위기를 분석하는 도구를 제공하며, 금융시스템의 근본적 역학을 더 깊이 이해하고 리스크를 더 정확하게 분석해 준다(Battiston et al., 2016; 정영식 외, 2023).

양자컴퓨팅은 금융 모델링과 시뮬레이션을 훨씬 빠르고 정교하게 수행하므로, 금융회사들은 시장 변동성과 상관관계를 더욱 정확하게 분석하고 이에 기반한 리스크 관리 전략을 개선할 수 있다. 대량 거래 데이터를 빠르게 실시간으로 분석하여 의심스러운 활동을 즉각적으로 감지하고 금융회사들이 적절한 조치를 시행하도록 도와준다.

6.3 디지털 전환에 따른 금융권역별 대응전략

금융소비자의 디지털 수용성이 증가하는 가운데 디지털 전환은 금융권 미래의 명운이 걸린 중대 사안으로 대두되고 있다. 이에 따른 금융권의 지속적 관심과 투자가 필요함에도 불구하고 뚜렷한 디지털 관련 비전의 부재, 특정 부서 의존, 혁신을 저해하는 조직 문화, 내부 전문인력 부족, 경직적 규제 등이 장애가 되고 있다(서병호, 2023a).

(1) 상업은행

디지털 전환과 더불어 비은행 금융중개기관, 가상자산 금융, 테크기업들이 전통 은행 업무, 특히 지급결제 서비스를 위협하고 있다. 기술혁신이 전통 은행 비즈니스 모델과 기존 규제에 도전하는 것이다(Petralia et al., 2019; Carletti et al., 2020;

44. 특히 창발(emerging)과 피드백의 분석이 중요하다(윤영수·채승병, 2005; 제임스 리카즈, 2015·2017; 김범준, 2018; 마크 뷰캐넌, 2019). 복잡계의 임계점에서 예기치 못한 요인 때문에 균형이 깨지면 시스템에 큰 충격이 발생하는데(페르 박, 2012), 이에 대한 분석이 기존의 선형적 리스크 관리의 한계를 확장하는 데 도움을 준다.

김동환, 2021). 디지털 기술은 은행의 상품·서비스, 업무 프로세스, 시장경쟁 구조에도 영향을 준다. 오픈뱅킹 시행과 테크기업들의 은행산업 진입으로 경쟁이 심화되며, 이로 인한 유동성, 결제, 운영 리스크 등의 문제가 부각되고 있다. 나아가 금융권역 간 칸막이가 더욱 완화될 가능성이 보인다(서정호·이병윤, 2020).

빌 게이츠는 1994년 일찍이 "Banking is necessary, banks are not."이라고 하며 은행의 존립 위기를 예견했다. 2018년 WEFWorld Economic Forum와 딜로이트 또한 AI의 발전에 따라 "예금계좌의 사망"을 예견했다. AI 자산관리를 통해 서비스 중심이 예금계좌에서 재무관리 플랫폼으로 이동하며, 은행과 고객의 상호작용이 줄어들고 지급결제, 대출, 자산관리 등에서 금융서비스의 경계가 허물어질 수 있다(김혜련, 2023). 미래에 은행은 살아남을 수 있는가?

기존 연구들은 다음과 같은 은행의 대책들을 설파한다. 은행들은 디지털 전환으로 신상품 개발, 판매 채널 다변화, 업무 효율성 제고, 인력 및 조직 구조 변화를 추구해야 하며(서정호·이병윤, 2020), 데이터 분석 역량을 활용한 고객 선별력 강화, 기술 기반의 금융서비스 개발을 통한 접근성 개선, 외부 제휴를 활용한 비금융 경영 지원 서비스를 확충해야 한다(우리금융경영연구소, 2023). 금융거래를 온라인상에서 처리하는 디지털 뱅크는 편리성, 상품성, 저비용 등의 우위를 내세워 젊은 층과 은행 계좌가 없는 언뱅크드unbanked층을 대상으로 고객 기반을 확대해야 한다(이병관, 2023). 은행은 AI를 도입하는 데 있어 데이터 수집의 어려움, 규제 한계, 고객 신뢰 문제 등 장애물들을 해소해야 하며, AI 사용을 확대할 때 인간과 기계 간 상호작용, AI 적용 범위 최적화, 발전적 AI 기술을 채택하도록 노력해야 한다(김혜련, 2023).

그런데 보다 본질적으로 크리스 스키너(2015)는 미래의 상업은행이 '물리적 돈'이 아니라 '안전한 데이터'의 금고가 될 것으로 본다. 은행은 데이터가 정보, 지식, 지혜가 되도록 해야 하며, 아마존, 구글, 애플, 메타와 경쟁하게 될 것이다. 따라서 정보를 자본으로 다루며 계좌정보 통합 일원화 서비스, 라이프스타일 상담, 실시간 리스크 관리, 기획 분석 등의 진정한 가치를 고객에게 제공하여 수익을 얻어야 한다. 은행은 궁극적으로 클라우드로 옮겨갈 것이며, 은행 애플리케이션은 앱들을 고객이 자신의 비즈니스나 라이프스타일에 맞게 짜맞출 수 있도록 모아 놓은 아이튠즈 같은 서비스가 될 것이다.[45]

결국 크리스 스키너(2015)는 미래 상업은행이 플랫폼이나 프로토콜 경제의 중심이 되어야만 살아남을 수 있다고 보는 것이다. 다만 이러한 모듈화의 주체가 은행이 될지, 아니면 빅테크 중심의 테크기업들이 될지에 대해서는 전문가들마다 의견이 나뉜다. 전통 금융과 플랫폼 기업들 간 경합과 제휴 방식은 개별 금융그룹들의 전략 선택에 따라 달라질 것이다.[46]

(2) 금융투자(증권)회사[47]

자본시장에서는 플랫폼이 향후 서비스 판매의 지배적 채널로 자리 잡을 것이며, 자동화, AI, 클라우드 기술이 산업의 변화를 주도하며 토큰화로 자본시장 인프라가 새롭게 재편될 것으로 본다. 금융투자회사는 이러한 디지털 전환에 대응하여 디지털화 대상 선별, 거래 플랫폼 개선 및 기능 확장에 나서야 한다. 데이터 분석 및 리서치 업무의 디지털화를 이루되, 디지털화를 내부에서 실행할 것인지 아웃소싱할 것인지 현명하게 구분해야 한다. 디지털화는 프로세스 자동화에 따른 비용 절감이 가능하고 다수 고객을 확보할 수 있는 영역부터 추진해야 하며, FICC[48], 자산관리, 판매 채널 부문이 그 예라 볼 수 있다.

자본시장에서 테크기업의 중요도가 상승하며, 특히 핀테크는 경쟁과 협력 대상으로서 매매, 후선 업무, 리스크 관리, 레그테크RegTech[49], 대고객 서비스에서 자

45. 외부 회사들이 제공하는 서비스를 기반으로 은행 업무를 기능별로 분리하고, 데이터 분석을 바탕으로 새로운 비즈니스 모델을 재구성해야 한다.

46. 오태록(2023) 참조.

47. 송민규·연태훈(2021) 참조.

48. FICC(Fixed Income, Currency, and Commodity).

49. 레그테크는 규제와 기술의 합성어로 법규 준수 및 규제 대응에 디지털 기술을 활용하는 것이다.

리 잡게 된다. 이를 위해 유망 핀테크 기업 선별, 이를 활용한 니치 마켓 발굴, 기존 금융회사와 협업체계 마련에 힘써야 한다. 다만 무모하고 획일적 디지털화 추진은 금융투자회사의 특징을 상실시키고 단순 중개업으로 전락시킬 우려가 있어 주의해야 한다.

송민규 · 연태훈(2021)은 디지털 전환에 따른 금융투자회사의 미래 시나리오를 낙관과 비관의 두 가지로 제시한다. 낙관적 예상에서는 디지털 전환이 성공적으로 이루어지면서 근본적 변화와 새로운 경쟁 환경이 형성된다. 기술 진입장벽이 낮아져 경쟁 환경이 보다 동태적으로 형성되며, 기존 금융투자업자와 테크기업들이 생태계를 구성하고 국경의 의미가 퇴색되며 시장개방 효과가 나타난다. 반면, 비관적 예상에서는 디지털 전환의 부분적 효과는 구현되지만 기존 산업 구조 및 업무 방식과 혼재되고, 시장의 구조적 변혁이 이루어지지 못하며, 해외 진출은 한계에 봉착한다.

정해진 미래는 없다. 위의 두 가지 시나리오 중 어느 것이 실현될지 여부는 현재 우리 손에 달려 있다.

(3) 보험회사[50]

보험권에서는 온디맨드 보험, 사이버 보험, 공유경제 보험, 웨어러블 기기 등을 활용한 건강증진형 보험 등 디지털 기술을 활용한 새로운 상품들이 개발되고 있다. 주행 거리 및 습관 등에 따라 자동차보험료가 책정되는 UBI Usage-Based Insurance 또한 디지털 기술이 보험에 변화를 가져온 예이다.

보험회사들은 빅데이터와 AI를 활용해 간결하고 편리하게 고객 맞춤형 상품을 개발하고, 블록체인 기술을 이용해 투명하고 안전한 거래를 제공할 것이다. AI 챗봇으로 서비스 접근성을 개선하고 자동 언더라이팅을 구현하며, 사물인터넷 IoT과

50. 김재현 · 이석호(2021) 참조.

스마트폰 앱으로 보험 청구과정을 간소화하고 업무 자동화로 보상을 신속화할 것이다. 블록체인은 P2P 보험, 여행자 보험, 비행 탑승 보험 개발 및 사기 방지에 활용될 것이며, 고도의 데이터 기술로 보험회사와 가입자 간 정보 비대칭성은 감소할 것이다.[51]

한편, 보험 판매 애그리게이터Aggregator[52] 및 방카슈랑스 디지털화 등이 활성화될 것이다. 소비자 스스로 니즈에 부합하는 보험상품을 이해하고 구매하는 판매 플랫폼이 더욱 중요해질 것이기 때문이다. AI와 로봇 자동화로 보험회사의 노동 집약적 업무는 축소되며, 백오피스 분야는 테크기업으로 아웃소싱될 전망이다. 빅테크가 보유한 자본력과 정보력을 기반으로 가치사슬을 변형시킬 가능성도 있다.[53]

7. 디지털 전환에 따른 금융정책, 감독과 규제[54]

금융의 디지털 전환에서 금융정책, 감독과 규제도 디지털 기술에 대응하여 발전해야 한다. 디지털 기술 발전과 규제의 상호작용, 금융혁신이 유발하는 복잡성과 연계성, 파편화된 시스템 등으로 인해 금융은 점점 복잡해지고 있다(노형식, 2019). 혁신은 효율성을 증대시키지만 복잡성을 유발하고 비용 감소의 규제 회피 수단으로 오용될 여지가 있다. 이는 시스템을 취약하게 만들 수 있어 금융 감독과 규제의 근거가 된다. 이러한 부작용을 막기 위해서는 혁신 활동을 공개하여 시장의 평가를 받고 정책 감독과 규제 개선을 검토해야 한다.

기존 금융정책을 디지털 환경에 맞게 면밀하게 조정해야 할 필요가 있다. 디지털 기술 혁신이 가져올 창조적 파괴를 민첩성과 유연성을 갖고 지원하되, 전통적

51. 인슈어테크는 보험과 기술의 합성어로, 인슈어테크 스타트업들은 보험가입자의 행동 패턴을 분석하여 리스크를 관리하고 보험 인수에 필요한 자동화 수준을 향상시키고 있다.

52. 여러 보험회사의 상품·서비스에 대한 정보를 모아 하나의 채널에서 제공하는 새로운 판매 채널을 지칭한다.

53. Ocampo et al.(2023) 참조.

54. 중앙은행의 역할에 대해서는 이 책의 다른 파트에서 별도로 다루므로 여기에서는 생략한다.

가치인 금융 안정, 소비자 보호, 공정 경쟁, 데이터 및 프라이버시 보호를 지켜나가야 한다. 금융 감독과 규제는 거래를 모니터링하고 리스크를 파악할 수 있는 데이터 분석 기술을 도입하여 업무 효율성을 제고하며, 새로운 금융서비스나 상품에 필요한 규제와 대응 체계를 개선해야 한다. 사이버 보안과 위조 방지 대책을 마련하고, AI, 빅데이터, 블록체인 등의 디지털 기술을 학습하여 디지털 금융 서비스의 안정성과 공정성을 감독할 수 있는 능력을 갖춰야 한다.[55]

7.1 금융정책

(1) 디지털 금융 발전 지원

디지털 금융은 효율성 향상과 경쟁력 제고를 통해 경제성장에 기여하고, 금융 접근성을 개선하여 불균형을 해소하며, 금융회사들의 리스크 관리를 향상시킬 잠재력을 갖고 있다. 정책 당국은 디지털 금융의 특성과 잠재적 리스크 요소, 디지털 기술이 금융시장의 구조와 특성, 금융 상품과 서비스, 리스크 관리에 미칠 영향을 파악하고, 디지털 기술 발전의 추세에 대응하여 디지털 금융 발전을 촉진하는 정책을 펼쳐가야 한다(황현철, 2023).

이를 위해 스타트업 육성과 디지털 기술 R&D, 지능화와 초연계성, 데이터 경제, 빅테크와 핀테크의 파괴적 혁신을 지원하고 경쟁을 위한 개방과 규율 정립을 추진해야 한다(최홍식·구본성, 2021). 지급결제, 여신, 거래 시스템 등으로 확산되는 디지털 기술이 궁극적으로 금융소비자의 이익이 될 수 있도록 취약요인을 점검

55. 금융위원회는 2022년 금융규제 혁신 4대 분야 중 금융산업의 디지털 전환 촉진 정책으로 금산분리 완화 등을 통한 금융-비금융 간 융합 촉진, 업무위탁 제도 개선을 통한 빅테크 협력 및 신기술 활용, 전업주의 규제 개선을 통한 다양한 사업모델 허용, 그리고 디지털 금융 혁신 인프라 구축 정책으로 마이데이터, 오픈 뱅킹 등 신기술 활용, 가상자산, 조각투자 등 디지털 신산업 규율 체제 정비를 제시했다.

하고 모니터링해야 한다(Beck, 2021).

(2) 기술 중립적 정책

모든 기술을 똑같이 대우하여 경쟁시장에서 선택될 기회를 균등하게 주어야 한다. 특정 기술에 대한 선호도나 편견을 배제하고, 기술의 여러 측면들을 종합적으로 고려하여 정책을 수립함으로써, 기술의 부정적 영향을 최소화하고 긍정적 영향을 극대화하여 기술 발전을 촉진하고 필요한 사회적 합의를 도출해야 한다. 이를 위해 디지털 기술의 혁신과 경쟁을 장려하여 더 나은 금융 상품과 서비스를 개발하도록 이끌며, 규제와 법률 개입을 최소화하고 기술 간 공정 경쟁 환경을 조성함으로써 금융산업을 발전시켜야 한다.

(3) 다양한 이해관계자들 조율

금융정책은 감독 및 규제와 조율되어야 정보 비대칭성 해소 및 금융 건전성 유지, 나아가 경제 안정과 발전에 효과적이다. 또한 기술분야 이해관계자들과 유기적 협력을 통해 정책의 적시성과 정확성을 높이는 것이 중요하다. 즉, 디지털 기술 발전과 변화에 발맞춘 혁신적 금융정책을 수립하기 위해서는 다양한 이해관계자들의 아이디어와 경험을 종합적으로 활용하는 것이 중요하다. 이렇게 함으로써 정책 당국에 대한 신뢰도가 높아져 시장 참여자들의 협력을 얻기 쉬워지며, 시장 참여자들이 정책 결정 과정에 참여할 수 있는 기회를 제공하여 금융정책에 대한 투명성을 높일 수 있다.

(4) 금융 포용성 강화 및 양극화 개선

디지털 기술 발전은 승자독식으로 양극화를 가속화시킬 수 있으며(유발 하라리, 2020), 소비 패턴이 대기업과 플랫폼 중심으로 옮겨가서 전통적 자영업들이 몰락할 수 있다(홍성국, 2018). 한 번 노력으로 여러 번 판매할 수 있는, 즉 확장성을 갖추고 광범위한 지역을 대상으로 판매하는 직종이 늘어날수록 소득 불평등은 증가하는 경향을 보인다(브랑코 밀라노비치, 2017). 금융업에서 디지털 기술이 이와 같은 부정적 환경 변화를 가속화하지 않도록 하는 정책적 대응이 필요하다.

디지털 불평등 문제를 해결하기 위해서는 민간과 공공의 협업, 디지털 기술 보급과 인프라 확충, 디지털 교육 컨텐츠 강화와 교육 체계의 변화, 개인정보 처리 방침 공개와 투명성 강화, 알고리즘의 투명성과 공정성을 보장하는 규제가 필요하다(FSB, 2023a-d).[56] 디지털 금융 환경에 맞는 소비자 보호 정책을 강화하고 개인정보 보호 및 사기 예방을 위한 체계를 구축해야 한다.[57] 소외 계층에게 불리하게 작동하지 않도록 디지털 금융 서비스의 접근성과 포용성을 개선하고, 금융교육을 강화하며 다양한 계층에 대한 맞춤형 지원을 확대해야 한다.[58]

(5) 통화신용정책 왜곡 방지와 금융 안정

디지털 기술 발전으로 통화신용정책에서 상업은행 비중이 축소되고, 직접금융, 비은행 금융중개, 해외 부문, 재정과의 엇박자가 심화되고 있어 통화신용정책의 효율성 하락이 우려된다. 가상자산 등장과 디지털 중개 플랫폼 성장은 통화 수급, 신용 창출 및 금리 조절에 대한 정책 영향력을 줄일 수 있다. 이에 대해 중앙은

---

56. 미래에 AI와 로봇이 일을 도맡아 하게 되면 인간 노동자는 노동소득이 없기 때문에 소비를 할 수 없고 자본 입장에서도 공멸을 피할 수 없기에, 일부에서는 기본소득과 로봇세 도입을 주장하기도 한다.
57. BCBS(2023) 참조.
58. 서병호(2023b) 참조.

행은 CBDC를 도입하여 디지털 금융시장에서 자신의 역할을 강화하고, 통화신용 정책 효과를 높이며, 실물경제에 대한 영향력을 회복하려고 노력하고 있다.[59]

또한 디지털 기술 발전은 복잡성과 글로벌 연계성 증가, 사이버 공격 위협 등으로 금융시스템의 불안정성을 높일 수 있다. 예로서 P2P 대출, 가상자산 거래 등은 유동성을 높이지만 시스템 리스크를 증대시킬 여지가 있다. 디지털 금융의 성장에 따른 잠재적 시장 불안정성을 완화하기 위해 거시건전성 정책을 강화하고, 기술 발전에 따른 시스템 리스크 모니터링을 강화하며, 사이버 리스크를 완화하기 위한 보안 기준을 강화해야 한다.

(6) 지급결제제도 개선

디지털 기술로 모바일 결제 및 실시간 송금 서비스가 더 확산되면 지급결제 속도가 더 향상되고 고객 경험도 개선될 수 있다. 테크기업들이 본격적으로 지급결제 시장에 진입하면 경쟁과 혁신이 촉진되고,[60] 가상자산과 블록체인 기술이 지급결제 시스템에 통합되면 비용 절감 및 투명성 증가도 기대된다.

하지만 디지털 지급결제의 확장 및 다양화로 인한 리스크에 대비하여 안정성과 보안성을 강화하기 위한 기술 및 운영 기준을 마련해야 하는 부담도 있다. 디지털 지급결제에 따른 소비자 피해를 최소화하기 위해 사기 예방 및 개인정보 보호를 강화하고 분쟁 해결 체계를 구축하며, 글로벌 지급결제의 통합 및 효율성을 추구하기 위해 국제 간 협력을 강화하고 정보를 신속하게 공유하여 시스템 투명성을 높여

59. FSB(2023e) 참소.

60. 이와 관련하여 지급결제 제도 개편이 논의 중이다. 은행은 종합지급결제업이 도입될 경우 산업자본의 은행업 우회 진출, 동일 기능-동일 리스크-동일 규제 원칙 약화, 지급결제와 금융 안정 위협을 우려하는 반면, 종합지급결제업 도입을 희망하는 전자금융업자와 신용카드사들은 자금이체업 경쟁 강화, 금융서비스 경쟁 촉진, 금융거래 비용 절감, 금융소비자 편익 증대 등의 긍정적 효과를 주장한다(이성복, 2023). 테크기업들의 한은 결제 시스템의 참가는 '제로 리스크' 원칙 준수 여부에 달려 있다(이창용, 2023. 3, BIS 회의).

야 한다.

지급결제가 국경을 넘어 이루어질 경우에 특별한 관심이 추가된다. 가상자산과 블록체인 기술을 활용한 국제 송금 서비스는 전통 방식보다 빠르고 저렴하여 이로 인해 글로벌 자금 흐름이 증가하고 국제 거래 및 투자가 활성화될 것이나, 자금 이동의 익명성에 따른 자금 세탁 및 테러 자금 조달 리스크, 사이버 리스크에 대비한 정책을 마련해야 한다. 이를 위해서는 국가 간 규제 간극을 해소하는 것이 필요하다.

(7) 오프라인 중심 전통 금융시스템 개선

디지털 기술 발전으로 비대면 거래가 증가하고 있으며, 온라인 및 모바일 플랫폼 금융서비스는 오프라인 중심 전통 금융과 경쟁하고 있다. 이 과정에서 전통 금융시스템이 비효율적으로 작동할 수 있어 이에 대한 면밀한 정책 대응이 필요하다. 또한 전통 금융회사와 테크기업 간 규제 불균형으로 인해 경쟁이 왜곡되거나 진입 장벽이 높아질 수 있다. 이를 해결하기 위해 전통 금융회사와 테크기업에 '동일 행위-동일 리스크-동일 규제' 원칙 적용, 액티비티와 엔티티 기반 규제 간 조화를 통해 공정 경쟁과 기술 중립을 유지해야 한다.

오프라인 중심 전통 금융 중 유가증권 제도 개선도 중요하다. 블록체인 기술을 활용한 토큰화로 유가증권의 발행·거래·관리가 더 효율적이고 신속해질 것이다. 스마트 계약을 통해 유가증권 거래가 자동화되고 처리속도가 향상되며 중개자 역할이 축소되므로, 거래 비용은 감소할 것이다. 블록체인 기술을 활용한 거래 기록은 투명하고 변조가 어렵기 때문에 거래의 신뢰성은 증가하고 사기 가능성은 낮아질 것이다. 따라서 이러한 변화에 대응하기 위해, 토큰 증권을 지원하고 기술 적응 및 표준화를 추진하며, 금융회사와 테크기업들의 협력을 촉진하는 정책이 필요하다. 디지털 유가증권 시장의 사이버 리스크에 대응하기 위해 사이버 보안 기준을 개선하고, 사이버 위협에 대한 대응능력을 강화하는 것은 필수적이다. 디지털 유가

증권 글로벌 시장의 통합 및 효율성을 추구하기 위해 국제 간 협력도 필요하다.

(8) 디지털 보안 강화

디지털 환경에서는 사이버 위협, 개인정보 유출과 금융사기가 증가하며, 소비자 보호 및 금융 안정성이 위협받을 수 있다. 이에 대비한 개인정보 보호, 사기 예방, 투명한 정보 제공 및 분쟁 해결을 위한 새로운 체계를 구축하고, 보안 표준을 개선하며, 기술 안정성에 대한 모니터링 및 검증을 강화해야 한다.

또한 침해사고 대응, 정보 공유 참여 및 '제로 트러스트'로의 보안 패러다임 전환 등을 추진해야 한다. 블록체인, 클라우드 등의 새로운 기술과 그에 따른 보안 이슈를 검토하며, 리스크 관리 및 컴플라이언스 대응책 등도 필요하다. 정보 유출을 막기 위해 데이터 암호화와 같은 기술적 대응과 직원 교육 등에도 조직적으로 대응해야 한다(유주선, 2023; 이은옥, 2023).

더불어 개인정보보호법 등 법적 규제에 대한 이해와 함께 법적 규제 준수를 위한 체계를 구축해야 한다. 사이버 보안 분야에서는 최신 기술의 도입이 필수적이므로 적극적 R&D로 기술적 대응능력을 강화해야 한다.[61] 보안 문제는 한 조직이나 기업만으로 해결하기 어려우므로 국제적 정합성을 고려한 글로벌 협력이 필수적이다.

---

61. 금융감독원(2023) 및 금융보안원(2023) 참조.

7.2 감독과 규제

(1) 혁신과 안정, 프라이버시 보호 간 조화

감독 당국이 금융의 디지털 전환을 위한 종합적 장기 전략을 수립할 때 혁신과 안정의 균형을 추구해야 하며(김자봉, 2022), 개인정보 및 프라이버시 보호에 유념해야 한다. 기술혁신에 대응하는 금융 감독과 규제는 유연성, 민첩성, 안정성 및 투명성을 보장하기 위해 기술 변화를 적절하게 파악하고, 신기술 적용에 따른 리스크를 관리하며, 적시에 대응해야 한다. 또한 디지털 전환이 전통 금융을 위협하지 않도록 금융 안정을 확보하는 것도 감독과 규제 당국의 과제이다.[62]

디지털 기술을 반영해 인허가 절차를 혁신하고 새로운 금융서비스를 적시에 허용할 수 있는 체계를 구축하기 위해 규제 샌드박스 등으로 신규 서비스 및 기술에 대한 실험 공간을 활성화할 필요가 있다. 데이터 관리 인력에 대한 교육을 강화하고, 사용자 동의를 기반으로 한 데이터 활용, 투명한 데이터 처리로 신뢰성을 높여야 한다. 국제 협력으로 국가 간 규제 간극을 해소하며, 레그테크 및 섭테크SupTech[63]의 활용을 추진해야 한다.

디지털 전환을 뒷받침하는 금융법제는 예측 가능성과 탄력성을 갖춰야 한다. 법이 기술혁신과 환경 변화를 따라가지 못하면 규제 시차를 발생시키므로, 새로운 금융기법과 기술혁신을 위한 환경을 마련해 주어야 한다. 하지만 혁신 기술을 신속하게 법·제도로 포섭하며 안정성까지 담보하는 것이 쉽지 않으므로, 공적 규제와 더불어 자율규제를 활용할 필요가 있다. 더불어서 디지털 금융에 대비한 법안 마련에는 기능적 규제에 의한 비금융회사의 참여 허용, 비금융회사의 금융서비스 책임 강화, 개방·자율·공정에 의한 금융혁신 및 경쟁 촉진이 포함되어야 한다(최

---

62. 한 예로 핀테크가 통화신용정책의 전달을 더 빠르게 하고, 규제 회피에 따른 새로운 리스크를 초래하며, 금융 안정성에 영향을 줄 여지를 차단해야 한다(Dedola et al., 2023).

63. 섭테크란 감독과 기술의 합성어로 디지털 기술을 활용해 금융 감독 및 규제를 수행하는 것이다.

홍식·구본성, 2021). 현재 특금법, 가상자산법에 이어 디지털자산기본법 제정, 전금법 개정 등에 대한 논의가 진행 중이다.

(2) 감독 당국의 디지털 기술 이해와 데이터 활용

금융서비스와 혁신적 기술이 안전하게 통합되고 감독 실패를 최소화하기 위해서는 디지털 기술에 대한 당국의 이해가 필수적이다. AI, 빅데이터, 블록체인 등 기술을 적용함으로써 감독 업무의 혁신과 발전을 추구해야 한다. 금융감독 당국이 디지털 전문지식을 강화함으로써 시장 참가자들에게 신뢰를 제공하고, 소비자 보호를 강화하며, 새로운 기술과 사업 모델에 대한 규제 혁신을 촉진할 수 있다. 이를 위해서 국내외 전문가와 협력하고 교육 및 연구 프로그램을 지원하여 금융분야의 디지털 전문가를 양성해야 한다.

당국의 디지털 기술 이해도 증진은 데이터 분석 기술 활용으로 이어질 수 있다. 데이터 분석을 통해 시장 동향과 변화를 정확하게 파악하면 시장 이해력이 향상될 것이고, 리스크 관리를 통해 잠재적 위기를 조기 발견하고 적절한 대응책을 적시에 마련할 수 있을 것이다. 감독 자원을 효율적으로 배분하며, 부정거래, 불법자금 세탁 등 범죄를 탐지하고 예방하는 데도 디지털 기술이 도움이 된다. 데이터 기반 정량적 평가로 규제 효과를 객관적으로 측정하고 개선하며, 소비자 거래 행태를 이해하고 그에 맞는 보호 정책을 수립할 수 있다.

(3) 동일 행위, 동일 리스크, 동일 규제

빅테크는 진입, 건전성, 영업행위 등에서 전통 금융회사보다 낮은 규제를 적용받는 경향이 있고, 이로 인해 금융산업 내 집중 및 평판 리스크가 커지고 건전성 악화와 시스템 리스크 확대의 우려가 있다(김자봉, 2021; 이효섭, 2021; 전선애, 2022). 빅테크의 운영 리스크가 커지면 불완전판매와 불공정거래 리스크도 증가할 수 있다. 금융 플랫폼 관련해서 소비자 편의 및 금융 포용에 대한 긍정적 기대와 더불어 데이터 독점 부작용에 대한 우려도 있다(안수현 외, 2022).

따라서 전통 금융회사와 테크기업 간 공정 경쟁을 위해 '동일 행위-동일 규제 원칙'에 따라 규제 차익과 공백을 최소화해야 한다(이성복, 2021). 다만 이 과정에서 혁신을 저해하지 않도록 테크산업에 대한 리스크 비례 원칙을 세우고, 금융규제 샌드박스와 스몰라이센스 제도를 활성화할 필요가 있다. 액티비티 기반 규제를 보완하는 엔티티 기반 규제도 검토되고 있다.

(4) 디지털 서비스의 공정성과 포용성

전통 금융회사와 가상자산 금융, 테크기업 간 공정 경쟁, 협력과 시너지를 추구하되, 디지털 금융 서비스 확산에 따른 소비자 보호를 강화하고 금융 포용성을 증진해야 한다. 이를 위해 고객 불만 처리 절차를 강화하고 소비자 교육 및 금융 리터러시 프로그램을 확대해야 한다. 금융서비스 제공자들에게 쉬운 언어로 서비스 내용을 명확하게 표기하도록 규제하며, 강력한 보안 시스템을 구축하여 고객 정보와 자산을 보호해야 한다. 디지털 금융 서비스 제공 업체는 준법감시 시스템을 구축하고 보안기술을 업데이트하며, 고객에게 서비스 이용, 개인정보 수집 및 이용에 대해 전달하고 동의를 얻으며 의견을 수렴하고 해결할 수 있는 체계를 구축해야 한다. 이를 위해 직원들의 금융 및 법규 이해를 높이는 교육을 통해 규제 위반 리스크를 최소화해야 한다. 관련 법률 및 규제 개선을 지속적으로 검토하고 업데이트하며, 글로벌 협력을 강화하고 정보를 신속하게 공유하여 글로벌 규제 기준을 마련해야 한다.

디지털 서비스의 공정성과 포용성 개선을 위해 디지털 교육의 중요성을 간과할 수 없다. 기술 발전으로 소비자는 개선된 상품과 서비스를 접할 수 있지만, 동시에 금융 리터러시와 소비자 보호의 중요성이 부각된다. 디지털 기술은 금융 소외를 줄이기도 하지만, 한편으로 취약계층에게는 새로운 도전이 된다. 디지털 금융 리터러시를 높이기 위해서는 연령대와 사회계층에 맞는 맞춤형 교육을 강화하고 적절한 디지털 인프라를 보급해야 한다. 디지털 관련 사기, 개인정보 침해 등에 대비한 소비자 보호를 강화하고, 디지털 금융 포용성 증진을 위해 정부와 금융회사가 협력하여 디지털 기술 서비스 접근성을 개선해야 한다. 투명한 정보 제공 및 분쟁 해결 체계를 구축하는 과정에서 디지털 기술은 사람 중심으로 발전하고 삶의 질 향상을 추구해야 한다는 원칙을 명확하게 할 필요가 있다(디지털플랫폼정부, 2023 ; FSB, 2023e ; Lusardi and Mitchell, 2023 ; 中澤, 2023).

8. 향후 10년을 위한 제언

금융의 디지털 전환이 금융중개 서비스와 산업구조에 미칠 영향은 시장의 지대한 관심사이다. 금융중개 서비스는 기능별로 해체되고 재구성될 것이며, 디지털 플랫폼화는 금융의 탈중앙화, 탈기관화를 가속화할 것이다.

변화의 추동은 디지털 금융의 주체별로 다르게 나타날 것이다. 먼저 핀테크는 전통 금융과 협력하여 전통 금융 네트워크의 한 부분으로 자리 잡을 가능성이 크다. 상대적으로 빅테크는 다양한 선택지를 갖는다. 전통 금융과 협력하여 기존 체제의 확장을 돕는 데 그칠 수도 있고, 금융과 비금융의 경계선의 빅블러big blur로서 전통 금융과 경쟁할 수도 있다. 가능성은 낮지만 빅테크가 블록체인과 가상자산을 활용해 전통 금융과 전면전에 나설 수도 있다. 한편, 가상자산 금융은 고유의 특성을 감안할 때 전통 금융과 독립된 블록체인망에서 별도의 금융시스템으로 발전할 가능성이 크며, 다만 '트래블 룰'[64]을 통해 전통 금융과 연계될 것이다.

미래 금융중개 서비스와 산업구조는 전통 금융, 핀테크, 빅테크, 가상자산 금융의 네 주체들의 전략과 국민적 합의에 기초한 금융정책의 '내쉬 균형'[65]이 될 것이

64. 가상자산 사업자가 다른 사업자에게 일정 금액 이상의 가상자산을 이전하는 경우 송·수신인 정보를 공개 제공하는 제도이다.

65. 게임이론에서 모든 참여자가 서로의 선택을 고려하여 최적의 선택을 한 상태이다.

다. 미래를 예측하기는 어렵지만 진전 상황을 지켜보는 것은 아주 흥미로울 것이다. 지금 우리는 금융 발전의 거대한 시발점에 놓여 있다.

한편, 2023년 POINT ZERO FORUM[66]의 참석자들은 디지털 금융의 핵심으로 디지털 자산의 활용, 자산의 토큰화, 그리고 금융 플랫폼과 생태계 전반의 통합을 위한 상호 운용을 꼽았다. 비용 효율성을 높이고 거래 마찰을 줄이며, 금융 포용성을 강화하고 생태계 내 투명성과 보안을 강화해야 한다고도 입을 모았다. 진화하는 규제와 혁신적 실험을 통해 미래로 나아가되, 생태계의 사회적 가치와 안정적 회복력을 중요시하고 이해관계자들 간 협력적 대화를 장려하였다.[67] 포럼 참석자들은 디지털 기술이 금융의 미래를 재정의하는 중심에서 실물 자산과 연계되고, 금융에 혁명을 일으키면서 혁신과 안정을 추구하며 진화할 것으로 보았다. 미래를 향해 나아갈 때 공공부문은 생태계 발전을 위한 조화로운 프레임워크를 구축하기 위해 규제 개발과 규제 차익거래 완화에 힘쓰고, 민간부문은 암호화폐 붐을 타서 상용화를 추구해야 한다고 본다. 양자 모두 금융 포용성과 상호 운용성을 특히 강조하며, 공공과 민간 협력의 시너지가 디지털 잠재력을 최대화하는 초석이라고 의견을 모았다(Oliver Wyman and Elevandi, 2023).

우리는 IT 기업이다(골드만삭스 CEO 로이드 블랭크페인, 2017). 데이터 기술을 기반으로 한 금융시장이 대두되며 큰 변화를 가져올 것이다(알리바바의 마윈). 디지털 기술로 전환될 때 발생하는 파괴적 혁신에 대비하라(인호, 2020). 현재는 디지털 자산이 금융의 일부로 포섭되지만, 언젠가 디지털 자산 산업에 금융이 포함될 수 있다(황현철, 2023). 이 외에도 다양한 주장들이 금융의 디지털 전환에 대해 쏟아져 나오고 있다.

미래를 예측하는 것은 어렵다. 어쩌면 불가능하다는 것이 맞을 것이다. 우리가

66. 중앙은행, 정책기관 및 감독기관, 민간업계 리더들이 모이는 정책-기술 포럼이다.

67. 안전성, 실시간 이체, 비용 효율성, 프로그래밍 가능성, 추적성, 개인정보 보호, 지속 가능성 등의 측면에서는 어느 정도 합의되었지만, 스테이블코인, 예금토큰, CBDC의 확대로 가상자산의 미래는 다양하게 열려 있다고 보았다.

할 수 있는 일은 현재 주어진 지식, 정보 및 경험들을 최대한 효율적으로 짜깁기한 최선의 예측을 통해 전략을 짜되, 예측이 틀릴 가능성을 겸손하게 인정하고 리스크를 관리하는 것이다. 이 흐름에 성공적으로 올라탄 경제주체들은 살아남을 것이고, 그렇지 못하면 사라질 것이다. 역사는 항상 그래왔다.

CHAPTER 02

중앙은행에 대한 새로운 도전

신관호(고려대 경제학과 교수) · 강기윤(연세대 경영대학 부교수) · 박재빈(숭실대 경제학과 부교수)

〈요약〉

디지털 기술의 발전은 금융산업을 비롯한 경제 전반에 영향을 미치고 있다. 디지털 화폐는 거래에 디지털 기술을 접목시켜 거래에 소요되는 시간을 줄이고 장소에 대한 제약을 없애 소비자들의 편익을 크게 높인다. 하지만 중앙은행 입장에서는 통화량 통제력이 약화되어 통화정책 운영에 커다란 도전이 되고 있다. 이 장에서는 이러한 도전이 장차 10년 동안 한국은행에게 커다란 변화를 가져올 것이라는 점을 감안하여 디지털 화폐와 디지털 거래의 확산이 통화정책 운영에 미치는 영향을 분석하고, 중앙은행이 이에 어떻게 대응할 수 있는지에 대한 방안을 제시한다. 중앙은행의 통화량 통제 약화는 통화정책의 가장 중요한 수단인 금리의 통제도 어렵게 할 가능성이 있으며, 통화정책이 경제에 미치는 파급 경로에도 변화를 초래할 가능성이 있다. 뿐만 아니라 디지털 화폐는 국경 간 이동이 비교적 자유롭기 때문에 이로 인한 자본 이동 및 환율 변동에 대해 통화정책으로 대응하기 어려워질 가능성이 높아진다. 따라서 미래의 통화당국자는 이러한 변화된 환경을 고려하여 최선의 통화정책을 개발하고 수행하여야 할 것이다. 이러한 변화에 대처하는 방안으로 가장 주목되는 움직임은 각국의 중앙은행들이 고려하고 있는 중앙은행 디지털 화폐Central Bank Digital Currency ; CBDC의 발행이다. 이 장에서는 이 CBDC의 도입이 중앙은행의 통화량 통제권은 어느 정도 회복시켜 주지만 동시에 다른 도전들이 제기될 수밖에 없음을 설명하고, 이에 대한 대응책도 제시한다.

1. 서언

디지털 기술의 발전은 경제 전반에 영향을 미치고 있다. 특히 디지털 기술의 편리성은 지급결제를 포함한 금융산업에도 심대한 영향을 주고 있다. 거래에 디지털 기술이 가미됨에 따라 모든 경제주체들의 거래에 소요되는 시간이 줄고 장소에 대한 제약이 사라지고 있다. 디지털 기술이 발전함에 따라 과거 대형 금융기관들만이 단말기를 통해 전자거래를 하였던 특권이 사라지고 있는 것이다. 이제 개인들도 스마트폰 등을 통해 원하는 시간과 장소에서 즉각적인 전자적 거래를 행할 수 있다. 뿐만 아니라 핀테크 기술을 앞세운 빅테크 기업들은 금융기관이 아님에도 거래의 편리성을 높이고, 심지어 거래당사자들에게 수익을 나눠주는 등의 행위를 통해 자신의 플렛폼에서 디지털 화폐의 사용을 확대하고 있다. 이들은 고객들의 거래를 통해 취득한 개인정보의 상업적 이용을 통해 저렴한 결제 서비스를 제공하고 있다. 비트코인과 이더리움으로 대표되는 암호화폐도 블록체인 기술, 즉 탈중앙화된 분산원장 거래와 이와 결합한 스마트 계약을 장점으로 전통적인 화폐를 위협하고 있다. 특히 국가 간 경계를 초래한 글로벌 디지털 화폐의 등장은 국가 간 거래에 수반되는 환전의 불편함을 덜어주어 국가 간 거래 양상을 바꿀 가능성도 있다. 이 장에서는 이러한 디지털 화폐와 디지털 거래의 확산이 통화정책 운영에 어떠한 도전적 요인을 초래하는지 분석하고 중앙은행이 이에 어떻게 대응할 수 있는지에 대한 방안을 제시한다.

중앙은행의 통화정책과 관련하여 가장 큰 위협은 다양한 형태의 디지털 화폐가 등장함에 따라 중앙은행이 통화량을 통제할 수 있는 여지가 약화되고 있다는 점이다. 기존의 거래수단은 중앙은행이 발행하는 법화와 이를 준비금으로 활용하여 은행이 창출한 예금을 기반으로 이루어졌다. 하지만 새롭게 등장한 디지털 화폐는 중앙은행의 통제에서 벗어난 거래수단으로서 기존의 화폐와 경쟁하고 있다. 실제로 많은 국가에서 현금 이용은 지속적으로 감소하고 있다. 이와 같이 화폐에 대한 중앙은행의 약화된 통제권은 더 나아가서 통화정책의 가장 중요한 수단인 금리의 통제도 어렵게 할 가능성이 있다. 뿐만 아니라 암호화폐는 국경 간 이동이 비교적 자유롭기 때문에 이로 인한 자본 이동 및 환율 변동에 대해 통화정책으로 대응하기 어려워질 가능성이 높다. 또한 통화정책이 경제에 미치는 파급 경로에도 변화를 초래할 가능성이 있다. 따라서 미래의 통화 당국자는 이러한 변화된 환경을 고려하여 최선의 통화정책을 개발하고 수행하여야 할 것이다. 이 장에서는 이러한 주제에 대해 심도 있게 다룬다.

이러한 변화에 대처하는 방안으로 가장 주목되는 움직임은 각국의 중앙은행들이 고려하고 있는 중앙은행 디지털 화폐Central Bank Digital Currency ; CBDC의 발행이다. 중앙은행 디지털 화폐는 중앙은행의 부채인 기존의 법화를 디지털 형식으로 바꿔 지급수단으로 활용하는 것이다. 이는 일반 개인이 중앙은행에 예금을 예치하고 이를 디지털 거래에 활용하는 것과 같은 효과를 갖는다.[1] CBDC를 사용할 경우 중앙은행에 의해 모든 거래 정보가 저장될 가능성 때문에 거래와 관련한 프라이버시를 중요시하는 사용자로부터 저항을 초래할 수도 있다. 하지만 블록체인 기술을 활용하여 거래 정보를 분산화할 경우에는 익명성이 유지되어 이러한 반발이 줄어들 수 있다. 어느 경우든 중앙은행이 디지털 화폐를 발행할 경우 신뢰성을 바탕으로 기존의 암호화폐에 비해 경쟁력이 높을 것으로 기대된다.[2] 비트코인과 같은 대

1. 한국은행은 일반인이 중앙은행의 CBDC를 직접 사용하기보다는 지정된 은행들만이 CBDC를 사용하고 은행들이 이에 기반하여 다양한 형태의 디지털 화폐를 발행하여 일반인들이 사용하는 방식, 즉 도매(wholesale) CBDC를 실험하고 있다. 이런 방식이 채택될 경우 일반인들이 중앙은행에 직접 예금을 예치하는 것은 배제될 것이다.

2. 중앙은행이 발행하는 CBDC는 민간의 디지털 기술이 발전하더라도 해당 국가 내에서는 기존 암호화폐에 비해 경쟁력이 있을 가능성이 높다. Bordo(2021)는 화폐의 역사를 고찰하여 정부가 발행하는 외부 화폐(outside money)의 역할이 항상 있어 왔음을 근거로 중앙은행이 발행하는 CBDC 역시 보편적 지급수단으로서의 역할을 할 것이라고 주장하였다. 하지만 빅테크 등이 자신의 플랫폼 안에서 행하는 거래에 대해 사용자에게 수익을 제공하는 형태의 디지털 화폐에 비해선 CBDC의 경쟁력이 떨어질 가능성도 있다. 따라서 중앙은행이 CBDC를 발행하더라도 Brunnermeier et al.(2019)이 주장하듯이 빅테크가 운영하는 형태의 디지털 화폐는 계속 생존하며 경쟁력을 가질 것이다. 또 글로벌 스테이블코인이 발행되는 경우 국가 간 거래 편리성에서 CBDC보다 우수할 가능성이 있다. CBDC는 해당 중앙은행의 국경 내에서 법화로서 역할을 하기 때문에 국경 간 거래에는 활용되기 어려울 수 있기 때문이다. 이를

부분 암호화폐는 내적 가치가 없을 뿐 아니라 국가나 은행과 같은 신뢰성 높은 경제주체에 의한 보장이 더해지지 않기 때문에 이를 사용하는 개인들이 가지는 신뢰의 변화에 따라 그 가치가 크게 변동하여 화폐로 사용되기 어려운 측면이 있다. 이러한 문제를 해결하기 위해 암호화폐 발행자들은 암호화폐의 가치를 기존의 법화에 연동하는 스테이블코인을 발행하여 기존 암호화폐의 약점을 보완하고자 노력하고 있다.

디지털 화폐의 등장은 금융산업에 변화를 초래하고 통화정책의 운용에도 영향을 줄 가능성이 높다. 특히 은행은 예금이라는 안정적인 거래수단, 즉 화폐의 일종을 제공하는 대가로 자금을 저렴하게 조달하고 이를 높은 금리로 대출하여 수익을 얻는데, 디지털 화폐는 은행이 제공하는 예금을 대체함으로써 은행의 기본적인 비즈니스 모델을 위협한다. 더 나아가서 중앙은행까지 디지털 화폐를 발행한다면 은행은 더욱 위축될 가능성이 있다. 은행이 위축된다면 은행의 자금중개 기능도 약화되며, 이 과정에서 통화정책 파급 경로에도 영향을 줄 수 있다. 은행은 통화정책이 경제 전체에 영향을 주는 과정에서 예금 및 대출의 변화를 통해 핵심적인 역할을 하기 때문이다. 따라서 중앙은행이 CBDC를 발행하는 경우 디지털 화폐의 발전과 관련한 혁신을 저해하지 않아야 할 것이다. 반면 CBDC의 발행이 통화정책을 보다 효과적으로 만들 수 있다는 주장도 있다. 특히 CBDC에 이자가 지급되도록 설계된다면 마이너스 금리가 실현될 수 있어 기존 통화정책의 한계인 실효금리 하한의 문제를 해결할 수 있는 것이다. 이 장에서는 이러한 CBDC 도입에 따른 변화와 관련한 기존의 연구들을 소개하고, 한국적인 상황에서 어떠한 변화가 이루어질지 살펴본다.

이 장의 순서는 다음과 같다. 먼저 2절에서는 디지털 화폐의 발전 현황을 설명한다. 3절에서는 디지털 화폐 도입의 영향과 앞으로의 전망에 대해 설명한다. 보다 구체적으로는 분산화된 통화체계의 확산, 금융 포괄성 확대, 금융시장의 효율성 증대, 새로운 금융시스템 창출, 금융시스템의 안정성, 암호화폐의 화폐로서의 영향,

---

극복하기 위해 서로 다른 CBDC 간 교환을 신속하게 행하는 방안이 강구되고 있다.

국제 자본 이동, 법적 규제 및 감독, 통화정책 전달 경로의 변화의 문제를 다룬다. 4절에서는 이러한 디지털 화폐의 발전에 대응할 수 있는 중앙은행의 방안을 제시한다. 특히 디지털 화폐를 포괄하는 중앙은행의 통화체계 개편방안과 중앙은행이 CBDC를 도입하는 방안을 다룬다. 또 디지털 화폐의 도입에 적극적인 민간 빅테크 기업에 대한 규제방안도 살펴본다. 마지막으로 5절에서는 이 장을 정리하고 향후 10년을 위한 제언을 한다.

2. 디지털 화폐의 현황

최근 전자상거래가 급증하면서 디지털 금융 서비스에 대한 관심이 높아지고 있다. 전 세계 전자상거래 시장은 2022년 총 5조 3,110달러에 이르렀으며, 2024년에는 6조 달러를 돌파할 것으로 예상되고 있다. 이러한 온라인 구매는 2023년 기준 전체 매출의 19.4%를 차지하고 있으며, 꾸준히 증가하여 2027년에는 22.6%까지 도달할 것으로 예상된다(Emarketer, 2024). 통계청에 따르면 최근 우리나라의 온라인 쇼핑몰 거래액(PC 및 모바일, 인터넷 등을 이용한 온라인 쇼핑몰에서의 전자상거래액)은 2022년 말 기준 210조 원에 달하며, 꾸준한 증가세를 보이고 있다. 이와 같이 전자상거래가 크게 늘어나면서 온라인 거래를 위한 디지털 화폐 등 다양한 디지털 결제 서비스도 꾸준히 발전하였다.

디지털 화폐는 전통적인 현금과 달리 전자 형태로 저장되고 전달되는 화폐로, 물리적으로 존재하지 않고 전자적인 기록을 통해 거래가 이루어지는 화폐를 의미한다.[3] 디지털 화폐는 다양한 형태로 나타나고 있으나, 법정화폐로 담보되는지의 여부에 따라 크게 두 가지로 구분되어진다.

먼저 직불카드와 같은 전통적 디지털 화폐는 법정화폐를 전자화한 것으로, 법

3. 가상화폐, 암호화폐, 암호자산, 디지털 자산, 가상자산 등의 용어가 정확한 구분 없이 다양하게 사용되고 있으나 이 장에서는 본문에서 정의하는 디지털 화폐의 발전에 국한해서 변화되는 중앙은행의 역할을 분석하였다.

정화폐로 100% 담보되어 발행되며, 주로 인터넷상에서 전자상거래나 카드결제 단말기를 통해 거래가 이루어진다. 한편 일상적인 개인 상거래에 많이 사용되는 신용카드와 신용카드를 통해 최종 결제가 이루어지는 PayPal 및 삼성페이 등은 신용거래라는 측면에서 직불카드와 다르다 할 수 있으나, 지정된 결제일까지 카드 사용금액을 법정화폐로 납부해야 한다는 점에서 유사하며, 그렇기에 직불카드와 함께 전통적 디지털 화폐로 분류된다.

신용카드를 비롯하여 PayPal 같은 디지털 화폐는 전자상거래의 증가와 더불어 거래규모가 꾸준히 증가하였으며, 특히 코로나19 팬데믹으로 비대면 거래가 활성화되면서 이용 규모가 더욱 증가하였다. 비록 이러한 디지털 화폐가 전자상거래를 용이하게 하여 소비를 진작시키는 등 거시경제에 미치는 영향이 있을 수 있으나, 법정화폐로 백퍼센트 담보되어 발행되기 때문에 통화량 및 이를 통한 금융시장 및 거시경제에 미치는 영향은 제한적이다. 예를 들어 직불카드의 경우 은행의 예금 잔액을 이체시키는 수단일 뿐 직불카드 발행 자체가 통화량에는 영향을 미치지는 않는다.

한편 비트코인 및 이더리움과 같은 암호화폐의 경우 법정화폐나 기존의 금융자산의 담보 없이 민간에서 발행되는 디지털 화폐라는 점에서 앞서 소개한 PayPal과 같은 전통적 디지털 화폐와는 차이가 있다. 또한 기존의 전통적 디지털 화폐는 거래내역을 해당 디지털 화폐를 발행한 기관에서 관리하는 반면, 암호화폐의 경우에는 블록체인 기법을 활용하여 분산원장 시스템을 통해 거래내역을 기록하는 특징이 있다.

이러한 암호화폐는 암호화폐의 시초인 비트코인의 가격이 2017년 상승하면서 투자자 및 일반 대중들의 관심을 받기 시작했으며, 이후 지속적인 가격 상승으로 새로운 투자수단으로 대두되면서 다양한 종류의 암호화폐가 발행되고 있다. 암호화폐의 가치가 상승할 경우 해당 자산을 보유한 개인이나 기업의 부를 증가시켜 경제활동을 촉진시킬 수도 있다. 하지만 대부분의 암호화폐의 경우 가격 변동성이 크며, 2022년 루나–테라 사태가 보여주듯이 급격한 자산 가치의 손실을 야기할 수도 있다.

특히 2021년 말 기준 국내 가상자산 거래소의 실제 이용자 558만 명(중복 가입자 제외) 중 20대가 134만 명으로 전체 이용자의 4분의 1에 육박했다. 20대의 경우 최대한의 금액을 끌어 모아 투자하는 소위 '영끌' 투자를 하고 있을 가능성이 큰데, 그럴 경우 암호화폐의 가치가 하락하면 이로 인한 20대의 경제적 충격은 훨씬 더 클 것으로 보여 사회불안이 야기될 수도 있다. 더 나아가 금융기관 대출을 이용한 암호화폐 투자가 늘어날 경우 기존 금융시장과 암호화폐 시장 간 연계성이 확대되고, 이로 인해 암호화폐 시장의 충격이 금융시스템으로 확산되는 등 금융불안을 초래할 수 있다.

3. 디지털 화폐 도입Digitalization of Money의 영향 및 전망

전통적 디지털 화폐와 달리 암호화폐는 과거 중앙은행의 법화 및 지급준비금에 기반하여 예금통화를 공급하는 방식에서 벗어나 지급준비금 없이도 민간이 스스로 화폐를 발행하여 지급결제 서비스를 제공할 수 있게 한다. 그렇기에 암호화폐와 같은 디지털 화폐의 도입 및 확산은 금융–통화 시스템 및 거시경제에 다양한 영향을 미칠 수 있다. 따라서 이러한 새로운 기술의 도입이 금융시스템 및 경제에 미치는 영향을 지속적으로 모니터링하고 분석하면서 선제적 대응방안을 마련해야 할 것이다. 이를 위해 먼저 암호화폐와 같은 디지털 화폐 도입이 우리 경제에 어떻게 영향을 미칠 수 있는지에 대해 논하고자 한다.

3.1 분산화된 통화체계의 확산

분산화된 통화체계란 중앙기관이나 중앙관리자 없이 다양한 컴퓨터 노드(사용자 또는 기계) 간의 분산된 네트워크를 통해 거래가 처리되는 통화체계를 의미한다. 즉, 중앙 권한이 없다는 것이 주요 특징이며, 거래 및 데이터 유효성 검사를 수행하기 위해 블록체인과 같은 탈중앙화된 분산원장 기술을 사용한다. 이러한 분산화된 통화체계는 2008년 사토시 나카모토라는 가명을 사용한 개발자가 "비트코인: 화폐에 대한 전자적 솔루션"이라는 백서를 공개하면서 비트코인 및 블록체인과 함께 처음으로 등장하였다. 이후 발행된 대다수의 암호화폐들이 블록체인 기반 탈중앙화된 분산원장을 이용한 디지털 거래를 가능하게 하면서 분산화된 통화체계로의 전환 가능성을 이끌고 있다.

한편 분산화된 통화체계는 분산원장을 사용하기 때문에 다음과 같은 특징이 있다. 첫째, 모든 거래가 분산된 네트워크에 기록되어 모든 사용자가 열람할 수 있도록 하여 모든 거래가 투명하게 추적되고 특정 거래에 대한 부인을 어렵게 만들어 거래의 투명성을 증대시킨다. 즉, 누구나 거래내역을 확인할 수 있으므로 제3자 감사 및 검증이 용이하도록 하는데, 이는 금융 부정행위나 오류를 빠르게 감지하고 조사하는 데 도움이 될 수 있다. 둘째, 중앙 중재자의 역할이 없어지므로 중앙 권한의 남용이나 부패 등을 사전에 예방할 수 있다. 셋째, 분산화된 통화체계에서 거래 검증은 수학적인 알고리즘과 같은 기술을 활용한 네트워크의 합의를 통해 이루어지므로 개별 사용자들의 중앙 관리자에 대한 신뢰가 필요하지 않으며, 또한 원장 조작이 어려워 높은 안정성을 제공한다.

다만, 분산화된 통화체계가 확산되어 대다수의 경제주체가 민간 발행 암호화폐를 지급수단으로 사용할 경우 통화가 과다 또는 과소 발행되는 등 중앙은행의 통화 공급량 조절에 어려움이 생길 수 있다. 특히 분산화된 통화체계에선 비은행 금융기관이나 IT 기반 빅테크 기업들도 디지털 화폐 발행을 통해 개인 간 지급결제 서비스를 제공할 수 있는데, 이는 금융시스템 내에서 아직 금융감독기관의 감시 및 감독을 받지 않는 이들 기관들의 영향력을 강화시키면서 또 다른 금융시스템의 위험요소로 작용할 수 있다.

3.2 금융 포괄성의 확대

금융 포괄성financial inclusion이란 모든 사람들이 금융서비스에 쉽게 액세스하고 그 서비스를 이용할 수 있는 상태를 의미한다. 여기서 금융서비스란 은행 계좌 개설, 저축, 대출, 보험, 결제 서비스 및 투자와 같은 다양한 금융 제품 및 서비스를 포함한다. 금융 포괄성은 모든 경제주체들이 금융서비스를 이용하여 금전적 안정망을 갖게 되어 금융위기나 비상 상황에 대비할 수 있게 할 뿐 아니라, 개인과 국가 간의 경제적 불평등을 줄여 사회적 안정에 기여하는 등 긍정적인 영향을 미치기 때문에 많은 국가들이 금융 포괄성을 실현하기 위해 노력하고 있다.

이러한 금융 포괄성을 실현하기 위해서는 금융서비스의 가용성과 접근성을 향상시켜야 하는데, 암호화폐와 같은 디지털 화폐의 공급은 이러한 측면에서 금융 포괄성을 높이는 데 기여하는 것으로 평가된다. 구체적으로 디지털 화폐를 이용하면 인터넷에 접속할 수 있는 한 전 세계 어디에서나 신속하고 저렴한 비용으로 송금을 할 수 있다. 그렇기에 지역적인 제약 사항을 극복하여 특정 지역사회에 국한되지 않은 많은 사람들이 금융서비스를 더 쉽게 이용할 수 있을 뿐만 아니라 국제적으로 송금할 수 있는 기회도 확대된다.

한편 암호화폐는 전통적인 금융기관을 경유하지 않고도 금융서비스를 이용할 수 있는 기회를 제공하는데, 이는 상대적으로 전통적 금융기관에 접근하기 어려운 중소기업 및 개인 사업자들의 금융상의 불리함을 해소하면서 경제주체 간의 금융 격차를 줄이는 데 기여할 수 있다. 또한 암호화폐 기술은 스마트 계약 및 분산 금융 애플리케이션을 통한 금융 기술 혁신을 촉진시킬 수 있는데, 이를 통해 더 나은 금융 제품과 서비스를 저비용으로 제공하면서 금융 포괄성을 향상시킬 수도 있다.

다만, 디지털 결제수단이 주는 편리함과 효율성 향상으로 현금 없는 사회로의 전환이 가속화될 경우 고령층 등 디지털 화폐 사용에 어려움을 겪는 일부 경제주체들의 불편함은 증대될 수 있다. 이러한 점은 금융 포괄성을 오히려 해칠 수 있는 가능성을 보여준다.

3.3 금융시장 효율성 증대

암호화폐가 보편적 지급결제수단으로 사용될 경우 이는 전통적 디지털 화폐를 발행하던 신용카드업 및 전자금융업 등 지급결제 서비스 업계에도 영향을 미칠 수 있다. 먼저 암호화폐 거래는 전통적인 결제방식에 비해 낮은 비용으로 이루어질 수 있는데, 이는 기존 지급결제 서비스 제공 기관과의 경쟁을 촉진시켜 이용자들의 편의를 제공할 수 있다.[4] 구체적으로, 암호화폐의 낮은 거래비용에 대응하기 위해선 신용카드 회사들은 카드 이용 수수료를 낮추거나 카드 사용자들에게 더 많은 혜택을 제공해야 하는데, 이는 소상인 혹은 소비자들의 후생을 증대시킬 것이다.

블록체인 기반 디지털 화폐의 발전은 상업은행이나 투자은행과 같은 전통적 금융기관 생태계에도 영향을 미칠 것으로 예상된다. 먼저 블록체인은 분산원장을 통해 거래 데이터를 여러 참여자 간에 공유하기 때문에 거래내역을 모든 참여자에게 동시에 투명하게 제공하며, 중앙화된 중계 역할을 필요로 하지 않는다. 결과적으로 거래 정보를 빠르게 공유하고 업데이트할 수 있으므로 거래 처리 시간을 단축시킬 수 있으며, 이는 경쟁을 통해 기존 금융기관의 금융 거래 및 결제 프로세스의 효율성을 증대시킬 것으로 기대된다.

한편 스마트 계약은 프로그래밍된 규칙에 따라 자동으로 거래를 처리하고 조건을 충족할 때 자산을 전달하는 프로그램을 의미하는데, 블록체인과 함께 스마트 계약을 활용할 경우 사전에 정해진 조건이 충족되면 거래가 자동으로 실행되기 때문에 계약의 완결성을 쉽게 유지시킬 수 있다. 또한 거래내역을 계약 당사자 모두가 실시간으로 확인할 수 있기 때문에 중개인의 역할이 불필요하게 된다. 그로 인해 거래속도를 높일 수 있을 뿐만 아니라 중개인 및 중간 업체의 수수료를 줄이는 효과를 가져와 금융기관과 고객 간 거래비용을 낮춰 경쟁력을 높일 수 있다.

---

4. 다만 비트코인처럼 작업증명(Proof of Work)을 통해 블록체인을 업데이트하는 경우 해시 함수를 푸는 과정에서 많은 에너지가 소비된다는 점에서 사회적 비용이 발생하고 있다. 이에 대응하여 최근에는 지분증명(Proof of Stake)과 같은 보다 친환경적인 합의 알고리즘이 많이 활용되고 있다.

블록체인은 전 세계에 걸쳐 있는 다양한 컴퓨터 노드들에 의해 기록·관리되기 때문에 24시간 종료되지 않는 운영을 지원할 수 있다. 따라서 블록체인은 지역에 관계없이 금융거래를 매일 24시간 상시 처리할 수 있도록 하여 국경을 넘어 지역 간 거래를 용이하게 해준다. 이는 기존 금융기관들에게 국제 투자 및 자본 시장에 더 큰 접근성을 제공하며, 기존 금융기관들이 더 많은 글로벌 거래를 추진할 수 있는 환경을 제공해 줄 것이다. 이로 인해 기존 금융기관들이 국경을 넘는 경쟁이 가열화되어 금융효율성을 증진시킬 것으로 기대된다.

3.4 새로운 금융시스템 창출

블록체인 기반 디지털 화폐 도입은 블록체인이라는 분산원장 시스템을 활용하여 새로운 금융시스템을 창출할 수 있을 것으로 평가되며, 대표적인 예로 흔히 DeFi로 불리는 분산 금융Decentralized Finance을 들 수 있다.

분산 금융이란 전통적인 중앙 금융기관 대신 블록체인 기술과 스마트 계약을 활용하여 금융서비스를 제공하는 새로운 형태의 금융시스템으로, 전통적 금융기관 대신 주로 IT 기업 및 개발자 커뮤니티에 의해 개발·운영되고 있다. DeFi 플랫폼은 블록체인 기술을 사용하여 거래 데이터를 분산된 원장에 기록하여 투명성과 안전성을 확보한다. 그리고 스마트 계약을 사용하여 거래를 자동화하므로 사람의 개입 없이 신뢰성 있는 계약이 가능하다. 그렇기에 중개인이 필요 없어 관련 수수료가 사라지며 거래가 효율적으로 이루어질 수 있다.

이러한 분산 금융은 아직 초기 단계라 할 수 있지만, 이미 다양한 플랫폼이 개발되어 활용되고 있다. 예를 들어 컴파운드 파이낸스Compound Finance는 분산 금융 생태계에서 활동하는 프로젝트 중 하나로 암호화폐 대출 및 대출 상환을 가능하게 하는 플랫폼이다. 구체적으로 컴파운드 파이낸스는 사용자가 자산을 담보로 제공하고, 그런 자산을 기반으로 암호화폐를 대출받을 수 있도록 하는 프로토콜로 시작하였다. 뿐만 아니라 컴파운드 파이낸스는 동적 금리 모델을 사용하여 대출 금리가 수요 및 공급에 따라 자동으로 조절되도록 하고 있다. 이처럼 컴파운드 파이낸스는 사용자에게 자산을 활용하는 기회를 제공하고, 필요한 자금을 균형금리로 빌릴 수 있는 수단을 제공하는 등 DeFi 생태계에서 중요한 역할을 하고 있다.

대부분의 DeFi 프로젝트는 오픈 소스로 개발되어 운영되고 있어 누구나 코드를 검토하고 기여할 수 있다. 그렇기에 더욱 빠른 속도로 개선 및 발전이 이루어지고 있다. 이처럼 DeFi는 금융서비스를 보다 열린 방식으로 제공하고 금융시스템을 더 접근성 있는 형태로 만드는 데 중점을 두고 있으며, 이를 통해 금융시장에 더 많은 혁신을 가져올 것으로 기대된다.

한편 암호화폐 발전은 자금 조달 방식에도 혁신을 가져오고 있는데, 대표적인 예로 초기 코인 발행Initial Coin Offering ; ICO을 들 수 있을 것이다. ICO는 새로운 암호화폐 프로젝트나 블록체인 기반 기업이 자금을 모으기 위해 사용하는 방법 중 하나로, 투자자에게 암호화폐 토큰을 판매함으로써 자금을 조달하는 방법이다. 전통적으로 기업이 기업 공개Initial Public Offering ; IPO를 통해 기업에 대한 소유권인 주식을 팔아 자금을 조달하던 것과는 달리 ICO를 통해 발행된 암호화폐는 소유권을 의미하지 않으며, 주로 프로젝트 내에서 특정 용도로 사용될 수 있도록 되어 있다. 따라서 그 발행 가치는 특정 프로젝트가 얼마나 활성화될 수 있는지 여부에 달려 있다.

이러한 ICO는 현재 헬스케어, 엔터테인먼트, 교육분야, 에너지 및 환경 분야 등 다양한 분야에서 사용되고 있다. 다만 비록 최근 ICO 관련 규제가 강화되긴 했으나, 여전히 IPO보다는 규제가 느슨한 편이며, 이로 인해 악용될 소지도 여전히 있다. 그렇기에 ICO에 대한 보다 체계적인 규제 마련과 적절한 감시 감독을 행하는 기구의 설치가 필요하다고 본다.

3.5 금융시스템의 안정성

금융시스템의 안정성은 금융시장의 다양한 부분과 기관, 금융 상품 및 서비스, 그리고 관련된 인프라 구조의 안정 및 신뢰성을 나타내며, 경제의 안정과 금융시장의 신뢰에 매우 중요한 영향을 미친다. 안정적인 금융시스템은 투자와 경제성장을 지원하고 금융위기의 영향을 최소화하는 데 도움을 준다. 금융시스템의 안정을 위해서는 금융기관이 안정적으로 운영되고 신뢰될 수 있어야 한다. 또 금융시장에서 급격한 가격 변동은 투자자와 기업에 불확실성을 초래하므로 금융상품의 가격이 안정되고 금융시장이 안정적으로 작동하는 것이 매우 중요하다.

새로운 금융기술 중 블록체인은 분산원장 기술로, 거래내역이 여러 참여자 간에 분산되어 저장되는 특징이 있다. 따라서 시스템의 안정성이 향상될 수 있고, 데이터의 무결성과 금융시스템의 안정성이 향상될 수 있다. 또한 블록체인은 모든 거래내역을 공개적으로 확인할 수 있어 금융시스템의 투명성을 증가시킬 수 있으며, 거래의 오류나 부정행위를 어렵게 만들어 금융시스템의 신뢰성을 향상시킨다. 블록체인을 통한 거래는 중개기관을 줄이고 거래 처리시간을 단축시켜 거래와 결제를 빠르고 효율적으로 검증한다. 이러한 신속한 거래로 금융시스템이 보다 효율적으로 운영되고 거래비용을 낮출 수 있어 금융시스템에 더 높은 접근성을 제공할 수 있다. 또한 다중 결제 시스템 운영을 통해 거래소에서 오는 위험을 줄이고 경제 전반의 결제 안정성을 향상시킬 수 있다. 그러나 이러한 이점에도 불구하고 잠재적인 기술적 취약성으로 일부 블록체인 네트워크의 확장성 문제가 존재할 수 있다. 따라서 대규모 거래의 처리를 지원하기 위해서는 확장성 문제를 해결해야 할 필요가 있다. 또한 기술적 취약성으로 오류가 발생할 경우 거래 계약 결함 등 해결하기 어려운 문제를 야기할 수 있는데, 이는 금융시스템에 예기치 않는 불안을 초래할 수 있다. 이러한 거래 및 금융 위기 시 신뢰성 상실 또는 중앙은행의 최종 대부자 기능 부족 등으로 인해 오히려 위험 전파의 경로가 될 수도 있다는 문제가 있다. 또한 디지털 화폐를 보유하는 금융기관의 증가로 인해 디지털 화폐 가격 변동 및 시장 유동성 리스크가 금융시스템 전반으로 전이될 위험도 존재한다.

따라서 디지털 화폐의 도입 시 이러한 불안요인을 고려하여 적절한 대응책을 마련해야 할 것이며, 블록체인 기술의 장점과 단점을 신중하게 고려하여 금융시스템의 안정성을 유지하고 향상시키는 것이 중요할 것이다.

3.6 암호화폐의 화폐로서의 영향

비트코인을 비롯한 암호화폐는 글로벌 금융위기 이후 중앙은행의 양적 완화와 같은 지나친 통화정책으로 인해 기존 화폐의 가치에 대한 불신이 확산되면서 확대되었다. 비트코인의 성장과 점차적인 인지도 상승으로 가격이 상승하면서 암호화폐 시장이 성장하였고, 이더리움Ethereum과 리플Ripple 등 다양한 암호화폐가 등장하기 시작했다. 비트코인을 포함한 대다수의 암호화폐는 내적 가치intrinsic value가 없으며, 발행자의 담보물이나 보증이 없어 가치의 변동폭이 크다는 특징을 가지고 있다. 비트코인의 경우 프로그램을 통해 발행량을 제한하고 있지만 다른 가상화폐는 이러한 제한이 없는 경우가 대다수이며, 화폐량이 적절하게 통제될 것인지 여부나 화폐 발행으로 얻을 수 있는 시뇨리지를 누가 가져가는지 등이 불투명하다. 실제로 대부분의 가상화폐는 가치 변동성이 지나치게 커서 화폐로서의 역할을 제대로 수행하지 못하며, 익명성을 바탕으로 한 탈세, 뇌물 등의 불법행위에 활용될 가능성이 높다.

이러한 기존 암호화폐의 가치 변동성 문제를 극복하기 위해 스테이블코인Stablecoins이 등장하였다. 스테이블코인은 가격 안정성을 제공하기 위해 고안된 암호화폐로 그 가치를 달러와 같은 특정 화폐나 금과 같은 실물 자산에 고정pegging시켜 변동성을 낮추고 있다. 실제 스테이블코인의 가치 안정성을 유지하기 위해서는 스테이블코인 발행량만큼의 안전자산이 예치되어 있어야 하는데, 대부분 스테이블코인은 국채보다는 가상자산을 담보로 삼거나Maker DAO 알고리즘에 기반한 경우Terra-Luna가 많았다. 스테이블코인의 담보가 불충분한 경우, 스테이블코인은 은행과 같이 부분적인 지급준비금Fractional Reserve Banking만을 갖는 셈인데, 은행과 달리 스테이블코인은 엄격한 감독을 받지 않고 있어 뱅크런Bank runs의 위험이 매우 높다. 따라서 스테이블코인은 명칭과 달리 매우 불안정해질 가능성이 높고, 그에 따라 화폐로서의 기능도 제약적이다.

2022년 알고리즘에 기반한 스테이블코인이었던 테라-루나의 가치 폭락 사태는 이러한 스테이블코인의 한계를 보여주었다. 테라의 경우 루나라는 가상자산과 알고리즘을 이용하여 달러와 가치를 고정시킨 스테이블코인으로 가격 안정성을 유지하는 목적으로 개발되었다. 그러나 테라의 가격이 급격히 하락하면서 달러와 연동된 가격 안정 메카니즘이 무너지는 상황이 발생하였고, 가격 안정성에 대한 사용자들의 불안은 급격한 뱅크런으로 이어졌다. 결국 2022년 5월 시가총액 50조 원을 돌파하던 테라-루나 코인이 순식간에 99.99% 폭락하며 금융시장에 큰 충격을 안겨줬다. 이 사태는 암호화폐의 가격 조작과 안정성 문제에 대한 염려를 다시 한 번 부각시켰다. 따라서 정부, 중앙은행 또는 규제 당국은 가상자산이 금융시스템의 안정성을 유지할 수 있도록 규제를 개발하고, 가상자산이 금융시스템의 안정성과 경제에 미치는 영향을 모니터링하는 역할을 지속해야 할 것이다.

3.7 국제 자본 이동

암호화폐와 같은 디지털 화폐는 블록체인을 활용하여 소액 거래나 국제 송금 등의 프로세스를 간소화하고 비용을 절감할 수 있어 글로벌 시장에서 더욱 신속한 자본 이동을 적은 비용으로 가능하게 한다. 이는 국제 자본 이동의 용이성을 높여 투자자들이 더 빠르게 자금을 이동할 수 있도록 한다. 이뿐 아니라 인도네시아나 말레이시아 같은 일부 국가들은 자국의 자본을 해외로 이동하는 것을 제한하는 자본 통제 정책을 시행하고 있는데, 암호화폐를 이용하면 이러한 규제를 우회하여 자본을 해외로 이동시킬 수 있다.

이처럼 암호화폐 발전은 국가 간 자금 이동을 위한 새로운 채널을 열어주고 있는데, 이는 국제 자본 흐름과 환율에 영향을 미칠 수 있다. 그리고 중앙은행은 통화정책을 통해 환율을 조절하여 국제 간 자본 이동에 따른 불안정을 제어하는 역할을 하는데, 암호화폐의 성장은 개별 국가가 국가 간 자금 흐름을 통제하기 어렵게 하여 중앙은행의 통화정책 효과를 반감시킬 수 있다. 이로 인해 통화정책의 국가 간 파급 효과와 전염 효과가 더 커질 수 있다(Prasad, 2019). 마지막으로 국가마다 암호화폐에 대한 규제 체계가 다를 수 있는데, 이는 궁극적으로 국제 금융시스템을 더욱 분열시킬 수 있다는 우려도 존재한다(EU Parliament, 2019). 따라서 암호화폐 발전이 국제 자본 이동과 환율, 그리고 국제 통화시스템 구조에 어떠한 영향을 미치는지에 대한 지속적인 연구 및 모니터링이 필요하다.

3.8 법적 규제 및 감독

암호화폐에 대한 투자 및 거래가 늘어남에 따라 암호화폐에 대한 법적 규제와 감독은 전 세계적으로 주요 이슈가 되고 있다. 암호화폐에 대한 법적 규제에 대해서는 다양한 의견이 존재하며, 크게 암호화폐에 대한 법적 규제가 필요하다는 주장과 필요하지 않다는 주장으로 나눌 수 있다.

먼저 암호화폐에 대한 법적 규제가 필요하다는 주장의 논거는 다음과 같다. 암호화폐는 국경을 넘어 익명으로 거래가 가능하기 때문에 탈세, 자금 세탁, 금융 범죄 및 테러 자금 이용 등 다양한 불법행위에 악용될 수 있으며, 이러한 불법적 거래를 추적하기 쉽지 않은 문제가 있다. 따라서 자금 세탁 방지 및 고객 신원 확인 관련 규정을 강화하여 이러한 불법적 활동을 사전에 방지할 필요가 있다. 뿐만 아니라 암호화폐는 가격 변동성이 커서 투자자들이 큰 손실을 쉽게 입을 수 있는데, 적절한 규제는 투자자를 보호하고 시장의 불안정성을 감소시키는 역할을 할 수 있다. 마지막으로 암호화폐 시장이 금융시스템의 일부가 되어가면서 금융 안정성에 영향을 미칠 큰 변수로 등장하였으므로 적절한 규제를 통해 금융시스템의 안정성을 유지할 필요가 있다.

반면 암호화폐에 대한 법적 규제를 반대하는 주장의 논거로는 다음과 같은 것들이 있다. 먼저 암호화폐 및 블록체인 기술은 빠른 속도로 발전하고 있어 법률과 규제가 기술을 이해하고 따라가기 어려운 측면이 있다. 그리고 무엇보다 암호화폐에 대한 과도한 규제는 블록체인 및 암호화폐 산업에서의 혁신을 억제할 수 있다. 마지막으로 암호화폐 시장은 국가 간 경계를 초월하고 있는데, 국가마다 다른 규제를 가지면 오히려 혼란만 초래할 수도 있다.

이처럼 암호화폐에 대한 법적 규제에 대해 상이한 의견이 존재하고 있으나 최근 미국과 유럽연합 등 주요국들은 규제를 강화하는 방향으로 제도를 마련하고 있다. 예를 들어 미국 증권거래위원회Securities and Exchange Commission는 암호화폐를 투자 상품으로 간주하고, 투자자를 보호하기 위해 ICOInitial Coin Offerings 및 암호화폐 거래소에 대한 규제를 시행하고 있다. 중국 같은 경우에는 여기서 더 나아가 비트코인을 포함한 암호화폐 거래 자체를 금지하고 있다.

3.9 통화정책 전달 경로의 변화

통화정책은 통화량, 금리, 환율 등 다양한 정책도구를 사용하여 물가 안정과 경제성장(또는 고용 안정), 그리고 최근에는 금융 안정까지 이르는 중앙은행의 목표를 달성하기 위한 정책이다. 통화정책의 전달 경로는 정책의 변화가 경제주체와 시장에 어떻게 영향을 미치는지를 설명하는데 크게 금리 및 신용 경로, 자산가격 경로, 환율 경로, 기대 경로 이렇게 4가지 경로가 있다. 암호화폐와 같은 디지털 화폐의 도입은 통화정책 전달 경로에 다양한 변화를 가져올 것으로 보인다.

(1) 금리 및 신용 경로

중앙은행은 정책금리를 통해 시장금리를 조절하여 은행 및 금융기관의 대출 및 저축 금리에 영향을 주어 신용을 통제하는데, 민간 디지털 화폐가 은행 예금 및 현금 등을 대체할 경우 이와 같은 금리 및 신용 경로를 통한 정책 효과가 줄어들 수 있다(송준혁, 2017). 특히 민간 디지털 화폐는 중앙화된 규제 또는 감독 등 통제를 받지 않기 때문에 중앙은행이 발급하여 관리하는 디지털 화폐가 도입되지 않는다면 금융시장에서 금리 결정에 대한 영향력이 줄어들 것이다. 뿐만 아니라 디지털 화폐가 시중은행 예금까지 부분적으로 대체할 경우 지준율 조정을 통한 신용 경로 파급 효과도 약화될 수 있다(한국은행, 2018). 다만 암호화폐와 같은 디지털 화폐의 일상 상거래에서 거의 사용되지 않을 뿐만 아니라 은행 예금 대체 정도가 낮을 경우, 금리 및 신용 경로에 미치는 영향은 제한적일 수 있다(한국은행, 2018; ECB, 2019).

한편 분산 금융을 통한 금융거래는 주로 특정 암호화폐를 담보로 다른 암호화폐를 빌리는 거래, 즉 암호화폐 간 거래가 주를 이루고 있다. 그리고 이러한 금융거래의 이자율은 분산화된 시장에서 공급 및 수요 역학을 기반으로 한 알고리즘에 의해 결정되기 때문에 중앙은행이 정책금리 조정을 통해 분산 금융시장에 영향을 미치기에는 한계가 존재한다. 이에 대한 대응으로 중앙은행이나 금융감독기관은 분산 금융Decentralized Finance을 통한 대출 총량을 직접적으로 규제하거나 담보물 비율Loan-to-value ratio을 규제하는 방식을 고려할 수 있다. 이는 분산 금융시장의 안정성에 기여할 뿐만 아리나 전통적 금융시장으로 자금이 흘러가도록 유도하여 금리 및 신용 경로를 통한 통화정책의 유효성 증가에 기여할 수도 있다. 다만, 분산 금융에 대한 이러한 미시적 규제는 해당 산업 발전을 저해할 수 있으므로, 다른 정책적 방안이 없는지에 대한 지속적인 연구가 필요할 것이다.

(2) 자산가격 경로

암호화폐 시장의 성장으로 해당 자산에 대한 투자가 늘어날 경우 암호화폐 시장을 통한 자산가격 변화를 통해 통화정책 효과가 새롭게 나타날 수 있다. 하지만 암호화폐 자산의 가치는 투자자들의 심리 변화에 따라 변동성이 큰 편이고 예측이 불확실한 경우가 많아 통화정책의 자산가격 효과를 불안정하게 만들어 통화정책 효과를 약화시킬 가능성이 높다.

따라서 투자자들의 포트폴리오 구성을 이해하기 위해 암호화폐와 기존 자산들의 수익률 사이의 상관관계에 대해 연구할 필요가 있으며, 이러한 암호화폐의 가격 변화에 대응하여야 하는지 여부 및 이에 대응한 효과적인 정책도구에 대해서도 향후 연구가 필요하다.

(3) 환율 경로

앞서 설명한 바와 같이, 암호화폐는 국제적인 자금 이동을 간소화하므로 국제 자본 이동, 환율, 국제통화 시스템에 영향을 미치며, 국가 간 자금 이동 통제가 어려워질 수 있다(송준혁, 2017). 이로 인해 통화정책의 파급 효과와 전염 효과가 더욱 커질 수 있으며, 특히 우리나라와 같은 소규모 개방경제Small Open Economy의 경우 통화정책이 디지털 화폐의 가치에 영향을 주지 못하고 환율 변동성만 키울 수 있어 이에 대한 대비가 필요하다. 특히 디지털 화폐 시장의 발전으로 해외 자본의 유출입이 활발해질 경우 어떻게 외환시장을 규제해야 하는지에 대한 연구가 긴요하다.

(4) 기대 경로

기대 경로는 사람들의 기대를 변화시켜 물가 및 경기에 영향을 주는 채널인데, 이는 중앙은행에 대한 신뢰도가 높을수록 정책의 효과가 높아진다. 이러한 상황에서 중앙은행이 블록체인을 활용한 디지털 화폐 거래 플랫폼을 제공하는 경우 거래의 투명성이 강화되어 통화정책에 대한 신뢰성도 높아질 수 있다. 또한 블록체인 기술과 스마트 계약을 활용하여 특정 조건이 충족되면 자동으로 정책금리나 통화량을 조절하는 등 책임성을 강화한 통화정책 방식도 고려될 수 있다. 이러한 중앙은행의 대응 과정에서 중앙은행이 발행하는 CBDC가 핵심적인 역할을 수행할 것이다.

4. 대응 과제 및 방안

4.1 디지털 화폐 및 타 국가 화폐와의 경쟁

디지털 화폐는 인터넷만 있으면 국제적으로 이용이 가능하기 때문에 특정 디지털 화폐가 여러 나라에 범용될 가능성이 있다. 즉, 엘살바도르나 에콰도르 같은 일부 남미 국가들이 겪은 달러화Dollarization처럼 특정 국가에서 발행한 중앙은행 디지털 화폐CBDC 혹은 특정 국가 화폐 회계단위에 의존하는 디지털 화폐가 다른 국가에서 주요 교환의 매개 수단으로 사용될 수 있다. 이럴 경우 해당 국가의 중앙은행은 주요 통화정책 수단을 상실하면서 경제-금융 위기 시 중앙은행의 대응능력이 약화될 수 있다.

교환의 매개 수단으로 사용되는 화폐는 네트워크 효과를 가지기 때문에 특정 화폐가 이미 주요 교환의 매개 수단으로 사용되고 있다면 새로운 통화가 기존의 화폐를 대체하여 주요 화폐로 자리 잡기엔 어려운 측면이 있다. 그렇기에 주요 민간 발행 암호화폐나 해외 CBDC와 경쟁하면서 통화정책 주권을 유지하는 것도 CBDC 도입을 준비하는 주요 목적 중 하나이다(European Parliament, 2019).

한편 다양한 국가들의 개별 CBDC 발행으로 화폐 경쟁이 가속화되는 경우 개별 국가의 통화정책 주권을 유지하기 위한 대응방안을 마련하는 것도 필요할 것이다. 예를 들면 국제법 마련으로 혹은 외교-정치적으로 해결할 수 있는 부분이 있는지에 대한 국제적 논의 및 연구가 필요한 것으로 보인다. 뿐만 아니라 개별 국가가 독자적으로 할 수 있는 대응수단으로는 어떤 것이 있는지에 대한 연구도 할 필요가 있다. 예를 들어 세금을 납부하거나 공기업과 거래를 할 때 해당 국가에서 발행한 화폐나 CBDC만 사용하도록 제한을 하는 것은 특정 화폐를 반드시 사용하도록 강제하는 것인데, 이러한 정책으로 해외 발행 CBDC와 경쟁하면서 통화정책 주권을 유지할 수 있는지에 대한 면밀한 분석도 필요해 보인다.

4.2 중앙은행의 통화체계 개편방안

중앙은행은 디지털 화폐CBDC를 직접적으로 발행하지 않더라도 디지털 화폐 거래 플랫폼을 제공하고 모니터링함으로써 통화체계의 안정성과 효율성을 유지하고 향상시킬 수 있다. 이 경우 민간부문이 새로운 기술 발전과 혁신을 통해 디지털 화폐를 스스로 공급하도록 하면서도 중앙은행이 플랫폼을 통해 전체 화폐 공급량을 통제한다거나 참여하는 민간 금융기관을 감시·감독하여 화폐 및 금융 거래의 투명성을 확보할 수 있다는 장점이 있다. 다만, 디지털 화폐는 국경을 초월할 수 있는 속성을 갖고 있기 때문에 국제 송금 및 환전 프로세스에서 다른 국가들이 CBDC를 도입하고 외화 송금을 요청할 경우 이를 위한 국내 플랫폼을 어떤 식으로 설계할지에 대한 논의와 준비가 선행되어야 할 것이다. 또한 다국적 테크기업이 발행하는 글로벌 디지털 화폐에 대한 감시와 규제에 대해서도 다른 국가들과의 협력을 통해 국제 표준을 미리 정할 필요가 있다. 그 밖에도 안전하고 효율적인 디지털 화폐 거래를 위하여 디지털 지갑, 분산원장 기술, 보안 시스템 등 기술 인프라를 개발·구축하는 일이나 민간 디지털 화폐의 사용·보관·교환에 관한 규정과 법률적 근거를 마련하는 일, 마지막으로 대중과 금융기관에게 디지털 화폐 거래의 사용방법, 이점, 위험성 등에 대해 설명하고 교육하는 일에도 노력을 기울일 필요가 있다.

다음으로 한국은행이 직접 디지털 화폐CBDC를 도입하는 방안이 있을 수 있다.[5] 디지털 화폐의 플랫폼을 제공하더라도 민간 금융기관이 발행하는 디지털 화폐에 대한 신뢰 부족 등의 문제가 발생할 수 있으므로 CBDC의 도입을 통해 화폐

5. CBDC 도입을 통해 중앙은행의 통화정책 운영을 강화할 수 있는 이유에 대해선 다음 절에서 자세히 다룬다.

의 안정성을 제공할 필요가 있다. 특히, 민간부문이 블록체인 기술에 기반한 간편결제 서비스 등 결제 인프라에 이미 대규모로 투자한 경우 민간의 전자결제 시스템을 대체하지 않으면서도 화폐의 안정성을 제공할 수 있으며, 중앙은행이 발행하는 법화이기 때문에 금융기관 및 일반 소비자들에게 신뢰성을 제공할 수 있다.

현재 각국 중앙은행들은 디지털 화폐 발행에 대한 연구 및 개발을 본격화하였으며, 이에 대한 학계의 논의도 활발해지고 있는 상황이다(BIS, 2018 · 2020 ; Bank of England, 2020 ; ECB, 2020 ; Federal Reserve, 2022). CBDC 도입 시 구체적인 설계방식에 대해서는 아직 각국 중앙은행들이 장단점을 비교 · 분석 중인 상황으로 컨센서스에 도달하지는 못하고 있다. 다만, 운영구조에 있어서는 중앙은행이 단독으로 대고객 업무 등 모든 책임을 지는 직접형보다는 민간기관에 역할을 분담하는 혼합형 또는 중계형을 주로 선호하고 있으며, 원장방식은 초기에 복원력과 보안성 측면에서 우월한 분산원장 방식을 당연하게 생각하였으나 최근에는 효율성 및 확장성 측면에서 단일원장 방식으로도 충분하다는 견해도 나타나고 있다. 법적 기반 측면에서는 CBDC를 중앙은행의 법화로 인식하고 발행하는 것이 타당하다고 보는 견해가 다수이기는 하지만, 디지털 형태의 법화라는 점에서 별도의 발행 근거 조항을 마련할 필요는 있다. 우리나라의 한국은행은 현재 CBDC를 발행할 계획은 없지만 디지털 화폐의 제조 · 발행 · 유통에 이르는 실험을 통해 상용화할 수 있는 기술력 확보를 위해 노력 중이다. 다수의 국가에서 CBDC는 현금을 완전히 대체하기보다는 보완하는 지급수단으로 인식되고 있으며, 지급결제 시스템의 효율화, 시뇨리지 수익 증대, 금융 포용성 증대, 불법거래 추적 및 감시, 또는 민간 디지털 화폐 및 해외 CBDC와의 경쟁 등 다양한 목적으로 도입이 검토되거나 준비 중이다(EU Parliament, 2019).

4.3 중앙은행 디지털 화폐 도입에 따른 변화와 대응방안

(1) 가상자산 시장

CBDC가 도입될 경우 분산화된 금융중개De-Fi에서 사실상 기초통화 역할을 하는, 민간 금융기관들이 발행한 스테이블코인 등을 대체할 수 있을 것으로 예상된다. 또 투자 목적이 아닌 거래를 위한 민간 디지털 화폐 수요를 상당 부분 흡수할 것으로 전망된다. 다만, 글로벌 빅테크 기업들이 발행하는 스테이블코인이 CBDC와 공존할 경우 이들 스테이블코인이 초래할 수 있는 데이터 집중이나 시장지배력 문제 등에 대비하여 적절한 규제 체계를 마련할 필요가 있다.

우리나라의 경우 김치코인으로 대표되는 투자 목적의 가상자산들이 난무하고 있는데 CBDC는 기본적으로 거래수단이므로 이러한 투자 수요를 대체하기는 어려워 보인다. 따라서 CBDC 도입 이후에도 이러한 가상자산들이 금융시스템의 불안 요소로 남아 있을 가능성이 있다. 이에 대해선 전통적인 방식의 금융감독 규제로 대처하거나 새로운 규제 체계를 도입하여 감시·감독 체계를 강화할 필요가 있다.

(2) 금융중개기관

전통적인 상업은행은 예금을 받아 대출을 제공하여 자금을 예금고객과 기업 사이에서 중개하는 역할을 한다. 이 과정에서 상업은행은 예금자에게 이자를 지급하고 대출자로부터 이자를 받아 수익을 창출한다. CBDC가 발행되어 사용될 경우 소매retail CBDC를 사용하는 소비자 및 기업은 상업은행을 우회하고 직접 중앙은행과 거래할 수 있기 때문에 시중 상업은행으로의 예금 유입이 감소될 수 있으며, 이는 상업은행의 예금과 자금 관리에 영향을 미칠 수 있다.

구체적으로 강기윤·장인기·최병호(2022)는 일반균형 화폐거시경제 모형을 구축한 후 국내 데이터를 이용한 분석에서 CBDC가 도입될 경우 은행 예금과 기업대출 규모는 각각 1.29% 및 1.32%씩 감소하고 예금이자율과 대출이자율은 각각 1.31bp 및 1.32bp씩 증가함을 보여주었다. 하지만 이들 연구에 의하면, 비록 CBDC 발행으로 은행의 예금 및 대출 규모가 줄어들어도 CBDC가 온라인 거래를 더욱 활성화시켜 총생산은 0.24% 증가하는 것으로 나타났다.

금융기관 간의 경쟁에 대해서는 비은행 금융중개기관의 CBDC에 대한 접근을 허용할 경우 금융산업의 독과점 구조를 경쟁적으로 변화시킬 것이라는 전망이 있지만, 도매wholesale CBDC의 도입은 금융기관 사이의 거래가 실시간 거액으로 결제되어 결제와 관련한 불확실성이 해소되면서 금융기관의 신용 리스크를 감소시킬 수 있어 CBDC에 접근 가능한 금융기관의 예금을 오히려 증가시킬 수 있다. 또한 일부 소수의 상업은행이 시장지배력을 가질 경우 CBDC 도입이 오히려 상업은행의 금융중개 규모를 확대시킬 수 있다는 연구도 있다. Chiu et al.(2023)은 은행이 시장지배력을 가질 경우 예금 이자율을 최적 수준보다 낮게 유지하여 예금 유입이 최적 수준보다 낮을 수 있음을 보였다. 이럴 경우 이자를 지급하는 CBDC가 발행되면 은행산업에 경쟁을 촉진시켜 기존의 상업은행들의 예금 이자율을 높이고 은행으로의 예금 유입을 확대시킬 수도 있다. 구체적으로 Chiu et al.(2023)은 미국 데이터를 이용한 분석에서 CBDC 이자율이 0.3~1.49% 사이에 있는 경우 은행의 금융중개 규모를 확대시키는 반면 이자율이 1.49%를 초과할 경우에는 CBDC가 은행 예금을 대체하면서 상업은행의 금융 중개 규모가 축소됨을 보여주었다.

이처럼 기존 선행연구들에 따르면 CBDC에 이자를 지급할 경우 은행 예금을 대체하여 상업은행의 금융중개 기능을 구축하는지 여부는 개별 은행의 시장지배력과 같은 금융산업 시장구조에 따라 달라질 수 있음을 알 수 있다. 뿐만 아니라 CBDC 발행이 효율적인 시장거래를 방해하는지 여부도 시장의 발전 정도에 따라 달라질 수 있음을 알 수 있다. 따라서 CBDC 발행이 금융산업 및 거시경제에 미치는 효과를 제대로 파악하기 위해선 기존 금융산업 구조 및 시장 마찰 정도에 대한 면밀한 선행 분석이 필요하다. 또한 이러한 금융산업의 경쟁 환경 변화가 자금중개 기능 및 지급결제 서비스의 품질 등에 영향을 미칠 수 있다는 점에 유의하면서

CBDC의 보유한도나 이자 지급 여부 등의 정책을 결정하여야 할 것이다.

(3) 지급결제 시스템

소매 CBDC를 발행할 경우 가계와 기업은 중앙은행에 대한 직접 청구권(디지털 현금)을 보유할 수 있게 되며, 이를 플라스틱 카드나 모바일 앱 등의 형태로 제공할 경우 소비자들에게 새로운 지급결제수단을 제공한다는 점에서 금융 포괄성을 높일 수 있을 것으로 전망되고 있다. 도매 CBDC를 발행할 경우에도 이를 토대로 금융기관들이 다양한 형태의 지급수단을 창출할 수 있다. 특히 은행 계좌와 스마트폰의 보급률이 높은 우리나라의 경우, CBDC의 도입은 은행 지점과 ATM 등 현금 이용을 위해 필요한 비용을 크게 줄일 수 있을 것으로 보인다. 또한 결제시스템 면에서는 은행 예금과 같은 계좌 방식을 취하거나 현금과 같이 모바일 앱의 토큰 방식으로 발행하는지 여부는 경제적 효과 면에서 큰 차이가 없다.

다만, 스마트폰 사용이 어려운 노령층의 디지털 소외를 가속화시킬 가능성이 있어 현금을 바로 대체하기보다는 보완적인 지급수단으로 자리 잡을 수 있도록 하는 세심한 주의가 필요하다. Lee and Park(2023)에서는 한국은행 지급결제 서베이 자료를 토대로 코로나 팬데믹 기간 동안 디지털 소외그룹의 경우 현금 수요가 상대적으로 덜 감소되었으며 모바일 앱 사용도 크게 증가하지 않았음을 보여주고 있다. 따라서 CBDC 도입으로 인해 현금 없는 사회로의 전환이 가속화될 경우 디지털 소외계층을 위한 교육이나 홍보가 필요할 것으로 보인다. 또한 인터넷 환경 등 CBDC의 사용을 지원하는 시스템의 장애 등으로 인한 긴급한 상황에서 현장 결제가 필요한 경우 소비자의 현금 사용권을 보장하기 위해서라도 실물 기반의 토큰형 CBDC를 제한된 범위 내에서 공급할 필요도 있다고 생각된다.

(4) 금융시스템 안정성

CBDC가 일반 대중에게 직접적으로 제공될 경우 금융기관을 우회하여 중앙은행이 직접 고객과 상호작용할 수 있는 기회가 생기며, 이에 따라 금융기관들의 역할이 축소되는 한편 민간 빅테크 기업들의 참여로 경쟁도 심화되면서 금융기관들이 다양화되고 분산화될 수 있다. 이에 따라 개별 금융기관을 감독하는 비용이 상승할 수 있으며, 디지털 전환에 따른 자금 쏠림 현상도 심화될 것으로 보인다. 모바일 앱을 이용한 자금이체가 실시간으로 가능해지면서 유동성이 빠른 속도로 유출될 가능성이 증가하였는데, 이는 미국 실리콘밸리은행 파산 사태와 같이 금융시장의 불안정성을 키울 수 있다. 디지털 화폐 사용자가 늘어나면 금융시장에서 대량 예금인출 사태Bank run나 자산가격 급락Fire sales 등 금융 안정 측면에서의 위험성을 높일 수 있으므로 중앙은행은 이에 대비할 필요가 있다.

먼저 민간 디지털 화폐의 확산으로 인한 금융위기 가능성에 대비해 개별 금융기관에 대한 건전성 감독뿐 아니라 금융시스템 전체의 안정성을 평가하고 시장에 투명한 정보를 제공할 필요가 있다. 예를 들면, 민간 디지털 화폐를 공급하는 금융기관의 자산의 보유나 거래내역을 투명하게 공시하도록 하며, 가상자산에 투자하지 못하도록 하는 등 가상자산 시장과 분리시켜 가상자산으로 인한 위험 및 불안이 금융시스템으로 전이되는 것을 막을 필요가 있다.

또한 대량 예금인출 사태Bank run와 같은 유동성 위기가 발생할 경우에 대비하여 중앙은행은 최종 대부자로서 충분한 유동성을 유연하게 공급하는 방안을 마련할 필요가 있다(Riksbank, 2017). 한편으로는 금융기관의 연쇄 도산을 막기 위해 거래를 일시 중지시키거나 시장에 안정을 줄 수 있는 구두 개입을 하는 등 금융 안정을 위한 중앙은행의 역할을 수행해야 한다. 다만, 사전에 유동성 및 건전성 규제를 받지 않은 비은행 금융기관이나 민간 빅테크 기업의 경우에도 긴급유동성을 지원해 준다면 도덕적 해이에 빠질 수 있으므로 금융시장에 이에 대한 가이드라인을 미리 제시하여 도덕적 해이가 발생할 가능성을 미연에 방지해야 한다.

(5) 통화정책의 유효성 및 새로운 전달 경로

현금과 달리 계좌나 전자 토큰 방식으로 공급되는 CBDC에는 기술적으로 이자를 지급할 수 있으며, 마이너스 금리도 부과할 수 있다. 이에 따라 2008년 글로벌 금융위기 때와 같은 경우에 문제가 되었던 명목 정책금리의 실효하한Zero Lower Bound 문제를 극복할 수 있을 것으로 보이며, 이에 따라 양적 완화를 실시할 필요성도 줄어들 수 있을 것으로 기대된다(Goodfriend, 2016 ; Bordo and Levin, 2017). 또한 달러화Dollarization와 같이 다른 나라 통화에 화폐가치를 연동peg하는 방식을 채택하는 경우 지급결제수단의 대체로 통화정책의 유효성이 저하될 수 있는데, CBDC의 도입으로 최소한 현재 수준의 통화정책 유효성을 어느 정도 유지하는 것도 가능하다(Davoodalhosseini, 2021). 이와 같이 CBDC에 이자를 지급하는 경우 동 이자율 수준을 새로운 통화정책 수단으로 사용할 수 있어 통화정책의 자유도가 높아진다는 장점이 있지만, 한편으로는 동 이자율이 은행 수신금리의 하한으로 작용하게 되어 은행을 통한 금융중개 기능이 제한될 수 있다는 단점도 있다. 또한 CBDC의 도입으로 금리 경로가 강화된다면 자본의 유출입이 잦은 나라의 경우 환율의 변동폭도 커지면서 수출입 등을 통해 실물경제에 미치는 영향이 커질 수 있으므로 이에 유의할 필요가 있다(Meaning et al., 2018).

CBDC의 도입은 통화정책의 새로운 전달 경로를 발견하는 데 도움이 될 수 있다. 먼저 중앙은행과 개인 간의 직접적인 관계가 형성될 수 있으므로 활발한 커뮤니케이션을 통해 통화정책을 경제주체들에게 보다 직접적으로 전달할 수 있다. 또한 현금과 달리 거래 기록을 수집하여 분석하기 용이하므로 개인들의 동의를 얻어 경제주체의 거래 데이터를 분석하여 세부적인 경제활동의 지표를 도출하고, 실시간으로 경제상황에 대한 정보를 획득하여 보다 정확하고 신속한 통화정책 결정을 내릴 수 있다는 장점도 있다. 이러한 정보들을 활용하여 소비자들의 소득계층 등의 여건과 산업별·부문별 생산자들의 여건에 맞도록 통화정책을 세분화하여 집행할 수 있는 것도 장점이다.

(6) 소비자 개인정보 보호

한편 사용자의 프라이버시 문제는 CBDC 발행 시 고려되어야 할 중요한 요인 중 하나이다. 유럽중앙은행European Central Bank에서 실시한 설문조사에 의하면 응답자의 41%가 CBDC를 발행할 때 사용자 프라이버시 보호가 가장 중요한 요소라고 응답하였다(European Central Bank, 2021). 한편 미국 중앙은행인 연방준비은행도 미국의 CBDC를 발행할 때 사용자의 프라이버시 보호가 핵심 고려요소라고 하였다(Board of Governors of the Federal Reserve System, 2022).

하지만 프라이버시 보호를 위해 CBDC 거래내역을 누구도 모니터링하거나 활용하지 못하도록 하는 것은 기술적으로 한계가 있다. 또한 CBDC 거래내역 데이터가 가지는 정보로서의 가치를 고려할 때 과연 그렇게 하는 게 바람직한지에 대해서도 심도 있는 논의가 필요하다. 사실 사용자 프라이버시 문제는 CBDC에만 한정된 게 아니라, 모든 디지털 화폐에 다 적용되는 문제이며, 실제로 전통적 디지털 화폐 거래내역은 그동안 상업적 목적으로 오래 이용되어져 왔다. 예를 들어 신용카드나 PayPal 거래내역들은 소비자 행태를 이해하고 제품 및 서비스를 개선하기 위한 정보를 제공할 수 있기 때문에 이미 중요한 데이터로 활용되고 있는 중이다.[6] 결국 중앙집권적인 데이터 수집이 바람직한지가 관건이라고 하겠다.

사실 선행연구들을 보면 민간에서도 이러한 거래내역 데이터를 활용하는 게 바람직한지에 대한 서로 상반된 견해가 존재한다. 예를 들어 Garratt and Lee(2020)에서는 민간기업이 디지털 화폐 거래내역을 활용하여 소비자들의 선호를 분석할 수 있도록 할 경우 독점이 발생하면서 소비자 후생이 감소할 수 있으며, 이럴 경우

---

6. 한편, 블록체인에 기반한 암호화폐의 경우 한 번 식별된 지갑 주소는 이후의 모든 거래를 추적할 수 있지만, 지갑의 소유주를 확인할 수 없기 때문에 거래내역 자체는 익명으로 기록된다고 볼 수 있다. 뿐만 아니라 모네로(Monero)와 젠캐시(Zcash)처럼 거래내역을 완전히 숨기는 기술을 활용하여 사용자의 프라이버시 보호를 강화한 암호화폐가 발행되기도 하였다. 이처럼 암호화폐는 익명으로 거래되기 때문에 거래내역 데이터가 시장 동향을 분석하고 추세를 예측하는 데는 활용될 수 있으나, 개별 소비자들의 선호도를 분석하고 마케팅 목적으로 사용되는 등 상업적 활용도는 떨어진다.

정부가 익명으로 거래할 수 있는 CBDC를 발행할 경우 사회 후생을 증대시킬 수 있음을 보여준다. 반면 Kang(2024)은 소비자들이 디지털 화폐를 사회적으로 바람직한 수준보다 낮게 사용하여 디지털 화폐의 거래내역 활용도가 낮을 수 있음을 보여주고 있으며, 이럴 경우 정부가 정보 이용자에게 데이터 활용에 대한 적절한 인센티브를 제공하여 사회 후생을 증대시킬 수 있음을 보여준다.

다만 중앙은행이나 정부에서 발행하는 CBDC의 거래내역은 공익 목적에 사용된다는 점에서 프라이버시 문제를 기존 민간에서 발행한 전통적 디지털 화폐에서의 문제와 다르게 평가해야 할 수도 있다. 예를 들어 Wang(2024)은 CBDC가 발행되어 사용될 경우 세금 포탈을 막을 수 있음을 보여주고 있고, Choi et al.(2023)에서 실시한 설문조사에 의하면 CBDC 거래내역이 상업적인 목적으로만 사용되지 않으면 CBDC와 관련된 프라이버시 침해 문제에 대한 염려는 상대적으로 낮다. 뿐만 아니라 CBDC 거래내역 데이터를 분석할 경우 현 경제상황에 대한 좀더 정확한 진단을 내릴 수 있고, 또 이를 바탕으로 향후 경기 예측 및 정책적 대안 마련에 도움이 될 수도 있다. 이처럼 CBDC의 거래내역 데이터가 가지는 긍정적 측면도 크기 때문에 CBDC 사용자의 프라이버시 침해 문제에 대해 더 깊이 있는 논의와 균형 잡힌 시각이 필요하다.

4.4 민간 빅테크 기업에 대한 규제

최근 페이스북의 디엠, 애플의 애플페이, 알리바바의 알리페이 등 민간 빅테크 기업은 디지털 화폐 도입을 시도하면서 다양한 비금융 및 금융 서비스에서 경쟁우위를 확보하고 네트워크 외부효과를 창출하는 데 도움이 되는 대량의 고객 데이터를 수집하고 있다. 우리나라에서도 네이버와 카카오 등 일부 빅테크 기업들이 온라인 쇼핑이나 네트워크망을 활용한 금융사업에 본격적으로 진출하였으며, 블록체인 기반의 디지털 화폐를 도입할 움직임을 보이고 있는 상황이다. 이러한 빅테크 기업들이 야기할 수 있는 금융시장의 안정성 저해 문제는 원칙적으로는 금융기관을 감시·감독하는 금융감독 당국이 담당하여야 할 것이다. 다만, 금융기관이나 민간 빅테크 기업 여부에 관계없이 디지털 화폐를 공급한다면 이들의 화폐 공급이 통화정책 경로 및 금융시장의 안정성에 직접적인 영향을 미치게 되므로 중앙은행에게 이들 기관으로부터 필요한 정보를 취득하고 어느 정도 선에서 감독을 할 수 있는 권한을 부여해야 할 것으로 판단된다. 하지만 현재 한국의 경우 금융기관에 대해서는 금융위원회와 금융감독원을 두어 감시·감독하고 있으며, 중앙은행인 한국은행은 금융기관의 지급결제와 금융안정 부문에 초점을 맞추어 보조적인 역할을 하고 있어 이러한 제도를 근본적으로 바꾸지 않는 한 한국은행에게 독자적인 감독권한을 부여하는 것은 어렵다. 따라서 민간 빅테크 기업들이 디지털 화폐를 공급한다면 금융기관에 준하여 동일한 수준의 규제 및 감독 원칙을 적용하되 한국은행이 금융위원회 및 금융감독원과 협력하여 조사 등을 통해 관여할 수 있게 하는 것이 필요하다.

민간 빅테크 기업들이 기존 공급망을 이용하여 디지털 화폐에 기반한 지급결제 서비스나 그와 관련한 플랫폼을 소비자에게 직접 제공할 경우 소비자의 효용 증대로 이어지는 긍정적 측면도 있겠지만, 금융 안정성 측면에서는 부정적 영향을 초래할 수도 있다. 먼저 빅테크 기업들이 은행과 같이 금융중개기관으로서 금융업면허를 받는 것이 아니라 지급결제 서비스만 제공할 경우 공시나 감독상의 기준이 낮아질 수 있으므로 유의할 필요가 있으며, 일부 자회사가 금융업 면허license를 보유하고 있더라도 모회사까지 연결 기준으로 건전성 규제 등을 적용받지 않을 수 있으므로 이에 대한 검토가 필요하다. 또한 빅테크 기업들이 지급결제 및 금융 서비스를 담당하는 자회사를 설립하더라도 금융과 기술 서비스 활동 사이에 그룹 내 상호의존성이 발생하기 때문에 수집된 데이터를 공유하게 되고, 이에 따라 금융 및 기술 서비스 시장에서 경쟁과 집중을 촉진할 수 있다. 이 경우 네트워크 외부효과가 있는 빅테크의 특성상 기술서비스뿐만 아니라 지급결제나 금융 서비스 시장에서도 독과점이 나타날 가능성이 있다. 이렇게 빅테크 기업이 높은 시장지배력과 독점적인 데이터를 이용할 경우 통화정책의 위험요소로 작용할 수 있다. 이 경우 데이터 오용 및 운영 리스크 등의 위험요인도 빅테크 기업이 수행하는 여러 가지 활동의 결합으로 인하여 중앙은행 및 금융감독 당국의 규제로 해결하기 어려울 수 있다. 특히, 다수의 빅테크 기업들이 금융 외 다양한 산업에서 활동하고 있는 상황으로 인해 규제 영역이 모호해지고 여러 규제 당국들이 협력해야 하는 상황이 발생할 수 있다. 또한 빅테크 기업의 다양한 비금융 활동에서 시스템 장애가 발생하는 경우 금융시스템의 안정성에 부정적인 영향을 미칠 수도 있다. 따라서 새로운 테크놀로지와 금융서비스의 도입에 대응하기 위해 규제 프레임워크를 지속적으로 개선하고 적용해 나가는 것이 중요하다.

빅테크 기업을 규제하기 위해서는 분리와 포용이라는 두 가지 접근방식을 동시에 펼쳐야 할 것으로 보인다(BIS, 2022). 먼저 분리 원칙은 금융과 기술 서비스 활동 간의 그룹 내 상호의존성으로 인해 발생하는 위험을 최소화하기 위해 활동 영역을 기초로 자회사별로 분리해서 감독하고 규제하는 방식을 뜻한다. 이에 반해 포용 원칙은 그룹 전체에 대한 규제 요건을 부과하는 것으로, 일반적인 최소 자본 및 유동성 등의 규정뿐 아니라 금융 및 기술 서비스 자회사 간의 의존성에 대한 지표 등도 규제대상에 포함시키는 것을 의미한다. 금융규제는 금융기관의 활동에 기반하여 접근하는 경우가 많은데 규제대상이 아닌 그룹 내 자회사가 규제대상 기업에 영향을 미칠 수 있으므로 이들 대상 기업에 보고 및 공개 의무를 추가로 부과하거나 위험을 평가하는 데 필요한 정보를 얻을 수 있는 법적 권한을 감독기관에 부여하는 것이 필요하다.

위와 같은 원칙 하에서 중앙은행도 통화정책의 교란요인이 될 수 있는 빅테크 규제에 역할을 해야 할 것이다. 중앙은행이 CBDC를 직접 공급하지는 않지만 통화 공급의 플랫폼을 제공하는 경우 플랫폼을 통해 빅테크 기업의 예금통화 공급을 실시간으로 면밀히 추적하고 분석할 필요가 있다. 또한 빅테크 기업들이 예금 이자율의 상한선 또는 하한선을 설정하거나 예금통화를 공급하는 경우 지급준비금을 중앙은행에 예치하도록 하는 등의 규제를 대안으로 고려해 볼 수 있다. 특히 분산화된 통화체계 하에서는 일정한 조건에 따라 계약이 자동으로 실행되는 스마트 계약 기능 등이 지급결제나 금융중개 시 반영될 것으로 전망되는데, 이러한 스마트 계약 중에서도 불합리하거나 불공정한 부분에 대해서는 중앙은행이 개입하거나 규제할 수 있는 권한이 부여되는 것이 중요하다. 아울러 중앙은행이 기존 전통적 금융기관뿐 아니라 빅테크 기업들의 금융업 진출 시 금융시장에서의 위험요소에 대한 모니터링과 정보 수집을 제도적으로 할 수 있도록 하는 법적 토대를 마련하여 뒷받침하는 것이 필요하다.

5. 향후 10년을 위한 제언

디지털 기술의 발전은 금융산업을 비롯한 경제 전반에 영향을 미치고 있다. 디지털 화폐는 거래에 디지털 기술을 접목시켜 소요되는 시간을 줄이고 장소에 대한 제약을 없애 소비자들의 편익을 크게 높인다. 하지만 중앙은행 입장에서 디지털 화폐 거래의 확산은 통화량 통제력을 약화시킬 수 있기 때문에 통화정책 운영에 커다란 도전이 되고 있다. 이러한 도전이 장차 10년 동안 중앙은행에게 커다란 변화를 가져올 것이다. 따라서 한국은행은 디지털 화폐와 디지털 거래의 확산이 한국의 통화정책 운영에 미치는 영향을 분석하고 이에 대응할 방안을 마련해야 할 것이다. 사실 금융과 관련한 디지털 기술은 매우 급속도로 발전하고 있어 이에 기민하게 대응하는 것은 매우 어렵다. 뿐만 아니라 금융시장의 안정성만 강조하다 보면 새로운 기술 발전을 저해할 수도 있다.

그럼에도 불구하고 다양한 디지털 화폐의 등장은 중앙은행이 통화량과 통화정책의 주요 수단인 금리를 통제할 수 있는 여지를 약화시키며, 통화정책이 경제에 미치는 파급 경로에도 변화를 초래할 가능성이 있다. 또 디지털 화폐는 국경 간 이동이 비교적 자유롭기 때문에 이로 인한 자본 이동 및 환율 변동에 대해 통화정책으로 대응하기 어려워질 가능성이 높다. 따라서 이에 대한 한국은행의 대응은 긴요하다. 한국은행은 디지털 화폐의 발전을 저해하지 않으면서도 통화정책의 유효성을 유지할 수 있는 방안을 모색하여야 할 것이다. 보다 구체적으로 한국은행은 디지털 화폐를 포괄하는 통화체계 개편방안을 모색할 필요가 있다. 보다 적극적으로는 한국은행이 디지털 화폐, 즉 CBDC를 발행하여 디지털 기술을 흡수하면서 민간의 혁신을 허용하는 방안을 강구해야 한다. CBDC의 발행을 통해 한국은행은 화폐량 통제권을 유지할 수 있으며, CBDC에 이자를 지급하는 경우 마이너스 금리도 가능해져 통화정책의 유효성도 높일 수 있다. 특히 현재 한국은행이 제안하고 있는 대로 도매형 CBDC가 발행된다면 여기에 참여하는 금융기관들은 한국은행의 CBDC를 토대로 새로운 형태의 디지털 화폐를 발행함으로써 디지털 기술을 통한 혁신을 지속할 수 있을 것이다. 디지털 화폐의 장점인 스마트 계약도 민간 금융기관의 참여로 유지될 수 있을 것으로 보인다.

이 장에서 제시하고 있는 여러 방안들은 앞으로 디지털 화폐가 계속 발전함에 따라 유용성이 떨어질 가능성이 있다. 워낙 빠르게 변화하고 있는 분야여서 앞으로 디지털 화폐가 어떻게 발전할 것인지 누구도 자신 있게 가늠하기 어렵기 때문이다. 따라서 디지털 화폐의 발전과 더불어 이에 대응하는 한국은행의 노력도 지속되어야 할 것이다.

CHAPTER 03

노령화와 금융시장의 변화, 그리고 정책과제

김세완(이화여대 경제학과 교수) · 김경록(서강대 경영전문대학원 겸임교수, 미래에셋자산운용 고문)

〈요약〉

금융시장은 2040년을 전후로 큰 변화를 겪게 될 것이다. 인구 구조 변화가 급변하는 만큼 금융시장 변화가 클 것으로 예측된다. 무엇보다 은행 저축의 증가와 뒤이은 둔화는 부동산 시장의 상승과 하락에 영향을 줄 것이다. 특히 유의할 것은 주식 시가총액의 급증과 급감, 그리고 이에 따른 자산시장 붕괴asset market meltdown 여부다. 이 둘은 부동산과 주식으로 대표되는 자산시장의 변동성을 확대한 후 자산시장 침체를 이어가게 할 수 있다. 자산시장 침체는 저성장을 지속되게 하여 이 둘의 악순환의 고리를 만들 수 있다. 금융시장 참여자들은 합리적 기대를 통하여 2020년대에서 2030년대 자산을 재구성할 것으로 예상된다. 이 가운데 변동성을 축소하기보다 확대하는 방향으로 반응할 수 있기 때문에 정책 대응이 중요하다. 첫째, 장기 저성장 초기 때 부동산을 통해 경기를 살리는 것을 유의해야 하며, 가계부채 관리를 해야 한다. 둘째, 자본시장은 해외와 국내 간의 자본 흐름의 장벽을 제거하여 가계가 글로벌로 최적의 자산 배분을 할 수 있게 해야 한다. 마지막으로, 고령화와 함께 축적보다 인출이 많아지는 인출사회가 도래하는데, 여기에 대해 당국, 금융기관 모두 준비가 필요하다.

1. 서언

이 장에서는 노령화로 대표되는 우리나라의 인구 구조 변화가 금융시장에 미치는 영향을 전망하고 그 정책 대안을 제시한다. 우선 인구와 금융 데이터, 그리고 전통적인 경제이론을 통하여 노령화가 금융시장에 미치는 영향을 분석한 후 이를 바탕으로 저축, 주식, 채권으로 대표되는 주요 금융시장의 규모 변화를 2070년까지 전망한다. 이러한 전망을 통하여 노령화가 금융시장에 미치는 영향과 그 시사점, 그리고 정책 대안을 논의한다.

2000년 이후 우리나라에서 인구 구조의 급속한 변화와 이에 대한 높은 위기의식과 달리 인구 구조 변화가 금융시장에 미치는 연구는 상대적으로 드문 편이다. 그 이유는 노령화의 과정이 복잡하고 다양한 경로를 통하여 직접 · 간접으로 금융시장에 영향을 미치기 때문에 일반적인 영향을 특정하여 분석하기가 어렵기 때문이다. 예를 들어 상이한 금융시장의 관점에서 노령화가 예금, 주식, 채권 등 특정 시장에 미치는 영향은 다르다. 금융기관의 관점에서 보더라도 노령화가 은행, 증권사, 자산운용사, 보험사 등의 영업에 미치는 영향 또한 상이하기 때문에 이를 일반화하여 노령화가 금융시장에 미치는 효과를 설명하기가 쉽지 않다. 또한 인구 변수들은 장기적으로 변화하는 데 반하여 거시-금융경제 변수들은 상대적으로 빨리 변화하기 때문에 적절한 실증적인 분석이 쉽지 않다는 것도 그동안 연구가 진행되지 못하였던 또 다른 이유이다.

이 장에서는 이러한 이전 연구들에서의 제한을 극복하기 위해서는 미래 금융시장의 수량적 규모 변화를 예측하여야 노령화가 금융시장에 미치는 영향에 대한 분석이 가능하다는 인식 아래 다음의 세 단계로 연구를 진행한다. 우선, 인구 구조의 변화를 분석하는 데 적합한 세대중첩 모형을 사용하여 경제학 이론에서 시사하는 노령화가 금융시장에 미치는 효과를 살펴본다. 두 번째 단계에서는 2070년까지의 인구 데이터와 금융-거시 데이터를 이용하여 저축, 주식시장, 채권시장의 규모를 예측한다. 실증 분석한 결과 노령화가 진행되면서 가계의 저축이 지속적으로 축적되지만 2060년대부터는 감소하는 것으로 예측되었다.[1] 주식시장의 시장규모는 빠르게 증가하는 것으로 나타났지만 2040년 이후 급속하게 감소하는 것으로 추정되었다. 주식시장의 변화는 우리나라의 국민연금 적립금의 증가·감소 패턴과 유사하다. 채권시장의 규모는 2023년 이후 2047년까지 서서히 감소한 이후 다시 증가하는 것으로 추정되었다. 주식시장과 반대의 궤적을 보인다. 하지만 채권시장 규모는 2070년에도 현재와 큰 차이가 없을 정도로 증가하지 않는다. 채권시장은 인구 노령화와 인구 감소의 영향을 동시에 받는 것으로 보인다. 아울러 저축, 주식, 채권을 합한 금융자산 규모의 궤적도 살펴본다. 세 번째 단계에서는 추정된 각 금융시장 규모 변화 및 이들을 합한 금융자산 규모 변화와 경제학 이론에서의 시사점들을 통하여 노령화가 금융시장에 미치는 영향에 대한 해석을 하고 정책적인 시사점을 논의한다. 이와 함께 국민연금 적립금 추계를 통해 금융자산 규모 변화를 해석해 보고, 아울러 우리나라가 연금사회로 진행하는 데 대응해야 할 정책들을 살펴본다.

이 장의 순서는 다음과 같다. 2절에서는 우리나라 인구 구조의 변화, 즉 노령화의 진행에 대한 객관적인 이해를 위하여 다양한 자료를 살펴보고 주요 국가들의 노령화와도 비교한다. 특히 우리나라의 노령화 속도에 주목한다. 3절에서는 연령대별 금융자산 보유 변화를 지난 10년간 가계금융복지조사 자료를 통하여 살펴본다. 이를 통해 인구 구조 변화가 가계 연령별 자산 규모에 미친 영향을 살펴본다. 4절에서는 3세대 중첩 모형을 통하여 노령화가 금융시장에 미치는 효과를 분석한다. 5절에서는 1990년에서 2022까지의 시계열 자료와 2070년까지의 연령별 인구 자료를 이용하여 2070까지의 저축 규모, 주식시장 규모, 채권시장 규모를 각각 예측하고, 이 셋을 합한 금융자산 규모를 예측하여 노령화가 각 시장에 미치는 변화를 설명한다. 6절에서는 노령화가 금융시장에 미치는 영향과 과제별로 추진 가능

1. 1990~2022년의 인구 데이터는 실제 데이터이고, 2023~2070년의 인구 데이터는 통계청 예측 데이터이다.

한 구체적인 대응방안을 제시한다. 마지막으로 7절에서는 이 장을 정리하고 향후 10년을 위한 제언을 한다.

2. 우리나라 인구 구조 변화에 대한 이해

앞으로 진행될 우리나라의 인구 구조 변화는 이전의 다른 국가에서 경험하지 못한 빠르고 극적인 노령화를 거치게 될 것으로 예상된다. 이 절에서는 우리나라 인구 구조의 변화와 특히 변화의 속도에 대해 다양한 데이터 관점에서 살펴본다.

우리나라 인구 구조 변화에서 중요한 현상은 전체 인구에서 65세 이상 인구의 비율과 같은 노령화 '수준'이 아니라 노령화 '속도'이다. 빠른 노령화 속도는 일반적인 재화와 용역의 시장보다 금융시장에 미치는 충격이 상대적으로 클 수밖에 없다. 일반적으로 금융시장 참여자들은 다른 시장과 달리 합리적인 기대를 통하여 변화에 민감하게 사전적으로 반응한다고 할 수 있다. 따라서 빠른 노령화 속도는 노령화가 심화되기 이전에 금융시장의 구조를 미리 변화시킬 수 있음을 의미한다. 우리나라는 생산가능 인구가 2016년 정점에 도달한 후 감소하기 시작했는데, 향후 더 빠른 속도로 인구노령화가 진행될 전망이다. 잘 알려져 있듯이 우리나라의 인구 노령화는 평균수명 증가와 지속적인 출산율 하락에 주로 기인한다.

다음의 [그림 3-1]에서는 1990~2070년의 기간에 15세 이하의 저연령 인구, 15~64세의 경제활동 인구, 그리고 65세 이상의 고령 인구가 전체 인구에서 차지하는 비율을 볼 수 있다.[2] 2022년 이후의 인구 자료는 통계청에서 예측한 자료이다. 65세 이상 고령 인구 규모는 2022년 이후 빠르게 증가하다가 2049년에 19,005,540명에서 최대치를 보인 후 서서히 감소하는 추세를 보인다. [그림 3-1]에서 파란색으로 표시된 우리나라 전체 인구에서 65세 이상 고령 인구가 차지하

2. 이 장에서 노령화는 젊은 인구와 나이 든 인구의 비율을 감안한 변화를 의미하며, 고령은 65세 이상의 인구를 지칭하는 것으로 정의한다.

그림 3-1 연령별 전체 인구 대비 비율 : 1990~2070년

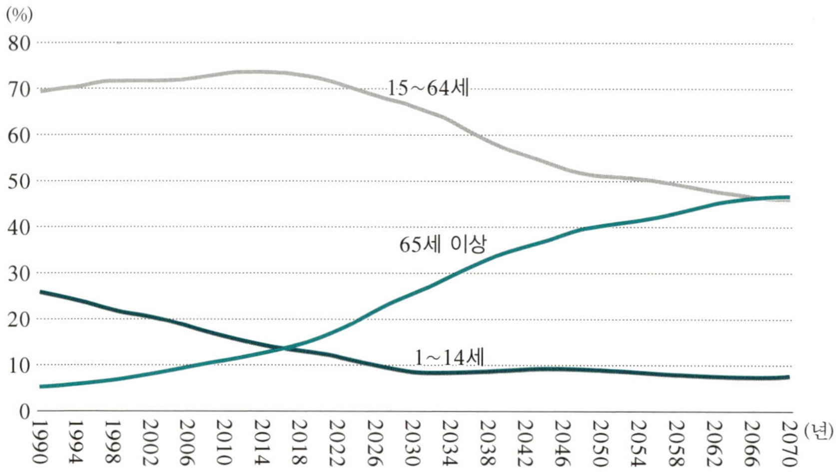

출처 : 통계청 인구추계, 2022년.

는 비율은 2070년까지 급속히 증가하는 추세를 보이고 있다. 고령 인구 비율은 2066년에 46.4%에서 최고치를 나타낸 이후 그 수준에서 유지될 것으로 예상된다. 65세 이상 고령 인구 비율은 이미 2040년이 되기 전에 유럽 국가들보다 높아지며, 2040~2045년엔 현재 세계 최고령 국가인 일본을 제치고 세계 1위 고령 국가가 될 전망이다. 우리나라의 고령 인구 비중은 2045년 37.0%까지 높아져 일본의 36.7%를 넘어서게 된다.

우리나라의 인구 구조 변화는 역사적으로 다른 국가들이 경험해 보지 못한 속도로 노령화가 진행되고 있다는 것에 가장 큰 특징이 있다. 우리나라의 노령화 속도는 다른 노령화 국가들보다 상대적으로 훨씬 빠르게 진행되고 있다. 전체 인구의 7% 이상이 고령 인구(65세 이상)인 고령화 사회aging society에서 14% 이상이 고령 인구인 고령사회aged society로 진행되는 데 우리나라가 걸린 시간은 단 17년(2000~2017년)이었으며, 이는 프랑스(114년), 미국(69년), 그리고 일본(24년)과 같은 노령화 국가에서 보지 못한 빠른 속도이다.

노령화의 속도와 노령화 인구의 수준을 주요 국가 간에 비교하기 위하여 [그림 3-2]에서는 1990~2022년의 OECD 인구 자료를 이용하여 65세 이상 고령 인구

그림 3-2 OECD 주요국에서 65세 이상 인구가 차지하는 비율(수평축)**과 65세 이상 인구 증가율**(수직축) **순위**

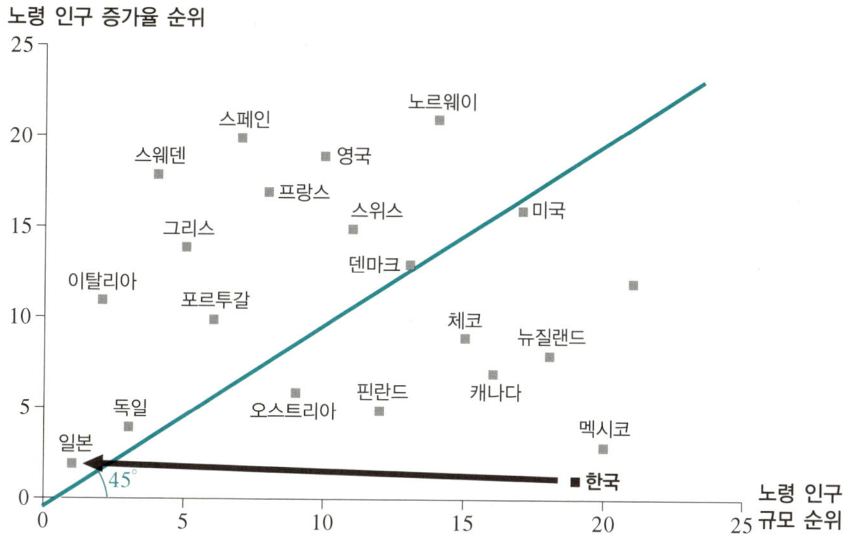

주 : 화살표는 2022년에서 2040년까지 한국의 위치 변화.
출처 : UN population data를 필자가 재추정.

증가율에서 OECD 국가별 순위growth rank를 수직축에 나열하였다. 수평축은 65세 이상 고령 인구가 전체 인구에서 차지하는 비율을 OECD 국가 순위별level rank로 나열한 것이다. 45도선에서 우상향으로 멀리 떨어진 나라는 고령자 비율도 낮고 고령자 증가 속도도 낮은 경우로 미국, 노르웨이 등이 대표적이다. 반대로 원점에 가까운 나라는 고령자 비율도 높고 고령자 증가 속도도 높은 경우로 일본과 독일이 여기 속한다. 굵은 글씨로 강조된 한국은 오른쪽 가장 아래에 위치하고 있다. 이는 한국에서 65세 이상 고령 인구가 전체 인구에서 차지하는 비율이 OECD 국가들 중 약 19위이지만 65세 이상 고령 인구의 증가율은 OECD 국가들 중 가장 높은 수준임을 보여준다. 우리나라는 가장 빠른 노령화 속도로 말미암아 앞으로 20년 내에 현재 일본의 위치로 이동하게 될 것이다.

이렇게 빠른 노령화 속도로 인해 발생하는 일차적인 경제효과는 노인 인구에 대한 경제활동 인구의 부양 비용이 급속히 상승하는 것이다. 일반적으로 노인부양 비율로 이러한 비용을 측정하는데, 15~64세까지 생산연령 인구 100명당 65세 이상 고령 인구의 비율로 계산된다. 1960~2060년의 기간에 주요 국가의 노인부양 비율을 비교하면 2020년이 지나면서 한국의 노인부양 비율이 급속도로 상승하여 2050년에는 현재 세계 최고령 국가인 일본의 노인부양 비율을 앞서게 된다. 2060년에는 노인부양비가 80명을 넘어서면서 세계 최고 수준의 노인부양 비율을 가지게 되는 것이다.

이러한 노인부양 비율의 급속한 증가는 제조업의 인력구조와 산업의 역동성에 직접적인 영향을 주지만 금융시장 참여자들은 미래에 대한 예상을 바탕으로 미리 다양한 자산의 사고팔기를 통하여 자산 배분을 변화시킬 것이다. 이는 노령화와 노인부양 비율의 본격적인 증가에 앞서 금융시장이 커다란 변화를 겪을 것임을 시사한다.

우리나라 인구 구조의 변화는 2030~2040년대에 급속한 변곡점을 가지면서 2050년대에는 국민연금 적립금이 소진되는 것으로 전망될 정도이므로, 이를 예상한 금융시장은 2030년대를 전후해서 구조적인 변화가 예상된다. 예를 들어 각 시점에서 젊은 세대들은 남아 있는 삶의 기간이 더 길어지기 때문에 노령 세대보다 더 적극적으로 미래의 인구 변화에 대한 예상을 통하여 자산 배분과 축적을 하게 될 것이므로 금융시장 변화의 동력이 될 것이다. 한편 고령 세대들 역시 증가하는 평균수명에 따라 축적된 자산의 효과적 운용과 적절한 인출을 위해 행동할 것을 예상할 수 있다.

3. 연령별 금융자산 보유 변화

이 절에서는 통계청의 가계금융복지조사 자료와 통계청의 가구 수 추계 자료를 통하여 우리나라 가계의 연령별 금융자산 분포를 살펴본다. 우선 급속한 노령화가 금융시장에 미치는 영향을 살펴보기 위하여 금융자산에 대하여 상이한 선호를 가지고 있는 연령별로 금융자산 보유를 살펴볼 필요가 있다. 가계금융복지조사의 자료 분석을 통하여 베이비부머baby boomer의 은퇴로 노령화가 상대적으로 빨리 진행된 2012~2022년까지 10년간 가계의 금융자산 변화를 알아보고, 미래 금융시장의 변화에 대한 시사점을 살펴보자.[3]

통계청의 가계금융복지조사에서는 30세 미만, 30~39세, 40~49세, 50~59세, 그리고 60세 이상의 5그룹으로 연령별 금융자산 보유액을 조사하고 있다. 단, 가계금융복지조사에서는 금융자산을 저축액과 전세보증금으로 분류하고 있는데, 여기서는 전세보증금을 제외한 저축액을 금융자산으로 간주하여 연령별 분포를 살펴본다.[4]

연령대별 금융자산 변화는 다음과 같이 정리할 수 있다. 첫째, 지난 10년 동안 가계 금융자산의 상대적인 규모는 40대와 50대에서 가장 크다. 40대와 50대는 노동소득이 가장 높은 시기이므로 금융자산의 축적 규모 역시 가장 크다고 볼 수 있다. 금융자산이 가장 많은 50대 가계의 평균 금융자산 규모는 2022년 기준 146,740,000원이었다. 둘째, 가계 금융자산의 변화를 나타내는 증가율 측면에서는 금융자산 규모 변화와 상이한 모습을 보여준다. 2012년에서 2022년까지 10년의 기간 동안 60세 이상 고령층과 30세 미만의 젊은 연령층의 자산 증가율이 가장 높았다. 특히 60대의 경우 지난 10년 동안 58.55%의 가장 높은 증가율을 보였다.

가계금융복지조사는 해당 연령 가계의 평균적인 자산 규모를 보여주므로 해당 연령 전체의 자산 규모를 알 수 없는 단점이 있다. 이를 알기 위해서는 해당 연령 가계의 가구 수를 알아야 한다. [그림 3-3]에서는 가계금융복지조사 자료와 통계청의 가구 수 추계를 병합하여 2012년에서 2022년의 기간 동안 각 연령대별 금융자산이 전체 금융자산에서 차지하는 비율을 추계하여 보여주고 있다. 이를 통하여 각 연령층이 집단적으로 금융시장에 미치는 영향력을 살펴볼 수 있는데, 검은색 실선으로 표시된 60세 이상 연령대의 금융자산이 전체 금융자산에서 차지하는 비율

3. 가계금융복지 데이터는 2012~2022년이 최대 허용 범위이다.
4. 2012년부터 매년 통계청이 금융감독원 및 한국은행과 공동으로 전국의 2만여 표본가구를 대상으로 실시한 자료를 분석한 내용이다.

그림 3-3 전체 금융자산에서 연령별 금융자산의 보유 비율 : 2012~2022년

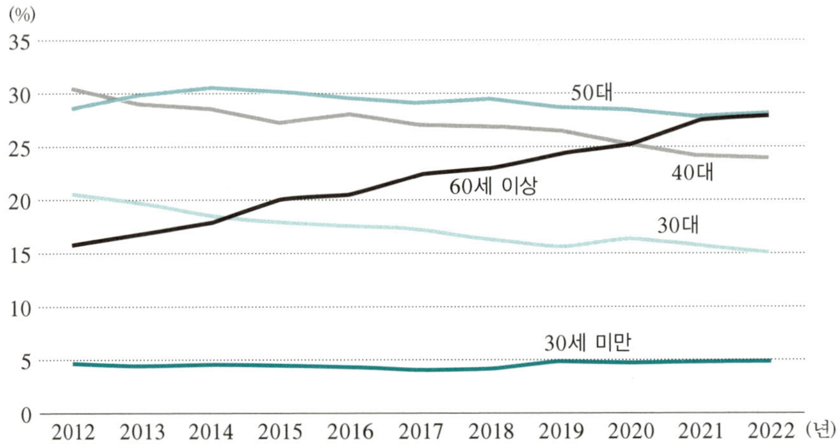

출처 : 가계금융복지조사와 가구주의 추계를 병합하여 재추정.

이 가장 빠르게 상승하고 있는 것이 보인다.

2012년에 60세 이상 연령대가 보유한 금융자산이 전체 가계 금융자산에서 차지하는 비율은 15.9% 정도였지만, 10년간 급속하게 성장하여 2022년에는 28.0%를 차지하고 있다. 반면 30대, 40대, 50대 연령대가 보유한 금융자산 비율은 지속적으로 감소하고 있다. 동일한 기간에 30대 연령대의 경우 20.5%에서 15.1%로, 40대 연령대의 경우 30.5%에서 24.0%로, 50대 연령대의 경우 28.6%에서 28.1%로 각각 하락하였다. 이는 자산시장에 미치는 영향에서 60세 이상 연령대의 영향력이 급속하게 증가하였음을 의미한다.

4. 노령화가 금융시장에 미치는 효과의 이론적 배경 : 3세대 중첩세대 모형을 중심으로

이 절에서는 3세대 중첩세대 모형3 Generation Overlapping Generation Model을 통하여 노령화가 금융시장에 미치는 효과를 이론적으로 살펴본다. 3세대 중첩세대 모형은 현실 경제의 인구 구조를 단순화하여 구분한 젊은 세대young generation, 중

년 세대middle generation, 그리고 노령 세대old generation의 3세대가 동시에 존재하는 거시경제학 모형이다.[5] 이 절의 이론적 분석에서는 Constantinides, Donaldson, and Mehra(2001)와 Kim, Krausz, and Nam(2013)의 연구 결과를 참고하였다.[6]

3세대 중첩세대 모형에서 소비자는 평생 위험 회피 가설life cycle risk aversion hypothesis에 따라 소비와 저축, 그리고 더 나아가 위험자산(주식)과 안전자산(채권)에 대한 수요를 인생의 주요 시점에 따라서 결정하게 된다. 3세대 중첩세대 모형에서 각 세대별 특징은 다음과 같이 요약된다. 젊은 세대는 위험 회피 정도가 약하여 주식과 같은 위험자산에 대한 수요가 상대적으로 강하다. 또한 미래의 노동소득이 불확실하기 때문에 저축 증가와 주식투자를 통하여 미래의 노동소득 위험을 헷지hedge하려 하게 된다. 예를 들어 내가 제조업 회사에서 일하고 있다면 서비스업 회사의 주식을 보유하여 제조업에서 발생하는 미래 소득의 위험을 분산하려 하는 것이다. 반면에 중년세대는 상대적으로 노동소득이 높지만 미래 은퇴 후 노동소득이 감소하면 중년 시기에 축적한 자산을 이용하여 경제생활을 유지하게 된다. 따라서 젊은 세대에 비하여 위험 회피 성향이 강해지게 된다. 이는 중년시기에 저축은 증가하지만 위험자산인 주식에 대한 수요를 감소시키고 안전자산인 채권에 대한 수요를 증가시키게 된다. 마지막으로 노령 세대는 은퇴로 인하여 노동소득이 감소하므로 저축을 감소시키고 주식과 채권의 보유도 모두 감소시키게 된다. 〈표 3-1〉에서는 3세대 중첩세대 모형에서 각 세대의 인구 증가가 저축 규모, 주식 규모, 채권 규모에 미치는 영향을 요약하였다.

5. 일반적인 중첩세대 모형에서는 젊은 세대와 노령 세대 2세대만 포함하지만 금융시장에서는 금융자산에 대한 수요가 가장 많은 중년 세대의 역할이 중요하기 때문에 이 절에서는 3세대 모형을 사용하였다. 또한 세대 수를 늘려도 분석결과에는 큰 차이가 없으므로 가장 간결한(parsimonious) 3세대 모형을 사용하였다.

6. 두 연구 모두 3세대 중첩세대 모형을 이용하지만 상이한 효용함수를 도입하고 있다. 전자에서는 Constant Relative Risk Aversion 효용함수를, 후자에서는 Habit Formation 효용함수를 사용하고 있다.

표 3-1 각 세대 인구 증가가 금융시장 규모에 미치는 영향

시장 \ 세대	젊은 세대 (Young Generation)	중년 세대 (Middle Generation)	노령 세대 (Old Generation)
저축 수요	+	+	−
주식 수요	+	−	−
채권 수요	−	+	−

3세대 중첩세대 모형에 따르면 우리나라의 노령화는 고령 세대 규모의 급속한 증가를 의미하므로 시간이 진행됨에 따라 저축과 주식 수요는 감소하고, 채권 수요는 증가하게 된다. 하지만 현실에서는 여러 가능성이 있을 수 있다. 노동소득이 상대적으로 높은 중년 세대가 어떻게 금융자산에 대한 수요를 결정하는가에 따라 저축·주식·채권 수요 변화에 다양한 가능성이 존재한다. 특히 빠른 노령화로 고령 세대의 위험 회피 성향이 어떻게 변화할지가 관건인데, 기존의 3세대 중첩세대 모형의 결과와 같이 금융시장에서 위험 회피 성향이 강해지는 고령 투자자들이 많아질 수도 있지만 반대로 고령 투자자들이 기대수명의 증가로 위험 회피 성향이 약화될 가능성도 있다. 더 나아가 고령 세대의 주식에 대한 수요 감소에도 불구하고 중년 세대가 기대수명의 증가를 예상하고 위험 회피 성향이 약해지면서 주식에 대한 수요를 증가시키는 경우 주식 수요가 증가할 수도 있다. 최근의 연구들에서는 미국 주식시장에서 65세 이상 고령 투자자들이 이전에 비하여 적극적으로 투자하고 있는 것으로 나타나고 있다.[7] 이렇게 고령 인구가 적극적으로 위험자산인 주식에 투자하는 현상은 우리나라에서도 충분히 발생할 수 있는 것이다.

반면에 금융시장에서 젊은 세대가 금융자산 수요에 미치는 영향은 의외로 미미할 수 있다. 이론적으로는 젊은 세대의 위험 회피 성향이 낮으므로 젊은 세대의 규모가 커지면 주식에 대한 수요가 증가하는 것으로 가정하지만, 젊은 세대의 상대적으로 낮은 노동소득과 대출에서의 제약borrowing constraint으로 인하여 우리나라

7. Kim et al.(2022)과 Kim and Hyung(2023) 참조.

금융시장에서는 이들의 역할이 제한적일 수 있다. 특히 우리나라의 경우에는 젊은 세대가 '영끌' 등으로 주택 매수에 더 쏠려 있어 주식 수요보다는 주택 수요가 더 강한 것으로 보인다.

또한 이론적으로 3세대 중첩세대 모형은 정상 상태steady state를 가정하고 있으므로 장기적인 상태에서의 변화 모형이다. 한편, 저축, 주식, 채권과 같은 금융자산의 수요는 미래에 대한 기대에 의하여 수요자가 사전적으로 반응하므로 3세대 중첩세대 모형에 부합한다. 따라서 3세대 중첩 모형의 결론 역시 급속한 노령화가 우리나라 금융시장에 미치는 영향에 대하여 시사하는 바가 크다고 할 수 있다. 다만, 평균수명의 증가와 자산 규모의 증가로 중년 세대와 노년 세대의 위험 회피 성향은 변화할 수 있기 때문에 연령별 자산 수요는 실증적으로 분석되어야 할 것이다.

아래의 [그림 3-4]에서는 3세대 중첩세대 모형과 고령 인구의 증가가 주식시장과 채권시장에 미치는 영향을 도식화하였다.

그림 3-4 노령화가 금융시장 규모에 미치는 영향 : 3세대 중첩세대 모형을 이용한 이론적 배경과 최근 연구 결과를 반영하여

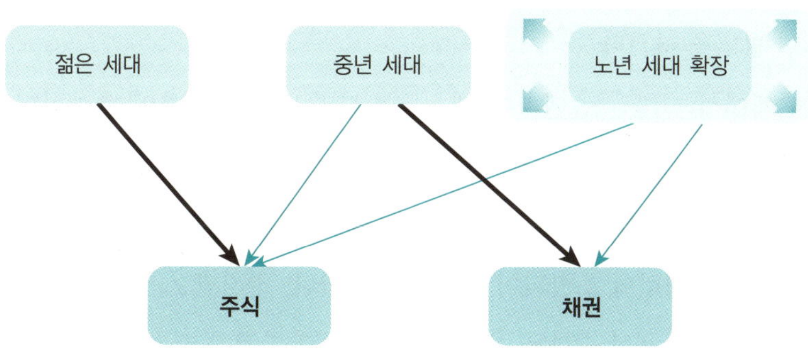

주 : 검은색 화살표는 양(+)의 효과를, 파란색 화살표는 음(−)의 효과를 나타냄. 화살의 두께가 두꺼워질수록 더 강력한 효과를 의미함.

5. 노령화로 인한 주요 금융시장의 규모 변화 추정

이 절에서는 시계열 추정과 예측time series estimation and forecast을 이용하여 2070년까지의 저축 규모,[8] 주식 시가총액, 그리고 채권 시가총액(장외채권 평가액)이 인구 변화에 따라 어떻게 변화하는지 추정한다. 다양한 추정방법들 중에서 시계열 추정을 이용하기로 한 이유는 시계열 분석 방법이 예측에 우월한 점도 있지만 2022년 통계청에서 2070년까지의 연령별 인구 추계 시계열 자료가 발표되었기 때문이다. 따라서 2070년까지의 연령별 인구 구조 추정치들은 이 절에서 실증적으로 예측하는 저축·주식·채권 시장 규모의 예측에 기준이 된다.

인구 구조의 변화는 상대적으로 천천히 진행되며, 출생률 및 사망률과 같이 상당히 예측 가능한 변수들에 의하여 미래의 값이 추정된다. 따라서 미래의 인구 추계 자료는 다른 경제-금융 자료와 달리 사전적으로도 정확한 자료이므로 2070년까지의 금융시장 규모 예측에 신뢰성을 더 할 수 있다.

각 시장의 규모는 3단계 추정에 의하여 예측되며, 그 방법론은 다음과 같다. 아래에서는 저축 규모를 중심으로 설명하였는데, 주식시장과 채권시장 규모의 예측도 동일한 방법을 따른다.

첫 단계에서는 자산 총액의 추세trend를 STL 방법을 통하여 추출한다.[9] 시계열 데이터는 다양한 패턴을 가지며, 원시 시계열 자료에는 내재되어 있는 다양한 패턴이 존재한다. 일반적인 경우 시계열 자료에 추세trend, 계절성seasonality, 순환cycles의 3가지 패턴이 포함되어 있다고 가정한다. 하지만 시계열 자료를 이용한 실증 분석에서는 추세와 순환을 하나의 구성요소로 가정하고, 이를 단순히 추세 자료로 추출하기도 한다. 이 장에서는 STL 방법을 이용한 시계열의 분해에서도 추

---

8. 저축은 국민계정의 플로우(flow)이므로 정확하게는 예금이란 표현이 맞다. 하지만 여기서는 원 데이터에 저축으로 되어 있어서 저축 규모로 표시하며, 국민계정의 저축 개념은 아니다. 이후에 나오는 저축 혹은 저축 규모는 모두 은행, 비은행 기관의 수신, 즉 예금을 의미한다.

9. STL은 Seasonal-Trend decomposition using LOESS 방법을 뜻한다.

세trend, 계절성seasonality, 그리고 잔차항remainder 요소로 구분하여 장기적인 추세선을 예측하였다.

이 장에서는 금융시장에서 단기적인 자산 규모의 변화보다 장기적인 변화를 고려한 변화를 분석하고 있다. 따라서 각 변수의 추세를 이용한 시계열 분석에서 장기적인 관계를 통하여 각 시장 규모를 2070년까지 예측하고 있다. [그림 3-5]에는 각 금융자산 규모와 실질 GDP의 원시 데이터와 STL 방법을 이용한 추세선이 비교되어 있다.

그림 3-5 각 변수의 그래프 : 원시 데이터와 STL 추세 비교, 자연로그 값(1990~2022년)

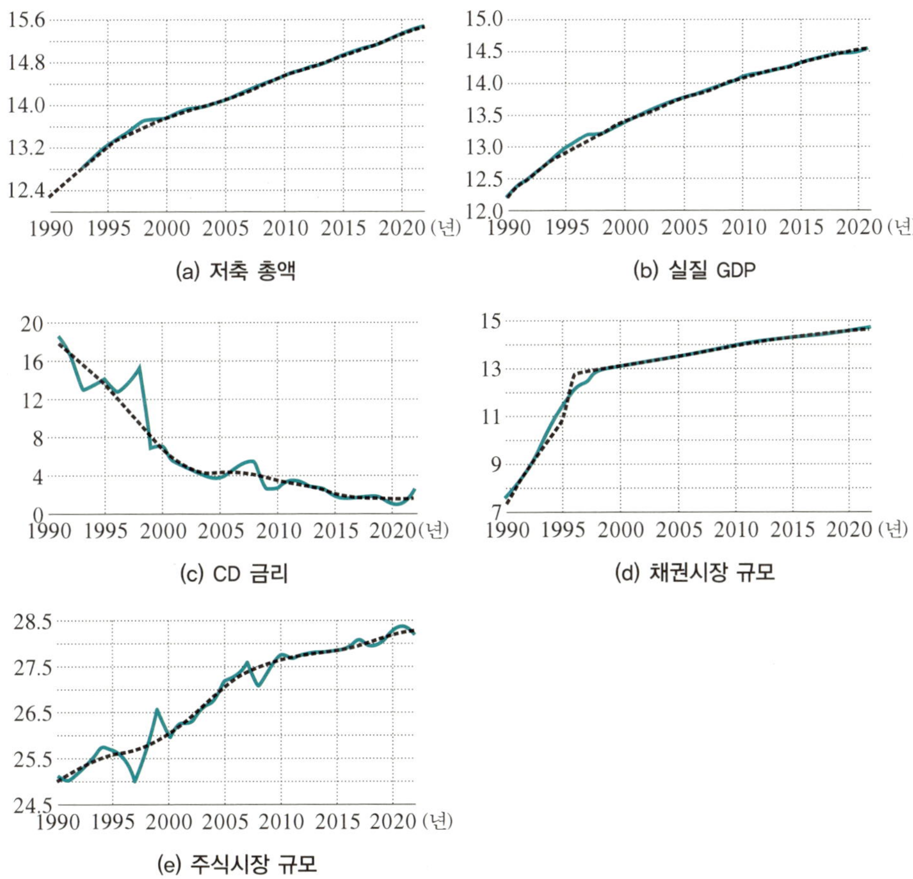

주 : 파란색 실선은 원자료, 검은색 점선은 STL 추세를 각각 나타냄.

두 번째 단계에서는 1990~2022년까지의 저축, 경제활동 인구 수(15~64세), 고령 인구 수(65세 이상), 실질 GDP 성장률, 이자율 등의 자료를 이용하여 금융자산 규모를 가장 적절하게 설명하는 벡터자기회귀Vector Autoregressive ; VAR 모형을 구축한다. 이 장에서는, 금융자산 규모 변수에 관심이 있고, 금융자산 규모 변수는 단위근을 가지므로, 자료의 안정성stationarity 문제를 회피할 수 있는 Bayesian VAR 모형을 사용하였다. 세 번째 단계에서는 첫 번째 단계에서 추정된 각 변수의 추정치와 2070년까지의 인구 변수 추계 자료를 이용하여 2023~2070년까지의 금융자산 규모를 예측하게 된다.

2070년까지의 예측에 사용된 추정 모형을 직관적으로 설명하면 다음과 같다. 앞에서 설명하였듯이 통계청의 2070년까지의 인구 추계는 상당히 신뢰성 높은 데이터이다. 자연재난과 전쟁과 같은 상황이 발생하지 않는 이상 유의한 변동 없이 예측한 대로 현실화될 것이다. 여기에 GDP 증가율과 금리와 같은 거시변수 환경은 과거와 비슷한 흐름을 가진다는 Ceteris Paribus의 가정을 도입하였다. 따라서 이 절의 자산시장 규모의 예측에 가장 중요한 역할을 하는 것은 2070년까지의 인구 구조 변수들의 변화이다. 따라서 예측된 자산시장 규모 변화는 Ceteris Paribus의 가정을 통하여 다른 거시적 변화를 최소화한 후 인구 변화가 일으키는 자산시장의 규모를 추정하였다고 볼 수 있다. 위와 같은 3단계의 추정을 통하여 금융자산, 주식시장, 채권시장의 규모를 2070년까지 단계별로 예측하고자 한다.[10] 그리고 마지막으로 이 셋의 예측치를 합하여 금융자산 규모를 예측한다.

5.1 저축 규모

[그림 3-6]은 2070년까지 예측된 저축 규모와 증가율을 나타낸 것이다. 여기서 저축은 은행기관과 비은행기관의 총 수신의 합이다. 총 수신은 십억 원 단위의

10. 구체적인 추정과 예측 과정은 필자들에게 문의 바란다.

그림 3-6 저축 규모 예측 : 1990~2070년

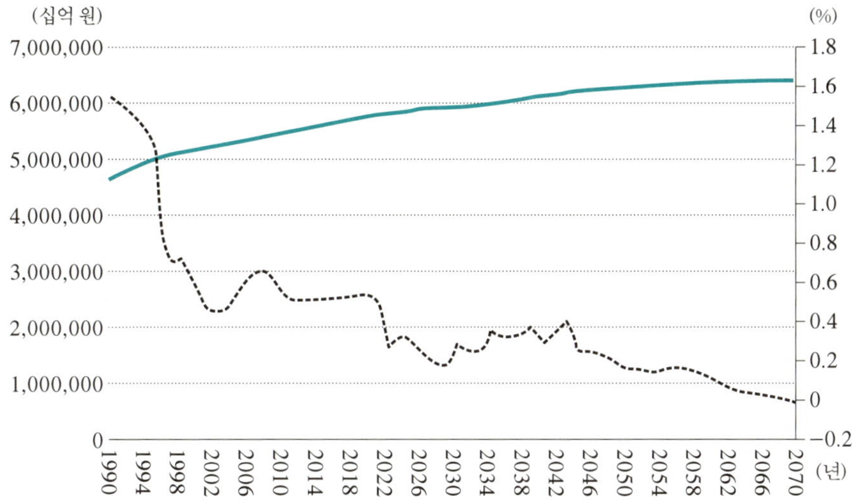

주 : 은행기관과 비은행기관의 총 수신의 합(파란색 실선, 왼쪽)과 전년 대비 증가율(검은색 점선, 오른쪽), 한국은행 데이터 베이스, 단위는 십억 원과 %, STL trend 값.

STL 방법을 이용한 추세선trend이다. 또한 한국은행 원자료에서의 명목 저축 규모는 2020년 물가수준을 기준으로 하여 실질 저축 규모로 추정하였다. 1990~2020년까지는 실제actual 저축 규모이며, 2023년부터는 예측된forecasted 저축 규모이다.

가장 특이한 점은 1990년부터 저축의 규모가 꾸준히 증가하다가 2060년대 이후 감소하는 것으로 예측되었다는 것이다. 총 저축액은 2060년대 말 약 6,392조 원으로 최대치를 보인 후 감소 추세로 전환하는 것으로 추정되었다. 이는 안전자산인 저축을 지속적으로 축적하던 가계가 노령 인구의 증가와 인구의 감소로 2060대부터 저축을 소진하게 됨을 의미한다. 구체적으로 증가율을 통해서 보면 1990년대에 높은 증가율을 보인 후 2010년대와 2020년대에는 단계적으로 하락하여 0.2~0.5%의 증가율을 보인다. 하지만 2040년대 중반을 넘어가면 저축의 증가율은 더 떨어져 2060년대가 되면 정체 상태가 된다. 2045~2070년까지 연복리 저축 증가율은 0.12%에 불과하다.

5.2 주식시장 규모

[그림 3-7]은 2070년까지 예측된 주식시장 규모와 증가율을 나타낸 것이다. 주식시장 규모는 시장의 시가총액이며, 예측된 주식시장 규모는 십억 원 단위의 STL 방법을 이용한 추세선이다. 또한 한국은행 원자료에서의 명목 주식시장 규모는 2020년 물가수준을 기준으로 하여 실질 주식시장 규모로 추정하였다. 1990~2020년까지는 실제actual 주식시장 규모이며, 2023년부터는 예측된forecasted 주식시장 규모이다.

그림 3-7 주식시장 규모 예측 : 1990~2070년

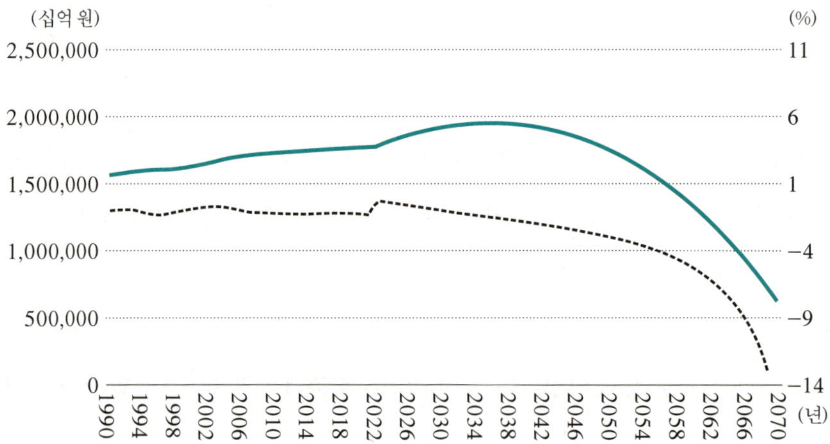

주 : KOSPI 시가총액(파란색 실선, 왼쪽)과 전년 대비 증가율(검은색 점선, 오른쪽), 한국은행 데이터 베이스, 단위는 십억 원과 %, STL trend 값.

가장 특이한 점은 1990년부터 주식시장의 시가총액 규모가 꾸준히 증가하다가 2035년에 1,948.3조 원으로 최대치를 기록하고, 그 이후에는 감소하는 것으로 예측되었다는 것이다. 그리하여 2040년 1,930.1조 원, 2050년 1,749.6조 원, 2060년 1,329.2조 원, 2070년 618.2조 원으로 크게 하락한다. 이는 앞의 [그림 3-1]에서 보듯이 2040년 이후 65세 이상 고령 인구가 빠르게 증가하고, 고령 투자자들은 위험자산인 주식을 회피하는 데 그 원인이 있는 것으로 설명할 수 있다. 동시에 위험 회피 성향이 작아 주식에 대한 수요를 증가시킬 수 있는 젊은 세대의 규모가 급속히 감소하는 점도 주식 수요와 시가총액이 감소할 수 있음을 의미한다. 외국 투자자들의 추가적인 주식 수요가 없다면 우리나라 주식시장은 인구 구조 변화로 인해 2060년 이후에는 급속히 축소되는 상황meltdown에 접어들 것으로 예상할 수 있다.

5.3 채권시장 규모

[그림 3-8]은 2070년까지 예측된 채권시장 규모와 증가율을 나타낸 것이다. 여기서 채권시장 규모는 국채와 회사채의 모든 만기를 포함한 규모이며, 예측된 채권시장 규모는 십억 원 단위의 STL 방법을 이용한 추세선trend이다. 또한 연합인포맥스 원자료에서의 명목 채권시장 규모는 2020년 물가수준을 기준으로 하여 실질 채권시장 규모로 추정하였다. 1990~2022년까지는 실제actual 채권시장 규모이며, 2023년부터는 예측된forecasted 채권시장 규모이다.

채권시장 규모 변화에서 특징적인 것은 1990년대 중반 이후부터 꾸준히 증가하다가 2020년대 이후 'U'자형의 규모 변화를 20년 주기로 보인다는 점이다. 즉,

그림 3-8 채권시장 규모 예측 : 1990~2070년

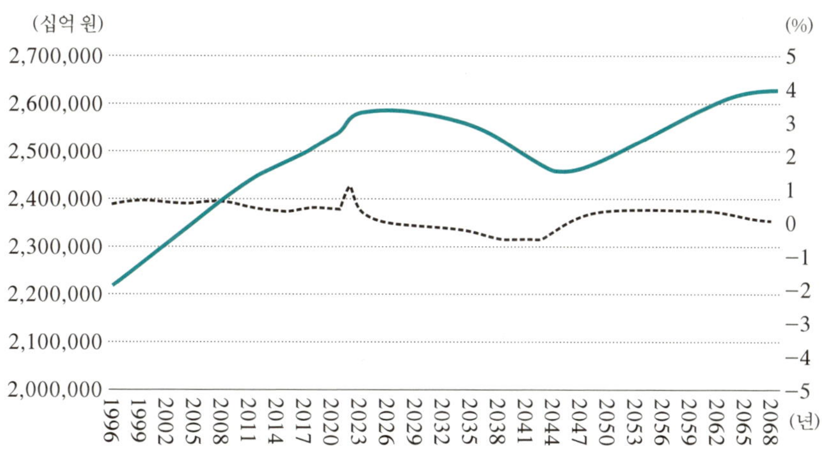

주 : 채권 시가총액(파란색 실선, 왼쪽)과 전년 대비 증가율(검은색 점선, 오른쪽), 연합인포맥스 데이터 베이스, 단위는 십억 원과 %, STL trend 값.

2026년 2,586.0조 원 규모의 시가총액을 가진 후 2047년까지 2,457.9조 원 규모로 감소한다. 그 이후 다시 채권시장의 시가총액은 증가하여 2060년대 말에는 2,627조 원 규모가 된다.

이러한 채권시장 시가총액의 변화는 2040년대 중반부터 급속하게 증가할 것으로 예상되는 고령 인구의 규모와 관련이 있다. 실제로 고령 인구의 위험 회피 성향은 주식시장과 채권시장에서 반대로 작용하는데, 채권시장 규모가 U자형을 보이는 데 반해 해당 기간에 주식시장 규모는 역U자형inverted U shape을 보인다. 인구의 급속한 변화는 위험자산과 안전자산 수요에도 추세적으로 빠른 전환을 가져옴을 알 수 있다. 이는 금융시장이 일정한 추세로 움직이던 모습을 일탈하게 된다는 것을 뜻한다. 이러한 모습은 국민연금 적립금 변화에서도 극명하게 나타난다.

5.4 금융자산 규모

이 절에서는 앞에서 예측한 총 저축액, 주식 시가총액, 채권 시가총액의 예측치를 합하여 금융자산 규모를 추정한다. 이를 통해 2070년까지 금융시장 전체에 일어날 유의미한 변화를 예측해 본다. 물가를 감안한 실질 금융자산 규모는 2023년 1경 170.9조 원에서 2040년에 1경 546.0조 원으로 증가하며 정점을 이룬다. 그 이후 전체 금융자산은 감소하기 시작해 2050년에 1경 495.4조 원, 2060년에 1경 268.0조 원으로 감소한다. 이는 앞 절의 인구 구조 변화에서 설명되었듯이 2040년부터 노령화가 이전보다 더욱 급속하게 진행되고 전체 인구도 감소하면서 금융자산 규모도 2040년경 정점을 이룬 이후에 감소하는 것으로 설명된다. 같은 기간에 총 저축액이 완만하게나마 증가하는 모습을 보이고, 주식이 역 U자형으로 감소하며, 채권이 U자형을 보이면서 전체적인 금융자산의 규모는 2040년대까지 정체 상태를 보이지만, 그 이후에는 감소하는 모습을 보인다. 이는 우리나라에서 추세적으로 금융자산 규모가 감소하는 최초의 경험이다. 금융자산이 감소한다는 것은 성장이나 취업 등에서 경제의 전반적인 활력이 감소하고, 인구 감소로 실물부문과 고용

그림 3-9 금융자산 규모 예측 : 1990~2070년

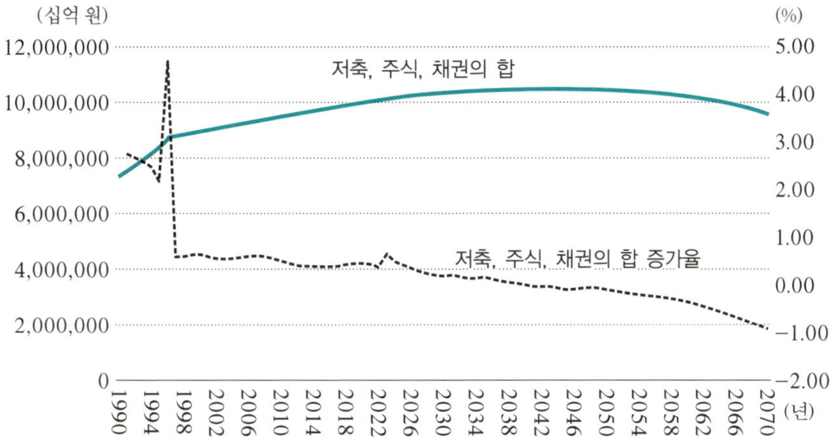

주 : 금융자산 규모(파란색 실선, 왼쪽)와 전년 대비 증가율(검은색 점선, 오른쪽), 저축, 주식, 채권을 합한 것임. 단위는 십억 원과 %. STL trend 값.

부문이 회복될 수 없는irreversible 하락 추세에 진입하였음을 의미한다.

다만 주식시장과 채권시장을 중심으로 우리나라 자본시장이 외국인 투자자들에게 지속적으로 유인을 제공한다면 그 정도에 따라 총 자산 규모의 하락은 약화될 수 있을 것이다.

5.5 국민연금 적립금 규모

4차 국민연금 재정추계위원회에서 국민연금 적립금 예측을 이미 보고한 바 있지만 [그림 3-10]에서는 국민연금공단의 자료를 이용하여 2070년까지 국민연금의 규모를 수익률 변화에 따라 다시 추정하였다. 이 절에서는 예측된 국민연금 적립금 변화를 통해 두 가지를 알아보려 한다. 하나는 국민연금 적립금 변화가 앞에서 예측한 저축, 주식, 채권의 인구 구조 궤적과 같은 흐름을 보이는지 여부이고, 다른 하나는 적립금 운용수익률이 높아질 경우 적립금이 어떤 궤적을 보일 것인가 하는 점이다. 후자는 향후 우리나라의 자산운용 방향 혹은 자산 배분 방향에 대해 시사점을 줄 수 있다.

그림 3-10 국민연금 규모의 예측 : 2018~2070년

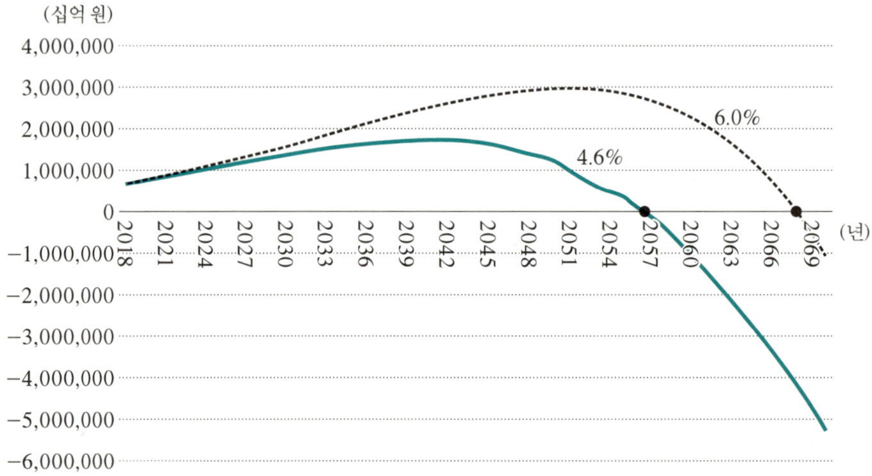

주 : 국민연금 자료를 이용하여 필자가 재추정. 두 개의 검은색 점은 각 수익률의 가정 하에 국민연금 소진 연도.

추정된 국민연금 적립금 규모에 따르면 국민연금은 2041년 1,777.9조 원 규모를 최대로 급속하게 그 규모가 작아진다. 그 이후 2056년에는 연금이 고갈된다(첫 번째 검은 점). 국민연금의 수익률이 캐나다 연금의 수익률과 같이 6% 수준에서 운용된다고 하더라도 2050년에 2,943.5조 원 수준에서 최대치를 기록한 후 빠르게 소진된다. 이는 앞의 절에서 저축, 주식, 채권의 규모를 합한 금융시장 규모가 2040년에 정점을 이룬 후 감소하는 것과 유사하다. 이러한 이유는 국민연금 적립금 규모에서 65세 인구의 급속한 증가는 국민연금 인출을 증가시키는 반면 청장년 인구의 급속한 감소는 보험료 납입액을 감소시키는 것과 유사하게, 65세 이상 인구의 증가와 청장년 인구의 감소가 금융시장에서 주식과 같은 위험 금융자산의 수요 감소를 초래하기 때문이다.

국민연금 적립금의 운용수익률을 높이면 어떻게 될까? 국민연금의 지난 5년간 연평균 수익률 4.6%를 가정할 경우와 캐나다 국민연금의 같은 기간 수익률 6.0%를 적용하여 적립금 규모를 비교 예측한 것이 [그림 3-10]이다. 운용수익률을 1.4%포인트 높이는 것만으로도 적립금의 소진 시점을 2056년에서 2068년으로

12년 더 연장할 수 있다. 운용수익률을 효율화하는 것이 자산 규모가 축적되는 사회에서 중요한 과제임을 알 수 있다. 하지만 그럼에도 불구하고 적립금이 소진되는 것을 막을 수는 없다. 이는 인구 구조의 거대한 변화에 대응하기 위해서는 국민연금의 모수개혁뿐만 아니라 구조개혁도 병행되어야 함을 시사한다. 국민연금 적립금 규모 변화는 우리나라 자산시장의 미래 움직임이 극단적으로 나타난 경우지만, 노령화에 따른 금융시장 변화에 우리가 구조적으로 대응해야 함을 말해 주고 있다.

6. 노령화로 인한 금융시장 변화와 정책과제

이 절에서는 앞서 논의된 노령화가 우리나라 금융시장에 미치는 영향을 바탕으로 저축·주식·채권 각 금융시장에서의 정책과제에 대하여 논의한다. 그리고 저축·주식·채권 시장의 자산을 모두 합한 금융자산 규모 예측을 통하여 자산사회로의 급속한 이행과 그 이후 나타나는 인출withdrawal사회로의 진행과 관계된 정책과제를 알아본다. 마지막으로 국민연금과 관련된 연금시장 관련 정책과제를 살펴본다. 저축, 주식, 채권, 금융자산, 국민연금 적립금 예측에서 보았듯이 금융시장은 인구 구조의 급변에 대해 빠른 전환dramatic transition을 보이므로 정책 당국과 금융기관의 구조적인 대응이 필요하다. 노령화로 인한 금융시장에서의 정책과제는 저축, 주식, 채권 각각으로 나누어 살펴보았다. 저축은 '예금-주택담보대출'이 관련된 부동산 시장이, 그리고 주식시장에서는 자산시장 붕괴가 주요 이슈이다. 채권은 재정적자에 따른 수요 기반 구축이 과제다.

앞으로 급격한 인구 구조 변화로 인한 투자자 개인의 선택 방향에 따라 금융시장의 변화 경로는 다를 것이다. 축적된 자산의 수익률이 높은가 낮은가, 자산이 은행 예금으로 연결되는가 자본시장으로 연결되는가, 축적된 자산이 국내에 집중되는가 해외로 분산되는가 등에 따라 우리나라 금융시장의 미래와 경제구조가 달라질 것이다. 예를 들어 자산이 은행 예금으로 연결되면 금리가 낮아지고, 은행으로 유입된 돈의 대부분은 주택담보대출을 통해 주택시장으로 유입되어 주택가격에 영향을 주게 될 것이다. 또한 축적된 자산이 국내에 집중될 경우 인구 구조의 급변화에 따른 자산시장 붕괴 위험도 증가한다. 국민연금이 과거에 '연못 속의 고래'라는 표현을 쓰면서 해외 자산의 비중을 늘린 이유가 여기에 있다. 앞으로 국민연금에 이어 퇴직연금과 개인연금의 자산도 증가할 예정인데, 자금의 흐름이 어디로 집중될지는 금융시장 변화의 주요한 방향타가 될 것이다. 개인들의 올바른 선택을 유도하기 위해서 적절한 정책 대응이 필요하다.

인구 구조 변화에 대한 금융시장의 변화와 그 대응을 살펴보기 위해서는 금융시장의 먼 미래 모습을 추정하고 이를 바람직한 방향으로 이끌어 사회의 부가가치를 높이기 위한 향후 10년간의 정책 대응을 보는 방법이 필요하다. 금융시장의 참여자들은 변화가 먼 미래에 일어나더라도 합리적 기대를 통하여 현재 자산과 관련된 의사결정을 미리 하기 때문이다. 국민연금이 20~30년 후의 인구 구성 변화 때문에 70년 후의 국민연금 재정 추계를 통하여 지금 개혁을 추진하는 이유가 여기에 있다. 앞에서 살펴본 미래의 금융시장 장기 예측을 바탕으로 금융시장의 변화를 살펴보고, 이러한 변화에 대해 앞으로 10년 동안 금융정책으로 대응해야 할 과제를 살펴보자. 아래에서는 금융시장의 변화와 대응 과제의 형식으로 서술하였다.

6.1 저축의 변화에 따른 문제들과 정책과제[11]

앞 절에서 예측된 2070년까지의 저축의 변화를 살펴보면, 급속한 고령 인구의 증가와 젊은 인구의 감소에도 저축 규모는 지속적으로 2060년대까지 증가한다. 이는 위험 회피 성향이 상대적으로 높은 고령 인구의 증가로 가장 안전한 자산인 저축의 규모가 증가하는 것으로 이해할 수 있다. 하지만 같은 기간 동안 저축 규모의 증가율은 지속적으로 감소하여 1990년대에는 연 1.2%, 2030년대에는 연 0.3%로 크게 둔화되고, 2060년대에는 마이너스(−) 증가율을 보인다. 즉, 1990년에서

11. 저축은 은행기관과 비은행기관의 총 수신의 합을 의미한다.

2070년까지의 저축 규모는 감소적으로 증가한다.

특히 저축 규모는 2030년 이후 6,000조 원 수준에서 유지되다가 2060년대 이후 감소하게 되는데, 이는 저축 규모의 정체가 시작되는 2030년대에 시중은행, 저축은행, 상호금융(새마을금고와 지역농협) 등의 수신기관들 사이에서 구조조정이 일어날 수 있음을 의미한다. 특히 수신기관들의 수익원인 대출에 경쟁력 있는 이자율과 기타 금융서비스를 제공하지 못하는 기관은 어려움을 겪을 수 있다. 따라서 2030년 이후 수신기관들의 구조조정은 상대적으로 금융서비스 경쟁력이 약한 저축은행과 상호금융기관 등에서 시작될 수 있다. 일부 저축은행과 상호금융기관은 수신 금리를 높게 하여 시중은행과 경쟁할 수 있겠으나 저성장 상황에서 높은 수신 금리를 주고 이익을 낼 수 있는 투자처가 많지 않을 것이다. 따라서 저축 규모가 정체된 상황에서 자산 규모 경쟁은 부실화를 초래할 수 있으며, 대형화하지 못한 기관들은 어려움을 겪을 수 있다.

이러한 저축은행과 상호금융기관의 입지 약화는 중소규모 기업, 비수도권 경제, 저신용자들에 대한 대출 감소를 초래할 수 있다. 또한 시중은행을 포함한 수신기관의 저축 규모 정체는 주택시장에 영향을 줄 수 있다. 기존 수신이 주택담보대출을 통하여 주택시장의 상승에 기여하였음을 고려할 때 저축 규모 정체는 젊은 인구의 상대적 감소와 함께(마찬가지로 젊은 가구의 감소) 주택시장에 유입되는 자금의 양을 줄일 것이기 때문이다.

따라서 정부는 주택가격의 하락에 대비하여 적정한 주택공급 정책을 펼 필요가 있다. 우리나라는 다른 선진국들과 달리 2023년 현재 가계 자산의 70% 이상이 아파트와 같은 부동산에 집중되어 있음을 고려할 때 저축 규모 정체와 주택담보대출 정체에서 연쇄적으로 촉발되는 주택가격 하락과 침체는 금융시장뿐만 아니라 경제 전체에 충격을 줄 수 있다. 2014년 당시 최경환 부총리가 총 부채상환비율DTI과 주택담보대출 비율LTV을 완화하는 소위 '빚내서 집 사라'는 정책 이후 55~64세의 주택 구매가 많이 증가했고, 가계부채가 증가하는 가운데 전 연령층의 주택 수요가 증가했다. 2020년 이후 20대와 30대 투자자들이 주식시장에 많이 유입되었지만 부동산이 가계자산에서 차지하는 평균적인 비율은 거의 변하지 않았음을 고려할 때 2030년 이후에도 부동산이 가계 자산에서 차지하는 비율은 여전히 높을 것으로 예상된다. 이는 정부의 다양한 부동산 시장 연착륙 정책이 추진되어야 함을 의미한다.

6.2 주식시장의 변화에 따른 문제들과 정책과제

급속한 노령화로 2070년까지 가장 극적인 규모의 변화를 겪게 될 것으로 예측되는 시장은 주식시장이다. 2040년경 약 2,000조 원 수준에서 시가총액 최대치를 기록한 이후 2070년까지 인구 구조의 변화로 인하여 시가총액이 75%가량 감소하여 500조 원 수준으로 감소하게 된다. 이러한 주식시장의 극적인 규모 변화는 주식시장에서의 수요, 신주 발행, 투자자의 성향 등 모든 시장의 기초요건들이 변화한다는 뜻이다.

이렇게 주식의 시가총액이 급격하게 감소하는 가장 큰 원인은 고령화된 투자자들의 위험 회피 성향이 증가함으로 인해 금융시장에서 위험자산에 해당하는 주식에 대한 수요가 줄어들기 때문이다. 또한 주식 수요 감소를 둔화시킬 젊은 투자자들이 증가하지 않는 점도 중요한 인구 요인이다. 주식시장은 저출산·고령화에 따른 인구 구조 붕괴의 영향을 가장 극명하게 받을 것이다.

이러한 주식시장의 규모 감소를 완화시키려면 무엇보다 외국인 투자자들의 수요 증가가 필수적이라고 할 수 있다. 현재로서는 소위 자산시장 붕괴 가설을 피할 수 있는 방안은 우리나라 주식시장의 매력도를 높여서 외국의 투자자들이 국내의 주식을 매수하게 하는 것이다. 이를 위해서는 기업의 경쟁력을 강화하고 외국인 투자자들에게 매력적인 주식시장을 제공하기 위하여 다양한 제도적 보완이 필요하다. 우선 자본시장을 글로벌 스탠다드에 맞게 변화시켜 나가야 한다. 우리나라 주식시장의 지배구조, 저평가, 배당수익률 등을 개선해 갈 필요가 있다. 최근 정부가 시작한 국내 주식의 Value Up 프로그램이 장기적이고 지속적으로 추진되어 기업들의 호응을 얻고 대주주들의 지배구조도 개선해야 할 것으로 보인다.

국내의 주식 수요 기반 확충도 필요하다. 안전자산인 예금(원리금 보장 상품, 이장에서는 저축)으로 흘러가던 자금을 주식시장으로 유도하기 위하여 자산 증가를 주도하는 연금시장의 정책 대응이 중요하다. 향후 퇴직연금을 중심으로 사적 연금시장이 급속하게 확대될 것으로 예상되는데, 지금 우리나라 연금시장은 주식의 비중이 적립금의 10%에 불과하고 나머지는 예금과 채권이다.[12] 즉, 연금시장이 성장할수록 예금이 늘어나는 구조이다. 앞에서 지적한 바와 같이 예금의 증가는 주택담보대출을 통해 부동산 시장으로 자금이 유도되고 부동산 가격을 상승시킬 수 있다. 하지만 이후 예금 증가 둔화와 젊은 가구 수의 급감으로 인해 주택 수요 감소가 동시에 일어날 경우 부동산 시장의 변동성을 확대할 수 있다. 우리나라의 고도화된 경제발전 단계에서 주택시장의 버블을 제어하고 경제의 혁신을 도모하기 위해 자본시장으로 자금이 유도되어야 한다. 따라서 연금 자산 증가가 예금 증가로 이어지지 않고 자본시장 규모를 늘리는 방향으로 정책이 설정되어야 할 것이다. 이를 통하여 부동산 시장과 주식시장의 변동성 또한 완화시킬 수 있을 것이다.

우리나라 연금시장에서 원리금 보장 상품에 집중된 비효율적 자산 배분은 금융업권 간의 이해관계 때문이기도 하다. 퇴직연금사업자 중 시중은행의 지배력이 압도적인데 시중은행은 예금이 연금자산에 편입되길 원한다. 은행은 2022년 말 기준 전체 퇴직연금 적립금 335.9조 원 중 50.9%를 차지하고 있으며, 확정급여형DB은 41.3%, 확정기여형DC은 61.4%, 개인형 IRP는 66.4%이다. 전체 퇴직연금 적립금의 85.4%가 원리금 보장형이며, 원리금 보장형의 52%를 은행이 차지하고 있다.[13] 금액으로는 149조 원에 이른다. 이러한 특정 금융업권의 연금시장 지배력을 완화하기 위해서는 퇴직연금에서 현행 중소기업 퇴직연금기금이 확산되어야 하고, 다른 사업장들에서도 기금형 도입이 검토되어야 한다. 디폴트 옵션default

---

12. 김경록(2022), 한국금융연구센터. 여기서는 DC(확정기여형)와 IRP(개인형퇴직연금)에서 주식의 비중을 계산한 것이다.

13. 고용노동부, 금융감독원(2023. 7), "2022년도 퇴직연금 적립 및 운용 현황 분석".

option이 주요 대안이었으나 제도 설계의 미흡으로 2023년 말 기준 디폴트 옵션에서 원리금 보장 상품 선택 비중이 90%에 이르렀다.

국내와 외국인의 주식 수요 확충뿐만 아니라 우리나라 가계의 투자 자금도 해외로 분산투자 되도록 유도해야 한다. 글로벌 분산 포트폴리오가 효율적일 뿐만 아니라 고령자들이 자산을 매각하여 은퇴소득을 마련하려 할 때 국내 주식시장 규모가 축소되어 이를 받아줄 사람이 부족하다면 고령자들의 인출전략에 문제가 생길 수 있기 때문이다. 국민연금은 이미 글로벌 자산의 비중을 높이기 시작하여 2023년 9월 현재 전체 자산 중에서 해외 주식이 30%, 해외 채권이 7.3%를 차지하고 있으며, 대체투자 중 일부도 해외 자산이다.[14] 따라서 가계의 자산 배분도 국제적으로 분산되어야 할 것이다.

이를 위해서는 우리나라 자본시장의 구조를 바꾸고 해외 투자의 상대적 불리함(자본차익 세제)을 최소화하여 해외의 우량 자산에 투자하는 데 상대적 장애가 없어야 한다. 금융자산의 글로벌 투자가 활성화되지 못하는 주된 요인 중 하나가 세제 문제다. 국내 주식의 자본차익에 대해서는 비과세(대주주 제외)하는 반면에 해외 주식의 자본차익은 과세하고 있다. 예를 들어 미국 주식투자 자본차익에 대하여는 22% 과세하고 있다. 우리나라 자산가의 최고의 절세 수단은 주식이라는 말이 있듯이 비과세 혜택 때문에 사람들이 주식을 계속 매수하기 때문에 국내 자본시장의 지배구조 변화가 늦어지고 있으며, 투자 손해는 소액 투자자들이 보는 셈이 된다.[15] 따라서 주식 자본차익에 대한 과세를 글로벌 기준으로 바꾸어야 한다. 자본차익

---

14. 국민연금기금운용본부 홈페이지.

15. 종합소득 과세되는 자산가들은 세후 수익률을 비교할 때 주식의 수익률이 그 세제 혜택만큼 낮아도 된다. 반면에 종합소득과세와 관계 없는 소액 투자자들은 그만큼 낮은 수익률을 감내해야 한다. 결국 정부의 주식 자본차익 비과세는 자산가들과 기업의 낙후된 지배구조에 보조를 해주는 셈이 된다. 이는 변액연금 비과세 때도 나타난 현상이다. 사업비가 과다하여 변액연금 수익률이 낮음에도 변액연금에 가입한 것은 비과세여서 종합소득 과세되지 않기 때문이다. 하지만 이와 관계 없는 소액 변액연금 가입자들은 실질적으로 손해가 되는 셈이다. 이것 역시 정부는 보험 판매업자와 자산가에게 세금으로 보조를 해준 격이 된다. 금액을 일시납 1억 원, 분할납부 월 150만 원으로 제한하면서 이런 현상이 사라졌다.

비과세는 연금시장을 왜곡되게 만들 뿐만 아니라 국내 기업의 대주주들을 낙후된 기업 지배구조에 안주하게 만드는 방패막을 제공한다.[16]

6.3 채권시장의 변화에 따른 문제들과 정책과제

이 장에서 다루어지는 저축, 주식, 채권의 세 가지 자산들 중에서 채권은 저축과 함께 안전자산에 가깝다. 채권과 예금은 고령화가 진행되면서 상대적으로 수요가 증가한다. 하지만 앞 절의 예측에 따르면 채권시장 규모는 2070년까지 하락과 상승을 반복하는 모습을 보인다. 즉, 2020년대 후반에 2,600조 원 정도에서 채권시장 규모의 최대치를 기록한 이후 2040년대 중반까지 5% 정도 규모가 감소한 후 2040년 이후 급속한 노령 인구의 증가로 안전자산인 채권시장 규모는 2060년까지 20년 동안 약 7% 증가하는 것으로 예측되었다.

지금부터 20년간 채권시장 규모가 감소하고 2040년 이후의 규모 증가도 소폭에 그침을 볼 수 있다. 반면에 초고령사회에 접어들면 사회복지 지출이 증가하면서 적자 국채 발행도 불가피한데, 여기에 대한 채권 수요 기반이 충분하지 않다. 정부가 올해부터 개인투자자용 국채를 발행하기로 한 이유도 장기적으로 개인의 채권 수요 기반을 확충하기 위함이다. 2023년 말 기준으로 국채 보유 비중은 국내기관 78.1%, 외국인 20.4%이며, 개인투자자는 1%대에 불과한 상황이다.

고령사회에서 개인의 채권 수요 기반을 확충하기 위하여 연금채권과 은퇴채권 발행을 제안해 볼 수 있다. 채권은 이자를 지급하고 만기에 상환금을 지급하는 것인데, 이 경우 채권으로 은퇴소득을 만드는 데 어려움이 있다. 보험사 연금의 지급률은 '이자 + 원금 + 사망 크레딧mortality credit'인 데 반해 채권은 이자라는 소액의 현금

16. 연금의 세제 혜택 중 큰 부분이 과세이연이다. 미국의 경우 연금이 아닌 계좌에서 주식 자본차익을 얻으면 과세하지만 연금에서는 과세이연을 해준다. 반면에 우리나라는 연금이 아닌 계좌에서 주식을 매매하면 자본차익 비과세인 반면에 연금계좌에서 운용하면 오히려 퇴직소득세나 연금소득세를 물게 된다. 자본차익 과세는 연금시장의 피봇이나 다름 없는데, 현재 이 피봇이 비뚤어져 있는 상황이다.

흐름과 만기 시에 원금 상환을 통해 대부분의 현금흐름이 들어오게 되어 현금흐름이 고르지 못한 단점이 있기 때문이다.[17] 이에 대해, 연금채권을 통해 보험사의 연금과 현금흐름 면에서 유사한 기능을 하게 함으로써 은퇴소득을 만드는 데 용이한 금융상품을 공급하는 것이다. 연금채권은 채권의 이자만 지급하는 것이 아니라 채권의 이자와 원금 균등분할상환을 통해 현금흐름을 만기까지 일정하게 만들어 준다.

연금채권이 인출기에만 해당된다면 은퇴채권은 적립기와 인출기 모두에 활용될 수 있다. 개인이 자신의 은퇴시점에 맞는 채권을 구입하면 은퇴시점 전까지는 이자가 복리로 계상되어 채권자산이 늘어나며, 은퇴시점 이후에는 연금채권처럼 이자와 함께 원리금 균등분할상환을 통해 연금과 같은 현금흐름을 유지할 수 있다. 은퇴시점 이후에 고정된 소득을 지급받을 수 있고, 생계비 조정된 소득을 지급받을 수도 있다. 생계비 조정은 장기 기대 인플레이션율로 보정할 수 있다. 일반채권과 연금채권, 은퇴채권의 차이는 〈표 3-2〉에서 비교·설명하였다.

표 3-2 일반채권과 연금채권, 은퇴채권의 차이

	특징	현금흐름
일반채권	이자 지급, 만기에 원금 일시 상환.	현금흐름이 만기에 집중되어 불균등한 현금흐름
연금채권	이자와 원금을 같이 수령하며, 만기에 원금이 '0'이 되게 원리금을 균등 분할 지급함.	기준 시점 이후 균등한 현금흐름
은퇴채권	은퇴까지 채권 이자를 거치하여 복리로 운용하고 은퇴 이후에는 연금채권처럼 원금과 이자를 균등 수령	이자 현금흐름이 은퇴시점까지 없고, 은퇴시점 이후 균등한 현금흐름.

우리나라에서 연금채권에 해당하는 채권이 원금분할상환채권으로 발행된 적이 있다. 원금분할상환채권은 원금이 일정 기간에 걸쳐 균등 상환되는 채권이다. 예를 들어 액면이자율 6%, 5년 거치 5년 균등상환 서울시 도시철도채권의 현금

17. 사망 크레딧은 생존자가 사망한 자의 미래 연금을 나누어 갖는 것을 말한다.

흐름은 〈표 3-3〉과 같다. 1차 상환은 5년 거치 후에 이루어지고 이때 5년 동안의 이자를 복리로 계산하며, 이후의 이자는 미상환원금에 대하여 단리로 계산한다. 원금분할상환채권의 이자 금액이 줄어드는 것은 원금 균등분할상환으로 인해 상환원금이 줄어들기 때문이다. 이 채권은 1차 상환부터 5차 상환까지 현금흐름이 균등하지 못하다는 것과 상환기간이 5년에 불과해 은퇴소득 마련에는 기간이 짧은 단점이 있다. 연금채권으로 기능하기 위해서는 복리이자금액을 이후 만기까지 균등하게 배분하는 것이 필요하다. 원금분할상환채권은 현재는 발행되지 않고 있으나 향후 국채나 지방채에서 조건을 변형하여 연금채권이나 은퇴채권으로서 기능할 수 있는 채권 발행을 고려해 볼 만하다.

표 3-3 **서울시 도시철도채권의 현금흐름**(액면 10,000원)

	1~5년	1차 상환 (5년 후)	2차 상환 (6년 후)	3차 상환 (7년 후)	4차 상환 (8년 후)	5차 상환 (9년 후)
상환원금	0	2,000	2,000	2,000	2,000	2,000
이자	0	3,382	480	360	240	120
총 상환금	0	5,382	2,480	2,360	2,240	2,120

6.4 금융자산 규모 변화에 따른 문제와 정책과제

앞 절에서 도출된 저축, 주식, 채권을 합한 자산 규모의 변화를 살펴보면, 2040년까지 증가하고 그 이후 감소하는 모습을 보인다. 이러한 자산 규모 변화 경로가 시사하는 바는 앞으로 자산이 증가하는 '자산사회'가 도래하지만 곧 이어 인출이 축적을 초과하는 '인출사회'로 전환한다는 것이다.

이 두 국면 중 자산이 증가하는 자산사회에 대한 정책 대응은 앞의 저축 규모와 주식시장 규모 대응에서 언급한 바 있다. 앞으로 고령층의 인구 비중이 높아지면서 자산의 인풋input에 비해 자산의 아웃풋output이 커지는 인출시장에 대비해야 한다. 현재의 금융시장은 인풋이 여전히 많지만 아웃풋도 동시에 본격적으로 증가하면서 곧 인출이 적립을 넘어설 것이다. 지금은 초기 단계지만 이 흐름은 고령 인구의 증가와 함께 누적되어 그 속도가 빨라질 것이다. [그림 3-11]에서 보여지듯이 월급인구에 해당하는 25~59세 인구는 2008년에 정점을 보인 뒤 하락하는 반면에 연금인구에 해당하는 60세 이상 인구는 지속적으로 증가하여 2040년에 2,100만 명 선에서 두 인구 숫자가 만나게 된다. 2040년은 국민연금 적립금의 변곡점에 해당하는 시점이며, 동시에 금융자산 규모 예측에서 자산 규모가 감소하는 시점이다.

그림 3-11 연금인구(60세 이상)**와 월급인구**(25~59세)**의 전망**

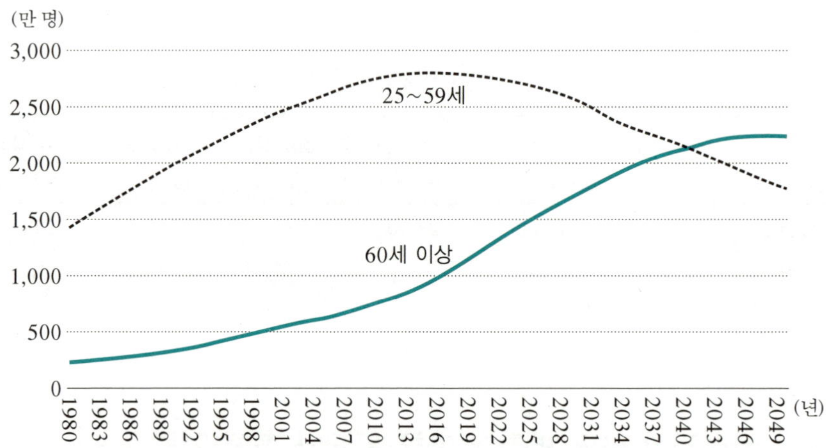

출처 : 통계청, 2021년 기준.

자산의 인출 국면에서 금융시장과 금융기관의 역할이 매우 중요하다. 노후에 사람들은 장수 리스크, 수익률 순서 리스크[18], 구매력 리스크 등을 극복하고 은퇴소득을 지속적으로 유지해야 한다. 장수 리스크는 은퇴자산이 소진되는 노후파산 위험을, 수익률 순서 리스크는 자본시장 상황에 따라 은퇴자금 소진 기간이 크게 변

18. 수익률이 (10%, 20%, −10%, −5%)일 때와 (−10%, −5%, 10%, 20%)의 경우는 수익률의 순서만 다르다. 이 경우 적립할 때나 거치식으로 운용할 때는 최종 자산 가치가 수익률 순서와 무관하다. 하지만 은퇴자금에서 돈을 인출할 때는 수익률 순서가 자산 가치에 다르게 영향을 준다.

하는 위험을 의미한다. 이러한 위험에 노출되는 은퇴자들을 위해 금융기관들은 상품 및 시스템 개발이 필요하다. 현재는 인출상품, 인출시스템, 인출에 대한 사회적 인식 등이 극히 부족하다.

선진국에서는 인출의 중요성에 대한 논의가 활발하게 이루어져 왔다. 논의는 3가지 흐름으로 요약할 수 있다.

첫째, 장수 리스크를 보호하고 노후의 안정적 소득에 중점을 두어 종신연금 중심으로 인출방식을 선택하는 경우로 주로 유럽 국가들이 이에 해당한다. 네덜란드는 연금 축적 때는 CDCCollective DC로 집합 운용하고, 인출 때는 종신연금을 의무화함으로써 생애자산관리의 두 퍼즐인 주식시장 과소 참여stock market participation puzzle와 연금화 부족 문제annuity puzzle를 제도를 통해 해소하고 있다.[19]

둘째, 하나의 극단적인 인출방식을 택하다가 규제를 풀거나 완화하는 경우다. 영국은 인출 때 연금을 의무화하다가 계좌인출 방식으로 전환했다. 영국은 2015년 4월 이전에는 연금자산의 75% 이상을 종신연금으로 수령하도록 의무화하고 25%까지만 비과세로 일시금 인출을 허용했다. 하지만 2015년 4월부터 확정기여형 퇴직연금 자산으로 연금보험을 강제로 구입해야 하는 정책을 완화하여 원하는 금액을 자유롭게 인출할 수 있도록 했다. 연금화 의무가 폐지되고 난 후 2017년 3월까지 인출 개시된 개인연금 3만 건을 조사한 결과 54%는 일시금, 32%는 계좌인출연금, 나머지 14%만이 연금보험에 가입한 것으로 드러났다. 2020년 현재는 10%만이 연금으로 인출하고 있다.[20] 연금 의무화를 폐지하니 연금화율이 심각하게 감소한 것이다. 반면 미국은 자유롭게 인출을 허용하다가 최근에는 종신연금의 일정 부분 편입을 유도하고 있다.

마지막으로, 연령에 맞는 은퇴소득을 제공하기 위해 하나의 포트폴리오 인출상품을 제공하는 경우로 호주의 포괄적 은퇴소득상품Comprehensive Income Products

19. Huang, Yanshu and Jennifer Curtin(2019).

20. https://www.fca.org.uk/data/retirement-income-market-data-2019-20

for Retirement ; CIPR이 있다. 이 상품 하나면 노후의 인출 관리가 되는 일종의 자동인출 상품이다.[21] 이는 여러 상품의 조합을 통해 안정적인 소득, 낮은 비용, 유연성을 겸비해야 하는 은퇴소득상품을 만들어야 하는 권고에서 시작되었다. 호주 정부는 이를 받아들여 CIPR에 관한 상세 내용을 현재까지 발전시키고 있다.[22]

반면, 우리나라는 연금 축적과 관련하여 사전지정운용제도(디폴트옵션)와 TDFTarget Date Fund, 중소기업 퇴직연금기금제도 등이 도입되었으나 인출에 관해서는 제도 보완이 미흡하다. 이를 반영하듯 우리나라 퇴직연금의 연금 수령 비율은 계좌 수 기준으로 2016년 1.6%에서 2022년 7.1%로 높아졌지만 여전히 낮은 수준에 머무르고 있다. 금액 기준 비율도 32.6%에 불과하다.[23]

우리나라 인출상품과 인출방식에서의 문제점들은 ① GLWBGuaranteed Lifetime Withdrawal Benefit와 같은 '연금 + 투자 + 보장' 상품이 다양하지 못하고, ② 사망 크레딧mortality credit을 활용할 수 있는 장수연금의 활용성이 떨어지며, ③ 펀드는 고도화된 인출시스템이 없어 투자상품에서 체계적인 은퇴소득을 개인이 만들기 어렵고, ④ 퇴직소득이 이체되는 IRP 계좌는 금융 권역별로 나누어질 수가 없어 선호에 맞는 상품 배분이 어려우며, ⑤ 축적기의 TDF와 같은 자동인출상품이 없다는 것이다.[24] 보험사는 장수연금과 최저분배금이 보장되는 구조화된 연금상품 개발이 필요하고, 증권사는 투자상품에서의 체계적 인출시스템을 제공해야 한다. 그뿐만 아니라 업권 간 은퇴상품 장벽을 없애 각 권역의 인출상품의 포트폴리오를 통한 자동화된 인출상품 도입이 필요하다.

선진국들의 경험을 종합하면, 자산 인출은 까다롭고 위험이 많기 때문에 이를 개인에게 모두 맡겨 두면 안 된다는 것이다. 목돈을 찾아가서 알아서 생이 다할 때

21. The Australian Government the Treasury(2014. 11), "Financial System Inquiry Final Report".
22. Australian Government, "Development of the framework for Comprehensive Income Products for Retirement," *Discussion Paper*, 2016. 12. 15.
23. 고용노동부·금융감독원, "퇴직연금 적립 및 운용 현황 분석", 2023. 7. 26.
24. 김경록·김대환·김성일, 「다층연금체계 하 퇴직연금 기능 강화를 위한 세부 제도 개선방안 연구」, 고용노동부 정책연구용역사업, 2023. 11.

까지 인출해서 쓰라고 하면 잘못 관리할 가능성이 높다. 축적 때까지 자산 증식을 잘하였다 하더라도 인출기 때 적절한 인출을 못 하여 노후를 어렵게 할 수 있다. 금융기관과 국가가 상품, 시스템, 제도 등을 통해 적극적으로 보완을 해주어야 한다. 축적사회에서 인출사회로 접어든 우리나라에서 인출을 위한 전반적인 체계 정비가 있어야 할 것이다.

6.5 연금사회로의 진행에 따른 문제들과 정책과제

우리 사회는 연금사회에 본격적으로 진입하였다. 1988년에 국민연금이 처음 도입되었고, 1994년에 개인연금, 2005년에 퇴직연금이 도입되었다. 이후 연금자산은 퇴직연금과 국민연금을 중심으로 급속하게 성장했다. 2014년부터 2021년까지 7년 동안 연금 총액은 846조 원에서 1,613조 원으로 90.5% 증가하였고, 연복리 증가율은 9.6%였다. 이 중 퇴직연금과 국민연금의 증가세가 빠른데, 같은 기간 동안 연복리 증가율이 각각 15.6%, 10.6%를 보였다. 퇴직연금은 연급여의 8.33%를

표 3-4 연금 종류별 적립금 추이와 증가율

(단위 : 조 원)

연도	개인연금	퇴직연금	국민연금	계
2014	269.7	107.1	469.8	846.6
2015	292.2	126.4	512.3	931.0
2016	310.9	147.0	558.3	1,016.2
2017	325.4	168.4	621.7	1,115.5
2018	332.0	190.0	638.8	1,160.8
2019	345.3	221.2	736.7	1,303.2
2020	359.7	255.5	833.7	1,448.9
2021	368.7	295.6	948.7	1,613.0
총 증가율	36.7%	176.0%	101.9%	90.5%
연복리 증가율	4.6%	15.6%	10.6%	9.6%

출처 : 금융감독원, "연금저축 현황 및 시사점"; 통계청, "퇴직연금 통계".

납입하고 국민연금은 9%를 의무적으로 납입하기 때문에 세제 혜택이 주어진 임의 가입 연금인 개인연금에 비해서는 증가율이 빠르다. 특히 퇴직연금의 빠른 증가세를 주목해야 한다. 이는 앞으로 국민연금의 적립금이 소진되어 갈 때 퇴직연금 자산은 계속 증가할 가능성이 크므로 퇴직연금의 올바른 정책이 향후 연금시장과 노령 인구의 경제생활 유지에 중요하기 때문이다. 향후 연금시장은 2040년까지는 급속하게 성장할 것으로 예상되는데, 올바른 방향으로의 성장을 위해서는 적절한 정책 대응이 필요하다.

첫째, 이제 연금을 제도를 벗어나 하나의 산업 관점에서 볼 필요가 있다. 산업의 효율성 혹은 수익률을 높이는 것이다. 미국을 중심으로 영미 국가들은 연금의 효율성이 높다. 연금이 아닌 국부펀드들도 노르웨이 등을 비롯해 효율성을 높이려 하고 있다. 앞으로 연금은 장기적으로 퇴직연금이 주축을 이룰 것이다. 앞에서 살펴본 바와 같이 국민연금은 2040년까지 자산이 증가하지만 급속한 노령화에 대응하는 구조적인 기반이 약하며, 지속 가능성에 심대한 의문이 제기되고 있다. 반면 퇴직연금은 완전 적립 방식이어서 그런 문제는 없다. 하지만 퇴직연금 적립금은 비효율적으로 운영되고 있다. 그 이유 중 하나는 금융업권의 지배력이다. 금융업권 간의 이해관계 때문에 사전지정운용제도마저 소기의 성과를 얻지 못했다. 사전지정운용제도에 원리금 보장 상품이 포함되고, 또 개인이 적격 디폴트 상품을 선택하게 함으로써 사전지정운용제도의 효율성 제고 효과가 반감되었기 때문이다. 이제 기금형을 확산해야 한다. 지금은 30인 이하 사업장을 대상으로 중소기업퇴직연금기금을 도입하고 있으나 이를 50인, 100인으로 확산해야 한다. 그리고 종국적으로는 보편적 기금형을 허용할 필요가 있다.

연금의 보수적 투자가 자금 흐름을 보수적으로 만들 수 있다. 자금의 흐름이 연금으로 집중되는데 연금은 수탁자 책무 때문에 혁신적인 기업에 투자하기 어렵기 때문이다. 수탁자 책무 리스크에서 안전하려면 업력이 오래된 안전한 기업established firm에 투자하게 되며, 이렇게 되면 사회 전체적으로 혁신적인 곳에 자본이 덜 배분된다는 우려다. 그래서 피터 드러커는 혁신적인 기업에 연금의 일정 비율을 배분하도록 하는 것이 필요하다고 주장하였다. 현재 우리나라 퇴직연금 335조 원 중에 원리금 보장 상품의 비중이 89%에 이른다. 혁신적인 기업은 물론 상장된 주식에도 투자하지 않는 비효율성을 보이고 있다.

둘째, 연금시장 성장의 편차에 주의를 기울여야 한다. 이를 위해 연금 사각지대와 연금의 세대 간 불평등에 대처해야 한다. 국민연금은 제도적 완비에도 불구하고 보험료 납부를 하지 않아 납입기간이 짧은 사각지대 문제가 심각하다. 2020년 말 기준 국민연금 가입자 중 납부 예외 310만 명, 장기 체납 102만 명, 적용 제외 851만 명 등 1,263만 명이 보험료를 납부하지 않고 있는데, 이들은 18~59세 총 인구의 40.9%에 달한다. 평균 가입기간은 우리나라가 18.6년인 데 반해 EU 27개국은 35.9년에 이른다.[25] 수령금액은 2023년 말 기준으로 월 40만 원 미만이 54%에 이르며, 40~80만 원이 30%, 80만 원 이상은 16%에 불과하다. 100만 원 이상, 20만 원 미만이 각각 10%, 11%로 비슷하다. 20년 이상 가입하고 노령연금을 받는 사람도 전체 수령자의 18%에 불과한 상황이다.[26]

여기에 더하여 세대 간의 연금 불평등 문제도 있다. 국민연금의 재정건전성에 초점을 맞추면서 앞으로 연금을 납입할 사람들에 초점을 맞출 경우 청년층과 노년층은 연금으로 인해 커다란 불평등이 생기게 된다. 국민연금 5차 재정추계에 따르면 가입자 수 대비 노령연금 수급자 수의 비율인 제도부양비가 2023년 24%에서 2050년에 95.6%, 2070년에 138.3%로 증가한다. 수지 적자는 2050년 −149조 원에서 2070년에 −510조 원으로 급증하며, 이에 따라 부과방식 비용률은 2023년 6.0%에서 2050년 22.7%, 2070년 33.4%로 증가한다.[27] 세대 간 연금 수혜에서 큰 불평등이 생기는 것이다.

국민연금 개혁은 보험료율 인상, 수급개시연령 연장, 소득대체율 인상, 기금 운용 수익률 제고 등 모수개혁 중심으로 진행되고 있다. 이조차 반대가 많고 서로의

25. 유희원 외 3명, 『국민연금제도의 사각지대 현황과 대응방안』, 국민연금연구원, 2022.
26. 국민연금공단(2023. 8), 『국민연금 공표통계』.
27. 국민연금 제도 개선 방향에 관한 공청회(2023. 9. 1) 자료

입장이 달라 실행에 옮기기 쉽지 않다. 모수개혁이 이루어진다고 하더라도 재정건전성을 확보하는 데 충분치 않으며, 더욱이 젊은층이 개혁 비용의 부담을 떠안게 되는 문제가 있다. 구조개혁도 필요하다. 수명 증가에 따른 연금총액상한제를 도입하고, 현재의 기초연금과 국민연금 재분배 기능을 통합하여 100%에게 지급하는 기초연금으로 기능을 바꾸고, 국민연금은 자신의 기여에 비례해서 받는 것으로 역할을 재정립하는 등의 논의들이 있어야 한다.

마지막으로, 연금시장의 토대가 되는 노동시장을 정비할 필요가 있다. 평균 가구소득의 63%가 근로소득일 정도로 근로소득은 노후 준비에 중요하다.[28] 연금제도가 잘 갖추어졌더라도 노동시장이 열악하면 불평등은 해소되지 않는다. 여기에는 근로기간과 임금 격차의 문제가 있다.

근로기간이 짧으면 연금 납입기간도 짧다. 우리나라는 주된 직장에서 일하는 기간이 짧아 국민연금 실제 가입기간이 18.6년이다. EU 27개국은 35.9년으로 거의 우리 2배 수준이다. 우리나라에서 젊은 세대인 15~24세 고용률은 27%로 OECD 평균 42%에 비해 한참 낮을 정도로 노동시장에 늦게 들어간다.[29] 그리고 50대 중반 쯤이면 주된 직장을 퇴직한다.

일찍 퇴직하는 사람들의 재취업 시장을 정비해서 고용률과 소득수준을 높여야 한다. 퇴직이 빠르고 자녀 교육비와 결혼비용 부담이 큰 우리나라는 재취업 시장에서 일하는 게 필수처럼 되어 있지만 시장 상황은 열악하다. 우리나라 55~64세 남성의 고용률은 2022년 현재 80%로 OECD 국가 중 7번째로 높으나 임시고용 비율이 35%로 OECD 국가 중 1위이며 OECD 평균의 4배가 넘을 정도로 고용시장이 열악하다.[30]

대기업과 중소기업, 정규직과 비정규직, 원청과 하청 간의 임금 격차와 근로조건 차이가 큰 상황에서는 노후의 자산과 소득 불평등이 확대된다. 대기업 근로자

---

28. 통계청(2023. 8. 24), 『2023년 2/4분기 가계동향조사』.

29. OECD, https://data.oecd.org/emp/

30. OECD, https://data.oecd.org/emp/

의 2022년 월평균 임금 총액은 605만 원인 반면, 중소기업 비정규직 근로자의 임금은 172만 원에 불과하다.[31] 앞에서 살펴본 연금의 사각지대는 결국 노동시장의 격차에서 발생한 것이다.

연금시장에서 연금 격차를 해소하기 위해서는 노동시장에서 오래 일할 수 있는 여건을 마련하고, 재취업 시장의 부가가치를 높이며, 부부가 맞벌이할 수 있는 노동시장 환경을 조성하고, 임금의 구조적 격차를 해소해야 한다.

7. 향후 10년을 위한 제언

이 장에서는 노령화로 대표되는 우리나라의 인구 구조 변화가 금융시장에 미치는 영향을 전망하고 그 정책 대안을 제시하였다. 금융시장 참가자들은 미래의 변화에 대해 합리적으로 기대하여 행동하기 때문에 저축, 주식, 채권으로 대표되는 주요 금융시장의 규모 변화를 2070년까지 장기 전망하고 이를 바탕으로 향후 10년의 정책 방향을 제안하였다. 이하에서는 전망 결과를 간단히 요약하고 정책 제언을 기술한다.

2070년까지 인구 데이터와 금융-거시 데이터를 이용하여 저축, 주식시장, 채권시장, 금융자산의 규모를 예측한 결과 노령화가 진행되면서 가계의 저축 규모가 감속적으로 증가하다가 2060년대부터는 감소하는 것으로 예측되었다. 주식시장의 시장 규모는 빠르게 증가하는 것으로 나타났지만 2040년 이후 급속하게 그 규모가 감소하는 것으로 추정되었다. 주식시장의 변화는 우리나라의 국민연금 적립금이 증가하고 감소하는 궤적과 유사하다. 채권시장 규모는 2023년 이후 서서히 2047년까지 감소하다가 이후 다시 소폭 증가하는 것으로 추정되었다. 채권시장 규모는 주식시장과 반대의 궤적을 보인다. 저축, 주식, 채권을 합한 금융자산은

31. 고용노동부, 사업체 노동력 조사, "300인 이상 사업체" 월임금 총액, 2022년 기준 ; 고용노동부, 고용형태별근로실태조사, 2022년 기준.

2040년까지 규모가 증가하고 이후 감소하는 모습을 보였다. 이 시점은 국민연금 적립금이 최고점에 달하는 때와 일치한다. 여러 자산에서 2040년이 정점으로 나오는 것은 그만큼 인구 구조 변화의 효과가 강력하다는 것을 말해 주고 있다.

이 연구의 예측을 바탕으로 도출한 금융시장의 변화는 저축 규모 감속에 따른 수신기관의 경쟁 격화, 예금 집중과 부동산 시장의 변화, 주식시장의 자산시장 붕괴 가능성meltdown, 인출withdrawal사회의 도래, 연금사회로의 진행이다. 이러한 금융시장의 변화가 부작용을 최소화하면서 바람직한 방향으로 가기 위한 정책을 다음과 같이 제안하였다.

첫째, 2030년대 이후 저축의 정체와 2060년대 이후 저축의 감소로 소형 은행기관의 영업이 위축될 수 있으므로 은행산업의 안정을 유도하여야 한다. 특히 중소기업과 같은 경제적 약자들에 대한 신용공급이 감소할 수 있다. 또한 은행의 주택담보대출의 감소로 주택가격의 하락도 예상되므로 부동산 시장의 연착륙 정책도 추진되어야 할 것이다.

둘째, 축적되는 자산이 은행 예금으로 집중되지 않도록 유도해야 한다. 특히 급속히 성장하는 퇴직연금에서 자금 흐름을 자본시장으로 유도하는 것이 중요하다. 예금은 대출로 이어지며 은행 대출은 부동산으로 이어진다. 결국 예금이 증가하면서 부동산 자산의 버블과 버스트를 가져올 수 있다. 퇴직연금에서 특정 금융업권의 지배력을 약화시켜야 하고, 이를 위해 기금형 도입 등의 제도적 변화가 필요하다.

셋째, 외국인의 주식 수요 기반을 마련해야 한다. 지금도 외국인 투자자의 비중은 25~30%로 낮지 않은 편이지만 2040년 이후 인구 구조 변화로 주식시장 규모가 감소한다면 외국인 주식 수요가 증가해야 하는 상황이다. 이를 위해서는 지배구조, 배당수익률, 저평가 등을 해결해야 하며 자본시장을 글로벌 기준으로 만들 필요가 있다. 위험 회피 성향이 낮은 세계의 젊은 연령층이 우리나라 주식시장에 투자하도록 유도해야 한다. 한편, 국내에서도 연금에 집중되는 돈이 밸류업value-up 프로그램 등을 통해 주식시장으로 이어지게 할 필요가 있다.

넷째, 자본의 흐름이 국내에 한정되지 않게 해야 한다. 연금으로 집중되는 돈이 국내에 머무를 경우 글로벌 효율적 자산 배분이 되지 않으며, 자산시장이 노령화로 축소될 때 자산시장 붕괴 현상이 나타날 수 있다. 이를 위해서는 국내 주식투자와 해외 주식투자의 과세 형평이 있어야 하며, 국내 주식에 대한 금융투자소득 과세가 필요하다. 이 과세는 퇴직연금 시장이 성장하기 위해서도 필요한 부분이다.

다섯째, 자산은 축적할 때보다 인출 때가 까다롭다. 이를 개인에게 모두 맡겨두면 혼란을 피할 수 없을 것이다. 현재 축적사회에서 인출사회로 옮겨가고 있지만 인출에 대한 국가나 금융기관의 대비가 미흡한 상황이다. 금융기관과 국가가 상품, 시스템, 제도 등을 통해 적극적으로 보완을 해주어야 한다. 대표 인출상품이나 자동인출 상품이 필요하다.

여섯째, 연금시장이 성장하는 과정에서 효율성과 편차에 주의를 기울여야 한다. 연금의 낮은 운용수익률을 개선해야 하며, 연금의 불균등적인 성장을 개선해야 한다. 후자를 위해서는 연금의 사각지대 해소에 정책의 우선순위를 두어야 하고, 세대 간 연금 불평등 문제를 조속히 해결하여 세대 간 갈등을 줄여야 한다. 사회적 마찰 비용은 경제성장의 장애요소로 작용한다. 또한 연금 격차의 근본 원인이 되는 노동시장의 격차를 해소해야 한다.

인구 구조 이외에 많은 요인들이 금융시장에 영향을 줄 수 있다. 하지만 장기적으로 우리나라 금융과 경제에 가장 확실하게 영향을 줄 모멘텀은 인구 구조 변화라는 것을 부인하기 어렵다. 다른 나라들에서 겪어보지 못한 빠른 속도로 변하기 때문에 다른 나라의 경험에 비추어 이러한 충격에 대비하기도 어렵다. 이 연구가 이에 유의미한 시사점을 제공하였기를 기대해 본다.

CHAPTER 04

가계부채의 지속 가능성 및 부동산 금융의 안정화

이윤수(서강대 경제대학 교수)

〈요약〉

이 장에서는 가계부채와 부동산 금융의 현황과 증가 배경을 살펴보고, 가계부채의 지속 가능성 평가를 통해 위험요소들을 분석하며, 가계부채 문제 해결을 위한 과제를 제시한다. 먼저 가계부채 증가 현상을 베이비부머의 부동산 대출 비중 증가, 코로나19 이후 '영끌' 현상, 전세대출의 급증 등 수요 측면과 공급 측면으로 나누어 살펴본다. 이러한 가계부채 증가는 거시경제에 잠재 위험을 내포하며, 소비 위축, 경기침체, 성장 저하 등의 문제로 이어질 수 있다. 다음으로 가계부채 및 부동산 금융 안정화 관점에서 총량 규제를 평가하고, 채무 재조정, 부실 자산 처리 등을 포함한 연착륙 방안과 취약계층을 위한 대책을 제시한다. 그리고 부동산 금융의 성숙을 위한 정책과제로 거시건정성 정책의 한계와 개선 방향, 주택담보대출제도 및 전세대출제도의 개선방안을 살펴본다. 마지막으로 지속 가능한 부채 수준 유지 및 금융 안정성 확보를 위한 향후 10년의 정책 방향을 제시한다.

1. 서언

2000년대 중반 이후 가계부채의 빠른 증가는 한국 경제의 주요 위험요인으로 지목되고 있다. 2008년 글로벌 금융위기를 극복하고 회복세를 보이고 있는 과정에서 신용평가기관 및 국제기구와 외신은 가계부채를 향후 우리 경제의 주요 위험요인으로 지적하기 시작하였으며, KDI의 2012년 보고서는 가계부채를 한국 경제의 뇌관으로 지목하였다. 2011년 가계신용 잔액은 2002년 대비 약 2배 증가한 912.8조 원을 기록했다. 이후 10년 넘게 가계부채는 지속적으로 증가하면서 가계부채 총량의 위험수준은 새롭게 정의되었다. 이에 대해 언론과 학계는 지속적인 관심을 기울였고, 정부는 여러 안정화 정책을 도입했다. 그럼에도 2023년 3/4분기 기준으로 가계신용 잔액은 1,875.6조 원에 달해 2011년 대비 두 배 가까이 증가했다. 약 15년이 넘는 기간 동안 지속된 한국 경제의 뇌관은 과연 터지지 않는 불발탄에 대한 과도한 기우에 불과한 것일까? 아니면 언제라도 터질 수 있는 폭탄을 장기간 지속된 저금리와 부동산 상승기의 덕으로 운 좋게 막아온 것에 불과한 것일까?

코로나19 팬데믹 이후에도 우리나라의 가계부채는 2021년 금리 인상 전까지 꾸준히 증가세를 이어갔다. 2022년 1분기 기준 국내총생산GDP 대비 가계부채 비율은 104.3%로 국제금융연구소IIF가 조사한 36개 주요 국가 중 가장 높다. 국제결제은행BIS에 따르면 2021년 1분기 말 기준 주요국 중 한국의 GDP 대비 가계부채 비율 증가율(전년 대비)이 가장 높다. 특히 코로나 팬데믹 이후 전 세계적으로 인플레이션 문제가 대두되면서 각국의 중앙은행이 정책금리를 인상하였고, 그동안 누적된 가계부채는 금리 상승과 맞물려 가계의 부채 비용 부담으로 이어지고 있다. 그러나 한국의 가계부채 구조조정은 다른 선진국에 비해 늦어지고 있다.

최근 우리나라의 부채 증가의 주요 특징 중 하나는 가계와 기업 모두 부동산 관련 자금 공급을 중심으로 한 부동산 금융이 급증했다는 것이다. 최근 금리 상승과 부동산 버블에 대한 우려로 인해 부채의 질이 악화될 가능성에 대한 우려가 커지고 있으며, 특히 최근 부동산 프로젝트 파이낸스Project Finance(이하 PF) 위기와 같은 사건이 은행 및 자본시장 전 부문에 영향을 미쳤다. 부동산 시장 침체와 향후 자산시장의 잠재적 변화는 대출 채무 불이행을 유발하고 금융시스템에 위협이 될 수 있다.

그동안 절대적으로 높은 수준의 가계부채에도 불구하고 연체율은 상대적으로 낮은 수준을 유지하였다는 점은 긍정적인 측면이다. 그러나 인플레이션과 이자율 상승으로 경제 환경이 크게 변화하면서 차입 가계의 지급능력에 미칠 수 있는 잠재적 영향에 대한 우려가 제기되고 있다. 일반적으로 민간부채의 과도한 증가는 Laeven and Valencia(2008), Schularick and Taylor(2012), Greenwood and Hanson(2013), Mian, Sufi and Verner(2017) 등의 연구에서 입증된 것처럼 금융위기를 유발하는 근본적인 요인으로 인식되고 있기 때문이다. 금융위기와 같은 최악의 시나리오는 피하더라도 민간부채가 과도하게 확대되었던 많은 국가에서 신용 및 자산 거품이 위축되는 과정에서 경기침체가 발생했다. 실물경제가 뒷받침되지 않는 경우에는 금융회사의 건전성이 악화되고 결국 금융위기가 발생할 수 있다. 이러한 우려가 커지는 이유는 급격한 물가 상승으로 금리가 빠르게 상승하였으며, 고금리가 지속될 가능성이 있기 때문이다.

이 장에서는 가계부채 및 부동산 금융의 현황을 진단하고, 가계의 장기적인 부담을 경감하여 대응능력을 강화하기 위한 전략을 제안하고자 한다. 이를 위해 한국 가계부채의 주요 이슈를 개괄적으로 검토하고, 가계부채가 경제에 미치는 영향과 한국 경제의 뇌관으로 지목되고 있는 가계부채 문제를 안정화하기 위한 향후 방향을 중점적으로 탐구한다. 가계부채 문제를 해결하고 이로 인한 금융시스템 및 경제 전반에 대한 영향을 완화하는 정책의 시행은 필수불가결하다. 가계부채 부실화가 금융 및 경제의 전반적인 위기로 확산되지 않도록 방지하고, 가계부채 안정화를 통해 한국 경제의 지속적 성장 기반을 마련하는 전략 수립에 기여하는 기초 자료로 본 연구가 활용되기를 기대한다.

2. 가계부채의 현황

2.1 가계부채의 증가 : 총량과 속도에 대한 우려

우리나라의 가계부채와 관련된 논의에서 우선적으로 주목받는 내용은 높은 경제 규모 대비 높은 가계부채 총량이다. OECD 등 다른 국가들과 총량을 비교하며 그 위험성을 제기하는 것이 그동안 가계부채 관련 연구에서 일반적으로 사용되던 논의 방식이다. 국제금융협회IIF가 최근 내놓은 가계부채 관련 보고서에 따르면 2023년 3분기(7~9월) 한국의 GDP 대비 가계부채 비율은 100.2% 34개국 중 1위이다. 가처분소득 대비 가계부채 비율은 2003년 126.5%에서 2012년 163.8%로 상승하였으며, 2021년에는 206%까지 올라갔다. 한국의 가계부채는 경제 규모 대비 부채 총량으로 측정한 수준이 높을 뿐만 아니라, 그 증가 속도도 빠르다는 점에서 우려를 낳는다. 한국의 명목 GDP 대비 가계부채 비중 상승폭은 비교 가능한 주요 국가에 비해서 매우 높다.

그림 4-1 선진국과 신흥국의 가계부채 증가 추이

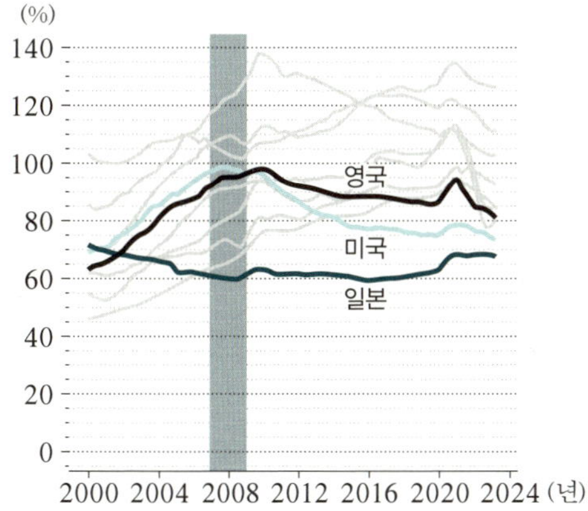

(a) 선진국

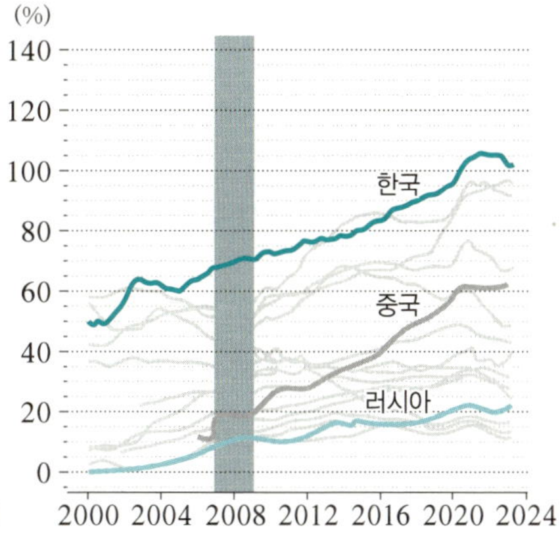

(b) 신흥국

주 : GDP 대비 가계부채 비율(2000년 1분기~2023년 2분기).
출처 : BIS.

글로벌 금융위기 이후 위기의 핵심이었던 미국과 유럽 국가들의 민간부채는 꾸준히 감소하였다. 아일랜드 가계는 부채가 가장 급격하게 증가했지만, GDP 대비 부채 비율은 가장 빠르게 감소하였다. 반면, 같은 기간 동안 호주, 캐나다, 한국, 스위스와 같은 국가와 신흥국에서는 가계부채가 위기 이전보다 훨씬 증가했다. 2008년의 혼란을 비교적 잘 극복한 캐나다는 부동산 버블이 발생하였다. 주요 도시에서 주택 가격이 급격히 상승했고, 변동금리 모기지로 인해 주택 구매자는 이자율 상승에 노출되었다.

선진국의 민간부채가 금융위기 이후 꾸준히 감소한 반면, 우리나라를 포함한 많은 신흥국의 경우는 민간부채가 꾸준히 증가하였다(CEPR, 2022). 우리나라의 가계대출은 코로나19 위기에 대한 정책 대응 과정에서 증가세가 빠르게 확대되었으나, 2021년 하반기부터 금리 상승 및 가계대출 규제 강화 등의 요인으로 증가세가 둔화되는 모습이다. 가계대출 금액 증가율은 2021년 7월 말 9.0%을 정점으로 하락세로 전환되었다. 2022년 감소세를 보이던 가계부채는 2023년 초까지 하락하였다. 가계부채 증가율이 음(−)으로 전환되면서 절대적인 금액 자체가 감소하는 디레버리징 현상이 나타난 것이다. 그러나 짧은 대출 축소기 이후 가계부채는 2023년 4월 이후 다시 증가하기 시작하였다. 높은 금리에도 불구하고 가계부채가

그림 4-2 우리나라 가계대출 보유금액 및 증가율 추이

출처 : NICE평가정보.

다시 증가한 데는 특례보금자리론과 같은 정책금융을 통한 주택담보대출의 확장에 기인한 바 크다. 한국은행의 금융안정보고서에 따르면 신규 가계대출의 47%가 신규 주택 구입 용도로 활용되었으며, 일부는 금리가 낮은 정책 모기지론으로 갈아타는 대환대출이었다.

금리 상승기에 대출 증가와 함께 한국의 높은 DSR Debt to Service Ratio에 대한 우려가 커지고 있다. 국제결제은행 BIS 보고에 따르면 다른 국가들에서는 DSR이 감소하는 추세인 반면, 한국은 2022년 3분기 기준으로 호주 다음으로 두 번째로 높은 DSR을 기록하며 지속적으로 증가하고 있다. 이는 변동금리 상품과 이자만 상환하는 신용대출의 높은 비율, 그리고 DSR 규제를 적용받지 않는 집단대출과 같은 한국 부동산 금융의 고유한 특성 때문으로 보여진다. 또한 주택담보인정비율 LTV 규제로 인해 주택담보대출이 적용되지 않는 신용 및 기타 대출을 주택 구매에 사용하는 문제도 향후 개선해야 할 문제로 지적된다.

2.2 가계부채의 증가 배경

(1) 부동산 금융 서비스와 가계부채 : 수요 측면

경제 규모가 커짐에 따라 가계부채의 총액이 같이 성장하는 것은 일반적인 경향이다. 한국에서 가계부채가 급증한 시기에는 주택담보대출의 확장으로 대표되는 금융서비스에 대한 수요 증가가 있었다. 가계신용을 주택담보대출과 기타 대출, 판매신용으로 크게 구분하면, 주택담보대출이 50% 이상이다. 2007년에 가계신용의 50% 초반을 차지하던 주택담보대출 비율은 2023년에는 55%를 소폭 상회하는 수준까지 증가했다. 일반적으로 우리가 위험지표로 생각하는 가계부채 총량의 증가는 사실상 부동산 금융에 대한 서비스 수요의 증가와 밀접한 관계가 있다는 점을 고려할 필요가 있다. 또한 LTV 규제로 인해 주택담보대출만으로 주택 구매 자금을 충당하기 어려운 경우 기타 대출이 주택 구매 자금으로 사용될 가능성도 고려해야 한다.

1) 2008~2016년의 가계부채 확장기 : 베이비부머의 부동산 대출 비중 증가

2008년부터 2016년까지의 가계부채 증가는 주로 베이비부머 세대의 노후준비와 관련된 임대주택 구입에 기인한 것으로 보인다. 박춘성·이보미(2020)는 55세 이상 연령층에서 주택담보대출 잔액이 다른 연령대에 비해 지속적으로 빠르게 증가했다는 점을 확인하였다.

2008년부터 2016년까지 연말 주택담보대출 잔액 중 각 연령대가 차지하는 비중을 살펴보면 다음과 같은 특징이 있다. 먼저 특정 연도를 기준으로 보면, 주택담보대출에서 40대가 차지하는 비중이 가장 높으며, 그 이상의 연령대는 비중이 지속적으로 줄어든다. 일반적으로 주택을 처음 구입하는 시기는 생애주기life cycle에서 30~40대로 알려져 있다. 30~40대 근처에서 주택담보대출을 이용하여 주택을 구입하고 이후에 그 대출을 상환해 나가는 것이 전형적인 생애주기 패턴이다. 그러나 2008년부터 2016년 사이의 대출 확장기에는 40대 초반의 비중은 하락하고, 55~64세의 비중은 오히려 증가하는 특이한 현상이 관찰된다.

[그림 4-3]에서 연령대별 비중 추이를 보면, 2008년에 35~44세 그룹이 전체

그림 4-3 연도별·연령대별 주택담보대출 비중

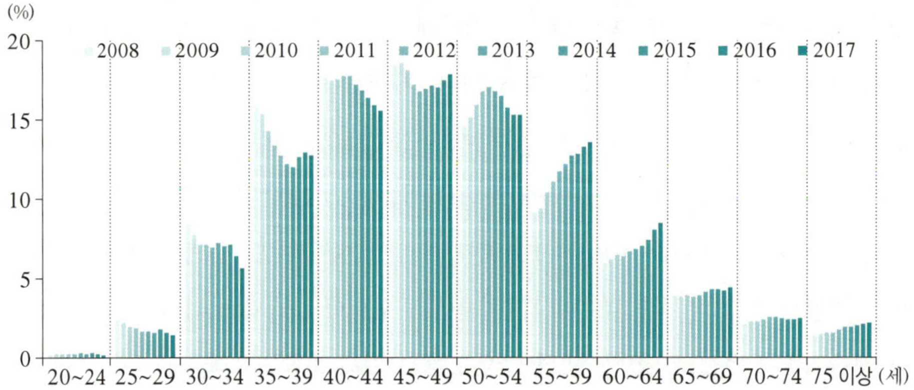

출처 : 박춘성·이보미(2018).

주택담보대출의 33%를 차지했던 것이 2016년에는 29%로 줄어들었고, 같은 기간 55세 이상 그룹은 22%에서 30%로 상승했다. 이러한 변화는 다른 연령대에 비해 자산을 많이 축적하고 소득이 높은 50대 이상 연령층이 저금리 환경에서 부동산 투자를 늘린 결과이다. 고령화에 대한 우려로 인한 노후준비의 일환으로 보인다.

2) 코로나(2020~2021) 전후 가계부채 확장기 : '영끌'의 등장과 전세대출

코로나19 동안의 신용 확장기에는 30, 40대가 주택매매 시장에 보다 적극적으로 참여하여 대출로 주택을 매입하였다. 2019년 주거실태조사에 따르면 평균적으로 생애 첫 주택을 마련하는 연령이 39.1세로 나타나 2016년 이후 처음으로 감소세를 보였으며, 최근 4년 동안 주택을 구입한 가구주의 평균 연령 또한 42.8세로 낮아져 2016년 이후 가장 젊은 연령대를 기록했다. KCB 데이터베이스에 따르면, 대출 없이 주택을 구매하는 소비자의 연령은 큰 변화가 없었으나, 대출을 이용한 주택 구매자의 연령은 점차 하락하여, 2016년 첫 분기의 46.4세에서 2020년 두 번째 분기에는 43.0세로 약 3.4세 젊어졌다.

이 기간 동안 주택을 구입한 젊은 층의 상당수는 '영혼까지 끌어드릴 정도'의 무리한 대출을 통해 주택 구매에 나섰다는 우려가 있었다. '영끌'이라는 신조어는 30~40대의 주택 매수가 신용대출의 급증과 연관되어 있다는 점에서 비롯된다. 이는 주택 구매를 위해 일반적으로 사용되는 주택담보대출 이외의 방법이 사용되었다는 것을 의미하는데, 신용대출이 부동산 구매와 서로 연계되었을 가능성을 시사한다. 소위 영끌이라고 볼 수 있는 청년층의 경우 사실 투자 목적이라기보다는 주로 무주택자가 실거주를 목적으로 주택을 구입한 것으로 보인다(최성호, 2020). 다만, 많은 청년층이 주택담보대출이 아닌 신용대출을 동원하게 됨에 따라 불필요한 이자율 위험에 노출되었다. 신용대출은 주담대와 달리 변동금리 비중이 높으며, 이자율 변동의 위험이 모두 차주에게 전가된다.

영끌 차주들이 주담대뿐만 아니라 금리가 높은 신용대출을 동시에 사용하게 된 배경에는 LTV 규제가 있다는 점에 주목할 필요가 있다. 2020~2021년 수도권 지역의 집값은 이미 많이 상승하였으나, LTV 규제로 인해 주담대만으로는 주택 구매에 필요한 자금을 조달하지 못하는 경우가 많았다. 그렇기에 주담대뿐만 아니라 신용대출 등 다른 대출 상품에 의존하게 되었다. 즉, 주담대에 비해 상대적으로 금리가 높은 신용대출, 마이너스통장 등의 대출까지 활용하여 주택 구매 자금을 마련한 것이다. KCB의 자료를 활용한 김성환·최성호(2020)에 따르면, 이 기간 동안 개인신용대출이 주택담보대출과 함께 꾸준히 늘어났으며, 해당 자금은 주택시장으로 유입된 것으로 보인다. 가계복지조사를 활용한 허석균(2023)에서도 연간 주택담보대출 증가율의 움직임을 신용대출이 같이 움직이거나 시차를 두고 따라가는 모습이 나타난다. 이는 주택담보대출이 LTV 규제에 의해 제약되는 상황에서 높은 부동산 가격을 감당하지 못한 차주들이 주택담보대출 부족분을 신용대출을 통해 대체하는 풍선 효과가 발생한다는 사실을 확인시켜 준다.

주택담보대출 외에도 전세대출의 급증은 주목할 만한 현상이다. 2017년 대비 4배 이상 증가한 전세자금대출은 한국은행의 보고서에서도 다른 대출 상품들과 비교해 현저히 높은 증가율을 보였다. 특히, 20~30대가 전세대출 등 주거 목적의 대출을 받은 것으로 나타났다. 유주희(2022)에 따르면, 20대 가구주가 있는 전세자금대출 보유 가구는 2020년에 28.4만 가구로, 2018년 10월의 11.6만 가구에서 크게 증가했다. 2020년에는 30대 가구가 37.2%로 가장 높은 비중을 차지했으며, 이 연령대의 가구당 평균 전세자금대출액은 1억 539만 원으로 다른 연령대에 비해 높았다. 가구주 연령이 높아질수록 전세자금대출이 전체 가계대출에서 차지하는 비율은 낮아지는 경향을 보였다. 2020년 말 기준으로 전세자금대출을 보유한 1인 가구는 52만 가구로, 전년 대비 크게 증가했으며, 전체 전세자금대출 보유 가구 중 1인 가구의 비중은 2018년 22.9%에서 2020년 31.4%로 증가했다. 이는 1인 가구의 증가와 같은 우리나라 가구 특성의 변화를 반영하는 것으로 보인다.

(2) 가계부채 증가와 금융기관 : 공급 측면

가계부채 증가의 주요 원인 중 하나로 금융회사들이 수익성 중심으로 경영전략을 전환한 점을 꼽을 수 있다. 박창균(2010)에 따르면, 1997년의 외환위기 이후 금융부문의 구조조정이 마무리되면서 정책 당국의 신용자원 배분에 대한 직접적인 개입이 줄어들고 시장 기반의 신용자원 배분이 자리 잡기 시작했다. 자본이 부족한 상황에서 정책 당국이 신용자원 배분에 직접 관여함으로써 경제성장에 크게 기여하였다면, 1997년 말 경제위기는 국가 주도 성장 전략의 한계를 드러냈고, 국가가 시장 역할을 대신해 신용을 배분하던 기존의 방식을 유지할 수 없게 되었다.

그림 4-4 기관별 주택담보대출

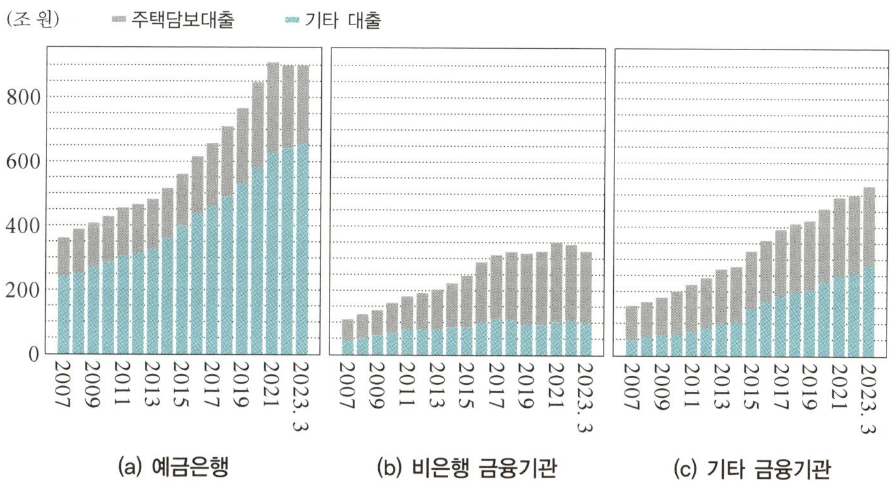

출처 : 한국은행.

금융시장 전반에 걸쳐 시장 기반의 자원배분 원칙이 확립되고, 금융회사들은 이에 발맞추어 신용자원 배분에서 수익성을 우선시하는 기준을 채택하였는데, 대출의 수익성 관점에서 큰 영향을 미치는 두 가지 요소인 이자율과 연체율을 고려했을 때 가계대출은 기업대출보다 은행에게 더 매력적인 상품으로 여겨졌다. Basel

Ⅲ 자기자본비율 규제 등 BIS의 관련 규제에 따른 일반은행의 위험가중자산 산정방식에서도 가계대출을 기업대출보다 선호하도록 하는 상황이 나타난 것으로 보인다(한국은행 금융안정보고서, 일반은행의 위험가중자산 변화 및 시사점, 2017년 6월 참조).

우리나라 주택담보대출을 공급자 측면에서 살펴보면, 주택담보대출은 주로 예금은행에서 확장되었다. 2007년 이후 주택담보대출과 기타 대출의 잔액을 살펴보면, 예금은행의 경우 주택담보대출과 기타 대출의 비중이 어느 정도 유지된 것으로 보인다(주담대 65~70%). 비은행 금융기관의 경우 주담대 외의 기타 대출 비중이 약간 증가하였고, 기타 금융기관의 경우 주택담보대출의 비중이 기타 대출에 비해 소폭 증가하기는 하였으나 전반적으로 주택담보대출과 기타 대출의 비중이 기관별로 큰 차이를 보이지 않는다. 기타 금융기관의 주택담보대출이 빠르게 성장하면서 예금은행이 주택담보대출에서 차지하는 비중은 2007년 70%선에서 62%선 정도로 소폭 감소하였다.

1) 주요 은행의 가계대출과 기업대출

급속한 경제성장과 도시화, 금융부문의 발전으로 주택을 포함한 신용에 대한 접근성이 높아졌다는 측면에서 우리나라 부동산 금융의 성장은 어느 정도 금융 심화 현상을 반영한다. 자산 형성의 관점에서 주택담보대출은 개인이 시간이 지남에 따라 자산을 축적할 수 있도록 하여 가계 자산 축적과 금융 안정에 기여한다는 장점이 있다. 그러나 주택담보대출 비중이 높아지면 대출이 상품과 서비스를 생산하는 기업 등 생산적인 부문으로 흘러가지 않는다는 우려도 제기된다. 즉, 은행의 대출 포트폴리오가 부동산에 너무 많이 쏠리면 일반적으로 경제성장에 기여하는 투자, 확상, R&D 등 혁신을 위한 활동에 흘러가야 할 자본이 부동산으로 유출될 수 있다는 것이다.

주요 은행의 대출채권 추이를 가계부문과 기업부문으로 나누어 살펴보면, 외환위기 이후 가계대출이 증가하는 기간 동안 기업대출 비중은 상대적으로 감소했다. 2008년 글로벌 금융위기 후에는 가계대출이 일시적으로 감소한 뒤 점진적으로 증가했으며, 코로나19 이후의 인플레이션과 이자율 상승기에 다시 감소했다. 2023년 기업대출 증가는 금리 상승과 회사채 시장의 불안정성 때문에 은행 대출로의 전환 비중이 증가했기 때문으로 보인다. 즉, 2000년대 초반 주택담보대출 시장의 성장과 함께 가계자금 대출 비중이 증가했으나, 글로벌 금융위기 이후에는 가계대출과 기업대출 비중이 비교적 안정적인 수준을 유지하고 있다.

우리나라 가계대출의 주요 공급자인 5개 주요 은행의 가계대출과 기업대출의 대출 잔액 성장률은 지난 10여 년간 증가 속도에 큰 차이가 없이 비슷한 속도로 증가하였다. 가계대출의 양적인 증가 측면에서는 대부분의 주요 은행들이 비슷한 속도로 증가하다가 2022년 이후 비슷한 속도로 감소하였다. 기업대출의 측면에서도 5개 은행들이 거의 비슷한 속도로 대출 잔액을 증가시켰다는 점에서 가계대출과 기업대출의 성장 속도는 거의 모든 주요 은행에서 비슷하게 나타났다.

그림 4-5 주요 은행 대출 잔액의 추이 : 가계대출과 기업대출

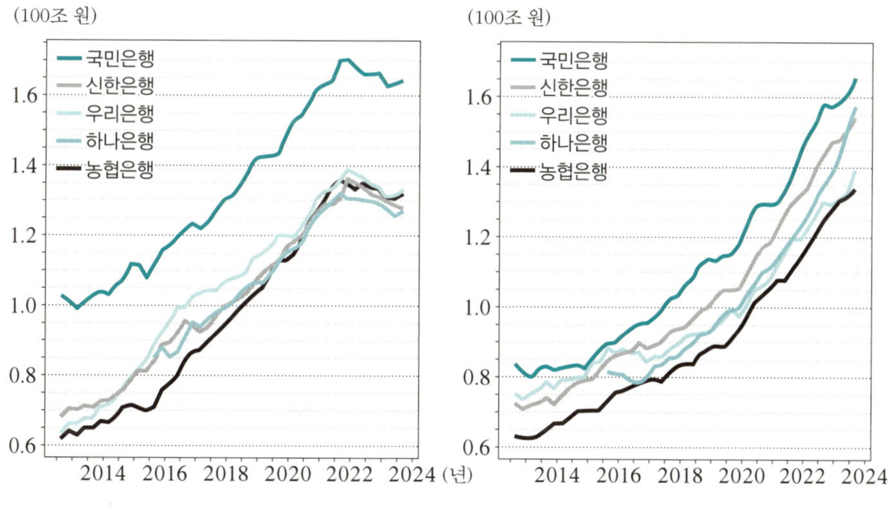

(a) 가계대출 (b) 기업대출

출처 : 금융감독원.

2) 인터넷은행의 가계대출

가계대출 위주의 성장은 최근 인터넷은행에서도 관측되는 현상이다. 고금리 상황에서 이자를 한 푼이라도 줄이려는 대출자들이 낮은 금리 상품으로 갈아타려는 대환대출 수요가 꾸준히 늘고 있는 가운데, 인터넷 전문은행이 저금리 상품으로 대환대출시장에 적극 진입하고 있다. 특히 인터넷은행들은 마이너스통장이나 신용대출 중심에서 벗어나 가산금리 인하와 특판을 통해 주택담보대출 시장에도 공격적으로 진출하고 있으며, 이는 시중은행과의 경쟁 증가 측면에서 긍정적으로 볼 수 있다.

그림 4-6 인터넷은행의 가계대출 : 주담대와 신용대출

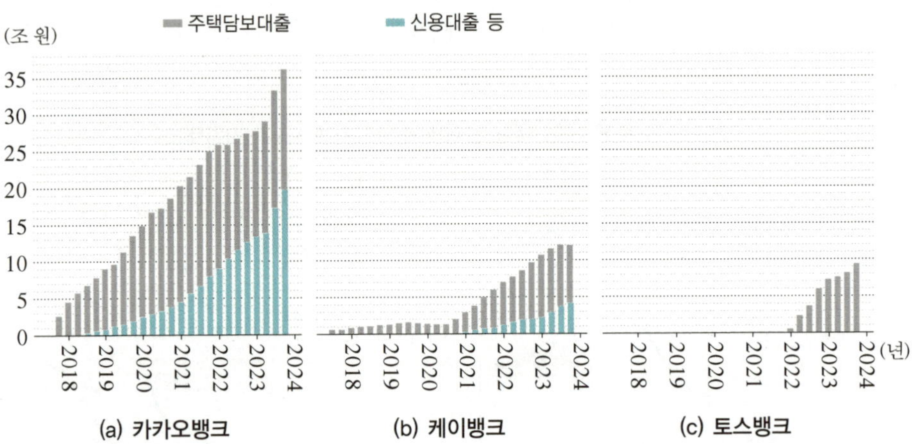

출처 : 금융감독원.

또한 인터넷은행은 중저신용자 대상 신용대출에 초점을 맞추어 왔기 때문에 연체율 관리와 수익성 개선을 위해 담보대출 확대가 필요한 측면도 있다. 그러나 인터넷은행이 핀테크 서비스의 플랫폼 역할을 함으로써 금융산업에 새로운 바람을 불러일으킬 것이라는 초기 기대와 달리 주택담보대출 시장에 집중하는 현재의 추세는 은행산업 내에서 서비스 다양성과 혁신적 성장을 위한 전략적 방향성에 대한 재고가 필요함을 시사한다.

2.3. 부동산 금융의 현황

(1) 부동산 금융의 성장 : 국제적인 흐름

지난 10여 년간 우리나라의 가계부채가 급증했던 원인은 주택담보대출의 증가와 최근의 전세대출 등 주택 관련 대출이라고 볼 수 있다. 이처럼 주택담보대출이 증가한 것은 비단 우리나라의 경우에만 해당하는 것은 아니다. 선진국의 경우를 살펴보면, 주택담보대출의 성장은 20세기 국내총생산GDP 대비 신용 비율 상승의 주요 원동력으로 평가받는다(Jordà, Schularick, and Taylor, 2016). 주택담보대출을 통한 가계신용의 확대는 20세기 내내 GDP 대비 신용의 전반적인 증가의 주요 요인이었다. 주택금융은 금융시스템에서 점점 더 중요한 부분을 차지하게 되었으며, 생산량 증가와 더불어 경제 내에서 확장된 신용의 양을 증가시키는 데 크게 기여하였다. 이러한 추세는 투자 및 소비 자산으로서 부동산의 중요성이 커지고 있음을 반영하며, 경제 발전에서 주택시장의 중심성을 강조하는 것이기도 하다.

Jordà, Schularick, and Taylor(2016)는 17개국을 대상으로 한 장기간 은행 대출 자료 분석으로 20세기 동안 은행 대차대조표의 구성이 주로 기업 대상 비모기지 대출에서 부동산 대출 중심으로 크게 변화했음을 보였다. 1928년에 비모기지 대출이 전체 대출의 평균 73%를 차지했으나, 이 비율은 1980년에는 65%로 소폭 감소하다가 2007년에 40% 미만으로 감소했다. 특히 미국을 포함한 선진국에서는 모기지 금융이 금융중개업에서 지배적인 역할을 하게 되었고, 주택시장은 금융시스템에서 중요한 위치를 차지하게 되었다. 이는 주택시장의 성장, 금융중개업의 변화, 경제상황의 진화 등 다양한 요인을 반영하는 현상이다. 부동산 금융과 관련된 낮은 위험과 안정적인 수익, 그리고 모기지의 증권화를 통한 유동성 확보 용이성이 이러한 변화를 부추겼다.

우리나라의 경우 GDP 대비 주택담보대출 비중은 지속적으로 증가했다. 선진국에서 금융위기 이후 가계대출, 특히 주택담보대출이 감소한 반면, 우리나라를 포

그림 4-7 GDP에서 주택담보 대출 비중

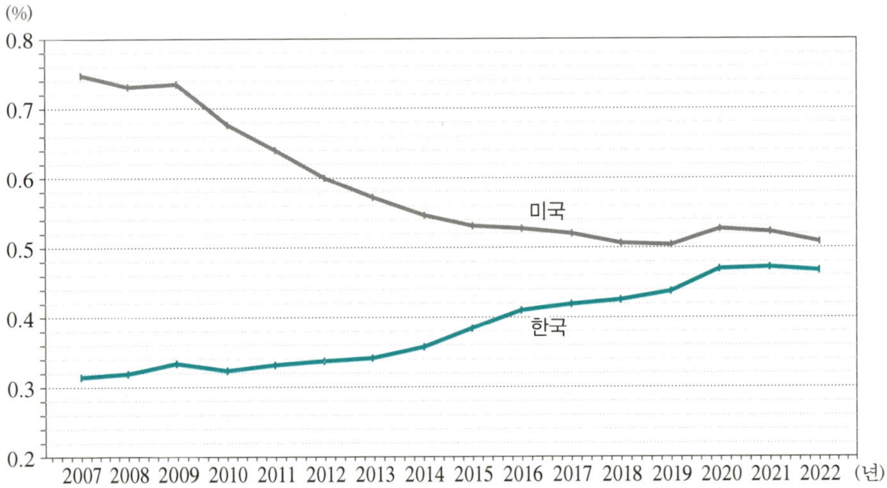

주 : 한국과 미국의 가계 주택담보대출 잔액이 GDP에서 차지하는 비중을 연도별로 비교. 한국의 경우 연도별 4분기 잔액과 명목 국민총생산 자료를 이용하였고, 미국의 경우 연도별 주택담보대출 잔액과 명목 국민총생산 자료를 이용하였다. 미국의 주택담보대출은 일반 가계대출과 비영리단체 대출을 합한 금액이다.

함한 신흥국에서는 이러한 대출이 계속 증가하고 있다. 코로나 팬데믹 이후 주택시장의 붐과 함께 주택담보대출의 비중이 다시 증가하면서 부동산 금융의 규모는 확대되는 추세를 보이고 있다.

(2) 부동산 금융 익스포저의 정의와 현황

우리나라도 주택담보대출의 증가와 더불어 부동산 금융이 확대되었고, 이에 따라 부동산 금융이 전반적인 금융시스템 안정성에 미치는 영향에 대한 관심도 증가했다. 한국은행은 2017년 6월 금융안정보고서에서 부동산 금융 익스포저exposure 관련 통계를 처음 발표하였고, 그 후 추이를 보고하고 있다. 부동산 금융익스포저는 부동산 금융기관과 보증기관의 부동산 관련 가계 및 기업 여신, 그리고 부동산 관련 금융투자상품의 합계로 정의되며, 자세한 구성 내용은 다음의 표와 같다(손재영 · 김경환, 2023).

표 4-1 부동산 금융 익스포저의 정의와 구성

가계여신	기업여신	금융투자상품
부동산 담보대출, 정책모기지론(보금자리론, 적격대출), 중도금·전세자금 대출, 주택연금, 전세자금대출보증, 전세보증금반환보증	부동산업 등 기업대출금, PF 대출(브릿지론, 본 PF), 주택사업자보증(주택분양보증, 임대보증금보증 등)	MBS, 부동산펀드, 리츠(REITs, Real Estate Investment Trusts), 직접투자상품(회사채, CP)

부동산 금융의 성장은 국가별로 시기적으로 차이는 있으나 선진국을 중심으로 20세기 거의 전 세계적으로 나타난 현상이다. 우리나라의 부동산 금융 익스포저도 높은 성장률로 증가하였다. 2010년 GDP 대비 65%에 해당하였던 부동산 금융 익스포저는 2022년 9월 말 기준 2,696.6조 원으로, 명목 GDP의 125.9%로 늘어났다.

특징적인 것은 부동산 기업금융(1,074.4조 원)이 최근까지 높은 증가세(전년 동기 대비 17.3%)를 보이며 부동산 금융 증가세를 주도하였다는 것이다. 가계와 부동산 관련 기업의 비중은 각각 53.1%에서 48.1%, 41.9%에서 39.8%로 약간 감소한 반면, 금융투자상품의 비중은 비록 상대적인 비중은 작으나 5%에서 12%로 두 배 이상 늘어났다.

3. 가계부채의 지속 가능성에 대한 평가

3.1 가계대출의 위험 : 총량 대 질과 분포

(1) 대출 총량의 증가는 금융위기를 촉발하는가 : 총량 대 분포

대출 총량의 증가가 반드시 금융위기를 예고하는 것은 아니다. DSR과 같은 대출의 질과 금융시스템의 안정성이 더 중요한 지표로 작용한다. Sufi와 Taylor(2022)에 따르면, 대출의 질 저하와 금융시스템의 취약성은 금융위기로 이어질 수 있다.

미국의 서브프라임 위기는 저소득자 및 저신용자를 대상으로 한 대출의 증가가 대출의 질 저하를 초래하며 문제가 촉발되었다. 반면, 한국에서는 대출 증가 기간에 대출의 질이 개선되는 경향을 보였는데, 이는 금융위기 이전의 선진국에서의 신용팽창기와는 차별화된다.

코로나19 이전까지는 한국의 가계대출은 연체율이 감소하는 추세를 보였다. 김원혁 외(2020)에서는 2013~2016년 사이에 신용등급이 높은 중장년층 차주들의 대출이 증가했음을 밝혀냈다. 이는 대출 총량의 증가가 필연적으로 연체율 증가로 이어지지 않음을 의미하며, 특히 신용도와 소득수준이 높은 차주들의 대출이 증가했다는 것을 의미한다. 한편, 최근의 디레버리징 기간에는 소득 분포가 악화되고 신용점수가 하락하는 경향을 보였다. 이러한 현상은 단순한 대출 총량의 증가를 가계부채 위험의 주요 지표로 삼는 것이 한계가 있음을 보여준다.

한국은행의 가계부채보고서도 우리나라 가계부채의 첫 번째 특징으로 가계부채의 분포와 관련해서 소득수준이 높은 차주·가구 중심으로 대출이 이루어지고 있다는 점을 꼽는다. 소득 분위별로 전체 가계부채에서 차지하는 비중을 살펴보면 소득 4·5분위가 차주 단위 기준 76%, 가구 단위 기준 69%로 2/3 이상이다. 소득수준이 낮은 소득 1·2분위의 대출 잔액 비중은 차주 단위 기준 11%(2022년 말), 가구 단위 기준 14%(2021. 3월 기준)에 그치고 있다.

(2) 가계부채 팽창기와 축소기 신규 가계대출의 질에 대한 평가

2015년의 대출 확장기와 2019년부터 2020년 사이의 대출자 재무 특성을 분석한 김원혁 외(2020)와 이윤수 외(2020)에 따르면, 대출 확장기에는 전반적으로 대출의 건전성이 향상된 것으로 나타났다. 신용등급이 높은 대출자들의 대출 비중이 증가한 반면, 낮은 신용등급을 가진 대출자들의 대출 잔액 및 비중은 감소하였다. 또한 채무상환 부담이 낮은 그룹의 대출 비중이 증가하였고, 연소득 4천만 원 이상인 대출자들의 대출 잔액과 비중 역시 지속해서 증가하는 추세를 보였다. 이러한 변화는 미국 금융위기 전에 대출의 질이 악화되었던 상황과 대조적이며, 대출 총량 증가에도 불구하고 연체율이 낮게 유지되는 현상을 부분적으로 설명할 수 있다.

김영일 외(2023)는 코로나 시기 전후의 대출 확장기와 대출 축소기 신규 대출의 특성을 비교하였다. 코로나 이전 대출 확장기에는 대출이 800점 이상의 신용점수를 가진 차주들에게 집중되었다. 2019년부터 2021년 사이에 900점 이상의 차주들에 대한 대출 금액은 지속해서 증가하였으나 대출 총량 감소 시기인 2022년 12월에는 소폭 감소하였다. 이는 고신용 대출자들의 비중이 상대적으로 줄어들었으며, 투자 목적의 대출이 감소하였음을 보여준다.

신규 대출 차주 중 약 30%가 연소득 4천만 원 이상인 차주로, 이들의 대출 금액은 총 대출 금액의 약 40%를 차지한다. 이 비중은 코로나 기간 동안에도 증가하여 상대적으로 고소득자의 대출 비중이 더 커졌다. 반면, 700~800점대 이하의 대출 금액은 비교적 적음에도 불구하고 2022년에도 그 비중이 유지되었다. 이는 대출 총량이 줄어드는 디레버리징 시기에도 저신용 신규 대출이 어느 정도 꾸준히 이루어졌음을 나타낸다. 디레버리징 기간 동안 저소득 대출 차주의 비중은 상승하고 있는데, 이는 투자성 대출이 감소한 반면 실수요를 위한 대출이 지속되었을 가능성을 보여준다. 생계형 대출의 비중이 높은 저소득층은 고소득층에 비해 이자율 변동에 대한 대출의 반응이 낮을 것으로 예상되기 때문이다(코로나 전후 신규 대출 차주의 특성에 대한 자세한 내용은 김영일 외(2023)를 참조).

(3) 취약채무자의 문제와 전반적인 건전성 평가

가계부채 증가가 금융 위험으로 이어질 것인가의 문제와는 별개로 가계의 이자 부담 증가로 인한 개인의 신용 문제와 소비 감소의 가능성에 대한 우려가 지속되어 왔다. 이자율 상승이 취약한 차주들에게 미친 영향을 조사하기 위해 김영일 외(2023)는 취약채무자들의 숫자 변화와 연체율을 분석하였다. 신용점수가 700점 이하이거나 소득 하위 30%에 속하며, 세 개 이상의 금융기관에 채무가 있는 다중

채무자를 "취약채무자"로 정의하고, 연체율을 가계대출 보유자 중 미해제 CB 연체 30일 이상 보유 비율인 '잠재 부실률'을 활용하여 분석한 결과, 2023년 6월 기준 전체 가계대출 보유 차주의 잠재 부실률은 2.59%로 3% 미만으로 유지가 되고 있지만, 취약채무자의 경우 24.8%까지 상승하였다. 취약채무자의 비중은 2019년 9%에서 2022년 하반기까지 감소하다가 최근에는 7%대에서 안정되었다. 그러나 연령별로 보면 거의 모든 연령대에서 취약채무자의 비중이 증가하였다. 특히 20대의 취약채무자 비중이 2021년 하반기부터 급증하고 있는 것이 우려의 대상이다.

은행을 포함한 대부분의 업권에서 취약채무자의 잠재 부실률이 높고 상승 중이며, 70대 이상에서 높은 잠재 부실률이 관찰되었다. 특히 최근 20대의 잠재 부실률이 급격히 상승하였다는 점은 청년층 대출의 부실 문제와 지속 가능성 측면에서 심각한 우려를 낳는다. 상대적으로 일자리와 소득이 불안정한 것으로 알려진 20대와 70대에서 대출 부실화 문제가 심각해지고 있는 것은, 대출 상환 능력이 결국 소득에 크게 의존한다는 점을 보여준다. 경기상황이 악화될 경우 소득이나 일자리에 대한 보완 대책이 취약한 노년층과 청년층이 더 큰 어려움에 직면할 수 있다라는 점을 직시해야 한다. 취약채무자들이 신용불량에 빠지거나 이자율 상승으로 인한 경제적 어려움을 겪을 위험이 높아진 것이다. 금융위기에 초점이 맞추어져 있던 가계부채 문제를 금융권의 문제에서 더 나아가서 "가계"의 문제로 정책적 포커스를 새롭게 전환시켜야 할 필요성이 제기된다. 개별 차주나 가계 차원에서 미시적 정책 대응이 필요하다는 점을 강조할 필요가 있다.

가계부채 증가로 인한 금융권의 위기 가능성에 대해 분석하면, 은행부문의 시스템적 위험은 크지 않을 것으로 예상된다. 이는 신규 대출에 대한 리스크 관리가 지속적으로 이루어져 왔기 때문이다. 대출 총량 증가에도 불구하고 부채의 질이 양호하게 유지된다면 금융기관의 위험은 제한적일 것이다. 그러나 이자율이 지속적으로 높은 수준을 유지하고 주택 가격의 하락이 이어질 경우 취약차주들이 많은 특정 금융부문에서 부실화 위험이 증가할 수 있다(자세한 분석은 김영일 외(2023) 참조).

특히 부동산 부실 우려 등으로 부동산 익스포저가 큰 일부 비은행 금융기관의 신용 및 유동성 리스크가 확대될 가능성이 높다. 부동산 가격 하락으로 인한 담보 가치의 하락이 가계부채의 부실로 이어질 것인지에 대해 지속적인 관찰과 대응이 필요할 것이다.

3.2 거시경제의 잠재 위험 : 경기침체와 성장 저하

(1) 소비 위축과 경기침체의 가능성

가계부채의 증가가 금융위기가 발생하는 최악의 상황으로 이어지지는 않는다고 하더라도 급격한 금융부채 증가로 인한 후유증은 불가피할 수 있다. 많은 나라에서 신용의 급격한 팽창과 과도한 자산시장의 버블 이후 소비가 위축되고 경기가 침체하는 현상이 발생하였다. 한국의 경우 소비침체와 과중한 가계부채 부담이 장기적인 경기침체로 이어질 것이라는 우려도 팽배하다.

Sufi(2023)는 경기침체와 소비자 지출 감소와 같은 거시경제 문제에 초점을 맞추며, 중국과 한국의 가계부채 증가가 경제에 미치는 영향을 논의한다. 2015년부터 2021년까지 두 국가에서 GDP 대비 가계부채가 상당히 증가했으며, 이러한 증가를 부채로 인한 소비자 지출에서 흔히 볼 수 있는 광범위한 호황과 불황의 패턴으로 파악한다. 한국에서는 가계부채 증가에도 불구하고 GDP 대비 소비 비율이 감소했는데, 이는 가계부채가 소비자 지출을 증가시키지 못했음을 시사한다. 요컨대, 주택시장에서의 문제가 경제활동 전반에 광범위한 영향을 미친다는 것은 매우 우려되는 부분이다.

전 세계적으로 가계부채의 증가세가 완만함에도 불구하고 가계부채가 증가하고 있는 특수한 상황의 한국은 독특한 도전 과제를 안고 있다고 볼 수 있다. 일반적으로 경상수지 흑자는 소비 상승으로 이어진다. 그러나 우리나라는 소비자 지출이 약하고 내수 소비와 주택 투자에 어려움을 겪고 있다. 비록 중국과 같이 은행부문의 부동산 시장에 대한 상당한 노출이 리스크로 작용하고 있지는 않지만, 부동산 기업의 대출 손실이 은행에 영향을 미치면 금융위기가 본격화되지 않더라도 경제 활동에 부정적인 영향을 미칠 수 있을 것으로 보인다. 향후 PF의 부실이 경제에 미치는 영향에 주목해야 되는 이유이다. 특히 우리나라는 변동금리 주택담보대출이 많고 최근 금리가 상승하면서 가계의 부채 상환 비용이 증가해 소비에 미치는 부정적 영향이 더욱 악화될 수 있다.

우리나라의 경우 부동산이 경기와 밀접한 연관이 있다는 부분도 우려를 증폭시킬 수 있는 부분이다. 즉, 건설 및 부동산 기업에 대한 신용 확장 이후 대출 축소기에 경기침체가 더 심각해질 수 있다 부채 증가로 촉발된 호황이 노동 및 기타 부문별 불균형을 초래하여 잠재적으로 더 뚜렷한 경기 둔화로 이어질 수 있기 때문이다.

특히 한국의 DSR 수준이 높다는 점은 이자율 상승과 부채 부담이 소비에 제약이 될 가능성이 크다는 것을 시사한다. 우리나라의 DSR은 2022년 3분기 기준 오스트레일리아 다음으로 가장 높은 수준이다BIS. 차주 단위의 DSR 변화를 살펴본 김영일 외(2023)에 따르면, 2021년 30% 정도의 차주의 DSR이 5%p 이상 증가하였다. 그리고 DSR이 소비에 미치는 영향을 실증 분석한 결과 소득 대비 원리금 상환 부담이 큰 차주일수록 소비 증가율이 낮아지는 것으로 나타났다. 소득 대비 부채 상환 부담이 클 경우 소비 증가를 제약하는 정도도 커지고, 결과적으로 경기침체도 심화될 우려가 있다.

(2) 청년대출의 문제

경제성장을 견인해야 할 청년층이 직면한 가계부채 문제는 재고할 필요가 있다. 코로나19 이후 한국 청년층의 가계부채가 증가하면서 향후 국가 경제성장의 방해물로 작용할 가능성이 농후하다. 청년들이 높은 주택 가격과 비교해 상대적으로 낮은 소득으로 인해 주택담보대출과 전세대출에 의존하게 되는 상황은, 저성장 기조 속에서 소득 증가가 부채 증가를 따라잡지 못할 경우 금융적 취약성을 증대시키고, 결국 잠재적인 채무 불이행 위험을 높여 지속 가능하지 않은 상태를 초래한다.

청년대출 문제는 주거 불안정 문제와 밀접한 관련이 있다. 청년대출을 살펴보면 청년층은 주거 관련 가계대출 위주로 차입을 늘려왔다는 특징이 있다. 중장년층(40대 및 50대)과 고령층(60대 이상)이 개인사업자 대출 위주로 자금 조달을 확대한 반면, 청년층은 전세자금대출 확대와 함께 대출 접근성 개선 및 특례보금자리론 공급 등 정책금융을 통한 주담대를 활용하여 실거주용 주택 구입을 늘리고 있다. 이 과정에서 체증식 상환과 50년 주담대 등 만기 장기화 등을 통해 대출 초기에 원금 상환 부담을 낮추고 있는 것으로 나타났다.

청년층은 자산 측면에서 채무상환능력(부채/순자산)이 계속 저하되고 있다. 부채와 순자산(총 자산 – 총 부채)의 비율로 계산한 자산 대비 부채 비율이 전세자금대출 등 주거 관련 대출을 크게 늘려온 청년층의 경우 2017년 31.6%에서 2022년 39.0%로 중장년층(25.4% → 23.0%)이나 고령층(15.4% → 12.5%)에 비해 크게 높아졌다. 젊은층의 부채 부담이 향후 저축과 소비 저하로 이어져 한국 경제 성장의 발목을 잡을 가능성이 높아지고 있는 것이다. 또한 청년층의 연체율은 아직 낮은 수준이지만 잠재 취약채무자가 늘어나고 있고, 취약채무자 중심으로 연체율이 상승하는 추세라는 점에서 향후 문제가 발행할 소지가 있다.

3.3 전세대출과 보증의 부작용

(1) 전통적인 주거사다리와 사금융제도로서의 전세

전세제도는 한국에서만 볼 수 있는 임대주택 계약방식으로, 오랜 기간 동안 많은 사람들의 주거 안정에 기여해 왔다. 2020년 통계청 인구조사에 따르면, 한국의 자가 소유 비율은 60% 정도이며, 전체 임대 거래 중 절반 정도는 전세 형태로 이루어지고 있다. 전세자금대출이 은행을 통해 이루어지기 이전의 전통적인 전세제도는 자기자본의 축적을 통한 주거사다리의 역할을 한다는 평가를 받았다. 즉, 주택 구입

자금이 부족하고 주택담보대출이 활발히 이루어지지 않던 시절 임대인은 주택 구매 자금 일부를 세입자로부터 빌리고, 이자 대신 주거서비스를 제공했으며, 세입자는 전세를 통해 절약한 돈을 모아 좀더 나은 주거 환경으로 나아가는 기반으로 삼았다.

그림 4-8 주거사다리로서의 전세

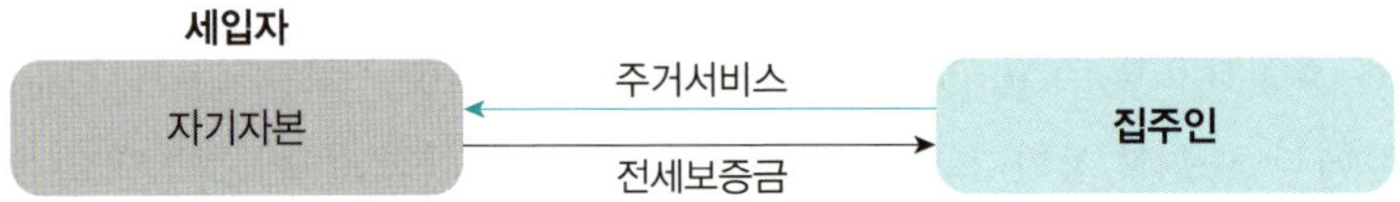

금융중개 기능의 관점에서 전세제도는 주택 임대와 금융이 결합된 독특한 형태로, 집세와 이자가 자동으로 상쇄되는 구조를 가진다. 세입자는 매달 내야 할 집세만큼의 이자를 자동으로 받게 되고, 집주인도 마찬가지로 매달 내야 할 이자만큼의 집세를 받게 된다. 이는 모니터링 비용을 전혀 들이지 않고도 이자와 집세를 받을 수 있는 효율적인 "금융제도"라는 평가도 있다(Kim and Shin, 2013). 즉, 전세제도는 집주인에게는 은행 대출보다 낮은 이자율로 돈을 빌릴 수 있는 기회를 제공하고, 세입자에게는 은행 예금보다 높은 이자율로 돈을 빌려줄 수 있는 기회를 제공함으로써, 서민과 중산층의 주거비용을 줄여준다는 점에서 긍정적인 측면도 있다. 그러나 부동산 시장이 불안정해질 경우 임차인들이 보증금을 돌려받지 못하는 위험도 커지게 된다.

최근 언론이나 보고서에서 전세보증금을 가계부채 통계에 합산해서 GDP 대비 가계부채를 계산하는 오류가 자주 있다. 사적 거래에 따른 전세보증금을 한 국가의 가계대출 총량에 포함시키는 것은 전통적으로 은행의 대출을 기반으로 한 가계대출 통계의 산출방식을 고려할 때 맞지 않는다. 또한 은행권의 전세대출이 주택담보대출 통계에 이미 잡힌 상황에서 전세보증금을 중복해서 포함시키는 것은 정확한 통계라 할 수 없다. 먼저, 사적 금융으로서의 전세보증금은 임차인-임대인 사이에 서로 상쇄된다는 측면에서 대출로 보기 어렵다. 한 개인이 보유하고 있던 현금이 임대인에게 보증금 명목으로 이전되었을 뿐 아무런 가계대출이 일어나지 않았기 때문이다(일반적인 대출과는 달리 은행 시스템 안에 들어와 있지 않은 사적 거래로 임대인이 보증금을 입금하지 않는 한 신용 창출로 이어지지 않는다). 일반적으로 월세보증금security deposit을 대출loan로 보지 않는 것과 마찬가지 논리로 전세보증금을 가계대출로 합산하지 않는 것이 맞다. 만약 전세보증금을 가계대출에 포함시킬 경우 이미 전세대출로 가계대출 통계에 포함되어 있는 대출금액과 전세보증금이 중복계산될 우려가 있다. 전세보증금을 마련하기 위해 (임차인이 아니더라도) 누군가가 은행에서 대출을 받았다면 그 금액은 이미 가계부채 통계에 주택담보대출로 잡히게 된다.

물론 가계부채 통계에 합산시켜야 하는가의 여부와는 별개로 대출을 통해 유입된 전세보증금이 부동산 구매(투자)의 레버리지로 활용된다는 측면에서는 부동산 가격을 부추기는 요인이 될 수 있다. 다만, 투자 목적 주택의 전세보증금과 순수 임대주택의 보증금은 사실상 구분이 불가능하다는 점에서 전세보증금의 레버리지 효과를 추정하기는 어려울 것으로 생각된다.

(2) 전세자금대출의 부실화와 제도상의 문제, 레버리지

1) 전세대출의 확장과 주택 가격

전세대출은 임차인들의 주거 안정과 고품질의 주거 수요 충족에 기여한 긍정적인 측면이 있다. 그러나 세입자 보호 목적으로 도입된 전세대출은 가계부채 증가를 촉진하고 금융 안정성 규제의 적용을 받지 않아 가계대출의 위험성을 증대시켰다는 비판을 받고 있다. 특히 코로나 기간 중 전세대출 확장은 LTV 규제를 사실상 무력화시켰고, 임대인들이 세입자의 전세대출을 활용해 갭투자를 쉽게 하도록 했다. 이는 규제를 우회하는 경로로 활용되었으며, 집값 상승을 부추기는 결과를 낳았다.

세입자의 자기자본 이외에 금융권을 통한 전세대출금은 집주인의 갭투자 자금으로 활용되었고, 주택 가격 상승의 한 원인으로 지목되고 있다. 전세대출은 주택을 담보로 하지 않는 대출이지만 주택담보대출에 포함된다. 전세자금대출은 2017년 40억에서 4배가량 증가할 정도로 빠르게 증가하였으며, 전세자금대출의 증가율 크기는 다른 대출 상품과 비교가 안 될 정도로 높다(한국은행, 금융안정보고서 2022. 12 참고). 2016년 말부터 2022년 말 사이 은행권의 전세대출 잔액은 약 135조 원 증가한 것으로 추정된다. 이는 같은 기간 동안 주택담보대출 잔액 증가분 약 340조 원의 40%에 달하는 것으로 사실상 이 기간 동안 주택담보대출 증가분의 절반 가까이를 차지한다. 문제는 이러한 전세대출이 DTI나 LTV 등 다주택자의 주택 구매를 억제하는 대출 규제의 우회 수단으로 활용되었다는 점이다. 주택 가격 안정화를 위해 다주택자의 대출을 규제하였으나, 사실상 임차인이 은행으로부터 대출을 상대적으로 쉽게 받으면서, 은행 자금이 갭투자에 활용된 것이다. 결과적으로 세입자의 저축으로만 제한되었던 전세보증금에 은행의 대출자금이 대거 유입되면서 부동산 시장 전체의 유동성을 확장시키는 효과가 있었다. 전세대출이 부동산 가격 상승을 가속화시켰을 가능성이 있다고 보는 근거다.

그림 4-9 전세대출과 레버리지(세입자의 대출을 통한 갭투자)

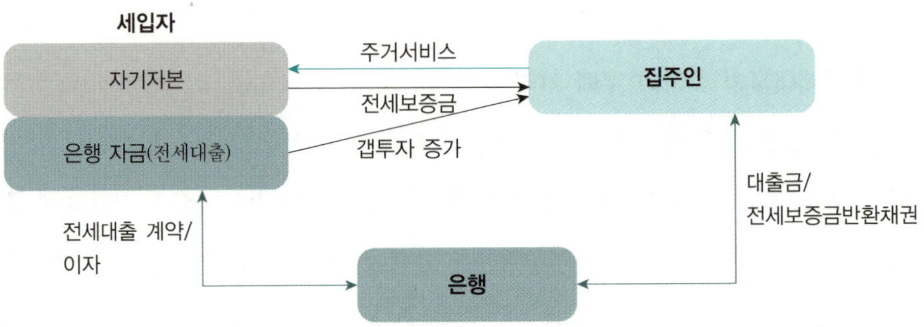

2) 전세대출의 부실화와 제도상의 문제점

취약채무자들의 잠재 부실률을 대출 상품 유형에 따라서 살펴보면, 주택담보대출은 상대적으로 낮은 잠재 부실률을 유지하는 반면, 전세자금대출에 대한 취약채무자들의 잠재 부실률은 급격히 증가하고 있다. 이는 전세자금대출이 가계부채의 건전성뿐만 아니라 전세가격의 안정성에도 위험을 초래할 수 있는 요소임을 시사한다. 특히 2022년 하반기 이후 전세자금대출의 잠재 부실률이 크게 상승한 것은 주목할 만한 현상으로, 정책금융이라고 해서 규제를 느슨하게 적용할 경우 결국 대출 부실과 신용불량으로 이어지는 부작용이 클 수 있다는 점을 시사한다.

전세대출의 큰 문제점은 전세사기를 통해 드러난 바와 같이 임대인의 반환 의무에 대한 리스크 평가가 부족하다는 것이다. 전세대출은 주택에 대한 대출임에도 신용대출의 성격을 가지고 있어 세입자의 소득과 신용도에 기반해 대출 한도가 결정된다. 그러나 정작 대출원금에 해당하는 전세보증금의 반환 의무가 있는 임대인의 신용도와 상환능력에 대한 평가는 소홀히 다루어져 왔다. 전세대출은 차주, 즉 임차인의 DSR에 대한 정보는 있으나 빌라 등 상대적으로 소액 전세대출의 비중이 높은 주택의 경우 LTV 등 임대주택의 담보가를 기준으로 한 위험도 평가가 어렵다. 또한 최근 전세대출과 관련된 문제는 차주에 비해 상대적으로 신용도 평가가 엄밀하게 이루어지지 않았다고 보이는 임대인의 보증금 반환에 집중되어 있다는 데 주목할 필요가 있다. 이렇게 부실한 대출이 일어난 배경에는 전세대출에 대한 보증이 도덕적 해이를 유발한 측면이 있다.

(3) 전세대출 보증 제도의 문제점

전세대출의 증가는 전세보증의 확대와 함께 이루어졌다. 전세보증의 문제는 최근 전세보증의 부실 규모가 증가하였다는 데에 잘 나타난다. HUG의 보증 부실금액 규모는 2021년 0.8조 원에서 2022년 1.6조 원으로 증가하였으며, 부실률(부실금액 /보증 잔액)도 0.15%에서 0.26%로 상승한 것으로 나타났다. 대위변제액도 같은 기간 0.6조 원에서 1.1조 원으로 확대되면서 대위변제율(대위변제액/보증잔액)도 0.11%에서 0.18%로 상승하였다

전세자금대출은 주택담보대출이나 다른 가계부채와 달리 대부분 보증부로 취급되고 있어 대출 취급 금융기관의 신용 리스크에 대한 부담은 낮으나 주택도시보

증공사와 같은 보증기관에 관련 신용위험이 집중된다는 특징이 있다. 최근 전세가격 하락에 따라 전세보증금을 반환하지 못하는 임대인이 증가하고, 보증사고가 증가하는 것으로 나타나고 있다. 보증금 반환 어려움으로 보유 주택을 처분하는 임대인이 많아질 경우 주택매매 가격의 하락 압력으로 작용할 수 있다는 우려도 제기된다.

임차인이 전세자금을 대출할 때 보증서를 제출하면 대출 한도나 금리에서 혜택을 받는다는 점에서도, 전세대출을 보증해 주는 전세 지원은 전세대출, 즉 가계부채를 확대시킬 가능성이 크다. 이처럼 대출을 보증해 주는 주거 지원은 임대수요를 증가시켜 전세가격을 상승시키고 집값 상승으로 이어질 수 있다. 2016년 말부터 2022년 말 사이에 은행권 전세대출 잔액이 약 135조 원 증가한 것으로 추정되는데, HF의 전세자금보증 잔액은 54조 원, HUG의 주택임차자금 및 전세대출특약보증 잔액은 약 44조 원 증가한 것으로 나타났다. 공식적인 통계가 발표되지는 않았지만 전세대출 증가의 상당 부분이 보증을 받은 것으로 보인다.

전세보증금의 상환 위험을 고려하면, 은행이 무분별하게 전세대출을 '롤오버Rollover'에 의존하는 현상에 대한 위험을 간과하고 있다. 기존의 전세보증금 상환은 새로운 세입자의 재계약을 통한 사실상 대출의 롤오버에 절대적으로 의존하고 있다. 정리하면, 세입자와 임대인 사이의 대출의 상환은 사실상 새로운 전세 계약에 의한 신규 보증금에 의존한다는 사금융에서의 문제점이 전세대출을 통해 은행의 시스템에 들어오는 과정에서 별 문제의식 없이 받아들여졌다. 경제상황 악화 시 새로운 임차인 확보의 어려움, 역전세난 발생 시 전세금 하락 등이 대출 상환을 어렵게 만들 수 있음에도 은행은 새로운 전세계약이 제대로 이루어지지지 않아 대출 상환이 안 될 위험성에 대한 평가를 제대로 하지 않았다.

4. 가계부채 안정화를 위한 정책과제

4.1 가계부채 및 부동산 금융 안정화 방안

(1) 가계부채와 부동산 금융의 위험수준을 완화하는 연착륙 방안

1) 총량에 대한 접근과 총량 규제의 문제

가계부채 총량이 늘어나는 것은 금융서비스의 수요와 공급의 결과로 나타나는 현상이다. 관리 가능한 수준에서 총량이 늘어난다면 총량 자체를 문제로 보기는 어렵다. 총량을 관리하기 위해서는 총량 자체를 거시적으로 줄이기 위한 노력보다 총량이 늘어난 원인을 살펴보고 문제가 있다면 그 부분의 해결에 집중해야 한다. 가계부채의 총량 증가를 가계의 금융서비스 수요 증가와 금융기관의 공급 증가 요인으로 분석할 때, 이는 일반적인 위험지표인 동시에 금융서비스 제공의 정도를 나타내는 양면성을 가진다. 특히 금융위기 이후 코로나19 발생 전까지 대출 증가에도 불구하고 연체율이 감소하거나 안정적인 수준을 유지된 상황을 볼 때 가계부채 총량을 위험의 유일한 지표로 보기에는 한계가 있다. 코로나19 기간 동안 가계부채 총량의 증가 속도가 상승한 것은 주로 서울과 수도권 아파트 거래량의 급증에 기인한다. 2015~2016년 대비 2배 이상 증가한 주택 거래량은 가계부채의 폭발적인 증가를 초래했다. 그러므로 관리할 수 있는 수준으로 대출이 늘어나고 차주 단위에서 과도한 대출이 일어나지 않도록 대출의 질을 관리하는 것이 더 중요하다. 가계부채의 총량을 단순히 억제하는 것은 사실상 금융서비스의 수요와 공급을 제한한다는 점에서 신중하게 고려되어야 할 사항이다.

국가 차원에서 가계부채의 총량은 거시건전성과 가계부채 관리 차원에서 가이드라인으로서의 역할을 할 수 있다. 그러나 총량이 직접적인 정책 목표가 될 경우 잘못된 자원배분으로 인한 부작용이 발생할 수 있다. 가계대출 억제를 목표로 대출 총량 관리를 강화하는 정책이 자주 도입되지만, 이러한 정책은 과거 개발시대에 사용된 국내신용$_{DC}$ 규제를 반복하는 퇴행적인 접근이다. 과거에도 국내신용 규제는 시장 왜곡과 같은 부작용을 일으켜 금리를 통한 유동성 관리로 전환된 바 있다. 현재의 일방적인 대출 총량 규제는 시대에 뒤떨어진 것일 뿐만 아니라 관치금융의 전형적인 예로, 시장 기능을 무시하는 것이라 볼 수 있다. 무조건적인 대출 총량 규제는 특히 신용도가 낮은 취약계층에게 실질적인 피해를 줄 수 있으므로, 충분한 보완조치 없이 이루어지는 규제는 무책임한 행정이 될 수 있기 때문이다. 실제로 실증 분석에 따르면, 은행이 직접적인 대출 총량이나 증가율에 제약을 받을 경우 신용관리가 강화되고 취약계층의 대출이 제한되는 것으로 나타났다. 대출 총량 증가를 강하게 제약했던 2019~2020년 신용등급 중·하의 대출자에 대한 대출이나 소액대출이 감소한 사례가 대표적인 예이다(이윤수 외, 2020). 또한 유동성 총량 관리는 한국은행과 금융위원회와 같은 관계 기관 간의 밀접한 협력이 필요하다는 측면에서, 한국은행과의 협력 없이 금융위원회가 단독으로 금융규제를 집행하는 것은 통화 및 금융 정책 체계상 바람직하지 않다.

2) 질서 있는 부채 축소를 위한 채무 재조정

바람직한 부채 축소(디레버리징) 방안은 개인, 은행, 그리고 정부가 부채 수준을 신중하고 계획적으로 줄여나가는 것으로, 부채 관리에 대한 전략적 접근방식을 필요로 한다. 지속 가능하고 관리 가능한 방식으로 부채를 줄이기 위해서는 신규 대출을 관리하는 방안 이외에도, 이자 부담을 줄여주고 대출원금 상환이 정상적으로 이루어지도록 기존 대출을 재조정해 주는 방안이 필요하다.

먼저 만기 상환 신용대출의 비중이 높다는 문제를 해결하기 위해 원금을 일시에 상환하는 만기 일시 상환 대출을 분할 상환으로 전환할 필요가 있다. 기존 대출의 일시 상환 부담을 줄이고 정기적인 상환을 유도하도록 해야 할 것이다. 또한 주택 구매를 목적으로 신용대출이 동원된 경우 고정금리의 주담대로 재융자될 수 있도록 방안을 마련하여 안정성과 리스크 관리를 강화해야 한다.

채무 재조정은 차입자들이 재정적으로 어려운 시기에 채무를 조금이라도 변제할 수 있도록 대출 조건 등을 수정해 주는 조치로 대출 만기 연장, 상환 유예 등과 함께 원리금 경감도 포함한다. 경제학적 관점에서 정부가 원리금을 경감하는 정책은 과도한 부채가 경제성장을 저해하는 상황을 막는 경제 안정화 효과 외에 재분배 효과가 있다. 취약층의 부채탕감은 과세를 통해 달성하기 힘든 사회적으로 바람직한 재분배 수준을 달성할 수 있다는 것이다. 다만, 이에는 세심한 주의가 요구된다. 정부의 부채탕감정책에 반응하여 은행이 신용 공급을 축소할 경우 총수요에 부정적 결과를 초래할 수 있기 때문이다. 차입자의 도덕적 해이를 고려할 필요는 물론이다(Indarte, 2022). 부채 재조정의 거시적 정책 효과가 즉각적이고 직접적으로 나타나기 위해서는 채무 재조정을 광범위하게 시행하는 것이 필요할 수 있다.

3) 가계부채의 정리를 위한 부실 자산 처리

지속 가능하지 않은 대출 수준으로 인해 구매된 부동산에 대해 체계적인 매각 전략을 제공해야 한다. 부동산 투자의 실패로 인한 손실을 최소화할 수 있는 효과적인 출구전략을 마련함으로써 자산 처분을 용이하게 하고 부채 구조조정을 촉진해야 한다. 부동산 버블이 붕괴되어 시장이 급격한 조정을 받게 되는 상황에서는 자산의 급매 현상이 발생할 수 있는데, 이는 부동산 시장의 불안정을 금융시스템의 불안으로 확대시킬 위험이 있다. 따라서 대출 축소는 경제위기로 인한 신용 경색이나 시장 불안이 심화되기 전에 선제적으로 수행되어야 한다. 부실 채권의 증가는 신규 투자를 위한 신용 공급 제한으로 이어지게 되므로 부실 자산 처리는 우선적으로 수행되어야 한다.

도덕적 해이를 최소화하면서 부실 채권을 신속하게 처리할 수 있는 수단으로 자산 처분을 우선시할 필요가 있다. 대출자가 대출 불이행에 대한 관대함이나 불이익이 없다는 인식을 갖지 않도록 하는 것은 매우 중요하다. 자산 처분의 우선순위를 정하면 대출을 불이행하면 자산을 압류하고 매각하여 부채를 회수할 수 있다는 분명한 신호를 보낼 수 있고, 이는 대출자가 과도한 위험을 감수하거나 전략적 채무 불이행에 관여하는 것을 방지할 것이다. 부실 채권의 해결이 지연되거나 부적절하게 처리되면 대출자에게 대출 불이행으로 인한 심각한 결과에 직면하지 않을 수 있다는 신호를 줌으로써 도덕적 해이를 야기할 수 있다. 담보자산의 처분은 부실 채무를 신속하게 정리하고 채무자의 도덕적 해이를 최소화할 수 있다는 점에서 가장 중요한 수단이다. 부동산이나 담보물과 같은 부실 자산을 매각하여 미결제 채권을 최대한 많이 회수하는 것이 금융기관의 건전성을 유지하고 정상적인 금융중개 기능이 지속되기 위해서도 바람직하다.

윤석헌 외(2016)에서 정리한 노르딕 3국의 금융위기 대처 과정에서 나타난 성공 요소들은 한국의 가계부채 채무 조정에 중요한 교훈을 제공한다. 이들 국가는 금융위기 당시 강력하고 신속한 조치를 취하고, 도덕적 해이를 방지하기 위한 구조조정의 원칙을 준수하였으며, 정치적 압력과 상관없이 부실 자산을 독립적으로 처리함으로써 연쇄적 파급 효과를 차단하는 데 성공했다. 이는 가계부채의 증가와 함께 금융기관에 대한 강한 유동성 지원 및 시장 혼란을 최소화하기 위한 부실 자산의 충분한 처리기간을 허용하는 방법을 포함하였다.

한국의 경우 가계부채 차주의 건전성과 관련하여 금융위기로 인한 경기침체 시 자영업자 및 저소득층 차입자의 상환능력이 급격히 떨어질 가능성에 대비해야 할 필요가 있다. 외환위기와 같이 대규모 실업이 발행하고 자영업자가 파산할 경우, 노르딕 3국의 경우와는 달리 은행이 대출자금을 조기에 회수할 가능성을 배제하기 어렵다. 즉, 한국의 가계부채는 가계의 지급능력 부족으로 은행의 손실이 확대될 가능성이 있을 뿐만 아니라, 이러한 손실 우려로 인하여 은행이 대출자금을 조기에 회수함으로써 유동성 부족이 급격히 발생할 소지가 있다. 따라서 정부가 은행의 유동성 축소를 방지하는 정책을 마련하고 신속하게 유동성을 지원하는 것뿐만 아니라, 가계부채에 대한 채무 재조정이 필요하다.

특히 금융위기와 같이 대규모로 주택담보대출이 부실화될 경우 모든 부실 채무의 담보주택을 처분하는 것은 문제가 있을 수 있다. 대규모로 주택담보대출이 부실화될 경우 모든 부실 채권을 담보 처분으로 처리하는 것은 현실적으로 어렵고, 금융회사는 물론 사회 전체적으로도 바람직하지 않은 결과를 초래할 수 있기 때문이다.

이러한 사태를 미연에 방지하기 위해 담보 주택 처분 외에 지불유예forebearance나 대출 재조정loan modification 등의 방안을 선제적으로 도입하는 방안을 고려해야 한다. 대규모의 부동산이 시장에 경매 매물로 나올 경우 채권 가치가 상당히 훼손될 가능성이 있는 반면, 채무 조정을 통해 일정 기간 동안 담보권 실행을 연기·유예할 경우 주택 가격 폭락 현상을 중단시키고 채권 회수 가치를 높이는 채무상환계획을 수립할 수 있는 시간을 벌 수 있을 것이다.

(2) 취약계층을 위한 대책

이자율 상승기에 드러난 가계부채 문제의 핵심 중 하나는 상환능력이 부족한 가계의 차입이 증가하고 있다는 점이다. 내구재나 사치재를 구입하고 투기 목적으로 대출을 늘리는 차주도 있지만, 생계 곤란 및 주거의 어려움으로 미래의 상환능력이 충분하지 않음에도 차입을 증가시키고 있다는 것이 한국에서 가계부채 증가의 본질적인 문제 중 하나로 보인다. 결국 가계가 실물경제의 문제점으로 인하여 부채를 증가시키고 있다면, 그 해결책은 대출만으로는 한계가 있어 보인다. 주거 및 복지 정책, 재정정책 등 여타의 정책을 조합해서 접근할 필요가 있다.

먼저, 한계차주의 채무를 재조정할 필요가 있다. 우리나라의 가계부채 문제는 한계가구의 부실이 시스템 위험으로 전이될 가능성이 높지는 않으나 사회문제로 발전할 가능성이 매우 높은 것은 사실이다. 가계대출 문제는 현재 은행의 건전성을 넘어선 차원으로, 한계대출자의 증가된 취약성에 주목해야 하는 시점이다. 한계대출자들에겐 추가 대출 증가보다는 재정적인 구조조정을 통한 신속한 정리가 필요하다. 즉, 우리가 직면한 가계대출 문제를 은행의 건전성 문제 관점보다 취약성이 높아진 한계대출자에 대한 정책의 관점에서 접근할 필요가 있다. 서민들이 과도한 대출을 지속하는 것은 장기적인 해결책이 아니며, 은행도 부실 채권을 계속 보유하는 것은 건전성 유지에 바람직하지 않다. 먼저 한계대출자에 대해서는 추가 대출보다는 재정을 통한 신속한 구조조정을 통해 정리를 해줄 필요성이 있다. 서민들에게 무리한 대출을 유지하도록 하는 것은 채무자를 위한 근본적인 해결방안이 아니며, 은행이 부실 채권을 지속적으로 들고가는 것은 은행의 건전성 유지를 위해서도 바람직하지 않다. 무리한 서민대출을 은행에 강요하는 것은 바람직한 해결방안이 아니다. 필요에 따라서는 캠코를 통한 사후적 조정 대신 부실이 장기화되기 이전에 사전적으로 이루어지도록 하는 방안도 고려할 필요가 있다.

다음으로 청년층과 고령층의 대출 문제이다. 우리가 청년층의 청년대출과 영끌 문제에 주목해야 하는 한 가지 이유는, 이들이 생애주기상 자산 형성에 있어 중요한 시기를 맞이하고 있다는 점이다. 정부의 부적절한 부동산 규제 정책으로 과도한 이자를 부담하게 될 경우 저축해야 할 시기에 자본을 축적하지 못하게 되는 문제가 발생한다. 많은 청년층이 상대적으로 큰 대출을 안고 있는 경제는 자본축적의 속도가 더딜 수밖에 없고, 결국 이들이 노년기에 도달했을 때는 국가경제에 추가적 부담을 주게 될 것이다. 청년층이 영끌하여 현재 소유하고 있는 변동금리 대출을 점진적으로 고정금리나 장기 주담대로 바꿔야 금융의 건전성을 유지하고 주택 가격의 안정화에 기여할 수 있다. 만약 이러한 채무 조정이 진행된다면 정책적 수혜를 받은 차주가 향후 주택 매각에서 이익이 발생할 경우 그 이익을 금융기관과 나누는 방안도 함께 고려해야 할 것이다.

고령층에서는 가계부채 증가가 두드러지지 않으나 자영업자 등 일부 대출을 중심으로 부실 우려가 존재한다. 특히 개인사업자 대출과 사회적 안전망이 취약한 자영업자의 대출은 경기침체에 심각한 문제로 등장할 가능성이 있다. 노후 복지와 취약한 노인 일자리 문제가 함께 고민되어야 하는 부분이다.

4.2 부동산 금융의 성숙을 위한 길

(1) 주택 가격 안정화에 우선하는 거시건정성 정책

현재 우리나라의 주택담보대출 규제는 대출기관의 경영 건전성 확보와 거시건전성 강화라는 공식적인 목표를 가지고 있으나, 실제로는 주택 가격 안정을 위한 주요 수단으로 활용되고 있다는 문제가 있다. 또한 주택 안정화를 목적으로 한 거시건전성 정책이 일관되게 유지되지 않아 결과적으로 가계대출의 급속한 증가를 초래하기도 하였다. 특히 2014년 LTV 규제 완화와 같이 부동산 경기 활성화를 위해 도입된 대출 규제 완화는 가계부채 폭증으로 이어졌다. "빚내서라도 집을 사라"는 식의 정부 메시지는 특히 소득수준이 높은 차주와 가구에게는 지속적인 투자 기회로 인식되었다. 경기 안정화를 위해 거시건정성 관리를 포기한 대표적인 사례이다.

이러한 부작용은 주택 공급 부족의 문제를 규제로 대응하려는 데 기인한다. 주택 가격은 주택시장 내부와 외부의 다양한 요인들에 의해 결정된다. 국지적 공급 부족이 가격 상승의 원인인 경우 주택담보대출 규제의 강화를 통한 가격 안정 효과는 한계가 있다(김경환·조만, 2023).

정상적인 거시건선성 규제의 역할을 해야 할 대출 규제가 주택 수요 억제와 가격 안정의 수단으로 활용된 결과 이로 인한 부작용을 초래하고 있다. 부동산 안정화를 위해 제공되는 정책금융이나 주거 안정을 위한 대체수단으로 동원된 전세대출의 경우 DSR의 적용을 받지 않았고 결국 높은 부실로 이어지는 문제가 지적되고 있다. DSR(총체적 상환능력 비율) 규제는 차주의 상환능력을 엄격하게 고려하여 적용되어야 한다. 이는 단순히 가격 안정을 위한 일시적 조치가 아니라 전세자금대출, 개인사업자대출, 중도금대출 등 가계대출의 대부분을 포함시켜야 하는 중요한 조치이다. 더 나아가 대출의 질이 악화되고 은행의 부실로 이어질 경우 경제 침체의 원인이 될 수 있다는 측면에서 DSR을 통한 건전성 관리에 더 집중해야 할 필요가 있다.

이를 위해 DSR 제도의 개편은 모든 대출 형태와 금융기관 유형을 막론하고 예외 없이 원리금 상환 부담을 포함하는 방식으로 이루어져야 한다. 차주별로 모든 대출이 포함되도록 DSR을 산정하는 포괄적 DSR 제도로 개편할 필요가 있다. 이를 통해 DSR 상한을 점진적으로 현실적인 수준으로 조정하고, 금융기관별 DSR 지표 산정을 통해 위험 관리를 강화하는 것이 필요하다. 다만, DSR 제도 강화 시 실수요자 주택담보대출이 위축될 수 있으므로 최초 주택구입자를 대상으로 한 제도는 보완이 필요하다. 주택금융공사의 모기지론 공급을 늘리고, DSR 상한을 거주요건을 전제로 별도로 상향 조정하여 DSR 강화로 인하여 피해가 없도록 조치하는 것이 한 예가 될 것이다.

(2) 금융 포용성을 고려한 주택담보대출제도의 개선

Rognile(2015)에 따르면, 주요 선진국에서 투자수익률은 주택에 대한 투자를 제외할 경우 1970년대 이후 뚜렷한 증가세 없이 안정적인 추세를 보인다. 반면, 주택에 대한 투자수익률은 주택 가격의 상승으로 증가세를 보였다. 실증 분석에 따르면, 주요 선진국에서 주택 가격의 급등을 제외하면 사실상 자본의 투자수익률은 미미하며, 주택 소유자가 주택 가격 상승의 덕을 본 것이 주로 노동소득에 의존하는 계층과 자본소득의 혜택을 받는 계층 간에 분배가 악화된 한 원인이었다. 이 연구의 결과는 주택자산의 세대 간 격차가 세대 간 부의 격차의 중요한 원인이 될 수 있다는 점에서 한국 경제에 시사하는 바가 크다. 저축을 통해 주택매매 자금을 축적할 기간이 상대적으로 짧은 젊은 세대에게 부동산 구매에 대한 금융의 접근성을 확대하는 것은 주거복지를 신장하는 데 주요한 역할을 한다.

LTV 규제의 현실화는 금융의 포용성과도 밀접한 연관이 있다. 현실을 반영하지 못한 LTV(주택담보인정비율) 수준으로 인해 주택 구입 목적의 신용대출이 빈번하게 이용되는 일명 '영끌'의 부작용에 주목할 필요가 있다. 이 현상은 이자율 급등의 위험을 채무자에게 전가시키며, 가계의 이자율 부담을 높이는 부작용을 가져왔다. 물론, 이자율 상승을 예측하고 대비하는 것은 쉽지 않은 일이다. 그러나 장기 거주를 목적으로 주택을 구입하는 많은 주택 구매자들이 고정금리 대출을 선호하는 경우에도 LTV 규제로 인해 일부 주택 구매 자금을 변동금리의 신용대출을 이용할 수밖에 없었다는 문제를 인지해야 한다. 즉, 2020년과 2021년에 서울 등 대도시의 주택 가격이 상승하면서 LTV 규제로 인해 많은 차주들이 필요한 금액을 주택담보대출만으로 충족시키지 못했다. 영끌 현상은, 물론 무리한 대출을 일으켰다는 비판도 있지만 LTV 규제로 인해 주택 구매를 위한 적절한 금융서비스가 주택담보만으로 제공되지 못해 어쩔수 없이 선택을 하게 된 측면도 무시할 수 없다. 차주들은 주택담보대출을 보완하기 위해 신용대출과 같은 다른 대출 상품에 의존할 수밖에 없었고, 은행은 고스란히 이자율 변동의 위험을 차주에게 전가시켰다. 이로 인해 차주는 변동금리에 직접 노출되었으며, 유동성 위험, 금리 상승 위험, 주택 가격 하락 위험이 가계에 그대로 전가되는 결과를 낳았다. 선진국의 경우 LTV는 대출금액의 크기를 결정하는 수단으로 활용되기는 하지만 대출심사의 주요 항목으로 사용되지는 않는다. 미국 등 선진국에서는 LTV가 80% 이상으로 확대되는 경우도 있다.

주택 구입에 대출을 동반하는 것은 자연스러운 현상이며, 부동산 금융의 포용성 관점에서 신혼부부나 청년층과 같은 최초 구입 가구의 LTV 수준을 높인 것은 바람직한 정책으로 볼 수 있다. 주택금융의 확대는 주거복지를 신장하는 데 중요한 역할을 한다. 한국과 같이 PIR이 높은 환경에서는 주택담보대출을 통한 대출 규모가 현실적으로 개선될 필요가 있다. 현행 LTV 규제는 지역별로 차등을 두어 시장 왜곡을 일으키고, 주택 구매를 위한 신용대출 증가를 초래하는 등의 부작용을 가지고 있다. 따라서 LTV 규제를 현실적으로 상향 조정하거나 은행권의 자율에 맡기고, 대신 DSR(총체적 상환능력 비율)을 통해 엄격하게 건전성을 관리하는 방향으로 나아가야 한다. 이러한 접근은 2008년 금융위기 당시 소득 증빙이 확보된 채무자의 프라임 대출Prime Mortgage 부실률이 상대적으로 안정적이었던 사례에서도 입증된다.

DSR 제도의 강화를 전제로 할 때 LTV 규제는 더 이상 건전성 유지에 필요하지 않은 과잉 규제로 간주되어야 하며, 금융기관이 자체적으로 위험을 관리하는 위험 지표로 전환되어야 한다. 미국 상업은행들의 대출금액 47% 이상이 부동산담보대출에 운용되고 있는 것에 반해 국내 일반은행의 주택담보대출 비중은 30%를 상회하는 수준에 불과하다(고성수, 2023). 국내 주택담보대출의 규모가 상대적으로 작은 이유에는 LTV 규제와 이로 인해 신용 및 기타 대출이 주택 구매 목적으로 활용되는 현재 대출 시스템의 문제가 깔려 있다.

마지막으로, 가계의 주택 수요를 충족시킬 수 있는 주택담보대출제도 개선방안도 시급하다. 30년 고정금리 모기지가 일반적인 미국과 달리 우리나라의 장기 고정금리 상품은 현재 정책금융을 제외하고는 제한적이다. MBS 시장의 확대와 자본시장의 발달을 통해 이를 확대하기 위한 제도적인 노력이 필요하다.

우리나라는 일부 정책금융상품을 제외하고는 민간 금융회사의 주택담보대출의 경우 고정금리 대출 비중이 낮은 수준에 머물러 있다. 금융감독원 통계에 따르면, 2022년 기준 고정금리 대출의 비중은 25%, 변동금리 대출은 75%선으로 미국 등 선진국에 비해 월등히 높다. 가계대출의 질적 개선을 위해서는 지속적으로 고정금리와 비거치식 분할상환 대출의 확대가 필요하다. 그리고 고정금리 상품의 경우도 5년의 고정금리 기간이 지난 후에는 변동금리로 전환된다는 점에서 장기 고정금리 상품을 통해 이자율 변동 위험을 줄이는 방향으로 나아가야 한다.

(3) 전세대출제도의 개선과 전세대출보증제도의 질서 있는 폐지

앞에서 살펴본 바와 같이 전세대출의 보증제도는 정부 실패의 한 형태로 볼 수 있다. 정부는 시장의 자연스러운 조정 과정을 방해하고, '보증' 도입으로 임대시장의 정상화를 지체시켰다. 시장이 전세가 급등할 때 자연스럽게 월세로 전환되는 과정을 방해한 것이다. "보증"이라는 제도의 도입으로 전세대출의 심사를 교란시키고 결과적으로 정부 부채를 증가시키는 원인을 제공하였다. 전세자금 보증의 도입은 은행의 대출심사 기준을 완화시키고, 부실 대출 증가로 이어졌다. 전세자금에 보증제도가 도입되면서 은행의 대출심사가 도덕적 해이의 리스크에 노출된 것도 문제가 있지만, 정부의 보증에 기대 원금 상환 리스크에 대한 대출심사를 엄격히 실행하지 않은 은행도 전세대출의 부실화에 대한 책임에서 자유롭지 못하다.

임대인과 임대주택의 담보 가치 평가는 전세대출의 핵심이다. 기본적으로 전세대출도 주택담보대출의 성격을 가지고 있으며, 임대주택의 자산 가치에 대한 평가는 임대보증금의 한도를 정확하게 평가하고 부실화 시 회수 가능성을 확보하기 위해 필수적이다. 그러나 특히 20~30대가 주요 세입자인 빌라의 경우 정확한 가치 평가가 어려운 실정이다. 전세대출 확대 전에는 이러한 문제로 대출이 쉽게 이뤄지지 않았으나, 정부 보증의 도입은 오히려 대출심사를 완화하는 유인을 제공했고, 부실 대출을 증가시키는 역할을 했다.

취약계층에 대한 보호 대책과 관련해서는 은행권의 전세대출에 대한 보증 대신 전세보증금 반환보증제도를 개선하는 방안을 고려해야 한다. 전세보증금 반환보증제도는 임대인이 전세보증금을 반환하지 못할 경우 보증기관이 대신 지급하는 제도로 '역전세'와 높은 전세가율로 인한 전세보증금 미반환 위험이 증가하면서 중요성이 커지고 있다. 전세대출 보증을 줄이고 임차인이 반환 보증에 가입하도록 유도할 필요가 있다. 이를 통해 유동성 증가에 따른 전세가격 상승을 방지하면서 전세보증금 상환 위험을 감소시킬 수 있다(전세보증금 반환보증제도의 문제점과 개선방안에 대해서는 문윤상(2023)을 참조할 것). 다만, 전세보증금 반환 보증에 임대인의 상환능력 반영이 미흡하고, '갭투자'로 인한 도덕적 해이와 주택담보대출 및 거시건전성에 대한 문제는 여전히 남는다는 한계점이 있다. 그리고 임차인들 역시 전세보증금의 상환 위험에 대해 상당한 주의를 기울여야 함에도 "보증보험"에 기대 자신의 전세보증금이 안전하게 돌아올 것인가에 대한 주의를 게을리하는 문제가 발생하지 않도록 해야 한다.

마지막으로 전세 시세가 하락하고 기존 전세 계약의 보증금이 새로운 계약의 시세보다 높아져 전세보증금을 돌려받기 어려운 상황이 발생하는 역전세의 문제를 또 다른 대출로 해결해서는 안 된다. 전세대출 확대로 촉발된 가계부채 증가를 또 다른 대출로 메우는 것은 지양해야 한다. 사금융에서의 문제를 은행 대출로 막는 것은 결국 가계부채를 증가시킬 뿐이다. 새로운 정책 대출로 가계부채를 증가시키기보다는 전세시장의 근본적인 문제 해결을 위한 정책 고민이 필요하다. 전세를 레버리지 투자의 관점에서 본다면, 주식시장에서 손절매와 유사한 방식의 철수Exit 전략이 가능하도록 제도를 보완할 필요가 있다.

5. 향후 10년을 위한 제언

가계부채, 특히 주택담보대출의 빠른 증가는 한국을 OECD 국가 중 가장 높은 부채 수준을 가진 나라 중 하나로 만들었다. 한국 경제의 발전과 함께 부동산 시장 활성화도 중요하지만, 과도한 가계부채와 주택 가격 상승은 한국 경제의 고질적인 과제임을 상기해야 한다. 이는 경제 안정성과 지속 가능성에 중대한 영향을 미칠 수 있으며, 향후 10년 동안 가계부채의 성장 속도와 수준을 적정 수준으로 조절하는 노력이 지속적으로 이루어져야 할 것이다. 비록 당장 심각한 금융위기의 위험에 처해 있지는 않더라도, 높은 부채 수준은 주택시장 침체나 경기 둔화 시 금융안정성에 위험을 초래할 수 있으며, 가계 소득의 상당 부분이 부채 상환에 사용되면 소비를 축소시키고 경제성장을 저해할 수 있다. 특히 청년층의 높은 대출 수준은 한국 경제의 장기 침체 가능성을 높인다. 과도한 가계부채는 거시경제적인 문제뿐만 아니라 취약계층의 대출 연체, 신용불량자 증가 등의 사회적 문제를 야기할 수 있다. 이러한 문제들은 가계부채 조정과 연착륙이 한국 경제가 당면한 중요 과제임을 시사한다. 이를 위해 앞 절에서 제시한 연착륙 방안과 정책들이 적극적으로 실시될 필요가 있다.

다만 가계부채의 안정화가 단순히 총량 축소로 해결될 수 있는 문제가 아니라는 점을 강조할 필요가 있다. 높은 주택 가격으로 인한 대출의 필요성에 대한 고려 없이 대출 총량을 무작정 제한하는 것은 합리적이지도 않으며, 금융의 포용성 측면에서 바람직하지도 않다. 가계부채 정책은 주택 수요, 금융 포용성, 부동산 경기 등 다양한 복합적 요인을 다각화하여 고려해야 한다. 금융 안정과 지속적인 경제성장을 위해서는 부동산 시장과 대출을 세심하게 관리하며, 적절한 감독을 통해 대출이 지속 가능한 수준에서 건전하게 이루어지도록 함과 동시에 경제의 생산적 부문에 신용이 제공되도록 유도해야 한다.

(1) 주거 문제의 해결과 부동산 시장의 안정화

무엇보다도 한국의 가계부채 총량이 급속도로 늘어난 가장 큰 이유는 주택 가격이 소득에 비해 상대적으로 높고 그 상승 속도가 빨랐기 때문이다. 높은 주택 가격은 가계의 재정 부담을 늘리고 잠재적으로 과도한 레버리지로 이어져 가계와 금융권의 위험을 더욱 악화시킬 가능성이 있다. 결국 가계부채 총량의 문제를 안정화하기 위해서는 주택 가격을 안정화시키는 주거 정책이 우선되어야 한다.

본질적으로 물가와 주거비가 소득 증가율을 훨씬 능가하는 시장에서 주택을 구입해야 하는 젊은 층의 부채 급증은 개인의 금융 안정financial stability과 경제 전반에 상당한 위험을 초래할 수 있다. 코로나19 이후 사회적인 이슈로 등장했던 '영끌' 현상도 주택 가격 상승률이 소득 상승률을 초과하는 상황에서 발생하는 경제적 압박감의 결과로 볼 수 있다. 이로 인해 주거 불안정과 주택 구매에 대한 압박이 젊은 세대의 공황 구매fear of missing out와 과도한 대출로 이어진 것이다.

청년층이 주택 구매를 위해 무리하게 대출을 끌어쓰는 문제가 반복되지 않기 위해서는 결국 부동산 시장의 안정화와 대출 규제의 개선, 저렴한 주택 공급 확대를 통한 주거 불안 문제의 해결과 더불어 궁극적으로는 청년층의 소득이 안정적으로 증가할 수 있는 경제의 체질 개선을 위한 정책이 필요하다.

이러한 불균형의 근본 원인을 해결하기 위해서는 먼저 주거비를 안정시키고 저렴한 주택에 대한 접근성을 향상시키기 위한 정책적 개입이 필요하다. 주택시장 안정을 위한 장기 전략은 젊은이들의 재정적 부담을 줄이고 전반적인 경제 안정을 보장하는 데 도움이 될 것이다. 한 국가의 입장에서도 생애주기상 저축을 하고 자산을 형성해야 할 연령층이 대출이자로 허덕이는 것은 한 경제의 자본축적을 더디게 만들어 미래에 추가적인 부담을 줄 수 있다. 이와 함께 과도한 대출을 일으키지 않고 관리할 수 있도록 금융 이해력을 향상시킬 수 있는 금융교육과 청년층이 주택구입 과정에서 과도한 차입으로 인해 리스크가 커지지 않도록 부채 관리를 강화하는 제도적 변화가 필요할 것이다.

(2) 재정의 역할을 금융이 떠안는 문제의 해결

우리나라 가계부채의 문제는 재정의 수단으로 금융이 동원될 경우 부실한 가계부채의 규모가 늘어나는 부작용을 낳는다는 것을 잘 보여준다. 더 심각한 것은 이러한 과정에서 금융의 정상적인 자원배분 기능이 훼손되고, 엄격한 심사를 통해 정보의 비대칭성을 해소하려는 노력이 이루어지지 못하게 되는 문제가 발생한다는 것이다.

공공임대주택 확대를 통한 주거시장 안정은, 특히 서민의 주거 문제와 함께 재정이 해결해야 할 문제이다. 주거 불안 문제를 전세대출을 확장시키고 보증제도까지 도입하면서 금융을 통해 해결하려 한 결과, 우리 경제는 가계부채의 규모는 더욱 늘어나고 임차인의 전세자금대출이 결국 임대인의 갭투자 원금이 되어 주택 가격을 급등시키는 부작용을 겪게 되었다. 이 과정에서 전세대출에 대한 보증은 금융의 정상적인 대출심사 제도를 왜곡시켰고, 전세금에 대한 보증보험은 전세사기로 이어지면서 서민이 어려운 상황에 놓이게 되는 결과를 낳았다. 결국은 국가 재정을 투입해 전세보증금 문제를 해결해야 하는 상황으로까지 악화되었다. 국가의 재정 부담은 더 늘어나고, 은행권은 부실 부채를 덤으로 떠안으면서 금융의 건전성도 크게 훼손되었다.

문제는 재정 문제를 금융을 통해 해결하려는 잘못된 정책이 반복적으로 계속 일어나고 있다는 것이다. 코로나19 이후 불거진 자영업자의 대출 증가도 사실상 일자리와 사회안전망이라는 재정의 역할을 대출을 통해 해결한 대표적인 사례이다. 소상공인의 대출 유예 관련 이슈도 재정으로 해결해야 할 문제를 금융으로 해결할 경우 생기는 문제점을 잘 보여준다. 일자리 및 소득 보완 대책의 부재로 인한 서민층의 문제는 재정을 통한 사회안전망 확충을 통해 해결해야 할 문제이지 높은 이자의 서민 대출로 해결할 수 있는 문제가 아니다. 근본적으로 생계비가 해결되고 있지 않은 서민에게 높은 이자 부담을 안겨주고 결국은 새로운 대출을 받아 해결하라는 현 정부의 서민 금융대책은 또 다른 에버그리닝evergreening에 불과하며, 서민을 위한 근본적인 대책이 될 수 없다.

(3) 금융서비스의 혁신과 은행산업의 성장

가계부채의 총량에 대한 우려에도 불구하고 주택담보대출의 성장은 금융서비스와 밀접한 관련이 있다는 점은 부정하기 어렵다. GDP 대비 주택담보대출의 크기로 측정한 주택담보시장의 크기를 보면 우리나라의 주택담보대출 시장의 규모는 미국이나 영국보다는 작지만 일본보다 큰 수준으로 선진국 수준에 올라온 것으로 보인다. 주택담보대출의 증가는 주택 수요를 증가시키는 도시화 및 인구 증가에 따른 자연적인 현상이다. 금융의 관점에서는 경제가 성장하고 성숙함에 따라 금융시스템은 발전하고 심화되는 금융 심화fincial deepning의 경향으로 해석된다. 그렇다면 주택담보대출이 계속 성장하는 것은 금융산업의 성장이라는 관점에서 바람직한 현상일까? 이에 대한 답은 주택담보대출 시장의 양적 성장이 은행산업의 혁신과 성장, 그리고 경쟁력 강화와 맞물려 있는지에 달려 있다.

우리나라 5개 주요 은행의 가계대출과 기업대출의 성장률은 매우 비슷한 것으로 나타났으며, 대출 비중도 유사하다. 이는 은행 간의 경쟁이나 차별화가 뚜렷하지 않은 과점적 시장 구조 아래에서 일어나는 암묵적인 담합의 특징일 수 있다. 은행들이 공격적인 경쟁보다는 안정성과 예측 가능성을 선택하고, 경쟁력이 세분화된 시장에 비해 역동적이지 않을 수 있다는 것이다. 이러한 상황은 경제 요인 및 규제 프레임워크와 같은 외부 조건이 계속 유지되는 상황에서 지속되어 왔으며, 앞으로도 큰 변화가 나타날 것으로 보이지는 않는다. 문제는 이러한 상황에서 혁신적인 대출 상품이나 소비자를 위한 서비스 개선을 기대하기 어려울 수 있다는 것이다.

전략적 차별화와 상품의 구성 및 성장률의 차이는 사실상 자유경쟁시장에서 서로 경쟁하는 기업들에게는 자연스럽게 나타나는 현상이다. 은행의 기업과 가계 대출의 구성과 성장률상에서 이러한 전략이나 성과의 차이가 보이지 않는다는 점은 우리나라 은행산업의 경쟁과 규제의 균형이 심각하게 왜곡되었을 가능성을 시사한다. 물론 대출 구성 비율이 비슷하다고 해서 반드시 경쟁 부족이나 순위 변화를 의미하는 것은 아니다. 모든 은행이 똑같이 시장점유율을 확보하면서도 효과적인 안정적인 시장을 반영할 수 있기 때문이다. 그러나 우리나라 은행산업에서 이러한 동질성이 장기간 지속되어 온 것을 보면 비경쟁적 관행이나 은행부문의 혁신 부족과 같은 근본적인 요인이 작용하고 있을 가능성이 높다.

가계부채의 건전성을 유지하면서도 가계의 주택금융 수요에 대응하는 상품을 개발하고 공급하는 것은 우리나라 가계부채 문제를 안정화시키고 금융의 포용성을 유지하기 위해 꼭 필요하다. 자본시장의 발달을 통해 미국의 30년 고정금리 상품과 같은 장기 고정금리 상품이 보편화될 필요가 있다. 그러나 현재와 같이 유사한 대출 양상과 성장률을 보여주는 은행산업의 경쟁 구도 아래에서 한국의 부동산 금융이 필요로 하는 혁신을 어느 은행이 이끌지, 은행산업의 혁신을 뒷받침하는 제도적인 배경과 경쟁 구조가 과연 형성되어 있는지에 대해 우려스러운 의문이 남는다. 경쟁이 배제되고 규제가 지배하는 금융 환경 아래에서는 가계부채 안정화와 금융 포용성을 위해 필요한 주택담보대출 상품의 혁신이나 자본시장의 발달을 기대하기 어렵기 때문이다.

CHAPTER 05

한국 경제의 금융중개 기능 고도화

빈기범(명지대 경제학과 교수) · 서근우(전 동국대 경영학과 석좌교수) · 정지만(상명대 경제금융학부 교수)

〈요약〉

1960~1970년대 정부 주도 고도 성장 시기의 금융 억압, 1997년 경제위기 직후 금융기관에 대한 구조조정, 그 이후의 국내 기업의 성장에 따른 글로벌화 및 탈은행화 등이 도래하면서 국내 경제에서 금융 본연의 의의인 중개 기능은 크게 약화되었다. 2024년 현재 은행을 포함한 금융기관은 가계나 개인의 부동산 투기 수요에 대규모의 자본을 공여하는 역할을 하는 중이다. 항상 증가하는 한계기업에 대해서도 꾸준히 금융 지원이 남용되면서 자원배분의 효율성 저하와 경제성장 하락세가 고착되어 가는 것이 한국 경제가 현재 직면한 구조적 병폐이다.

자본을 결집하여 부가가치가 높은 순서대로 선별하여 투자함으로써 수익성을 높이면서 위험을 관리하고, 경제성장을 뒷받침하며, 국민 복리 수준을 높이는 것이 본질적 의미의 금융중개 기능 고도화이다. 이를 위해 은행은 과도하게 축소된 기업금융 관련 기능을 회복해야 하며, 부실 자산에 대한 관리와 정상화를 위해 구조조정 시장에 적극 참여해야 한다. 자본시장에서는 정보 열위의 투자자 보호와 공정한 경쟁을 위해 정보 제공 기능이 강화되어야 하고, 다수 투자자를 기만하는 증권 범죄가 처벌되어야 하며, 주주의 권리는 동등하게 보호되어야 한다.

자본주의 시장경제 체제인 한국 경제에서는 자기 책임의 원칙이 분명하게 정립되어야 민간 및 시장 주도의 금융중개 기능과 사전·사후적 기업 구조조정 기능이 제대로 활성화될 수 있다. 사전·사후적으로 정부의 금융부문에 대한 지나친 개입은 결국 국민 경제 전체가 감당해야 할 비용을 낳는다는 사실을 직시해야 한다.

1. 서언

실물경제에서 부가가치를 창출하는 기업으로 자본을 중개하는 것이 금융 본연의 기능이다. 한국 경제에서 금융부문은 그러한 금융중개 기능이 취약하다. 금융과 실물의 괴리는 좁혀지지 않고 금융산업의 저수익성도 고착되는 중이다. 이는 한국 경제 저성장의 주요한 원인 중 하나이다. 한국 경제와 금융부문에서 금융중개 기능이 제대로 회복되지 않는다면 역동적이며 지속 가능한 경제성장은 요원하다.

기업보다는 개인·가계가 은행의 주고객이 되었다. 코로나19 사태 직전부터 촉발된 부동산 가격의 급등과 맞물려 주택담보대출을 포함한 가계신용 역시 급격히 늘어났다. 주거용이 아닌 투자용·투기용인데도 가계·개인의 부동산 매입용으로 막대한 가계신용이 사용되었다. 점차 부동산 경기의 침체가 우려되는 지금 2024년에도 가계대출은 꾸준히 증가하면서 사상 최대 잔고를 기록 중이다. 가계부채는 한국 경제 최대의 뇌관으로 꼽힌다. 은행의 수익성 또는 부실화 여부는 기업부문이 아닌 부동산 경기에 달려 있는 게 현실이다. 은행권의 가계대출은 생산적 부가가치로 이어주는 본질적인 금융중개 기능과는 거리가 멀다.

이 장에서는 한국 금융에서 금융중개 기능이 사라져 온 역사와 현재의 실태를 논한다. 이는 단기적인 현상도 아니고, 어떤 특별한 몇 개의 요인이 작용한 결과도 아니다. 한국 경제 역사의 전개 와중의 장기적이면서 경로의존적인 결과이다. 이 장에서는 1960년대 정부 주도형 경제성장의 모델부터 현재까지 금융부문의 양상과 변화를 고찰한다.

과거 국가 주도적 경제개발의 시기, 금융은 정부의 지시에 따라 정부가 선택한 산업에 집중적으로 자금을 공급하는 창구에 불과했다. 다행히도 그러한 경제성장 모델의 한계와 결함을 인지한 것은 소위 IMF 위기 직전인 1997년 중반이다. 1997년 1월 대통령 자문기구로서 금융개혁위원회가 결성되어 금융과 경제에 대한 진단과 통찰이 담긴 3차례의 금융개혁보고서가 발간되었고, 당시 대통령에게도 보고되었다. 하지만 불행하게도 한국 경제는 동 보고서의 실행 계획을 실시하기도 전인

1997년 말 IMF 구제금융을 받게 된다. 1997~1998년 외환위기로 인한 외부적 변화와 개혁의 압력으로 금융기관이 대량으로 구조조정되고 수익성을 추구하는 기업으로 탈바꿈되는 큰 변화가 있었지만, 이는 단지 외부적인 강제에 따른 것이 아니라 금융개혁보고서가 제시한 방향이기도 했다.

하지만 국내 대기업은 이미 1990년 초반부터 글로벌 기업으로서 해외 시장으로 진출했고, 직접금융의 능력과 접근성이 크게 개선되었으며, 내부 유보자금이 축적되면서 현재는 더 이상 은행의 주요 고객이 아니다. 2000년 이후부터 은행은 주 고객을 기업보다는 개인·가계로 변경한다. 그 결과가 현재의 경제를 크게 위협하는 막대한 가계부채이다. 은행은 1997~1998년 외환위기 이전에는 정부의 지휘에 따랐을 뿐이고, 이후로는 가계 고객으로 경영 역량을 집중하는 바람에 기업에 대한 평가·심사·분석·감시의 기회를 지금까지도 갖지 못하고 있다. 바로 그것이 은행의 금융중개 기능이 상실된 주된 이유이다.

1990년대 개방된 자본시장은 2000년대 이후 크게 확대된 것은 분명하지만, 회사채 시장에서 발행 물량은 크지 않고 주식시장에서 시장 규율은 여전히 정립되지 못하고 있다. 자본시장마저도 금융중개 기능을 제대로 수행하지 못하는 것이다. 이는 대기업 내부로 유보된 막대한 현금 탓이기도 하다. 대기업의 외부 자본에 대한 수요가 급격히 감소하였고, 이는 다시 대기업에 대한 시장 규율의 강도를 약화시켰다.

금융중개 기능 고도화는 금융중개 기능의 회복 또는 정상화와 크게 다르지 않다. 그것은 금융부문이 실물·기업 부문으로 유기적으로 연계되어 자본을 공급하는 것을 의미한다. 이 장에서는 한국 금융부문의 금융중개 기능의 실태와 한국 경제사를 고찰하여 금융중개 기능이 상실되어 온 역사적 맥락이나 원인을 논한다. 항상 시장 규율을 약화시키는 주범은 정부의 과도한 개입이다. 정부의 특정 산업·기업에 대한 금융 지원, 지나친 시장 안정화나 정치적 고려는 시장 규율의 작동을 크게 저해한다.

2. 외환위기 이전 한국의 금융

2.1 정부 주도형 경제 계획 및 성장 정책 : 금융 억압

1960년대 이후 한국 경제에서 정부는 경제성장을 주도하였고, 금융부문은 정부가 선택한 산업·기업에 대해 저금리의 정책자금 공여 역할을 담당하였다. 자본이 부족했던 한국 경제가 빠르게 성장하기 위해서는 정부가 정책적으로 선택한 부문으로 금융자원을 집중시키는 전략이 불가피했을 것이다. 이러한 경제정책은 1960~1970년대에 가시적 성과를 나타냈고, 이는 다수의 경제학자가 급격한 한국 경제 성장의 배경을 연구하는 계기가 되기도 하였다(Lucas, 1988; Lucas, 1993; Baumol, 2002).

1970년대에는 정부가 중화학공업 육성으로 정책 방향을 전환하였기 때문에 중화학공업 부문에 대한 금융 지원의 필요성이 더욱 커졌다. 중화학공업에 대한 금융 지원은 제1~2차 경제개발 계획 추진 당시의 수출 기업에 대한 정책자금 지원에 비해 규모가 훨씬 크면서도 장기적인 것이었다. 경공업 제품 수출에서는 생산 및 설비 투자 비용이 크지 않고 투자 회수기간도 짧지만, 막대한 자본을 필요로 하는 철강, 조선, 전자 등 6대 전략 업종에 대한 투자에서는 투하 자금의 규모도 크고 회수기간도 길다.

중공업 제품의 국제 경쟁력을 확보하는 것은 어려운 일이다. 1975~1980년에 기계, 전기기기, 운송장비 등 업종의 가동률은 50% 정도에 머물렀으며, 이는 일반적 제조업 가동률에 크게 미달하였다. 중화학공업에서는 주요 선진국 기업과 직접 경쟁을 해야 하는 글로벌 시장구조였기 때문에 설비 가동률을 높이기 어려웠다. 결과적으로, 투하된 자본에 대한 회수가 늦어지면서 중화학공업 기업의 부채 비율은 상승하고 수익성은 악화되는 현상이 나타났으며, 이를 단기적으로 해소하기 어려웠고 기업 부실화 가능성도 크게 높아졌다(고영선, 2008).

중화학공업을 추구하는 경제성장 정책 하에서 관련 기업 중 상당수가 부실화되는 실패적 현상이 나타났다. 정부는 부실 기업 정리까지도 주도했다. 가장 대표적 사례는 1972년 8월에 행해진 8.3 긴급경제조치이다. 정부 주도적 기업 및 금융 부실 해소 방식은 기업 부실에 대해서 정부의 개입과 지원으로 해결할 수 있다는 암묵적 기대와 도덕적 해이를 실물부문 및 금융부문에 싹트게 하는 원인이 되었다.

8.3 조치 이후 정부는 거의 10년 주기로 한은 특융 등을 동원하여 기업 구조조정과 금융 부실 해소에 직접 나선다. 기업부문에 대한 정부의 주도적 지원은 빠른 경제성장을 견인하기도 했지만, 다른 한편으로 기업부문과 금융부문의 부실이 민간부문이나 시장 영역에서 해결되거나 흡수되지 못하고 누적되다가 위기를 촉발하고 이를 다시 정부가 나서서 해결해야 하는 악순환의 문제를 낳았다(고영선, 2008).

한국 경제의 성장 초기 정책적 금융 지원의 내용은 정부가 선택한 특정 업종과 산업을 영위하는 기업군에 자본을 집중적으로 투하하면서 선택되지 못한 분야 혹은 기업에 대해서는 자본 공급을 제한하는 방식이었다. 1960년대의 수출진흥 정책과 1970년대 이후의 중화학공업 육성 정책 모두 그렇다. 경제정책 관련 설명 자료에는 항상 '선택과 집중'이라는 용어가 강조되어 자주 사용되고 있고, 지금까지도 한국 경제의 성장은 정부가 주도하여 전략부문에 금융자원을 집중한 결과라는 인식도 일반에 꽤나 지배적이다.

그러한 정책적 선택과 집중의 성과는 섬유와 같은 경공업 제품에 대한 수출을 통해 경제성장에 필요한 외화 조달을 가능하게 할 정도의 단계에서 유용성이 뚜렷했을 뿐이다.[1] 실물경제가 일정 수준 이상으로 성장한 이후에는 정부가 금융부문을 지배·억압하여 특정 영역에 금융자원을 집중시키는 전략은 결국 결함을 드러낸다. 경쟁 제한, 금융 지원 집중, 부도 방지 등을 포함하여 고도 성장을 추구하는

1. 한국의 눈부신 경제성장을 분석한 성과들에 의하면 특정 부문에 대해 자원 투입을 집중하여 규모의 경제 효과를 노렸던 경제 정책의 결과로 보는 것보다는 민간기업이 중화학공업 등 주요 산업에 대한 투자 주체가 되어 성공과 실패를 겪는 과정에서 스스로 학습을 통해 국제 경쟁력을 갖게 된 것이 성공요인이라고 평가하는 견해가 적지 않다(Arrow, 1962; Lucas, 1988; Lucas, 1993; Stiglitz and Greenwald, 2015).

정부의 정책 기조와 수단이 도덕적 해이의 만연, 기업 경쟁력 저하, 대규모 부실화, 수익성의 구조적 악화 등을 유발하는 주된 원인이 되었다.

1980년대에 들어 선택과 집중의 전략으로는 한국 경제를 중화학공업 중심의 고도화된 경제로 성장시키는 데 한계가 있다는 인식이 정부 내에서 형성되면서 정부는 정책 방향의 급격한 선회를 꾀하였다.[2] 성장 우선 정책에서 '안정 위에 성장 기반을 다지는 정책'으로 전환하여 물가 안정 정책을 추진하거나, 민간 주도의 경제체제를 확립하기 위해 은행 민영화 및 경쟁 정책 강화 등을 추진하였다. 안정·자율·개방으로의 정책 선회는 부분적으로 성공을 거두기도 했다. 그러나 정부와 민간의 역할을 보다 명확하게 구별하고 민간부문의 자기 책임 원칙을 확립하는 데는 실패한 가운데 1997년 결국 IMF 경제위기를 맞게 된다.

2.2 경제성장 단계와 기업 재무구조의 부조화

기업부문은 정부가 주도하는 수출 지향형 산업화 과정에서 축적한 성과를 바탕으로 1997년 위기 이전에 이미 글로벌화를 추구하였으나, 국가적 경제의 운용방식은 과거 수출 주도형 산업화 시기의 방식에 머무는 부조화가 발생한다. 성장전략을 강력히 추구하는 기업에서 재무구조는 정부 주도 경제 시절의 차입금 중심 구조를 유지하고 있어 글로벌 경영 추진에 수반되는 크고 복잡다기해진 각종의 경영 리스크를 감당하기 어려웠다. 주채권은행 제도를 통해 정부가 금융자원의 배분을 관리하는 방식이 유지되었지만 한계가 있었다.

기업이 정부 주도형 차입금 중심 재무구조에서 탈피하지 못했던 이유는 기업이 스스로 자기 신용으로 해외 차입 혹은 증권 발행으로 직접 자금을 조달할 수 있을 정도의 사업 실적이나 미래 가능성을 보여주지 못했기 때문이다. 기업이 설비

2. 1978년 초 경제기획원은 '한국 경제 이대로 좋은가?'라는 주제로 KDI와 공동 연구를 하였다(고영선, 2008).

투자 규모가 크고 장기 투자를 필요로 하는 중화학공업 분야에서 글로벌 경쟁을 극복하고 글로벌 기업으로 자리 잡는 것은 쉬운 일이 아니다.

IMF 위기 직전까지 제조업 매출액 증가율은 지속적으로 하락세를 나타냈고, 수익성도 마찬가지였다. 이러한 상황에 대해 당시 금융개혁보고서는 기업부문의 높은 부채 비율과 고금리로 인해 기업부문 수익성이 저하되었다고 평가하였다. 정부의 선택과 집중이라는 보호막 하에서 영업 규모와 수익이 보장되고, 필요한 금융자원이 지원되는 경영 환경에 안주했던 기업이 강도 높은 경쟁이 불가피한 글로벌 시장에서 경쟁력을 갖추기 위해서는 상당히 긴 시간이 필요했을 것이다.

2.3 금융자율화와 금융 현실의 부조화

1990년대 들어 기존의 경제성장 지원 정책이 지속될 수 없다는 인식이 확산되면서 금융부문의 개혁을 통해 경제구조를 고도화하는 정책적 노력이 시작되었다. 금융부문과 기업부문에 대한 정부의 규제가 동시에 대폭 완화되고 자율화되면서 금융기관과 기업 등 시장 참여자의 역량에 따라 금융시장 및 경제 운용의 안정성이 크게 영향을 받는 구조로 변화하였다. 이러한 구조에 적합한 금융 역량과 체제가 자리 잡는 데 많은 시행착오와 시간이 소요되지만 당시 부작용에 대처할 준비가 부재했던 상황에서 규제만 완화하면 금융 기능이 고도화될 것이라는 순진한 예상을 하였다.

정부는 1990년대 중반에 은행 및 비은행 금융기관의 해외 비즈니스에 대한 규제를 대폭 완화한다. 정부는 이러한 활동이 국내 경제의 안정성과는 무관하게 금융기관의 국제 경쟁력을 높일 것으로 예상했다. 1994~1996년 기간 중 24개의 투자금융회사가 종합금융회사로 전환되면서 해외 영업이 가능해졌고, 국내 은행은 당시 28개의 해외 지점을 개점하면서 이들의 해외 부채가 급증했다. 특히 1994년 전후로 경기 상승 국면에서 기업의 투자 수요가 늘어나자 금융기관은 단기 외화 차입을 급격히 늘리면서 이에 대응한다. 단기 차입이 늘어난 것은 정부가 1993년에 외화 대출의 용도에 대한 규제를 완화하면서 금융기관의 단기 외화 차입을 자유화하고, 자본 통제를 위해 장기 외화 차입에 대해서는 물량 규제를 유지했기 때문이다.

당시 종합금융사, 리스사 등 국내 금융기관 중 상당수는 국제 금융시장에서의 짧은 경험, 낮은 신인도로 인해 초단기 자금을 차입하여 중장기 대출을 행하는 무모한 행태를 보였다. 결국 이들 금융기관은 동아시아 금융위기 충격의 직격탄을 맞았다. 외화 자산과 외화 부채 간 만기 불일치 문제가 개별 금융기관의 부실은 물론 경제 전체의 거시적 차원에서 심각한 위기 수준으로 변해가고 있음에도 정부는 아무 조치가 없었고 잘 인지하지도 못했다.

결국 금융자율화 단계에 필요한 금융감독 역량을 갖추지 못했을 뿐만 아니라, 시장 개방에 따른 시장 규율의 본격적인 작동도 없었기에 한국은 아시아 경제위기의 파고를 극복하지 못하면서 1997~1998년 외환위기로 돌입한다. 국내 금융시장의 자율화 과정에서 건전성 감독이 강화되지 못하였는데, 자본시장 개방의 과정에서도 마찬가지였다. 정부는 기존 규제 체제를 유지하였다. 지금까지도 그러한 금융부문에 대한 정부의 기조는 큰 틀에서 변화가 없다.

2.4 금융중개 기능 고도화를 위한 개혁 노력

1997~1998년 위기 직전인 1997년 중반에는 1960년대 이후의 '금융 억압을 통한 실물경제 지원' 전략을 버리고 금융기관이 하나의 주식회사로서 수익성을 추구하게 하여 한국 경제 고도화의 기반을 다지자는 개혁방안이 제기되었다. 기존 30~40년 동안 행해져 오던 정부 주도의 경제 운용을 버리고 금융부문이 자율적으로 금융자원 배분권을 행사하는 것으로 바뀌어야 한다는 개혁의 움직임이 있었고, 이는 1997년 발족하여 3차례 보고서를 발간한 대통령 자문기구 '금융개혁위원회'가 주도했다.

금융개혁위원회가 발간한 금융개혁보고서에서 고도 경제성장기에 활용했던 각종 경제 운용 수단의 유효성이 사라지고 그것이 오히려 경제의 구조적 결함의 원인으로 작용하고 있는 현실을 관찰하면서 낙후한 금융부문이 국가 경쟁력에 장애라고 진단했다. 동 보고서에서는 과거 경제개발 과정에서 금융기관이 과도한 규제에 묶여 자유롭고 공정한 시장경쟁이 작동할 수 없어 효율성이 저하되었고, 금융기관의 안정적 수익 보장을 위한 정부의 보호조치가 오히려 안이한 경영 행태와 건전성 약화를 초래하여 금융부문이 낙후되었다고 진단한다. 동 보고서는 금융개혁을 성공적으로 추진하여 금융과 실물경제의 연계적 발전을 통해 세계 일류 국가로 도약할 수 있는 발판을 마련하는 것이 위원회 활동의 목표임을 명시하면서, 이미 성장해 버린 실물부문에 걸맞는 옷이 필요하고, 실물부문의 발전 현황과 전망, 목표 등을 수용할 수 있는 금융으로 변신하여 세계 일류 국가로 도약해야 한다고 제언한다.

불행한 일이지만 동 보고서가 제시한 개혁 과제를 실행할 기회를 갖기도 전에 1997년 말 한국 경제는 IMF 구제금융 체제를 맞이하게 된다. 다만, IMF 체제 하에서도 금융개혁보고서가 있어 이를 기반으로 금융감독 체제 등 금융분야를 규율하는 국가 기구와 제도를 개혁 방향에 대한 혼선 없이 신속하게 정비할 수 있었고, 금융시장과 금융기관에서 사용되던 각종 금융 관행도 짧은 기간 내에 선진적인 형태로 변화시킬 수 있었다. 이러한 본격적인 금융개혁의 결과로 한국 경제의 기업부문과 금융부문 모두 환골탈태하였고, 한국 경제는 2000년대에 들어 IMF 구제금융을 조기 상환하고 글로벌 경제의 주요한 위상을 차지하게 된다.

금융개혁보고서는 1960년대 이후 정부 주도 경제성장 전략으로 금융기관이 기업으로서 효율성과 수익성을 추구하는 산업으로 인지되지 못했고, 금융업의 수익성 추구가 실물부문에 대한 효율적 자원배분이라는 것을 보일 기회가 없었다고 주장한다. 1997년 현재 낙후된 금융부문은 국가 경쟁력 제고에 커다란 장애라고 보았으며, 당시 정보화·세계화가 진전됨에 따라 금융산업이 단순한 실물부문 지원 수단을 떠나 고부가가치를 창출하면서 금융의 전략 산업화를 추구해야 한다고 주장하였다.

동 1차 보고서는 금융개혁 전략으로 금융부문에 대한 규제와 보호를 제거하여 시장 기능을 활성화하고 공정한 경쟁 여건을 조성할 것을 제안한다. 또한 이용자 중심의 금융시장 효율성 제고를 위한 금융 관행의 개선책으로 기업의 차입 경영을 개선하기 위해 기업 재무구조의 개선을 유도해야 하며, 이를 위해 세제를 포함한 제도 개선을 통해 기업의 차입 조절을 유도하고, 기업의 경기 적응 능력이 강화될 수 있도록 차입 의존적 경영 행태를 개선해야 한다고 제언한다. 동 2차 보고서는 금융기관의 진입과 퇴출의 자유화 방안, 통화 및 감독 체제의 개편, 그리고 금융시장의 정보 효율성 제고 방안을 제시한다.

금융부문과 기업부문의 관계를 질적으로 변화시키는 구체적 정책방안이 담긴 제3차 금융개혁보고서는 과거 경제개발 과정에서 기업과 금융의 각종 문제점과 이에 대한 개선방안을 제시한다. 또한 당시 한국 경제는 개방화·국제화가 크게 진전되면서 글로벌 환경에 노출되어 있었고, 이 과정에서 재무구조가 취약한 기업의 부도가 속출하였으며, 구조조정과 함께 경기침체가 지속되면서 기업 도산이 중소기업에서 대기업으로까지 확산되면서 최상위 대기업마저 파산 위기에 이르는 등 과거에는 경험하지 못했던 상황에 직면하였다고 진단한다. 나아가 향후 우리 경제가 저성장·저물가의 선진국 경제 형태로 빠르게 전환될 것으로 예상되고 있는 상황에서 재무구조가 취약한 기업은 경기변동 대응능력이 낮아 규모와 무관하게 부도 위기에 처할 수 있다고 전망한다.

동 3차 금융개혁보고서는 1997년 당시 한국 기업부문의 상황이 악화된 이유가 확장에만 주력해 온 대기업의 취약한 재무구조 때문이라고 지적하고, 그 원인으로 외형 성장 위주의 경영과 내부 유보자금 부족을 지목한다. 당시 10년간 한국의 기업들은 총 자산이 연평균 32.9%씩 증가하는 등 외형적 성장이 빨랐는데도 내부 유보자금 부족으로 사업 확장을 위한 자금을 주로 금융기관에서 조달했다. 동 보고서는 당시 기업들이 대량의 장기 자본이 없어 소요자금을 수시로 소액 조달함에 따라 금융 부담이 증가하여 경영의 안정성이 저하되었다고 진단하고, 단기 부채의 차환 차입에 따른 거래비용 증가의 문제점도 제기한다. 기업의 높은 부채 비율은 금융비용 증가를 초래하여 국제 경쟁력 약화 요인이 된다고 보았다. 실제로 1996년 말 당시 한국 제조업의 부채 비율은 317.1%로 미국 159.7%, 일본 206.3%, 대만 85.7% 등에 비해 매우 높은 수준이었다. 그 결과 국내 기업의 매출액 대비 영업이익률은 평균 7.1% 수준으로 일본, 미국, 대만 등의 5% 수준에 비해 높은 편이나 금융비용 등을 제외한 후의 매출액 대비 경상이익률은 평균 2.7%로 비교대상국의 3.6%보다 낮은 수준이었다. 동 보고서는 이러한 상황에서는 대기업의 추가 부도를 방지하기 위하여 재무구조 개선이 시급하고, 국내외 시장에서 날로 치열해지는 경쟁에서 재무구조 개선 없이는 대기업의 연쇄도산이 불가피할 것이며, 우리 경제는 심각한 위기 상황에 처할 수 있다고 전망하기도 했다.

그 당시까지 정부는 1972년 8.3 조치의 경우처럼 대기업 부도가 국민 경제에 미치는 영향을 고려하여 정책적 판단 하에 기업 퇴출을 막아주었는데, 동 3차 보고서는 이러한 정책이 대기업의 차입을 통한 외형 성장 위주의 경영을 유도하는 요인으로 작용했다고 평가했다. 또한 부도 방지, 경쟁 제한 등 정부의 지원 정책으로 인해 일부 대기업은 정부가 보호해 주고 부도를 막아줄 것이라는 안이한 인식 아래 높은 부채 비율로 부도 위험이 큰 상황에서도 재무구조 개선보다는 사업 확장을 추구했다고 보았다. 나아가 이러한 방식의 기업 경영을 도산의 위험에 따른 피해를 정부와 국민에게 전가하고 모험주의적 전략을 선택하는 도덕적 해이의 전형적 사례로 보았다. 아울러 금리 규제와 인플레이션에 의한 저비용 차입 기회의 존재도 중요하게 보았다. 경제발전 과정 중 저금리의 정책금융 지원, 고성장 및 고물가 경제 구조로 기업의 실질적 차입 조달 비용이 낮아져 외부 차입 유인이 확대되었고, 차입 비용이 자기자본 비용보다 낮게 유지되면서 기업들이 자기자본보다 타인자본을 선호하게 되었다고 보았다. 동 보고서는 당시 자본시장의 미발달도 중요한 결함으로 보았다.

동 3차 보고서는 기업 경영의 투명성 제고, 금융의 기업 감시 기능 강화 등을 해결방안으로 제시했다. 또한 자본 이동 자유화가 크게 진전되어 기업의 국제 금융시장에서의 자금 조달이 급격하게 증대될 것으로 예상되며, 원활한 자금 조달을 위해서는 재무적 건전성과 함께 경영의 투명성 제고가 시급하다고 지적했다. 아울러 금융부문은 기업 부실화를 사전에 예방할 수 있는 체제를 구축해야 하며, 강도 높은 구조조정을 통해 재무구조의 건전성을 제고해야 한다고 제언한다. 기업의 내부 금융 활성화를 위해 세제 개선, 증자 및 기업 공개 관련 규제 완화 등을 통해 기업의 내부 유보 증대 등 내부 자금 조달을 유도하며, 이를 위해 증자소득 공제 제도의 재도입, 유상증자 시 배당요건, 증자 규모 규제 완화, 기업 공개 규제 완화 등의 정책을 권고한다. 배당보다는 내부 유보를 통해 기업부문의 자기자본 충실화가 더 시급하다고 판단한 것이다.[3]

동 3차 보고서는 금융부문은 기업금융의 선진화를 위해 금융의 기업 감시 기능을 강화해야 한다고 제안한다. 이를 위해 은행의 책임경영 체제를 확립하고, 높은 부채 비율의 기업은 자연스럽게 자금 조달이 어렵거나 높은 금리가 부과되는 환경이 조성되어야 하며, 기업 부도 위기 시 채권단은 독자적으로 경제원리에 입각하여 사태를 조기 수습한다는 실행방안도 제시한다.

금융개혁보고서는 일부를 제외하면 2024년 현재 지금 이 시점에도 한국 경제와 금융부문에 대한 개혁과 관련하여 적확한 평가와 권고를 하고 있다. 1990년대 후반과 현재를 비교해도 중요하면서도 본질적인 사안은 여전히 개선되지 않고 있다.

2.5 시장 개방과 자율화 정책의 성과 지연

1997~1998년 위기 이전 외국 자본에 대한 자본시장 개방을 통해 증권시장에서 기업에 대한 시장 규율을 기대하였으나 성과는 기대 이하였다. 자본시장의 개방은 상품시장의 개방보다 느리고 늦었다. 1995년의 외환시장 제도 개혁의 계획은 1999년까지 취해질 구체적인 조치와 이행 일정을 제시하면서 대부분의 자본유출

3. 지금 현재는 기업부문의 과소한 배당 및 과다한 현금 보유 현상이 있다. 미국, 일본 등의 기업에 비해서도 많이 보유하고 있는 유동자산의 비효율성이 지적되기 시작한 지난 몇 년간의 상황과는 크게 다르다. 빈기범·서은숙(2014), 송녹정·빈기범·우석진·김건욱(2020), Chen, Krbarbounis, and Neiman (2017) 등 참조.

입 규제를 폐지하는 방향이었으나, 자본유입에서는 자본재 수입용 차입에 대한 규제만을 완전히 폐지할 계획을 세웠다. 자본자유화 계획이 원칙 허가positive 체계에서 벗어나지 못하였다.

한국 시장에 투자하는 외인 투자자는 적극적으로 시장 규율 기능을 담당할 유인이 없다. 또한 시장 규율이 과거의 정부의 시장 감독 기능(금융 억압 등 포함)을 대체하기까지는 상당한 시간이 소요된다는 것이 각국의 경험이다. 막연히 규제를 완화하고 시장을 개방한다고 해서 시장 규율이 저절로 생기는 것은 아니다. 제도를 정비하고, 교육을 하고, 감독 역량을 확충하고도 많은 실패 경험에 대한 비용을 지불한 뒤에 비로소 새로운 경제체제가 정착될 수 있다는 것이 역사의 경험이다.

3. 외환위기 이후 한국의 금융

3.1 기업부문에 대한 모니터링 기능 약화

금융기관은 경쟁에서 생존하기 위한 양질의 사적 정보를 생산하는 데 많은 자원을 투입해야 한다. 경제 불안정 혹은 위기 시기에는 금융기관별로 사적 정보 창출 노력에 집중하고 성과가 차별화되는 반면, 경제 안정기에는 정보 공개, 집중, 공유 노력이 강화되면서 금융기관별 사적 정보가 축소되어 차별성이 없어지는 경향이 있다. 따라서 공개나 공유 정보의 양이 많아지는 것을 금융중개 기능 고도화의 직접적 증거로 보기는 어렵다. 사적 정보가 축소되고 정보 공유의 비중이 높아지면 금융 중개기관들의 군집행동이 나타나면서 경제위기가 발생할 가능성이 오히려 높아진다(서근우, 2011).

경제활동에 필요한 모든 자원과 정보를 독점적으로 가진 경제주체는 없다. 따라서 시장을 통해 자원과 정보에 대한 거래가 이루어진다. 시장을 통해 분산된 방식의 견제와 균형 시스템이 필요한 이유는, 경제 규모가 커지고 복잡해지면서 정부 조직과 공직자의 능력만으로는 수많은 다양한 이해관계나 거래관계에서 필요로 하는 이해상충 및 이로 인한 견제와 균형 업무, 이 업무의 기초가 되는 모니터링 기능을 감당하기 어렵기 때문이다.

금융거래는 계약 체결과 동시에 종결되지 않는다. 모든 거래는 다른 이해관계자와의 채권·채무 관계 혹은 계약으로서 이해관계를 남긴다. 주식 형태로 자금을 조달한 기업은 금융 채무는 없으나 청구권자인 주주의 이해를 추구해야 하는 관계가 남는다. 단기적으로 수익률을 최대화하되 중장기적으로 수익률 변동성을 최소화해야 하는 책임을 부담해야 한다. 그러한 관계 속에서 거래의 이해당사자 간 견제와 균형이 필요하다.

1997년 위기 이후 기업의 자본 구조가 부채에서 자기자본 위주로 변화된 것은 금융시장 최대 자본 수요자인 기업이 글로벌화와 같은 변화를 수용한 결과이다. 이에 금융부문과 기업부문의 관계의 변화가 발생한다. 글로벌화된 대기업이 영위하는 사업은 컴퓨팅 디바이스, 반도체를 포함한 IT 산업, 자동차 등과 같은 고위험·고수익 속성을 갖고 있다. 이는 글로벌 네트워크를 필요로 하는데, 대기업은 국내 은행의 역량으로는 감당하기 어려운 고객으로 변신하면서 고객군에서 이탈했

그림 5-1 시중은행의 담보대출, 보증대출 및 신용대출 잔액의 연도별 추이

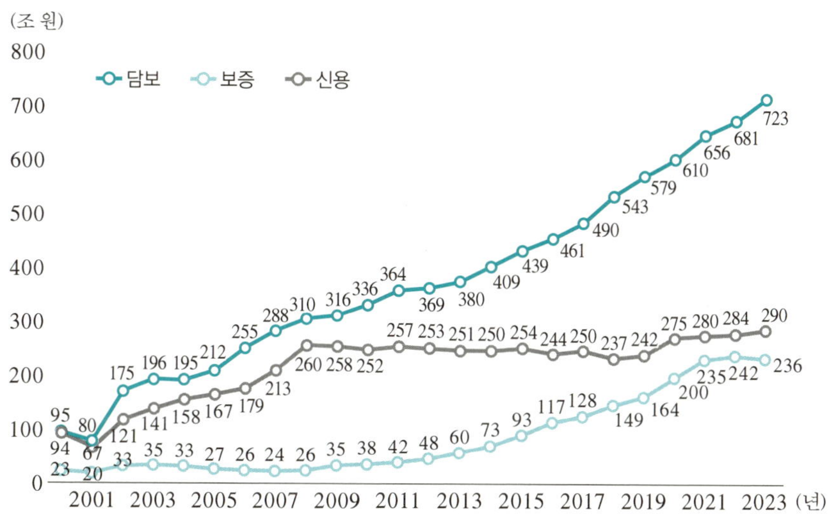

출처 : 은행통계정보시스템(http://bss.kfb.or.kr).

다. 국내 은행은 대기업은 물론 중소기업 고객의 리스크 부담마저도 기피하여 정부 산하 국책 보증기관의 보증에 과도하게 의존한 결과 중소기업 고객에 관련하여 은행 간 차별성, 전문성, 경쟁력, 정보 생산 역량이 결여된 상황을 보인다. 2023년 말 시중은행 대출의 약 58%가 담보대출, 약 19%가 보증대출이다.

결과적으로 기업에 대한 자금 공급의 경로가 급격하게 변하면서 주요 GDP 창출 부문인 대기업과 금융부문 중 특히 은행이 유리되어 금융중개기관으로서 은행의 역할이 대폭 축소되는 현상이 여전히 진행 중이다. 동시에 기업에 대한 자금 공급 중개의 경로 역할이 사라지거나 크게 감소한 은행이 급격하게 고객을 개인·가계로 변경하면서 새로운 심각한 문제점이 나타났는데, 그것이 현재 막대한 가계부채이다. 2023년 3분기 말 총 가계신용은 1,876조 원에 이른다. 2022년 한국 명목 GDP는 2,151조 원이다.

금융업은 수익성을 추구하는 기업으로 변모하는 과정에서 실물부문에 대한 자원배분 효율화 역할을 할 기회가 없었다. 정부의 지휘에 따라 기업부문에 자금을 지원하던 역할마저도 사라지면서 한국의 금융부문과 기업부문의 연결고리가 더욱

그림 5-2 시중은행의 대기업과 중소기업 대출 잔액의 연도별 추이

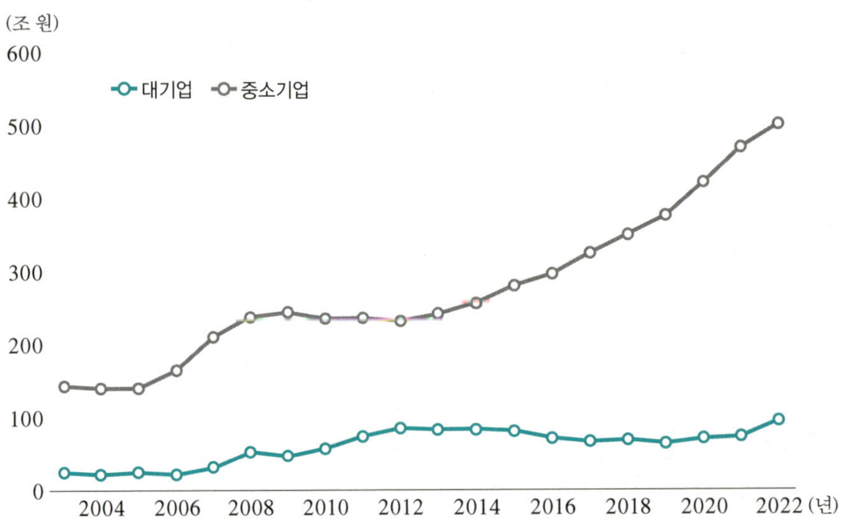

출처 : 한국은행 ECOS.

약화되었고, 개인·가계로의 대출은 부동산 경기와 맞물리면서 크게 늘어났다. 이는 다시 지금 부동산 경기 침체와 함께 한국 경제를 위협하는 최대 요소가 되었다.

결국, 은행은 1960년대 이래 기업에 대한 자금 공급 경로에서 적극적 역할(사전적 모니터링과 사후적 구조조정)이 크지 않았고, 실제 내부 조직 구성원들의 경험과 전문성도 확보되지 않았기 때문에 기업부문에 대한 자금 공급에서 적극적이며 주체적인 역할을 수행할 유인도 기회도 없었다. 1997~1998년 위기의 시기 부실화된 은행에 대한 정부의 대대적인 구조조정도 이를 더욱 부추겼다. 이후 기업부문의 자본조달 방식이 크게 변모하면서 부채자본 공급기관의 고객 모니터링 기능을 수행할 기회 자체가 없거나 축소되었다

3.2 자본시장의 기업 모니터링 기능 한계

기업금융이 크게 약화된 은행과 회사채 시장의 모니터링 기능을 대체하여 작동하기를 기대했던 주식시장에서 시장 규율의 정착은 여전히 요원해 보인다. 자본시장에서 발행시장 기능이 약화된 것도 시장 규율을 저하시킨 중요한 요인이다. 2023년 2사분기 현재 채권 발행 잔액에서 비금융법인이 발행한 회사채 비중은 약 19%에 불과하다. 기존에도 이 비중을 넘은 적이 없다. 반면, ABS를 포함한 금융법인이 발행한 채권 비중은 약 41%에 이른다(통계청 KOSIS).

주요 기업이 국내 자본시장을 통해 자금을 조달할 수요가 약해져 자본시장의 유통시장이나 발행시장의 시장 규율이 작동할 이유도 없었다.[4] 1990년대 중반 이후 금융개혁보고서에서는 기업의 자기자본 충실화가 적절한 제언이었으나, 이후 실제로 이에 대한 과신으로 기업의 자기자본 수익성보다는 시장 안정을 중요시하는 사회적 분위기가 지배적이었고, 이로 인해 이익의 과도한 사내 유보에 대한 사

4. 박영석·신현한(1998); Shin and Stulz(1998); 박순홍·연강흠(2009); Almeida, Kim, and Kim(2015) 등에서 제기한 기업집단 내 내부 자본시장(internal capital market)의 존재도 대기업의 자본시장 자본조달 수요를 감소시킨다.

회 전반적인 용인이 있었다. 하지만 기업부문의 자기자본 수익률이 악화되면서 나타난 자본의 효율성 저하 및 투자수익률 부진 등은 경제성장률 저하 및 경기침체와 무관하지 않다. 기업이 보유하는 현금은 대리인 비용을 심화하는 원인이기도 하고 그 결과이기도 하다.[5]

주식시장에서 시장 규율이 잘 작동하지 않는 것은 다양한 이유가 있을 수 있다. 2023년 말 정부는 전격적으로 주식시장 공매도 금지 규제를 시행한다. 정부는 그 이전에도 공매도 금지와 허용을 반복해 왔다. 공매도의 순기능·역기능 여부를 떠나 이에 대한 규제에서 금지와 허용이 바뀌는 것은 시장 전반에 대한 신뢰도를 훼손한다. 주가는 상승하든 하락하든 제 가격을 형성한다는 신뢰가 중요하다. 국민연금을 포함한 다수의 거대 공적 연기금은 다수 기업의 대주주나 최대주주임에도 의결권 행사를 하기 쉽지 않다. 소위 연금 사회주의라는 근본 없는 정치적 이념까지 동원되어 연기금의 경영권 행사를 불온시한다. 국내 기관투자자도 수동적 주주일 뿐 경영권에 간섭하지 않는다. 국내 주식시장 환경에서 주주행동주의 펀드가 제대로 작동하기는 어렵다. 대기업에서 지분이 약한 창업주 일가 또는 지배소수주주의 경영권이 과보호되는 경향이 강하다. 지배-소유의 괴리는 여전하다.[6] 이는 기업의 사내 현금 보유가 증가하는 것, 배당이 크게 증가하지 않는 것 등과도 무관치 않다. 소위 코리아 디스카운트와도 관련이 있다.[7] 2024년 현재 정부는 소위 밸류업 프로그램을 주도하는 중인데, 이 역시 시장에 대한 지나친 개입이다.

---

5. Berger and Di Patti(2006)는 부채 비율이 지나치게 낮아지면 경영진의 외부 주주에 대한 대리인 비용이 커질 수 있고, 부채 비율이 지나치게 높으면 경영진의 외부 채권자에 대한 대리인 비용이 커질 수 있음을 지적한다. 기업의 현금에 대한 다양한 시각이 존재하지만, 가장 설득력 있는 가설은 Jensen(1986), Stulz(1990) 및 Jensen and Meckling(1976) 등이 제기한 잉여현금흐름(free cashflow)에 따른 대리인 비용일 것이다. Opler, Pinkowitz, Stulz, and Williamson(2001)은 안주하는 경영진(entrenched manager)이 기업 현금 보유의 원인이라고 보았다.
6. 조성빈·임경묵(2007), Joh(2003), Rhee(2020) 등 참조.
7. Ducret and Isakov(2020)는 한국 주식시장에서 코리아 디스카운트가 분명히 존재하지만, 재벌 기업의 경우 그 할인율이 더 작다는 실증 분석 결과를 제시하였다. 반면, Rhee(2020)는 한국 자본시장과 대기업의 다양한 문제점과 이 두 가지는 연관되어 있다고 주장한다.

자본시장에 비해 기업에 대출한 은행의 모니터링 유인은 상대적으로 강할 수 있다. 하지만 담보와 보증은 채무자에 대한 분석, 정보 수집, 모니터링 유인을 크게 약화시킨다. 1997~1998년 이전 정부 주도의 은행에 대한 기업금융도 마찬가지다. 담보와 보증이 있어도 대출거래 관계에서 발생하는 모든 비용을 감당할 수는 없다.[8] 금융기관은 장기적으로 일반 경제에 미칠 비용까지도 커버하는 수준의 견제와 균형 역할 및 모니터링 기능을 수행하는 것이 바람직하다.

3.3 정부 주도형 기업 부실 처리

한국의 경제개발 초기에는 금융기관의 차주 기업 사업이 특성 면에서 투자기간이 짧고, 투자 규모가 작은데다 사업 전망에 대한 정보의 취득도 용이했기 때문에 정부와 금융기관의 채무 기업에 대한 관리 업무가 상대적으로 쉬운 편이었다. 부채 중심의 재무구조 하에서는 기업이 채무 계약을 적기에 이행할 수 없는 경우 채무 계약을 조정하거나 때로는 부실 기업으로 처리하여 자금을 회수하는 방법으로 부실 처리 업무를 수행했다. 특히 제한된 금융자원의 효율적 운용을 목표로 했던 한국 경제는 부실을 발생시킨 기업 경영자에 대해 정부 차원에서 강력한 제재를 가하는 규율과 금융기관에 대해 채권 회수 우선권을 부여하는 방식으로 금융 재원을 운용하는 체계를 갖추기도 했다.[9]

하지만 1970년대 이후 중화학공업으로 고도 성장을 추진하면서 기업부문의 차입 규모가 급격히 확대되고 부실 기업이 크게 늘면서 한국 정부는 금융부문이 자연스러운 시장 원리에 의해 기업 부실 문제를 처리하는 역량을 갖출 수 있을 때까

8. 채권 간 우선순위가 있을 수 있고, 대출 계약에서 고려하지 않는 이해관계가 있다. 예를 들어 기업 파산에 따른 실업 문제, 환경 악화 등의 문제이다. 주거용 부동산 담보 대출은 모니터링 노력, 비용을 축소하면서 리스크도 관리할 수 있는 금융부문의 대표적인 사업 분야지만, 주거용 부동산 가격 상승 등의 사회 문제를 수반할 수 있다.

9. 과거에 있었던 금융기관의 연체대출금에 관한 특별조치법 등이 구체적인 사례이다.

지 기다릴 여유가 없었다. 정부가 단행한 8.3 조치 등으로 한국 경제에는 대마불사의 개념과 기대가 생겨났으며, 금융기관이 자율적으로 기업에 대한 구조조정 역량을 갖출 기회나 유인이 주어지지 않았다. 1980년대 이후 시장 개방의 정도가 더욱 확대되고 대기업이 글로벌화를 추구하면서 사업구조가 더욱 복잡해진 1990년대에는 대기업들의 금융차입 규모가 더욱 커지고 복잡한 양상을 지니면서 주요 상업금융기관은 차주 기업이 새롭게 직면하는 불확실성에 대한 파악조차 어려웠고, 기업 부실 문제를 금융기관이 자기 책임 하에 처리할 엄두도 내지 못하는 상황이 되었다.

정부가 주도적으로 기업 구조조정을 추진할 수밖에 없었던 것은 그 이전에 정부가 주도적으로 특정 산업을 육성한 데 대하여 책임을 진 결과로 볼 수도 있으나, 기업부문과 금융부문의 광범위한 부실이 현실화될 때 경제 전체에 미치는 악영향을 막기 위해 정부가 나선 것이라는 설명이 더 타당할 것이다. 그러나 정부 주도의 기업 구조조정으로 단기적인 안정화는 달성했을지라도, 장기적으로는 기업부문과 금융부문에서 도덕적 해이를 심화시켜 중장기적으로 위험을 높이면서 경제 불안정 체질을 고착시켰다. 정부의 산업합리화 조치는 불황 산업이나 부실 기업의 회생에만 치중되었으며, 부실 기업 정리에서도 과도한 보호 및 특혜 제공을 주요 수단으로 사용했다. 이로 인해 기업들은 산업 환경 변화에 대응한 경영 다각화, 업종 전환 등 자구노력보다는 정부의 보호와 지원에 안주하려는 행태를 보였고, 그것이 지금까지도 이어지고 있다.[10]

가장 최근의 실패 사례로는 대우조선해양을 들 수 있다. 대우조선해양은 1999년에 부실화되어 2001년 워크아웃에서 졸업했으나 부실화 시기부터 국책은행 채권단 관리가 20년 넘게 이어지다가 2022년 한화에 매각되었는데, 그때까지 막대한 규모의 자금이 투입되었다.

---

10. 우리나라와 달리 일본에서는 1970년대 제1차 석유파동 후 진행된 산업합리화 과정에서 정부의 관여 없이 민간기업들이 자율적으로 이해관계를 조정하였다(Pomerleano and Shaw, 2005; 고영선, 2008).

1972년 8.3 조치를 통해 확인된 정부와 민간 사이의 위험 공유 체제는 1980년대에도 변함 없이 이어졌다. 1980년대 초 정부가 과거와의 단절을 외치며 내세운 안정·자율·개방의 정책 기조 가운데 자율과 그에 수반하는 책임의 원칙 정착에는 실패한 셈이다. 1972년 8.3 조치와 1980년대 산업합리화 조치를 통해 확인된 정부와 기업 사이의 위험 공유 체제(또는 대마불사)는 해체되지 않았고, 이로 인해 1960년대 말 이후 급상승한 기업부문의 부채 비율은 여전히 높은 수준을 유지하고 있었다. 이런 상황에서 건전성 감독을 강화할 경우 그동안 잠재해 있던 부실이 확인되어 경제 전체에 그 파장이 번질 가능성이 높았다. 실제로 부실을 정리한다면 장기적으로 우리 경제의 전반적인 안정성은 더 높아지겠지만 정부는 단기적 비용을 치를 준비가 되어 있지 않았다.

결국 대기업이 단자회사, 증권회사 등 비은행 금융기관을 소유하게 되면서 지속적으로 금융자율화가 진전되었으나, 뚜렷한 방향성이 부재했고 자율화에 상응하는 건전성 감독의 강화도 수반하지 못하였다. 특히 위험 공유 체제를 해체하고 정부와 민간의 역할을 재정립함으로써 금융 및 기업 부문의 책임성을 확보하기 위한 근본적 개혁은 이루어지지 못하였다. 1980년대와 1990년대 전반 한국의 경제상황은 脫보호 없는 脫통제decontrol without de-protection로 묘사할 수 있다. 이로 인해 금융 및 기업 부문의 부실을 누적시켰고, 1997년 중순부터 시작된 아시아 통화위기가 한국에서는 외환위기, 금융위기, 나아가 전반적 경제위기로 확산되어 한국은 결국 IMF 구제금융 국가로 추락하였다. 만일 1980년대에 정부와 민간의 역할을 보다 엄격히 정립하였더라면 1997년의 경제위기도 방지하였거나 최소한 그 충격을 상당히 완화시킬 수 있었을 것이다.

4. 금융중개 기능 저하에 따른 현상 진단 및 문제점

4.1 국내 부문에 안주하는 금융부문 사업 구조

국내 주요 기업의 재무구조가 자기자본 중심으로 급격하게 변화하고 글로벌화하면서 금융부문에 기업금융 수요 구조 변화를 수용할 수 있는 개혁이 요구되었으나, 여전히 금융부문의 사업구조는 자신들의 시장지배력이 절대적으로 확보된 국내 금융에 안주하고 있다. 국내 금융업은 글로벌 기업화한 대기업을 자신의 고객으로 지속적으로 확보할 수 있는 역량을 발전시키지 못했다. 자본시장이 확대되면서 금융산업 부문은 기업 분석 역량, 기업 정보 수집·분석 공유 체계, 시장 거래를 포함한 정보 분석 등을 통한 부실 기업 판단 및 예측·처리 방법 개발, 구조조정 등의 시장 규율로 작용할 수 있는 역량을 갖추지 못했다. 결국 글로벌 기업으로 성장한 대기업 고객의 핵심적인 금융 수요를 외국계 금융기관에 내주게 되었다.

금융의 국제화가 추진되는 요인으로 ① 개별 금융기관 강점 업무의 대외 경쟁력, ② 고객의 글로벌화에 따른 동반 진출 등이 있으나 현재 한국에서 진행 중인 금융 국제화는 개별 금융기관의 경쟁력 확보 노력이 없어 목표나 성과도 분명하지 않다. 한국의 금융기관은 국내 기업이든 해외 기업이든 금융 수요와 뚜렷한 연계 없이 해외 진출을 추진하고 있다. 결과적으로 기업의 글로벌 금융 수요 측면에서 기업부문과 금융부문의 괴리는 더욱 커졌다. 은행에게는 안정적 수익원이 될 수 있는 국내 주요 대기업에 대한 단기자금 대출 업무(당좌거래, 무역금융 등)에서는 고객 확보를 위한 경쟁이 치열하지만, 국내 은행들이 해외 진출 대기업, 해외 기업들의 외화 단기자금 거래 수요를 끌어오는 데는 경쟁력이 부족하다.

실물부문의 글로벌화와 함께 국내 금융기관도 글로벌 자산 포트폴리오를 통해 수익을 다변화할 필요도 있으나 선진국 주요 대출 자산 확보에는 한계가 있다. 개도국 중심으로 해외 시장과 대출 자산 확보에 노력했으나, 성과가 아직 명확하지 않다. 현재까지는 국내 부문 수익이 전체 수익의 90% 정도로 추정된다. 시중은행

총 자산에서 원화 대출금의 비중은 60%를 넘는데, 외화 대출금은 2~3% 정도에 불과하다(은행연합회, 2023).

국내 은행은 분산 대출이 가능한 가계 및 소비자 금융에 치중하고 있어 리스크 관리에는 약점이 없어 보이지만, 대출 자산 구성의 다양성 결여가 위험요인이다. 주거용 부동산 담보대출, 소비자 신용이 형식적 제도상 여신 건별로 분산되어 있지만, 부정적 방향으로 경기변동 시 모두 같은 방향의 변화를 보일 수 있다. 소규모 개방경제지만 싱가포르, 홍콩, 네덜란드 등의 금융부문에서 국제적 금융거래와 투자가 활발한 경우와 내수시장에만 집중된 자산 구성을 갖는 한국 금융부문의 내부적 또는 시스템 리스크의 양상은 크게 다를 수 있다.[11]

한편, 일본의 경우 주요 금융그룹의 해외 부문 수익 비중은 40% 선에 이른다. 오랜 기간 금융부문 경쟁력 부진으로 고전했던 일본의 주요 금융그룹(미쓰비시도쿄UFJ그룹, 미즈호그룹, 미쓰이스미토모그룹 등) 및 증권사(노무라 증권) 등이 해외 시장에서 본격적으로 수익을 창출하고 있어 국내 금융그룹과는 대조적이다(한국은행, 2008; 백종호, 2023 등).

4.2 저위험·저마진 구조 하의 규모 확대 추구형 금융산업

국내 은행산업은 리스크 관리의 난점을 극복하여 수익 기회를 창출하려는 노력보다는 위험 기피 및 여신의 정형화, 소액다건화, 담보(보증)화, 단기화를 통한 저위험·저마진·저수익 추구 행태가 뚜렷하다. 결과적으로 규모는 커졌고 영업이익 규모는 크지만, 은행에 대한 자본 투자의 매력이 하락 중이다. 이러한 은행 경영이 장기화되면서 은행의 자산 수익률, 자기자본 수익률 및 주식 가치도 하향 추세를 면치 못하는 중이다. ROA는 최근 0.5% 수준의 극히 낮은 수준이다.

11. 바젤 시스템에서는 대출 자산 간 상관계수를 매우 낮은 값으로 가정(예 : 중소기업에 대한 credit scoring model 대출, 주거용 부동산 담보대출 등에 매우 낮은 상관계수 설정)하기 때문에 한국 금융기관 전체 대출 포트폴리오의 리스크를 과소 추정하게 될 수 있다(Borio, Gambacorta, and Hofmann, 2017).

그림 5-3 국내 은행의 ROA 및 PBR 추이

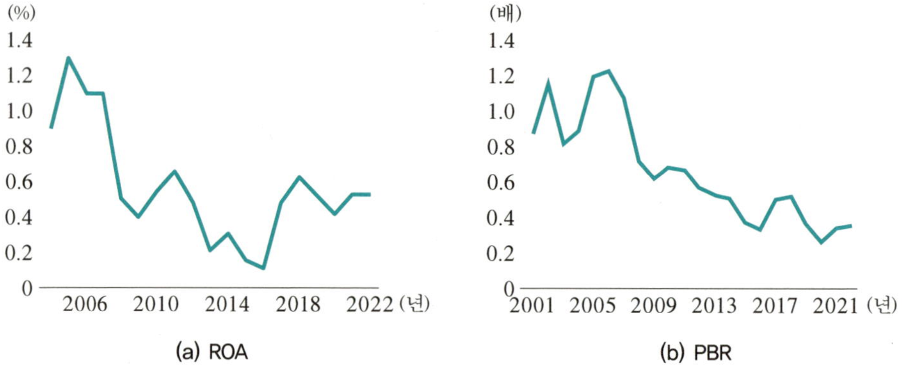

출처 : 금융감독원 FISIS.

은행은 신용거래에 따른 리스크를 감당하기 위해 필요한 심사역의 경험과 역량 확충, 기업의 미래의 사업성과에 대한 전망 능력 등과 같이 통계·전산 기술로 계량화·객관화·자동화하기 어려운 업무는 기피하는 경향을 보이고 있으며, 현재는 대기업에 대한 신용대출을 감당할 임직원 역량, 리스크 관리 체계의 발전 기회는 사라진 상태이다. 고객군으로서 개인이나 가계로 눈을 돌린 은행은 가계대출을 늘렸다.

그림 5-4 국내 시중은행의 기업대출 대비 가계대출 비의 변화

출처 : 금융감독원 FISIS.

2000년대 초반에 급격히 가계대출이 늘어났고, 이후 지속적으로 기업대출에 비해 가계대출이 높은 수준으로 유지되었다. 최근에는 기업대출과 가계대출이 대략 50:50을 차지한다. 금융중개기관인 은행의 가계대출 비중이 지나치게 크다. 이 중 주택담보대출이 약 75%를 차지한다(은행경영통계정보시스템).

4.3 시장 규율 정착의 지연

IMF 위기 이후 한국 경제는 경제 전반에 대한 대대적인 구조조정을 겪으면서 주요 기업들의 재무구조가 자기자본 중심으로 급격하게 변화하고 탈은행화 현상도 뚜렷하게 나타났다. 1997~1998년 위기를 극복하기 위한 기업 구조조정 과정에서 증자, 차입금 출자전환, 출자전환 주식의 시장 매각 등이 대량으로 행해지면서 자기자본 비율 상승 추세가 뚜렷해졌다.

하지만 시장 개방이 금융부문 개혁의 완전한 해법이 아니듯 기업 재무구조 개선이 모든 경제 문제를 해결할 수는 없다. 기업부문이 부담하는 크고 복잡한 사업 리스크를 은행 차입금, 회사채 등의 부채자본으로는 감당할 수 없는 상황이었기 때

그림 5-5 주요국 제조업 부채 비율

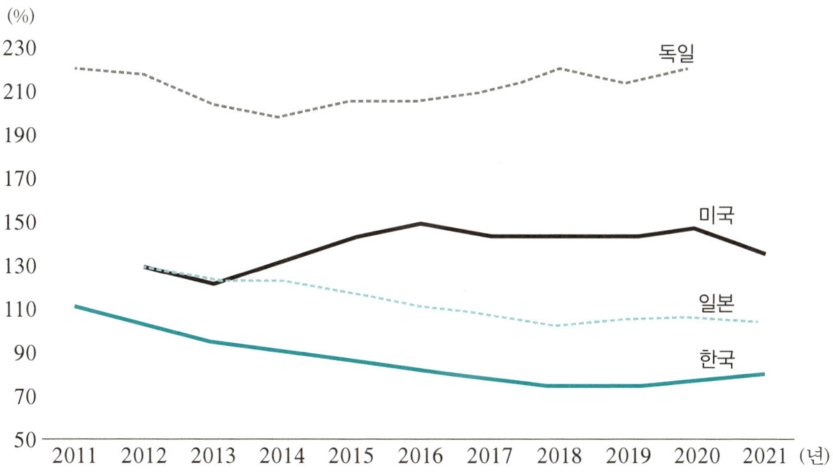

출처 : 한국은행 ECOS.

문에 부채 비율을 줄이는 것이 바람직한 정책이었다. 하지만 부채 중심 구조 하에서 은행 대출과 회사채 발행 시장을 통해 그나마도 작동하던 규율 체계가 무너지고 난 후, 본격적인 역할을 기대했던 시장 규율은 정착되지 못했다. 기업의 자기자본 비율이 높아지면서 파산 위험이 크게 낮아져 경영진의 대리인 문제가 심화된 것도 중요한 요인 중 하나일 것이다.

자본시장에서 기업의 자금 조달은 시장에서의 실시간 기업 정보 취득, 확산, 분석 및 유가증권의 발행 및 유통 가격 변동을 통해 기업 경영에 대한 실시간 경영분석, 정보 유통, 감시 체제가 작동할 때 효율성 달성이 가능해진다. 현재 은행을 포함한 여신 금융기관의 기업 경영 분석, 감시나 통제는 약화되었지만, 자본시장에서 기업 경영에 대한 적절한 통제 역량, 기능, 역할은 만족스럽지 못하다. 기업에 대한 재무적 증권투자의 리스크는 유한책임 하에 가격 하락으로 인한 손실 가능성은 있지만, 투자금 전체가 은행의 대출에 비해서는 비교할 수 없을 정도로 작게 쪼개져 있어 개별 투자자가 은행에 비해 기업 경영을 감시할 인센티브는 극히 작다. 유상증자 등을 위한 심사, 회사채 발행 등의 경우에는 상대적으로 모니터링이 강한 편이지만, 배당마저 무시한 채 단기적 시세차익을 노리는 유통시장 투자자가 기업 경

그림 5-6 KRX 유상증자 추이

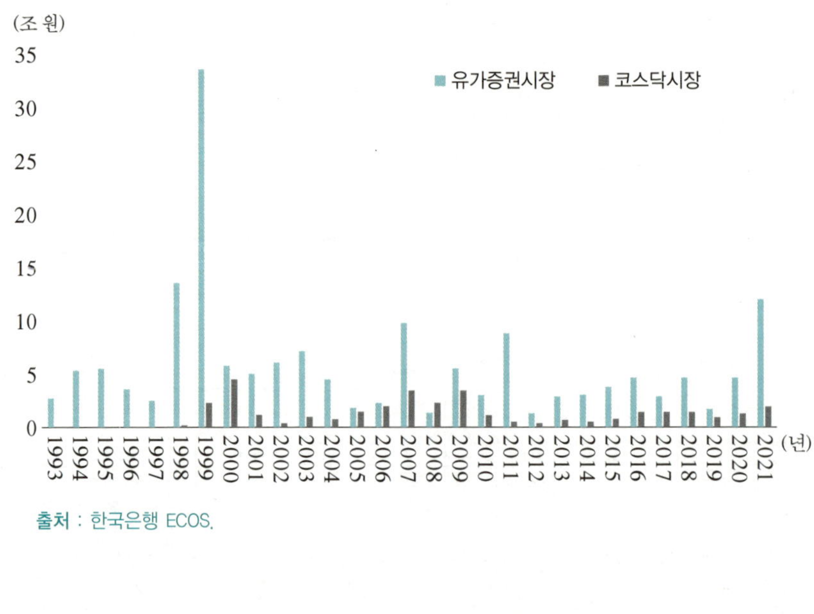

출처 : 한국은행 ECOS.

영에 대한 본격적인 모니터링 노력을 할 유인은 상대적으로 취약할 수밖에 없다.

주식 발행 시장에서도 기업부문의 자금 조달 수요가 상대적으로 축소되었다. 경제개발 시대에는 기업들이 항상 자금 부족 상태에 있었기 때문에 주식시장에서 자금 조달에 적극적이었다. 현재 주요 상장기업들의 유상증자는 최근 증가 추세지만 과거에 비하면 적으며, 시장 전체 대비 상대적 규모로 보면 극히 적은 수준까지 감소하였다.

은행 대출 부문과 유사하게 대마불사 기대가 여전하여, 자본시장 규율이 제대로 작동하지 않을 수 있다. 정부가 금융시장 안정을 과도하게 추구할 경우 주식 및 회사채 투자자에 대한 시장 규율 적용이 회피되고 구조조정이 지연된다. 민간이 부담해야 할 손실을 정부가 개입하여 부담할 것이라는 기대가 시장 규율을 훼손한다. 정부는 투자자의 자기 책임 원칙은 등한시한 채 사후적 보호 기능까지 하여 투자자의 손실을 사후적으로 공적자금으로 보상까지 한다면 자본시장의 규율 기능을 완전히 마비시키게 된다. 대규모 투자 손실 발생으로 인해 특정 주식 투자자와 투자기관의 생존 문제가 야기된 경우조차도 금융권 공동으로 손실을 흡수하는 방식으로 처리하지 않는 것이 자원배분 효율성을 확보하는 것이다. 사전적으로 투자자가 적절한 판단을 할 수 있도록 투자 자산에 대한 충분한 정보를 접하게 하는 제도를 시행하고, 정보 격차로 일반 투자자를 경제적으로 착취할 수 있는 가능성을 제거하고, 투자자가 자기 책임 하에 이해관계자와 공동으로 기업 투자 부실을 해결하는 체제나 법제를 제공하는 정도에서 정부의 역할은 그쳐야 한다.

주식시장에서 투자자를 보호하는 제도가 가격 발견을 저해하여 오히려 가격이라는 모든 정보가 집약되는 중대한 신호가 효율적 자원배분으로 이어지는 채널을 훼손할 수도 있다. 이는 장기적으로는 투자자에게 보호가 아닌 오히려 피해를 끼치는 일이다. 주식시장의 주가는 항상 효율적 가격으로서 신뢰받는 가격이어야 한다. 가격 발견에 저해가 되거나 신뢰 형성에 저해가 되는 요소를 제거하는 것이 정부의 중요한 역할이다.

대표적으로, 투자자를 보호한다는 미명 하에 가격 발견을 저해하는 규제가 공매도 금지나 가격제한폭을 포함한 소위 시장 안정화 장치 등이다. 2023년 말 정부는 주식시장 공매도를 전격 금지하는 조치를 취했다. 공매도는 가격 발견에 있어 중요한 기제이다. 가격제한폭도 마찬가지다. 한국 주식시장에는 가격제한폭 외에도 정적·동적 변동성 방지 장치까지 있다. 미국 주식시장에는 가격제한폭 제도가 없다. 가격제한폭 제도가 주가 변동성을 줄인다는 증거도 없다. 가격제한폭으로 인해 가격 변화만 지연될 뿐이며, 가격제한폭이 종종 주가 조작에 활용되기도 한다. 기존 상하 15%에서 2015년 상하 30%로 확대하기는 했지만 아예 철폐하는 것이 낫다. 정보나 전문적 지식이 부족한 개인은 가격제한폭 제도로 인해 주식 투자 위험을 과소평가할 수도 있다. 한국 주식시장에서 개인투자자 비중이 60%에 육박하는데 이는 과도한 수준으로 바람직한 시장 규율이 생겨나기에 좋은 환경은 아니다.

2000년 이후 한국 주식시장은 외국인 투자의 본격화, 펀드 투자(집합투자)의 활성화 등으로 투자 규모 및 투자자 구성이 선진화되는 양상을 보였으나 지나치게 큰 비중를 차지하는 개인투자자로 인해 심리적·정서적 투자 행태가 심화되는 현상이 나타난다. 주식시장에서 연기금, 펀드 등과 같이 운용 실적에 따라 보수를 받는 기관투자자의 비중이 클 때는 은행 수준의 모니터링 기능을 수행할 것으로 기대할 수 있다. 주식투자가 다수의 소액 개인투자자들에 의해 행해질 경우에는 정보 수집 및 접근, 분석 능력의 한계, 시간과 비용, 전문성을 필요로 하는 부실 처리 기능에 대한 무관심 등으로 인해 감시 기능은 약해질 수밖에 없다.

주식시장에서 주가 향방에 대한 정부의 입장은 중립적이어야 한다. 오를 주가는 오르고 내릴 주가는 내린다. 주가 상승만이 주식시장의 성공이 아니다. 그 주가가 높든 낮든 효율적 가격 발견이 실시간으로 이루어지는 것이 주식시장의 성공이다. 주가 상승 지향적인 정책은 배격되어야 한다. 그럼에도 종종 정부가 주도하여 주가를 부양한 사례는 꽤 많다. 물론 결과는 부양 실패이다. 시장 규율도 저해하고, 전 국민적 부의 배분 측면에서도 형평에 안 맞다.

한편, 주식시장의 가격 발견 기능을 완전히 무력화시키는 주가 조작, 배임·횡령, 분식회계, 풍문의 유포, 미공개 정보를 이용한 내부자 거래 등 법에서 정한 주식시장 범죄 행위에 대해서는 사전적으로도 적발 가능성을 높이고, 사후적으로도 적발된 범죄에 대해서 강력하게 처벌해야 한다. 이러한 범죄는 다수 투자자의 피해를 넘어 자원배분을 크게 왜곡하고, 시장 규율 나아가 자본주의 시장 원리의 근본을 훼손한다.

4.4 저성장 고착화와 미약한 구조조정

경제적 자원배분의 효율성 제고를 위해서는 금융기관(혹은 금융시장)이 수행하는 사전적·사후적 (기업)구조조정 기능을 통해 자원배분의 비효율성을 제거하는 시장 교정의 과정이 있어야 한다. 이러한 금융중개 기능마저도 정착되지 못하고 있다. 실물부문 성장의 결과에 따라 금융부문도 동반 고도화할 필요가 있었으나 그렇게 하지 못했다. 1997~1998년 위기를 전후한 시기에 다수 대기업 부실로 은행 등 주요 금융기관이 구조조정 되었고, 2000년대 들어 실물부문의 성장과 유리된 상태로 가계부문의 자산 투기용 자금 공급 업무에 집중하였다. 금융부문이 기

그림 5-7 한국 경제의 경제성장률 추이

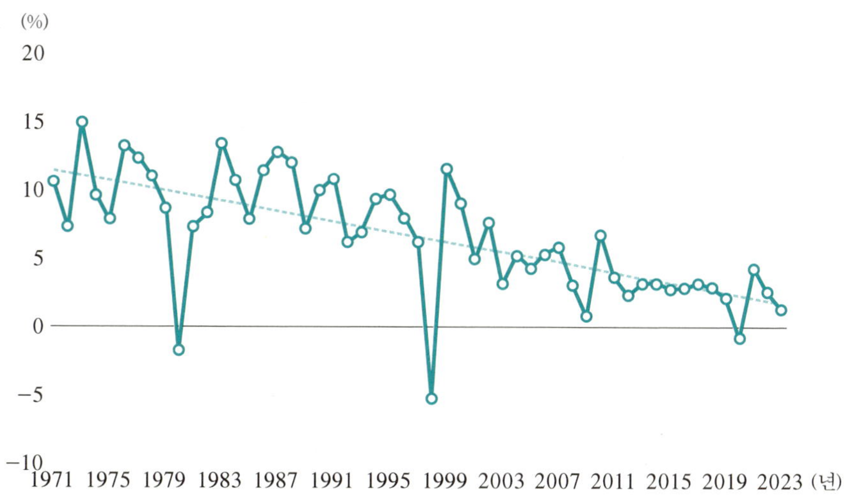

출처 : 한국은행 ECOS.

업부문의 자원배분 효율성 저하를 방지하지 못한 결과 실물경제 성장률은 글로벌 금융위기 이후 지속적으로 부진을 면치 못하고 있다.

주요국 경제가 설비투자 중심의 조립형 산업에서 부가가치가 높은 산업으로 급격히 진화한 반면, 한국 경제는 여전히 제조업 중심, 저임금 조립 중심 공장과 공정 운용 효율화 위주로 운영되고 있어 고용 문제를 고려할 때 정책적·선제적으로 사양산업을 정리하는 것이 정치적 이해관계로 인해 어렵다. 결국 민간 영역에서 스스로 산업구조 고도화를 추진할 수밖에 없으며, 이를 위해서는 금융기관과 금융시장 자율로 상시 기업 구조조정 체제를 갖추어야 한다. 기업 구조조정이란 부실화된 기업에 대한 사후적 정리만을 의미하는 것은 아니다. 기업의 비효율성 제거, 기업의 업종 전환, 기업의 인수합병 등 사전적인 의미까지도 포함하는 포괄적 개념이다.

아울러 금융기관과 금융시장 중심 기업 구조조정 체제의 활성화를 위해서는 지나치게 축소된 은행의 기업금융 기능과 민간 투자자의 손익 부담 구조를 정상화하여 공적 금융기관이나 정리금융기관이 과도하게 과정을 주도하고 손실을 부담하는 행태도 개선시켜야 한다. 은행이든, 자본시장이든 시장 규율에 입각한 기업 구조조정이 수행되어야 한다.

4.5 최대 금융시스템 위험요인이 된 가계부채

은행의 기업금융 분야 역할 축소보다 더 심각한 문제는 핵심 고객이 떠나고 난 빈자리를 생산활동을 하는 중소기업도 아닌 개인·가계의 투기 수요가 채우는 것이 일반화된 것이나. 개인·가계의 투기 수요의 대부분은 부동산에 몰려 있다. 이는 2024년 현재에도 한국 경제를 위협하는 가장 중대한 요소이다.

금융기관의 대체 고객이 은행 차입금으로 주거용 부동산을 매입하여 은행 대출 금리 이상의 수익이 가능하다고 믿는 불특정 다수의 개인·가계이기 때문에 부동산 가격의 하락은 개인 파산으로 그치지 않을 수 있다. 담보권 설정 및 대출 한도 등으로 은행의 부실화까지는 이어지지 않는다고 하더라도, 다수의 개인·가계 고객이 주거용 부동산으로 큰 손실을 입게 될 경우 소비나 건설 투자 축소로 금융기관의 미래 영업 환경은 심각하게 악화될 수 있다.

그림 5-8 한국과 미국 기준금리의 월별 추이

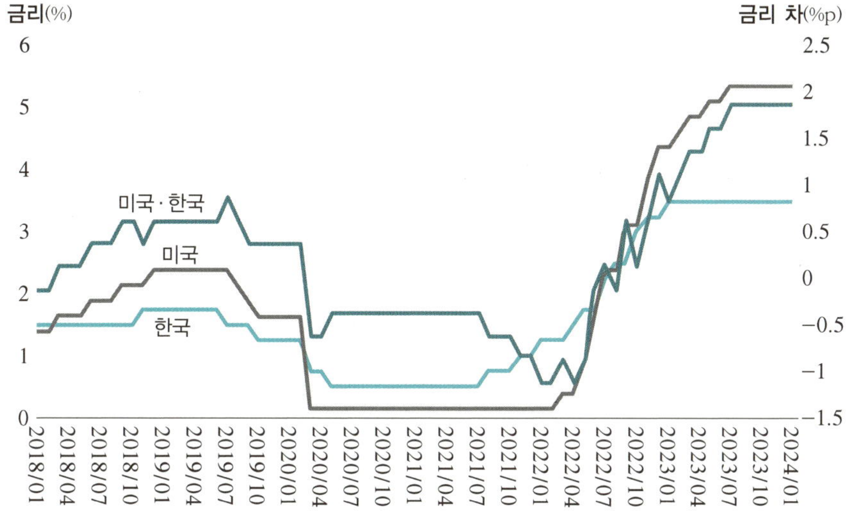

출처 : 한국은행 ECOS.

미국을 비롯한 전 세계적인 금리 인상 기조를 2024년 현재 한국은 따라가지 못하고 있다. 그 원인은 부동산 및 막대한 가계부채에 있다. 금리 인상으로 2024년 현재 침체 국면으로 접어든 부동산 경기를 더욱 악화시킬 수 있다는 정부와 중앙은행의 우려가 지나치다. 미국을 사후적으로 뒤따라가는 수동적 인상조차도 못하고 있다. 그 결과로 높은 수준의 인플레가 나타났다. 2023년 매 분기 전년 동기 대비 물가상승률은 4.6%, 3.3%, 3.1%, 3.4%였으며, 근원물가지수 상승률도 매 분기 3% 이상이었다.

2024년 현재에도 가계부채는 부동산 경기와 맞물려 한국 경제 최대의 뇌관임이 분명하다. 2022년 말 기준 GDP 대비 총 가계신용 잔액이 약 86%, GDP 대비 주택담보대출 잔액이 약 48%에 이른다. 2023년에도 가계신용과 주택담보대출 잔액은 꾸준히 상승하였다.

그림 5-9 M1, M2, 총 가계신용, 주택담보대출, 예금은행 주택담보대출, KB서울아파트 매매지수의 추이

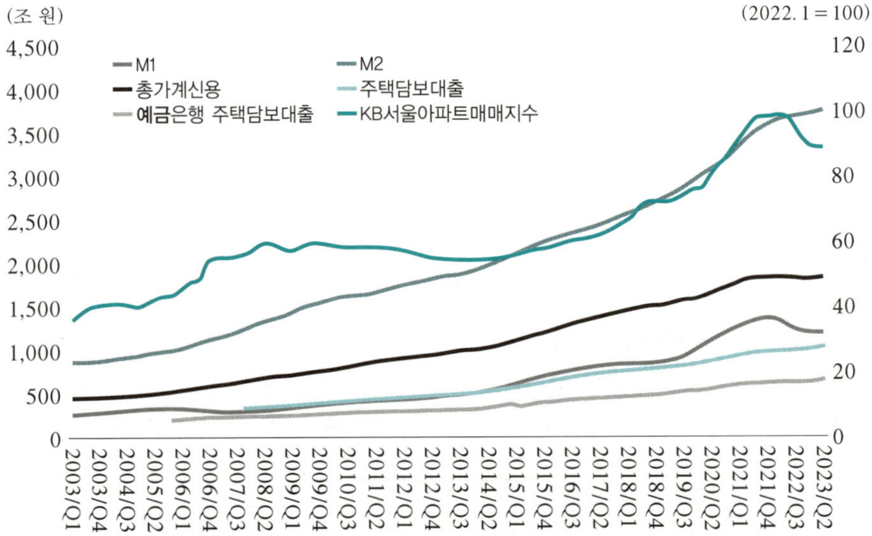

주 : 기말 잔액 기준.
출처 : 한국은행 ECOS.

부동산 가격의 급등과 은행의 막대한 주택담보대출 및 가계신용은 전자가 원인일 수도 있고, 역으로 후자가 원인일 수도 있다. 상호 인과하면서 악순환하는 관계일 가능성이 높다. 이에 2004년 1분기부터 2023년 3분기까지 총 79개 분기 시계열 자료로 5개 전기 대비 증가율 변수의 벡터[경제성장률, M1 증가율, M2 증가율, 총 가계신용 증가율, KB서울아파트매매지수 증가율]를 설정한 후 벡터자기회귀 모형 VAR(4) 기반으로 Granger(1969)의 그랜저 인과관계 검정Granger causality test을 실시하였다. 다음 〈표 5-1〉에서 보듯, KB아파트매매지수가 총 가계신용을 매우 유의하게 그랜저 인과하지만, 역의 방향으로도 매우 유의하게 그랜저 인과한다. 즉, 가계신용은 부동산 가격을 선행하고, 역으로 부동산 가격이 가계신용을 선행하는 것이다. 이 결과로부터 부동산 가격의 상승이 가계신용의 상승으로만 끝나는 것이 아니라 다시 악순환하면서 부동산 가격 상승을 이끈다는 것을 알 수 있다. 은행 및 금융기관의 가계·개인을 주 고객으로 하는 행태의 폐해로 부동산 가격이 급등하였다. 이는 다시 막대한 대출을 유발하고 다시 부동산 가격을 올리는 악순환으로 이어진다. 그 결과 현재 1년 GDP에 육박하는 가계신용이 한국 거시경제의 최대 위험요소이다.

표 5-1 VAR(4)에 기반한 그랜저 인과관계 검증 결과

원인변수	결과변수	카이제곱 통계량	*p*-값
M1 증가율	경제성장률	8.7888	6.70%
M2 증가율	경제성장률	4.4091	35.30%
총 가계신용 증가율	경제성장률	6.1633	18.70%
KB서울아파트매매지수 증가율	*경제성장률*	*11.508*	*2.10%*
경제성장률	M1 증가율	6.3493	17.50%
M2 증가율	*M1 증가율*	*11.562*	*2.10%*
총 가계신용 증가율	M1 증가율	9.5889	4.80%
KB서울아파트매매지수 증가율	*M1 증가율*	*21.128*	*0.00%*
경제성장률	M2 증가율	7.9641	9.30%
M1 증가율	M2 증가율	6.5374	16.20%
총 가계신용 증가율	*M2 증가율*	*26.959*	*0.00%*
KB서울아파트매매지수 증가율	M2 증가율	9.4257	5.10%
경제성장률	총 가계신용 증가율	2.7867	59.40%
M1 증가율	총 가계신용 증가율	11.59	2.10%
M2 증가율	*총 가계신용 증가율*	*29.133*	*0.00%*
KB서울아파트매매지수 증가율	*총 가계신용 증가율*	*15.764*	*0.30%*
경제성장률	KB서울아파트매매지수 증가율	5.373	25.10%
M1 증가율	KB서울아파트매매지수 증가율	6.878	14.20%
M2 증가율	*KB서울아파트매매지수 증가율*	*13.1*	*1.10%*
총 가계신용 증가율	*KB서울아파트매매지수 증가율*	*11.427*	*2.20%*

개인과 기업은 차주로서의 성격이 크게 다르다. 개인 고객은 스스로 부담하는 리스크의 크기와 특성을 이해하지 못하며, 그 관리 역량이 취약하다. 조직화된 경영 역량을 가진 기업 고객과는 다르다. 이러한 차주로서 취약한 개인·가

계를 상대로 기업부문 고객을 상대하던 방식으로 부동산 가격 상승에 편승한 이자 영업을 하고 있다는 것은 국내 은행의 성장 기반이 크게 훼손되었다는 증거이며, 지속적으로 낮아지는 ROA와 PBR과도 관련이 있다. 위기 시 은행의 대응능력의 기반은 주거용 부동산밖에 없고, 내수 고객 외에는 뚜렷한 대체 고객을 찾을 수도 없는 금융산업의 시장 기반 및 환경 요인이 단기간에 개선되기는 어려울 것이다.

5. 금융중개 기능 회복을 위한 개혁의 방향

5.1 금융중개 기능 고도화에 대한 시대적 요구

금융중개 기능 고도화의 방향성과 내용은 시대와 경기 상황에 따라 달라지므로 현재의 한국 경제와 금융을 거시·미시적으로 종합하여 강력한 금융개혁 계획을 수립하고 실행해야 한다. 과거 금융개혁보고서가 출간된 1997년부터 지금까지 약 27년이 지났으므로, IMF 체제 이후 지금 2024년까지 정착된 금융시스템, 금융산업, 금융시장, 자본시장과 기업부문 간 관계와 금융의 작동방식을 파악해야 한다.

금융기관이 기업으로서 생존을 확보하기 위해 수익성과 부실화 가능성의 두 가지 상충 관계 하에 선택을 해야 하는데, 이러한 선택이 시장 자발적으로 원활하게 작동할 경우 금융기관 스스로 수익과 안정을 추구하는 것이 실물부문에 대한 자원배분을 효율화한다. 금융중개 기능 고도화의 구체적 내용은 특정하기 어렵다. 국내외 자본을 결집하여 생산성이나 부가가치가 가장 높은 부문에 투하하여 스스로의 부실 가능성을 낮추면서 경제성장을 뒷받침하고 국민 복리 수준을 높이는 것이 포괄적인 의미의 금융중개 기능 고도화이다. 경기변동과 관련하여 경제위기를 겪고 있을 때는 금융 안정화가 금융중개 기능 고도화의 바람직한 모습일 수 있으며, 경제 침체기에는 자원배분 효율성 제고가 국민 경제 발전에 기여하는 금융중개 기능 고도화의 모습일 수 있다.

금융기관은 고객 없이 스스로 부가가치를 창출할 수 없으며, 거래 고객의 상황과 금융기관에 요구되는 기능은 연관성을 지닌다. 물론 글로벌 시장의 국제화된 금융기관은 한국 경제와 직접 관련 없는 영업 행태를 보일 수는 있으나, 이 경우에도 좀 더 다양한 형태의 고객 특성, 더 넓은 고객 선택 가능성이 있을 뿐 금융업이 고객의 상황(신용도, 자금 수요, 수요의 형태, 내용, 규모 등)과 무관할 수는 없다. 금융부문은 고객의 수요를 충족시키는 데서 존재의 이유를 찾아야 한다. 하지만 현실에서는 고객의 수요를 충족시키지 못하는 방향과 수준으로 금융부문의 의사결정이 이루어지기도 한다. 단기적으로 그럴 수 있는데, 한국의 1970~1990년대 시기에 정부의 주도적 역할로 인해 금융의 역할이 왜곡되었던 것처럼 중장기적 현상이 되기도 한다. 금융기관은 고객의 필요성과 무한정 괴리될 수는 없으므로 언젠가는 고객의 진정한 수요를 충족시키는 방향으로 수렴한다.

5.2 금융중개 기능 고도화 방향

저수익·저성장 또는 좀비라고도 불리는 한계기업이 명맥을 유지하는 가운데 자원배분의 효율성 저하와 경제성장 하락세가 고착되어 가고 있는 것이 현재 한국 경제의 중요한 구조적 문제이다. 이를 해결하기 위해서는 금융중개 기능의 고도화를 통해 금융부문이 기업부문의 자원배분 효율성을 사전적으로 확보하는 기능(심사 기능)과 사후적으로 유지하는 기능(구조조정)을 고도화(정상화)해야 한다. 그것이 한국 경제를 저성장 추세에서 탈출시키는 동력이다.

금융중개 기능 고도화를 위해 은행은 과도하게 축소된 기업금융 관련 기능을 회복해야 하고, 글로벌 기업화된 주요 대기업의 글로벌 시장 경쟁에서 동반자 역할을 수행해야 하며, 기업에 투입한 자본이 부실화될 경우 구조조정 영역에 적극 참여하여 부실화된 자산의 관리나 정상화를 주도해야 한다. 자본시장에서는 정보 열위의 투자자 보호와 공정한 경쟁을 위해 공시를 포함하여 정보 제공 기능이 강화되어야 하고, 다수 투자자를 기만하는 범죄는 엄히 처벌되어야 하며, 소액 주주든 적대적 주주든 주주의 권리는 동등하게 보호되어야 한다. 부실 발생 시 사후적으로 다수 투자자가 즉시 공동으로 기업 구조조정을 수행하는 기제가 작동하는 환경을 조성하는 것도 금융중개 기능 고도화의 모습이다.

하지만 1997~1998년 위기 이후 은행권이 리스크 관리 부담 기피를 통해 기업 구조조정 업무에서 사실상 완전히 벗어나 있기 때문에 금융시장 참여자들이 적극적으로 기업 구조조정 기능을 수행할 수 있는 구조나 환경은 여전히 요원하다. 주식시장에서도 기업의 경영 실패에 따른 손실이 다수의 투자자들에게 분산되어 개별 투자자의 손실 규모가 크지 않을 수 있어 은행의 대출채권 부실화와 달리 투자자가 배제된 상태에서 구조조정 과정이 진행되는 것이 일반적이다. 소규모 기업의 부실이 처리될 때는 개인투자자들의 부담을 축소하는 방향으로 기업 부실이 처리될 수 있지만, 금융기관의 손실 한도를 넘는 기업 부실이 일시에 발생할 경우 정보가 충분하지 않은 개인투자자는 기관투자자, 내부자, 대주주에 비해 상대적으로 많은 손실 부담을 하게 되는 불공정성이 발생할 수 있다. 주식시장이 비교적 원활하게 작동하지만 자본시장을 통한 부실 처리 경험 부족 및 대응방안 미비 등으로 대규모 부실 사태가 발생하면, 많은 시간이 소요되는 법원 중심 구조조정 과정에 맡겨지거나 시장 안정을 과도하게 추구하는 정부가 임기응변식으로 대응하고 있는 것이 현실이다.

금융부문이 경제 전체 자원배분 효율성 확보 기능을 원활하게 수행하게 하는 금융중개 기능 고도화의 핵심은 경제 환경 변화와 관련하여 금융기관과 금융회사의 장단기적 생존이 온전히 자기 책임 원칙에 의해 결정되게 하는 것이다. 다만, 금융기관의 자기 책임 원칙만을 강조하다 보면 금융기관이 단기적 생존 가능성 제고를 위해 자신들의 장기적 생존 기반을 훼손하는 행태를 보일 수도 있다. 그러나 금융부문이 실물부문과 별개로 수익성 확보가 가능할 수는 없다. 금융중개 기능의 고도화는 금융기관과 거래 관계에 있는 실물경제 주체가 자원배분 효율성 하에 성장을 향유하는 것으로 이어져야 한다.

결국 금융부문의 자본 투하 대상인 실물부문의 특성에 따라 금융중개기관이 수행해야 할 자원배분 효율성 확보 기능의 양상은 달라질 수 있다. 금융중개 기능 고도화의 방향은 이러한 변신과 기능 전환에 적절히 대응하도록 금융기관이 경쟁력을 갖게 하는 룰을 정하는 것이다. 금융 환경에 대응하여 금융부문에 요구되는 업무 내용, 전문성, 역량, 인프라의 변화를 수용하면서 금융기관이 생존 경쟁력을 높이는 것이 금융기관의 기능을 고도화하는 것이다.

금융시장 불안정성이 일상화되어 있고, 금융위기 발생 시마다 정부 지휘 하에 상당수의 기업과 금융기관이 퇴출되는 것은 장기적 자원배분의 효율성을 저해한다. 왜냐하면, 한 번 실패한 기업과 금융기관, 그리고 관련 시장을 다시 살리기 위해서는 과도한 비용이 소요되기 때문이다. 단기적인 변동성과 장기적인 추세를 적절히 감안하여 시장을 안정화시키면서 자원배분 비효율성도 제거할 수 있는 민간 주도의 시장 조정과 안정 기능이 필요하다.

5.3 시장 규율 정립을 위한 요건

정부의 시장 안정 역할은 필요 한도 내에서 최소한에 그칠 필요가 있으나, 어느 정도가 그 적절한 정도인지는 판단하기 어렵다. 현재는 중앙은행이 거시건전성 수단을 사용하여 시장 안정에 나서는 정도에서 최소한의 공감대가 형성되었다고 볼 수 있다. 정치적 이해로부터 자유롭지 못한 정부와 공공부문이 금융부문에 미시적 개입을 하는 것이 자연스럽게 받아들여질 경우 자원배분의 효율성 저하 및 경제성장률 하락 등은 국민 경제가 감당해야 할 비용이다. 정부의 기업 구조조정 시장 개입은 시장 안정 기능과 시장 효율성(과감한 구조조정 필요성)의 상충 문제 및 정책금융으로 인한 시장 왜곡 개선방안, 시장 안정과 시장 규율의 조화 등의 문제를 야기한다.

시장 안정과 경제적 효율성 확보를 위한 정부의 구조조정 기능상 적절한 균형적 역할이 무엇인지를 사전적으로 정하기는 어려우며, 결국 두 가지 기능에 대한 의사결정 경로와 주체를 분리·독립하여 견제와 균형 기능이 작동할 수 있게 하는 방법이 가장 구현 가능한 대안이다. 기능 분리에서도 시장 안정을 위한 거시적 수단 사용에 한정할 것이냐 미시적 개입을 허용할 것이냐의 선택의 문제가 있지만, 사전적으로 원칙을 정하는 것보다는 의사결정 주체의 식견, 지식, 경험, 예지 등에 의존하는 것이 오히려 현명한 선택일 가능성이 높다.

5.4 시장 규율이 작동하는 기업 구조조정 체제 정비

자본시장의 발행시장 기능 회복이 시장 규율을 통한 기업 구조조정 체제 정착의 요체일 수 있다. 하지만 주요 대기업이 과도한 자기자본과 내부 유보 현금을 충분히 보유한 상황에서 시장 규율 기반 기업 구조조정 시스템이 자리 잡을 가능성은 높지 않으며, 상시적인 시장 규율이 효과성을 지니기도 어렵다.

객관적으로 비효율적 투자안의 증거를 직접 찾기는 어렵지만, 전반적인 경제성장률 정체, 코리아 디스카운트가 지적되는 주식시장 등으로 미루어 볼 때 한국 경제의 부가가치 창출 영역인 기업부문의 역량은 낮다. 상속세, 법인세를 포함한 각종 세제 혜택, 정책금융 혜택, 보조금 혜택, 수출입 지원 등의 정부 조치만으로 기업부문의 국제 경쟁력이 확보될 수 있다는 일각의 주장은 시대착오적이다.

주요 대기업이 풍부하게 보유하고 있는 자기자본 혹은 현금을 적극적으로 투자할 전망이 없다면, 주주 배당이나 자사주 매입 등을 유도하여 신생·창업 벤처기업이나 소규모 기술 기업으로 자본이 이동하도록 하는 것이 바람직하지만 이를 강제하기는 어렵다. 10여 년 전 실시한 기업 소득 환류 세제가 큰 변화를 이끌어내지 못했다(Woo, Binh, and Byun, 2021). 2024년 진행 중인 정부의 주가 부양을 위한 밸류업 프로그램도 불필요한 개입의 산물이다. 대기업, 주주, 신생 벤처기업 모두가 유인합치적 공통 분모를 찾아야 할 것이다.

공적 금융기관이 손실이나 역할을 크게 부담하는 시장안정기구 방식 대신 저성과 기업의 지분이나 은행이 보유한 부실 채권을 시장가격으로 매입하여 구조조정 후 수익을 배분하는 KAMCO 방식 혹은 은행권 부실 채권 투자기구 방식을 활용하는 것은 바람직하다. 이때 가장 중요한 원칙은 부실화된 증권을 해당 기구가 최저가나 시장가로 매입하여 기존의 채권자나 투자자가 적정한 투자 손실을 부담하게 하는 것이다.

기업 구조조정 활성화를 위한 제도 및 인프라 개선방안으로는, 투자자의 신뢰를 받을 수 있고 신속하게 시장 개입에 나설 수 있는 KAMCO와 유사한 시장성 채무 매입 및 구조조정 기구의 설치, 기업 구조조정의 주체일 수도 있고 유동성 공급자일 수도 있는 사모 PEF의 활성화 등을 들 수 있다. 현재 KAMCO는 PEF에 출자하는 기업구조혁신펀드를 운용하고 있다. 외국 자본에 의한 기업 구조조정에 대해서도 개방적일 필요가 있다.

다만, 기업구조혁신펀드나 PEF는 대량으로 늘어나고 있는 중소기업 구조조정의 주체로는 적합하지 않으며, 주로 중견기업 이상의 부실 기업에 대한 구조조정을 수행한다. 중소기업 부실화에 대해서는 경영 정상화를 기대하는 구조조정 주체가 사실상 존재하지 않는다. 한계 중소기업에 대한 정부의 연명 자금 지원은 이제 과감하게 축소하거나 없애는 것이 바람직하다. 이러한 중소기업이나 소상공인에 대한 지속으로 늘어나는 정책자금도 시장 규율을 약화시키는 주요 원인 중 하나이다.

6. 향후 10년을 위한 제언

은행을 포함한 금융기관은 사업자 개인이든, 일반 개인이든 이들에 대한 대출 비중을 대폭 축소하는 대신 중소기업 및 대기업에 대한 은행 대출을 상당폭 확대하는 데 집중할 필요가 있다. 이를 위해 금융기관은 기업에 대한 심사 및 분석 능력을 높이고 경험을 축적해야 한다. 자본시장에서도 발행시장과 유통시장에서 기업에 대한 시장 자율적 규율에 기반한 모니터링 기능이 정상화되어야 한다.

개인·가계에 집중된, 그리고 부동산 가격에 연동된 은행 대출의 고객 및 리스크 구조를 정상화하고, 과도하게 축소되어 온 은행의 기업대출을 확대하여 기업 경영진의 대리인 문제로 인한 자원배분 효율성 저하와 경제 역동성 약화의 문제를 해소해야 한다. 금융산업이 장기적으로 성장하기 위해서는 기업부문의 부가가치 창출 역량 제고에 적극 기여해야 한다.

장기적 저성장이 전망되고 있어 자원배분의 효율화를 통해 성장률 제고가 필요한 상황에서 30여 년 전의 금융 안정 요구에 길들여진 공공부문이 선제적으로 금융 안정을 주도적으로 추구하는 행태는 지양되어야 한다. 앞으로는 기업 간, 금융기관 간 성과 차별화를 확대하는 방향으로 금융중개 기능의 고도화와 기업 구조조정 정책을 추진해야 한다. 기업부문과 금융부문의 안정을 과도하게 추구하고, 이를 위해 국책 정책금융기관이 시장 안정 기능을 제공하며, 시장금리에서 벗어난 정책금융 규모를 과도하게 유지하는 그간의 정책은 금융기관 간 경쟁을 억제하면서 자원배분 효율성을 떨어뜨린다. 정부의 구조조정 시장에 대한 무조건적이고도 지나친 개입은 시장 안정 기능과 시장 효율성(구조조정에 따른 자원의 재배분 필요성)의 상충 비용을 확대할 수 있으므로 정부 개입으로 인한 시장 기능 왜곡에 대한 개선이 필요하다.

한국 경제는 자본주의 시장경제 체제임을 주지하고 자기 책임이라는 기본적이고도 근본적인 원칙에 기반한 민간 주도, 시장 주도의 금융중개 기능, 기업 구조조정 기능, 사후적 중개 기능 활성화가 필요하다. 금융중개기관이 생존과 수익 확보를 위한 차주 모니터링과 정보 생산 기능을 소홀히 하여 자원배분 효율성이 약화되는 것을 방지해야 할 것이다. 공공부문과 정부가 금융부문에 미시적 개입을 하는 관행 하에서는 국민 후생과는 무관할 수 있는 정치적 이해로부터 자유로울 수 없다. 정치적 입장을 버리기 어려운 정부는 사전적·사후적 금융부문에 대한 개입 행위가 자원배분의 효율성 저하 및 경제성장률 하락 등으로 결국 국민 전체가 감당해야 할 비용이 되는 현실을 직시해야 한다.

CHAPTER 06

저탄소 경제 전환과 금융산업의 대응

정태용(연세대 국제학대학원 교수) · 이지윤(연세대 경영대학 부교수) · 문종우(한국환경연구원 부연구위원)

〈요약〉

저탄소 경제 전환은 화석연료 기반 경제에서 저탄소 혹은 무탄소 경제로의 전환을 의미하며, 금융부문에도 큰 영향을 미칠 것으로 평가된다. 기후변화로 인한 리스크는 자연재해로 인한 피해 등과 같은 물리적 리스크와 탄소 감축 정책, 저탄소 기술 발전 등으로 인한 전환 리스크로 구분된다. 저탄소 경제 전환은 금융기관에 리스크이자 새로운 기회를 제공할 수 있으며, 이미 금융기관은 저탄소 경제를 촉진하는 주요 역할을 맡고 있다. 녹색금융은 경제적 가치와 환경적 책임을 결합하는 새로운 금융의 형태로 떠오르고 있다. 금융규제기관은 기후변화 리스크 관리 및 전환을 촉진하고, 리스크 평가 및 공시 등 새로운 규제적 요구사항을 마련하는 등 적극적인 대응이 필요하다. 중앙은행도 기후 리스크 파악 및 대응을 위한 노력을 하고 있으나, 개입에 대해서는 상반된 입장이 존재한다. 금융부문이 저탄소 경제 전환에 적극적으로 대응하기 위해서 기후정보 공시 등을 통해 정보 비대칭성 완화, 스트레스 테스트를 통해 기후변화로 인한 금융 리스크 평가 및 대응, 새로운 녹색금융 상품 개발과 녹색투자 확대를 제안한다.

1. 서언

저탄소 경제 전환은 현재 화석연료 기반의 경제에서 탄소를 적게 배출하거나 배출하지 않고 경제활동을 할 수 있는 경제로 전환하는 것을 의미한다. 이는 2015년 제21차 기후변화협약 당사국 총회에서 합의한 파리협정의 주요 내용으로, 195개 협약 당사국은 산업혁명 이전과 비교하여 지구 평균온도 상승을 2도 미만으로 제한하는 것을 공동의 목표로 경제구조의 근본적인 전환에 합의하였다. 저탄소 경제로의 전환은 경제 및 기술적 요인, 정치·사회적인 이슈, 제도적 요인을 포함한 다양한 요인 및 제약조건에 달려 있으며, 기후금융도 하나의 중요한 요인이라고 할 수 있다(Pathak et al., 2022). 혁신 기술과 저탄소 에너지 시스템의 확대는 탈탄소화를 위한 실질적인 해결책을 제시하는 것이며, 새로운 기술의 개발과 적용을 위해서는 저탄소 기술에 대한 투자가 확대되어야 할 것이다.

이 장에서는 저탄소 경제 전환과 금융부문의 전반적인 대응에 대해 살펴보고, 향후 10년을 위한 제언을 제시한다. 2절에서는 저탄소 경제 전환 논의의 국제적 진행 과정을 소개하며, 기후변화가 가져오는 리스크와 금융부문에 미치는 영향에 대해 살펴본다. 다음 3절에서는 자본시장, 금융규제기관, 연기금 및 국부펀드, 중앙은행 및 국제기구 등 저탄소 전환을 위한 금융부문의 대응을 알아본다. 4절에서는 앞선 저탄소 경제 전환 논의와 금융부문의 대응 동향을 토대로 금융부문의 저탄소 전환 전략을 제시하며, 마지막 5절에서는 향후 10년간 금융부문이 저탄소 경제 전환을 위하여 나아가야 할 방향을 제안한다.

2. 저탄소 경제 전환의 의미와 금융부문에 미치는 영향

2.1 저탄소 경제 전환의 진행 과정

저탄소 경제 전환에 대한 논의는 환경오염 및 기후변화 이슈에 대한 국제적인 논의와 흐름을 같이 하고 있다. 1968년 로마클럽의 '성장의 한계' 보고서에서 환경오염으로 인하여 경제성장의 한계가 올 것을 강조하면서 국제사회의 환경 인식이 전환되기 시작되었다. 이후 1972년 첫 번째 UN 환경회의에서는 국제적으로 환경문제를 논의하고, 26개 원칙을 포함한 스톡홀름 선언을 발표하였다. 1979년에는 제1차 세계기후회의를 통해 글로벌 단위의 기후변화 데이터 수집에 대한 합의가 이뤄졌다. 1988년 기후변화에 대한 과학적 근거를 제시하는 기후변화에 대한 정부 간 협의체Intergovernmental Panel on Climate Change ; IPCC가 설립되어 기후변화에 대한 연구 및 논의가 본격화되었다. 1990년 제1차 IPCC 종합평가보고서는 기후변화의 과학적인 평가를 제시하고, 기후변화 대응의 필요성을 촉구하였다. 기후변화에 대한 과학적 연구에 기반하여 1992년 154개국이 참여한 UN 기후변화협약United Nations Framework Convention on Climate Change ; UNFCCC이 체결되어 온실가스 감축을 위한 국제사회의 기본적인 법적 프레임워크가 구축되었다. 1997년에는 제3차 기후변화협약 당사국 총회에서 온실가스 배출 규제를 구체화하고 배출량 제한을 명시한 교토의정서가 체결됨에 따라 국제적인 법적 구속력도 마련되었다. 교토의정서에 따르면, 2012년까지 선진국들은 온실가스 배출량을 1990년 대비 5.2% 감축하도록 합의하였다. 그러나 교토의정서에 따른 선진국의 온실가스 감축 약속은 이행되지 않았고, 개발도상국의 경제성장이 빠르게 이뤄지면서 선진국만의 온실가스 감축 의무만으로는 기후변화 대응이 어려운 상황이 되었다. 이러한 국제적 상황에서 기후변화협약 당사국들은 2015년 당사국 모두가 자발적인 온실가스 감축에 기여Nationally Determined Contribution ; NDC하는 계획을 통해 각국의 감축 목표를 설정하는 파리협정을 채택하였다. 지구 평균온도 상승을 산업화 이전 대비 1.5도 또는 2

도 이하로 억제하는 목표를 설정하고 5년 주기로 점검하기로 하였으며, 2020년부터 NDC 제출을 의무화하였다. 이어 2021년 제26차 기후변화협약 당사국 총회에서는 파리협정의 세부 이행규칙을 정한 글래스고 기후합의가 이루어져 국제 감축 실적의 이중 사용에 대한 절충안이 마련되었다.

국내 기후변화 대응 및 저탄소 경제 전환 논의는 우리나라가 1993년 UNFCCC에 가입하고, 1998년 제1차 국가보고서를 제출하면서 시작되었다. 당시에는 개발도상국의 입장에서 경제성장에 따른 온실가스 배출이 불가피하다는 국내 경제 여건을 강조하였다. 1998년 교토의정서에 비준하였으나 개발도상국의 지위로 온실가스 감축 의무를 지지 않았다. 교토의정서 합의에 따른 국가보고서 제출 이행에 대비해 1998년 '제1차 기후변화협약 종합대책'을 마련하고 미래 온실가스 배출을 최초로 전망하였다. 2001년 '제2차 기후변화협약 종합대책'을 통해 지구온난화에 대해 보다 진지한 논의와 대책을 마련하기 시작하였다. 2004년 '제3차 기후변화협약 종합대책'에서는 온실가스 저배출형 경제구조로의 전환을 촉진함과 동시에 부문별로 기후변화 완화 및 적응 조치를 마련하도록 하였다. 그러나 우리나라가 OECD 온실가스 배출량 증가율 1위 국가가 됨에 따라 3년 뒤 '제4차 기후변화협약 종합대책'에서는 적극적인 정책 전환의 필요성이 강조되었고, 친환경적 녹색성장, 부문별 온실가스 감축량 구체화, 범국가적 기후변화대책법 추진 등의 조치가 마련되었다. 이후 2009년에는 2020년 온실가스 배출 전망BAU 대비 30%의 감축 목표를 국제사회에 제시하고, '저탄소녹색성장기본법'(2011년)을 마련하였다. 저탄소녹색성장기본법에 따라 '제1차 국가기후변화적응대책'(2011), 온실가스, 에너지 목표관리제 실시 등 보다 적극적인 온실가스 감축 대응이 이뤄지기 시작하였다. 2015년에는 '온실가스배출권의 할당 및 거래에 관한 법률' 시행을 통해 배출권 거래제가 시행되었으며, '제2차 국가기후변화적응대책'을 수립하고, 국가의 자발적 기여로 2030년 BAU의 배출전망 대비 37%(국내 감축 25.7% + 국제탄소시장 활용 등 11.3%)를 감축한다는 목표를 제시하였다. 이어 2015년 파리협정을 비준함으로써 신기후체제에 동참였으며, '제1차 기후변화 대응 기본 계획' 및 '2030년 국가 온실가스 감축

기본 로드맵'을 마련하였다. 2018년에는 국가 온실가스 감축 목표를 유지하는 가운데 국내 감축분을 기존 25.7%에서 32.5%로 상향 조정하는 로드맵 수정안을 마련하였다. 2021년 '기후위기 대응을 위한 탄소중립·녹색성장기본법'이 제정되었으며, 2030년까지 2018년 대비 40% 감축하도록 NDC를 상향 조정하였다. 2023년에는 해당 법안에 따라 마련된 제1차 국가 탄소중립·녹색성장 기본계획이 수립되었다. 40% 감축 목표를 달성하기 위한 2030년 부문별 및 연도별 세부 온실가스 감축 목표를 설정하고, 중장기 온실가스 감축 정책과제를 제시하였다. 2050년까지 탄소중립 사회로 이행하고, 환경과 경제의 조화로운 발전을 도모한다는 내용의 국가 비전을 설정하였다는 점은 저탄소 경제로의 전환을 구체화한 것이라 할 수 있다.

저탄소 경제로 전환을 이루기 위하여 인프라 부문, 특히 에너지 부문의 투자가 필요하다. 현재 전 세계적으로 기후 문제를 다루기 위한 기후금융climate finance의 규모는 기록적인 수준에 이르렀다. 하지만 2도 이내로 지구 평균온도 상승을 억제하려는 목표 달성에 필요한 수준에는 크게 미치지 못하고 있다. 저탄소 전환을 위해 필요로 하는 투자 수준은 공급 측면의 에너지 시스템에 대한 투자만으로도 2016년에서 2050년까지 매년 1조 6,000억 달러~3조 8,000억 달러 수준에 이를 것으로 추산된다(Buchner et al., 2019). 파리협정에서 합의한 목표를 이루는 과정에서 발생하는 민간부문과 공공부문의 투자 및 금융은 각국의 거시경제에 상당한 영향을 미칠 것으로 예상된다. 파리협정에서 합의한 "낮은 온실가스 배출과 기후-탄력적인 개발 경로에 부합하는 금융"의 목표를 달성하기 위해서는 재정, 통화 및 기후 정책들이 완전하게 통합될 필요가 있다(UNFCCC, 2015). 39조 달러의 운용자산을 보유한 532개 투자자들도 각국 정부에 파리협정의 1.5도 목표 달성을 위한 행동의 중요성을 강조하는 성명서에 서명하는 등 움직임이 이어지고 있다(The Investor Agenda, 2022). 기후금융에 필요한 요소인 탄소 가격을 현실화하는 탄소시장에서도 전 세계적으로 활발한 거래가 이뤄지고 있다. EU, 캘리포니아, 뉴질랜드 등에서 배출권의 가격은 2022년에 사상 최고치를 기록하였으며, 파리협정 목표 달성을 위해 배출권 가격은 빠르게 상승할 것으로 전망된다(World Bank, 2022).

2.2 기후변화 리스크

기후변화는 자본시장에 영향을 미치는 새로운 리스크 요인으로 평가가 되고 있다. 구체적으로 기후변화로 인하여 생기는 리스크는 크게 물리적 리스크와 전환 리스크로 구분할 수 있다(Bank of England, 2015). 물리적 리스크는 지구의 기온이 상승하고 보다 높은 강도와 빈도로 발생하는 자연재해가 특정 지역의 생산성 변화를 야기하거나 재산의 손실을 초래하는 리스크를 의미한다. 이는 피해 자본의 신용위험을 높이고, 보험 손실을 높이는 등의 영향을 가져온다. 자연재해가 발생하여 가계에 재산 피해가 발생하면 부(-)의 자산 효과를 통해 소비가 감소할 수 있다. 기업의 보유자산이 감소하고 불확실성이 증대되면 기업의 투자도 위축될 수 있다. 글로벌 산업연관도가 높은 국가들의 경우 자연재해가 발생하게 되면 공급망 교란과 그에 따른 대외 경쟁력 약화 등으로 수출의 감소를 겪을 수 있다. 예를 들어 2021년 텍사스 지역의 기록적인 한파로 인해 전력 부족이 발생하며 반도체 공장 셧다운이 발생하였고, 그에 따라 차량용 반도체 공급 부족 심화 등 공급망 불안정이 매우 심해지기도 하였다(노현 외, 2021). 기온 상승과 이상 기상 현상은 태풍, 홍수, 가뭄 등 자연재해 발생에 따른 피해를 악화시킬 것이다(Fatica et al., 2022). 태풍과 같은 천재지변에 의해 산업 인프라 등 물적 자본이 파괴되며, 자본의 생산 여력이 약화되기도 한다. 온도 및 해수면 상승과 강수 패턴의 변화는 장기적으로 농·축·수산물의 수확량을 감소시킬 수 있다(Bucheli et al., 2023). 2022년 전 세계 자연재해로 인한 경제적 손실은 3,130억 달러에 달한다(AON, 2023). NGFS(2021)는 평균온도가 산업화 이전에 비하여 3도 상승할 경우 질병 등 인적 피해의 발생과 노동 여건 악화 등으로 노동생산성이 약 12% 하락하는 것으로 추정하고 있다. S&P Global(2022)은 한국 등 동아시아 국가들을 태풍 및 해수면 상승에 취약한 지역으로 보고 있다. IPCC의 대표농도경로Representative Concentration Pathway ; RCP 4.5 시나리오 하에서 한국은 홍수, 해수면 상승 및 태풍 등 물리적 리스크에 대한 GDP 노출도가 70% 수준이며, 폭염에 대한 인구의 노출도는 40% 수준으로 분석되었다.

열 스트레스의 경우 고령 인구의 질병 및 사망률을 증가시키며, 실외의 작업 능력을 감소시키고(Dawkins et al., 2023), 어린이들의 건강과 교육에 부정적인 영향을 가져올 수 있다(Wallenberg et al., 2023).

전환 리스크는 저탄소 경제 전환 과정에서 온실가스 감축 정책, 저탄소 기술 발전 등으로 인하여 실물경제와 금융부문이 마주할 수 있는 리스크이다. 다시 말해 전환 리스크는 실제로 발생한 기온 상승이나 기상재해로 발생하는 리스크가 아니라 저탄소 경제로의 전환 과정에서 발생하는 리스크이다. 온실가스 감축 정책, 저탄소 기술 발전 등은 실물경제 각 부문에 영향을 미치고 이는 고탄소 산업에의 노출이 큰 금융부문의 리스크로 연결될 수 있다. 온실가스배출권 거래제, 탄소세 등과 같은 시장 기반 정책 및 비시장 기반 정책으로 화석연료 사용에 따른 생산비용이 상승할 것이며 이로 인해 기업의 이윤이 감소할 수 있다. 이는 재화나 서비스의 가격 인상으로 이어져 기업의 투자를 위축시키거나 가계의 구매력을 저하시킨다. 이 과정에서 경제성이 있었으나 규제 도입 및 사회 인식의 변화로 인해 가치가 하락해 상각되거나 부채로 전환될 수 있는 자산인 좌초자산이 발생하는데, 이로 인해 특정 산업은 자금 조달이 어려워져 투자가 위축될 수 있다.

반면, 재생에너지 개발, 에너지 효율 증대 등 저탄소 기술 개발 가속화 및 탄소 포집·활용·저장 기술 등 온실가스 감축 관련 신산업이 확대되면서 새로운 성장동력으로 부상할 가능성이 있으며, 이런 기술의 발달은 사회가 저탄소로 전환하는 과정에서 예상되는 리스크의 충격을 줄여줄 것이다. 여기에는 정부 정책, 기술혁신, 소비자 정서 및 사회적 규범 변화와 같이 저탄소 경제로의 전환 과정에서 발생하는 영향이 포함된다(Bolton et al., 2020). 예를 들어 시장 기반 정책인 온실가스 배출권 거래제, 탄소세, 탄소국경조정세와 비시장 정책 중 직접 규제가 도입됨에 따라 기업 및 산업, 경제에 발생하는 리스크들이 대표적인 전환 리스크의 예시라고 할 수 있다. 또한 저탄소로의 전환은 기후 목표를 달성하는 것을 넘어 기술 발전 등에 따라 더 빠른 속도로 진행될 가능성도 있다. 저탄소로의 전환에서 중요한 역할을 하는 재생에너지는 이미 전 세계적으로 많은 지역에서 가장 저렴한 신규 발전원이며(IRENA,

2013), 낮은 이자율 등 거시경제적 조건과 학습 효과는 재생에너지의 균등화 발전비용Levelized Cost of Electricity ; LCOE[1]을 낮추는 데 기여하였다(Egli et al., 2018).

2.3 금융부문에 미치는 영향

기후변화는 기업의 점진적인 유동성 악화로 인한 채무 불이행률의 증가, 포트폴리오 재편에 따른 회사채 가격의 점진적 하락 등을 통해 금융 안정성을 악화시키는 등 자본조달에 영향을 미칠 수 있다(Dafermos et al., 2018). 정해진 기간에 대해 일관되고 명확한 저탄소 전환 관련 정책이 발표된다면 자산 가치의 조정이 원활하게 이뤄질 수 있으나, 갑작스럽고 예측 불가능한 정책의 변화는 자산가격의 변동성을 높이며, 금융 안정성을 저해할 수 있다(Battiston et al., 2017). 명확하고 신뢰할 수 있는 정책은 투자를 보다 청정clean하게 이끌어 탄소 배출량을 줄여 전환 리스크를 낮출 수 있다(Fried et al., 2022). Reboredo & Ugolini(2022)는 2013~2018 기간 동안 탄소 리스크 점수와 재무 성과를 분석하여, 유럽 및 미국의 상장기업 중 기후 전환 리스크 노출이 가장 낮은 기업이 재무적으로 더 나은 성과를 거두며, 유럽 기업들이 미국 기업보다 전환 리스크에 더 민감하다는 점을 발견하였다. 저탄소 경제로의 전환은 탄소 가격 부과 등으로 화석연료를 가치사슬의 중요한 투입요소로 활용하는 산업에 경제적 영향을 미칠 수 있다. 탄소 가격 부과 및 상승은 생산비용과 물가 상승에 영향을 미칠 수 있으며, 이는 투자와 소비를 감소시킬 수 있다. 좌초자산이 발생함에 따라 경제적 손실도 발생할 수 있다(Andersson et al., 2020). UNEP FI와 NIESR은 NiGEM 모델 시뮬레이션을 통해 탄소 가격의 급격한 상승이 이뤄지는 시나리오를 분석하였다. 시뮬레이션 결과 탄소 가격의 급격한 상승이 이뤄진 첫 두 해 동안은 탄소 가격의 급격한 상승이 없는 기존 정책 시나리오에 비해 GDP 성장률이 1~4%p 낮아지고, 인플레이션도 1~3%p 높아지는 것으로 나타났

1. 균등화 발전비용(Levelized Cost of Electricity) : 다양한 발전수단별로 발전수명 기간 동안의 순평균발전비용(이근대 · 임덕오, 2021).

다(UNEP FI & NIESR, 2022).

기존 화석연료 집약적인 시스템이 고착화됨에 따라 저탄소 전환을 지연 혹은 방해하는 탄소 고착carbon lock-in 효과는 저탄소 전환이 지연될수록 점점 더 심각한 문제가 될 수 있다(Seto et al., 2016). 탄소 집약적인 산업에서 높은 실업률이 발생할 수 있으며(Reinders et al., 2023), 산업 구조 및 투자의 변화는 기존 대출과 투자, 자본의 수요 및 공급을 포함한 금융기관의 리스크 프로파일에 변화를 가져온다. 2도 목표 달성을 위해서는 전 세계 화석연료의 상당 부분을 사용하지 않아야 한다(Millar et al., 2017). 이를 위해 정부가 구속력 있는 약속을 하면 화석연료 자산 자체뿐 아니라 화석연료를 생산 공정의 투입재로 활용하는 기업의 시장 가치도 급격히 하락할 수 있다. Diluiso et al.(2021)은 확장된 신케인즈주의New Keynesian 모형을 활용하여 유로 지역의 전환 리스크, 통화정책 및 금융규제의 영향을 분석하였다. 그 결과 적절하며 완만한 감축 경로를 통해 질서 있는 전환Orderly Transition이 이루어질 경우 그 비용은 적정 수준일 것이지만, 무질서한 전환Disorderly Transition이 이루어질 경우 인플레이션 변동성이 커질 수 있음을 제시하였다.

이와 같은 기후변화 및 탄소정책과 관련된 위험은 이미 자산가격에 반영되고 있는 것으로 보인다. 먼저, 탄소 관련 위험이 자기자본 조달 비용 및 투자에 중요한 영향을 미친다는 연구가 활발히 이루어지고 있다. 여러 해외 연구에 따르면 기업의 탄소 위험 노출 정도는 자기자본 조달 비용에 영향을 미치고 있으며(Sharfman & Fernando, 2008; Oestreich & Tsiakas, 2015; Bolton & Kacperczyk, 2021), 국내 기업을 대상으로 한 연구에서도 주식시장에 탄소 위험 프리미엄이 존재함을 발견하였다. 이들 연구의 결과는 탄소 위험이 주식의 가격을 결정하는 중요한 요인임을 시사한다(Park, Lee, & Park, 2023). 또한 기관투자자들은 환경 성과가 좋지 않은 기업의 주식을 매도하며, 특히 외국 기업의 주식을 매각하는 경향이 있음이 발견되었다(Bolton & Kacperczyk, 2021).

탄소 관련 위험이 타인자본 조달 비용에 미치는 영향에 대한 연구도 활발하다. 해외의 연구에 따르면 회사채 시장에서 탄소 위험이 높을수록 신용등급이 낮게 나타나고 발행 수익률이 높아져 채권 스프레드yield spread가 더 높게 나타난다(Chava, 2014; Capasso, Gianfrate, & Spinelli, 2020; Kabir, Rahman, Rahman, & Anwar, 2021; Seltzer, Starks, & Zhu, 2022; Venturini, 2022). 국내 기업을 대상으로 실시한 연구 역시 탄소 배출량과 부도거리Distance to default 간 음(-)의 상관관계에 바탕하여 탄소 집약도가 한국 기업의 채무 불이행 위험에 부정적인 영향을 미친다는 결과를 도출하였다(Park, Kang, & Lee, 2023). 한국신용평가가 2022년 발표한 ESG 위험의 분석에 따르면 탄소중립은 환경 관련 상위 리스크 유형 네 가지 중 하나에 해당되며, 탄소중립 리스크를 판단하기 위해 온실가스 배출량, 에너지 사용량, 저탄소 전환 대응 가능성, 저탄소 관련 정책 리스크, 금융기관의 경우 거래 상대방의 온실가스 배출량 및 에너지 사용량 등을 검토할 것이라 밝힌 바 있다. 이는 신용평가 관점에서도 탄소 리스크가 중요하게 고려되는 요인임을 시사한다(한국신용평가, 2022). 이처럼 탄소 배출과 관련된 위험은 이미 자산가격에 반영되어 있어 투자자에게 점차 중요한 영향을 미칠 것으로 예상된다.

3. 금융부문의 저탄소 전환 동향

전 세계 금융기관은 저탄소 경제로의 전환에 따른 변화를 직면하고 있다. 화석연료에 기반한 산업에서 벗어나 재생에너지와 지속 가능한 프로젝트로의 대규모 이동이 일어나고 있다. 이러한 변화는 금융기관들로 하여금 투자전략을 재조정하도록 만들고, 신규 금융상품을 개발하도록 자극하고 있다. 금융기관은 화석연료와 같은 고탄소 산업에서 벗어나 재생 가능 에너지 및 지속 가능한 프로젝트에 대한 투자를 확대해야 할 것이며, 기후변화로 인한 리스크를 신용평가와 리스크 관리 방법에 통합하는 작업을 이행해야 할 것이다. 이러한 저탄소 경제로의 전환이 금융기관의 안정성을 저해할 수도 있지만, 글로벌 금융기관에게 새로운 기회를 제공하기도 한다. 이미 녹색채권, 지속 가능한 대출 등의 새로운 금융상품이 등장하면서 금융기관은 저탄소 경제를 촉진하는 주요 역할을 맡고 있다. 이 절에서는 저탄소 경제로의 글로벌 전환이 금융기관에 미치는 영향을 설명하고, 이에 대응하는 금융기관의 움직임을 소개한다.

3.1 자본시장

환경 보호, 기후변화 대응, 지속 가능한 자원 관리와 같은 환경적 목표를 지원하기 위해 조성되는 금융자원을 의미하는 녹색금융Green Financing이 글로벌 금융시장에서 차지하는 위치가 점차 중요해지고 있다. 지속 가능한 발전과 환경 보호에 대한 국제사회의 관심이 증가함에 따라 녹색금융은 경제적 가치와 환경적 책임을 조화롭게 결합하는 새로운 금융의 형태로 떠오르고 있다.

녹색금융 시장은 녹색채권 시장, 녹색펀드 시장, 녹색대출 시장 등으로 구성된다. 녹색채권은 발행자금이 환경 개선 목적을 위한 녹색 프로젝트에 사용되는 채권이며, 녹색펀드는 펀드 구성에서 기업의 재무적 요소 외에 환경적 요소를 함께 고려하는 펀드로 주로 온실가스 배출 감소, 에너지 효율성 증대, 오염 물질 저감 등 환경 문제를 개선시키는 재화 또는 서비스를 제공하는 기업의 주식에 투자한다. 녹색대출은 친환경 노력의 성과가 우수한 기업을 대상으로 금리 및 한도 우대 혜택 등을 제공하는 대출이다(한국은행, 2021).

IPCC(2022)에 따르면 글로벌 녹색금융의 규모는 2013년 3,390억 달러에서 매년 연평균 9.5%씩 성장해 왔다. Climate Policy Initiative CPI(2021) 역시 총 기후 관련 재원이 지난 10년간 꾸준히 증가해 2019~2020년에는 6,320억 달러에 달했다고 밝혔다. 파리협정 이전에는 주로 공공기관이 그 주체가 되었으나, 파리협정 이후 민간의 참여가 급속도로 증가해 2020년 민간 녹색금융의 규모는 전체의 50% 이상을 차지하고 있다. 녹색금융의 61%(3,840억 달러)가 부채로 조달되었으며, 주식 투자는 전체 녹색금융의 33%로 2017~2018년 기간의 29%에서 소폭 증가한 수치이다. 보조금 금융은 360억 달러로 전체 자금 흐름의 6%를 차지했다. 산업별로는 태양광 발전과 육상 풍력이 재생에너지 금융의 주요 수혜 분야로 전체 감축 투자의

91% 이상을 유지했으며, 저탄소 운송이 가장 빠르게 성장하는 부문으로 2020년의 규모는 2017~2018년에 비해 평균 20% 이상 증가했다. 이러한 성장에도 CPI (2021)에 의하면 2030년까지 국제적으로 합의된 기후 목표를 달성하고 가장 위험한 기후변화의 영향을 피하기 위해 연간 기후 재정을 대폭 늘려야 하는 상황이다.

그림 6-1 2011~2020년 사이의 글로벌 기후 재정 흐름(격년 평균)

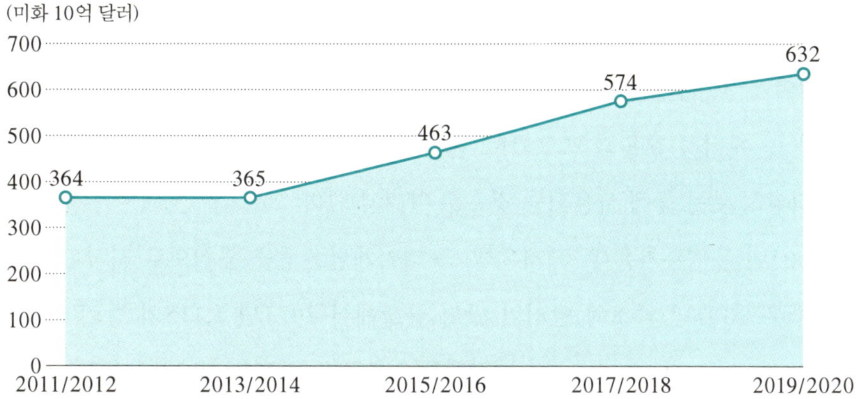

주 : 2020년 투자 수치는 추정치에 기반하였음.
출처 : CPI, 2021.

그림 6-2 수단별 기후금융(미화 10억 달러)

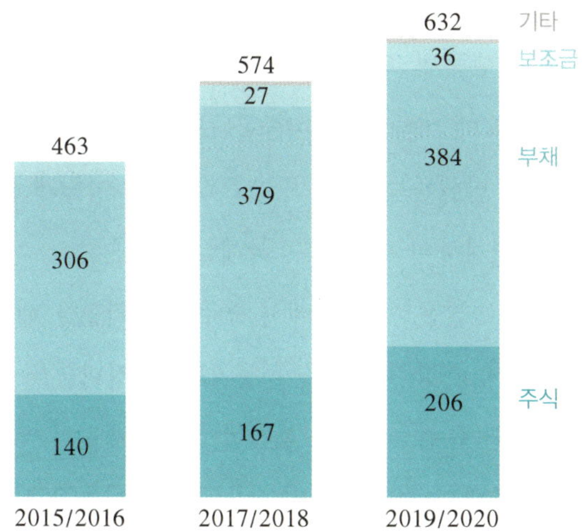

출처 : CPI, 2021.

녹색금융 시장의 대표적인 메커니즘은 녹색채권이다. 앞서 언급하였듯 녹색채권은 일반적인 채권과 달리 환경 친화적인 프로젝트나 친환경 이니셔티브에 자금을 조달하기 위한 목적으로 발행되는 채권이다. 전 세계 금융기관들이 녹색채권, 지속 가능한 대출, ESG 연계 파생상품 등 다양한 녹색금융 상품을 출시하며 저탄소 경제로의 전환을 촉진하고 있는 가운데, 녹색채권 시장의 급성장이 두드러진다. 이 시장은 기업과 정부가 지속 가능한 프로젝트에 자금을 조달하는 주요 수단으로 자리 잡고 있으며, 지난 14년 동안 기후변화 대응과 같은 중요한 환경 문제 해결에 필수적인 금융수단으로 자리매김했다. 녹색채권을 통해 조달된 자금은 주로 재생에너지 및 에너지 효율화 프로젝트, 운송부문의 온실가스 감축 프로젝트, 그리고 생물 다양성 부문 등에 사용되는 것으로 알려져 있다.

2007년 유럽투자은행, 세계은행 등 다자개발은행을 중심으로 시작된 녹색채권 발행은 2007년 약 8억 달러의 발행 규모에서 2021년 5,115억 달러(약 622조 2,398억 원)로 늘어났으며, 10년 누적액은 약 1조 4,000억 달러(약 1,703조 1,000억 원)로 집계됐다. 녹색채권은 공적 영역과 사적 영역에서 모두 증가했는데, 녹색채권 발행자는 2012년 공공기관이 대부분이었으나 2015년부터는 기업이 공공기관보다 시장의 성장을 이끌어 나가고 있다. 대외경제정책연구원이 2022년 발행한 보고서에 의하면 녹색채권의 발행 중 민간부문 발행이 전체 발행 건수의 77.9%, 발행 금액의 63.9%를 차지했는데, 민간 발행 중에서는 금융기관이 전체의 46.0%를 차지해 비금융기업 31.9%에 비해 높은 비중을 보였다(안지연 외, 2022). 최근에는 정부가 직접 녹색채권을 발행하는 사례가 늘고 있으며, 이렇게 조달한 자금은 정부 지출 관리 시스템과 연계하여 관리한다. 국제금융공사International Finance Corporation; IFC를 비롯한 금융기관들은 이 시장에서 중추적인 역할을 해왔으며, 녹색채권을 발행하고 투자함으로써 환경 지속 가능성을 금융 메커니즘을 통해 실현하고 있다(IFC, 2022). 국제기구와 유럽, 미국 등 선진국이 녹색채권의 발행을 주도하는 가운데 중국 등 신흥국의 발행도 증가하고 있으며, 국내에서는 2013년 한국수출입은행이 최초로 해외 녹색채권을 발행한 이후 국내외 공공기관과 민간기업이 2021년

10월까지 누적 435억 달러(약 52조 원)의 녹색채권을 발행했다. 향후 소비자, 투자자, 국제기구 등의 영향으로 이런 녹색금융의 발전이 가속화될 것으로 예상된다. 이는 금융기관에게 새로운 도전 과제이며, 동시에 새로운 기회가 될 수도 있다.

Reboredo & Otero(2021)는 미국 주식형 뮤추얼 펀드 포트폴리오에 포함된 기후 전환 리스크에 대한 정보를 활용하여 뮤추얼 펀드 투자자들이 낮은 기후 관련 전환 리스크에 노출된 펀드로 더 많은 자금을 할당한다는 점을 보여주었다. 이러한 위험이 펀드 흐름에 미치는 영향의 정도는 투자자들의 성과 기대치performance expectations와 펀드의 사회적 책임 및 지속 가능성에 따라 달라진다. Greenwood & Warren(2022)는 기후 리스크 관리 전략이 전통적으로 기후 리스크에 회피적climate risk-averse인 투자자들의 행동과 투자 프로세스를 효과적으로 해결하는 데 잠재력이 있다는 연구 결과를 제시하였다.

3.2 금융규제기관

저탄소 경제로의 전환은 금융기관에게 새로운 규제적 요구사항과 책임을 제시할 것이다. 이 규제들은 기후변화와 관련된 리스크를 관리하고 저탄소 경제로의 전환을 촉진하는 데 그 목적이 있다. 앞서 소개한 전환 리스크와 관련이 깊은데, 저탄소 경제 전환의 과정에서 자원배분이 효율적으로 이루어지도록 하는 방향으로 금융기관에 새로운 규제와 책임이 제시될 것으로 기대된다. 금융기관이 이러한 규제에 제대로 대응하지 못할 경우 기후 관련 리스크로 인한 손실을 겪을 수 있으며, 이는 금융기관의 신용등급 및 투자자의 신뢰도에 부정적인 영향을 미칠 수 있다.

금융규제 진화 과정의 예로 유럽중앙은행European Central Bank ; ECB이 기후 관련 리스크를 금융시스템의 안정성 평가에 포함시킨 것을 들 수 있다. 이러한 노력은 금융시스템이 기후 관련 리스크에 어떻게 노출되는지 추정하고, 은행부문 시나리오 분석을 업그레이드하며, 저탄소 경제 전환을 위한 금융의 발전을 모니터링하는 것을 포함한다.

앞서 설명했듯 금융기관은 탄소 배출이 많은 기업에 대한 대출 노출에 직면하고 있다. 일부 기업들은 공급망 전반에 걸쳐 많은 탄소 배출을 보이는데, 이로 인한 소비자 선호도의 변화 등은 금융기관에게 상당한 전환 위험을 초래할 수 있다. 물리적 위험과 관련하여 이상기후 및 자연재해로 인한 경제 손실은 유로 지역 GDP의 1%에 달했으며, 이러한 비용은 시간이 지남에 따라 증가할 것으로 예상된다. 물리적 위험에 노출된 기업들이 기후 관련 손상으로 인해 채무를 불이행하게 되면 이들 담보의 가치 손실 가능성이 증가한다. 유럽중앙은행은 이러한 위험들이 특정 부문, 지역 및 개별 은행에 집중될 수 있는 가능성을 제시하면서 이를 완화하기 위한 데이터 및 방법론적 격차가 해결되어야 한다고 강조하였다. 이런 현황에 비추어 볼 때 금융기관을 향한 저탄소 관련 규제는 점차 진화할 것으로 예상된다(European Central Bank, 2023a · 2023b).

미국의 재무부 산하 통화감독청OCC, 연방준비제도이사회FRB, 그리고 연방예금보험공사FDIC는 대형 금융기관을 대상으로 기후변화에 따른 재무 위험을 관리하기 위한 공동 지침을 발표한 바 있다. 이 지침은 기관들이 기후변화로 인한 재무 위험을 평가하고 관리하기 위한 포괄적인 프레임워크를 개발 및 실행하도록 한다. 기후 위험 평가를 위한 데이터와 모델링의 투명성과 정확성을 확보하고, 관련 정책 및 절차를 수립하도록 한다. 이와 함께 경영진과 이사회의 지원과 감독 하에 거버넌스와 리더십을 강화하고, 기후 관련 리스크 및 활동을 투명하게 공개하고 보고할 것을 요구한다. 잠재적인 기후변화 시나리오에 대비한 스트레스 테스트를 통해 금융기관의 탄력성을 평가하는 것도 이 지침에 포함된다.

유럽은행감독청EBA은 자발적으로 참여한 29개 은행을 대상으로 전환 리스크 노출exposure의 식별 및 정량화에 조점을 맞춘 분석을 수행하였다. 기후 리스크 매핑을 통해 은행 노출의 절반 이상[2]이 전환 리스크에 민감한 부문에 할당되어 있다는 점을 확인하였다(EBA, 2021). 2022년 유로 지역 투자자들의 포트폴리오를 분석

2. 해당 연구는 EU 기업에 대한 노출만 고려하였으며, 기후 관련 데이터가 부족한 중소기업은 제외함.

한 결과 펀드, 은행사, 보험사, 가계가 각각 12%, 5%, 15.1%, 12.3%의 전환 리스크에 노출되어 있는 것으로 나타났다(Alessi & Battiston, 2022). 프랑스 중앙은행의 금융안정보고서Financial Stabililty Review에서는 온실가스 배출량에 따른 기후변화 리스크에 대한 상대적인 취약성에 따라 경제활동을 각 부문 및 세부 부문으로 구분하는 네트워크 기반의 기후 스트레스 테스트 방법론(Battiston et al., 2017)을 발전시켜 기후 스트레스 테스트 방법론과 불확실성 하의 의사결정 이론을 결합한 '기후변화 리스크 관리 프레임워크CLIMAFIN'를 개발하였다(Battiston et al., 2019). CLIMAFIN을 유럽 보험회사의 국채 포트폴리오에 적용하여 기후변화 리스크 평가를 실시한 결과, 무질서한 전환이 보험회사의 국채 포트폴리오에 미치는 잠재적 영향은 중간 정도인 것으로 나타났다(Battiston et al., 2019). 영란은행Bank of England은 은행 및 기타 금융기관이 기후변화로 인한 금융 리스크에 어떻게 대응하고 관리하는지에 대한 평가를 실시하고 있다. 2018년 보고서에서는 영국 은행부문의 90%를 대상으로 설문조사를 실시하였다(Bank of England, 2018). 영란은행의 건전성 감독청Prudential Regulation Authority ; PRA은 금융기관을 위한 다양한 보고서와 지침을 발표하였다. 2019년에는 보험부문 기업이 대차대조표에서 기후변화가 부채 측면에 미치는 물리적 리스크를 평가할 수 있도록 Practitioner's Aid 문서를 발행하였다(Bank of England, 2019).

기후 리스크에 대한 데이터 마련, 평가 및 공시에 대한 필요성도 높아지고 있다. 예를 들어 Almeida & Lonikar(2021)는 모든 지속 가능성 요소를 총체적으로 평가하고, 스펙트럼 기반의 평가를 제공하며, 다양한 수단에 대한 영향을 측정할 수 있고, 투명한 모니터링 및 평가의 공개가 가능하며, 전 세계적으로 일관되고 비교 가능하며 신뢰할 수 있는 공시표준을 위한 프레임워크 및 플랫폼의 개발이 시급함을 강조하였다.

보험 및 금융 산업에서는 기상이변 및 기타 기후변화 관련 손실을 문서화한 데이터베이스가 보험 및 금융 산업의 위험 평가 및 관리에 적용되어 다양한 도구와 서비스에 활용될 수도 있다(MunichRE, 2018). 국제결제은행Bank for International Settlements(2021)에서도 기후 리스크 동인을 식별하고, 그 리스크가 은행에 미치는 영향에 대해 정량적 평가를 하기 위한 기후 관련 금융 리스크를 분석하는 접근법에 대해 더 많은 투자가 이뤄져야 한다는 점을 강조하였다. 이러한 접근 방법론에 대한 연구도 진행되고 있다. CLIMAFIN 방법론은 투자자와 금융기관이 시나리오 조정 리스크 지표와 모델(예 : 위험 기후 가치, 기후 확산, 기후 스트레스 테스트)을 통해 기후 리스크를 가격 책정 모델과 스트레스 테스트에 포함할 수 있도록 설계되었다(Monasterolo & Battiston, 2020). Bingler et al.(2022)은 1,565개 기업 표본을 대상으로 다양한 기업들의 기후 전환 리스크 지표가 수렴 혹은 분산되는지를 분석하였다. 해당 연구에서 기후 전환 리스크 지표가 전환 리스크에 가장 많이 노출된 것으로 평가되는 공급자들의 경우 수렴하는 경향은 있으나, 상당한 수준의 이질성을 보인다는 사실을 발견하였다. 또한 추정 방법론의 기초가 되는 지표가 선택한 시나리오 가정들보다 추정된 리스크 값에 더 큰 영향을 미친다는 점을 발견하였다. 마지막으로 동일한 공급자 내에서 (예를 들어 동일한 모델링 접근법을 사용하는 경

그림 6-3 EIB에서 활용하고 있는 기후 리스크 점수(물리적 및 전환 리스크)

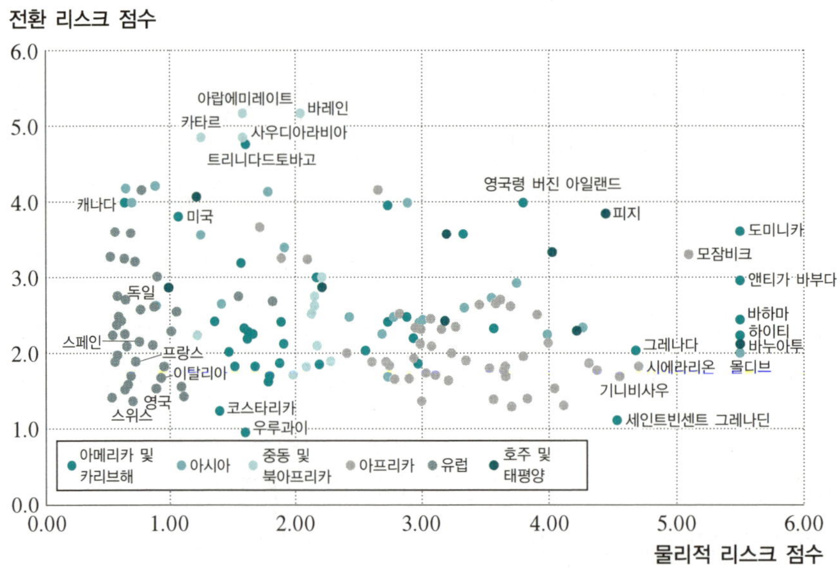

출처 : Ferrazzi et al.(2021).

우) 온도 목표가 낮을수록 위험 추정치가 증가하고, 기간이 길수록 위험 추정치가 증가하며, 질서 있는 전환 시나리오가 무질서한 전환 시나리오보다 낮은 위험 추정치를 제공한다는 것을 보여주었다.

EIB 그룹은 2022년 전체 대출의 58% 수준인 366억 유로를 녹색대출Green Lending로 조달하였으며, 총 녹색투자 규모는 2021~2022년 2,220유로까지 증가하였다(European Investment Bank, 2023). EIB는 국가 차원에서 기후변화 리스크를 평가하여 점수화하는 모델을 개발하여 활용하고 있다(Ferrazzi et al., 2021). 이러한 노력은 민간부문에 저탄소 경제로의 전환 시그널을 주는 역할을 할 수 있다.

3.3 연기금 및 국부펀드

연기금 및 국부펀드는 대규모 자금을 활용한 투자 운용 활동으로 금융시장에 큰 영향력을 끼치고 있다. 점차 많은 연기금 및 국부펀드가 저탄소 경제로의 전환을 위한 노력을 강화해 나가는 추세이다. 캘리포니아 공무원연금CalPERS은 석탄 채굴로 50% 이상의 수익을 창출하는 기업에 대한 투자를 금지하였으며, 이를 통한 누적된 긍정적인 효과(2022년 10월)는 5억 9,800만 달러에 달하는 것으로 추정한다(CalPERS, 2017·2023). 스웨덴 연기금 AP1은 2050년까지 탄소중립 포트폴리오를 목표로 화석연료에 투자하지 않기로 발표하였다(Forsta AP-fonden, 2020). Rempel et al.(2020)은 OECD 국가의 연금 기금이 관리하는 화석연료 자산의 규모를 조사하였다. 예를 들어 소수의 연금 기금만으로도 최소 79억 유로의 화석연료 자산을 관리하고 있으며, OECD 연금 기금 전체로는 238억에서 828억 유로에 이르는 것으로 추정된다. 이와 같은 연금 기금들은 화석연료를 줄이고 기후 목표를 달성하기 위해 다양한 조치를 취하고 있다. 이러한 조치에는 투자 포기, 직접적인 참여, 탄소 발자국 계산, '녹색' 대체 투자, 기후 지향적 연합 및 파트너십이 포함된다. 예를 들어 네덜란드의 ABP는 지속 가능한 투자를 증대시키고, 탄소 배출을 줄이는 목표를 설정했다. 일본의 GPIF는 ESG 지수와 관련된 투자를 활발히 진행하고 있으며, 특히 환경 관련 투자에 중점을 두고 있다. 그러나 현재의 조치들이 기후 목표 달성에 충분하지 않으며, 연금 기금들이 화석연료를 줄이기 위해 더 강력한 행동을 취해야 한다고 결론짓고 있다. 또한 연금 기금이 이러한 변화를 주도하는 것이 중요하다는 점을 강조한다.

World Bank(2020)에서는 완화 및 적응 부문의 기후금융 격차를 줄이기 위한 연기금의 역할을 강조하며, 연기금 시스템의 친환경화에 초점을 맞추고 기후에 부합된 투자 관행을 위한 데이터 기반 분석을 제시하였다. 기후 리스크 노출 정도를 나타내는 연기금의 기후 리스크 점수와 국가의 규제 매핑 및 점수를 통해 정량 및 정성적으로 연기금이 마주한 리스크 수준을 분석하였다. 기후 리스크에 대해 71개 국가에 대한 분석을 수행하였으며, 국가들마다 다른 취약성을 가지고 있음을 강조하였다. 규제 측면에서도 규제 프레임워크 및 규범에 대해 검토하고, 지속 가능한 투자와 관련하여 연기금에 적용되는 법적 특수성을 파악하여 데이터베이스에 매핑하였다. [그림 6-4]는 이러한 분석을 통해 국가별 기후 및 규제 리스크 점수를 비

그림 6-4 국가별 기후 및 규제 리스크 점수 비교

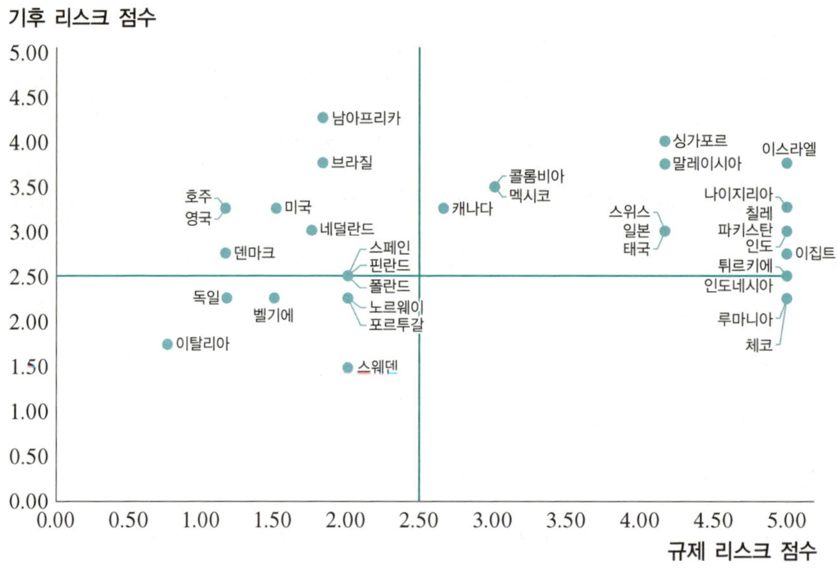

출처 : World Bank(2020).

교한 표이다. 또한 연금 감독 당국에 대한 설문조사를 통해 연기금에 대해 ESG 규제가 대체로 자발적으로 이뤄지고 있음을 발견하였다. 이러한 분석에 기반하여 적절한 수준의 자산의 해외 다각화international diversification를 허용하는 가이드라인 검토, 신탁업무에 대한 종합적인 정의 채택, ESG 리터러시 및 인식 구축과 지속 가능 금융 모범사례의 공유 및 채택 장려를 통해 기후금융에서의 연기금의 역할을 강화하도록 제안하였다.

Halvorssen(2021)은 노르웨이 국부펀드Government Pension Fund-Global ; GPFG의 윤리, ESG 위험 및 수익 관리 방식에 대해 설명한다. GPFG는 세계에서 가장 큰 연기금 중 하나로 윤리적 투자 결정과 ESG 목표를 재무적 수익과의 균형 있는 관리를 지향한다. GPFG는 다양한 ESG 관련 투자전략, 기업에 대한 적극적인 주주권 행사 방법, 기업 투자 배제 기준 및 접근 방식을 활용해 투자 운용 활동을 하고 있으며, 기후변화와 관련된 투자 위험 관리에 특히 중점을 둔다. 또한 GPFG의 투자 결정이 환경 및 사회적 책임에 어떤 영향을 미치는지에 대해 스스로 탐구하고 이를 공시하고 있다. 노르웨이 국부펀드에 관한 또 다른 연구인 Miglietta et al.(2023)은 환경 정책과 투자자들의 반응을 시간에 따라 분석하였다. 이 연구는 2006년부터 2021년까지의 데이터를 수집하여 기업들이 심각한 환경 위반, 온실가스 배출 수준, 열탄 처리 관련 이유로 기금 포트폴리오에서 배제될 때 주식 가격이 어떻게 변하는지 조사했다. 또한 2015년 파리 기후 협정 이후 투자자들의 환경 문제에 대한 태도가 어떻게 변화했는지 살펴보았는데, 연구 결과는 파리협정이 환경에 관심이 있는 투자자들의 행동에 영향을 미쳤음을 보여준다. Egli et al.(2022)은 유럽 연기금의 화석연료 투자 회수divestment 요인에 대한 분석을 수행하였다. 유럽 1,000대 연기금 중 약 13%의 연기금(운용자산의 33%)이 화석연료로부터 투자 회수를 하였으며, 대체로 석탄에 대한 철회를 약속하였으나 일부는 화석연료 전반에 대한 투자 철회를 약속하였음을 확인하였다. 해당 연구에서는 개방형 기금이 임직원 대상 기업 기금에 비해 투자를 철회할 가능성이 높음을 확인하였으며, 규모, 소유권, 시장경쟁을 투자회수 결정의 주요 결정 요인으로 분석하였다. 공공부문, 고객 유치를 위해 경쟁하는 개방형 기금의 경우 규모가 클수록 화석연료 투자 철회를 약속할 가능성이 높음을 제시하였다. 또한 강력한 기후정책이 화석연료 투자 철회 성명을 발표할 가능성을 높일 수 있다는 잠정적인 증거도 제시하였다.

3.4 중앙은행 및 국제기구

중앙은행이 저탄소 경제 전환에 개입하는 문제에 대해서는 상반된 의견이 존재한다. 독일 연방은행 등은 중앙은행의 예산 독립성과 평판에 부정적이며, 실제 정책의 효과가 작고, 투명성 문제, 시장 메커니즘 교란 등이 발생할 수 있다는 이유로 이러한 개입에 반대하고 있다. 반면 녹색금융협의체Network for Greening the Financial System ; NGFS, 국제통화기금International Monetary Fund ; IMF, 국제결제은행Bank for International Settlements ; BIS 등 금융 관련 국제협의체 및 국제기구들은 저탄소 경제 전환 과정에서 금융부문의 역할에 주목하며, 중앙은행 및 감독기구가 기후변화에 대응할 필요성이 있음을 강조하고 있다. 기후변화에 대응하기 위한 탄소중립 전환 과정에서 나타나는 전환 리스크는 중앙은행의 책무인 물가 안정 및 금융 안정에 지대한 영향을 미칠 가능성이 있으며, 기후변화는 장기 성장 기조와 물가 안정에 영향을 미칠 가능성이 높기 때문이다. 따라서 통화정책 체계에 기후변화 요소를 반영하고 적극 대응하는 등 중앙은행의 역할이 중요하다는 것이 개입에 찬성하는 입장이다.

최근에는 물리적 리스크와 전환 리스크로 인해 금융 및 가격 불안정이 야기될 수 있다는 우려도 높아지고 있다. 예를 들어 물리 및 전환 리스크는 은행 위기banking crises의 빈도를 높일 수 있으며, 부실 은행을 구제하기 위한 재정적 부담을 높일 수 있다(Lamperti et al., 2019). 이에 따라 중앙은행과 감독기관이 기후변화에 대응하는 것이 필요하다는 인식이 확산되고 있다. 이미 많은 중앙은행과 금융감독기관들은 기후 리스크에 대응하기 위한 협력을 이어가고 있으며, 이러한 차원에서 2023년 11월 24일 현재 129개 회원국과 21개 옵저버로 구성된 NGFS가

운영되고 있다. NGFS는 중앙은행과 금융감독기관으로 구성된 자발적인 그룹으로, 모범 사례를 공유하고 금융부문의 환경 및 기후 리스크를 관리하는 것에 기여하며, 녹색 전환을 지원하는 데 필요한 금융을 조달하는 것을 목표로 하고 있다. 회원들은 기후 관련 리스크가 금융 리스크의 요인 중 하나라는 점을 인식하고 있다. NGFS는 중앙은행과 금융감독기관을 위해 다음의 4가지 권고사항을 제시하였다. ① 기후 관련 리스크를 금융 안정성 모니터링 및 미시적 감독micro-supervision에 통합, ② 지속 가능성 요인들을 자체 포트폴리오 관리에 통합, ③ 기후 리스크 평가를 위한 관련 데이터 공유를 통해 데이터 격차 해소, ④ 역량 강화 및 기술 지원과 지식 공유 촉진(NGFS, 2019).

다만, 중앙은행은 금융 및 물가 안정 유지라는 본연의 임무를 넘어서서 영역을 확장하는 것에 신중을 기하고 있다. NGFS에서도 중앙은행이 다른 참여자(정부 및 민간)의 역할에서 불충분한 부분을 대신할 수 없으며, 대신해서도 안 된다고 주장한다. 또한 중앙은행과 감독기관은 중립적이고 독립적인 역할을 수행해야 하며, 정치권과 거리를 유지를 하는 것이 중요하다는 점도 강조한다(Hansen, 2021).

중앙은행은 기후 리스크를 파악하고 대응하기 위한 노력을 하고 있다. 일본 중앙은행은 금융기관이 기후 관련 금융 리스크를 파악하고 관리할 수 있도록 지원할 의사를 밝혔으며, 금융기관이 이러한 리스크를 해결하기 위해 노력하는 과정에서 현장 점검과 외부(off-site) 모니터링을 하는 등 금융기관과 협력하고 있다. 일본 중앙은행은 경제활동과 물가, 금융시장, 금융시스템 전반에 미치는 영향 등 기후변화의 경제적 영향에 대한 분석을 심화하고 있다(Bank of Japan, 2021).

한국은행Bank of Korea ; BOK은 금융시스템 감독에 기후 리스크 분석을 통합하고 있다. BOK-기후 스트레스 테스트에서는 한국이 시행 중인 배출권 거래제에서 탄소 가격 상승에 따른 기업의 생산 비용 변화를 계산하였다. 그 결과 전환 리스크로 인한 2050년 GDP 손실은 2020년 GDP의 2.7%(2도 시나리오)~7.4%(1.5도 시나리오)에 이르는 것으로 추정되었다. 연평균 GDP 손실은 0.09%(2도 시나리오)~0.25%(1.5도 시나리오)로 나타났다. 1.5도 시나리오에서는 탄소 집약적 산업의 온실가스 배출 한계저감비용이 급격히 증가하여 2040년 이후 GDP 손실이 급격히 증가하는 것으로 나타났다(Bank of Korea, 2021). 이와 같이 중앙은행과 금융감독기관들은 기후 스트레스 테스트를 위한 시나리오를 설계하기 시작하였으나 기후 리스크의 불확실성, 비선형성, 내생성 등으로 인하여 기후 리스크가 금융 안정성에 미치는 영향에 대한 완전한 방법론은 여전히 부족한 상황이다(Battiston et al., 2021c).

기업에게 기후 관련 금융 정보를 제공하도록 권장하는 기후변화 관련 재무정보 공개 협의체Task Force on Climate-related Financial Disclosures; TCFD의 가이드라인 역시 금융기관에 적용될 미래 규제의 내용을 엿볼 수 있게 해준다(TCFD, 2017). TCFD의 가이드라인은 기업, 특히 금융기관에게 기후변화와 관련된 위험과 기회에 대한 정보를 더욱 투명하게 공개하도록 요구한다. 이런 정보 공개는 투자자와 이해관계자에게 중요한 정보를 제공하며, 기관이 이러한 위험을 어떻게 관리하고 있는지에 대한 인식을 높일 수 있다. 또한 금융기관은 자체적인 기후 관련 리스크 평가와 관리 전략을 개발하고 실행해야 하는데, 이는 은행, 보험사, 투자기관 등에 적용되어 기후변화로 인한 재무적 영향을 평가하고 완화하는 데 도움을 줄 것이다. TCFD 프레임워크는 금융기관이 장기적인 전략적 계획에 기후변화를 통합하도록 유도하는데, 이는 저탄소 경제로의 전환을 촉진하고 장기적으로 지속 가능한 성장을 위한 기회를 식별하는 데 도움이 될 것으로 기대된다. 위의 가이드라인 및 지침들은 저탄소 경제 전환에서 금융기관에 대한 규제가 점차 진화할 것이며, 특히 위험 관리와 투명성 강화 및 장기적 전략에의 반영이 중요함을 시사한다. 이렇듯 산업구조 변화 및 새로운 규제의 등장으로 인한 금융기관에의 저탄소 경제 전환 관련 위험은 기존의 신용 평가 및 리스크 관리 모델에 큰 영향을 미칠 것이다.

정부 및 중앙은행의 금융 부양책들은 녹색 전환을 가속화할 수도 있다(Barbier, 2020). 중앙은행이나 금융규제기관들은 저탄소 배출 금융을 활성화하는 최후의 수단으로서 좌초자산의 시스템 리스크를 낮추고, 준비금 요건을 차별화하며, 준비금 통화를 다각화하도록 탄소 기반 통화 수단carbon-based monetary instruments들도 활용할 수 있다(IPCC, 2018). IPCC 6차 평가보고서에서도 통화정책 및 경기부양을 위한 정책에 기후금융을 포함시키는 것을 거시경제적 기후 대응의 요소 중 하나로 고려해야 하며, 녹색 양적 완화가 전환을 가속화하는 역할을 할 수 있다고 제시하고 있다(Kreibiehl et al., 2022)

4. 금융부문의 저탄소 전환 전략

4.1 정보 비대칭성 완화

녹색금융이 원활하게 운영되기 위한 필수 조건은 정보 비대칭성의 완화이다. 기업과 기관의 환경 성과를 금융에 반영하기 위해서는 기후 리스크 및 기후 대응 성과를 측정할 수 있어야 하는데, 이를 위한 방법 개발 및 필요한 정보의 마련이 필수적이다. 기후 리스크와 관련된 정보 비대칭성 완화의 일환으로 나타나고 있는 전 세계적인 추세는 기후정보 공시의 의무화이다. 투자자들은 기후변화가 기업의 재무 성과에 어떤 영향을 미칠 수 있는지에 대한 보다 투명한 정보를 요구하고 있으며, 이에 따라 기후변화 관련 재무정보 공개 협의체TCFD와 같은 다양한 보고 표준 및 가이드라인이 개발되고 있다. 전 세계 금융기관 역시 기후 관련 위험에 대한 노출을 공개하는 데 점점 더 집중하고 있다.

앞서 소개한 기후변화 관련 재무정보 공개 협의체는 기업이 기후 관련 정보를 금융시장에 공개하는 것을 촉진하기 위해 설립된 그룹으로, 기업이 기후 관련 위험에 대한 정보를 공개하고, 기후변화로부터의 기회를 식별하도록 돕는다. 국제지속가능성기준위원회International Sustainability Standards Board ; ISSB 역시 글로벌 지속 가능성 공시 표준을 마련 중이며, 2023년 6월에 Scope 1, 2, 3 전체의 탄소 배출량 공시 최종안을 공표하였다. EU 역내외 기업에 적용되는 지속가능성공시지침Corporate sustainability reporting directive ; CSRD은 Scope 1, 2, 3 모두의 탄소 배출 공시를 의무화하였다. 우리나라 정부도 2025년에 자산 규모 2조 원 이상 코스피 상장사부터

ESG 공시를 의무화할 예정이다.

해외의 기관투자자들은 Climate Action 100+와 같은 이니셔티브에 가입하여 활동하고 있으며, 기업들에게 기후변화 대응을 위한 거버넌스 구축, 온실가스 배출량 억제, 기후 관련 공시 강화 등을 지속적으로 요구하고 있다(Krueger, Sautner, & Starks, 2020). 탄소 관련 위험이 기업의 자본조달 비용에 미치는 부정적인 영향은 기업이 탄소 배출량을 적극적으로 공시하거나 관련 이니셔티브에 참여하는 등 환경 리스크를 전략적으로 관리할 경우에 완화된다는 결과가 발표되었다(Matsumura, Prakash, & Vera-Munoz, 2014; Jung, Herbohn, & Clarkson, 2018). 이런 연구 결과에 기반할 때 금융기관도 포트폴리오의 탄소 배출량을 공시하는 등의 노력을 해야 할 것이다. 이러한 공시는 투명성을 증가시켜 투자자 신뢰를 강화할 수 있으며, 이를 통해 기후 관련 위험을 더 잘 파악하고 관리함으로써 장기적인 재무 안정성을 증진시킬 수 있다. 또한 기후변화와 관련된 법률 및 규제 준수에 도움이 되며, 지속 가능한 투자 기회를 발굴하는 데 기여할 수 있다. 이와 함께 소비자 및 비즈니스 파트너와의 관계를 강화하여 브랜드 가치와 시장 입지를 개선할 수 있다. 더불어 금융기관 자체적으로 그린워싱을 방지할 수 있는 거버넌스 체계의 마련도 필수적이다.

4.2 스트레스 테스트를 통한 위험 평가 및 대응

금융기관의 리스크 관리 대응에 대해서는 국제결제은행 산하의 바젤은행감독위원회BCBS가 발표한 "기후 관련 금융 리스크의 효과적인 관리 및 감독 원칙(2022년 6월)"을 우선적으로 참조할 수 있다(BCBS, 2022). 이에 따르면, 모든 금융기관은 기후변화 위험에 대응하여 여러 조치를 취해야 한다. 은행은 자신의 규모나 복잡성, 비즈니스 모델에 상관없이 기후변화로 인한 금융 리스크에 노출될 수 있으며, 이는 전통적인 금융 리스크 범주 안에 들어갈 수 있다. 물리적 리스크와 전환 리스크는 이미 분명해지고 있지만, 이러한 리스크의 구체적인 영향은 다양한 시간대에 걸쳐 나타날 수 있으며, 시간이 지남에 따라 악화될 가능성이 있다. 따라서 금융기관은 리스크 관리 역량을 신중하고 역동적으로 개발해야 하며, 이사회와 고위 경영진은 기후 관련 금융 리스크를 장기적으로 고려하여 이를 위한 적절한 자원을 배분해야 한다. 이 보고서에 따르면 중대한 기후 관련 재무 리스크는 금융기관의 사업 전략 및 리스크 관리 프레임워크와 통합되어야 하며, 이사회와 고위 경영진은 기후 관련 금융 리스크에 대한 책임을 구성원 또는 위원회에 명확히 할당하고 효과적인 감독을 수행해야 한다. 또한 기후 관련 금융 리스크를 식별하고 정량화해야 하며, 스트레스 테스트를 포함한 내부 자본 및 유동성 적정성 평가 프로세스에 이를 통합해야 한다.

금융기관들은 이미 스트레스 테스트를 실시하여 다양한 기후변화 시나리오를 예측하였으며, 이에 따른 대응전략을 수립하고 있다. 스트레스 테스트는 은행이 환경 위험에 대한 내구성을 강화하고, 변화하는 시장 환경에서도 경쟁력을 유지할 수 있도록 하는 중요한 도구이다. 은행은 이때 저탄소 경제 전환 관련 위험을 반영하고 환경적 지속 가능성을 추구하는 동시에 관련 위험에 선제 대응해야 한다. 급격한 기후변화, 자연재해의 증가, 탄소 배출 규제의 강화 및 기술 발전에 따른 산업구조 변화와 같은 요소를 고려해야 할 것이며, 이들 변수들이 금융 포트폴리오에 미칠 영향을 분석함으로써 신용 위험, 시장 위험, 유동성 위험 등이 어떻게 변화할 수 있는지 이해해야 한다.

보다 구체적으로 은행 등 금융기관은 탄소세 도입 및 세율 변화, 배출권 거래제 도입 및 여건 변화와 같은 경제적 가정 하에 발생할 수 있는 에너지 비용 상승, 재생 가능 에너지로의 전환 등의 장기적인 영향을 가정하여 시나리오를 만들어야 한다. 또한 국제 정세를 고려한 시나리오를 작성해야 한다. 국제 정세 및 지정학적 위험은 전 세계적인 에너지 시장, 투자 패턴, 그리고 기후정책의 방향성에 영향을 끼칠 수 있기 때문이다. 국제 정치적 긴장은 에너지 공급의 안정성에 영향을 미치며, 이는 재생 가능 에너지로의 전환을 가속화할 수 있다. 예를 들어 화석연료에 대한 의존도가 높은 국가들은 지정학적 불안정성으로 인해 에너지 안보 위험이 증가하면서 재생 가능 에너지로의 전환을 서두를 것이다. 지정학적 리스크는 국제 협력에 영향을 미치며, 이는 기후변화 대응을 위한 글로벌 이니셔티브의 효율성에 중대한 영향을 끼친다. 국가 간의 긴장은 기후변화 대응에 필요한 협력과 자원 공유를 방해할 수 있을 뿐만 아니라 투자 결정에 영향을 미치며, 이는 저탄소 기술 및 인프라에 대한 투자를 방해하거나 지연시킬 수 있다. 불안정한 국제 정세는 투자자들이 장기적인 프로젝트에 투자하는 것을 주저하게 만들 수 있기 때문에 시나리오 작성 시 이러한 부분도 고려해야 한다.

환경 위험을 효과적으로 관리하기 위해 금융기관은 스트레스 테스트 결과를 토대로 리스크 완화 전략을 개발하고, 이를 포트폴리오 조정, 자본 확충, 유동성 관리 강화와 같은 구체적인 조치로 전환해야 한다. 이 과정에서 내부 정책과 절차는 환경 위험을 충분히 반영하도록 수정되거나 새롭게 도입되어야 하며, 그 내용은 내외부 이해관계자에게 명확하게 보고되어야 한다. 또한 이사회와 경영진은 기후 관련 리스크를 장기적인 관점에서 고려한 전략을 수립해야 한다. 이를 통해 금융기관은 환경 변화의 불확실성을 줄이고 장기적인 재무적 안정성을 확보하는 동시에 지속 가능한 금융서비스를 제공하는 데 기여할 수 있을 것이다.

4.3 녹색금융 상품 및 투자 확대

저탄소 경제로의 전환 과정에서 금융기관은 이 전환에 알맞는 새로운 금융상품을 개발하고 제공해야 한다. 예를 들어 금융기관은 탄소 위험이 높은 부문에 대한 대출과 투자에 대해 보다 높은 위험 프리미엄을 부과하는 등 금융상품의 차별화를 통해 저탄소 기술에 대한 투자 장려를 도모할 수 있다. 반대로, 지속 가능한 프로젝트에는 낮은 이자율을 제공하여 재생 가능 에너지와 같은 대안적인 투자를 촉진할 수 있다. 앞서 소개한 녹색채권, 녹색펀드, 녹색대출 등이 대표적인 예로 이들 상품을 확대·보완해 나가야 할 것이다. 보다 구체적으로 다음과 같은 금융상품을 고려할 수 있다.

먼저 차주의 성과에 따라 이자 지불 등이 달라지는 Performance-Sensitive DebtPSD의 형태를 지속 가능성과 연계시킬 수 있을 것이다. 선행연구에 따르면 PSD 대출을 선택하는 기업이 고정 이자 대출을 선택하는 기업보다 신용 등급을 개선할 가능성이 더 높은 것으로 나타났다(Manso, Strulovici, & Tchistyi, 2010). 이에 기반해 차주의 대출 조건과 지속 가능성 성과 지표Sustainability Performance Targets를 연계할 수 있을 것이다. 그 예로 해당 지표를 달성할 경우 이자율이 낮아지는 대출 상품인 지속 가능성 연계 대출Sustainability-Linked Loans을 들 수 있다. 지속 가능성 연계 대출은 차주가 사전에 합의한 지속 가능성 성과 목표를 달성하도록 장려하는 금융수단이다. 이러한 대출 구조는 기업 등의 차주가 환경적·사회적으로 지속 가능한 경제활동을 지원하도록 유도한다. 지속 가능성 연계 대출은 저탄소 경제로의 전환 과정에서 기업들이 지속 가능성 목표를 채택하고 달성하도록 재정적 인센티브를 제공한다. 이러한 목표에 탄소 배출 감소, 에너지 효율 개선 또는 기타 환경 친화적 이니셔티브 등을 포함함으로써 기업이 지속 가능성을 핵심 전략에 통합하도록 하는 촉매 역할을 할 것으로 기대된다.

전환채권transition bonds 역시 저탄소 경제로의 전환을 촉진하는 중요한 금융 도구가 될 수 있다. 2020년 기준 전 세계 온실가스 배출량의 대부분은 에너지, 운송, 제조업 등 고탄소 산업에서 발생하였으며, 이러한 산업들의 탄소 배출 감축은 파리협약의 기후 목표 달성에 필수적이다. 이에 대응하여 OECD는 '전환금융transition finance' 활성화를 제안하고 있는데, 전환채권은 이 전환금융의 주요 도구이다. 전환채권은 산업의 본래 특성상 저탄소 전환이 어려운 고탄소 산업의 탄소 저감 및 에너지 효율 개선 사업에 자금을 지원하기 위해 고안된 채권으로, 녹색채권과 달리 자금의 사용처를 녹색활동에만 국한하지 않고 발행기업의 탈탄소 목표 달성에 도움이 되는 모든 프로젝트에 대해 사용될 수 있도록 자금 용도 요건을 완화한 채권이다. 즉, 녹색채권은 자금의 사용 목적이 환경 친화적인 녹색 프로젝트에 한정되어 있는 반면, 전환채권은 발행된 자금이 기업의 탈탄소 목표에 기여하는 다양한 프로젝트에 광범위하게 활용될 수 있도록 자금 사용 요건이 대폭 완화된 채권이다.

예를 들어 전력회사가 석탄 발전소를 더 효율적인 천연가스 발전소로 바꾸거나 해운회사가 중유 대신 LNG를 연료로 사용하는 등의 프로젝트는 엄밀히 녹색 활동에 속하지 않아 녹색채권으로 자금을 조달하기 어렵지만, 이러한 활동은 탄소중립을 향한 과도기적 조치로 간주되므로 전환채권을 통한 자금 조달이 가능하다(김창훈·이수민, 2021). 이와 같이 전환채권은 기존 녹색채권으로 자금 조달이 어려웠던 고탄소 산업의 기업들에게 새로운 기회를 제공한다. 따라서 저탄소 경제로의 전환을 위한 자금을 확보하는 데 중요한 역할을 할 것으로 기대된다.

녹색 모기지Green Mortgages도 저탄소 경제 전환에 중요한 역할을 할 수 있다. 이는 에너지 효율이 높은 집을 구입하거나 에너지 효율 개선을 위해 집을 개조하는 소비자들에게 제공되는 낮은 이자율의 모기지 상품이다. 즉, 에너지 효율이 높거나 지속 가능한 자원을 사용하는 주택을 구입하거나 개조하는 소비자들에게 제공되는 특별한 유형의 대출 상품이다. 이러한 대출은 일반적으로 유리한 이자율 또는 대출 조건을 제공하여 에너지 효율이 높은 주택에 대한 투자를 장려한다. 녹색 모기지는 개인 소비자뿐만 아니라 건축사들과 개발자들에게도 지속 가능한 건축 재료와 기술을 사용하여 주택을 건설할 유인을 제공한다. 결과적으로 주택시장 내에서 지속 가능한 주택의 비율을 증가시킬 수 있다. 우리나라의 경우 주택의 비율이 아파트나 빌딩에 비해 낮음을 고려할 때 녹색 모기지를 응용하여 부동산 개발, 기존 빌딩 및 아파트의 에너지 효율 개선, 환경 친화적인 건물 건설 및 개선에 적용하는 것이 효과적일 수 있다. 정부와 금융기관은 이러한 프로젝트 지원을 위해 협력하여 유리한 대출 조건을 마련하고, 필요한 경우 보조금이나 세금 감면과 같은 추가적인 인센티브를 제공할 수 있을 것이다.

환경 임팩트 투자Environmental Impact Investments는 환경 보호, 자원 효율성 향상, 재생 가능 에너지 개발과 같은 환경적 가치를 창출하는 프로젝트나 기업에 대한 투자를 말한다. 이러한 투자는 단순히 재무적 수익을 추구하는 것이 아니라 환경적 이익을 가져오는 활동에 중점을 두기 때문에 금융기관은 이러한 투자를 통해 저탄소 경제로의 전환을 지원할 수 있다. 예를 들어 은행이나 투자 회사는 태양광 발전소나 풍력 터빈과 같은 재생 가능 에너지 프로젝트에 투자함으로써 환경 임팩트 투자를 실행할 수 있는데, 이러한 투자는 신재생 에너지의 개발과 확산을 촉진하고, 화석연료에 대한 의존도를 줄여 온실가스 배출 감소에 기여할 것이다. 또한 환경 친화적인 기술 개발에 투자하거나 기업들이 지속 가능한 운영방식을 도입할 수 있도록 지원하는 등의 다양한 방법으로 환경 임팩트 투자를 활용할 수 있다. 이러한 투자는 장기적으로 환경적 지속 가능성을 높이는 데 중요한 역할을 할 뿐만 아니라 금융기관에 새로운 비즈니스 기회를 제공할 것으로 기대된다.

5. 향후 10년을 위한 제언

(1) 기후금융의 거버넌스 및 녹색금융 수단 확대를 위한 제도 개선

한국의 기후금융 활성화 및 녹색금융 수단의 활용은 선진국 제도 및 시행 수단과 비교하여 장기적인 비전과 정책 방향 및 이행에 대한 평가가 미흡하다. 녹색투자 활성화를 촉진하기 위하여 정보의 공개 및 공시 제도의 구축이 시급하다. 대기업을 중심으로 매년 자발적으로 발간하는 "지속가능경영보고서"를 기업의 자산 규모에 따라 단계적으로 공시하는 것을 의무화할 필요가 있다. 이를 통하여 기업의 정보 공개를 자발적으로 유도하고 녹색금융에 대한 참여자들의 정보 획득 비용을 줄일 수 있다. 궁극적으로는 모든 기업의 공시를 지원하는 방안을 마련하여 자율적으로 공시를 확산할 수 있도록 유도해야 한다. 이를 통하여 국내외 투자자들이 기업의 환경 정보를 활용할 수 있는 기반을 마련하는 것이 중요하다.

유럽이나 미국의 녹색 분류체계를 비교·분석하여 한국형 녹색 분류체계를 조속히 마련하여 금융부문에 적용을 확대할 필요가 있다. 녹색채권을 비롯하여 다양한 금융상품을 대상으로 구체적으로 한국형 녹색 분류체계 적용방안을 마련해야 한다. 이 제도의 조기 정착을 위하여 EU 녹색 분류체계을 활용한 시범사업 추진, 한국형 녹색 분류체계의 시뮬레이션, 민관 합동으로 T/F 구성 등 일련의 실험과 연구를 통하여 구체적인 시행방안을 마련해야 한다. 특히 기관투자자의 녹색투자 확대를 위하여 스튜어드십 코드를 개정하고, 기관투자자의 역할에서 환경과 녹색투자의 기능을 강화할 필요가 있다. 공공 금융기관의 강력한 녹색 신호는 민간 금융기관의 의사결정에 많은 영향을 미치기 때문에 매우 중요하다.

(2) 녹색투자은행 설립

한국에는 녹색투자를 전담하는 은행이 없다. 녹색 분류체계, ESG 활동 강화, 민간과 공공기관의 녹색채권 발행 등 다양한 녹색 투자와 금융상품 및 수단, 제도적 보완 등이 활발히 논의되고 제도화되는 과정에 있다. 심지어 탄소중립·녹색성장기본법도 다른 나라보다 먼저 제정하였다. 그렇지만 정작 녹색투자를 견인하고 전담하는 투자은행은 없는 것이 현실이다. 녹색투자은행의 설립에 관하여 찬성과 반대 의견이 있을 수 있고, 전담하는 금융기관의 설립에 따른 장점과 단점이 있을 수 있지만, 녹색투자은행 설립에 대한 공개적이고 합리적인 논의가 필요한 시점이다. 유엔 기후변화협약에 따라 설립된 녹색기후기금Green Climate Fund ; GCF을 한국 인천에 유치한 나라에 정작 녹색금융을 전담하는 기관이 없다.

공공기관으로 설립된 영국의 녹색투자은행이 짧은 기간에 민영화되는 과정에서 영국의 경험과 지식, 다른 선진국들의 녹색금융기관의 활동이 한국에 주는 시사점과 교훈을 얻을 필요가 있다. 세계은행을 비롯한 각 지역의 다자개발은행과 선진국의 개발금융기관들은 모두 개도국에서 기후금융의 기회를 확대하고 있으며, 다양한 금융수단과 국제적 협력을 통하여 기후금융의 재원을 확대하고 있다. 이러한 국제적 상황도 함께 고려하면 한국의 경제상황에 맞는 녹색금융 전담기관의 설립을 적극적으로 검토할 시점이 되었다.

(3) 한국은행의 기후금융 정책 구체화

기후금융 활성화 과정에서 중앙은행의 역할이 점차 중요해질 것이다. 중앙은행과 금융감독 당국이 참여하는 NGFS에서도 기후 시나리오를 적용하여 물리 및 전환 리스크를 분석하고 거시금융에 미치는 영향을 분석하고 있다. 향후 중앙은행의 역할은 기후변화에 따른 리스크를 분석하는 것과 함께 저탄소 경제로의 전환을 가속화하기 위하여 통화정책 및 정책수단을 적극적으로 고려하는 것이다. IPCC 6차 평가보고서에서도 전 세계적으로 거시경제적 기후 대응의 요소 중 하나로 중앙은행들이 통화정책 및 경기 부양책에 기후금융을 포함시키기 위해 협력하는 것을 제시하고 있다. 중앙은행의 녹색 양적 완화가 녹색채권 시장의 발전을 가속화하고, 좌초자산 위험을 줄이는 등의 저탄소 전환을 촉진하는 데 긍정적인 영향을 줄 수 있다는 점도 강조하고 있다. 녹색채권의 구매도 장기적으로 녹색투자에 긍정적인 영향을 제공할 수 있다. 하지만 중앙은행 본연의 목적과 독립성을 훼손하지 않는 범위 내에서 중앙은행은 재무적 위험이 높은 녹색자산의 포트폴리오 포함 등 잠재적인 리스크에 대해 유의하는 것도 필요하다(Kreibiehl et al., 2022).

한국은행의 기본적 정책 기조는 합리적인 통화정책의 운영을 통한 거시경제의 안정적 운영에 기여하는 것이라 할 수 있다. 기후 관련 정책과 비교하여 상대적으로 단기적인 거시정책에 초점을 맞추고 있는 것이다. 그러나 앞으로 중앙은행은 중장기적인 미래의 도전에 적극적으로 대응해야 하는 새로운 요구에 직면하고 있다. 현재까지 한국은행은 기후 관련 정책의 수립과 이행 측면에서 유럽이나 일본의 중앙은행과 비교하여 구체적 정책을 입안하거나 이행하는 것이 거의 없고, 국제 동향을 파악하는 정도에 머물고 있다. 일본 중앙은행의 적극적인 기후 대응 기조는 한국은행에 시사하는 바가 크다. 일본 중앙은행은 기후변화 문제에 대응하기 위하여 금융기관이 취급하는 녹색금융에 대하여 해당 은행에 자금을 제공하는 정책을 채택하였다. 일종의 기후변화 대응 양적 완화 정책이다. 한국은행은 기후금융의 정책 기조와 방향을 설정하고 한국의 경제상황에 맞게 중앙은행의 장기적인 기후금융 정책을 구체화하는 작업을 시작해야 할 시점이다.

(4) 민간-공공 협력Private Public Partnership ; PPP을 통한 기후금융 확대

2022년 IPCC 보고서는 기후금융에서의 공공과 민간 부문의 역할에 대한 연구를 정리하여 제시하고 있다(Kreibiehl et al., 2022). 이 보고서는 공공부문의 역할이 정치적 리더십 및 적절한 개입을 통하여 금융 재원이 기후변화 대응에 활용되는 것을 가로막는 불확실성을 해결하는 것이라고 강조하고 있다. 또한 정부 정책의 수립이 저탄소 경제를 저해하는 방향으로 설정되면 경제주체들의 기후정책에 대한 신뢰도를 낮출 뿐만 아니라 금융부문의 행동을 제한하게 되므로, 저탄소 경제로 나아가기 위해서는 시장 참여자 및 경제주체들에게 충분히 신뢰를 줄 수 있는 정책 시그널이 필요하다는 점을 강조한다. 공공부문의 역할 중 하나는 저탄소 전환이 정의로운 전환을 지원하는 방향이 되어야 기후금융이 성공적인 저탄소 경제로의 전환에 중요한 부분이 될 것이라는 점도 강조하고 있다. 저탄소 산업으로의 경제구조 전환과 투자가 이뤄지게 되면 기존 산업이나 특정 그룹에 부정적인 영향이 발생할 수도 있으며, 이러한 좌초산업의 문제는 저탄소 경제로 나아가는 데 장애물이 될 수 있다. 이러한 측면에서 가장 수익성이 높은 투자 기회뿐만 아니라 기후변화에 취약한 산업과 분야 및 지역사회 등에 대하여 기후금융이 보다 공평하고 정의롭게 이루어져야 한다는 점도 강조한다.

혼합 금융blended finance과 공공 보증 상품public guarantee instruments은 민간부문의 금융 재원이 저탄소 경제로의 전환에 보다 잘 유입될 수 있도록 마중물 역할을 할 수 있다. 제한적인 공공 재원을 통하여 저탄소 투자 기회의 리스크를 낮추어 민간부문에서 보다 많고 다양한 기후금융의 기회를 확대할 수 있다(Kreibiehl et al., 2022). Hourcade et al.(2021)에서도 공공 보증 메커니즘이 기후금융 활성화에 중요한 역할을 한다고 강조하고 있다. 공공 보증public guarantees은 전체 리스크의 일부만 담당하고 나머지는 민간 투자나 대출에서 담당하고 있어, 투자되는 공공 재원 단위당 총 투자규모로 나타나는 레버리지 효과가 높다. 다양한 금융 상품 및 수단을 개발하고, 공공부문의 정책수단과 결합하여 기후금융의 규모를 확대하며, 리스크를 줄일 수 있는 혁신적이고 과감한 금융 상품과 기법을 개발 및 활용하기 위해서는 민간부문이 큰 역할을 담당해야 한다. 한국의 경우에는 공공부문이 주도하고 민간부문은 공공부문의 제도와 정책 금융을 따라가는 관행에 익숙해져 있다. 새로운 기후금융은 민간부문과 공공부문이 진정한 의미로 파트너십을 구축하여 같이 협의하고 의사결정을 하는 새로운 관행을 만들어야 한다.

(5) 국내 금융기관의 해외 녹색투자 확대

국내 민간 금융기관은 상대적으로 국내 투자에 대한 비중이 크며, 해외 투자는 주저하는 경향이 있다. 여러 이유가 있겠지만 기본적으로 해외 투자에 따른 리스크를 줄이는 방안을 찾기 어렵기 때문이다. 국제적으로 다른 관행과 더불어 기후 리스크가 더해지면서 추가적인 인센티브가 주어지지 않는다면 해외에서 새로운 도전을 시도한다는 것이 쉽지 않은 것도 사실이다. 그러나 한국도 NDC에 따르면 2030년까지 2018년 대비 40%의 온실가스를 감축해야 하고, 3천 7백 5십만 톤의 탄소는 해외에서 감축해야 하는 목표를 설정하고 있다. 즉, 국내에서 탄소 일 톤의 탄소 감축에 따른 한계비용은 국내 탄소 배출권 시장에서 탄소 가격으로 표시될 수 있는데, 이는 개도국에서의 녹색투자로 얻게 되는 탄소 배출권의 비용과 비교하여 비쌀 수밖에 없다. 따라서 국내에서 배출 의무를 가지고 있는 기업은 개도국에서 탄소 배출권의 획득은 탄소 감축 비용을 줄이기 위한 좋은 수단이 될 수 있다.

국내 금융기관의 관점에서는 감축 의무가 있는 국내 기업과 함께 개도국의 녹색 사업과 프로젝트에 참여함으로써 새로운 기회를 창출할 수 있다는 적극적인 입장의 전환이 필요하다. 이를 위하여 공공 금융기관과 협력하거나 국제 금융기구의 다양한 녹색 사업과 프로젝트 참여 등을 통하여 민간 금융기관의 투자 리스크를 줄이는 방안을 모색하고 구체화하는 결정을 해야 한다. 선진국들은 이미 개도국에서의 적극적인 녹색 투자와 사업을 통하여 탄소 배출권 확보를 포함하여 새로운 녹색 투자 기회를 만들고 있다. 국내 민간 금융기관들은 개도국 녹색투자에 경험이 많고 다양한 기법을 활용하고 있는 선진 금융기관과 협력하고 그들 프로그램과 프로젝트에 참여하는 우회전략도 수립할 필요가 있다.

CHAPTER 07

국제경제질서 변화와 금융 국제화

박복영(경희대 국제대학원 교수) · 허인(가톨릭대 경제학과 교수)

〈요약〉

우리나라는 지난 30년간 금융시장을 개방하는 과정에서 외환위기라는 쓰라린 경험을 하였다. 하지만 위기를 성공적으로 극복하여 지금 우리의 자본 및 외환 시장은 다른 선진국과 유사한 수준으로 개방되었고, 또 국제 금융시장에 통합되어 있다. 또한 지속적인 경상수지 흑자 덕분에 대외순채권국으로 전환되었다. 하지만 2008년 글로벌 금융위기 이후 글로벌 유동성 과잉, 디지털 금융의 발전, 주요국 정책 불확실성 확대, 지정학적 분열 위험 고조 등으로 글로벌 금융시장의 불확실성은 고조되고 있다. 이런 변화에 대응하여 각국은 자본·외환시장 자유화보다는 외환 거시건전성 강화와 금융안전망 강화의 방향으로 움직이고 있다. 우리는 급속한 고령화, 중국 경제성장 둔화 및 보호무역주의의 강화로 경상수지가 악화될 위험까지 안고 있다. 앞으로 10년간 우리나라도 대외 위험요인으로부터 금융 안정을 유지하는 데 각별히 유의해야 한다. 이를 위해 금융안전망을 다층화하고 다변화해야 하며, 지역 금융 협력을 통해 아시아 지역의 금융 분열 억제에도 이바지해야 한다.

1. 서언

이 장에서는 우리나라의 금융 국제화 현황을 정리하고 앞으로의 방향을 제시한다. 1990년대 이후 30여 년간 우리나라의 금융 국제화는 매우 큰 변화를 겪었다. 국가 간 자본 이동이나 외환거래를 매우 엄격히 제한했던 우리나라는 1990년대 들어 자본·외환 자유화를 본격적으로 시작했다. 미국 등 선진국의 금융 개방 압력과 OECD 가입이 중요한 계기가 되었고, 준비되지 않은 개방으로 외환위기를 겪기도 했다. 이제 우리나라의 자본·외환 자유화 수준은 다른 선진국과 거의 유사한 수준에 이르렀으며, 거주자와 비거주자 사이의 금융거래가 매우 자유롭게 이루어지고 있다.

그런데 최근 국제금융 환경에는 다양한 불안정 요인이 등장하고 있다. 대규모 금융위기나 은행 파산이 미국이나 유럽과 같은 선진국에서도 발생하고 있으며, 양적 완화로 인한 유동성 팽창, 높은 인플레이션과 같이 과거와는 다른 경제현상이 나타나기도 한다. 무엇보다 중국을 비롯한 소위 신흥시장의 부상은 미국 혹은 달러를 중심으로 한 국제금융질서에 심각한 변화를 초래할 조짐을 보인다. 미·중美中 간 지정학적 갈등이 심화하고 나아가 진영 간 블록화 경향도 나타나고 있어 이들이 국제금융 안정에 미칠 부정적 영향도 우려된다.

이 장에서는 최근의 이런 변화를 정리하고 변화하는 글로벌 환경에서 우리나라의 금융 안정성, 특히 국제 금융거래와 외환 안정성에 도움이 되는 방안을 제시하고자 한다. 금융 국제화의 범위는 다양하게 정의할 수 있는데, 이 장에서는 자본·외환 자유화, 원화 국제화, 국제 금융안전망과 외환 거시건전성에 초점을 맞춘다. 먼저 2절에서는 우리나라 금융 국제화의 과정을 정리하고 평가한다. 3절에서는 최근 국제금융질서 변화를 정리하고 변화 방향을 전망한다. 마지막으로 4절에서는 앞의 논의를 바탕으로 우리나라 금융 국제화의 과제와 방향을 제시한다.

2. 외환위기 이후 금융 국제화와 평가

2.1 자본·외환 자유화

(1) 진행 경과

우리나라의 자본·외환 자유화는 1990년대 초부터 본격화되였다. 미국을 비롯한 선진국의 금융시장 개방 압력과 OECD 가입 추진이 중요한 계기가 되었다. 1992년에는 경상거래에 대한 규제를 포지티브 체계에서 '원칙 자유·예외 규제'의 네거티브 체계negative system로 개편했다. 자본유입 측면에서 1992년부터 국내 상장주식에 대한 외국인 직접투자가 허용되었다.[1] 거주자의 해외 자금 조달 규제도 1990년대에 대폭 완화되었다. 이러한 급속한 자본자유화는 대규모 순자본유입을 가져왔는데, 특히 단기자본의 대규모 유입은 1997년 외환위기의 직접적 원인이 되었다.

1997년 외환위기 이후 자본·외환 자유화는 더욱 본격적으로 진행되었다. 급속한 자본자유화와 그에 따른 자본 이동의 급반전sudden reversal이 외환위기의 한 원인이 되었지만, 외환위기가 자유화 추세를 반전시키기보다는 오히려 가속하는 계기가 되었다. 외환위기 이전의 자본자유화는 자유화 그 자체에 문제가 있다기보다는 자본자유화를 위한 사전 준비 부족과 자유화 순서에 오류가 있었다는 평가가 지배적이었다. 이런 기조에서 1998년 6월 정부는 체계적인 외환거래 자유화 계획을 발표했다. 핵심 내용은 자본거래 규제를 포지티브 체계에서 네거티브 체계로 개편하는 것이었다. 이런 방향에서 기존 '외국환관리법'은 폐지되고 '외국환거래법'이 1999년부터 시행되었다. 그 결과 우리나라 외환거래는 경상 및 자본 거래 모두에서 선진국 수준으로 자유화되었다.

---

1. 처음에는 종목별 발행주식 총수의 10%(1인당 3%) 범위 내에서 직접투자가 허용되었고, 이후 한도가 단계적으로 확대되어 1997년 11월에는 26%(1인당 7%)로 높아졌다.

정부는 남은 규제를 폐지 혹은 완화하기 위해 2002년에 "외환시장 중장기 발전 방향"을 발표했다. 1단계 조치로 2002년 개인의 증여성 송금을 전면 자유화하고, 증권사 및 보험사의 은행 간 외환시장 참여를 허용했다. 2006년의 2단계 조치의 기본 방향은 원화 국제화, 해외 투자 촉진, 외환시장 선진화였다. 외환위기 이후 대규모 경상수지 흑자가 지속되자 환율 절상 억제와 흑자 재원의 활용을 위해 자본유출 촉진에 정책 초점이 맞추어졌다. 자본거래 중 허가사항은 모두 신고사항으로 전환되었다. 3단계 조치는 2008년 글로벌 금융위기 발발로 이루어지지 못했다.

자본자유화에 대한 낙관적 평가는 2008년 글로벌 금융위기를 계기로 변화했다. 양호한 거시경제 지표에도 불구하고 미국 대형 금융기관의 부실화는 국제적 자본 이동 급변을 초래했고, 우리나라를 비롯한 많은 나라가 급격한 자본유출로 다시 외환위기 위험에 직면했다. 미국과 유럽 선진국마저 금융위기에 직면하자 자유로운 자본 이동에 대한 국제적 시각도 달라졌다. 자본 흐름의 급반전 위험에 대한 국제적 공감대가 형성되었고, 과도한 자본유출입에 대한 적절한 억제가 필요하다는 인식이 공유되었다.[2] 무엇보다 개별 금융기관 단위의 미시적 외환건전성 관리와 별도로 거시건전성을 유지하기 위한 규제macro-prudential regulations가 필요하다는 인식이 확산했다.

결국 글로벌 금융위기 이후에는 우리 정책의 중심도 자본 이동에 대한 제어장치 도입 방향으로 선회했다. 글로벌 금융위기와 유럽 재정위기 이후 주요국의 양적 완화quantitative easing ; QE 통화정책으로 글로벌 유동성이 풍부해진 것도 이런 조치의 배경이 되었다. 정부는 2010~2011년에 외환건전성 강화를 위해 소위 3종 세트 정책을 도입하였다.[3] 외국환은행 외환파생상품 포지션 비율 규제, 비예금성 외화 부채에 대한 외환건전성 부과금 도입, 외국인 채권투자에 대한 과세 환원이 이루어졌다. 은행의 외화 부채를 억제하고, 부채의 장기화를 유도하며, 과도한 자본유입을 억제하려는 것이 목적이었다. 이 외에도 금융기관 외화 부채의 억제, 외

2. IMF(2012), 이아랑 외(2023).

3. 이에 관해서는 국제 금융안전망 부분에서 자세히 설명할 것이다.

화유동성 관리, 외화 부채의 장기화 유도 등을 위해 외화대출 용도 제한, 외화유동성 비율 규제, 만기 불일치 비율 규제, 중장기 외화자금 조달 비율 규제 등을 도입 또는 강화했다. 그 후 이런 자본유입 제어장치는 국제금융 상황에 따라 완급이 조절되었다. 한편 거시적 차원에서는 건전성 규제는 강화되었지만, 미시적 규제의 완화는 계속 이어나갔다. 2015년 "외환제도 개혁방안"을 통해 외환거래의 자율성을 제고하고, 증권사 등 비은행 금융기관의 외환거래 업무 범위를 확대했다.

표 7-1 1997년 외환위기 이후 주요 자본·외환 자유화 조치

주요 조치	시행연도	내용
외국환거래법 제정 및 시행	1999	▪ 대외거래의 자유 보장 ▪ 원칙적 자유, 예외적 규제(negative system)로 전환 ▪ 외자 유입 · 유출 촉진 ▪ 자유변동환율제도 도입
제1단계 자유화 조치	2002	▪ 개인의 증여성 송금 자유화 ▪ 증권사 및 보험사의 은행 간 외환시장 참여 허용 ▪ 원화 수출 자유화 및 비거주자 원화 차입 한도 확대
제2단계 자유화 조치	2006	▪ 자본거래 허가제를 신고제로 전환 ▪ 자본거래 지급증빙서류 제출 의무 폐지 ▪ 대외채권 회수 의무 면제를 허가제에서 신고제로 전환 ▪ 지정거래 외국환은행제도 폐지
제3단계 자유화 조치	중단	▪ 외국환거래법 폐지 후 신외환법 시행계획 중단 (글로벌 금융위기 발생)
거시건전성 정책 도입	2010	▪ 선물환 포지션 한도 도입
	2011	▪ 외환건전성 부담금(은행세) 도입 ▪ 외국인 채권투자 과세 환원
	2018	▪ 외화유동성 비율(LCR) 도입
비은행기관 외환업무 범위 확대 ·핀테크 활성화	2015	▪ 금융기관 모법 범위 내 외국환업무 원칙적 허용 ▪ PG사업자 송금 및 수금 허용
	2018	▪ 증권 · 카드사의 소액 해외송금 허용 ▪ 종합금융투자사업자의 외화발행어음 업무 허용 ▪ 전자지급수단 해외결제 및 온라인 환전 중개 시범사업

출처 : 이승호(2022) 등을 참고하여 작성.

(2) 평가

자본·외환 자유화 결과 우리나라의 자본유출입 규모가 대폭 증가해 글로벌 경제와 금융통합이 심화하였다.[4] 외국인 투자 증가로 국제대차대조표상의 대외 금융부채 잔액은 2001년 2,348억 달러에서 2022년 1조 3,973억 달러로 약 20년 사이 6배가량 증가했고, 해외 투자 증가로 대외 금융자산도 같은 기간 1,771억 달러에서 2조 1,687억 달러로 12배가량 증가했다.[5] 2014년 이후에는 대외 금융자산이 대외 금융부채에 비해 많아져 순채권국이 되었다. 자본유입에서는 증권투자가 가장 빠른 속도로 증가한 반면, 자본유출에서는 증권투자와 직접투자가 비슷한 속도로 증

그림 7-1 우리나라의 자본통제지수(capital control indicator)* **변화**

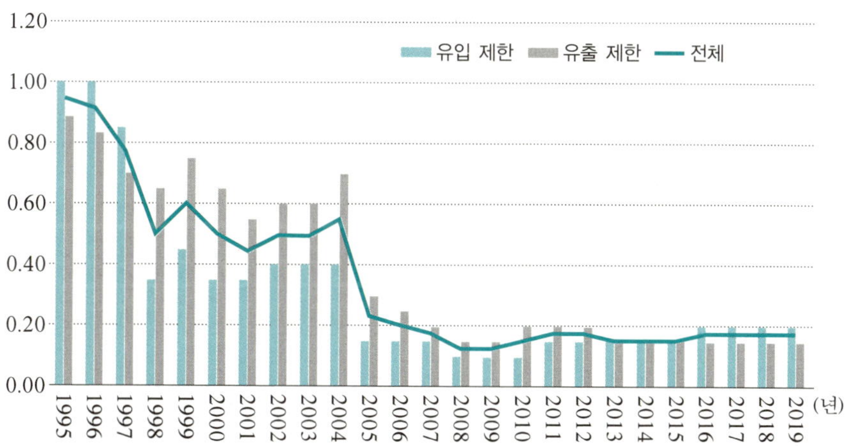

* 이 지수는 Fernandez et al.(2016)이 자본유출입에 대한 법적 제한 정도를 측정한 것으로, 0부터 1까지의 값으로 표시되는데, 0에 가까울수록 자본 이동이 자유롭다.

출처 : 자본통제지수 데이터(http://www.columbia.edu/~mu2166/fkrsu/)를 이용하여 작성.

---

4. 김소영 외(2014)는 우리나라의 자본자유화가 자본유출입 규모에 유의한 영향을 미쳤음을 확인했다.
5. 여기서 대외 금융자산은 국제대차대조표상의 다양한 대외자산 항목(직접투자, 포트폴리오투자, 파생투자, 금융기관 대출 등)을 모두 합한 것이다. 대외 금융부채 역시 부채(liability) 항목들을 합한 것이다. 따라서 여기서 대외 금융부채는 대외차입과 채무성 증권(채권)만을 의미하는 일반적 외채(external debt)보다 넓은 개념이다.

가하고 있다. 대외 금융부채의 GDP 대비 비율은 2001년 42.9%에서 2022년에는 83.5%로 2배가량 높아졌다. 대외 금융자산의 GDP 대비 비율은 2001년 32.3%에서 2022년 129.6%로 약 4배가 증가하였다. 이러한 증가에도 우리나라의 글로벌 금융통합 수준은 아직은 OECD 평균에 비해 낮은 수준이다. OECD 회원국의 평균 대외 금융부채 비율(GDP 대비)은 2021년 301%이며, 대외 금융자산 비율은 281%로 각각 우리나라의 3.5배와 2.2배 수준이다.[6]

그림 7-2 GDP 대비 대외자산 및 대외부채 비율

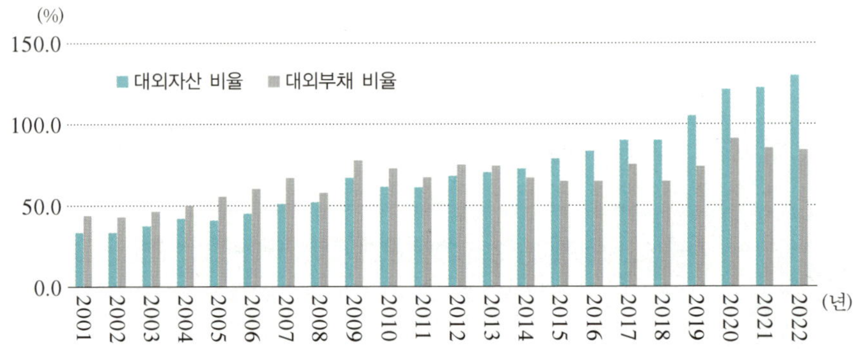

출처 : 한국은행.

이론적으로 보면 자본·외환 자유화의 편익은 우선 해외 저축의 이용과 자본의 효율적 배분을 통해 성장을 촉진하는 것이다. 외환시장과 자본시장의 성장을 촉진하여 금융시장의 유동성과 심도를 높일 수 있다. 그리고 외국 금융기관의 국내 진입과 외국인 투자 확대는 금융산업 선진화와 기업의 경영 투명성 제고에 기여할 수 있다. 하지만 자유화는 자본 이동의 변동성을 높여 거시경제의 불안정과 금융위기 발생 위험을 높일 수도 있다.

자본·외환 자유화가 성장에 미치는 효과는 연구에 따라 결과가 다르므로 단정적으로 말하기 어렵다.[7] 특히 특정 국가에서의 효과는 더욱 확인하기 어렵다. 우리

6. 일본의 대외부채 및 대외자산 비율은 각각 153%와 229%로 우리나라의 1.8배 수준이다.

7. 자본자유화의 경제성장 촉진 효과를 발견한 실증연구도 있지만(Quinn, 1997; Edwards, 2001; Bekaert

나라의 경우 자본·외환 자유화 과정에서 1998년과 2008년 외환위기와 역성장을 경험했지만 단기간에 위기를 극복했다. 구제금융, 국내 경제개혁, 경상수지 개선 등이 위기 극복의 주요 동력이었지만 자본자유화, 특히 유입 자유화도 외환의 조기 확보에 일조하였다. 그 후 해외 저축의 꾸준한 유입도 기업의 자금 조달에 도움이 되었다고 할 수 있다. 지난 30여 년간 자본·외환 자유화의 결과 국내 자본시장에서 외국인 투자의 비중도 크게 증가했다. 2022년 말 현재 주식시장의 외국인 투자 비중은 30.7%이며, 상장채권에서 외국인 투자 비중은 9.7% 수준이다. 지난 30여 년 동안 주식시장에서의 비중은 거의 변화가 없는 반면, 채권시장에서의 비중은 꾸준히 증가하였다. 외국인 자금 유입은 자본시장의 유동성을 증가시키고 투명성을 높이는 데 기여한 것으로 평가된다. 하지만 1997년 외환위기 직후 외국인 투자자에 의한 부실 기업 인수와 매각 과정에서 대규모 국부 유출이 이루어졌다는 비판도 있다(이제민, 2017).

자본·외환 자유화의 가장 큰 부작용은 자본유출입의 변동성 위험이 커진 것이다. 자유화 정도와 자본 이동 변동성이 늘 비례하는 것은 아니지만, 위기와 같은 극단적 상황이 발생할 경우 자유화 정도가 높을수록 변동성이 커지는 경향이 있다. 자본유출입 및 그에 따른 환율 변동은 국제금융 상황이 불안한 경우에 특히 민감했던 것으로 평가된다(양두용 외, 2004 ; 박복영·안지연, 2011).

[그림 7-3]과 같이 자본거래가 허가제에서 신고제로 전환된 2006년 이후 자본의 순유출입 규모는 그 이전에 비해 크게 확대되었다. 직접투자는 줄곧 순유출을 기록하고 있고, 그 규모도 확대되는 추세이다. 지분증권(주식)투자도 대부분 기간 순유출을 기록하고 있는데, 이는 주로 국내 거주자의 해외 투자가 대폭 증가했기 때문이다. 부채성 증권(채권) 투자는 일정한 방향성이 없이 높은 변동성을 보인다. 전체적으로 2011년 이후 계속 자본 순유출을 기록하고 있고, 그 규모도 증가

---

et al., 2005 ; Chinn and Ito, 2006 등), 다수의 연구는 둘 사이에 유의한 관계를 발견하지 못하거나 부정적 영향을 발견하였다(Rodrik, 1998 ; Edison et al., 2002 ; Prasad et al., 2003·2006 ; Kose et al., 2006 등).

추세다. 같은 기간 대규모 경상수지 흑자 덕분에 이것이 큰 문제가 되지 않았지만, 앞으로 경상수지 흑자가 축소되거나 적자로 반전되면 외환 상황에 불안요인이 될 수도 있어 유의가 필요하다.[8]

그림 7-3 자본 유형별 순유입액

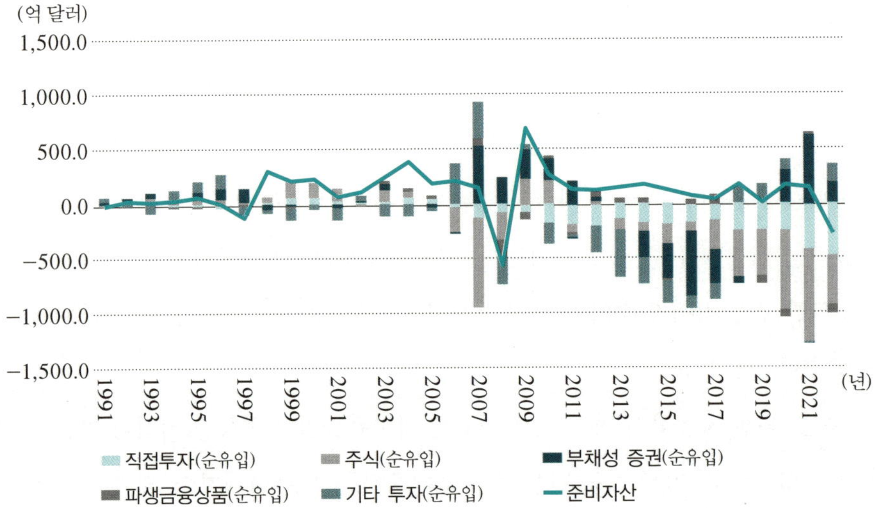

출처 : 한국은행.

결국 자본·외환 자유화는 해외 저축의 이용 가능성과 국내 저축의 효율적 활용 가능성을 높였으며, 국내 금융시장의 발전과 금융기관 및 기업의 투명성 증대에 기여했다고 할 수 있다. 우리 경제의 성장에 조응하는 방식으로 자본 및 금융 시장을 개방하여 선진경제에 진입할 수 있도록 했다. 하지만 이 과정에서 두 번의 고통스러운 외환위기를 경험했으며, 여전히 국제 환경에 따라 자본 이동의 흐름이 반전되어 금융시장 전체의 불안정이 발생할 위험이 있다. 따라서 앞으로 자본·외환 자유화는 민간의 거래 및 투자 편의성과 금융시장의 효율성을 높이되, 자본 이동의 변동성이 초래할 수 있는 위험에 유의하여 이루어져야 할 것이다.

8. 실제로 2022년 경상수지는 전년 대비 554억 달러가 감소한 데 반해, 자본순유출 규모는 오히려 증가해 준비자산이 거래성 요인으로 278억 달러 감소했다.

2.2 원화 국제화

브레턴우즈 체제는 붕괴되었으나 여전히 미국 달러는 기축통화의 지위를 유지하고 있다. 2000년 유로화가 출범하면서 유로화도 국제통화로 인식되고 있다. 이 외에도 일본의 엔화, 호주 달러, 스위스 프랑과 캐나다 달러 등도 국제통화로 인식되기도 한다. 미 달러에 비해 호주 달러, 스위스 프랑, 캐나다 달러 등은 그 사용 폭은 제한되어 있다. 그러나 사용 폭이 제한적인 통화라고 할지라도 국제통화로 인식되는 통화를 보유한 국가에서 외환위기의 발발 가능성은 매우 낮다.

원화는 아직도 국제통화로 인식되지 않는다. 이러한 원화의 한계로 인해 외환위기 이후 글로벌 금융위기 당시 자본이 유출되었고, 원화의 가치가 심각하게 하락하는 외환위기와 비슷한 현상을 겪기도 하였다. 따라서 많은 연구자가 원화의 국제화 필요성을 말하고 있다.[9]

(1) 편익과 위험

원화 국제화는 편익과 위험을 동시에 수반한다. 먼저 편익을 보면, 첫째, 원죄original sin에서의 해방이다. 국제통화를 갖지 않은 국가가 해외에서 차입하는 경우 자국 통화가 아닌 국제통화로 채권을 발행하게 된다. 그 결과 자국의 통화와 부채의 통화가 일치하지 않는 통화 불일치의 문제가 발생한다. 자본이 유출된다면 자국 통화의 가치 하락으로 부채의 실질 가치가 상승하여 외환위기의 가능성도 상승한다. 통화 불일치의 문제는 국제통화를 보유하고 있지 않은 국가가 태생적으로 가질 수밖에 없는 문제라고 하여 원죄라고 불린다. 원화로 해외에서 채권을 발행하여 자금을 조달할 수 있다면 이러한 원죄로부터 해방될 수 있다. 둘째, 무역 결제에서 원화 사용의 증가로 환율 변동으로 인해서 발생하는 수출입 변동의 위험이 줄

9. 김경수 외(2015), 오용협 외(2008), 송원호 외(2007), Kim et al.(2021).

어든다. 셋째, 소위 시뇨리지seigniorage, 즉 주조차익이 발생한다. 국제통화는 각국의 외환보유액으로 축적되므로 원화에 대한 수요가 역외에서 발생한다. 또한 해외 수요로 인해 대외 구매력이 추가로 창출된다. 넷째, 원화 국제화는 금융시장 발전을 통해 국격 상승에도 도움이 된다. 외국인들의 원화 투자 확대로 금융시장의 유동성이 풍부해져 금융시장이 발전하면 국제적인 국가 신인도 제고에 도움이 될 것이다. 현재 우리나라의 주가지수는 MSCI 신흥국 지수에 편입되어 있는데, 선진국 지수 편입의 걸림돌 중 하나는 원화의 태환성 부족이다.

원화가 국제화되는 과정에서 예상할 수 있는 위험도 존재한다. 첫째, 원화에 대한 투기적 공격에 대한 대응이 어려워질 수 있다. 원화가 국제화되어 통화 당국의 영향력이 미치기 어려운 역외 원화 현물환시장에 투기적인 공격이 발생하면 외환시장 전반이 불안해지고 위험이 국내로 파급될 수 있다. 둘째, 통화정책의 효력이 감소할 수 있다. 원화 국제화가 성공적으로 이뤄져 원화 채권에 대한 외국인의 수요가 클 경우 금리가 통화정책에 반응하지 않을 수 있다. 특히 미국 이자율이 일정하게 유지되면 통화정책을 변경해도 국제 금융시장에서 원화 채권의 금리가 변동하지 않을 가능성이 크다. 셋째, 원화의 강세로 무역에서 대외 경쟁력이 하락할 수 있다. 다시 말해 원화 국제화로 금융시장에서 원화 상품에 대한 수요가 증가하면 원화 절상으로 수출의 가격 경쟁력이 떨어질 수 있다.

(2) 현황 및 가능성

우리나라 외환제도는 외환위기를 맞은 1997년 이후 대폭 자유화되었다. 그러나 여전히 비거주자의 원화 차입에 대한 규제가 존재한다. 원화 차입이 자유롭게 되지 않는다면 원화 자본을 형성하기 힘들기 때문에 원화 채권의 수요도 제한되고 무역에서 원화를 사용할 유인도 제한된다. 원화 국제화를 위해서는 비거주자가 원화로 금융활동을 자유롭게 할 수 있는 제도가 구축되어야 한다. 〈표 7-2〉에서 보듯이 자본거래의 경우 비거주자의 원화 차입 규모에 제한을 두고 있다. 이는 역외 현물환시장이 형성되지 못하는 원인이다.

표 7-2 원화 국제화 관련 제도적 자유화 현황

거래 유형		세부 내용	자유화 현황
원화의 태환성		원화의 무제한적 태환	자유화
원화 환전		국내외에서 원화 환전	자유화
원화 수출입		실물 원화의 국경 간 반출입	자유화
원화 예금		비거주자의 원화 예금	자유화
경상거래		원화 표시 거래 체결	자유화
		경상거래에 따른 원화 결제	자유화
자본거래	거래체결	비거주자의 원화 표시 자금 조달	신고*
	지급결제	자본거래에 따른 원화 결제	제한적 허용**

* 비거주자 원화증권 발행 시 기재부 신고, 300억 원 초과 원화 차입 시 한은 신고 등.

** 국내 증권·선물 투자 절차에 따른 지급·결제, 해외 거래소의 장내 거래 결제 등.

출처 : 오용협 외(2008), 필자 업데이트.

원화 국제화가 미 달러화와 같은 수준으로 될 것이라 기대하기 어려우나, 호주 달러 정도의 국제화 수준은 가능할 것으로 평가되고 있다. 우리나라의 경제 및 교역 규모, 금융시장 규모와 발전 수준을 호주와 비교하면 비슷한 수준으로 볼 수 있다. 더욱이 글로벌 금융위기 이후 우리나라의 국가신용등급이 상향되어 일본과 중국보다 높거나 같은 수준이다. 따라서 원화 국제화 정책을 추진할 경우 호주와 비슷한 수준의 국제화를 기대할 수 있다.

2.3 국제 금융안전망 강화

(1) 외환보유액 축적

금융기관과 기업의 외화 부채 건전성이 붕괴되면 외환보유액이 최후의 방어선이 된다. 따라서 외환보유액은 외환위기에 대한 자기보험self-insurance이다.

외환보유액은 그 양의 조절을 통해 물가와 금융 안정, 수출 경쟁력 유지 등에 이바지할 수 있다. 물가 상승 우려와 통화 절상 압력이 동시에 존재하는 경우 금리 인하 대신 외환보유액 확충을 통해 절상 압력에 대응할 수 있다. 외환보유액의 양을 적극적으로 조절하여 환율 변동에 따른 인플레이션 파급 효과를 줄여 물가 안정에 기여할 수 있다. 자본유출로 인한 환율 상승 압력이 있으면 외환보유액을 줄이고 반대의 경우는 늘리는 역풍 정책leaning against wind을 실행하여 금융 안정을 도모할 수도 있다.[10] 역풍 정책은 자본유출입과 실질환율의 변동을 줄이는 경기 역행적 건전성 정책이라고 볼 수 있다. 특히 통화 불일치와 외채 누적의 문제가 있는 경우 역풍 정책은 국가의 신용도 유지에 도움이 될 수 있다. 이에 더하여 외환보유액을 활용하여 환율 절상 속도를 조정하여 교역조건 악화를 막을 수도 있다.

외환보유액의 축적은 비용을 수반한다. 직접비용은 보유자산의 수익률과 외화 차입 이자율의 차이로 볼 수 있다. 외환보유액은 유동성이 높은 금융자산이므로 보유자산의 수익률이 외화 차입의 이자율보다 낮다. 높은 비용을 지불하고 자산을 축적해서 낮은 수익을 얻으므로 그 차이가 외환보유액의 비용이다.[11] 외환 보유의 또 다른 비용은 가치평가 위험이다. 환율 절상 시 외환보유액 가치는 하락한다. 외환보유액 증가로 국가 신용도가 상승하여 자국 기업과 금융기관의 외화 조달 비용이 하락하면 기업과 금융기관이 과도한 외화 부채를 축적하여 통화 불일치 문제가 심화될 수도 있다(Fatum and Yetmen, 2018).

우리나라 외환보유액은 외환위기 이후 계속 증가하는 추세를 보였다. 2000년 961억 달러에서 2022년에는 4,232억 달러로 4배 이상 증가했다. 2008년 글로벌 금융위기 중에 금융 당국은 외환보유액을 활용해 환율 안정을 도모했다. 이 과정에서 약 600억 달러의 외환보유액이 감소했다. 2022년에는 미 연준의 기준금리

10. 최경욱·박준서(2020)는 우리나라 외환보유액이 실제로 역풍 정책 방향으로 조정되었다고 분석했다.

11. 다만 보유자산의 수익률과 차입 이자율 사이에는 내생적 관계가 존재한다. 즉, 외환보유액이 적거나 없을 때는 외화 차입에 더 높은 이자를 지불해야 하기 때문이다. 이런 내생성 때문에 외환보유액 축적 비용이 50%가량 과대평가 되는 경향이 있다(Levy-Yeyati, 2008).

인상으로 한미 금리차가 역전되어 환율이 상승했다. 이에 따라 금융 당국이 환율 변동을 줄이기 위해 외환시장에 개입한 결과 2022년 외환보유액은 전년보다 약 400억 달러 감소했다.

그림 7-4 우리나라 외환보유액

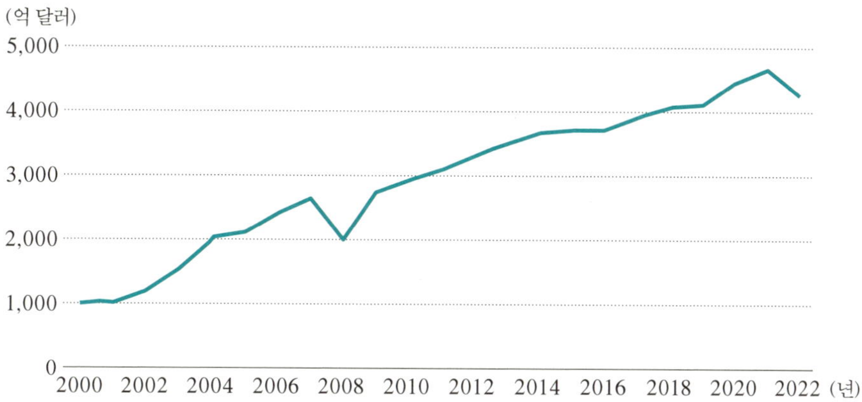

출처 : 한국은행.

외환보유액의 적정 규모는 잠재적 자본유출량으로 평가할 수 있다. 또한 환율 제도, 자본시장의 개방도, 금융시장의 발전 정도 및 규모에 따라서도 달라진다. 외환보유액의 적정 수준은 단일 기준으로 평가할 수는 없으며, 몇 가지 기준을 복합적으로 고려하여 평가해야 한다. 우선, 무역 관점에서의 수입 규모와 비교할 수 있다. 일반적으로 약 3개월의 수입을 방어할 수 있는 수준이 적정 수준으로 인식된다. 2022년 현재 우리나라는 1개월치 수입액의 5~10배에 달하는 외환보유액을 가지고 있다. 둘째, 단기 외채 규모를 기준으로 적정 수준을 평가하는 방법이다. 글로벌 금융시장에 불안요인이 발생하면 단기 외채 유입이 쉽게 중단될 수 있다. 일반적으로 단기 외채의 100%를 방어할 수 있는 수준이 적정 규모로 평가된다. 우리나라는 2022년 현재 단기 외채 대비 약 1.7배의 외환보유액을 가지고 있다. 셋째, 통화량에 대한 비율로 외환보유액의 적정 수준을 평가하는 방법이다. 국내 투자자들의 해외 자산에 대한 잠재적인 수요는 통화량(M2)에 비례할 수 있다. 금융시장이 발달되어 있고 자본시장 개방도가 높아 해외 투자가 활발한 경우 외환보유액 목표치는 통화량 대비 20%로 평가된다. 우리나라의 이 비율은 2022년 현재 10.7%로 적정 수준의 절반 정도이다.

마지막으로 IMF의 외환보유액 적정 수준 평가 기준인 ARAAssessing reserve adequacy metric를 활용하는 방법이다. IMF의 ARA는 단기 외채, M2, 수입, 기타 채무의 4가지 구성요소를 가중평균해 적정 외환보유액을 산출한다. [그림 7-5]는 ARA 대비 실제 외환보유액 비율을 보여준다. 2022년 현재 우리나라는 ARA 대비 0.97배의 외환보유액을 유지하고 있다. 이는 외환보유액이 수입액과 단기 외채에 대해서는 적정 수준보다 많지만, 통화량 대비로는 적정 수준에 미치지 못하기 때문이다.

그림 7-5 IMF의 ARA 기준 대비 외환보유액 비율

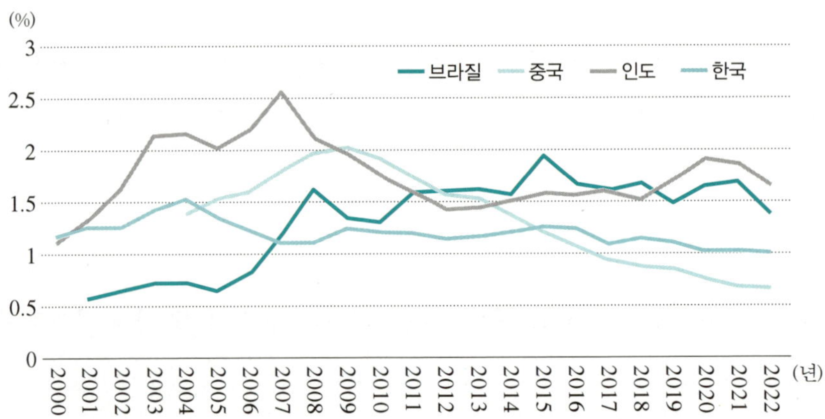

출처 : IMF.

다만, 외환보유액의 외환위기에 대한 자기보험 역할은 금융기관에 대한 미시건전성 규제, 거시건전성 규제, 재정 건전성 규율 등을 통해 보완될 수 있다. 위기가 발생하더라도 위 규제나 규율 덕분에 위기 파급력이 크지 않다면 외환보유액의 필요성은 낮아진다. 그리고 국가 간 통화스와프 라인 설정, 지역 및 글로벌 금융안전망의 확충을 통해서도 필요 외환보유액 수준을 낮출 수 있다.

(2) 양자 통화스와프

외환보유액이 외화유동성 위기를 막는 제1방어선이라면 중앙은행 간 통화스와프는 제2방어선이라고 할 수 있다. 우리는 몇 차례의 외환위기 혹은 불안정 시기에 통화스와프를 통해 시장 안정 효과를 거둔 바 있다. 1997년 외환위기 발발 직후에는 한국은행과 일본은행이 13억 달러 규모의 브리지론 형식의 한시적 통화스와프 계약을 체결했는데, 이것이 우리나라 통화스와프의 시초이다. 외환위기를 경험한 후 ASEAN 10개국과 한·중·일 3개국은 2005년 5월 지역 금융안전망 창설을 위한 치앙마이 이니셔티브Chiang Mai Initiative ; CMI에 합의했다. 이에 따라 한국은행은 2001~2003년 일본, 중국, 태국, 말레이시아, 필리핀, 인도네시아 중앙은행과 CMI 양자 통화스와프를 체결했다. 2010년 CMI가 다자간 스와프 협정인 CMIMCMI Multilateralization로 전환하면서 양자 간 스와프는 다자 스와프 체제로 변화했다.

우리나라는 CMIM과 별도로 2005년에는 일본은행과 2008년에는 중국인민은행과 자국 통화 기반 스와프를 체결했다. 2008년 글로벌 금융위기가 발생했을 때는 미국과 300억 달러 규모의 통화스와프를 체결했는데, 이는 당시 금융시장 안정에 결정적 역할을 했다. 이런 배경에서 한국은행은 양자 통화스와프 체결에 적극적으로 나섰다. 〈표 7-3〉은 2023년 6월 현재 양자 통화스와프 체결 현황이다. 통화스와프의 전체 규모는 최소 1,100억 달러 수준이다.

통화스와프는 위기 시에 외화유동성을 신속하게 공급할 뿐 아니라, 특히 미 연준과의 스와프는 체결만으로도 공표 효과를 통해 환율, CDS 프리미엄, 장기 금리 인하 등의 효과를 발휘하는 것으로 알려져 있다(Obstfeld et al., 2008 ; Aizenman et al., 2021 등). 우리나라에서는 2008년 위기뿐 아니라 코로나19가 발생한 2020년에도 한미 통화스와프가 금융시장 안정에 큰 역할을 하였다(윤영진, 2021).

통화스와프의 확대는 우리 금융안전망 강화에 이바지했지만 한계도 갖고 있었다. 우선 미국과의 스와프가 규모도 가장 크고 효과도 강력했지만, 위기 발생 후에 한시적으로 체결되는 한계를 지니고 있었다. 미국은 우리나라와 상시적인 스와

표 7-3 우리나라의 양자 통화스와프 체결 현황

체결국가	사용 통화	스와프 규모	계약 만기
미국	미 달러 ⇔ 원	300억 달러 600억 달러	(2008. 10.~2010. 2.) (2020. 3.~2021. 12.)
일본	자국 통화 ⇔ 미 달러	100억 달러	2026. 6.
중국	위안 ⇔ 원	4,000억 위안/70조 원 (약 590억 달러)	2025. 10.
스위스	스위스 프랑 ⇔ 원	100억 스위스 프랑/11.2조 원 (약 106억 달러)	2026. 3.
인도네시아	루피아 ⇔ 원	115조 루피아/10.7조 원 (약 100억 달러)	2026. 3.
호주	호주 달러 ⇔ 원	120억 호주 달러/9.6조 원 (약 81억 달러)	2028. 2.
UAE	디르함 ⇔ 원	200억 디르함/6.1조 원 (약 54억 달러)	2027. 4.
말레이시아	링깃 ⇔ 원	150억 링깃/5조 원 (약 47억 달러)	2023. 2.
튀르키예	리라 ⇔ 원	175억 릴라/2.3조 원 (약 20억 달러)	2024. 8.
캐나다	캐나다 달러 ⇔ 원	상한 미설정	상설

출처 : 한국은행, 기획재정부, 대외경제정책연구원 등의 자료를 이용하여 필자 작성.

프를 체결하지 않고, 외화유동성 문제가 실제로 발생하면 스와프를 체결했다가 문제가 해소되면 계약을 해지했다. 우리나라는 몇 차례 상시적 체결 의사를 비쳤지만 미국은 이에 응하지 않았다. 이런 이유로 한미 스와프는 위기 예방적 효과는 약하고, 위기 발생 시마다 양국 간 협의가 필요해 제도적 안정성도 떨어지는 단점이 있다. 둘째, 규모가 큰 한일, 한중 스와프 계약은 외교관계의 영향을 크게 받는 문제가 있다. 한일 스와프는 양국 간 외교적 긴장이 고조된 2013년 이후 규모가 축소되었고, 2016년부터는 계약이 종결된 채로 2023년 6월까지 이어졌다(한원태 외, 2023). 한중 스와프 역시 양국 외교관계가 계약 연장 여부에 영향을 미치고 있다. 셋째, 미국과 일본을 제외하면 양자 통화스와프는 모두 달러가 아닌 자국 통화를

이용하게 되어 있어 달러 기반 스와프보다 시장 안정 효과가 떨어질 가능성이 크다. 위안, 스위스 프랑, 호주 달러, 캐나다 달러 등도 준비통화로 사용되기는 하지만 비중이나 국제 신인도 면에서 미국 달러와 비교하기 어렵다. 다만 스와프로 조달한 자금을 해당국과의 교역 결제에 사용함으로써 달러 결제 수요를 억제하는 효과는 있을 수 있다. 그리고 유사시 원화가 상대국의 준비통화로 이용될 수 있어 원화 국제화와 양국 간 경제협력에 상징적인 의미를 가질 수도 있다.

(3) 지역 금융안전망

우리나라가 속한 지역 금융안전망은 다자화된 치앙마이 이니셔티브CMIM이다. 치앙마이 이니셔티브는 2000년 5월 태국 치앙마이에서 개최된 아시아개발은행Asian Development Bank ; ADB 연차총회에서 동남아시아국가연합ASEAN과 한국, 중국, 일본 3국의 외환 및 금융 위기를 막기 위해 채결한 ASEAN+3 긴급유동성 지원협정이다. 협정 채결 당시 스와프 규모는 총 170억 달러였으며, 지원 총액 중 90%는 IMF의 동의가 있는 경우 인출되는 IMF 연계 지원으로 구성되었다. 2005년에 통화스와프 총 규모가 800억으로 증액되었고, IMF 비연계 지원 부분도 20%로 확대되었다. 2009년에는 총 규모가 1,200억 달러로 확대되었고, 다자화가 합의되었다. CMIM은 각국의 인준을 거쳐 2010년 3월에 공식적으로 발효되었다. 분담금은 일본, 중국(홍콩 포함)이 각각 32%(384억 달러), 한국이 16%(194억 달러)를 부담하고, 나머지 20%는 ASEAN이 부담하며, 각국 외환보유액에 명기한earmarked 자금으로 공동 외환보유액self-managed reserve pooling을 구성하는 방식으로 운영된다. 위기 시 인출 가능 금액을 분담금 인출 배수로 정하고, 인출 배수는 한국 1, 중국, 일본 0.5, ASEAN Big 5는 2.5, ASEAN small은 5로 결정했다.

ASEAN+3은 2010년 치앙마이 이니셔티브 다자화 협정 정착을 위해 거시경제 모니터링 기구인 AMROASEAN+3 Macroeconomic Research Office를 설립하기로 합의하고 2011년 싱가포르에 설립하였다. 2012년에 CMIM의 기금 규모를 2,400억 달러로 증액하고 IMF 비연계 비중을 30%로 확대했다. 2021년에는 IMF 비연계 비중을 다시 40%로 확대하고 지역통화로도 구제금융을 제공할 수 있도록 했다. 〈표 7-4〉는 CMIM의 현재 분담금 구조와 구제금융 수혜 한도를 정리한 것이다.

표 7-4 CMIM의 분담금과 수혜한도

구분		분담금		수혜 한도	
		분담금 (억 달러)	비중 (%)	인출 배수 (배)	최대 수혜금액 (분담금 × 인출배수, 억 달러)
한국		384.0	16.0	1.0	384.0
중국		768.0	32.0		
	중국(홍콩 제외)	684.0	28.5	0.5	342.0
	홍콩	84.0	3.5	2.5	84.0*
일본		768.0	32.0	0.5	384.0
한·중·일 합계		1,920.0	80.0	–	1,173.0
Big	인도네시아	91.04	3.79	2.5	227.6
	말레이시아	91.04	3.79	2.5	227.6
	태국	91.04	3.79	2.5	227.6
	싱가포르	91.04	3.79	2.5	227.6
	필리핀	91.04	3.79	2.5	227.6
	계	455.2	19.0	–	1,138.0
Small	브루나이	0.6	0.02	5.0	3.0
	캄보디아	2.4	0.10	5.0	12.0
	라오스	0.6	0.02	5.0	3.0
	미얀마	1.2	0.05	5.0	6.0
	베트남	20.0	0.83	5.0	100.0
	계	24.8	1.0	–	124.0
아세안 합계		480.0	20.0	–	1,262.0
총계		2,400.0	100.0	–	2,456.0

* 홍콩은 IMF 미가입으로 비연계 비율(40%)만큼만 인출 가능(84억 달러 × 2.5 × 40% = 84억 달러).

출처 : 기획재정부(2021).

CMIM은 지역 금융안전망이지만 한계를 가지고 있다. 첫째, 역내 금융위기 상황에서 한 번도 사용되지 않았다. 이 때문에 외환위기 발생 시 그 효과에 대한 평가도 힘들다. 둘째, 지원액의 60%는 IMF 구제금융과 연계되어 있다. 따라서 IMF 구제금융 수혜에 따른 낙인 효과를 벗어나기 어렵다. 셋째, 우리나라의 외환보유액에 비해서 수혜금액이 적다. 최대 수혜액 382억 달러는 우리나라 외환보유액의 10분의 1에도 미치지 못한다. 결국, CMIM은 ASEAN 국가들의 외환위기 방지에는 유용할 수 있지만 한·중·일의 외환위기 방지에는 한계가 있다. 마지막으로 CMIM이 별도 펀드가 아닌 각국 외환보유액에 명기한earmarked 자금으로 관리되고 있어 비상시 활용 여부가 불확실하다. 위기 시 각 중앙은행의 시스템에서 송금하는 체계가 현재로서는 불명확해서 ASEAN+3회담에서 이 문제가 계속 제기되고 있다.

(4) 외환 거시건전성 정책

거시건전성 규제는 국내 경기변동에 따라 신용 팽창과 위축이 동조화되면서 금융부문이 경기변동을 더 증폭시키는 효과를 줄이고자 하는 정책이라 할 수 있다. 우리나라에서 시행된 거시건전성 규제로는 기존의 LTVloan to value, DTIdebt to income, DSRdebt service ratio 등 대출 관련 규제와 외환부문 자본유출입 관련 규제, 은행의 예대율 규제, 경기대응 완충자본 규제 등이 있다. 외환부문 거시건전성 규제는 2010년부터 본격적으로 도입되었다. 외환부문 관련 거시건전성 규제는 〈표 7-5〉와 같다.

제일 먼저 시행된 규제는 선물환 포지션 한도 제한이다. 선물환 매입 포지션의 총량이 은행 자본금의 일정 비율을 넘지 못하도록 하는 규제이다. 은행은 선물환을 매입하면 환율 변동 위험을 헤지하기 위해 단기 외채를 조달하게 된다. 따라서 선물환 포지션 제한은 은행의 단기 외채 필요를 줄인다. 글로벌 금융위기 당시

표 7-5 외환부문 거시건전성 규제 내용

규제	내용	시행일	목표
선물환 포지션 한도	50%(국내 은행) 250%(해외 은행)	2010년 10월	은행권의 단기 외채 관리
	40%(국내 은행) 200%(해외 은행)	2011년 7월	
	30%(국내 은행) 150%(해외 은행)	2013년 1월	
	40%(국내 은행) 200%해외 은행)	2016년 7월	
	50%(국내 은행) 250%(해외 은행)	2020년 3월	
외국인 채권투자에 대한 과세	14%(이자소득) 20%(양도소득)	2011년 1월	외국인 채권투자 유입 속도 조절
거시건전성 부과금	0.20%(~1년) 0.10%(1~3년) 0.05%(3~5년) 0.02% (5년 이상)	2011년 8월	은행의 외채 만기 장기화 및 구제금융 재원 마련

출처 : Huh and An(2014), 한국은행(2020).

우리나라 금융기관의 취약점으로 단기 외채 급증이 지적되었다.[12] 이에 금융 당국은 글로벌 금융위기의 충격에서 벗어나는 시점에서 선물환 매입 규모를 규제하게 된 것이다. 정부는 선물환 포지션 규제 한도를 외환시장의 달러 공급 사정에 따라 조절했다. 자본유입이 과도한 시기에는 선물환 매입 포지션 한도를 낮추어 규제를 강화하고, 반대의 경우에는 포지션 한도를 늘렸다.

두 번째로 외국인 채권투자에 대한 과세를 부활시켰다. 글로벌 금융위기 발발 직후 정부는 외국인 채권투자 이탈 억제를 위해 외국인 채권투자에 면세 혜택을 주었다. 외국인 채권투자에 대한 과세는 이 면제 혜택을 없애 외국인 채권투자의 과

12. 정부는 이에 대해 수출 호황으로 인한 자연스러운 선물환 매입 증가일 뿐이며, 금융기관의 위험요인은 아니라고 설명하기도 했다.

도한 유입을 사전에 억제해 만약의 경우 발생할 수 있는 자본유출 규모를 줄이고자 한 것이다.

마지막으로 거시건전성 부과금을 도입하였다. 은행이 외채를 조달할 때 외채의 만기가 짧을수록 높은 부과금을 내도록 했다. 2008년 말 글로벌 금융위기로 인해 달러 유동성 문제가 발생했을 때 한국은행은 은행이 사용할 수 있는 긴급 펀드를 조성하여 외화의 최종 대부자 역할을 했다. 거시건전성 부과금은 추후 유사한 문제가 발생했을 때 한국은행이 최종 대부자 역할을 다시 할 것으로 예상해 은행으로부터 미리 필요자본을 걷는 것이다.

외환부문 거시건전성 규제는 유입되는 자본에 대한 규제로, 경기 호황에 많은 자본이 유입되어 위험요인이 축적되는 것을 막는 조치이다. 이런 거시건전성 규제는 자본유출입 규제를 통해 통화정책의 유효성을 확보하는 데 도움이 될 것으로 기대된다.[13] 그리고 대외 환경의 부정적 충격에서 자국 금융시장을 보호해 경기 안정화에도 도움이 될 것으로 기대된다.[14] 하지만 거시건전성 규제는 비용이나 부정적 효과를 수반할 수도 있다. 우선, 자본규제는 경제의 효율성을 하락시킬 수 있다. 개방된 자유로운 자본시장이 경제의 생산성을 높일 것으로 예상되기 때문에 자본이동의 제한은 그 잠재적 이익을 포기하는 것과 같다(Reinhart et al., 2013; Varela, 2018; Bau and Matray, 2022; Li and Su, 2022). 둘째, 비대칭적 규제가 인위적 자본배분을 초래해 다른 부작용을 유발할 수 있다. 예를 들어 은행 외채를 줄이는 규제가 다른 기업의 외채를 늘리는 결과를 가져와 경제 전체적으로는 위험이 줄어들지 않을 수 있다(Ahnert et al., 2021).[15] 글로벌 금융위기 이후에는 국제기구에서도 거

13. 자본 이동이 자유로울수록 주변국 통화정책은 중심국 통화정책에 종속되는 경향이 있다(Rey, 2013; Banerjee et al., 2015; Aizenman et al., 2016).

14. 많은 연구들은 자본유출입 규제 혹은 외환시장 개입이 경제에 도움이 된다고 주장한다(Caballero and Lorenzoni, 2014; Adrian et al., 2020; Basu et al., 2020; Yepez, 2021). 특히 거시건전성 규제는 경기와 금융시장의 변동을 줄이는 것으로 확인되었다(Vesperoni, 2015; Fendoğlu, 2017; Magud and Bianchi and Mendoza, 2020; Nier et al., 2020).

15. Andreasen et al.(2019)와 Andreasen et al.(2021)은 칠레의 자본 규제가 수출에는 도움이 되었지

시건전성 관점에서 자본 이동에 대한 규제의 긍정적인 효과를 강조하고 있다(IMF, 2012 ; 이아랑 외, 2023).

우리나라의 외환 거시건전성 규제는 은행의 부채를 장기화하는 효과를 가져왔다. Huh and An(2014)은 거시건전성 규제 도입 이후 은행의 부채 만기 구조가 장기화했다고 분석했다. Huh(2023)는 거시건전성 규제가 외환시장에서 통계적으로 유의한 마찰요인으로 작용했다는 증거를 발견하지 못했다. 거시건전성 규제가 경제의 비대칭성 증가 혹은 효율성 감소에 미친 영향은 확인하기 어렵지만, 은행 외채 만기의 장기화로 외환위기의 가능성을 줄였다고 볼 수 있다.

3. 국제금융질서의 변화와 전망

3.1 국제금융 불안정 심화

지난 20년간 국제금융 환경은 과거보다 더 불안정해졌다. 2000년대 초 시작된 주식과 부동산 등 자산시장의 버블은 2008년 결국 1930년대 대공황 이후 가장 심각한 글로벌 금융위기를 초래했다. 이 위기로 인한 경기침체는 G20을 중심으로 한 국제적 공조 덕분에 비교적 빠르게 극복되었다. 하지만 그 후유증으로 2009년부터 유럽은 다시 재정위기에 빠졌다. 부동산 버블 붕괴로 인한 은행의 우발적 채무 증가, 그리고 은행 구제를 위한 정부지출 증가가 유럽 재정위기의 결정적 원인이 되었다. 그 후 유럽은 거의 10년간 만성적 침체에서 벗어나지 못했으며, 제2차 세계대전 이후 반세기 동안 진전된 EU 통합은 위기에 직면했다. 2020년 영국의 EU 탈퇴, 즉 브렉시트Brexit는 유럽 통합의 후퇴를 보여주는 상징적 사건이었다.

글로벌 금융위기와 유럽 재정위기는 미국과 서유럽이라는 선진국에서 발생했

만 생산 감소를 가져왔다고 분석했다. Forbes(2007)와 Chanda(2005)는 자본 규제가 경제성장에 부정적인 영향을 미친다고 분석했다.

다는 점에서 큰 의미가 있다. 과거 대부분의 금융위기는 개도국이나 신흥국에서 발생했으며, 그 파장은 한 나라 혹은 주변 지역에 국한되었다. 하지만 앞의 두 위기는 세계적 영향을 미쳤으며, 그 결과 국제 자본 이동 전반이 불안정해졌다. 위기의 심도가 깊고 파장도 컸기 때문에 대응 또한 예외적이었다(Reinhart and Rogoff, 2009 ; Tooze, 2018). 신용경색 완화, 금융기관 부실 억제, 불황 극복을 위해 미국, EU, 일본 등 주요국 중앙은행은 양적 완화quantitative easing라는 비전통적 통화정책을 시행했다. 양적 완화에 따른 글로벌 유동성의 증가와 장기간의 저금리 상황은 다시 자산시장과 국제 자본 흐름의 불안요인이 되었다(Cho and Rhee, 2014 ; Park et al., 2016).

디지털 금융digital finance도 글로벌 금융시장의 새로운 불안이 되고 있다. 금융의 디지털화는 금융의 접근성과 효율성을 증진하지만, 다른 한편으로는 시장의 불안정성을 증폭시키기도 한다. 우선, 디지털 금융의 결과 자금 이동의 거래비용과 마찰이 크게 줄어들어 자금 이동 속도가 빨라졌는데, 국경 간 이동의 경우 특히 두드러진다. 마찰의 축소는 위험 전이의 고속화, 쏠림 현상herding behavior의 심화를 초래할 가능성이 크다. 2023년 3월 미국 실리콘밸리은행Silicon Valley Bank ; SVB의 파산이 대표적인 사례이다. 디지털 뱅크런digital bank run은 전통적 뱅크런보다 훨씬 단시간에 이루어져 은행 파산이 유례없는 속도로 진행되었다. 둘째, 테크기업의 플랫폼과 금융업이 결합한 핀테크가 다양한 형태로 발전되었지만, 그에 대한 금융 감독과 규제의 변화는 그 속도를 따라가지 못하고 있다. 이런 불일치는 잠재적 금융위험으로 작용하고 있다. 셋째, 디지털 혁신과 금융이 결합하면서 자산가격의 변동성이 커졌다. 일반적으로 새로운 기술혁신이 나타나는 초기에는 혁신의 장기적 가치가 불확실하므로 투기적 버블이 형성될 가능성이 크다. 예를 들어 가상화폐에 대한 투기 열풍과 그에 따른 가격 변동성은 다른 역사적 버블과 비교해도 매우 높은 수준이다. 디지털 금융 혁신으로 이와 유사한 투기적 과열과 금융 불안정은 앞으로도 계속 나타날 수 있다.

마지막으로 비경제적 요인으로 인한 금융 불안정에도 주목할 필요가 있다. 예를 들어 코로나19와 같은 전염병, 우크라이나 전쟁과 같은 군사적 충돌이 금융시장에 큰 영향을 미치고 있다. 이와 같은 비경제적 불확실성은 과거에도 존재했지만 제2차 세계대전 이후 형성된 미국 중심의 국제질서가 쇠퇴하고 있어 불확실성을 해소할 수 있는 국제적 능력이 약화했다. 지정학적 갈등은 고조되고 있지만 국가 간 물리적 충돌을 억제할 수 있는 능력도 취약해졌다. WTO와 같은 규범 기반rule-based 국제질서는 무력화되고 있으며, 경제적 혹은 비경제적 충돌이 발생했을 때 국제협력이 이루어질 가능성도 줄어들었다. 기후변화로 인한 자연재해, 포퓰리즘 정부의 출현으로 인한 정책 불확실성도 높아지고 있다.

결국 빈발하는 버블 주기boom-bust cycle, 다양한 디지털 금융 혁신, 비경제적 충격의 발생 등으로 인해 지난 20여 년간 국제금융 환경은 그 전보다 더 불안정해졌다. 그리고 이런 추세가 반전될 징후를 발견하기 어렵다.[16]

3.2 지정학적 분열

10여 년 전 시작된 세계 경제의 '지정학적 분열geopolitical fragmentation'은 현재도 계속 진행되고 있다. 2017년 미국 트럼프 정부의 출범 이후 중국에 대한 견제가 무역전쟁의 형태로 시작되었다. 러시아-우크라이나 전쟁은 이러한 진영 간 대결을 더욱 선명하게 만들었다. 2010년대 이후 나타난 세계화의 후퇴de-globalization는 2020년 들어서는 미국-유럽과 중국-러시아 두 진영 사이의 대립 양상으로 발전하였다. 이런 지정학적 갈등은 상대와의 무역, 투자, 금융거래의 제한을 동반함으로써 글로벌 경제의 분열을 초래하고 있는데, 이런 현상은 흔히 '지정학적 분열'로 일컬어진다.

이런 분열은 처음에는 미 · 중 간 관세 부과, 안보 민감 품목에 대한 수출 및 수

16. Ahir et al.(2022)이 개발한 '세계 불확실성 지수(world uncertainty index ; WUI)'에 따르면 2000년 이후 이 지수는 상승 추세에 있으며, 특히 2012년 이후 더 높아지고 있다.

입 통제와 같은 무역분야에서 시작되었다. 이런 무역 제한은 글로벌 경제의 공급망 불안disruption in supply chain을 불러왔다. 그런데 최근 균열은 투자 및 금융의 영역으로 확대되고 있다. 미국은 중국 우려 기업의 미국 내 투자나 주식시장 상장을 제한하고 있으며, 자국 기업의 중국 내 투자 역시 제한하고 있다. 러시아가 우크라이나를 침공하자 미국과 EU는 즉각 러시아에 금융제재를 시행했다. 특히 러시아 은행들을 국제금융결제망인 SWIFT에서 배제하고 미국과 EU가 보관 중인 러시아의 외환보유액에 대한 접근을 차단했다. 이것은 유례없이 강한 금융제재로, 지정학적 이유로 국제적 금융 네트워크가 단절될 수 있음을 시사한다.

앞으로 지정학적 갈등이 지속 혹은 고조된다면 달러를 중심으로 통합되어 있는 국제금융 네트워크의 분리 및 이탈 움직임은 더욱 강화될 것이다. 기존의 달러 중심 금융체제, 즉 결제통화로서의 달러와 결제망으로서의 SWIFT 사용은 거래의 효율성을 높였다. 하지만 중국이나 인도같이 국제 거래 규모가 어느 정도 이상인 국가들은 장기적으로 자국 중심의 결제 네트워크를 구축하고자 할 가능성이 있다. 한편 미국 경제제재의 잠재적 대상국이 될 수 있는 나라는 제재의 충격을 완화하기 위해 외환보유액에서 달러 비중을 줄이고 미국을 우회할 수 있는 국제결제망을 이용하고자 할 것이다. 즉, 위험 분산을 위한 다각화 유인 때문에 국제금융 네트워크에 분열이 발생할 수 있다.

문제는 분열의 정도에 관한 판단인데, 이에 대해서는 두 가지 전망이 존재한다. 하나는 미국 혹은 달러 중심의 기존 체제에 상당한 변화가 발생할 것이라는 견해다(McDowell, 2021; Bianchi and Sosa-Padilla, 2023). 미국의 금융제재 결과 미국과 전략적 거리가 먼 국가들이 달러 기반 국제금융 체제의 안정성을 신뢰하지 않게 된다는 것이다. 그 결과 준비금을 비전통적 통화나 금 등으로 다변화하고, 전략적 이해관계가 밀접한 국가끼리 통화 블록을 형성할 가능성도 있다는 것이다.[17] 실

17. 극단적인 경우에는 1930년대와 같은 금융의 블록화로 귀결될 수도 있다. 1930년대 금본위제의 붕괴 이후 유럽의 국제금융 체제는 영국 중심의 스털링 블록, 독일 중심의 마르크 블록, 프랑스 중심의 금 블록으로 분열되었다(Eichengreen, 1992).

제로 중국은 2008년 글로벌 금융위기 이후 달러의 지위를 부분적으로 대체할 목적으로 위안화 국제화를 적극적으로 추진하고 있다. 그리고 그 일환으로 2012년에 위안화 국제결제망인 CIPSCross-border Interbank Payment System를 구축하여 확대하고 있다.[18]

반면 달러 중심 체제에 미치는 영향이 크지 않을 것이라는 전망도 있다(Falkerts-Landau et al., 2022; Weiss, 2022 등). 국제통화가 되기 위해서는 건전한 제도와 거시 펀더멘털, 그리고 개방적이고 발달한 자본시장이 필요한데, 이런 조건을 충족하는 대안적 통화나 결제 네트워크가 사실상 없다는 것이다. 즉, 관성 효과inertia effect가 계속 작용할 것으로 전망한다. 또한 지정학적 불안정이나 제재 위험 때문에 오히려 전통적 통화로 구성된 준비금을 더 늘릴 가능성에도 주목한다.

우크라이나에 대한 제재 이후 단기 효과를 보면, 달러 중심 체제에는 큰 변화가 없는 것으로 확인되었다. 러시아 등 일부 사례에서 탈脫달러 움직임이 있지만 일반적이지는 않다는 것이 유럽중앙은행의 분석 결과다(den Besten et al., 2023). 하지만 장기적으로 금융분야에서의 지정학적 분열이 발생할 가능성을 간과해서는 안 된다. 주요국은 자국 통화 기반 무역 결제 시스템을 독립적으로 구축하고 있다. 중국은 앞에서 말한 CIPS, 러시아는 SPFS를 이미 구축했고, 인도는 2022년 7월 SRVA라는 독자 결제망을 도입했다. 중국을 뒤이어 인도 역시 루피를 국제통화로 만들려는 의도를 비치고 있다. 한편 우크라이나 전쟁 이후 원유 거래를 달러 외 통화로 결제하려는 움직임이 강해졌다.[19] 중국을 중심으로 한 신흥국 연합인 상하이협력기구Shanghai Cooperation Organization; SCO 회원국들은 자국 통화를 이용한 무역 결제 로드맵 채택에 합의했다.

결국 지정학적 분열은 무역에 국한되지 않고, 금융으로 확산할 가능성이 있다. 탈달러 움직임의 성공 여부는 확실하지 않지만, 지정학적 갈등과 미국 및 유럽의

18. 2021년 말 현재 CIPS에는 75개 직접 참가 기관과 1,184개의 간접 참가 기관이 있다. The People's Bank of China(2022).

19. 달러를 대체해 원유 결제에 사용되는 통화는 러시아 루블, 인도 루피, 중국 위안, UAE 디르함 등이다.

금융제재가 확대되면 국제금융의 분열은 현실이 될 것이다. 특히 미국의 금융제재가 중국을 대상으로 이루어지면 그 파장은 대對러시아 제재와는 비교하기 어려울 정도로 클 것이다(Chorzempa, 2023).

3.3 위협받는 달러 체제

장기적이고 구조적인 시각에서 보면 달러 중심의 국제금융질서를 위협하는 것은 중국의 경제적 부상이다. 국제통화로서의 위상을 결정하는 중요한 요소 중 하나가 발행국의 교역규모라고 하면, 미·중 간 경제적 비중의 변화는 달러 지배체제dollar dominance를 위협하는 요인이다. 지금 국제결제나 외환보유액에서 달러의 비중이 여전히 매우 높고 중국 위안화의 비중은 매우 낮지만, 장기적으로 달러 지위가 계속 유지될 수 있을지는 불투명하다는 견해가 있다. 만약 달러의 지배력이 약화되어 복수의 통화가 국제통화의 지위를 분점하게 되면 제2차 세계대전 이후 70여 년간 유지된 국제금융질서가 크게 달라질 것이다. 지배적 통화의 교체기 혹은 복수 통화의 분점 시기에는 국제금융 체제가 불안정할 가능성이 크다.[20]

중국 정부는 위안화를 국제통화로 만들기 위해 2009년부터 위안화 국제화 정책을 적극 추진하고 있다. 양자 통화스와프의 체결, 위안화 청산은행clearing bank의 지정, 역외 위안화 직거래 외환시장 개설, 위안화 채권시장 조성, 위안화 기반 국제결제 시스템 구축 등이 대표적 정책이다.[21]

최근까지 상황을 보면 지난 10여 년간 위안화 위상이 상승하기는 했지만 달러의 지배적 지위는 여전히 강건하다고 평가할 수 있다. 세계 외환보유액의 통화별

---

20. 제1차 세계대전과 제2차 세계대전 사이 기간이 이런 역사적 사례다. 통화 블록으로 분열되어 경쟁하는 과정에서 국제통화의 공급 부족, 국제적 최종 대부자 기능의 마비가 발생할 수 있다(Kindleberger, 1986; Eichengreen, 1992).

21. 위안화 국제화를 위한 정책 및 성과에 대해서는 중국인민은행이 매년 발간하는 『위안화 국제화 보고서(RMB Internationalization Report)』를 참고하기 바란다.

비중을 보면, 2022년 말 현재 달러 58.4%, 유로 20.5%, 엔 5.5%, 파운드 4.9%, 위안 2.7% 등으로 구성되어 있다(IMF COFER 통계). 2010~2022년에 달러와 유로의 비중은 각각 3.0%p, 5.3%p 감소한 반면, 위안과 기타 통화의 비중은 각각 2.7%p, 3.6%p 증가했다. 달러가 여전히 지배적 통화지만 2000년 이후 감소 추세를 보여 이 기간에 약 10%p 감소했다.[22] 그런데 무역 표시 통화invoicing currency에서는 달러의 뚜렷한 쇠퇴를 발견하기 어렵다. 유로가 주로 사용되는 유럽 지역을 제외하면 무역 결제에서 달러 비중은 74~96% 수준으로 여전히 높다. 위안화 비중은 꾸준히 증가하고는 있지만 대부분 중국 자체 무역의 위안화 결제 증가의 결과다. 외환거래에서는 전체 200% 중 달러가 88%로 20여 년간 거의 변화가 없는 반면, 위안화는 2010년 1%에서 2022년 7%로 증가했다. 세계 무역 중 중국 비중이 18%에 이르는 점을 고려하면 무역 결제나 외환거래에서 위안화 비중은 여전히 작은 편이다. 국제 금융거래에서는 달러의 지배적 지위가 여전히 확고하며, 위안화의 부상은 느린 편이다. 은행이 보유한 역외 자산의 통화별 구성은 달러 58%, 유로 22%, 위안화 2~3%로, 달러 비중은 지난 10년간 오히려 증가 추세에 있다.

미국 연방준비은행FRB은 이런 다양한 지표를 이용해 '국제통화 이용 지수Index of international currency usage'를 측정했는데 그 추이는 [그림 7-6]과 같다. 2022년 현재 달러 69.0, 유로 23.1, 파운드 6.4, 엔 7.3, 위안 3.0으로 평가되었다. 달러의 지수는 지난 20년간 거의 변화가 없는 반면, 위안화는 3.0 포인트 증가하는 데 그쳤다. 달러의 대체 통화로 주목받았던 유로의 위상은 크게 줄어들었다.

22. Arslanalp et al.(2022)은 달러 비중의 감소를 달러 위상 하락보다는 중앙은행의 투자 수익성 관리를 위한 준비통화 다변화 결과라고 해석한다.

그림 7-6 미 연준의 '국제통화 이용 지수' (2000~2022년)

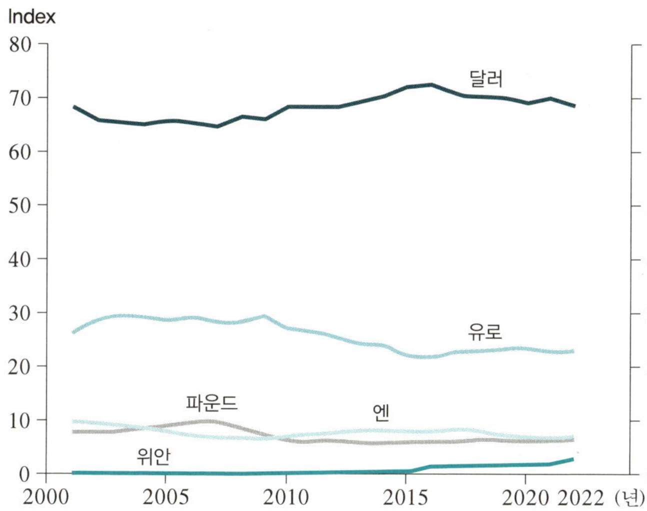

출처 : Bertaut et al.(2023).

현재 상황보다 더 중요한 것은 미래 전망인데, 이에 대해서는 크게 세 가지 견해가 있다. 첫째는 달러 지배가 계속될 것이라는 전망이다(Gopinath et al., 2019). 이 전망의 근거는 국제통화의 사용에서 작용하는 네트워크 효과와 관성 효과로 인한 강력한 자연독점화 경향이다(Krugman, 1979 등). 국제통화의 여러 기능 중 한 기능에서 특정 통화가 지배적 통화가 되면, 다른 기능도 같이 강화되는 상호보완성complementarity 역시 국제통화의 교체를 어렵게 하는 요인이다(Gopinath, 2015; Gopinath and Stein, 2021 등). 두 번째 견해는 중국 위안화가 주요 국제통화로 부상할 수 있다는 견해다. 아이켄그린B. Eichengreen은 국제통화의 자연독점 경향이 필연적인 것은 아니며, 역사적으로도 복수의 통화가 국제통화로서 병존한 사례가 있었다고 강조한다.[23] 또한 중국의 자본자유화가 완전히 이루어지기 전이라도 위안화 국제화가 진전될 수 있다고 전망한다. 마지막 견해는 중국이 일정 조건을 갖출 때

23. 자세한 설명은 다음 문헌을 참고 바란다. Eichengreen(2006), Eichengreen et al.(2018), Eichengreen et al.(2019), Eichengreen et al.(2022).

만 위안화 국제화가 가능하다는 견해다(Prasad and Ye, 2013). 통화 국제화를 위해서는 통화 발생국의 정책 투명성과 제도에 대한 신뢰, 금융시장의 발달과 자본자유화 등이 필요한데, 중국은 앞으로 이런 조건을 충족할 때만 국제통화가 될 수 있다는 것이다. 최근 중국의 권위주의적 국가 통제가 오히려 강화되자 이 견해의 지지자들은 위안화 국제화 가능성을 더욱 부정적으로 평가한다(Prasad, 2017 · 2022).

아직도 달러는 지배적 지위를 유지하고 있지만, 그 지위를 위협하는 요소들은 존재한다. 위안화의 비중이 아직은 매우 작지만 꾸준히 증가하고 있다. 또한 인도, 브라질, 러시아, 남아프리카공화국 등 주요 신흥국들이 협력하여 소위 글로벌 사우스global south 그룹을 형성하려는 움직임도 나타나고 있다. 이들은 탈脫달러의 필요성에 대체로 공감하고 있다. 최근에는 인도도 루피의 국제화에 나설 움직임을 보인다. 지정학적 분열이 지속되고 글로벌 사우스가 탈달러에 더욱 적극적으로 나설 경우 가능성이 크지는 않지만 달러 위상이 상당한 위협을 받을 수도 있다.[24] 중국의 경제적 팽창과 금융시장의 선진화 때문이 아니라, 지정학적 분열 때문에 달러 지배체제가 위협받을 가능성이 훨씬 큰 것으로 판단된다. 후자의 이유로 이런 일이 발생하면 전자의 경우보다 국제금융에 미치는 부정적 파급 효과는 훨씬 클 것이다.

4. 금융 국제화의 방향

4.1 자본 · 외환 자유화의 방향

우리나라의 자본 · 외환 자유화는 대부분의 선진국과 비슷한 수준에 이르렀다.[25] 따라서 거의 모든 부분에서 자유화되어 있다고 할 수 있다. 원화 국제화와 관

---

24. 크루그먼(P. Krugman)은 국제통화의 자연독점적 경향과 더불어, 균형의 불안정적 성격 때문에 국제통화의 위상이 단기간에 급변할 가능성도 있다고 지적한 바 있다(Krugman, 1984).

25. Fernandez et al.(2016)이 개발한 국가별 자본 이동 제한 지수에 따르면, 우리나라의 이 지수는 2019년 현재 0.18로 OECD 평균 0.19보다 낮고, 독일이나 호주의 0.30보다도 낮다. 0부터 1까지의 값을

련된 비거주의 원화 거래를 제외하면, 앞으로 추가 자유화를 위해 남아 있는 조치는 많지 않으며, 다만 세부적인 조정이 있을 수 있다. 지금까지 우리나라의 외환 자유화는 우리 금융산업의 발전 수준을 고려해 결정되기도 했지만, 선진국의 압력이나 외환·금융 위기 등 외부 환경의 영향도 크게 받았다. 하지만 이제 우리의 자유화 수준이 매우 높기 때문에 우리가 자율적으로 얼마든지 결정할 수 있다.

자유화 조치를 결정할 때는 민간 거래의 편의성, 국내 금융시장의 발전 촉진, 국제 금융거래의 안정성을 종합적으로 고려해야 할 것이다. 앞의 두 측면에 초점을 맞추어 추가 자유화를 하면 자칫 금융 안정성이 위협받을 수 있다. 둘 사이에 균형을 맞추는 것이 중요하지만 앞에서 설명한 바와 같이 국제금융의 불안정 심화가 예상되고, 전반적으로 금융 안정이 강조되고 있음을 고려할 때 추가 자유화에는 신중해야 할 것이다.

지정학적 갈등의 심화나 달러 체제의 동요 가능성, 디지털 금융으로 인한 자금 이동 속도의 향상 및 쏠림 현상의 심화 등에 특히 유의해야 한다. 이와 더불어 우리나라 국제수지 상황의 추이도 주의 깊게 살펴볼 필요가 있다. 지난 10여 년간 대중對中 수출의 급증과 반도체 수출의 호조로 대규모 상품수지 흑자를 기록했지만, 앞으로 우리 경상수지 흑자 규모가 축소되거나 적자로 반전될 가능성도 높다. 향후 경상수지에 가장 큰 영향을 미칠 수 있는 변수는 인구 구조의 변화, 특히 고령화이다. 노년 부양 비율이 증가하면 생애주기 가설에 따라 국민 저축률이 하락하고, 이것은 경상수지의 악화 요인이 된다.[26] 우리나라는 매우 낮은 출산율과 기대수명의 연장으로 인구 고령화가 세계에서 가장 빨리 진행되는 나라 중 하나이다. 2022년 현재 노년 부양률은 약 20%지만 10여 년 후인 2035년에는 40%, 2050년에는

갖는 이 지수는 0에 가까울수록 자본 이동이 자유롭다는 것을 의미한다.

26. 부양 비율의 증가는 투자율을 감소시키는 경향도 있지만 저축률 감소 효과가 더 압도적이다. 국가 패널 데이터를 분석한 거의 모든 연구에서 노년 부양률과 경상수지 사이에 유의한 음의 관계가 있음이 발견되었다(Chinn and Prasad, 2003; Gruber and Kamin, 2007; 김경근·김소영, 2017; Han and Shin, 2018 등).

70%를 넘을 것으로 추정된다. 이런 영향으로 김효상 외(2019)의 추정에 따르면 현재와 같은 경제상황이 유지된다는 가정에서 우리 경상수지는 2031~2033년을 전후하여 적자로의 반전이 전망된다. 인구요인 외에도 보호무역주의 심화, 중국의 성장 둔화, 에너지 가격의 불안, 국가 간 반도체 경쟁과 수출 제한 등 다른 요인들도 경상수지에 부정적 영향을 미칠 가능성이 크다.

그리고 금융계정이 지속적으로 순자본유출을 보이고 있음에 유의해야 한다. 직접투자의 순유출은 이미 추세로 굳었으며, 최근에는 민간의 해외 주식투자 증가로 지분형 투자의 순유출도 증가 추세다. 반면 부채성 증권, 즉 채권투자는 국제 이자율이나 시장 상황에 따라 그 방향이 민감하게 변화한다. 만약 상품수지의 축소로 인해 전체 경상수지 흑자가 증가하는 자본 순유출을 커버하지 못하면 외화 유동성에 문제가 발생할 수 있다.

제조 강국인 일본도 급속한 고령화를 거치면서 2010년 이후 상품수지가 적자로 반전되었다. 일본은 해외 투자 소득, 즉 본원소득수지 흑자를 통해 경상수지 흑자를 유지하고 있다. 우리도 앞으로 일본과 유사한 길을 갈 가능성이 높다. 하지만 우리의 고령화 속도가 일본보다 더 빠르다는 점, 우리의 대외자산 비율이 일본보다 훨씬 낮아 일본만큼의 본원투자소득 흑자를 유지하기 어렵다는 점, 그리고 경제 전체의 대외의존도가 높다는 점에 유의해야 한다. 우리나라가 2014년 이후 순대외채권국으로 전환되어 우리 금융시장의 대외 취약성이 과거에 비해 현저히 줄어든 것은 맞다. 하지만 향후 10년 이내에 경상수지 흑자 상황이 반전되어 대외자산 포지션도 변할 수 있음에 유의해야 한다.

따라서 현재의 대외순자산 포지션을 근거로 추가적인 자본·외환 자유화에 지나치게 적극적 자세를 취하는 것은 위험할 수 있다. 자본거래의 추가 자유화 시 해외 주식투자 등의 부문에서 과도한 자본유출이 발생할 위험이 없는지 면밀히 검토해야 할 것이다. 또한 위험 징후 발생 시 선제적으로 유출을 제한할 수 있다는 유연한 사고도 필요하다. 즉, 자유로운 자본 이동이 바람직하다는 고정관념을 경계해야 한다. 정부는 2022년 외국환거래법을 대체할 '신외환법' 제정을 검토한 바 있다. 그 주요 내용은 현재의 자본거래 신고제를 미신고 원칙으로 전환하고, 증권사 등 비은행 금융기관의 외국환업무 범위를 확대하는 것이다. 금융기관과 개인의 거래 편의성 증진, 해외 투자 소득 기회 확대를 위해 개편 필요가 인정되기는 하지만 이런 조치가 자칫 과도한 자본유출로 이어질 우려가 없는지 검토해야 한다. 그리고 미·중 사이 혹은 다른 지역에서 지정학적 충돌이나 경제제재로 인한 금융거래 제한 조치가 발생했을 때 우리 국제금융 상황에 미칠 파장을 검토하고, 유사시 대응계획을 마련해 놓아야 할 것이다.

4.2 원화 국제화의 방향

원화가 국제화되면 원죄에서 부분적으로 해방되고 해외 부채를 원화로 조달할 수 있어 통화 불일치 문제도 완화된다. 따라서 외환위기의 발발 위험을 줄일 수 있는 하나의 해결책이 될 수 있다. 제도적인 측면에서 원화 국제화의 가장 큰 걸림돌은 비거주자의 원화 표시 자금 조달의 신고 의무이다. 하지만 이 의무를 폐지한다고 해서 통화 불일치 문제가 해소되는 것은 아니다. 원화 차입에 대한 규제가 없어지는 것은 원화국제화의 필요조건이지 충분조건은 아니다. 제도적 허용과 더불어 역외의 원화 수요가 필요하다. 외환시장에서 원화 수요를 일으킬 수 있는 원화 표시 금융상품 및 자본 거래가 필요하다. 가장 대표적인 원화 금융상품은 국채이므로 역외 원화 국채 수요가 존재해야 원화 국제화의 진전을 기대할 수 있다. 2023년 말 현재 원화 국채 수익률은 미국 달러 수익률보다 낮아 역전된 상황에 있다. 이런 상황에서 역외 투자자가 원화 국채에 투자할 것이라고 보기는 힘들다. 따라서 원화 거래 자유화를 제도적으로 허용하는 시점도 중요한데, 원화 표시 투자자산에 대한 외국인 투자자의 수요가 고조된 때가 가장 좋은 시점이라고 할 수 있다.

제도적으로 원화 국제화를 추진한 후에 국제 금융시장의 상황을 예의주시하면서 자금의 경색이 일어나는지를 관찰해야 한다. 그러므로 원화 자금시장 경색이 발생하는지를 관찰할 수 있는 수단을 확보하는 것이 중요한 과제이다. 비거주자에 대한 원화 자금 조달에 대한 신고 의무가 없어진다면, 정책 당국이 역외의 원화 자금시장에 대한 모니터링 수단이 많지 않을 것이다. IMF, AMRO 등 거시건전성을 감독하는 국제금융기구와의 협력을 통해서 국제 자금시장을 관찰할 수 있는 능력을 확보하는 것이 방법일 수 있다.

한편 역외에 대규모 원화 외환시장이 형성된 상황에서 교란요인이 발생하면, 정책 당국의 영향력은 제한적일 수밖에 없고 영향이 곧 국내 다른 금융부문으로 파급될 것이다. 원화 국제화는 이런 위험을 동반하는데, 이런 불안정화 가능성을 억제하는 데는 양호한 펀더멘털을 유지하는 것이 결정적이다. 거시 펀더멘털에서 가장 중요한 것 중 하나가 경상수지인데(Obstfeld, 2012), 앞에서 설명한 바와 같이 우리 경상수지 전망은 결코 낙관적이지 않다. 따라서 원화 국제화 역시 이 점을 염두에 두고 진행해야 한다. 따라서 원화 국제화를 추진한다면 중앙은행 및 정책 당국은 전체 국제금융 상황과 우리의 펀더멘털을 종합적으로 검토하고, 문제 발생 시 대응할 수 있는 추가적 정책수단도 확보해야 할 것이다.

4.3. 국제 금융안전망 강화

(1) 외환보유액

외환보유액은 외부 요인과 무관하게 자국이 결정할 수 있는 독립적인 정책수단이다. 외환위기 상황에 직면하면 다른 국가는 자국으로 위험이 전이되는 것을 막기 위해 혹은 자국의 이해관계에 따라 스와프라인, 지역 금융안정망 등의 협의를 이행하지 않을 수 있다. 결국, 정책 당국의 노력만으로 외환시장 불안에 대응할 수 있는 수단은 외환보유액 확보이다. 외환보유액과 관련해서는 외환보유액의 적정 규모, 국제 거시경제 상황과 외환보유액 규모 사이의 관계, 외환보유액의 구성이라는 세 가지 사항에 유의할 필요가 있다.

외환보유액의 필요량은 국가 전체의 잠재적 대외부채에 따라 달라진다. 외환위기 당시에는 외환보유액의 필요량을 평가하면서 민간 대외부채가 제대로 반영되지 않았다고 볼 수 있다. 글로벌 금융위기 시에 정책 당국은 수출 호조에서 파생된 은행의 단기 외채 상황이 심각한 외환 불안정을 초래할 만한 원인은 아니라고 판단했지만, 외환시장 참여자들은 그렇게 생각하지 않았다. 결국, 외환보유액의 필요량은 국제금융 상황이 악화될 때 우발적으로 발생할 수 있는 대외 채무의 크기에 따라 결정된다.

외환보유액은 스트레스 상황에서 발생할 수 있는 대외 채무를 관찰하면서 결정해야 한다. 글로벌 금융위기 중에는 역외 투자로 인해 대외 채무가 발생하기도 했다. 외환 위험을 헤지하기 위해 선물환 등 환헤지 상품을 거래한 투자자는 자산 가치 하락으로 인해 외환 과매도 상황에 놓였으며, 이로 인해 과매도된 외환을 되사는 일이 벌어졌다. 최근 민간의 외환 보유가 늘어나고 있으므로, 글로벌 금융위기 당시와 같이 늘어난 민간의 외환 보유가 스트레스 상황에서 외화 부채로 변동할 가능성도 점검해야 한다. 금융시장에서는 파생상품들로 인해 전통적인 통계로는 파악하지 못하는 잠재 위험이 있을 수 있다. 정책 당국은 이러한 우발적인 상황까지 파악할 수 있는 점검체계를 갖추고, 그에 따라 외환보유액을 조정해야 할 것이다.

외환보유액의 자산 구성도 문제가 되지 않게 조절해야 한다. 외환보유액은 유동성이 높은 자산으로 구성된다. 그러나 글로벌 금융위기 중에 해외 언론은 우리나라 외환보유액 중 상당 부분이 유동화되기 힘들 것으로 추정하기도 했다. 글로벌 금융위기 중 미 달러화 채권시장이 경색된 것이 중요한 이유였다. 최근 우리나라를 둘러싼 국제경제 환경에 큰 변화가 나타나고 있다. 만약에 국제금융질서의 변화로 인해 우리나라의 대외 채무의 통화 구성에 변화가 생긴다면 외환보유액의 통화 구성도 변화가 필요할 것이다.

글로벌 금융위기 시에 충분한 외환보유액으로 위기의 확산을 억제할 수 있었지만, 예상치 못한 변수들의 발생으로 외환보유액의 규모에 의구심이 생긴 것도 사실이다. 앞으로 이런 의구심을 없애기 위해서는 스트레스 상황에서 발생 가능한 대외 채무에 대한 면밀한 점검이 요구된다. 결론적으로 외환보유액의 효과성을 높이기 위해서 정책 당국은 경제 전반의 다양한 우발적 대외 채무를 면밀히 모니터링 해야 할 것이다.

그리고 선진국의 양적 완화 등 글로벌 금융상황이 타국에 미치는 영향이 커지면서 외환시장 개입에 대한 국제적 수용성이 증가하고 있음에 유의할 필요가 있다. 우리나라와 같은 비기축통화국은 통화 불일치 문제에 여전히 노출되어 있고 외환시장의 심도도 깊지 않다. 이에 국제기구들은 비기축통화국에 환율 및 금융 시장 안정을 위해 외환시장 개입 정책을 적절히 할 것을 권고하고 있다.[27] 따라서 우리도 외환시장 개입에서 과거와 같은 방어적 태도에서 벗어날 필요가 있으며, 개입 여력 확대를 위해 적정 외환보유액 수준을 과거보다 높이는 것이 바람직하다.

(2) 양자 통화스와프

세계적 추세를 보면 금융안전망으로서 통화스와프의 중요성은 2008년 이후 괄목할 정도로 중요해졌다. 글로벌 금융위기 전인 2007년에는 세계 전체 통화스와프 체결 수가 6건에 불과했지만, 2020년에는 91건으로 증가했다(Perks et al., 2021). 이런 증가에는 몇 가지 요인이 복합적으로 작용했다. 우선, 2008년 글로벌 금융위기 극복을 위해 통화스와프 체결이 필요했고, 또 그것이 대외 신인도 회복과 유동성 확보에 결정적으로 중요하다는 점이 확인되었다. 특히 미국 FRB와의 스와프 체결이 2008년 16건으로 증가하였으며, 위기 확산 방지에 큰 효력을 발휘했다. 둘째, 자국 통화의 국제화를 위해 전략적으로 통화스와프를 체결하는 사례가 증가했다. 특히 중국은 달러가 아닌 양국 통화 간 스와프 계약을 체결했다. 2008년까

27. 2008년 글로벌 금융위기 이후 IMF와 BIS는 각국에 불확실성이 심화된 글로벌 금융상황에 대응하여 다양한 정책수단(재정·통화 정책, 미시 및 거시 건전성 정책, 자본 이동 관리 정책, 외환시장 개입 정책)을 통합적으로 사용할 것을 권고하고 있다. 위기 이후 초기에는 거시건전성 정책과 자본 이동 관리 정책 사용이 강조되었는데, 최근에는 외환시장 개입 정책도 필요시 적극적으로 사용할 것을 권고한다. 이에 대한 자세한 설명은 이아랑 외(2023)를 참고하기 바란다.

지 중국의 통화스와프는 전무했지만 2009년부터 그 수가 빠르게 증가해 2015년에는 32건으로 증가했다. 중국 이외 국가의 양자 통화스와프도 증가했다. 마지막으로 통화스와프는 양국 간 경제협력의 상징으로 인식되었다. 현지 통화 기반 스와프가 위기 시에 실제로 얼마나 힘을 발휘할지 불분명하지만, 상징적 의미로 계약을 체결하는 사례가 증가했다.

2008년 사례에서 보듯 미국과의 통화스와프는 국제 신인도 회복에 결정적인 역할을 한다. 따라서 위기 시 미국과의 통화스와프를 조기에, 그리고 충분히 큰 규모로 체결하는 것이 중요하다. 물론 위기 시의 한시적 체결보다는 상시적 체결을 목표로 꾸준히 노력해야 할 것이다. FRB는 현재 유럽중앙은행ECB, 일본, 스위스, 영국, 캐나다 중앙은행과 상시적 통화스와프를 체결하고 있는데, 우리도 상시 체결을 한다면 외환시장 안정성이 크게 제고될 것이다.[28] 우리나라는 일본과 달러 기반 스와프 계약을 2023년 다시 체결했는데, 이를 계속 유지하는 것이 중요하다. 그 다음 노력해야 하는 것은 국제통화의 지위를 가진 국가와 통화스와프를 확대하는 것이다. 앞에서 설명한 바와 같이 비전통적 통화, 예를 들어 위안, 호주 달러, 캐나다 달러, 스웨덴 크로네 등의 외환보유액 비중이 증가하고 있으므로 이들 국가와 통화스와프를 확대하는 데 노력할 필요가 있다.

다음은 국제통화로 사용되지 않는다고 해도 경제 및 교역 규모가 큰 국가와 통화스와프를 체결하는 것이다. 앞으로 경제 규모 증가가 예상되는 인도, 인도네시아 등이 그 대상이 될 수 있다. 이들 나라의 통화는 국제통화는 아니지만 통화스와프가 체결될 경우 위기 시에 양국 간 교역을 자국 통화로 결제할 수 있을 것이다. 그런데 단순히 원화의 국제화를 위해 상징적으로 통화스와프를 체결하는 것은 큰 효과도 없이 오히려 통화의 대외적 신인도만 떨어뜨릴 수 있어 바람직하지 않다.

---

28. 하지만 역외에서 외환거래가 자유롭게 이루어지는 국제통화에 대해서만 FRB가 상시적 스와프를 체결하고 있음을 고려할 때, 원화가 단기에 그 같은 지위를 얻기는 쉽지 않을 것이다. 그런 점에서 원화의 국제화는 FRB와의 상시적 스와프 체결의 가능성을 높이는 부가적 이익을 가져올 수 있다.

(3) 지역 금융안전망

CMIM은 지속적으로 협의하면서 발전해 왔다. 총 170억 달러로 시작해 현재 2,400억 달러로 증액되었으며, IMF 연계 비중도 90%에서 60%로 낮춰졌다. 특히 AMRO의 출범으로 거시건전성에 대한 감독기구도 모양을 갖추었다. 최근에는 CMIM을 펀드로 만드는 것을 논의하고 있다. CMIM의 발전은 동아시아 지역 국가들의 지역 협력의 좋은 예이다.

그럼에도 CMIM은 우리나라의 외환위기를 예방할 수 있는 수단으로서는 미흡하다. CMIM의 지원 가능 금액 중 60%는 IMF의 구제금융 프로그램이 작동될 때 지원되는 금액이다. 즉, 153억 6천만 달러만이 CMIM에서 단독으로 지원받을 수 있는 액수이다. 따라서 CMIM은 지역 금융안전망으로서 우리나라의 외환위기를 막는 효과는 매우 작다고 봐야 할 것이다.

그렇지만 CMIM은 우리에게 국제 정치적 측면에서 가치를 갖는다. ASEAN 국가들에게는 CMIM의 수혜 규모가 의미 있는 규모일 수 있다. 따라서 CMIM이 ASEAN 국가들의 외환위기를 예방한다면 우리나라로 외환위기가 전이되는 효과contagion effect를 막을 수 있다. 미·중 갈등으로 인해 앞으로 한국, 일본과 중국의 대결 구도가 형성될 가능성이 높다. CMIM은 이러한 국제 정치 상황에서 한·중·일의 경제부처와 중앙은행이 모여서 금융 관련 협력을 논의하는 장이므로, 동아시아에서 지정학적 분열을 억제하고 협력방안을 모색할 수 있는 수단으로 활용될 수 있다.

(4) 외환 거시건전성 정책

외환부문의 거시건전성 정책은 대외 채무의 규모 및 만기 구조에 영향을 주고 있다. 다만 거시건전성 규제의 효과는 외채의 총량에는 영향을 주지 못했다. 여러 연구에 따르면 단기 외채와 장기 외채의 총합이 줄어들지 않았다. 아직 거시건전성 정책이 전체 외환 조달에 부담이 될 정도는 아니라는 의미이다.[29] 결국 외환부문의 거시건전성 정책이 도입된 지 13년이 지난 지금까지 부작용은 크지 않고 단기 외채를 규제하는 데 효과적이었다고 판단할 수 있다.

선물환 포지션 규제의 경우에는 외환 조달 상황에 따라 탄력적으로 운영되었다. 2013년까지는 규제가 강화되었고, 2020년에는 처음 시행할 때 수준으로 돌아갔다. 외화자금의 조달 상황을 고려하여 정책 당국이 탄력적으로 규제 수준을 조절한 것으로 보인다. 정책 당국의 탄력적인 규제 조정으로 인해 거시건전성 정책의 부작용이 최소화되고 있다.

거시건전성 정책은 지금과 같이 시장 상황에 맞게 탄력적으로 운영하여 위기를 예방할 필요가 있다. 현재까지의 거시건전성 정책은 자본유입의 비용을 높이고 있다. 이런 비용을 부담하면서 정책을 시행하는 이유는 외환부문의 위기를 방지하기 위함이다. 만약에 거시건전성 정책이 없어서 단기 외채가 증가했다면, 이에 대응하기 위해 더 많은 외환보유액을 쌓아야 했을 것이다. 외환보유액 증가에 따른 비용이 거시건전성 정책 시행으로 줄었다고 할 수 있다.

향후 거시건전성 정책을 시행해야 할 필요가 있는 부분이 있는지도 상시 점검해야 하겠다. 글로벌 금융위기 이전에 정책 당국은 은행의 선물환 매입에 따른 단기 외채 증가가 외환부문의 건전성에 영향을 주지 않는다고 판단했다. 결과적으로 그 판단은 받아들여지지 않았고, 외환부문의 건전성 유지를 위해 이에 대해 규제를 하게 되었다. 따라서 은행권뿐 아니라 비은행권의 대외거래 확대로 인해 우발적으로 외채를 증가시킬 수 있는 부분에 대해 규제가 필요한지 상시 점검을 통해서 지도 혹은 규제를 도입할 필요가 있다. 거시건전성 정책에도 불구하고 외채 상황이 악화된다면, 이에 대한 원인을 확인하여 외환보유액의 확충으로 대응할지 아니면 규제를 통해 그 원인을 제거하여 외채의 증가를 막을지를 판단하여 유기적으로 대

29. Huh(2023)는 거시건전성 정책이 외환시장에 비용 상승의 효과가 있었다고 보기 힘들다는 결론을 도출하였다.

응하여야 할 것이다.

5. 향후 10년을 위한 제언

2010년을 전후하여 글로벌 경제는 전환기에 접어들었다. 그 전 수십 년 동안 유지된 국제경제질서가 해체되고 있다. 보호무역주의 경향의 강화로 무역에서 세계화 추세는 역전되었다. 중국의 경제적 부상에도 불구하고 유지된 미·중 간 협력 체제는 2012년 시진핑 체제 출범 이후 갈등과 대립의 구도로 변화되었다. WTO 분쟁 절차와 같은 규범에 기반한 제도는 무력화되어 경제적 분쟁과 위기가 발생해도 글로벌 차원에서의 협력을 기대하기는 어려워졌다. 지정학적 갈등으로 인한 글로벌 경제의 분열이 심화되고 있다. 금융은 무역에 비해 아직 이런 영향이 덜하지만 지정학적 분열이 국제금융에 미치는 영향은 증가하여 금융 불안정이 고조될 가능성이 크다. 2008년 글로벌 금융위기의 충격으로 국제 자본 이동의 규모는 줄었지만, 국제 금융시장을 교란할 수 있는 불안정 요인은 다양해졌다. 자산시장의 변동성, 금융의 디지털화, 비전통적 통화정책과 유동성 과잉, 전쟁과 지정학적 불안정, 팬데믹이나 자연재해 등이 주요한 불안요인이다.

이런 환경에서 우리나라의 국제금융 정책에서 가장 큰 과제는 금융안전망을 강화하고 지정학적 분열로 인해 발생할 수 있는 위험에 대비하는 것이다. 다양한 금융 불안정 요인에 대한 대응, 그리고 지정학적 분열에 대비한 위험 분산이 필요하다. 향후 10년간 국제금융 분야에서 정책의 기본 방향은 금융안전망의 강화와 다층화, 그리고 분산화가 되어야 할 것이다. 이런 방향은 세계적 추세와도 부합한다. 금융안전망global financial safety net ; GFSN은 다층적인데, 일국 차원의 외환보유액, 양자 차원의 통화스와프, 지역 차원의 지역 금융협정, 글로벌 차원에서의 IMF 금융지원으로 구성된다. 세계 전체의 금융안전망 규모는 2008년 글로벌 금융위기 이후 크게 증가했다. 전체 외환보유액은 2008년 7조 달러 수준에서 2020년에는 14조 달러로 2배가량 증가했다. 양자 통화스와프 규모는 같은 기간 4천억 달러에서

1조 9억 달러로 5배가량 증가했다. 결국 금융안전망의 강화와 다층화 경향을 확인할 수 있는데, 우리나라도 같은 방향의 준비가 필요하다.

현재 제도적 측면에서 우리나라의 자본·외환 자유화 수준은 다른 선진국과 거의 유사한 수준에 이르렀다. 따라서 자유로운 자본 이동을 위해 추가적 규제 완화가 필요한 부분은 많지 않다. 비은행 금융기관을 통한 해외 투자 절차의 간소화와 같은 미시적인 완화, 그리고 원화의 해외 유출과 관련된 비거주자 차입에 대한 제한 완화 정도이다. 국제 금융시장의 잠재적 불안요인이 증가하고 불확실성이 증가하면서 자본·외환의 자유화보다는 적절한 제한이 필요하다는 것이 IMF나 BIS 같은 국제기구의 권고이다. 일부에서는 우리나라가 대외 순채권국으로 전환되었음을 고려하여 더욱 적극적으로 자본자유화와 원화 국제화가 필요하다고 권고하기도 한다. 하지만 현재의 경상수지 흑자 구조가 앞으로도 계속될 수 있을지는 불확실하다. 특히 급속히 진행되고 있는 고령화는 국내 저축률의 감소를 초래해 경상수지를 악화시킬 가능성이 높다. 각국의 보호무역주의 강화, 중국 성장률 둔화에 따른 대중 무역수지 악화도 위험요인이다. 우리처럼 무역의존도가 높지만 금융 및 외환 시장의 심도가 상대적으로 낮은 국가에서는 경상수지가 거시경제 안정성에 결정적인 영향을 미칠 수 있다. 따라서 향후 10년은 적극적 금융 국제화보다는 금융 안정의 강화에 초점을 맞추는 것이 필요하다.

우리 통화인 원화를 국제통화로 만드는 것은 다양한 편익을 가져올 수 있지만, 우리 통화 당국의 관리가 어려운 역외 외환시장이 형성되기 때문에 추가적 금융 불안 요인이 될 수 있다. 따라서 자본·외환 자유화를 통해 원화 국제화를 추진하는 데는 신중해야 한다. 국내 금융시장의 발달과 투명성 향상을 통해 원화 표시 금융자산에 대한 외국인의 수요를 확대하는 것이 우선되어야 할 것이다. 금융 안정의 최후 방어선인 외환보유액은 현재 부족하다고 할 수는 없지만, 금융 불안정 심화, 세계적 외환보유액 확대 및 통화 다변화 추세, 외환시장 개입의 국제적 수용성 증대 등을 고려할 때 점진적으로 확대하는 것이 바람직하다. 마지막으로 지정학적 분열의 위험에 대응하면서, 다른 한편으로는 분열의 경향을 억제하려는 국제금융

협력 노력이 필요하다. 현재의 미·중 간 대립이 자칫 국제금융 네트워크의 분열 혹은 금융블록화로 이어질 위험도 있다. 이에 대응해 외환보유액의 통화 구성이나 통화스와프의 체결도 다변화하는 것을 고려해야 한다. 그리고 치앙마이 이니셔티브와 같은 지역 금융협력 메커니즘을 금융안전망을 넘어 아시아 지역 금융 분열 억제 수단으로 활용하는 전략이 필요하다.

CHAPTER 08

금융회사(은행)의 지배구조와 사회적 책임

이창민(한양대 경영대학 교수)

〈요약〉

향후 10년의 과제에서 원칙이 중요하다. 우선, 지배구조 개선에서 소유구조 변화보다 국민연금 등 주요 주주인 기관투자자의 적극적 행동주의가 필요하다. 또한 주주위원회와 같은 제도 도입도 필요하다. 둘째, 최고 경영진 연임을 막는 것이 문제의 핵심이 아니며 중요한 것은 장기성과 연계 보상을 도입할 것, 이사회가 연임·해임 판단을 독자적으로 내릴 수 있을 것, 경영권 승계 계획이 잘 구성되어 있을 것, 문제가 발생하면 보수 환수 등을 시행할 것 등이다. 경영진 보수 구조에 대한 영국식 세이온페이 제도의 도입도 필요하다. 셋째, 이사회의 실질적 독립성을 위해 주주위원회 또는 주주 추천 사외이사 후보를 수용하는 것이 좋다. 감사위원회 위원 전원을 3% 분리선출 제도를 이용해 선임하는 개선도 필요하다. 마지막으로 은행 내부통제와 관련하여 금융회사 지배구조법·금융소비자보호법의 역할이 중요하다.

사회적 책임에 있어 은행은 첫째, 전환금융과 같은 은행의 중장기 대출 역량, 지속가능 성장과 연관되는 부분에서 의제를 잡는 것이 중요하다. 둘째, 금융소비자 보호이다. 은행은 예금자를 대상으로 한 금융상품 판매에서 문제가 일어난다. 주요 이해관계자인 금융소비자에게 집중할 필요가 있다. 셋째, 은행이 금융시장 중 비효율적 자원배분의 영역을 찾아 시장의 실패를 보완하는 것이다. 넷째, 환경과 사회 관련 선도적인 권고적 주주제안 제도 도입이다. 마지막으로 금융회사만의 기후 환경 공시도 고려해볼 필요가 있다.

1. 서언

한국 금융의 낙후요인 중 하나가 금융회사의 지배구조 문제라는 것은 꾸준히 지적되어 왔다. 거기에 최근 들어서는 금융회사의 사회적 책임 강화라는 목소리도 높아지고 있다. 이 장에서는 금융회사 지배구조의 문제점과 개선방안을 제시하고, 금융의 이윤추구 동기와 사회적 책임을 균형 있게 조화시킬 수 있는 방안도 제안한다. 다만 이 장의 특성상 금융회사의 지배구조와 사회적 책임에 대한 일반론적 원칙을 세우고 그에 맞는 개선방안 또는 실천방안을 제안하는 데 집중하였고, 개별 사안에 대한 깊은 분석에 초점을 맞추지는 않았다.

이 장에서는 지배구조 문제에서 금융회사 중 은행, 은행 중 4대 은행을 중심으로 분석한다. 이전 이건범(2011)은 금융지주회사를 금융그룹의 하나의 특수한 형태로 파악하여 지배구조 개선 문제를 살펴보았다. 그래서 금융지주회사를 포함한 우리나라 금융그룹의 지배구조를 개선하기 위하여 유럽식의 기업집단법 제정 등의 기업집단 일반에 적용할 수 있는 이해관계자의 보호장치 마련, 금융그룹에 대한 통합 감독 강화, 그리고 서브프라임 사태 이후 주목받고 있는 금융회사 이사회 및 내부견제장치의 개선 등을 제안하였다. 전성인(2014) 또한 금융지주회사의 정의와 지배의 개념을 재정립하고, 자회사 편입과 관련한 규제의 문제점과 개편 방향을 살펴보고, 자회사 경영관리 책임을 명확히 하는 등 금융지주회사 그룹 차원의 개선방안을 제시하였다. 위 두 연구는 금융지주회사 또는 금융그룹이라는 그룹집단 차원의 지배구조에 대한 접근방식을 취하였는데 이와는 다르게 김동원·노형식(2013)은 개별 상장회사이자 모회사인 금융지주회사 최고 경영자 위험을 분석하고 이에 대한 정책적 대안을 제시하였다. 남유선·김홍년(2021) 또한 모회사인 금융지주회사의 지배구조에 초점을 맞추어 모회사의 자회사에 대한 책임성 강화, 한국형 스튜어드십 코드stewardship code 도입을 통한 소유구조 문제 해결, 사외이사의 독립성 강화 등을 제안하였다.

위의 이건범(2011), 전성인(2014) 등은 기업집단 관점의 접근방식이고, 이 장은 개별 금융지주회사 또는 개별 은행 차원에서의 접근방식이다. 모회사인 금융지주회사parent firm 아래 주력 자회사subsidiary인 은행으로 존재하기 때문에 금융지주회사와 은행의 지배구조를 대부분 동일시하여 분석하였다. 이런 측면에서 이 장은 위의 김동원·노형식(2013), 남유선·김홍년(2021) 등과 유사하다고 할 수 있으나 조금 더 포괄적으로 개별 금융지주회사 또는 은행의 지배구조에 대한 개선방안을 제시한다. 다만, 모회사와 자회사의 권한 및 책임에 관해서는 다루지 않았다.

지배구조의 개선방안을 요약하면 다음과 같다. 첫째, 지배구조에서 지배주주가 필요하다는 소유구조 개선방안은 단선적인 접근이다. 국민연금 등 주식을 보유한 기관투자자의 적극적 행동주의가 필요하다. 또한 주주위원회와 같은 제도 도입으로 보완되어야 한다. 둘째, 최고 경영진의 임기를 짧게 가져가는 것이 좋은 지배구조라는 근거는 없으며 중요한 것은 장기성과 연계 보상을 도입할 것, 이사회가 연임·해임 판단을 독자적으로 내릴 수 있을 것, 경영권 승계 계획이 잘 구성되어 있을 것, 문제가 발생하면 보수 환수 등을 시행할 것 등이다. 그리고 경영진 보수 구조에 대한 영국식 세이온페이 제도의 도입도 필요하다. 셋째, 이사회의 실질적 독립성을 위해서 주주위원회 또는 주주 추천 사외이사 후보를 수용하는 것이 좋다. 감사위원회 위원 전원을 3% 분리선출 제도를 이용해 선임하는 개선도 필요하다. 마지막으로 은행 내부통제와 관련하여 금융회사 지배구조법·금융소비자보호법의 역할이 중요하다.

이 장에서는 기업의 사회적 책임Corporate Social Responsibility과 관련해서도 금융회사 중 은행을 중심으로 분석한다. 기존에 기업의 사회적 책임에 대해서는 여러 연구들이 존재하나 국내 금융지주 또는 은행의 사회적 책임에 대한 연구는 은행의 소유구조가 사회적 책임 활동에 미치는 영향(송동엽·정성창, 2018), 은행의 사회적 책임 활동과 경영성과와의 관계(김도의·민용기, 2020), 은행의 사회적 책임 활동과 배당정책과의 관계(정성창·송동엽, 2020) 등 부분적인 관계에 대한 실증연구 정도가 존재한다. 그래서 본고는 은행이 사회적 책임에 더 민감해야 하는 이유와 그에 맞는 은행 특유의 실천방안을 일반적으로 제시하는 데 초점을 맞추었다. 이 장의 은행의 사회적 책임에 대한 접근방법은, 거시적으로는 기업의 사회적 책임이 궁극적인 목표인 지속 가능한 성장에 효과적으로 기여해야 한다는 것이고, 미시적으로는 기존에 기업의 목표인 이윤극대화 이외에 다른 이해관계자들의 이해interest도 경영의 목표로 고려해야 한다는 것이다.

은행의 사회적 책임의 실천방안은 다음과 같다. 첫째, 사회적 책임에 있어 은행은 전환금융과 같은 은행의 중장기 대출 역량과 관련이 있고 지속 가능 성장과 연관되는 부분에서 개념을 잡아가는 것이 중요하다. 둘째, 금융소비자 보호이다. 은행은 대규모 예금자가 존재하고 이 네트워크를 기반으로 금융상품 판매 등 많은 사업이 일어난다. 주요 이해관계자인 금융소비자에게 집중할 필요가 있다. 셋째, 은행이 금융시장 중 비효율적 자원배분의 영역을 찾아 보완하는 접근방식이다. 넷째, 은행의 환경과 사회 관련 선도적인 권고적 주주제안 제도 도입이다. 마지막으로 금융회사만의 기후 환경 공시도 고려해 볼 필요가 있다.

2. 금융회사(은행)의 지배구조

2.1 지배구조 일반

Jensen and Meckling(1976)에 따르면 효율적인 기업 지배구조는 주인-대리인 이론에 근거하여 대리인 비용, 즉 최고 경영진(대리인)의 도덕적 해이를 잘 견제할 수 있는 기제를 의미한다. 도덕적 해이를 견제하는 이유는 도덕적 해이가 경제학적으로 비효율적 의사결정을 가져오기 때문이다. 대리인의 도덕적 해이는 대부분 지배의 사적 편익 추구인데, Nenova(2003)에 따르면 국제 비교 연구 결과 한국은 지배의 사적 편익이 18개국 중 1위이다. 지배의 사적 편익은 지배권을 이용해 개인의 이익을 추구하는 것인데, 이의 또 다른 지표인 경영권 프리미엄이 한국은 전 세계에서 상위권이다. 이창민 · 최한수(2019)에 따르면 국내는 평균 46~63%의 경영권 프리미엄을 가지는 것으로 나타났다. 경영권 프리미엄이 높을수록 지배의 사적 편익이 높다는 것을 의미하며, 미국은 35~40%, 독일은 34~37%, 싱가포르는 20~29% 정도이다.

대리인의 도덕적 해이 또는 지배의 사적 편익은 다양한 방식으로 나타나며, 대표적으로 대기업집단 내의 계열사 간 부의 이전, 제국 건설, 연봉에서의 지대 추구, 조용한 삶 즐기기 등이 있다. 부의 이전은 지배주주·최고 경영진과 회사와의 직접 거래, 계열사 간의 내부거래를 통한 부의 이전 등을 말한다(Johnson et al., 2000; Bae et al., 2002; Djankov et al., 2008; Choi et al., 2016). 일감몰아주기, 금융 지원, 통행세, 상표권 등 다양한 형태를 가진다. 제국 건설은 과잉 설비투자, 문어발식 인수합병diversified M&A 등을 통한 규모와 범위의 확장과 이에 뒤따르는 경영진 참호 구축을 말한다(Jensen and Meckling, 1976; Jensen, 1986·1993; Shleifer and Vishny, 1989; Gantchev, 2020). 기업의 규모가 커지면 자연스럽게 최고 경영진의 권력이 커지고 커진 권력을 이용해 사익 추구에 유리한 환경을 만드는 것이다. 최고 경영진이 이사회의 독립성을 떨어뜨리고 자신에게 우호적인 사람들로 이사회를 채우거나, 다양한 로비를 통해 기업의 독과점 지위를 유지·강화시키거나 최고 경영진에 대한 규제의 칼날을 무디게 만드는 것들이 예이다. 연봉에서의 지대 추구는 최고 경영진 과다연봉, 성과연계보상performance-related pay 관련 도덕적 해이 등을 의미하고(Bebchuk, 2003·2006; Morse et al., 2011), 조용한 삶 즐기기는 신규 투자·구조조정 등 경영상 위험 추구가 없고 임원진 보수 인상 등 현상유지 정책에 집중하는 것을 말한다(Bertrand and Mullainathan, 2003; Koetter, 2012).

2.2 금융회사(은행)의 지배구조

금융회사의 지배구조는 이론적으로는 생각만큼 특별하지 않다. 즉, 지배구조 이론은 본질적인 면에서 금융산업과 비금융산업을 크게 구분하지 않는다. 다만 금융산업의 안정성financial stability, 시스템 위험systemic risk에 대한 우려 때문에 실질적으로 몇 가지 차이점이 있다. 금융산업의 안정성 추구와 시스템 위험을 줄이기 위한 은산분리 등 소유 규제와 예금자 보호deposit insurance가 대표적이다. 금융회사의 지배구조에 대한 주요 실증연구들도 금융위기와 금융기관의 지배구조를 연결해서 분석한다(Erkens et al., 2012 등). 예를 들어 금융기관이 어떤 지배구조를 가졌기 때문에 금융위기를 불러왔고, 금융기관이 어떤 지배구조를 가지면 금융위기에 더 잘 버틴다는 식으로 접근하는 것이다.

금융산업의 특성상 내부자와 외부자의 정보의 비대칭성이 강하기 때문에 외부 투자자를 위한 더 투명한 지배구조와 강력한 감시가 필요하다고 보기도 한다. 그래서 국내의 경우 금융회사 지배구조법과 같은 금융회사들에 대한 더 투명한 지배구조 요구, 더 강한 정보공시 요구 및 금융업에 전문성을 보유한 금융감독원과 같은 감독기관의 상시 감시가 존재하는 것이다. 그러나 금융산업만 정보의 비대칭성이 강한 것은 아니다. 예를 들어 첨단 산업들도 정보의 비대칭성이 강하다는 것이 일반적인 결론이다.

금융회사는 비금융회사와 구별되는 몇 가지 지배구조 차원의 특성이 있다. 예금으로 인한 부채 비중이 높고, 이로 인해 은행 부실화 시 채권자도 위험에 쉽게 노출된다. 예금자는 은행의 주요 이해관계자이기는 하지만 이들은 다수의 소액 채권자로서 경영진에 대한 감시의 유인이 크지 않다. 또한 2023년 미국 실리콘밸리뱅크 사태에서도 나타났듯 소수의 거액 예금자들도 채권자로서의 특성상 경영진 감시의 유인이 크지 않다.[1] 파산 시 시스템 위기 가능성으로 인해 강한 규제를 받는 산업이라 이에 대한 어두운 측면으로 여러 가지 정책결정자와 연관된 부패가 발생할 수도 있다. 그리고 은산분리 등 소유 규제로 인해 분산된 소유구조를 가진다.

해외에서 은행의 지배구조에 대한 실질적 교훈은 2008년 글로벌 금융위기가

1. 파산 시 예금보험제도 때문에 채권자들의 도덕적 해이가 심해진다는 주장이 있는데, 이번 실리콘밸리뱅크 사태에서도 보듯 전문적 지식을 가진 벤처기업, 사모펀드, 로펌 예금자들이 예금자보호한도를 훨씬 뛰어넘는 액수를 실리콘밸리뱅크에 예금해 두는 것을 보면 예금보험제도의 부정적 영향은 부풀려져 있는 것으로 보인다. 보호받지 못하는 예금이 많다고 해서 예금자가 적극적인 경영진 감시에 나서지는 않는다는 것이다.

던져주었다. 2008년 금융위기를 겪으면서 은행 경영진의 과도한 위험 추구가 단순히 은행의 위험을 높이는 것만 아니라 시스템 위기를 가져올 수 있다는 인식이 확산되었다. 지배구조 차원에서는 은행 경영진의 과도한 위험 추구가 단순 경영판단의 실수라기보다는 잘못된 보수 구조에 따른 개인의 사익 추구라는 유인incentive 차원의 분석에 집중하였다.[2] 이는 전통적인 지배구조 이론의 접근과 상충되는 측면이 있다. 기존 지배구조 이론은 경영진의 적정한 위험 추구를 위한 유인구조, 기업 가치(주주가치) 제고를 위한 유인구조를 만들어 내는 것이 중요하다고 본다. 즉, 기업 가치 제고를 위한 최고 경영진의 적정한 위험 추구를 끌어낼 수 있는 지배구조가 좋은 지배구조인 것이다. 이렇게 보면 결국 비금융업의 경영진과 은행의 경영진은 위험 추구 측면에서 조금 다른 관점을 가져야 한다는 의미이기도 하다. 은행의 경우 개별 은행의 위험 추구로 인한 파급 효과가 비금융업보다 크기 때문에 은행 경영진에게 조금 더 위험 회피적인 태도를 요구한다.

지배구조 개선 차원에서 2008년 글로벌 금융위기를 접근하는 방식은 최고 경영진의 유인구조를 바꾸어서 경영진의 과도한 위험 추구를 제어하는 것이다. 과도한 위험 추구는 예를 들어 서브 프라임 모기지sub-prime mortgage 과잉 대출, 과도한 파생상품 투자 등이다. 최고 경영진의 보수 구조가 과도하게 단기 실적에 대한 당근carrot 위주로 구성되어 있고, 과도하게 주식 보상equity-related compensation 위주여서 위험 추구를 강화한다는 것이다. 이는 반대로 중장기 경영실패에 대한 최고 경영진에 대한 채찍(stick)이 부재하다는 것을 의미하기도 한다. 이에 규제 당국이 경영진 보수에 대한 가이드라인을 제공하기도 했다. 은행 경영진의 과도한 위험 추구에 대한 이사회의 견제 기능이 미미했다는 문제의식에 따라 이사회 산하의 위험관리위원회risk management committee 신설, 집행임원 중 위험관리 전담 직위 신설 등이 대표적이다. 또한 과도한 위험 추구에 따르는 위법 행위에 대한 외부 규율이 강화되었다(Cerasi et al., 2020).

2. 대표적으로 Bebchuk et al.(2010)이 있고, 이에 대한 반박은 Fahlenbrach and Stulz(2011)가 있다.

2.3 국내 금융회사(은행) 지배구조의 문제

(1) 제국 건설

이 장에서는 1절에서 언급하였듯 금융회사 중 은행, 은행 중 4대 은행을 중심으로 분석하였다. 또한 은행은 금융지주 아래 주력 자회사로 존재하기 때문에 모회사인 금융지주회사와 자회사인 은행의 지배구조를 대부분 동일시하여 분석하였다. 가장 중요한 질문은 국내 은행의 지배구조는 과연 무엇이 문제인가라는 것이다. 지배구조의 중요 문제인 계열사 간 부의 이전, 제국 건설, 연봉에서의 지대 추구와 내부 정보 이용을 통한 주식 내부자 거래, 조용한 삶 즐기기 등에서 제국 건설이 주요 문제인 것으로 보인다. 제국 건설의 경제·경영학적 의미는 우선 규모 또는 범위의 극대화이다. 이는 대출 중심 경영과 사업범위의 다각화로 나타난다. 2022년 기준 국내 4대 금융지주의 자산 규모는 약 500조 원에서 700조 원 사이이다. 이는 2022년 삼성전자의 자산 규모가 약 448조 원, 현대자동차가 약 256조 원인 것을 감안하면, 은행업의 특성상 대규모 예금 유치를 통한 자금 조달이 가능하여 자산 규모가 크다는 것을 고려해도 금융지주의 자산 규모가 상당한 수준임을 보여준다. [그림 8-1]은 2010년부터 2022년까지 국내 4대 금융지주의 자산 규모의 시간 추세를 보여준다. 자산 성장의 주요 원인은 대출이다.[3] 국내총생산 대비 국내 4대 은행 대출의 합은 44.5%(2015년)에서 53.4%(2022년)로 증가했다. 대출 증가세가 빠를 뿐 아니라 상대적으로 전체 경제 규모에 비해서도 빠르게 증가하고 있다는 것을 알 수 있다. 이런 맥락에서 대출 중심의 경영은 거시경제적 문제를 발생시킨다는 실증 분석들도 나오고 있다. 부채경기순환debt business cycle, debt boom and

3. 규모뿐만 아니라 범위의 다각화도 이루어진 것으로 보인다. 전반적으로 금융지주의 자회사 수가 증가했는데, 다각화의 원인으로는 이익 증가에 따른 투자 필요성 증가로 인한 인수합병 유인 증가, 은행업의 성장성이 비은행업 대비 하락, 금융지주의 은행에 집중되어 있는 사업 포트폴리오에 대한 좋지 않은 평가 등이 꼽힌다.

그림 8-1 국내 4대 금융지주 자산 규모의 추세

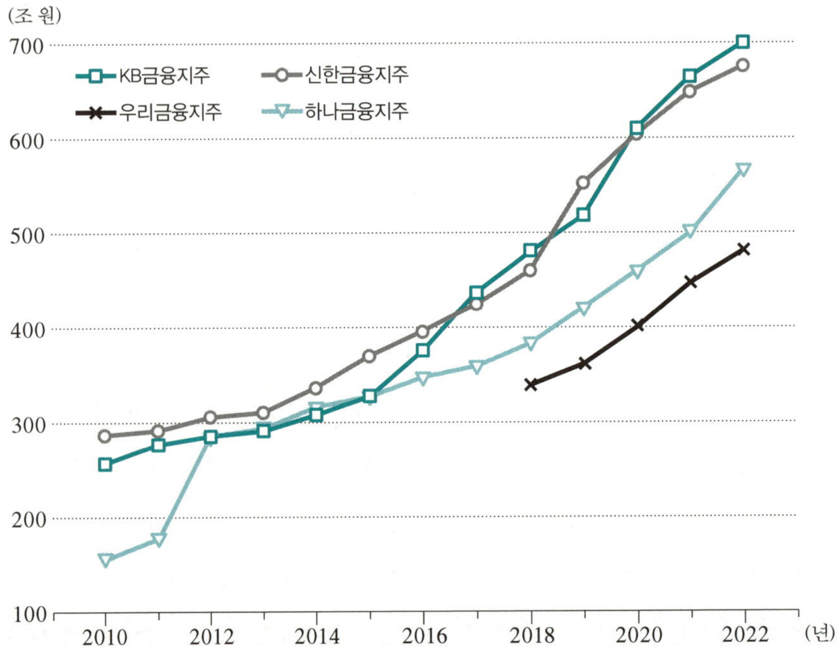

burst, 즉 가계부채의 사이클이 경기의 활황과 불황을 가져오는 것이다(Mian et al., 2017; Sufi, 2023). 특히 Sufi(2023)의 중국과 한국의 가계부채와 경기변동의 관계 연구에 따르면, 한국은 높은 가계부채가 경기 상승에 기여했으나 향후 가계소비에 부담을 줘서 거시경제 침체요인으로 작용할 것으로 보인다.

국내 금융지주들의 제국 건설은 경제성장률을 상회하는 규모 확대도 문제지만 수익성 또는 가치 제고가 수반되지 않는 규모의 확대도 문제이다. 최근 국내 금융지주·은행의 규모와 범위 위주의 경영으로 건전성 등이 악화되었다는 증거는 보이지 않는다. 그러나 이시언·이내기(2021)에 따르면 국내 은행들은 경기호황기에 자산 확대 경쟁 등으로 외형적인 수익 규모는 증가하였으나 수익성 자체는 하락함으로써 효율성이 저하되는 현상이 나타나고 있다. 기업 가치 측면에서도 문제가 있다. 전반적으로 총 자산 성장률에 비해 시가총액 성장률이 낮은 것이다. 또한 2020~2022년 국내 4대 금융지주의 주가순자산 비율, 즉 시가총액을 순자산으로 나눈 비율을 보면 0.29~0.45배 정도로 평가받고 있다. 이는 KOSPI200의 평균인 0.8배를 하회하는 수준이고, 뱅크오브아메리카Bank of America나 제이피모건체이스JP Morgan Chase&Co 등 해외 주요 은행에 비해 현저하게 낮은 수준이다. 자본시장에서는 국내 4대 금융지주를 저평가하고 있고, 국내 은행이 보유자원을 효율적으로 운영하고 있는가에 의문부호를 던지고 있다. 서병호·권홍진(2020)은 국내 은행그룹 주식의 평균 주가순자산 비율이 OECD 회원국 34개국 중 31위에 위치하고 있음을 보여준다. 이 연구에 따르면 은행 중심 금융지주회사의 가치가 낮게 평가되는 현상은 은행이 고유의 경제적 기능을 효과적으로 수행하지 못하고 있음을 방증하는 것이다.

또 4대 은행이 경제에서 차지하는 비중이 커지고 일반 은행산업 내에서는 이미 지배적 지위를 가진 거대 주체라는 문제의식도 필요해 보인다. 이는 단순한 내부 제국 건설의 문제를 넘어 최근 미국의 거대 기업super-sized firm 문제와 유사한 면이 있다. 미국의 논의를 보면 거대 기업의 정치적·경제적 영향력 강화에 주목하고 있다. 거대 기업의 선거자금 기부·네트워크 형성을 통한 관료 포획, 경영진의 사회적 영향력 강화, 그리고 그것을 통한 시장지배력 유지·강화 등이 문제이다(Zingales, 2017).

이렇게 거대한 규모와 범위로 인해 자연스럽게 최고 경영자의 권력이 커졌고, 이에 독특한 지배구조상의 문제가 발생하기 시작한다. 김동원·노형식(2013)은 이를 "王회장형" 지배구조, 즉 최고 경영자가 장기간 재임함으로써 이사회를 지배하여 사실상 이사회를 자신에게 종속화하여 지배력을 행사하는 형태라고 정의하였다. 또 최고 경영자 승계 문제를 둘러 싼 집행임원들 간의 지배력 다툼도 빈번히 일어났다. 공개적이고 투명한 최고 경영자 선임 경쟁이 아니라 조직 내 파벌을 통한 물밑경쟁이기 때문에 문제가 많았다.

계열사 간 부의 이전은 국내 대기업집단(재벌)에서 주로 발생하는 문제로 은행의 주요 문제는 아니다. 금융지주회사에서 은행의 계열사 펀드 몰아주기 판매 등의 문제가 없는 것은 아니나 대기업집단(재벌)의 일감몰아주기 정도의 심각성으로 보기는 어렵다. 왜냐하면 대기업집단에서 터널링이 발생하는 이유는 지배주주의 사익 추구인데, 금융지주회사에는 지배주주가 존재하지 않기 때문이다. 대기업집단(재벌)에서는 지배주주가 자신의 지분이 적은 회사의 자원을 지분이 많은 회사로 이전한다. 그것이 터널링인데 일감몰아주기, 통행세, 상표권 등 다양한 형식을 가진다. 그러나 은행에 이러한 소유구조는 존재하지 않는다. 이는 은행 소유구조의 대기업집단(재벌) 대비 상당한 장점이기도 하다. 또 상업은행commercial bank의 문제로 접근하는 것이기 때문에 미국·유럽 등의 투자은행investment bank에서 나타나는 위험한 금융투자는 핵심 문제로 보지 않는다. 또한 국내 은행의 지배구조의 문제가 경영진의 과도한 위험 추구라고 보는 견해는 없어 보인다. 결국 국내 은행의 지배구조 문제가 제국 건설이라면 이 문제를 풀기 위한 바람직한 지배구조는 무엇인가의 문제로 귀착한다.

왜 국내 은행 경영진은 제국 건설을 하는가라는 문제부터 접근해 보자. 우선 제국 건설은 경영진의 참호 구축, 즉, 경영진의 권력은 커지는데 이 권력이 전혀 견제를 받지 않는 상황을 가져온다(Jensen and Meckling, 1976; Jensen, 1986·1993; Shleifer and Vishny, 1989; Gantchev et al., 2020). 최고 경영진의 권력 중 가장 중요한 것은 회사 자원에 대한 지배력이다. 회사의 자원이라는 것은 인적 자원·물적 자원 등 모든 자원을 포괄하는 것으로, 이에 대한 의사결정권을 가진다는 것은 매우 중요하다. 예를 들어 자본을 실물투자에 쓸 것인지, 배당에 쓸 것인지, 아니면 현금성 자산으로 보유할 것인지 등을 최고 경영진이 의사결정을 하는 것이다. 또한 지주회사 또는 기업집단의 경우 한정된 자원을 가지고 어느 자회사를 밀어줄 것인지도 최고 경영진이 의사결정을 한다(Rajan et al., 2000; Stein, 2003; McNeil and Smythe, 2009). 인사권도 마찬가지이다. 누구를 승진시키고, 누구를 어느 부서에 배치할 것인가가 기업 경영의 핵심 중에 하나인데, 이를 최고 경영진이 결정하는 것이다. 지배의 사적 이익도 회사 자원(물적 자원과 인적 자원)에 대한 지배권에서 나온다. 즉, 회사의 규모가 커질수록 경영진의 권한이 커지고, 이에 따른 사익도 자연스럽게 같이 커지는 것이다.[4] 권력이 있는 곳에 부패가 생기는 것과 동일한 이치이다.

최고 경영진의 권한이 크면 그 누구도 최고 경영진을 비판하기 어려워진다. 또한 최고 경영진은 그 권한을 가지고 견제와 균형의 시스템을 무너뜨리려는 유혹에 빠지기 쉽다. 권한이 커지면 사적 이익이 커지고 당연히 이를 통한 지대 추구의 욕구가 생긴다. 인사권을 활용하여 주변에 자기 측근들을 등용하여 참호를 구축한다. 심지어 경영진으로부터 독립적이어야 할 이사회도 경영진에 우호적인 인사들로 구성한다. 견제와 감시 기능을 무력화시키는 것이다. 본인의 사적 편익 추구에 걸림돌이 되는 제도를 다 후퇴시킬 수도 있다.

또한 경영진의 보수 및 미래 커리어에 대한 걱정career concern이 제국 건설을 추구하게 만든다. 경영진 보수의 가장 중요한 결정요소가 기업 규모인 것은 국내외를 막론하고 동일하다. 다만 미국은 시가총액, 한국은 매출이 중요하다(Gabaix, 2008; 이창민·최한수, 2017). 경영진이 은퇴 후 새로운 일자리를 잡는 데 기업 규모가 영향을 미치는 현상도 발견된다(Lee, 2011). 임기 중에 최고 경영진 본인이 유명해지는 것이 먼저이고 회사의 내실은 상관없을 수도 있다.[5]

또한 대마불사도 존재한다. 은행은 한 번 커지고 나면 정부의 명시적·암묵적 구제금융bail out의 범위 안으로 들어오고, 이것이 은행에 여러 가지 편익을 준다. 대마불사는 대마는 죽지 않는다는 기대로, 금융시장에서는 주로 대형 금융기관systemically important financial institution에 대한 기대의 문제이다(GAO, 2014). 대마가 죽지 않는다는 것은 미국의 경우 2008년 금융위기 시 뱅크오브아메리카Bank of

4. 규모와 범위의 극대화 동인을 제국 건설이라는 사적 편익 추구로 한정할 수는 없다. 경기부양의 유효한 도구로서 자금중개기관의 적극적 자금 공급을 선호하는 정부 정책의 영향도 있기 때문이다. 자산의 역성장을 쉽게 선택할 수 없는 내적 요인(영업점의 축소, 인원 축소 등에 대한 노조의 반대 등)도 무시할 수 없는 규모 확대의 이유이다.

5. 국내에서는 최고 경영자가 언론과 시장의 일시적 환호에 더 민감하기 때문에 규모 확장을 꾀한다는 의견도 존재한다. 공적을 보여주기 위한 인기 영합적 결정이 빈번히 발생하는데, 그것이 회사의 가치 제고에는 배치될 수 있다는 것이다.

America, 시티그룹Citigroup, 페니매Fannie Mae, 프레디맥Freddie Mac, 에이아이지AIG, 베어스턴스Bear Stearns 등에 공적자금 투입으로 나타났는데, 이는 대형 상업은행뿐만 아니라 대형 금융기관을 포함한다. 공적자금 투입은 막대한 재정의 투입인데, 이는 실제로 투입되었을 경우의 문제이다. 구제금융에 대한 기대는 크게 세 가지 문제를 만들어 낸다. 첫째, 은행 경영진의 입장에서 도덕적 해이가 발생한다. 즉, 경영에 실패했을 경우에도 정부가 지원해 줄 것이라는 기대 하에 과도한 위험 추구가 발생할 수 있다. 둘째, 심리적으로 시장에서 불공정성 문제가 불거질 수 있다. 은행이 망했는데 그 책임을 이해관계자들(주주 · 채권자 등)이 지는 것이 아닌 납세자가 부담한다는 것이다. 마지막으로 금융시장에서는 은행을 보는 관점이 달라진다. 경영에 실패해도 정부가 지원해 줄 것이라는 기대는 은행의 위험을 낮추고, 은행은 낮은 자금 조달 비용으로 자본 조달이 가능해진다. 그리고 이렇게 조달된 자본은 또다시 은행의 규모 확대에 사용된다.

국내에서 대마불사 문제에 대한 연구는 그리 많지 않다. 1997년 IMF 외환위기 당시 금융기관에 대한 공적자금 투입이 있었고, 이후에도 공적자금 투입이 계속 있었으나 이 효과가 시장에서 어떻게 나타나는지에 대한 연구는 없다. 다만 대형 금융기관의 구제금융 문제를 해결하기 위한 정책적 연구는 있었다(임형석 · 이재연, 2015; 황순주, 2018). 대마불사로 인한 대형 금융기관의 자금 조달의 이득은 해외 여러 시장(채권 · 주식 · 파생상품 등)에 존재한다(Ueda and Mauro, 2013; Acharya et al., 2016; Keely et al., 2016; Gandhi et al., 2020). 그러나 이창민 · 최한수 · 안준혁(2023)이 최근 국내 은행도 채권 발행을 통한 자금 조달에서 대마불사의 이득을 보고 있음을 보였다. 2008~2011년 사이에 은행은 기타 금융기관에 비해 회사채 자금 조달에서 20~110bp 사이의 자금 조달 비용 이득을 누렸다. 다만 은행의 이러한 대마불사 효과는 금융위기 시가 아닌 평시에는 나타나지 않았다. 국내 은행에 공적자금이 투입된 경험뿐만 아니라 시장에서의 대마불사에 대한 기대도 존재한다.

다만, 은행산업의 특성상 단지 경영진의 사익 추구가 아닌 이유로도 경영진이 규모의 극대화를 추구할 수 있다. 은행산업은 규모의 경제economy of scale가 존재하기 때문에 규모를 키우는 것을 무조건 비판할 수는 없다. 은행은 일종의 장치산업에 가깝기 때문에 규모가 커질수록 고정비가 크게 늘지 않아 수익성이 향상될 가능성이 있다. 또한 은행은 예금을 통한 자금 조달 비중이 매우 높으며, 지급결제 기능에 기반을 둔 대규모 예금 자금 조달은 규모의 경제 효과를 가져온다. 그러나 규모의 경제 효과가 있는 산업의 기업이라고 해서 제국 건설, 산업구조 왜곡, 거대 기업의 영향력 강화 등의 문제가 발생하지 않는 것은 아니기 때문에 지배구조는 신중하게 접근해야 한다.

(2) 내부통제 미비

국내 은행의 불법행위는 국내 대기업집단(재벌)의 불법행위와는 패턴이 다르다. 국내 대기업집단(재벌)은 지배주주의 지배권 유지 및 승계와 관련된 사익 추구로 인한 배임·횡령·탈세 등이 주요 불법행위인데, 국내 은행의 최고 경영자는 이러한 유인은 존재하지 않기 때문이다. 은행은 대규모 예금·신탁 자산을 운용하여 수익을 창출하고 이 고객들을 대상으로 다양한 사업을 펼치기 때문에 이와 관련된 불법행위들이 계속 발생하고 있다. 그러나 이를 적절히 제어할 만한 내부통제 관련 법·제도들이 미비하다는 지적이 계속되어 왔다(노종화, 2020; 이성복, 2021; 노종화, 2022).

은행은 대출 중심의 경영이기 때문에 대출과 연관된 횡령 문제가 발생하므로 이와 관련된 내부통제가 중요하다. 2022년 저축은행에 이어 2023년 프로젝트 파이낸싱Project Financing 관련 대규모 횡령사고가 잇달아 발생했다. 프로젝트 파이낸싱 대출은 특성상 자금 규모가 크고, 페이퍼 컴퍼니에게 대출이 지급되는 방식으로 이루어지는데, 일반 회사보다 페이퍼 컴퍼니에 대한 내부통제 절차가 미비할 가능성이 있다. 또한 최초 프로젝트 사업성을 평가하여 오랜 기간 동안 순차적으로 대출이 실행되는 형식이어서 대출 실행 및 회수 과정의 관리·감독이 미비했던 문제 등이 존재한다.

은행의 내부통제 문제는 단순히 대출업무에만 국한된 것은 아니다. 2018년, 2019년 대규모 해외 금리 연계 파생결합펀드Derivative Linked Fund ; DLF 불완전판매 사태를 야기함으로써 투자자들에게 큰 손실을 입혔고, 금융시장에도 큰 혼란을 초래했다. 이후 2019년, 2020년 라임, 옵티머스 같은 사모펀드 사태를 맞았고, 2023년에는 홍콩H지수HSCEI를 기초자산으로 삼은 주가연계증권Equity Linked Securities ; ELS 불완전판매 이슈가 터졌다. 거의 매년 불완전판매에 대한 내부통제 이슈가 터지고 있는 것이다.

대출 또는 불완전판매와 관련된 내부통제의 문제는 임원뿐만 아니라 직원의 문제이기 때문에 이사회 등 기존 경영진을 감독하는 지배구조만으로는 해결되지 않는다. 대출 또는 불완전판매와 관련된 실무는 직원들의 의사결정이고, 관련 범죄와 사고 발생의 주체도 직원이기 때문이다. 이사회는 자신들에게 경영진에 대한 감독 책임이 있다는 인식을 최근 명확하게 갖게 된 반면, 임원의 직원에 대한 통제, 즉 내부통제와 관련해서는 명확한 책임 인식이 부재한 상황이다. 개별 임원들이 자신들에게 아래 직원들에 대한 내부통제 책임이 있다는 사실 자체를 인지하지 못하는 경우가 많다.

(3) 관치

국내 은행은 관치라는 독특한 지배구조의 문제점을 가진다. 은행이 규제산업이라는 것은 시장경쟁도를 낮추기도 하지만 규제를 고리로 하는 관치라는 독특한 지배구조의 문제를 발생시킨다. 일반적으로 정책결정자(관료·정치인 등)와 민간기업의 관계는 정책결정자의 민간기업에 대한 법·제도 입안 및 집행과 이에 대응하는 민간기업의 규제 완화 시도로 이루어진다. 최근 미국의 경우 거대 기업들이 막대한 정치 기부political contribution를 고리로 정책결정자를 포획하는 문제가 발생하고 있는데, 여기서의 기부는 정부 사업 수주 또는 규제 완화라는 목표를 달성하기 위한 수단이다. 국내 은행의 경우 민간기업 사적 자율의 근간이라고 할 수 있는 인사권에의 정부 개입이[6] 일어난다는 점에서 일반적인 정부와 민간기업의 관계가 아닐 뿐더러 심각한 지배구조의 왜곡을 불러온다. 일종의 로비스트의 역할로서 전직 관료를 이사회에 사외이사로 영입하는 경우는 미국에도 존재하지만 국내 은행의 경우 최고 경영진으로 내려온다는 것이 중요한 차이점이다. 또한 감독기관 출신 등이 상근감사로 오는 문제점도 있다. 전직 관료가 최고 경영자로 오는 것의 단점은 당사자가 전문경영인보다 경영능력이 떨어질 가능성이 있고, 경영의사 결정이 위험 회피적으로 이루어질 가능성이 있다는 것이다.[7] 더욱이 각종 기업 범죄에서 규제와 처벌을 피하게 될 가능성이 높아져 구성원 전반의 도덕적 해이를 가져올 가능성이 있으며, 조직 내 승진 유인promotion incentive이 엉클어져 생산성의 문제가 발생할 여지도 있다. 전직 관료가 최고 경영자로 오는 것의 장점은 경제위기 시 정책 당국과 은행의 협조가 원할히 이루어질 수 있다는 것이다. 마지막으로 장점일 수도, 단점일 수도 있는 문제는 전직 관료가 최고 경영자로 왔을 때 은행의 목적함수objective function가 애매해질 수 있다는 것이다. 즉, 사기업으로서 은행이 이윤극대화를 추구하는 것이 아니라 정부 정책의 기조를 충실히 반영하는 것이 은행의 목적이 될 수도 있다는 것이다(Hu and Xu, 2022).

---

6. 물론 인사권에서의 정부 개입만이 관치는 아니다. 법령에 의하지 않은, 국민적 정서를 배경으로 한 은행에 대한 요구도 심각한 관치의 문제이다. 정부의 금리와 예대마진에 대한 개입, 주주에 대한 배당금 지급 제한, 상생금융과 같은 요구사항은 그것이 시장실패이든, 정서이든, 다른 무엇이든 금융회사의 경영사항에 대한 개입의 목적을 분명히 해야 하고, 결과에 대한 평가도 공유되어야 한다. 리스크 모형상 변수의 사소한 변화도 이사회에 보고되는 상황에서 은행 경영에 큰 영향을 미치는 당국 요구사항이 이사회의 의결을 거치지 않는 것은 지배구조의 큰 결함을 의미한다. 또한 경영상의 중요 결과에 대한 책임소재가 불분명해진다.
7. 다만 이것은 국내의 상업은행 문제를 접근할 때 위험한 투자를 최소화하고 위험 관리에 초점을 맞추게 되어 장점이 될 가능성도 존재한다.

2.4 국내 금융회사(은행) 내부 지배구조 개선방안

효율적인 지배구조는 경영진의 도덕적 해이를 잘 견제·감시할 수 있는 기제를 의미하며, 이는 내부 지배구조와 외부 지배구조로 나누어진다. 내부 지배구조는 일반적으로 소유구조, 기관투자자 행동주의, 주주총회, 경영권 승계 계획, 경영진 연봉 구조, 이사회 등을 말하고, 외부 지배구조는 법·제도 등 감독기관·사법부의 역할, 해당 산업의 경쟁구조, 인수합병 시장, 언론 등의 역할을 의미한다. 지배구조 개선의 방법은 각각의 처한 상황에 따라 처방이 다르기 때문에 국내 은행의 지배구조 개선을 위해서는 어떤 방식이 가장 효과적일 것인가가 중요하다. 즉, 내부 지배구조와 외부 지배구조 각각의 영역에 대한 국내 은행에 맞는 개선방안이 필요하다.

(1) 소유구조

국내에서 주인이 없는 은행의 분산된 소유구조가 문제라는 지적이 나오는데, 이는 단선적인 접근이다. 지배구조의 핵심은 지배주주가 있고 없고의 문제가 아니라 지배주주의 여러 가지 특성이 중요하다. 예를 들어 지배주주의 지분cash flow right과 지배권controlling right or voting right의 괴리가 있느냐 없느냐 등 소위 말하는 최종 지배주주의 질적 측면이 중요하다(Claessens, 2002 ; Faccio and Lang, 2002 ; Gadhoum et al., 2005 ; Villalonga and Amit, 2006). 이는 국내 대기업집단(재벌)의 지배구조 문제를 보면 이해가 쉽다. 소위 말하는 지배주주가 있다고 알려진 대기업집단의 경우 기업 범죄가 끊임없이 발생하고 있고, 그 지배구조에 대한 평가가 좋지 않은 것도 주지의 사실이다.[8] 선진국은 상장 대기업일수록 분산된 소유구조를 가지는 것이 자연스러운 현상이며, 특히 뱅크오브아메리카Bank of America와[9] 크레딧 스

8. CG Watch 2023. (https://www.acga-asia.org/cgwatch.php)
9. Bank of America Proxy Statement. (https://investor.bankofamerica.com/regulatory-and-other-filings/proxy-statements)

위스Credit Swiss 등[10] 해외 대형 은행의 경우 분산된 소유구조가 보편적이다(Azar et al., 2018).

또한 국내 금융지주들은 모회사인 금융지주회사만 상장되어 있고 그 아래 은행 등 자회사를 지주회사가 100% 지분율로 지배하는 등 기업집단의 소유구조로서는 상당히 이상적이고 글로벌 스탠다드와[11] 유사한 형태를 가지고 있다. 이는 국내 대기업집단(재벌)이 다수의 계열사가 복수상장 되어 있고, 모회사가 자회사를 100% 지분율로 지배하지 않는 등 여러 가지 이해관계 상충을 가져오는 소유구조를 가지고 있다는 점과 대비된다.[12] 그리고 국내의 특성상 만약 은행의 소유구조를 지배주주가 있는 소유구조로 바꾼다면 당연히 대기업집단(재벌)이 지배주주가 될 가능성이 높은데, 이는 대기업집단(재벌)의 여러 가지 후진적인 지배구조를 은행으로 전이시키는 결과를 가져올 가능성이 높다. 국내 은행 소유구조 개선 논의의 또 다른 문제점은 주인 없는 회사의 문제점을 지적하면서 은산분리 규제 완화와 대기업집단의 은행산업 진출 논의로 이어질 가능성이 있다는 점이다. 지배주주가 있어야 한다는 논리로 대기업집단이 은행업에 진출했을 때 국민경제 차원의 득과 실은 매우 복잡한 문제이다.

소유구조의 문제에서 분산된 소유구조로 인해 경영은 하지 않지만 경영진을 적극적으로 견제할 유인이 있는, 주식을 많이 가지고 있는 주주가 없다는 주장은 이론적으로 일견 타당성이 있다(Shleifer and Vishny, 1986). 그러나 이는 국민연금 등 기관투자자의 적극적 행동주의로 풀어야 할 문제이다. 즉, 국민연금 등이 경영진을 적극적으로 견제해야 한다는 것이다. 2023년 적극적 행동주의 투자자들의 국내 은행에 대한 문제 제기는[13] 국내 은행 지배구조 개선 방향의 단초를 제공했

---

10. Annual reports : Credit Swiss. (https://www.credit-suisse.com/about-us/en/reports-research/annual-reports.html)
11. Kim(2012) 참조.
12. 이창민(2017) 참조.
13. "은행株, 20년 만성 저평가 해소하겠다." (https://www.hankyung.com/finance/article/2023010268141)

다. 그들은 국내 상장 은행지주 7개가 순자산 가치의 0.3~0.4배에 불과한 낮은 시가총액으로 평가되고 있는 문제를 지적했다. 또한 해외 은행 대비 저평가의 원인은 수익성·자본적정성·자산건전성 등이 아니라 비효율적 자본 배치, 즉 대출 성장 위주의 경영이라고 지적하고 지금보다 주주환원(배당 지급·자사주 매입 후 소각)을 증가시킬 것을 요구했다. 민간 주주가 은행의 규모 위주 경영에 제동을 건 사례이다. 실제로 은행 소유구조를 보면 적극적인 감시 역할을 할 만한 1% 이상의 지분을 가진 기관투자자들이 존재한다.

지배주주가 없는 소유구조의 문제는 주주위원회와 같은 제도 도입으로 보완할 수도 있다. 이는 스웨덴 주주위원회의 모델을[14] 참고한 것으로 일정 정도 이상(예를 들면 1% 이상)의 지분을 가진 주주들이 참여하는 주주위원회를 구성하고, 주주위원회가 이사 후보를 추천하면 이사회가 이를 수용하는 것이다. 우리은행 민영화 사례에서 4% 내외의 지분을 가진 5대 주주가 5명의 사외이사 후보를 추천한 사례도 있다. 이는 국내 은행의 관치 문제에 대한 보완이 될 수도 있다. 관치의 단점 중 하나가 은행의 경영이 정부 정책에 과도하게 순응적이 될 수 있다는 것인데, 이게 적극적 민간 주주에 의해 견제될 수 있는 것이다.

(2) 경영진 승계 구조

국내 은행의 제국 건설 및 관치의 문제는 최고 경영진 임기와 관련이 크다. 현재 은행 최고 경영자의 가장 중요한 목표는 본인의 임기를 최대화하는 것인데, 현재와 같이 3년에 한 번씩 재평가를 받는 것이 과연 적절한 유인을 제공하고 있는 것인지 물음을 던져볼 필요가 있다. 그들은 본인의 연임을 위해 제국 건설(자산 성장, 자회사 인수를 통한 외형 증가 등)에 집착할 가능성이 있다. 또한 금융지주 회장 본인만의 제국 건설, 셀프 연임이라는 지속적인 금융 당국의 비판을 의식하면서 오

14. 이지수(2012) 참조.

직 연임을 위하여 정부 정책과 적절히 타협할 가능성이 높다. 정부 정책과 타협하면서 제국 건설이라는 비판을 그때그때 피해가는 것이다. 더구나 금융 당국의 최고 경영진에 대한 징계 권한이 최고 경영자 자신의 연임을 법적으로 불가능하게 만들 수 있기 때문에 정부 정책과의 타협 가능성은 매우 높아진다. 정부 정책과의 타협이 물론 긍정적인 측면도 있으나 관치의 문제도 발생시킨다. 일상적인 경영 판단의 영역까지 정부 정책담당자들에 의해 좌지우지될 수 있다는 것이다. 대표적인 것이 인사에 대한 정부의 개입이다.

최고 경영진의 임기를 짧게 가져가는 것이 좋은 지배구조라는 실증 근거는 없다. S&P 500 최고 경영자 평균 재직기간은 7.2년이다.[15] 중요한 것은 적절한 임기 보장과 더불어 재직기간 중에 회사의 장기 성장을 위해 노력할 수 있는 장기성과 연계 보상 등 최적의 보수 구조를 짜는 것, 실적에 기초하여 이사회가 연임·해임을 독자적으로 판단하는 것, 최고 경영자가 문제를 일으키면 보수 환수 등을 시행하는 것, 경영권 승계 계획을[16] 잘 구성하는 것 등이다. 재직기간이 오래된 최고 경영자가 내부적으로 제왕이 될 경우 문제가 일어난다는 실증연구들은 많으나 그것이 최고 경영자의 임기를 짧게 가져가야 한다는 근거는 될 수 없다. 적정하게 긴 재직기간은 여러 장점을 가지기 때문에 인위적 임기 정책은 장점보다는 단점이 클 수 있다. 또한 장기적 혁신의 관점에서 현재와 같은 인위적 3년-3년-3년식 구조가 오히려 부작용이 많을 수 있다(Manso, 2011; Darouichi et al., 2021).

국내 최고 경영자 선임·연임·해임 관련 이사회 의사결정의 공정성에 대한 신뢰가 너무 부족하기 때문에 경영권 승계 계획을 구성함에 있어 과도한 형식을 추구하는 경우가 생긴다. 예를 들어 선진 금융국의 경우 기존 최고 경영자가 연임과 관련하여 이사회의 판단을 먼저 받고 그 후 그 판단에 따라 새로운 후보들이 평가

---

15. CEO Tenure Rates. (https://corpgov.law.harvard.edu/2023/08/04/ceo-tenure-rates-2/)

16. 경영권 승계 계획에 대한 조금 더 구체적인 개선방안 내용은 "금융감독원(2023. 12) 은행지주·은행의 지배구조에 관한 모범관행"을 참조하면 좋다. 현재 은행 경영승계 계획에 대한 문제점과 개선의 원칙을 제시하고 있다.

받는 것 또는 기존 최고 경영자의 주도 하에 상당 기간 전부터 내부 후보들이 투명한 절차에 따라 검증을 받는 것이 보편적인데(Carey and Ogden, 2000; Berns and Klarner, 2017), 국내에서는 셀프 연임의 문제가 심각하기 때문에 기존 최고 경영자, 내부 후보, 외부 후보들이 동시에 평가를 받는 식으로 경영권 승계 계획이 만들어진다. 이는 형식 면에서 객관적으로 보이지만 실질적으로는 여러 가지 문제를 발생시킨다. 내부 후보는 내부자이기 때문에 이사회 등과 상당 기간 동안 접촉할 수 있고 네트워크도 형성할 수 있으나, 외부 후보는 현실 여건상 내부 후보와 유사한 관계를 형성할 수 없다. 만약 외부 후보가 타 기업의 최고 경영자라면 내부 후보와 동일한 선상에서 출발할 수 없는 것은 자명하다. 결국 최고 경영자로부터의 이사회, 회장후보추천위원회의 실질적 독립성 확보, 최고 경영자 후보자 평가방식의 다면화 등이 개선의 핵심이지 모든 후보(기존 최고 경영자, 내부 후보, 외부 후보)들이 일정 기간에 동시에 평가를 받는 것이 개선의 핵심은 아니다.

(3) 경영진 보수 구조

국내 은행 임원진 보수의 문제는 2008년 글로벌 금융위기에 불거졌던 해외 금융기관의 문제와는 다르다. 즉, 해외의 개선방법과는 달라야 한다. 2008년 금융위기의 원인 중 하나로 지목된 것은 잘못된 보수 구조로 인한 경영진의 과도한 위험 추구인데, 국내 은행의 지배구조 문제가 보수 구조로 인한 경영진의 과도한 위험 추구라는 분석은 없다. 오히려 반대로 경영진의 과도한 위험 회피, 보수적 경영이 문제라는 지적이 있다. 또한 경영진의 보수 총액이 과다하다는 미국 중심의 지적들이 국내 은행에 적용되는지에도 신중한 접근이 필요하다. 2022년 기준 국내 4대 금융지주 최고 경영자 보수를 보면 보수 총액이 약 8억 5천만 원에서 18억 3천 5백만 원 사이이다. 그런데 2022년 뱅크오브아메리카Bank of America 최고 경영자의 연봉은 약 3천만 달러(약 400억 원)이고 자산은 약 3조 달러(약 4,000조 원)이다. 이를 국내 금융지주 최고 경영자의 연봉과 비교해 보면 자산 규모의 차이에 비해 연봉 차이가 훨씬 더 크다.[17] 그리고 이는 금융지주에만 나타나는 현상이 아니라 한국과 미국의 최고 경영자 보수를 비교할 때 일반적으로 나타나는 현상이다(Lee and Lu, 2022). 향후에 보수 문제를 다룰 때 오히려 더 주목해야 하는 것은 보수의 구조이다. 국내 은행들도 성과연동주식을 주고 있으나 전체 보수에서의 비중이나 계약구조 등의 측면에서 미비한 측면이 있다. 예를 들어 뱅크오브아메리카Bank of America는 최고 경영자 전체 보수의 90% 이상이 성과연동주식으로 구성되어 있는데, 국내는 비중을 알 수가 없다. 또한 국내는 성과연동주식을 받기 위해 만족시켜야 하는 성과 기준이 투명하지 않고 모호하다. 이는 성과연동주식이 말로만 성과 기반이지 실제로는 고정급과 다를 바 없을 수도 있다는 것을 보여준다.

그리고 경영진 보수 구조에 대해서는 진정한 의미의 세이온페이 제도의 도입이 필요하다. 세이온페이 제도는 회사의 보수 정책과 최고 경영자 등 경영진의 보수 산정에 대해 주주들이 심의하는 것으로, 해당 안건을 주주총회 표결에 붙이는 것이다. 미국, 영국 등은 모두 고위 임원의 보수 정책에 대해 주주총회에서 표결이 이루어진다. 다만 미국의 경우 표결 결과에 정책이 구속되지 않고non-binding, 영국은 2013년부터 기존의 세이온페이 제도를 이원화해 당해연도에 적용할 임원 보수 정책은 주주총회 승인 사항이고, 전년도 보수 집행 내용은 주주의 권고적 표결 사항이다. 보수 정책에 대한 찬성표가 50%에 미달하면 전년도에 승인받은 보수 정책을 사용하거나 임시주총을 개최해야 한다. 보수 정책에 아무런 변화가 없어도 최소 3년에 한 번은 주주로부터 승인받아야 한다. 국내의 상황에서는 모든 표결 결과가 구속력이 없는 미국식보다는 일정 정도의 구속력을 가지는 영국식 세이온페이 제도가 더 적합할 것으로 보인다. 국내는 기업 자율에 맡겨놓았을 경우 성공하는 경우가 많지 않기 때문이다.

---

17. 국내 금융지주 회장 보수에는 성과연동주식에 대한 평가액수가 빠져 있고, 뱅크오브아메리카의 경우에는 포함되어 있다. 향후의 보수 공시에는 공시 기준을 맞추어 비교·평가가 가능하게 하는 것도 필요하다.

(4) 이사회

국내 은행은 외형적인 측면에서 이사회 제도는 충분히 개선되어 있다. 그러나 실질적으로 중요한 것은 이사의 선관 의무를 충실히 이행할 수 있는, 즉 주주와 다양한 이해관계자의 이해를 충분히 대변할 수 있는 사외이사가 선출되는 것이다. 이사회의 독립성(사외이사 비율 등)·다양성·전문성 등 외형적인 측면에서는 개선이 일정 정도 이루어졌고, 감독기관의 지도도 이 부분에 집중되고 있다. 감독기관의 지배구조 모범 규준이 주목하는 것은 사외이사의 독립성, 전문성 제고를 위한 회사의 지원 강화, 이사회의 집합적 정합성·독립성 확보를 위한 Board Skill Matrix 등 관리체계 구축 등이다.[18] 그러나 정해진 자격요건을 만족한다고 해서 사외이사의 실질적인 독립성과 전문성이 보장되는 것은 아니다. 법적으로는 사외이사로서의 독립성 요건을 만족하고 재무·회계 등에 대한 전문적인 지식은 보유하고 있으나, 일반 주주의 이해를 대변해야 한다는 생각을 가지지 않은 사람이 다수이기 때문이다. 또한 국내 금융회사의 경우 정부 관료 및 금융공기업 출신 사외이사의 낙하산 인사 문제도 존재한다(이창민·정준영, 2017).

사외이사 선출 방식은 앞서 언급한 주주위원회 또는 주주 추천 사외이사 후보를 경영진이 적극적으로 수용하게 하는 제도 개선 또는 기업의 자율적 정관 개정을 통한 개선이 필요하다. 감사위원 분리선출 제도의 더 적극적인 적용, 예를 들면 감사위원 전원을 3% 분리선출 제도를 이용해 선임하는 등의 개선도 가능하다. 특히 국내 은행에서는 이사회의 실질적 독립성이 더 중요할 수 있는데, 이는 은행의 제국 건설과 연관된 셀프 연임의 효과적인 제어장치이다. 주식회사에서 대표이사의 선임 권한은 이사회가 가지는 것이 일반적인데, 이사회 자체가 최고 경영진에 우호적인 사람들로 구성되어 있다면 셀프 연임을 막을 수 있는 방법 자체가 거의 없

18. 이 역시 자세한 내용은 금융감독원(2023. 12)의 "은행지주·은행의 지배구조에 관한 모범관행"을 참조하면 좋다. (https://www.fsc.go.kr/no010101/81211?srchCtgry=&curPage=&srchKey=sj&srchText=%EB%82%B4%EB%B6%80%ED%86%B5%EC%A0%9C&srchBeginDt=&srchEndDt=)

다. 경영권 승계 계획이 잘 세워져 있어서 내부의 후보자가 잘 추천되고, 외부의 인재를 독립적으로 추천받을 수 있는 시스템이 갖추어져 있어서 외부 후보자를 잘 추천받을 수 있다고 해도 결국 회장후보추천위원회을 구성하는 이사회의 구성원들이 중요하다. 최종 의사결정은 회장후보추천위원회이기 때문이다.

2.5 국내 금융회사(은행) 외부 지배구조 개선방안

(1) 법 · 제도

내부통제 개선은 형식적 제도 설치가 아니라 실질적 책임과 처벌로 접근해야 예방 효과가 있다. 내부통제위원회 · 준법감시위원회 · 윤리헌장 등의 존재 자체가 기업 범죄의 예방 효과가 있다는 실증 근거는 찾기가 어렵다. 내부통제위원회 · 준법감시위원회 · 윤리헌장 등은 최소한으로 갖추어야 하는 일종의 디폴트이자 시장에 주는 신호와 같은 것이다. 또한 기업 전반에 예방 효과가 나타나는 경우는 범죄를 저지른 동료 기업peer firm이 공정하게 처벌되는 것을 경험했을 때이다. 예를 들어 A은행이 횡령으로 인해 엄격하게 처벌되는 것을 경험해야 같은 산업에 있는 B은행, C은행 등에 예방 효과가 생긴다.

하나의 방법만으로 기업 범죄에 예방 효과가 나타나는 것은 드물므로 다양한 방법을 동시에 사용해야 한다. 기업 범죄에 대한 실질적 책임과 처벌로 내부통제 문제에 접근해야 하기 때문에 다음을 동시에 고려해야 한다. 우선, 그동안의 수많은 사고에 대해 항상 유사한 처방이 반복되는 것에 대한 원인 진단이 필요하다. 즉, 국내 금융회사 내부통제에 대한 전체적인 평가holistic view에 기초하여 실질적인 개선을 이끌어 내야 한다. 중요한 것은 내부통제의 효율성을 개선시키기 위한 방법이 무엇인가를 이사회나 경영진 차원에서 만들어 내는 것이다. 국내 금융 당국이 사고 발생 후에 사후약방문격으로 내부통제 강화를 외치면서 경영진과 이사회의 역할 강화를 주문하여 결국 이사회 보고안건만 많아졌다는 평가가 있다. 내부통제에서는 'tone at the top' 혹은 이사회와 경영진의 리더십이 가장 중요하므로 이사회와 경영진의 역할이 어떻게 실질적으로 강화될 수 있는지를 분명히 해야 한다.

둘째, 은행에게 내부통제 의무를 충실히 부과하기 위해서는 금융회사 지배구조법·금융소비자보호법에서 내부통제 의무의 의미를 구체적으로 정하는 것이 필요하다. 내부통제라는 것이 내부통제위원회만 만들면 끝나는 것이 아니라는 것을 명확히 해야 한다는 것이다. 또한 내부통제의 최종 책임이 이사회에 있음을 명확히 해야 한다. 이사회가 내부통제에 대한 최종적인 책임을 지고 회사 전반에 내부통제 준수 문화를 확립하고 내부통제 유효성에 대한 감독과 점검을 수행해야 한다.[19]

마지막으로 이제 향후에는 사법부의 태도가 중요한 문제로 남게 되었다. 노종화(2022)에 따르면 2018, 2019년경 대규모 해외 금리 연계 파생결합펀드 불완전판매 사태 당시 은행장 등에 대한 1심 판결에서 모두 내부통제 기준의 마련과 운영을 엄밀히 구분했고, 지배구조법령을 내부통제 기준에 반드시 포함시켜야 할 법정 사항과 이외 사항으로 구분하는 해석을 제시했다. 그러나 이러한 해석은 입법 취지에 비추어 볼 때 타당하지 않다. 법원은 단순히 금융회사 임원에 대한 불이익한 행정처분의 정당성에만 집중하기보다는 금융시장의 건전성 확보, 금융소비자 보호라는 지배구조법령의 취지를 충분히 반영한 판단을 내려야 한다.

---

19. 이러한 취지를 일부 반영한 금융회사 지배구조법이 2023년 12월 개정되어 금융지주와 은행 전체는 책무구조도(responsibilities map) 도입을 통해 임원 개개인이 책임져야 하는 내부통제 대상 업무의 범위와 내용을 사전에 명확히 해야 한다. 책무구조도에 기재된 임원은 자신의 소관 업무에 대해 내부통제가 적절히 이루어질 수 있도록 내부통제 기준의 적정성, 임직원의 기준 준수 여부 및 기준의 작동 여부 등을 상시점검하는 내부통제 관리 의무를 이행해야 한다. 또한 이사회의 내부통제 역할도 명확해진다. 이사회의 내부통제 및 위험 관리에 관한 심의·의결 사항 추가, 이사회 내 소위원회로 내부통제위원회 신설 등 내부통제에 대한 이사회의 책임을 구체화하였다. 마지막으로 관리조치를 미실행하는 등 내부통제 관리 의무를 위반한 임원에 대해서는 기존 내부통제 기준 마련 의무 위반과 동일하게 신분제재를 부과해야 한다. 금융위원회(2023. 12)의 금융회사의 지배구조에 관한 법률 개정안 참조. (https://www.fsc.go.kr/no010101/81211?srchCtgry=&curPage=&srchKey=sj&srchText=%EB%82%B4%EB%B6%80%ED%86%B5%EC%A0%9C&srchBeginDt=&srchEndDt=)

(2) 시장구조

외부 지배구조의 중요한 부분인 해당 산업 경쟁 강화와 인수합병 시장 활성화는 국내에서는 적절한 개선방안이 아니다. 일반적으로 시장경쟁도·인수합병 시장과 내부 지배구조는 상호 대체적인 관계가 있다. 즉, 해당 산업의 시장경쟁도가 강하거나 인수합병 시장, 특히 규율형 인수합병 시장이 활성화되어 있으면 그 자체가 경영진의 도덕적 해이를 줄이는 경향이 있어 내부 지배구조 개선에 큰 비용을 들일 필요가 없다. 반대로 내부 지배구조가 효율적이면 시장경쟁도가 강하지 않아도 경영진에 대한 적절한 통제가 가능하다(Giroud and Mueller, 2011). 예를 들어 시장경쟁도가 상대적으로 강한 유럽 시장에서는 자금 세탁 등으로 일단 한 번 회사의 평판 손상이 오면 회복이 쉽지 않은 경향이 있다. 이 부분이 시장경쟁이 내부 지배구조를 대체할 수 있는 지점 중 하나이다. 경쟁이 강한 시장에서 한 번의 도덕적 해이는 회복 불가능한 결과를 가져올 수 있다. 이것이 최고 경영진들을 긴장하게 만든다. 인수합병 시장은 시장경쟁도를 줄인다는 측면에서 경쟁 강화에 반대의 효과를 가져오지만, 최고 경영진의 도덕적 해이에 대한 강한 규율로 작동할 수 있다는 측면에서는 경쟁 강화와 같은 효과를 가져온다. 최고 경영진의 도덕적 해이로 인해 기업 평판에 손상이 가고 기업 가치가 저평가되면 인수합병 세력의 관심을 받게 된다. 저평가된 기업을 인수하는 것이 인수합병 시장의 주요 목표이기 때문이다. 이러한 외부 인수합병의 압박은 최고 경영진에게는 상당한 압박으로 작용한다. 최고 경영진 입장에서 자신이 경영하고 있던 기업이 인수합병을 당하면 우선 본인이 일자리를 잃고 평판에 큰 손상이 가서 향후 커리어를 망칠 수 있기 때문이다.

그러나 국내 은행산업의 경우 현실적인 시장 특성상 경쟁 강화가 지배구조 개선 효과를 가져오지 못할 것이다. 우선 은행산업은 시장경쟁만큼 안전성·건전성이 요구되는 산업이다. 미국, 유럽도 2008년 금융위기에 경영진의 도덕적 해이가 위기의 원인 중 하나로 지목되었지만 이를 해결하기 위한 방법으로 은행산업의 경쟁 강화를 채택하지는 않았다. 또한 금융선진국인 미국에서조차 2008년 금융위기 이후 2023년 실리콘밸리뱅크 사태가 14년 만에 반복되었다. 반면에 한국의 경우 1997년 IMF 외환위기 이후 국내 은행들은 건실하게 버티고 있다. 국내 은행산업의 안전성이 왜 확보되었는가에 대한 심도 깊은 논의 없이 경쟁 강화를 이야기하는 것은 위험하다.

또한 2017년 이후 인터넷은행이 시장에 진입했으나 그들이 시장을 흔들지는 못하고 있다. 인터넷은행의 일반은행 대출시장에서의 점유율은 3.3%(2022년)인데, 같은 기간 4대 은행의 시장점유율은 80.8%(2017년)에서 79.8%(2022년)로 소폭 하락했을 뿐 안정적이다. 경쟁 강화가 지배구조 개선을 가져오려면 기존 4대 은행에 대한 유의미한 경쟁자가 시장에 등장해야 하는데, 그럴 경우 장기적으로 경쟁 강화로 인한 지배구조 개선 효과가 나타날 수 있다고 쳐도 단기적으로는 효과가 없을 가능성이 훨씬 더 높다.

마지막으로, 국내 시장은 시장 규율, 즉 기업의 평판에 문제가 생겼을 때 시장에서의 처벌이 잘 작동하지 않는다. 미국의 경우 기업 범죄 발생 시 그 기업의 자본조달 비용 증가(자본시장에서의 시장 규율), 매출 감소(생산물시장에서의 시장 규율), 해당 최고 경영진의 퇴출(전문가 노동시장에서의 시장 규율) 등이 나타난다. 국내는 기업 범죄 발생 시 시장 규율이 작동한다는 증거가 없다(Lee et al., 2022). 인수합병 시장의 활성화는 더더욱 가능성이 희박하다. 국내 은행산업은 IMF 외환위기 이후 인수합병이 많이 진행되어 최근에는 4대 은행의 독과점에 대한 문제가 제기되고 있다. 이런 상황에서 추가적인 인수합병이 진행될 가능성은 매우 낮다. 즉, 4대 은행은 지배구조의 문제로 인해 기업 가치에 손실이 와도 인수합병의 압박을 받지는 않을 것이다.

3. 금융회사(은행)의 사회적 책임

3.1 기업의 사회적 책임 일반

기업의 사회적 책임에 대한 정의는 광범위하기 때문에 이 장에서 접근하는 사회적 책임에 대한 각도를 명확하게 하는 것이 우선 필요하다. 단순히 좋은 일을 하자는 관점에서 사회적 책임을 논의하면 배가 산으로 가는 경향이 생기기 때문이다. 이 장의 접근방법은 거시적으로는 기업의 사회적 책임이 궁극적인 목표인 지속 가능한 성장에 효과적으로 기여해야 한다는 것이고, 미시적으로는 기존에 기업의 목표인 이윤극대화 이외에 기업을 둘러싼 주주 외에 다른 이해관계자들의 이해도 경영의 목표로 고려해야 한다는 것이다.

기업의 사회적 책임이 대두된 배경은 여러 가지이다. 예를 들어 미국의 소득불평등 문제를 보자. 소득불평등은 분류하자면 ESG 중 사회 이슈이고, 전통적으로 정부의 이전지출을 통한 소득재분배 정책으로 풀어 왔다. 그럼에도 미국에서는, 특히 기업 내에서의 소득불평등이 심하게 악화되어 왔다.[20] 상위 최고 경영자들과 직원들의 보수 격차가 계속 증가한 것이다. 그래서 미국 증권거래위원회SEC는 2017년부터 미국 상장기업에게 최고 경영자 연봉을 직원 중위임금으로 나눈 비율CEO pay ratio을 공시하게 했다. Pan et al.(2022)에 따르면 새로 도입된 미국 증권거래위원회SEC 규정에 따라 공시된 2018년 미국 기업별 최고 경영자 연봉 비율의 평균은 145배에 이른다. 또 이에 대한 해결방법으로 책임 있는 자본주의 법accountable capitalism act이[21] 발의되기도 했다. 내용 중에는 노동이사제,[22] 즉 노동자 대표를 기

---

20. CEO pay has skyrocketed 1,460% since 1978. (https://www.epi.org/publication/ceo-pay-in-2021/)

21. Accountable Capitalism Act. (https://www.congress.gov/bill/115th-congress/senate-bill/3348)

22. 기업 내 소득불평등의 문제를 노동이사제로 접근하는 것은 국내 금융회사의 경우 적절해 보이지는 않는다. 국내에서는 법적으로 고용 안정성이 보장되어 있고, 노조가 보수·복지뿐만 아니라 경영 행위에도 직·간접적으로 영향을 미치는 상황이기 때문이다.

업 이사회에 집어넣어야 한다는 것이 있다. 여기에는, 기업 내 소득불평등이 악화되는 배경에 미국 기업 내 노조의 협상력 약화가 있기 때문에 기업의 의사결정에서 노조의 협상력이 강화되지 않고서는 소득불평등 문제를 해결하기 어렵다는 분석이 깔려 있다.

여기서 기업의 사회적 책임에 접근하는 경제학적 사고를 얻을 수 있다. 기업의 사회적 책임은 전통적으로 정부의 개입으로 풀던 문제인데, 이것을 기업의 책임으로 돌리는 건 결국 정부의 개입만으로 문제를 풀기 어렵기 때문이다. 예를 들어 정부가 소득재분배 문제를 풀기 위해 재정지출을 늘리는 식으로만 접근하면 정부의 정치적·경제적 부담만 증가하고, 그 한계가 명확하다. 정부가 재정지출을 늘리려면 결국 세수가 증가해야 하는데, 증세에 대한 감정적 저항은 매우 강하고 정치적 수용성이 매우 떨어진다. 이게 소득재분배를 정부에만 맡겨놓으면 해결이 되지 않는 이유이기도 하다. 다른 말로 하면 정부의 일괄적인 정책만으로 해결이 불가능한 부분을 개별 기업의 사회적 책임을 통해서 풀어야 한다는 것이다. 물론 이것이 정부의 책임 대부분이 개별 기업으로 넘어와야 한다는 의미는 아니다. 사회적 책임에는 반드시 비용이 발생하고 기업이 그 비용을 부담해야 하는데 주주와의 상충관계도 발생할 수 있기 때문이다.

기업의 사회적 책임, ESG 경영은 최근 10년 동안 거대한 추세를 형성하였으나 이에 대한 반론도 심심찮게 등장하고 있다.[23] 대표적인 곳은 미국으로 현 바이든 정부는 친환경 에너지 전환 등에 400조 원이 넘는 투자를 시행하겠다고 했지만 공화당의 강한 반대로 ESG 관련 불확실성이 높아지고 있다. 최근 사회적 책임, ESG 경영에 대한 반론은 대부분 기업의 사회적 책임 활동이 편익만 고려하고 비용을 고려하지 않았다는 것이다. 예를 들어 에너지 전환의 당위성만을 이야기했지 전환 비용에 대해 간과했다는 것이고, 이런 것들이 러시아-우크라이나 전쟁으로 인한 유럽의 에너지 위기를 가져오는 데 일조했다는 것이다. 러시아-우크라이나 전쟁

23. 최근 미국 내 Anti-ESG의 확산. 자본시장포커스, 2023, 자본시장연구원.

으로 에너지 가격이 상승했고, 에너지난의 심화로 독일에서는 일시적이지만 원전이, 프랑스에서는 화력발전소가 재가동되면서 이러한 주장에 힘이 실리기도 했다. 이러한 비판에서 금융기관들도 자유롭지는 못했다. 금융기관들의 녹색금융green finance 또는 지속가능연계금융sustainable-linked finance 등도 역시 전환의 당위성만 역설했다는 것이다.

또한 이와는 조금 다른 측면에서 최근 ESG 경영은 사업화되는 경향이 있어 각 기업의 입장에서 실질적 의제를 잡는 것이 아니라 표준화된 보여주기 공시에 집중하는 경향이 역력하다. 이것이 조금 더 악화되면 ESG 세탁의 문제로까지 번진다. 실질적으로 무엇인가를 하는 것이 아니라 기업 평판을 위해 하는 척 하는 것 또는 기업 평판에 손상이 왔을 때 그것을 만회하기 위해 ESG 경영을 사용하는 것이 ESG 세탁이다(Huang et al., 2022).

기존의 경영방식이 지속 가능한 성장을 담보하지 못한다는 점, 기후변화는 심각한 문제라는 점 등에 대한 시장 참여자들의 동의가 강한 것에 비추어 기업의 사회적 책임, ESG 경영이라는 대세가 바뀌지는 않을 것으로 보인다. 그러나 여태까지 제기된 기업의 사회적 책임에 대한 비판은 고려할 만한 충분한 가치가 있다. 현실적으로 실현 가능성이 없는 철학은 유행으로 끝나기 마련이다.

3.2 금융회사(은행)의 사회적 책임

기업의 사회적 책임에 대한 일반론은 위에서 언급했고, 이제 금융회사(은행)가 사회적 책임에서 어떠한 독특성이 있는지 다뤄보자. 금융회사(은행)는 왜 사회적 책임에 더 민감해야 하는가? 그 이유로는 다음과 같은 것들이 주로 지목된다. 첫째, 금융회사(은행)는 경제의 지속 가능한 성장을 위한 자본배분 기능을 수행한다. 성장이론growth theory에서 금융의 중요성은 두말할 나위 없지만 단기적인 효율성에만 집착하면 지속 가능한 성장에 한계가 명확하기 때문에 금융부분에서 선도적으로 지속 가능한 성장에 중요한 부분에 자원을 배분해야 한다는 것이다.[24] 둘째, 금융은 기업의 정보를 투자자에게 전달하는 역할을 한다. 금융기관은 시장에 부족한 ESG 관련 정보를 적극적으로 제공해야 한다는 것이다. 기존에 기업의 재무정보들은 공시 등을 통해 시장에 잘 전달되고 있으나 ESG 관련 정보들은 그렇지 않은 경향이 있다. 셋째, 은행은 주주 외에 기타 이해관계자와 연관이 높은 산업이기 때문이다. 특히 다수의 예금자를 통해 자금을 조달하고 이 다수의 예금자를 대상으로 여러 가지 사업을 펼치는 은행으로서는 금융소비자 등에 대한 사회적 책임에 민감해야 한다는 것이다. 넷째, 은행은 시장에서 여러 가지 명시적·암묵적 혜택을 받고 있다는 것이다. 예를 들어 금융산업의 안정성이라는 이유로 시장경쟁으로부터 일정 정도 보호받고 있으며, 정부의 명시적·암묵적 보증을 통한 대마불사에 대한 기대로 인해 자본조달 비용에서도 이득을 보고 있다. 즉, 일반 민간시장과는 다른 논리가 작동하기 때문에 단순 이윤극대화를 추구하는 것 외에 사회적 책임을 신경써야 한다는 것이다. 거기에 한국 사회 특유의 은행은 준공공기관이기 때문에 공공성을 가져야 한다는 인식 및 평판이 작동하기도 한다. 다만 금융회사의 사회적 책임에서 재정보다는 금융을 통해 사회적 안전망을 확보하고자 하는 국내 정부 정책을 고려할 필요가 있다. 정부가 대출 장려, 금리 제한, 부채 감면 강제 등을 통해 저소득층에 대한 재정 부담을 줄이려 해왔기 때문에 국내 금융회사는 일종의 사회적 책임 활동을 해온 것이다. 금융회사는 대출 장려에 의해 이자 이익이 늘어나는 수혜를 입기도 하고, 반대로 금리 감면 혹은 대출 상환 자제 등으로 인해 비용이 늘어나기도 했다.

은행의 공공성에 대한 논의는 공공성에 대한 추상적 정의를 배제하고 최대한 경제학적 정의 하에 논의를 진행하는 것이 바람직하나 한국의 독특한 현상, 즉 은행이 준공공 영역으로 간주되는 것을 무시할 수는 없다. 경제학적으로 공공재public goods는 비경쟁성non-rivalness과 비배제성non-excludability이라는 두 가지 특성을 갖

24. Corporate governance principles for banks. (https://www.bis.org/bcbs/publ/d328.htm)

는 재화나 서비스를 말한다. 이러한 의미의 공공재에 은행은 해당하지 않는다. 그러면 시장실패market failure의 관점에서 접근할 수 있는데, 시장실패의 4가지 원인은 시장지배력(독과점), 정보의 비대칭성, 외부효과, 공공재이다. 이 중에 은행은 시장지배력(독과점), 정보의 비대칭성, 외부효과 등에 해당하기 때문에 정부 개입의 정당성이 확보되는 부분이 있다. 그러나 정부 개입의 정당성이 확보된다는 것이 은행이 공공 영역으로 분류되어야 한다는 것을 바로 의미하는 것은 아니다. 은행은 정부의 재정에 의해 운영되는 것이 아니고, 민간 주식회사와 동일하게 주주 등 직접적 이해관계자들이 존재하기 때문이다.

그러나 한국에서의 독특한 현상은 은행산업이 강한 규제를 받는 것과 동시에 관치, 즉 광범위한 경영활동에 정부가 개입하기 때문에 일종의 준공공 영역으로 간주된다는 것이다. 민간기업임에도 정부에 의해 운영되는 공공기관이란 인식이 광범위하게 퍼져 있는 것이다. 이는 은행의 대마불사, 즉 정부가 은행을 도와줘서 은행은 절대 망하지 않을 것이라는 기대와도 연관이 있다. 은행이 준공공 영역이냐에 대해서는 여러 가지 논쟁이 있을 수 있으나 은행산업이 이러한 평판을 가지고 있다는 것은 부정할 수 없다. 은행의 법적 실체를 떠나서 사회적 감정이 은행을 준공공 영역으로 분류한다면 은행이 다른 민간기업에 비해 사회적 책임에 더 민감해야 될 필요성은 생긴다. 평판비용을 고려해야 하기 때문이다. 다만 금융회사는 이미 비금융회사보다 훨씬 강도 높은 규제를 받고 있다는 점이 명확히 되어야 한다. 대표적으로 자본 및 유동성 규제와 같은 재무규제는 수익성이나 주주환원과 같은 중요한 의사결정에 영향을 줄 수밖에 없다.

국내 은행의 사회적 책임을 이야기할 때의 핵심은 은행이 좋은 일을 해야 한다는 것이 아니라 은행을 둘러싼 여러 이해관계자 중 가장 취약한 부분이 어디인가를 파악하는 것이다. Bénabou and Tirole(2010)에 따르면 이해관계자 자본주의 이론Stakeholder Capitalism의 약점 중 하나는 다양한 이해관계자들의 이해 사이에 갈등이 있다는 것을 고려하지 않는다는 점이다. 예를 들어 은행이 사회적 책임을 다하기 위해 상생금융을 통하여 이자 감면 등 금융소비자를 챙기면 일정 정도는 주주의 이익에 반하는 것이다. 그리고 기업의 사회적 책임의 목적함수가 불분명해서 배가 산으로 가거나 아무것도 이루지 못한다는 점도 문제로 지적된다.

Wu and Shen(2013)이 22개 국가의 은행 자료로 분석한 결과에 따르면 은행 산업에서 사회적 책임 활동의 동기는 단순 이타주의altruism가 아닌 전략적 선택의 결과이다. 사회적 책임 활동이 은행의 성과에 긍정적인 영향을 미치고 있고, 이는 은행의 사회적 책임 활동의 전략이 주주와 다른 이해관계자들에게 모두 도움이 되는 윈윈win-win 전략이라는 것이다. 또한 은행에만 국한된 것은 아니지만 미국의 ESG 경영 논의는 기업 내 노동의 협상력 약화, 기업 내 임금 분배의 악화 등을 기반으로 이해관계자 중 직원(노동)의 이해에 대한 논쟁에서 촉발했고,[25] 유럽의 경우 오랜 전통 하에서 환경 문제에 집중하는 경향이 강하다. 즉, 기업을 둘러싼 다양한 이해관계자 중 선택과 집중이 있었다는 것이다. 그러나 국내의 경우는 한동안 나열식으로 기업의 사회적 책임 논의가 진행되어 온 것이 사실이다. 단순히 사회적으로 의미 있는 일을 하자는 관점에서 사회적 책임에 접근했을 때 지속 가능성을 담보하기 어려울 가능성도 있다는 것이다. 물론 지속될 가능성이 더 높다. 탄소 감축의 경우 금융회사의 의지와 상관없이 국제적으로 구속성 있는 규율이 만들어지고 있다. 한국은 파리협약에 따른 탄소중립 이행을 위해 국가 중장기 온실가스 감축 목표를 2030년까지 2018년 대비 40%로 확정하였다. 따라서 기업들은 탄소 감축의 구체적 목표와 세부 추진과제를 추진해야 한다. 채무기업이나 투자기업들의 기후 관련 재무위험이 커지기 때문에 금융회사의 장기적인 자산 포트폴리오 전략에도 큰 영향을 줄 수 있다. ESG 경영은 금융회사에게 더 이상 그린와싱으로 모면할 수 있는 문제가 아닐 가능성이 높다.

25. Accountable Capitalism Act. (https://www.congress.gov/bill/115th-congress/senate-bill/3348)

3.3 금융회사(은행)의 사회적 책임 방법

(1) 전환금융

금융은 지속 가능한 성장을 위한 자원배분 기능을 강화해야 한다. 즉, 대출·투자 업무에서의 사회적 책임성 강화이다. 그런데 은행의 사회적 책임 활동 의제는 은행의 핵심 역량과 연관되어 있어야 하며, 기존의 비영리단체들의 활동과 겹치지 않아야 효율적일 의제일 가능성이 높다. 위 두 가지 조건을 만족하지 못해도 사회적 편익은 창출될 것이나 비효율적인 자원 운용이 될 가능성이 농후하다(Kaul and Luo, 2018). 자신들이 잘 모르는 분야에 돈을 쓰게 되거나 남들이 다하는 것에 숟가락을 얹는 것이 될 수 있다는 말이다.

은행의 사회적 책임은 은행의 중장기 대출 역량과 관련이 있고 지속 가능 성장과 연관되는, 예를 들면 전환금융 등에 집중하는 것이 중요하다. 전환금융은 탈탄소사회 실현을 위해 기업이 장기적인 전략에 따라 온실가스 배출을 꾸준히 줄여갈 수 있도록 자금을 지원하는 금융기법이다. 일본에서는 2050년 탈탄소화 실현을 위해 탈탄소화 조기 달성이 어려운 기업들을 대상으로 기업의 장기 전환 전략에 근거해 자금을 지원하는 전환금융이 주목받고 있다(Piemonte et al., 2019; 이병관, 2022).

전 세계의 ESG 투자 운용 규모는 2022년 말 기준으로 약 4경 원에 이르고[26] 앞으로 더 커질 것으로 예상된다. 그런데 지속적으로 문제 제기가 되는 것은 예를 들어 ESG 투자라는 명목 하에 현재 탄소 배출이 많은 회사를 공격하고, 그 회사에 투자를 하지 않으면 지속 가능 성장이 달성될 수 있느냐는 것이다. 이는 변화의 과정을 보지 않는 이상론이 될 가능성이 높다. 왜냐하면 탈탄소화라는 것에 시간과

26. Global Sustainable Investment Review 2022. (https://www.gsi-alliance.org/members-resources/gsir2022/)

돈이 들기 때문이다. 예를 들어 현재 탄소 배출량이 많아 ESG 등급이 낮은 기업을 가정해 보자. 금융시장에서 ESG 등급에 따라 투자전략을 세워서 등급이 높은 기업에 투자하고 낮은 기업에는 투자를 안 한다고 치면 탄소 배출량이 많은 기업에는 투자가 줄어 그 기업의 자본조달 비용이 높아질 것이다. 이상적인 효과로는 그 기업이 높아진 자본조달 비용을 위험으로 인식하고 적극적으로 탄소 배출량을 줄이는 것이다. 그러나 생산기술이라는 것은 순식간에 변할 수가 없다. 탄소에 의존해서 사업을 하고 있던 기업이 생산구조를 단기간에 그것도 투자 없이 친환경에너지 위주로 전환할 수 없다는 것이다. 물론 의도적으로 계속 탄소 배출을 고수하거나 친환경에 반하는 투자를 적극적으로 늘려가는 기업도 있을 것이다. 그러나 모든 탄소 배출 기업에게 금융기관들이 일괄적으로 투자를 줄이면 의도하지 않은 부작용이 만들어질 수 있다. Hartzmark and Shue(2023)는 자본조달 비용이 상승할 때 에너지 · 철강 · 시멘트 등 탄소에 많이 의존하는 기업들의 탄소 배출량이 오히려 더 증가한다는 것을 보여주었다. 이런 기업들은 탄소를 적게 배출하는 새로운 생산방식에 대한 투자를 포기하고 기존 생산방식에 더 의존하게 되기 때문이다. 즉, 어떤 기업에게는 현재의 상태에 머물라고 강제하는 투자전략이 될 수도 있다는 것이다. 중장기적으로 중요한 것은 해당 기업이 탈탄소 기술로 전환할 수 있게 도와주는 것이다. 이는 금융기관으로서는 상당한 투자기간과 낮은 투자수익률을 감내해야 하는 일이다. 금융기관 중에 이러한 사회적 책임을 감내할 수 있는 건 은행뿐이 없을 가능성이 있다.

(2) 금융소비자 보호

해외 금융회사의 사회적 책임은 투자 포트폴리오의 책임성 강화가 핵심이다. 해외의 경우 ESG 경영을 중심으로 논의가 진행되고 있고, 금융회사의 경우 자신들의 투자 포트폴리오 관련 ESG 기준 강화가 대세이다. 유엔 책임투자원칙UN

Principals for Responsible Investments ; PRI이[27] 대표적이다. 여기에 참여하는 금융 관련 기관(기관투자자 등)은 책임 투자의 목적과 접근방법, ESG와 투자의 통합 방법, 기후변화 등 ESG 전략, 관여 활동engagement과 의결권 행사 등을 포함하여 광범위한 내용을 매우 구체적인 항목으로 세분하여 선택형 또는 서술형으로 관련 정보를 공개해야 한다. 미국의 경우 최근 들어 금융 관련 규제기관들이 ESG 관련 개입을 검토하기 시작했고, 기후 위험climate risk에 집중하고 있다. 즉, 지속 가능한 경제성장을 위한 자원배분 기능에 초점을 맞추고 있다. 유럽연합은 이미 지속가능금융 공시 규제Sustainability Finance Disclosure Regulation ; SFDR 등을 시행했다.

그러나 여기서 주의할 점은 상업은행들이 유엔 책임투자원칙에 참여하고 있지 않다는 것이다. 은행은 소위 말하는 기관투자자와도 성격을 달리하는 대출 중심의 금융기관이라는 것을 인지해야 한다. 채권자의 지위를 가지는 은행은 주주와 같은 여러 권리 및 적극적 경영 참여의 유인을 가지고 있지 않기 때문에 행동주의 펀드와 같은 경영 참여 전략을 가져갈 수 없다.[28] 그리고 펀드를 둘러싼 이해관계자는 돈을 맡긴 수탁자 또는 투자자들이다. 이들의 이해를 적극적으로 대변하여 집사steward처럼 고객들의 재산을 선량하게 관리하는 것이 행동주의이다.

그렇다면 은행은 다른 금융기관(자산운용사, 연기금 등)과는 다른 사회적 책임 방식을 가져야 한다. 국내 은행의 이해관계자를 정리해 보면 금융소비자, 노동자, 공급망supply chain 내 업체, 지역사회 등이다. 이들을 위한 경영의 강화가 필요한데, 은행이 다른 산업과 구분되는 특징은 대규모 예금자가 존재하고 이 예금자를 기반으로 금융상품 판매 등 많은 사업이 일어난다는 것이다. 국내 4대 은행이 지역은행community bank이 아닌 이상 지역사회가 더 중요한 이해관계자일 이유가 없고, 노동자, 공급 사슬도 동일한 논리가 적용된다. 은행을 둘러싼 이해관계자이기는 하나 은행의 주요 사업을 고려할 때 가장 중요한 이해관계자는 아닐 수 있다는 것이다.

---

27. Principals for Responsible Investments. (https://www.unpri.org/)

28. 물론 기업의 회생 과정에서는 채권자의 역할이 중요하기 때문에 채권자 행동주의가 필요하다. 그러나 이는 이 장의 논의 범위에서 벗어나기 때문에 생략한다.

물론 이것이 은행이 오직 금융소비자만을 챙겨야 한다는 의미는 아니지만 효율적이고 부가가치를 창출할 수 있는 사회적 책임 활동의 단초가 될 수 있다. 주력사업과 관련된 이해관계자이기 때문에 은행이 더 절실하게 사회적 책임 활동에 임할 수 있다.

(3) 금융시장 중 시장실패 영역 보완

해외의 경우 환경 의제를 제외하면 은행의 자금중개 기능을 중심으로 사회적 책임 의제가 설정되는 경향이 강하다. 미국 뱅크오브아메리카Bank of America의 경우 창업 및 소규모 기업에 대한 지원이 주요 의제이며, 창업자의 인종·성 다양성에 집중하여 아프리칸-아메리칸, 히스패닉, 라틴, 여성이 이끄는 기업에 대한 자금 지원 강화가 이루어지고 있다.[29] 이는 미국 벤처 캐피탈 시장에서의 인종 및 성 차별에 대한 실증연구에 기반한 것이다(Henderson et al., 2015 ; Ewens and Townsend, 2020 ; Cassel et al., 2022). 이 연구들이 보여주는 것은 창업자의 인종 및 성별에 따라 벤처 캐피탈의 창업기업에 대한 자금 투자에 차별이 있다는 것이다. 벤처 캐피탈은 아프리칸-아메리칸, 히스패닉, 라틴, 여성이 창업한 기업에 과소 투자한다. 이는 또한 경제성장에서 중요한 창업시장의 자원배분 효율성에 문제가 있음을 보여준다(Bertrand, 2020). 능력 있는 창업자가 단지 아프리칸-아메리칸, 히스패닉, 라틴, 여성이라는 이유로 투자를 받지 못하는 것이기 때문이다.

위와 같은 해외의 사례가 국내 은행에 그대로 적용될 수는 없을 것이다. 미국의 경우 창업시장의 자금 조달이 벤처 캐피탈 위주의 민간이 주를 이루지만 국내의 경우 광범위한 정책 금융에 의존하고 있기 때문이다. 미국의 경우 위의 사례와 같은 차별로 인하여 일종의 시장실패 및 자원의 편향된 배분이 일어나기 때문에 은행

29. Bank of America Proxy Statement. (https://investor.bankofamerica.com/regulatory-and-other-filings/proxy-statements)

이 금융의 사회적 책임 차원에서 이 빈 공간을 채우고 있다. 그러나 국내의 경우 창업자금 시장에서 위의 사례와 같은 자원배분 왜곡이 있다면, 이에 대한 검증이 필요할 것이다. 또한 국내 은행들의 경우 이와 유사한 포용 및 상생 금융 프로젝트를 금융 당국과의 협조 하에 이미 진행 중이다. 은행의 사회적 책임에 대한 중요한 판단이 여기서 시작될 수 있는데, 국내 시중은행은 이미 재정 및 통화 정책의 일부 역할을 담당하고 있다. 단순히 정부 정책의 통로가 아니라 여러 정부 정책의 재원을 은행이 직접 부담하고 있는 것이다. 이러한 상황에서 국내 은행에게 위와 같은 포용 및 상생 금융 방식의 사회적 책임을 얼마만큼 더 강제할 것인가는 쉬운 문제가 아니다. 다만 사회적 책임에 있어 공정과 성장의 교집합을 만들어 내는 차원에서 위와 같은 발상법이 필요하다.

(4) 권고적 주주제안

정부의 포용 및 상생 금융과 이에 대한 시중은행의 협조와는 다른 각 은행들이 자신들만의 독자적인 의제를 브랜드화시키는 것이 지속적인 사회적 책임 활동에서 더 필요하다고 보여진다. 이러한 관점에서 하향식으로 사회적 책임 의제를 설정할 것이 아니라 은행들이 선도적으로 주주총회에 권고적 주주제안 제도를 도입할 필요가 있다. 한국은 상법상 주주들이 주주총회에 안건으로 제안할 수 있는 주주제안의 범위가 매우 좁고, 환경과 사회 문제에 관한 제안은 불가능하다. 주주제안은 상법 제363조의 2에서 요건과 절차를 정하고 있다. 간략히 말하면, 의결권 없는 주식을 제외한 발행주식 총수의 100분의 3 이상에 해당하는 주식을 가진 주주는 이사에게 주주총회일의 6주 전에 서면 또는 전자문서로 일정한 사항을 주주총회의 안건으로 다룰 것을 제안할 수 있다. 문제는 주주총회에서는 상법 및 정관을 통해 명시적으로 주주총회 결의사항으로 정해진 안건에 대해서만 결의할 수 있다는 것이다. 상법에서 정한 안건의 내용은 임원의 선임, 정관 변경, 합병, 분할 등과 재무제표 승인, 이익 배당 등 주로 주주의 이익과 관련된 굵직한 것들이다.

권고적 주주제안이란 주주제안 안건이 주총에서 통과되더라도 곧바로 효력이 발생하거나 경영진에게 구속력이 발생하지 않는 주주제안이다. 대표적인 것이 미국 연방 행정규칙(17 CFR §240.14a-8)에 따른 주주제안이다. 미국 연방 행정규칙(17 CFR §240.14a-8)은 주주제안을 주주가 회사 또는 경영진에게 어떤 행동이나 결정을 권고 또는 요청하는 것이라고 정의한다. 즉, 개념 자체에 구속력이 내포돼 있지 않다. 미국에서는 권고나 요청 형태의 주주제안이 대부분의 주에서 허용되고 있다. 미국의 경우 2023년 기준 주주제안 중 지배구조 관련이 224건, 경영진 보상 관련이 70건인 데 반해 환경·사회 정책 관련은 482건으로 가장 많다. 그러나 한국의 경우 전체 주주제안 175건 중에 임원, 주주환원, 정관 변경 등이 절대 다수이고, 환경·사회 정책 관련은 전무하다. 그래서 주주총회에 권고적 주주제안 제도의 도입이 필요하다.

권고적 주주제안은 강제력이 없기는 하지만 여러 가지 부수적 효과가 있기 때문에 ESG 경영의 실질화라는 측면에서 사회적 책임에 더 민감해야 하는 은행의 사회적 책임의 의제로 가치가 있다. 다양한 실증 분석들은 권고적 주주제안이 구속력이 없음에도 기업 가치 증대 및 지배구조 개선에 효과가 있음을 밝히고 있다. 예를 들어 경영진 보수에 대한 세이온페이 제도는 임원 연봉에 대해 주주총회에서 찬반 표결을 하는 것이다. 구속력이 없는 경우에도 주주총회에서 논의됐다는 사실만으로 주주와 여론의 관심을 환기시킨다. 이를 통해 과도한 연봉 문제 등이 이슈가 되고 경영진과 이사회에 간접적인 압박으로 작용해 좁게는 연봉구조, 넓게는 지배구조 개선의 계기로 작동한다(Cai and Walkling, 2011; Stathopoulos and Voulgaris, 2016). 이처럼 권고적 주주제안은 ESG 관련 다양한 안건을 주주총회에서 다루도록 유도할 수 있고, 주주들의 관심을 끌어낼 수 있으며, 구속력은 없지만 간접적인 채널을 통해 ESG 개선을 이끌어 낼 수 있다. 또한 개별 은행에 적합한 사회적 책임, ESG 경영의 의제를 찾아가는 과정에서 외부 투자자의 지식과 정보를 빌리는 과정이 될 수도 있다. 최근 ESG 경영은 그 자체가 사업영역이 되어버려서 기업마다 ESG 의제가 표준화되는 부작용이 있는데, 이는 실질적 ESG 경영과는 거리가 멀다.

(5) 금융회사만의 기후 환경 공시 지침 마련

금융의 자본배분 기능을 고려해 금융회사만의 기후 환경 공시도 적극적으로 고려해 볼 필요가 있다. 금융회사는 직접적으로 환경 문제를 일으키지는 않으나 대출과 투자가 주요 사업이기 때문에 기후변화 위험에 대한 노출도가 크다고 할 수 있다. 예를 들어 기후변화로 인한 재해 증가는 보험회사에 커다란 손실을 가져올 가능성이 크다. 기후변화 관련 재무정보공개 전담협의체Task force on Climate-related Financial Disclosure의 권고안도 금융부분에 대해서는 별도의 공시 지침을 제시하고 있고, 유럽연합은 별도의 공시규정인 지속가능금융 공시 규제를 2022년 3월경부터 이미 시행하고 있다. 금융회사에 대한 별도의 정보공개사항을 마련하고 있는 것이다. 이러한 주요 국제 표준을 참고해 한국도 금융회사만의 기후 환경 공시 지침을 마련할 필요가 있다.

4. 향후 10년을 위한 제언

향후 10년을 바라본다면 국내 은행 지배구조, 사회적 책임 관련 무엇이 가장 문제인지 진단을 정확히 하고, 그 진단에 맞는 개선의 원칙을 정하는 것이 필요하다. 엄밀한 분석 없이 상황에 따라 진단과 개선 방안을 달리하면 이는 올바른 지배구조 개선과 지속 가능한 사회적 책임 경영에 도움이 되지 않을 것이다.

국내 은행 지배구조의 핵심 문제는 제국 건설이므로, 이 문제를 어떻게 해결할 것인가가 지배구조 개선방안의 초점이 되어야 한다. 다만 제국 건설에 특화된 지배구조 개선방안이 있고, 제국 건설도 최고 경영진의 도덕적 해이의 일환이기 때문에 보편적인 지배구조 개선방안으로도 접근할 수 있다. 우선, 내부 지배구조부터 살펴보면 흔히 언급되는 지배주주가 필요하다는 소유구조 개선방안은 단선적인 접근이다. 소유구조의 핵심은 지배주주가 있고 없고의 문제가 아니라 지배주주의 여러 가지 특성이 중요하다. 이는 지배주주가 있는 대기업집단(재벌)에서 기업 범죄가 끊임없이 발생하고, 대기업집단(재벌) 지배구조에 대한 평가가 좋지 않다는 것을 보면 쉽게 알 수 있다. 또한 선진국의 상장 대기업일수록 분산된 소유구조를 가지는 것은 자연스러운 현상인데, 특히 해외 대형 은행의 경우 분산된 소유구조가 보편적이다. 그러나 분산된 소유구조로 인해서 경영진이 적극적으로 견제되지 않을 가능성이 있기 때문에 이는 국민연금 등 국내 은행의 주식을 보유한 기관투자자의 적극적 행동주의로 풀어야 할 문제이다. 또한 지배주주가 없는 소유구조의 문제는 주주위원회와 같은 제도 도입으로 보완할 수도 있다. 일정 정도 이상의 지분을 가진 주주들이 참여하는 주주위원회를 구성하고, 주주위원회가 이사 후보를 추천하며, 이사회는 이를 수용하는 것이다.

둘째, 국내 은행의 제국 건설 및 관치의 문제는 최고 경영진의 임기와 관련이 크다. 현재와 같은 "3년-3년-3년"식 재평가 및 연임 구조 하에서는 최고 경영자가 본인의 연임을 위해 제국 건설에 집착할 가능성이 있다. 또한 제국 건설, 셀프 연임이라는 지속적인 금융 당국의 비판을 의식하면서 오직 연임을 위하여 정부 정책과 적절한 타협을 할 가능성이 높다. 정부 정책과의 타협이 긍정적인 측면도 있으나 관치의 문제도 발생시킨다. 일상적인 경영 판단의 영역까지 정부 정책담당자들에 의해 좌지우지될 수 있다는 것이다. 최고 경영진의 임기를 짧게 가져가는 것이 좋은 지배구조라는 실증 근거는 없다. 중요한 것은 재직기간 중에 회사의 장기 성장을 위해 노력할 수 있는 지배구조를 만드는 것이다. 예를 들어 장기성과 연계 보상을 도입할 것, 실적에 기초하여 이사회가 연임·해임 판단을 독자적으로 내릴 수 있을 것, 경영권 승계 계획이 잘 구성되어 있을 것, 문제가 발생하면 보수 환수 등을 시행할 것 등이다. 그리고 경영진 보수 구조에 대한 효과적인 주주통제를 위하여 영국식 세이온페이 제도의 도입도 필요하다.

셋째, 내부 지배구조의 핵심인 이사회와 관련하여 실질적으로 이사의 선관 의무를 충실히 이행할 수 있는, 즉 주주와 다양한 이해관계자의 이해를 충분히 대변할 수 있는 사외이사가 선출되는 것이 중요하다. 특히 국내 은행에서는 이사회의 실질적 독립성이 더 중요할 수 있는데, 이는 이사회가 최고 경영자의 제국 건설, 셀프 연임에 대한 효과적인 제어장치이기 때문이다. 이를 위해서는 주주위원회 또는 주주 추천 사외이사 후보를 수용하는 제도 개선 또는 기업의 정관 개정 등을 고려해야 한다. 또는 감사위원 분리선출 제도의 더 적극적인 적용, 예를 들면 감사위원회 위원 전원을 3% 분리선출 제도를 이용해서 선임하는 등의 개선이 필요하다.

넷째, 외부 지배구조 관련하여 은행 내부통제와 관련된 금융회사 지배구조법·금융소비자보호법의 역할이 중요하다. 국내 은행의 불법행위는 국내 대기업집단(재벌)의 불법행위와는 패턴이 다르다. 국내 대기업집단(재벌)은 지배주주의 지배권 유지 및 승계와 관련된 배임, 횡령, 탈세 등이 문제인데, 지배주주가 아닌 은행 최고 경영자는 이러한 유인이 존재하지 않는다. 대신 은행은 대규모 예금·신탁 자산을 운용하여 수익을 창출하고 이 고객들을 대상으로 다양한 사업을 펼치기 때문에 대출, 불완전판매 등과 관련된 내부통제 문제들이 계속 발생하고 있다. 따라서 지배주주와 고위 경영진만이 아닌 임직원들을 대상으로 한 전사적인 내부통제가 중요하고, 내부통제 개선은 형식적 위원회 설치가 아니라 실질적 책임과 처벌로 접근해야 예방 효과가 있다.

추가적으로 외부 지배구조의 중요 영역인 은행산업의 시장경쟁도 강화는 적절한 개선방안이 아니다. 일반적으로 시장경쟁도와 내부 지배구조는 상호 대체적인 관계를 보인다. 즉, 해당 산업의 시장경쟁도가 강하면 그 자체가 경영진의 도덕적 해이를 줄이는 경향이 있어 내부 지배구조 개선에 큰 비용을 들일 필요가 없다. 그러나 국내 은행산업의 경우 시장 특성상 경쟁 강화가 지배구조 개선 효과를 가져오지 못할 것이다. 우선, 은행산업은 시장경쟁만큼 안전성·건전성이 요구되는 산업이다. 미국, 유럽도 2008년 금융위기에 경영진의 도덕적 해이가 위기의 원인 중 하나로 지목되었지만, 이를 해결하기 위한 방법으로 은행산업의 경쟁 강화를 채택하지는 않았다. 그리고 국내시장은 시장 규율, 즉 기업의 평판에 문제가 생겼을 때 시장에서의 처벌이 잘 작동하지 않는다. 시장경쟁이 강하면 해당 산업에 있는 기업의 최고 경영진이 문제를 일으켰을 때 기업과 최고 경영진의 평판에 심각한 훼손이 가고 여러 가지 비용(불매운동, 자본조달 비용의 증가, 최고 경영진 영구퇴출 등)이 발생해야 하는데, 국내는 이런 시장 규율이 작동하지 않는다.

국내 은행의 사회적 책임을 이야기할 때의 핵심은 막연히 은행이 좋은 일을 해야 한다는 것이 아니다. 은행이 여러 사회적 책임의 의제 중 무엇을 가장 잘할 수 있으며, 은행을 둘러싼 여러 이해관계자 중 가장 취약한 부분이 어디인가를 파악하는 것이다. 즉, 은행을 둘러싼 다양한 이해관계자 중 하나에 선택과 집중이 필요하다는 것이다. 한동안 사회적 책임, ESG 경영이 유행처럼 번졌으나 최근 미국에서는 반 ESG 운동도 등장했다. 단순히 좋은 일을 하자는 이타주의 관점에서 사회적 책임으로 접근했을 때 지속 가능성을 담보하기 어려울 가능성도 있다.

은행의 사회적 책임의 실천방안은 다음과 같다. 첫째, 은행의 사회적 책임은 전환금융과 같은 은행의 중장기 대출 역량과 관련이 있고, 지속 가능 성장과 연관되는 의제를 잡는 것이 중요하다. 전환금융은 탈탄소사회 실현을 위해 기업이 장기적인 전략에 따라 온실가스 배출을 꾸준히 줄여갈 수 있도록 자금을 지원하는 금융기법이다. 이는 금융투자기관으로서는 상당히 긴 투자기간과 낮은 투자수익률을 감내해야 하는 일이다. 금융기관 중에 이러한 사회적 책임을 감내할 수 있는 건 은행뿐이 없을 것이다.

둘째, 금융소비자 보호이다. 해외 금융회사의 사회적 책임은 주주로서 투자 포트폴리오에 대한 책임성 강화가 핵심이다. 여러 가이드라인들이 금융기관에게 ESG 투자전략을 수립할 것을 권고하고 있다. 그러나 은행은 기관투자자와 성격을 달리하는 대출 중심의 금융기관이고 대규모 예금자를 기반으로 한다. 따라서 은행은 자산운용사·연기금 등 기관투자자와는 다른 사회적 책임 방식을 가져야 한다. 국내 은행은 대규모 예금자가 존재하고, 이 네트워크를 기반으로 금융상품 판매 등 많은 사업이 일어난다. 주요 이해관계자인 금융소비자에게 집중할 필요가 있다.

셋째, 은행이 금융시장 중 비효율적 자원배분의 영역을 찾아 보완하는 접근방식이다. 미국 뱅크오브아메리카BOA의 경우 창업 및 소규모 기업에 대한 지원이 사회적 책임의 주요 의제이다. 이는 창업자의 인종 및 성별에 따라 벤처 캐피탈의 창업기업에 대한 자금 투자에 차별이 있기 때문이다. 벤처 캐피탈은 아프리칸-아메리칸, 히스패닉, 라틴, 여성이 창업한 기업에 과소 투자한다. 이는 경제성장에서 중요한 창업시장의 자원배분 효율성에 문제가 있음을 보여준다. 능력 있는 창업자가 단지 아프리칸-아메리칸, 히스패닉, 라틴, 여성이라는 이유로 투자를 받지 못하는 것이기 때문이다. 위와 같은 해외의 사례가 국내 은행에 그대로 적용될 수는 없을 것이나 사회적 책임에 있어 공정과 성장의 교집합을 만들어 내는 차원에서 위와 같은 발상법이 필요하다.

넷째, 은행의 선도적인 권고적 주주제안 제도 도입이다. 국내 은행들은 자신들만의 독자적인 ESG 의제를 브랜드화시키는 것이 지속적인 사회적 책임 활동에 있어 필요하다. 한국은 상법상 주주들이 주주총회에 안건으로 제안할 수 있는 주주제안의 범위가 매우 좁고, 환경과 사회 문제에 관한 제안은 불가능하다. 그래서 주주총회에서 환경과 사회 문제도 안건으로 다룰 수 있게 만드는 권고적 주주제안 제도의 도입이 필요하다. 이 제도는 은행이 정관 변경을 통해 도입하면 법을 바꾸지 않고도 도입이 가능하다. 권고적 주주제안은 개별 은행에 적합한 사회적 책임, ESG 경영의 의제를 찾아가는 과정에서 외부 투자자의 지식과 정보를 빌리는 과정이 될 수도 있다.

마지막으로 금융회사만의 기후 환경 공시도 고려해 볼 필요가 있다. 금융회사는 직접적으로 환경 문제를 일으키지는 않으나 기후변화 위험에 대한 노출도가 크다. 예를 들어 기후변화가 보험회사에 커다란 손실을 가져올 수 있다. 이러한 특성을 감안하여 금융회사에 대한 별도의 정보공개사항을 마련하여 시장에 더 많은 정보를 제공하고, 이를 통해 시장에 의한 금융회사에 대한 규율을 강화해야 한다.

CHAPTER 09

자본시장 인프라 : 평가와 과제

박창균(자본시장연구원 부원장) · 김정연(이화여대 법학전문대학원 부교수)
이상호(자본시장연구원 연구위원) · 한재준(인하대 글로벌금융학과 교수)

〈요약〉

우리나라의 자본시장은 지난 20여 년 동안 양적 측면에서 비약적인 성장을 이룩하였으며, 그 배경에는 자본시장의 거래를 효율적이고 신속하게 중개하고 처리하는 인프라가 있다. 이 장에서는 자본시장의 원활한 기능 수행을 지원하는 핵심 인프라라고 할 수 있는 자본시장 관련 법제도, 주식거래소 및 신용평가사, 그리고 회계 및 공시 제도의 현재 상황을 점검하고 보다 나은 시장 환경 조성을 위하여 필요한 제도 개선 방향에 대하여 논의한다.

먼저 자본시장에 대한 핵심 규율 체제로 도입된 자본시장법과 금융회사 지배구조법, 그리고 금융소비자보호법의 주요 내용을 일관하고 성과와 과제에 대하여 검토한다. 우리나라는 이들 법률의 도입에 힘입어 시장 참여자의 자유로운 거래 활동에 대한 제약 완화와 투자자 보호의 영역에서 상당한 성과를 거두었음에도 경직적인 법령 해석과 적용으로 인하여 법령 도입의 취지가 충분히 발휘되지 못한 측면이 있다. 다음으로 자본시장에서 정보 생산의 핵심 인프라인 주식거래소와 신용평가사의 문제점을 경쟁 미흡과 이해상충에 기인하는 비효율적 자원배분이라는 관점에서 논의하고 나름의 해결방안을 제시한다. 마지막으로 자본시장에서 정보 생산의 핵심적 기제인 공시와 회계 제도 전반의 최근 변화를 점검하고 개선 방향을 논의한다. 분기 재무제표 공시 확립 등 다양한 변화가 추진되었음에도 투자자들은 우리 자본시장의 정보 환경을 긍정적으로 평가하지 않고 있는 것으로 보이는데, 이는 정보의 완전성과 효율성 제고를 위하여 개선이 필요한 지점이 잔존하고 있음을 의미하는 것으로 해석된다.

1. 서언

자본시장의 경제적 기능은 여타 재화와 용역이 거래되는 시장과 다름이 없다. 원활하게 작동하는 자본시장은 거래비용을 절감하고 정보를 제공하여 거래를 촉진함으로써 궁극적으로 자원배분의 효율 제고와 사회 후생의 증진에 기여한다. 높은 거래비용과 비대칭적 정보는 거래를 비효율적인 수준으로 제한하고 심한 경우 시장 형성 자체가 불가능한 상황을 초래하기도 한다. 중간 매개체를 거치지 않고 저축과 투자가 직접 연결되는 자본시장의 거래방식에 비추어 볼 때 거래비용 감축과 효율적인 정보의 생산과 유통은 그 중요성이 더욱 강조된다고 할 것이다. 우리나라의 자본시장은 지난 20여 년의 기간 동안 양적 측면에서 비약적인 성장을 이룩하였는데,[1] 그 배경에는 자본시장에서 발생하는 거래를 효율적이고 신속하게 중개하고 처리하는 인프라가 있다. 이 장에서는 자본시장의 원활한 기능 수행을 지원하는 핵심 인프라라고 할 수 있는 자본시장 관련 법제도, 주식거래소 및 신용평가사, 그리고 회계 및 공시 제도의 현재 상황을 점검하고 보다 나은 시장 환경 조성을 위하여 필요한 제도 개선 방향에 대하여 논의한다.

이어지는 2절에서 김정연은 자본시장에 적용되는 핵심 규율 체제인 자본시장법과 금융회사 지배구조법, 그리고 금융소비자보호법의 제정과 개정의 주요 내용을 일관하고, 그간의 노력에도 불구하고 해결되지 않고 남아 있는 과제에 대하여 검토한다. 구체적으로 자본시장 규율 체계를 구성하는 핵심 법령을 규율 목적에 따라 금융투자업 및 금융투자상품 규제, 영업행위 규제, 불공정거래 규제, 투자자 보호 규제로 구분하고 그간의 성과를 점검함과 동시에 각 영역에서 여전히 쟁점으로 남아 있는 사항들을 검토하고 개선 방향을 제시한다. 첫째, 기능별 규제나 포괄

1. 자본시장에서 거래되는 대표적 상품은 주식과 채권이다. 주식의 경우 유가증권시장과 코스닥시장의 상장기업 수가 2000년 말 1,308개에서 2023년 말 2,541개로 증가하였으며, 시가총액은 같은 기간 동안 217.1조 원에서 2,558.2조 원으로 증가하였다. 채권의 경우에도 2005년 말 771.8조 원에 불과하던 발행 잔액이 2023년 말 2,716.5조 원으로 증가하는 등 상당한 양적 성과를 이루었다.

주의negative system 원칙을 채택한 자본시장법의 취지가 나름의 성과를 거두고 있으나 경직적인 법령 해석과 적용으로 인하여 시장 변화에 능동적으로 대처하지 못하여 법률 제정의 목적이 충분하게 실현되고 있지 못하였음을 지적한다. 둘째, 불공정거래 규제의 영역에서 규제대상 불공정거래의 범위가 확대되고 규제 수단의 측면에서도 괄목한 수준의 진전이 있었음을 강조하면서 법령 개정의 효과 발현을 위해서는 세부 기준 및 절차를 정립할 필요가 있음을 지적한다. 셋째, 투자자 보호의 영역에서 소액주주 또는 일반 주주의 이익을 보호하기 위하여 최근 취해진 일련의 조치를 점검하고 향후 추가적인 논의가 필요한 사항들을 정리하여 제시한다.

3절에서 한재준은 자본시장에서 정보 생산의 핵심 인프라인 주식거래소와 신용평가사의 문제점을 논의하고 해결방안을 제시한다. 주식거래소의 경우 현재 규모의 경제 실현을 이유로 수직적·수평적 독점 체제를 유지하고 있으나 그 효과를 실증적으로 증명하기 어려우므로 경쟁적인 시장구조를 구축하는 쪽으로 방향을 전환할 필요가 있음을 강조한다. 구체적으로 현재 진행되고 있는 대체거래소의 도입이 경쟁을 촉진할 수 있도록 대체거래소가 취급할 수 있는 상품의 규모를 신축적으로 허용할 필요가 있으며, 경쟁의 공정성 담보를 위하여 시장감시기구의 지배구조에 대한 근본적인 재검토가 필요하다는 점을 지적한다. 이에 더하여 수직적 경쟁구조 강화를 위하여 유가증권시장과 코스닥시장의 분리 운영에 대하여도 검토가 필요함을 지적한다. 신용평가업의 경우 증권 발행자가 평가 비용을 부담하는 시장구조로 인하여 신용평가 결과가 왜곡될 수 있다는 지점에서 논의가 출발한다. 구체적으로 등급 인플레이션이나 등급 쇼핑 등의 문제가 발견되고 있는데, 신용평가사의 영업행위에 대한 규제 강화를 통하여 이해상충에 대응할 필요가 있으며 나아가 보다 근본적으로 신용평가사의 수입원을 발행자에서 투자자로 전환하는 방안을 검토할 필요가 있음을 제안한다.

4절에서 이상호는 자본시장에서 정보 생산의 핵심적 기제인 공시와 회계제도 전반의 최근 변화를 점검하고 개선 방향을 논의한다. 분기 재무제표 공시 확립, 전자공시 시스템 도입, 한국채택국제회계기준 도입, 공정공시 강화 등 정보 환경을 개선할 목적으로 다양한 변화가 추진되었다. 그럼에도 투자자들은 자본시장의 정보 환경을 긍정적으로 평가하지 않고 있는데, 이는 정보의 완전성과 효율성 제고를 위하여 개선이 필요한 지점이 잔존하고 있음을 의미하는 것으로 해석된다. 문제가 되는 기업이 발행한 주식에 대하여 취해지는 거래 중단 조치가 지나치게 장기간에 걸쳐 가해지고 있음을 지적하고, 거래 중단 기간을 최소화하고 새로운 정보를 신속히 공급하도록 유도하여 정보 경쟁을 촉진하는 방향으로 제도를 재설계할 필요가 있음을 강조한다. 사적 제재의 발달이 미흡하여 행정적 제재인 과징금의 역할이 중요하므로 성실한 공시를 유도하기 위하여 불성실 공시에 대한 제재를 실효적인 수준으로 강화할 필요가 있음을 지적한다.

2. 자본시장 규율 체계의 평가와 과제

2.1 자본시장 규제 법규

(1) 자본시장과 금융투자업에 관한 법률의 제정

1) 법 제정의 의의

자본시장에서 활동하는 주체들을 규율하는 법규들 가운데 가장 기본이 되는 것은 "자본시장과 금융투자업에 관한 법률"(법률 제8635호, 2007. 8. 3. 이하 자본시장법)이다. 2009년 2월 시행된 자본시장법은 기존에 자본시장 참여자들을 규율하던 증권거래법, 선물거래법, 간접투자자산운용업법, 신탁업법, 종합금융회사에 관한 법률, 한국증권선물거래소법 등 제반 법률 규정들을 통합하여 제정된 방대한 법률이다(정순섭, 2013). 한국의 자본시장은 1960년대부터 1980년대에 걸쳐 국가 주도로 육성되었으며, 1990년대에는 자본시장 국제화를 계기로 발전을 거듭한다(Kim, 2015). 자본시장법의 제정은 1997년 외환위기 이후 한국 자본시장 인프라의 구축·발전에서 중요한 계기의 하나로 평가된다. 자본시장법은 제정 이후 2024년

1월까지 총 50차례의 개정을 거쳤는데, 2008년 글로벌 금융위기 직후 국제적으로 대두된 투자자 보호 쟁점을 반영하기 위한 제3차 개정(2009. 2. 3)과 자본시장 매매체결 기능 및 청산 업무의 다양화 · 체계화를 위한 제17차 개정(2013. 5. 28) 등이 가장 중요한 것으로 꼽힌다.

2) 금융투자업과 금융상품의 규율

자본시장법은 금융투자상품 및 금융업에 대한 규제를 완화하고 금융투자업자들을 지원하는 산업 정책적 측면과 투자자 보호를 위한 규제 강화의 측면을 모두 지니고 있다. 자본시장법 제정 단계에서는 동 법이 증권회사 및 자산운용회사 등 금융투자업자들을 우대하여 성장을 지원한다는 산업 육성적 목적이 강조된 측면이 있다. 특히 자본시장법은 그간 금융투자업 내부에서 적용되던 전업주의 원칙에서 벗어나 신규 진입의 문턱을 낮추고 다양하고 유연한 비즈니스 수행이 가능한 기반을 제공하였다는 평가를 받는다.

자본시장법은 기존의 기관별 · 업권별 규제를 동일 기능 · 동일 규제 체계로 획기적으로 변화시켰다. 즉, 금융회사가 수행하는 업무의 경제적 기능이나 위험을 기초로 자본시장에서 영위되는 '금융투자업'을 '투자매매업', '투자중개업', '집합투자업', '투자자문업', '투자일임업' 및 '신탁업'으로 구분하고, 각 금융투자업별로 다른 진입 규제 및 영업행위 규제가 설정되도록 한 것이다. 이와 같은 기능별 규제functional approach의 원칙에 따라 은행이나 보험회사도 금융투자상품을 취급하거나 금융투자업을 영위하기 위해서는 자본시장법의 진입 규제 및 영업행위 규제를 직 · 간접적으로 적용받게 되었다.

또한 자본시장법은 금융투자상품을 포괄적으로 정의하는 방식을 택함으로써 과거 각 금융규제법에서 규제대상 금융상품을 열거적 · 한정적으로 규제하던 방식과 큰 차이를 보인다. 이러한 포괄적 접근에는 새로운 금융상품이 출현하더라도 유연하고 신속하게 포섭할 수 있는 장점이 있다. 예컨대 최근 관심의 대상으로 부상한 소위 '조각투자'와 관련하여 금융 당국은 증권성 판단 기준을 제시하고 일정한 요건을 충족시키는 경우 투자계약증권으로 취급함으로써[2] 규제 공백으로 인한 문제 발생 소지를 최소화하였다. 이러한 접근법을 통하여 투자상품의 발행자 또는 금융투자업자에게 규제의 예측 가능성을 제공하고 각종 영업행위 규제를 통한 투자자 보호의 수준 제고를 가능하게 하는 등 장점을 기대할 수 있게 되었다.

3) 투자자 보호

자본시장법의 투자자 보호 측면은 금융투자업자의 영업행위 규제, 시장에서의 공시 규제, 불공정거래 규제, 상장회사의 기업 재무 관련 규제 등에서 부각된다. 자본시장법 제정을 계기로 도입된 획기적인 변화로는 금융투자업자의 투자자 간 이해상충 규제의 강화, 투자자에 대한 적합성의 원칙 및 설명 의무 등 투자 권유 규제의 법제화, 증권신고서 제출 대상 증권의 범위 확대 등이 꼽힌다(이병래, 2007). 또 불공정거래 측면에서는 기존 증권거래법과 선물거래법의 제도를 통합하여 미공개 중요정보이용행위, 시세조종, 부정거래행위를 축으로 하는 포괄적 규제 체계가 확립되었으며, 모든 유형의 불공정거래행위에 대한 민사·형사·행정적 제재를 제도화함으로써 투자자 보호 공백 최소화를 위한 노력이 이루어졌다(안수현, 2007).

자본시장법 제정 초기에는 금융투자업 및 금융투자상품 개념에 관한 입법론적·해석론적 논쟁이 빈번하게 이루어졌으나 점차 투자자 보호를 강화하기 위한 제도 개선이 법제 관련 논의의 주된 주제로 대두되었다. 예컨대 불공정거래 규제 영역에서 2015년 시장질서 교란행위 규제 도입, 2018년 형사처벌 강화, 2022년 과징금 신설 및 부당이득 산정방식 법제화, 자진신고자 제재 감면 등 시장 질서 확립과 투자자 보호를 위한 일련의 법률 개정이 있었다.[3] 최근 들어서는 한국 자본시장의 고질적 문제로 지적되어 온 상장회사 일반 주주 이익 보호 미흡을 개선하기 위

2. 금융위원회, "조각투자 시장의 규율을 지속적으로 확립해 나가겠습니다". —(주)뮤직카우 제재면제 의결 및 한우·미술품 조각투자의 증권성 판단(2022. 11. 29).

3. 금융위원회, "주가조작을 엄벌하여 믿고 투자할 수 있는 자본시장을 조성하겠습니다", 보도참고자료(2023. 6. 30).

한 제도 개선에 대한 논의가 활발하다. 또한 자본시장법에서 발전한 일반 투자자 보호의 법리, 임직원 선임 및 내부통제를 포함한 지배구조 개선 등의 과제가 전 금융업권으로 확산되어 "금융회사 지배구조 개선에 관한 법률"(이하 금융회사 지배구조법) 및 "금융소비자 보호에 관한 법률"(이하 금융소비자보호법) 제정에 이르렀다. 이에 더하여 2005년부터 증권의 불공정거래나 허위·부실 공시로 인한 다수 투자자의 손해를 효과적으로 배상하기 위한 특례 절차법으로 증권 관련 집단소송법(이하 "증권집단소송법")이 제정·시행되고 있다. 동 법의 적용 범위 및 실효성에 관한 의문이 제기되어 정부가 법률 개정을 시도한 바 있으나 아직까지 가시적인 진전은 없다.[4]

(2) 금융회사 지배구조법 및 금융소비자보호법의 제정

1) 금융회사 지배구조법

금융회사 지배구조법은 글로벌 금융위기 이후 금융회사의 지배구조를 개선하여 시스템 위기를 차단하고 금융소비자 보호를 강화할 목적으로 2015년 7월 말 시행되었다. 국내에서도 금융지주회사의 후계 승계 문제, 상호저축은행 부실 사태, 금융회사 계열사 부당 지원 행위 등 지배구조 이슈가 꾸준히 제기되는 상황이었다. 금융회사 지배구조법은 사외이사를 중심으로 한 이사회의 감시·감독 의무를 강화하고 감사위원회 및 준법감시인을 중심으로 내부통제 시스템을 강화하는 것을 주요한 내용으로 한다. 또 각 업권별로 도입 여부 및 심사 요건 등에 차이를 두었던 대주주 적격성 심사 제도를 재정비한 것도 금융회사 지배구조법의 성과 중 하나로 거론된다. 금융회사의 인가 이후에도 주기적으로 대주주 심사를 받도록 하는 소위 '동태적 적격성' 제도도 동 법에 포함되어 있는데, 심사대상의 범위 및 위반 시 제재의 실효성 등에 관해서는 논란이 있다(김태진, 2016 ; 경제개혁연대, 2019).

---

4. 법무부, "집단소송제—징벌적 손해배상 확대 도입을 추진합니다", 보도자료(2020. 9. 28).

2023년 12월에는 금융회사 임원별로 소관 업무에 대한 내부통제 관리 책임을 부여하도록 하는 개정 금융회사 지배구조법이 본회의를 통과하였다.[5] 최근 금융회사들에서 고객자금 횡령이나 각종 불공정거래 의혹이 끊이지 않자 내부통제 시스템을 체계화할 필요성이 제기되었고, 대법원에서 내부통제 체계와 관련된 이사의 감시 의무 위반 책임을 인정한 판결들이 잇따라 선고됨에 따라 법률 개정이 가능한 환경이 조성되었다.[6] 특히 DLF와 같은 고위험 금융상품의 불완전판매를 이유로 판매사 최고 경영자에 내려진 제재가 법원의 판결로 무력화되면서 내부통제에 대한 책임성 강화를 위한 법 개정 작업이 빠르게 진행되었다. 법률 개정 결과 2024년부터는 금융회사별로 임원 개개인의 내부통제 대상 업무를 명확히 하는 책무구조도 도입, 임원에 대한 내부통제 관리 책임 부여, 대표이사에 내부통제 총괄 관리 의무를 부여하고 위반 시 신분상 제재 부과, 이사회에 내부통제위원회 신설 등의 조치가 이루어졌다.

2) 금융소비자보호법

2021년 3월부터 시행 중인 금융소비자보호법은 예금, 대출, 보장, 투자성 상품을 판매하거나 자문을 제공하는 금융회사가 준수해야 할 의무 및 각종 구제수단 등을 규정하고 있다. 동 법의 제정 및 시행에는 자본시장법 규정 및 관련 법리가 결정적인 영향을 미쳤다는 점을 부인할 수 없다. 키코KIKO, 동양그룹 발행 기업어음CP, 주가연계증권ELS, 파생결합증권DLS · 파생결합펀드DLF, 라임 · 옵티머스로 대표되는 사모펀드 등 금융소비자보호법 제정의 동력을 제공한 각종 사건들 대부분이 투자성 상품의 불완전판매에서 비롯된 것이기 때문이다(전상수, 2022). 또한 원본 손실

---

5. 금융위원회, "내년 말부터 금융회사 임원별로 소관 업무에 대한 내부통제 관리 책임을 부여받게 됩니다", 보도참고자료(2023. 12. 8).
6. 담합으로 인한 과징금 부과에 대한 유니온스틸 대표이사의 책임을 인정한 판결(대판 2021. 11. 11, 2017다222368), 4대강 건설 입찰 등 담합으로 인한 과징금 부과에 대한 대우건설 사외이사들의 책임을 인정한 판결(대법원 2022. 5. 12. 선고 2021다279347 판결).

위험이 내재한 투자성 상품은 충분한 정보 제공에 더하여 소비자의 경험과 경제력에 비추어 적합하지 않다면 그 상품을 판매하지 않도록 하는 등 후견적 법리가 정당화될 여지가 다른 금융상품에 비해서 더 크기 때문이다. 이에 더하여 설명 의무나 적합성 원칙 같은 강력한 판매 권유 규제의 최초 법제화가 자본시장법 제정이었기 때문이다.

금융소비자보호법은 설명 의무, 적합성의 원칙 및 각종 금융상품 판매 시 준수해야 할 영업행위 규제를 강화하는 한편, 위법계약해지권, 청약철회권과 같은 강력한 구제수단을 제공하고 분쟁 조정에 관한 상세한 사항을 규정하고 있다. 특히 설명 의무 위반에 대해서는 금융회사 책임에 대한 금융소비자의 입증 책임이 전환되었기 때문에 구제의 실효성이 더욱 높아질 것으로 예상된다.

2.2 자본시장 규율 체계 평가 및 개선 과제

(1) 금융투자업 및 금융투자상품 규제

1) 금융투자업 규제

자본시장법 제정 당시 가장 중요한 목표로 강조되었던 금융투자업의 기능별 규제와 금융투자업의 포괄주의적 정의가 비교적 성공적으로 정착하였다는 점에 대해서는 달리 평가하기 어렵다. 다만 산업정책 측면에서 동 법의 도입과 운용의 성과에 대해서는 평가가 갈리고 있는데, 이는 법제도 자체의 문제라기보다는 이를 운영하는 정책·감독 당국의 태도 및 금융회사의 역량, 자금 조달을 추진하는 발행회사의 역량, 금융시장의 건전성에 대한 투자자들의 신뢰도 등에 의해 동 법의 성과가 좌우되기 때문이다. 예컨대 자본시장법 시행 초기에는 법 문언상 금융투자업의 겸영을 금지하지 않았기 때문에 투자매매업·중개업과 자산운용업·투자자문·일임업을 하나의 회사가 영위하는 비즈니스 모델에 대한 문제 제기가 일부에서 있었다. 그러나 금융 당국이 겸영 시 발생할 수 있는 이해상충에 대하여 우려를 제기하면서 이해상충을 방지하기 위한 정보차단벽Chinese wall 규제를 매우 엄격하게 설정하였기 때문에 겸영에 따른 시너지보다 규제 준수 비용이 높아서 보다 자유로운 겸영을 허용한다는 자본시장법의 본래 취지가 실현되지 못하고 있다는 문제 제기가 일각에서 이루어지고 있다(김용재, 2016).

2013년에는 종합금융투자사업자제도를 도입하여 소위 한국형 투자은행의 탄생을 촉진하기 위한 제도적 기반 구축을 시도하였다(김효연, 2013). 이에 따라 금융당국은 자기자본 3조 원 이상의 대형 증권회사를 종합금융투자사업자로 정하여 한국형 헤지펀드 및 기업에 대한 신용공여 업무를 허용하였다. 이후 다수의 대형 증권회사 등이 종합금융투자사업자로 지정되었고, 신용공여금액 규모도 점차 증가하고 있다(박준 · 한민, 2022).[7] 2016년에는 사모펀드 관련 제도를 전면 개편함으로써 사모펀드 전업 운용사의 경우 완화된 진입 규제 및 영업행위 규제의 적용을 받도록 하여 사모펀드 시장의 급성장을 가져오기도 하였다.[8] 이러한 제도적 뒷받침에도 불구하고 라임 사태 시 해당 펀드를 판매한 일부 종합금융투자사업자의 전담중개 업무PBS 부서의 파생거래TRS 문제, 개인투자자들에 대한 부실 사모펀드의 불완전판매 및 부실 운용의 문제가 발생함에 따라 산업육성 정책과 투자자 보호 간 괴리가 부각되기도 하였다.

2) 금융투자상품 규제

자본시장법은 금융투자상품을 증권과 파생상품으로 구분하고, 증권을 다시 지분증권, 채무증권, 집합투자증권, 수익증권, 파생결합증권 및 투자계약증권으로 나누는 규제 체계를 가지고 있다. 이러한 포괄적 접근방식에는 시장에 출현하는 새로운 상품을 금융투자상품으로 포섭하고 자본시장법상 규제를 적용하기가 용이하다는 장점이 있다. 예를 들어 투자계약증권의 경우 법률 제정 이후 한 번도 적용된

7. 금융위원회, "초대형 투자은행 육성을 위한 종합금융투자사업자 제도 개선방안"(2016. 8. 2).

8. 2023년 12월 현재 설정 원본 기준으로 펀드 전체 약 941조 원 가운데 사모펀드가 600조 원, 공모펀드가 약 341조 원으로 사모펀드 설정액이 공모펀드의 1.75배에 달한다(금융투자협회 종합통계서비스).

사례는 없으나 2022년 '조각투자 가이드라인'을 계기로 미국의 Howey Test를 참고한 판단 기준이 제시되었다.[9]

최근 들어 가상자산의 등장 및 거래 활성화와 관련하여 금융투자상품의 정의가 중요한 의미를 지니게 되었다. 예컨대 미국의 테라-루나 폭락 사태로 인한 한국인 투자자들의 피해와 관련하여 가상자산업자들을 자본시장법 위반으로 처벌할 수 있을지가 문제 된다. 검찰에서는 문제의 가상자산이 투자계약증권에 해당한다는 이유로 자본시장법 위반 혐의를 적용하여 기소하였으나 법원에서 증권이 아니라는 판단이 이루어진다면 형법상 사기죄 등의 적용을 받을 뿐이다. 그렇지만 2024년 7월 시행 예정인 "가상자산 이용자 보호에 관한 법률"에 의해 가상자산이 자본시장법상 증권이나 파생상품으로 분류된다면 자본시장법의 적용을 받게 된다(제4조). 자본시장법의 포괄주의의 장점이 발휘될 수 있도록 정책 당국에서는 신종상품의 출현 시 적극적으로 증권성 판단의 기준을 제시해야 할 것이다.

(2) 영업행위 규제

1) 이해상충 규제

자본시장법은 금융회사와 투자자 간 이해상충을 적극적으로 규제한다. 또한 모든 금융투자업자에 대하여 일반적 영업행위 원칙으로서 고객 이익 우선 의무를 부과한다(제37조 제2항). 금융투자업자는 이해상충이 발생할 가능성을 파악·평가하고, 이를 내부통제 기준에 따라 관리하여야 하며(제44조 제1항), 이해상충 발생 가능성이 있다면 그 사실을 투자자에게 알리고 투자자 보호 수준에 문제가 없도록 발생 가능성을 낮춘 후 거래하여야 하고, 그것이 어렵다면 거래를 단념해야 할 의무를 부담한다(제44조 제2항, 제3항). 나아가 금융투자업자는 이해상충을 방지하기 위하여 회사가 영위하는 업무 간, 또는 회사와 계열회사 혹은 제3자와 정보교류를

9. 금융위원회, "조각투자 등 신종증권 사업 관련 가이드라인"(2022. 4. 28).

적절히 차단하여야 한다(제45조). 각 금융투자업별 영업행위 규제에서는 투자자와 이해상충이 발생할 수 있는 행위를 열거하고 이를 금지한다(제71조, 제85조 및 제108조). 자본시장법 제정 시에는 겸영으로 인하여 발생할 수 있는 이해상충에 관한 엄격한 규제 필요성이 제기되면서 제45조의 정보 교류 차단과 관련된 상세한 의무를 규정하는 방식을 택하였으나(이병래, 2007), 2015년 법률 개정을 통하여 각 회사가 내부통제 기준에 따라 자율적으로 이해상충 관리 시스템을 운영하도록 변경하였다.

금융회사가 직면하는 이해상충은 금융회사가 자기 또는 제3자의 이익을 위하여 부당·위법한 방법으로 투자자의 이익을 침해할 가능성이 있는 상황을 의미하며, 그 구체적 양태는 영위하는 금융투자업의 법적인 성격에 따라 달리 발현된다. 예컨대 고객 자산을 운용하는 집합투자업자는 투자매매업자에 비해 엄격한 고객 이익 우선 의무를 부담한다. 금융투자업자가 투자자 이익을 부당하게 침해하였는지는 결과적으로 사법부의 판단에 의지할 수밖에 없는데, 자본시장법 제정 이후 금융투자상품 불완전판매, ELS 부당 운용, 펀드 부실 판매와 부실 운용 등에 관한 판례가 축적되고 있어서 사전적 규제와 함께 사후적 제재 메커니즘도 종전에 비하여 비교적 활발하게 작동하고 있다.

2) 금융투자상품 판매 규제와 금융소비자 보호

자본시장법상 영업행위 준칙 중 금융투자상품의 투자 권유와 관련된 법적 쟁점들이 KIKO 사건, 동양그룹 기업어음 및 회사채 사건 분쟁 등을 거치면서 주목을 받아왔다(진상범·최문희, 2014). 설명 의무와 적합성 원칙을 비롯한 자본시장법상 투자 권유 관련 조문들은 2021년 제정된 금융소비자보호법으로 이관되었다. 자본시장법 제정 당시 원본 손실의 위험이 있는 금융투자상품에 대하여 투자자의 '자기책임의 원칙'이 강조됨에 따라 투자자가 합리적 판단을 할 수 있도록 충분하고 적합한 정보를 제공하도록 환경을 조성하는 것이 판매 규제의 핵심으로 인식되었다.[10] 금융소비자보호법에서는 하위 법령과 가이드라인 등을 통하여 적합성 원칙 및 설명 의무, 부당 권유 행위 제한 등의 내용이 구체화되었고, 설명 의무를 위반한 때에는 손해배상을 주장하는 원고의 입증 책임이 금융회사에게 전가된다거나(제44조 제2항) 위법 계약 해지권이 인정(제47조)되는 등 자본시장법상 금융투자업자에게 인정되는 불완전판매 책임이 유지 또는 강화되었다.

비대면 영업이 활성화되면서 온라인으로 접근하는 투자자에 대한 투자 권유 규제 적용 여부와 함께 적합성 원칙이나 설명 의무 등 핵심 투자자 보호 규제의 적용 방식 등에 대해서도 제도 개선의 필요성이 제기되었다. 정책 당국은 비대면 플랫폼에서 제공되는 '맞춤형' 투자 광고를 투자 권유 행위로 간주하고 금융소비자보호법상 판매 규제가 적용된다는 점을 분명히 하고, 온라인 설명 의무 가이드라인을 제정하여 온라인에서의 판매 규제 준수가 형식적인 데 그치지 않도록 제도를 운용할 것임을 밝혔다(김영근, 2022).

(3) 불공정거래 규제

1) 불공정거래 규제대상의 확대

자본시장법이 제정되면서 미공개중요정보이용금지(제174조), 시세조종(제176조)과 더불어 일반적 사기거래 금지에 해당하는 부정거래행위(제178조)를 규정하는 조문이 신설되었다(안수현, 2007). 시세조종과 관련해서는 현물과 선물 시장, 파생결합증권과 기초자산인 증권을 연계하여 시세를 조종하는 행위를 모두 규제하여 규제의 공백을 해소하고자 하였다. 특히 엄격한 목적 요건을 요구하지 않는 '부정한 수단, 계획 또는 기교를 사용하는' 행위 유형(제178조 제1항 제1호)이 신설된 것에 주목할 필요가 있는데, 동 조항의 추상적 문구로 인하여 죄형법정주의와 배치된

---

10. 금융소비자보호법에서도 여전히 자기책임의 원칙을 고수한다는 견해로는 김건식·정순섭(2023)을 참고하기 바란다.

다는 우려가 제기되었지만, 입법이 이루어진 이후에는 투자자 보호의 공백을 메우는 유효한 수단으로 활용되고 있다.[11]

2015년에는 법 개정으로 '시장질서 교란행위' 개념이 도입되었고(제178조의 2), 미공개정보 이용 행위로 처벌이 어려운 2차 정보수령자 등 정보 이용 교란행위와 매매 유인이나 부당이득 목적 등이 없는 시세관여 교란행위에 대하여 과징금을 부과할 수 있게 되었다. 그 밖에도 단기매매차익 규제 제도(제172조), 임원·주요주주의 소유상황 보고 제도(제173조), 공매도 규제(제180조) 등을 통하여 자본시장의 건전성과 투자자들의 신뢰를 유지하는 방향으로 제도가 정비되었다.

2) 불공정거래 규제 위반에 대한 제재수단의 강화

자본시장법은 미공개중요정보 이용행위, 시세조종, 사기적 부정거래 행위에 대하여 형사처벌과 행정제재는 물론 민사상 손해배상 의무를 부과한다. 과거 증권거래법과 비교할 때 제재 수준이 높아진 것은 사실이지만, 불공정거래행위에 대하여 정책 당국과 법원이 소극적인 자세를 버리지 않아 불공정거래가 근절되고 있지 못하다는 비판이 제기되면서 제재의 실효성을 제고하기 위한 제도 개선이 이루어졌다. 2018년에는 형량 상한을 '10년 이하'로 제한하던 것을 '1년 이상'의 하한으로 변경하고, 벌금의 범위를 부당이득액의 3배에서 5배로 확대하는 등 형사처벌이 강화되었다(제443조 제1항). 2023년에는 불공정거래행위로 얻은 부당이득의 최대 2배를 환수하는 과징금 제재를 신설하고, 부당이득의 산정방식을 법제화하며, 자진신고자 감면제도를 도입하는 법률 개정안이 통과하여 2024년부터 시행된다. 과징금은 불공정거래로 인한 경제적 이익을 신속하고 효율적으로 몰수하기 위한 제도로, 산정기준이 되는 부당이득을 '불공정행위로 얻은 총수입에서 총비용을 공제한 차액'으로 확정하였기 때문에 향후 제재의 실효성 제고가 기대된다. 또한 자진신고

11. 투자수익 보장 약정을 체결한 후 차명으로 유상증자에 참여한 경우(대법원 2011. 10. 27. 선고 2011도8109 판결), ELS 상환조건 성취 방해(대법원 2015. 4. 9. 자 2013마1052 결정) 등 다수이며, 임재연(2019)을 참고하기 바란다.

자 감면제도는 내부자의 진술 및 증거 확보를 용이하게 하여 향후 민·형사 절차에서 행위의 실질에 부합하는 제재와 배상이 이루어지도록 하는 데 기여할 수 있을 것이다.

자본시장 거래 제한 및 상장사 임원 선임 제한 역시 불공정거래에 대한 제재의 실효성을 높이기 위한 제도 개선 조치이다.[12] 금융위원회는 2022년 9월 자본시장 불공정거래 행위자에 대해 증권선물위원회가 최대 10년의 기간 동안 금융투자상품 거래 및 계좌 개설을 불허하고, 상장회사 임원 선임과 활동을 제한하며, 관련 사실을 공표할 것임을 발표하였다.[13]

(4) 투자자 보호 규제

1) 상장회사 일반 주주 보호 규제의 의의

상장회사는 증권신고서, 5% 보고 등 각종 공시 의무의 주체가 되고, 이들이 발행한 주식 등은 미공개중요정보 이용행위나 시세조종 등 불공정거래행위의 대상이 되는 등 자본시장법의 중요한 수범 주체이자 적용 대상이다. 그러나 자본시장법 및 하위 법령에서는 상장회사의 출자자로서 주주의 이해관계를 보호하기 위한 제도를 직접적으로 다루고 있지 않다. 오히려 주권상장법인의 재무구조와 자금 조달에 관한 특례규정(제165조의 2 ~ 제165조의 20)을 둠으로써 상장회사 자금 조달 수단의 다양화와 재무구조의 유연화라는 기업의 요구를 수용하는 입장을 취한다. 상장회사에 적용되는 회사법의 특례규정은 상법(제542조의 2 ~ 제542조의 12)과 자본시장법으로 이원화되어 있는데, 대체로 상법에 규정된 지배구조에 관한 특례는

---

12. 의원 입법을 통해서 추진 중이다. 박재호 의원 대표 발의, 자본시장과 금융투자업에 관한 법률 개정안(2023. 3. 6., 의안번호 120431); 윤창현 의원 대표 발의, 자본시장과 금융투자업에 관한 법률 개정안(2023. 5. 11., 의안번호 2121949).

13. 금융위원회, "자본시장 불공정거래 대응역량 강화 방안", 보도자료(2022. 9. 23). 이러한 조치들이 경제활동 자유에 본질적인 제한할 가능성을 배제할 수 없으므로 세부 기준 및 절차를 세심하게 수립할 필요가 있음은 물론이다.

상장회사에 대해 사외이사, 감사위원 선임 의무 부과, 소수주주권 행사 요건 완화와 같이 더욱 엄격한 규제를 부과하는 반면, 자본시장법상 특례규정은 자사주 취득 요건 완화와 같은 규제 완화적 특징이 있다(최문희, 2013).

회사에서 발생하는 주주와 경영진 간 대리인 문제, 다수주주와 소수주주 간 대리인 문제에 대한 대응은 전통적으로 회사법의 과제라고 생각되어 왔으나, 시장에서 제공되는 정보에 의존하는 것 외에는 별다른 협상력이 없는 상장회사 주주의 이해관계를 보호하기 위한 제도들은 자본시장 법제의 관점에서 다룰 필요성이 있다. 특히 우리나라 자본시장에서는 소수의 지분으로 기업에 대한 지배력을 행사하는 일부 지배주주의 이익을 관철하기 위하여 소수주주의 이익이 희생되는 현상이 빈번하게 발생하고 있는데, 최근에는 이러한 문제를 개선하고 소수주주의 이익을 비례적으로 보호하기 위한 제도 개선이 활발하게 논의되고 있다.[14]

2) 기업 지배구조 재편 관련 일반 주주 이익 보호 방안

기업 지배구조 재편과 관련하여 지배주주에 의해 일반 주주의 이익이 침해될 수 있는 사안으로 주식양수도, 합병, 인적분할과 물적분할, 자기주식 보유 등의 영역에서 문제 제기에 대응하여 제도 개편이 이루어져 왔다. 기업 지배구조 개편의 대부분을 차지하는 주식양수도 계약 시에는 합병 및 영업양도와 달리 피인수회사 일반 주주의 탈퇴권이 보호되지 않고, 지배주주와의 경영권 프리미엄 공유도 불가능하여 일반 주주의 이익이 침해된다는 주장이 제기되었다. 먼저 주식양수도와 관련해서는 2022년 말 의무 공개매수 제도가 제안되었다. 구체적으로 상장회사 주식의 25% 이상을 보유하는 최대 주주가 되는 경우 경영권 프리미엄을 포함하여 지

14. 기업의 지배주주가 기업 운영 과정 전반에 걸쳐 사익을 편취함으로 인하여 소수주주의 이익이 침해받는 문제는 우리나라의 특징적 문제로 지적되고 있다. 일부에서는 이러한 취약한 지배구조로 인하여 상장주식의 가치가 전반적으로 저평가되는 소위 '코리아 디스카운트'의 중요한 원인이 된다는 점을 지적하고 있다. 이를 해결하기 위한 노력의 일환으로 지배주주와 회사 간, 계열사 간 거래에 대한 규제의 강화 등을 위한 공정거래법 개정방안에 관해서는 경제개혁연대(2021)를 참고하기 바란다.

배주주와 동일 가격으로 일반 주주가 보유한 잔여 지분의 일정 부분(50% + 1주 이상)에 대하여 공개매수를 실시할 의무를 도입하는 방안이 발표되었다.[15] 이는 과거 증권거래법이 25% 이상 지분 취득 시 최소 50% + 1주를 공개 매수하도록 하였으나 1997/1998 경제위기 당시 부실 기업 구조조정에 방해가 된다는 이유로 폐지된 이래 일반 주주의 이익을 보호하기 위하여 같은 취지의 법조문을 신설하겠다는 방안이다. 금융 당국은 인수비용 증가에 대한 우려 때문에 잔여 지분의 일부에 대해서만 공개매수 의무를 부과하고자 한다. 공개매수 의무화가 인수합병을 통한 구조조정 시장을 위축시킬 것이라는 비판이 있으나 법령상의 예외를 둠으로써 충분히 해소될 수 있을 것으로 판단된다. 실제로 다수 국가에서 의무공개매수 제도로 인하여 지배권 프리미엄이 하락한다는 실증연구가 존재하므로 이를 토대로 일반 주주 이익을 보호하는 방안을 설계해야 할 것이다(김부식 등, 2023). 또한 합병과 분할 제도를 오·남용하여 소수주주의 이익을 침해하지 못하도록 제도를 개선하는 방안도 논의되고 있다. 2016년 삼성물산과 제일모직의 합병 사례에서 논란이 되었던 바와 같이 계열사 간 합병 시 특정 지배주주의 이익을 위하여 두 회사 중 지배주주의 지분율이 낮은 기업의 소수주주에게 불리하게 합병 비율이 정해지는 현상이 발생하는데, 이를 방지하기 위하여 특수관계인의 의결권을 제한할 필요가 있다는 주장이 제기되었다. 이사가 주주를 대상으로 충실 의무를 부담하는 조문을 신설하여 특정 지배주주에게만 유리한 의사결정을 방지하도록 하는 상법 개정안도 이와 맥락을 같이 한다.[16] LG화학과 SK이노베이션의 사례를 계기로 물적분할 후 상장 시 일반 주주 이익 보호가 극히 취약함이 공론화되면서 정책 당국은 법령 개정을 통하여 주주 보호 방안을 포함한 공시 강화, 반대주주의 주식매수 청구권 부여, 물적분할 후 5년 내 자회사 상장 시 상장심사 강화 등의 조치를 취하였다. 이러한

15. 금융위원회, "주식양수도 방식의 경영권 변경 시 일반 투자자 보호방안"(2022. 12. 21), 9쪽.

16. 금융위원회, "물적분할 자회사 상장 관련 일반 주주 권익 제고방안", 보도자료(2022. 9. 5); 상장기업 물적분할 시 주식매수청구권 도입—"자본시장과 금융투자업에 관한 법률 시행령" 개정안 국무회의 통과(2022. 12. 20).

제도 개선에도 불구하고 여전히 이중 상장으로 인한 자회사 일반 주주의 보호에 취약하다는 비판이 있으므로, 향후 법률 개정 등 추가적인 정비가 필요하다. 인적분할과 관련해서는 소위 자사주의 마법, 즉 인적분할 시 자기주식에 분할신설회사 주식을 배정하거나, 분할 회사의 자기주식을 분할신설회사에 배정하는 방식을 활용하여 자기주식에 제한되었던 의결권을 부활시키는 행태를 금지해야 한다는 견해가 제기되었으며(경제개혁연대, 2021), 정책 당국도 같은 취지의 제도 개편을 추진하고 있다.

자기주식 제도에 대한 개선도 함께 논의되고 있다. 자기주식은 취득하여 주가를 부양하고 소각하지 않고 보유하고 있다가 우호지분 의결권 행사를 위하여 활용된다는 우려와 비판에 직면한 바 있다. 이에 대하여 자사주의 보유 한도를 설정하거나 강제 소각토록 하는 방안, 자기주식을 처분할 때 신주 발행과 동일한 절차를 적용토록 하는 방안, 자사주 맞교환을 금지하는 방안, 합병 · 분할 시 자사주에는 신주 배정을 금지하는 등 주주 권리를 정지하는 방안 등이 언급되었고, 그 외 시가총액 계산에서 자사주를 제외하거나 관련 공시를 강화하는 방안도 제안되었다.[17]

3) 경영자에 의한 일반 주주 이익 침해 보호 방안

경영진의 위법 및 부당한 행위로 인한 일반 주주의 이익 침해 문제에 대응하여 제도 개선이 추진 중이다. 예를 들어 최근 카카오페이 등 일부 상장사에서 임원이 스톡옵션 행사로 취득한 주식을 즉시 매도하여 주가 하락을 초래하는 등의 사태가 발생하였으나 현재 자본시장법상 상장회사 임원 및 주요 주주의 지분거래에 대하여 사후 공시 의무만 부과되어 있으므로 법령 위반을 이유로 제재가 불가능하다. 이에 대응하여 상장회사 임원 및 주요 주주가 해당 기업 주식을 거래할 때 매매예정일 최소 30일 전에 매매 목적 · 가격 · 수량 및 매매예정 기간 등을 공시하는 내부자거래 사전공시제도를 포함한 자본시장법 개정안이 국회를 통과하여 2024년 7월

17. 금융위원회, 상장법인 자기주식제도 개선 세미나(2023. 6. 23).

시행 예정이다.[18]

한편, 경영자에 의한 일반 주주 이익 침해를 보장하기 위한 가장 효과적인 수단은 상법상 주주대표소송이다. 상장회사 주식 0.01%의 지분을 6개월 이상 보유한 주주는 회사를 대신하여 경영진이 법률 위반 또는 임무 위배로 회사에 끼친 손해를 배상하도록 하는 대표소송을 제기할 수 있고(상법 제403조 제1항, 제542조의 6 제3항), 상장회사의 모회사 지분 0.5%를 6개월 이상 보유한 주주도 2020년 상법 개정으로 상장회사를 대신하여 자회사 이사에 대한 대표소송을 제기할 수 있으나(상법 제406조의 2, 제542조의 6 제4항) 활용도가 높지는 않다. 대표소송에서 승소하더라도 배상액이 소를 제기한 주주가 아니라 회사로 귀속되므로 경제적 인센티브가 없고, 지분 보유 기간 등 소제기를 위한 형식 요건도 매우 엄격하기 때문이다.[19] 특히 다중대표소송의 경우 상장회사의 지분율 0.5% 요건을 충족시키는 것이 어렵기 때문에 대표소송 및 다중대표소송 제기를 위한 소수주주권을 단독주주권으로 전환하거나 비자발적 주주지위 상실 시에는 대표소송의 원고적격을 유지하는 등의 입법적 개선이 필요하다는 주장이 있다(경제개혁연대, 2021).

3. 자본시장 정보 생산 및 유통 체계 평가와 과제 : 거래소와 신용평가사를 중심으로

자본시장을 포함한 금융시장의 근본적인 기능은 자금 공급자로부터 자금 수요자로의 자금 이동을 중개하는 것이다. 이를 효율적으로 수행하기 위해서는 자금

18. 이용우 의원 대표 발의, 자본시장과 금융투자업에 관한 법률 일부개정안(2022. 4. 13, 의안번호 2115235). 국회를 통과한 개정 자본시장법은 미국의 사례를 참조하여 내부자의 주식매매 시 사전거래계획서 등을 공시하도록 하고 있으나, 발행주식 총수의 1% 미만이면서 50억 원 미만인 거래는 공시대상에서 제외한다.

19. 주식 교환 등 비자발적 사유로 주주 지위를 잃어도 대표소송의 원고적격을 상실하게 된다는 대법원 판례(대법원 2016. 7. 22. 선고 2015다66397 판결)로 인하여 대표소송의 실효성이 더욱 낮아진다는 평가가 있다.

공급과 관련된 정보 생산이 중요하다. 그런데 금융거래는 일반 상품이나 서비스 거래와는 달리 계약의 결과가 즉각 종결되지 않는다는 특성, 즉 자금 공급자 입장에서 원금과 수익의 회수에 대해 불확실성이라는 문제가 내재하므로 거래자 간 정보 비대칭information asymmetry 문제 해결이 주요 과제이다. 따라서 금융시장에서는 정보 비대칭 문제를 해결하기 위하여 다양한 정보 생산 노력이 이루어진다. 특히 주식이나 채권과 같이 유가증권을 통하여 자금 수요자와 자금 공급자 간 거래가 직접 이루어지는 자본시장의 경우 은행 등 금융중개기관을 통하여 간접적으로 자금 거래가 이루어지는 경우와 다소 다른 성격의 정보 생산이 원활하게 이루어질 필요가 있다.[20]

3.1 자본시장 정보 생산 관련 인프라의 필요성

(1) 투자 위험과 정보의 생산

주식이나 채권 투자자는 대출 같은 여신 공급자에 비하여 높은 투자 위험에 직면하게 된다. 이러한 위험을 감수하고 투자가 이루어지기 위해서는 위험에 상응하는 수준의 보상은 물론 정확하고 신속한 정보가 필수적인 요소이다. 결국 자본시장을 통한 자금거래가 원활하게 이루어지기 위해서는 투자자 스스로 충분한 정보를 생산할 유인이 제공되거나, 투자자가 필요로 하는 정보가 관련 인프라를 통해 충분히 생산되어야 할 것이다.

20. 은행 등 고정적 수익형 투자기관은 기업의 재무적 건전성이 어느 정도 유지되는 한(즉, 자기자본을 통해 경영 부실의 충격을 흡수할 능력이 있는 한) 기업 가치의 변화가 자신의 채권 가치의 변화에 미치는 영향이 거의 없기 때문에 일상적 경영에 대한 감시 기능을 적극적으로 수행하지 않는다. 극단적인 예로 은행 등의 여신금융기관의 경우 채무기업의 자산 규모가 부채 규모를 일정 수준 초과한다는 매우 단순한 정보만으로도 자금 공급 의사결정이 이루어질 수 있다.

(2) 유통시장의 존재와 정보 생산

금융중개기관을 통한 자금거래의 경우 거래시점을 전후하여 정보가 집중적으로 생산되는 반면, 자본시장에서는 이미 발행된 증권이 거래되는 유통시장에서도 상당한 정보가 생산된다. 자본시장에서 거래되는 주식과 채권의 경우 대출 계약과 달리 상품이 표준화되어 있어 불특정 다수가 참여하는 유통시장 형성이 가능한데, 유동성이 풍부한 유통시장의 존재는 시장참가자가 보유한 정보가 증권의 가격 결정에 즉각 반영될 수 있도록 한다. 유통시장 참가자가 보유한 다양한 정보가 모두 모여 거래량과 가격 등에 반영됨에 따라 정보 생산과 획득 및 확산 효과가 극대화된다.

(3) 개인투자자의 참여

자본시장 거래의 특징 중 하나는 상당수 개인투자자가 증권사나 자산운용사 등 금융기관보다 정보 생산 능력이 열위에 있음에도 거래에 참여하고 있다는 점이다. 이에 대해서는 투자대상 기업에 대한 정보를 비교적 저렴한 비용으로 획득할 수 있고 시장에서 형성된 가격이 투자대상 증권의 가치를 정확하게 반영한다고 믿는 소위 효율적 시장 가설efficient market hypothesis에서 이론적 근거를 찾을 수 있다. 반면 국내 주식시장에서 개인투자자 비중은 68%(2023)로 다른 나라에 비하여 과도하게 높아 오히려 시장 효율성을 저해한다는 견해도 있다(Chen, Hwang, and Teo, 2023)[21]

21. CFA(2022) 자료에 따르면 간접투자상품 운용사에 대한 불신이 큰 경우에 개인투자자 비중이 늘어나는 경향이 있다고 한다.

(4) 정보 비대칭성 해소 기재의 필요성

정보 비대칭 문제의 근본 원인은 자금 수요자인 기업이 자금 공급자인 투자자보다 많은 정보를 보유한다는 것이다. 자본시장에서 투자자는 정보 비대칭으로 인하여 주식과 채권 등 투자대상 상품의 가치를 정확하게 평가할 수 없고, 그에 따라 투자 위험이 증가한다. 그 결과 투자자들이 자금 공급을 회피하게 되고, 궁극적으로는 기업의 자금 조달 비용이 높아지는 문제가 발생한다. 따라서 정보 비대칭 문제를 극복하고 효율적인 자원배분 달성을 위하여 투자자가 낮은 비용으로 정보를 획득할 수 있는 기재, 즉 인프라가 중요하며, 그 예로는 투자대상 기업의 회계 관련 정보 제공 제도와 공시제도 등이 있다. 신속하고 정확한 회계 관련 정보는 증권을 발행한 기업의 가치 평가에 필요불가결한 요소이다. 또한 기업의 가치에 대한 정보를 생산하여 타인에 제공하는 신용평가사나 애널리스트 등도 중요한 인프라이다.

(5) 분산 포트폴리오 지원 인프라 : 거래소의 기능

Markowitz(1952)에 의하면 수익률-위험 조합이 서로 다른 다양한 자산으로 구성되는 포트폴리오를 구축함으로써 개별 자산에 내재하는 고유 위험idiosyncratic risk을 제거하여 투자 위험을 축소할 수 있다. 여기에는 다양한 자산이 거래되는 시장, 즉 거래소의 존재가 전제됨은 물론이다. 효율적으로 운영되는 거래소는 선순환positive feedback 효과를 발생시킨다. 거래소에 상장된 자산의 다양성이 담보되는 경우 투자자들은 분산투자의 효과를 누릴 수 있게 되어 투자자 기반이 확대되고, 다수의 투자자가 참여하는 소위 유동성이 높은 시장에서 자금 조달을 하기 위해 기업이 몰려드는 선순환구조가 형성된다. 거래소는 다양한 양질의 투자상품을 낮은 거래비용으로 제공함으로써 자원배분의 효율성을 제고하고 사회 후생 증대에 기여하는 등의 경제적 기능을 수행한다.

(6) 무임승차free riding 유인과 이해상충 문제

정보는 원칙적으로 사적 재화지만 투자자가 자신이 보유한 정보를 활용하여 수익을 추구하는 과정에서 정보가 반영되어 가격이 조정되므로, 이 과정에서 거래 상대방을 포함한 다른 투자자에게 정보가 전파되는 외부효과external effect가 발생한다. 문제는 외부효과가 존재하는 경우 시장참가자는 자신이 비용을 지불하고 정보 획득을 위하여 노력하기보다 다른 시장참가자가 생산하는 정보에 무임승차하려는 유인이 발생한다는 점이다. 무임승차에 대한 유인은 모든 시장참가자에 적용되므로 자본시장 전체의 관점에서 살펴보면 정보가 사회적으로 적절한 수준보다 낮은 수준으로 생산되는 결과를 초래한다. 또한 무임승차에 기대려는 시장참가자가 다수인 경우 쏠림herding behavior 현상의 원인이 되기도 한다.

이러한 문제점에 대응하여 감독 당국은 증권 발행 기업 관련 정보를 공시할 것을 요구한다. 그러나 기업이 공시를 통해 제공하는 정보는 양이 방대하고 이해하기 어려운 경우가 다수이므로 이를 가공해서 투자자에 전달해 주는 대리인이 필요하다. 대표적인 예가 신용평가사credit rating agency이다. 신용평가사는 자본시장에서 유용한 정보를 생산하는 중요한 기능을 수행함에도 무임승차에 대한 유인으로 인하여 정보 생산의 대가를 정보의 수요자인 투자자가 아니라 증권의 발행자로부터 수취한다. 이와 같은 보상구조로 말미암아 신용평가사는 증권 발행자에 비하여 협상력 열위에 처할 수밖에 없고, 심한 경우 실질에 비하여 지나치게 너그러운 신용평가 결과를 발표하는 등의 문제가 발생할 소지가 항시 존재한다. 이해상충에서 발생하는 문제는 평판 형성을 통하여 일정 부분 대응할 수 있으나 시장의 원활한 작동을 위하여 상당한 공적 규제가 개입될 수밖에 없다.

이하에서는 자본시장의 정보 생산 및 유통 인프라 체계에서 핵심적 지위를 점하고 있는 증권거래소와 신용평가사의 현황을 간략히 살펴보고, 향후 개선이 필요한 과제들을 점검한다.

3.2 증권거래소 관련 이슈와 과제

(1) 증권거래소의 통합과 성장

과거 우리나라 증권 유통시장은 한국증권거래소와 코스닥증권시장으로 분리되어 독립적으로 운영되었다. 2000년을 전후하여 거래소 통합 추세가 전 세계적으로 전개되면서 우리나라에서도 증권 유통시장의 대형화와 국제 경쟁력 향상 등을 내걸고 2005년 이들 두 개 거래소와 한국선물거래소를 통합하여 한국거래소KRX가 출범하였다. 수직적으로 통합된 거래소는 규모의 경제와 범위의 경제를 구현하면서 경제성장에 따른 자본시장 규모 확대에 힘입어 상장회사 수나 시가총액 등 시장 위상을 대표하는 주요 지표가 크게 성장하였다. 거래소는 이 과정에서 기업의 원활한 자금 조달을 지원하면서 국민경제의 발전에 상당 부분 공헌하였다.

표 9-1 거래소 시장의 성장

	유가증권시장		코스닥시장	
	2000년	2023년	2000년	2023년
상장회사 수	704개	839개	604개	1,702개
시가총액	217.1조 원	2,126.4조 원	29.0조 원	431.8조 원

그러나 거래소 시장의 독점적 구조와 그에 따른 경쟁 부재가 거래의 효율성을 저해하고 투자자 편익을 저해하는 요인으로 작용하고 있을 가능성을 배제하기 힘들다는 주장이 꾸준히 제기되고 있다.[22] 또한 급속한 고령화 진전 등으로 노후 안전판으로서 연기금의 역할 강화 필요성이 강조되고 주식시장을 통한 ESG 구현이라는 시대적 사명이 대두되면서 증권거래소 시스템의 개선upgrade에 대한 요구가 부상하고 있다.

22. 복수 주식거래소 간 경쟁의 효과에 대한 실증 분석은 Hamilton(1979)을 참고하기 바란다.

(2) 거래소 경쟁체제 도입과 과제

1) 경쟁체제 도입의 필요성 : 소비자 후생 개선

정보통신기술의 발전으로 거래소 플랫폼의 도입 및 운영 비용이 하락하고, 거래 플랫폼 간 비교와 접근이 용이해지면서 그간 거래소 통합의 장점으로 제시되던 규모의 경제와 유동성 분할 문제의 중요성이 축소되고 있다. 또한 물리적으로 거래 플랫폼이 분할되어도 가상적으로virtually 통합이 가능한 상태를 구현할 수 있으므로 시장 분할로 인한 여러 가지 문제점은 더 이상 극복할 수 없는 어려움이 아니다. 따라서 최근에는 세계 각국에서 다양한 거래 플랫폼을 인정하되 일정 수준 이상의 거래 투명성, 접근성, 안정성을 요구함으로써 투자자 보호 원칙을 훼손하지 않으면서 경쟁 촉진을 통하여 소비자 후생 증진을 추구하는 움직임이 나타나고 있다. 거래소 간 경쟁 심화는 거래비용 축소와 이를 통한 거래수수료 인하, 서비스 다양화 등을 통하여 소비자 후생 개선으로 연결되는 것으로 알려져 있다(Hamilton, 1979).

2) 통합거래소의 장점에 대한 검토 : 규모의 경제

2000년대 들어 글로벌 금융시장에서는 거래소의 경쟁력 강화가 중요한 화두로 대두되었다. 실제로 유럽에서는 통합거래소인 Euronext가 등장하였고, 2006년에는 뉴욕증권거래소NYSE와 Euronext의 통합이 시도되었다.[23] 또한 2007년에는 미국 NASDAQ과 스웨덴 OMX가 통합되었으며, 비록 무산되었으나 2016년에 런던증권거래소LSE와 독일 증권거래소 간 통합 시도가 이루어지는 등 국제적으로 거래소 통합 논의는 지속되고 있다. 특히 2008년 글로벌 금융위기 이후 세계 거래소들은 매출 정체와 성장 둔화라는 어려움에 직면하여 활로를 모색 중에 있다. 최근

---

23. 두 거래소는 2006년 NYSE Euronext로 통합되었으나 2012년 Intercontinental Exchange가 NYSE를 인수하면서 다시 분리되었다.

에는 점차 심화되는 대체거래 시스템Alternative Trading System ; ATS과의 경쟁에 대응하기 위하여 규모의 경제에 바탕을 둔 대형화, 글로벌화, 수직 및 수평 통합화를 위한 노력이 강화되고 있다.

3) 통합과 경쟁체계 간 비교

거래소 통합은 여러 가지 장점을 기대하면서 추진된다. 먼저 비용 절감을 들 수 있다. 특히 전산망의 통합 운용을 통하여 규모의 경제를 실현함으로써 상당한 비용 절감을 기대할 수 있다. 또한 거래시장 통합을 통하여 다양한 자금 공급자와 자금 수요자의 시장 참여를 유도함으로써 강력한 유동성 기반을 확보할 수 있다는 장점도 기대할 수 있다. 반면에 앞에서도 지적한 바와 같이 통합거래소로 인하여 독점적 시장구조가 형성되는 경우 거래수수료 축소나 거래소 시스템 혁신 유인 부족에 따른 소비자 후생의 저하 가능성이 있다.

관건은 규모의 경제와 소비자 후생 저하 간의 상충관계인데, 이에 대한 정량적 비교는 실증 분석의 과제이다. 반면에, 증권거래소도 수익을 추구하는 민간기업이란 점에서, 잠재적인 신규 진입자entrant를 허용하는 경합시장contestable market을 유지하는 것이 자원배분의 효율성 측면에서는 바람직하다.

현재의 독점 거래소 체제는 자연스러운 결과라기보다 정책적으로 유지되고 있는 측면이 강하다.[24] 독점적 지위로 인해 거래소의 혁신 유인이 저하되거나 사회후생에 부정적인 영향이 초래된다는 비판이 제기되고 있어 향후에는 신규 시장 진입을 적극적으로 수용함으로써 시장의 경합성을 유지하는 쪽으로 정책 방향을 재설정할 필요가 있다.

---

24. 자본시장법 제373조의 2에 의하면 금융위원회의 허가를 획득하여 거래소(금융투자상품시장)를 개설하여 운영할 수 있으나 통합거래소 출범 이후 그러한 시도는 없었던 것으로 알려져 있다. 시장 여건에 따라 신규 진입 시도가 없었던 것일 수도 있으나 단일 거래소 체제를 유지하려는 정책 당국의 묵시적 의지가 시장 진입 시도 부재의 원인이었던 것으로 보인다. 자본시장법은 2009년 제정 이후 2013년 5월 개정 시까지 한국거래소 독점 체제를 상정하고 있었다.

4) 대안 검토

현재 독점 체제를 유지하고 있는 주식 유통시장에 대한 대안으로 크게 수평적 시장경쟁 도입과 수직적 시장경쟁 도입 두 가지 방안을 들 수 있다. 수평적 시장경쟁 도입은 다자간매매체결회사로 불리는 대체거래소ATS의 시장 진입을 허용하는 방식으로 추진되고 있다. 2013년 자본시장법 개정에 따라 가능해진 대체거래소의 도입은 몇 차례 시도에도 불구하고 별다른 진전을 이룩하지 못하였으나 2023년 넥스트레이드Nextrade가 금융위원회로부터 예비인가를 획득함으로써 성과를 거두었다.[25] ATS는 기존 거래소보다 낮은 거래수수료와 빠른 주문체결을 통해 시장 지연market timing 비용과 시장충격market impact 비용을 줄임으로써 경쟁력을 확보할 수 있을 것으로 예상된다. 이러한 경쟁력을 바탕으로 ATS가 거래소와 경쟁을 전개함으로써 거래비용 절감과 신속한 거래체결 등 사회 후생 제고에 기여할 수 있을 것으로 기대된다. ATS가 본격적인 영업을 시작하는 시점에 실효적인 경쟁이 가능하도록 거래 가능 상품의 범위를 적절하게 허용해야 할 것이며, 한국거래소가 수행할 것으로 보이는 시장감시 업무의 공정성 확보를 위한 방안 등에 대해서는 지속적인 논의가 필요하다.[26]

다음으로 수직으로 통합된 통합거래소의 적절성에 대한 전면적인 검토가 필요하다. 코스닥시장은 신시장으로서 성공적이라는 국제적 평가와 달리 국내에서는 그리 후한 평가를 받지 못하고 있다. 부진한 주가지수, 높은 가격 변동성, 기관투자자의 참여 미흡, 혁신 기업 상장의 어려움 등 다양한 문제점이 지적되고 있다. 일각에서는 코스닥시장이 유가증권시장 대비 열등한 기업이 상장된 시장이라는 인식으로 인하여 시장 발전이 저해되고 있으므로 독립적인 운용이 필요하다고 지적한다. 독립성 확보의 구체적 방안으로는 코스닥시장을 유가증권시장으로부터 분리하여 수직적 경쟁 체제를 도입하는 방안이 제시되고 있다.

25. Nextrade는 2024년 말 본격적으로 영업을 개시할 예정이다.

26. 시장감시 기능의 재편에 관한 논의는 다음 소절을 참고하기 바란다.

5) 시장감시 기능 재편 검토

한국거래소는 내부에 설치된 시장감시위원회를 통해 실시간 시장감시, 이상거래 심리 및 회원 감리, 제재, 분쟁조정 등의 자율규제 업무를 수행하고 있다. 그러나 원칙적으로 영리를 추구하는 주식회사인 한국거래소의 법적 성격을 감안할 때 공적인 임무에 해당하는 시장감시 기능을 수행하는 것이 적절한 것인지에 대해서는 회의적인 시각이 존재한다. 시장 질서 유지를 위한 감시라는 공적 기능의 수행과 고객의 요구에 순응해야 하는 주식회사의 정체성 간에 이해충돌의 여지가 존재함은 부인할 수 없는 사실이기 때문이다.

특히 ATS 도입으로 매매체결시장 간 경쟁이 심화되면서 한국거래소가 자율규제기구의 지위를 이용하여 불공정한 방법으로 경쟁우위를 확보할 유인도 발생할 수 있다. ATS에서 이루어진 거래의 청산과 시장감시 업무를 현재 계획과 같이 한국거래소가 전담한다면 불공정 경쟁의 여지를 제도적으로 허용한 채 시장을 설계하는 것으로 간주할 수밖에 없다. 해외 각국은 시장감시 업무의 공적 규제기관으로의 이전, 독립 자율규제기구 설립, 거래소 내 자율규제기구의 독립성 강화 등의 방법으로 공공성 유지를 도모하고 있다. 우리나라에서도 거래소가 수행하는 자율규제 기능의 공공성을 강화하기 위한 방안을 모색할 필요가 있다.[27] 또한 시장감시 기능도 공적 규제와 자율규제의 영역을 세분화해서 감독 당국은 건전한 시장 거래를 위한 시장 모니터링에 필요한 기본적인 원칙의 수립·운영을 담당하고, 자율규제기구는 시장 일선에서 시장을 개설하고 거래의 안정성을 확보해 투자자의 신뢰를 획득하는 시장 모니터링 업무를 수행하는 것으로 역할을 분담하는 것도 고려해 볼 필요가 있다.

---

27. 거래소시장 간 공정 경쟁 기반을 조성하기 위해서는 ATS 거래 및 연계거래에 대한 거래소의 규제 권한을 제한하고, 자율규제에 수반되는 비용의 투명성을 높이며, 자율규제 기구에 대한 감시를 강화하는 등의 방안을 마련할 필요가 있다. 대안으로 금융감독원 산하 별도의 시장감시위원회를 설치하고, 이곳으로 시장감시 업무를 이관하는 방안도 고려해 볼 수 있다.

3.3 신용평가 관련 이슈와 과제

(1) 신용평가산업의 현황

신용평가사가 산정하여 공표하는 신용등급은 채권시장 투자자들이 직면하는 정보 비대칭 문제를 완화함으로써 투자자 유입을 촉진하는 기능을 수행한다. 또한 신용등급은 각종 금융규제에서 위험관리 기준으로 널리 활용되고 있다. 국내 신용평가산업은 1985~1987년 중에 한국신용평가, 전국신용평가(현 한국신용정보) 한국기업평가사가 설립되면서 태동되었다. 1997년 경제위기 이전까지 신용평가 시장 규모는 100억 원 내외에 불과하였으나, 경제위기를 계기로 금융권이 회사채에 대한 보증 제공을 기피함에 따라 무보증회사채 발행이 늘어나고, 2013년 이후 ABS(ABCP와 AB 전 단채)가 중요한 자금 조달 수단으로 정착되면서 급성장하게 되었다. 특히 채권(회사채, 단기 상품, 유동화 상품) 발행 규모[28]가 2010년 전후부터 비약적으로 성장하면서 신용평가산업의 수익 기반도 안정화되었다.

(2) 발행기업에 대한 협상력 열위의 문제점

채권 발행 규모 확대와 복수평가등급제 의무화에도 불구하고 채권 발행 기업의 숫자가 정체됨에 따라 협상력 면에서 신용평가사가 발행기업에 비해 여전히 열위에 있는 것으로 평가되고 있다. 최근의 연구에 따르면 신용평가사에 신용평가를 의뢰하여 신용등급을 보유한 업체 수는 2014년 초 889개, 2020년 초 889개로 별 반 차이가 없다(금융연구원, 2021). 이런 상황에서는 채권 발행 규모가 증가하더라도 발행자가 평가 비용을 지급하는 현재의 체제issuer pay model 하에서는 신용평가

28. 2000년 82조 원에 머물렀던 회사채 발행액은 2020년 387조 원으로 빠르게 증가하며 신용평가사의 수익 기반을 큰 폭으로 확대시켰다.

사가 발행기업에 비해 협상력이 열위일 수밖에 없다.

(3) 과점구조 하 경쟁도 제고의 필요성

국내 신용평가 시장은 한국신용평가, 나이스신용평가, 한국기업평가 3사(한신평, 나이스, 한신정)가 주도하는 가운데 서울신용평가사가 회사채 이외 영역의 평가를 담당하고 있다. 3개 국내 신용평가사의 주요 주주로 글로벌 신용평가사가 참여하고 있으며, 지분 관계를 매개로 업무 제휴 관계를 유지하고 있다. 신용평가사의 매출액은 2013년도 이후 지속해서 증가하고 있으며, 매출액·평가업체 수 기준으로 한신평·한기평·나이스가 1/3씩 시장을 균등 분할하고 있다.

그런데 이러한 과점 체계는 한국뿐만 아니라 글로벌 신용평가 시장에서도 관찰되는 현상이다. S&P, Moody's, Fitch 3사가 글로벌 시장을 과점하고 있으며, 대부분의 나라에서 2~3개 내외의 주요 신용평가사가 시장을 과점하는 구조가 정착되어 있다. 이러한 과점체제 발생의 원인으로 다음과 같은 세 가지 요인이 지적되고 있다. 첫째, 신용평가 노하우가 경험 자본인 데 따른 규모의 경제이다. 신용평가의 기술적 노하우는 장기간 축적되어야 하는 경험 자본이라 신규 업자가 진입하더라도 투자자를 만족시킬 정도의 품질을 제공하기 어렵다. 둘째, 발행자 지불 구조 하에서 발행기업은 신규 평가사가 추가로 진입하더라도 이들과 새로운 신뢰 관계를 쌓기보다는 기존 평가사를 사용할 유인이 더 크다. 셋째, 발행자 지불issuer-pay 구조 하에서 직접 비용을 부담하지 않는 투자자들의 신규 평가사에 대한 수요 또한 비탄력적이다.

한편 글로벌 신용평가 시장의 경우 3사 체계가 고착화되어 있음에도 이들 간 신용등급 스플릿split은 세부 등급 기준으로 2011~2021년 중 30~40%를 상회하는 반면, 국내 3사의 신용등급 스플릿은 3.10~8.70%에 머무르고 있다[29](금융연구

29. 기존 연구(Morkoetter, 2017 등)에 따르면 복수등급제도는 시장에서 신용 위험 정보를 입체적으로 전

원, 2021). 이러한 점에서 국내 신용평가 산업의 경쟁이 미흡하며, 이를 해결하기 위한 제도적 정비의 필요성을 부인하기는 어렵다.

신용평가업은 채권 발행 시장에서 정보 생산을 담당하는 중요한 인프라이다. 경쟁 촉진을 통한 사회 후생 증진을 위하여 신규 진입자를 허용하거나 현재의 과점 체계를 용인하되 영업행위를 규제하거나 신평사 지급 모형의 대안을 검토해 볼 수 있다.

(4) 대응 과제 및 방안

1) 영업행위 규제 강화

글로벌 금융위기를 계기로 해외에서는 신용평가업에 대해 기존의 인가제 대신 등록제 전환으로 신규 진입을 유도해 경쟁을 촉진하거나 영업행위에 대한 규제를 강화하는 추세가 나타나고 있다. 우리나라의 경우에도 신규 신용평가사의 시장 진입을 허용하는 방안을 검토할 수 있을 것이지만, 신용평가업이 지닌 규모의 경제라는 특징을 감안한다면 신규 진입 허용이 경쟁 촉진이라는 기대 효과를 가져올 수 있을 것이라고 속단하기는 힘들다. 실제로 금융정책 당국은 신규 진입 허용 시 등급 인플레이션 내지 신용평가 품질 저하 우려 등 부작용이 발생할 우려가 크다고 보고 영업행위 규제 강화를 통하여 유효경쟁을 강화하는 쪽으로 정책 방향을 설정하였다. 특히 SK와 대우조선해양의 분식회계 사건 등을 계기로 2016년 이후부터는 진입 규제, 이해상충 방지 규제, 그리고 신용평가 정보의 신뢰성 제고를 위한 개선 조치가 취해졌다. 구체적으로 준법감시 체계, 신용평가 업무, 이해상충, 공시, 기밀관리 등과 관련하여 다양한 영업행위 규제[30]가 강화되었으며, 신용평가 정보

달하고, 그 편익을 투자자와 발행기업이 누린다고 분석되지만, 신용등급이 동질화되면 복수등급제의 의의가 퇴색될 수밖에 없는 상황이다.

30. 2013년부터 신용평가업 규제는 자본시장법에 근간을 두고 있으며, 시행령, 금융투자업규정 및 표준내부통제기준에 세부 내용이 규정되어 있다.

의 신뢰성 제고를 위해 제3자의 요청에 의한 신용평가, 투명성 보고서 제도가 도입되었다.[31]

2) 신평사 지급 모형 대안 검토

영업행위 규제가 충분히 효과적이면 좋겠지만, 신용평가업계의 발행자 지급 모형이 이해상충 문제 해소책으로 불완전하다면, CRA 사업 모형 자체에 대해 보다 근본적인 해법을 고려해 볼 필요도 있다. 발행자 지급issuer pay 모형의 반대 모형인 투자자 지급investor pay 모델은 무임승차free-riding 문제가 있어서 다른 제3의 대안에 대한 고려가 필요하다. 2008년 금융위기를 계기로 미국에서는 감독자 모델(지정신용평가사제도)이 검토되었는데, 이 사례를 참조하는 것도 좋은 대안이 될 수 있다.

2008년 금융위기를 계기로 미국에서 검토된 도드-프랭크 법안에는 구조화상품에 대한 신용평가 주체를 공적 자율기구에서 지정하는 평가사 지정 시스템 15E(w)[32]이 포함되어 있었다. 당시 평가사 지정제 찬성론자는 이해상충 해소, 신용등급 품질 제고, 공정 경쟁 기반 마련 등의 효과를 기대할 수 있다고 주장하였다. 반면에 반대론자들은 적절한 평가기법 부재를 위시한 각종 장애요인[33] 때문에 평

31. 발행기업과 신용평가사 간의 협상력 차이로 초래되는 등급 인플레이션 내지 등급 쇼핑 문제 해소를 위해 "제3자의 요청에 의한 신용평가", "신평사 선정신청제" 등이 도입되었고, 공정한 신용평가를 저해하는 불건전 영업행위에 대한 제재 수준도 강화되고 있다. 그리고 신용평가사 스스로 평가 역량과 절차를 점검하고 개선하도록 하는 "투명성 보고서" 작성 의무가 부과되었다.

32. 15E(w) 시스템에 따르면 SEC는 구조화 상품 신용평가사를 지정하는 자율규제기구 이사를 선임하였고, 이사회는 지정을 받을 수 있는 적격 신용평가사("qualified" NRSRO)를 판단·지정하도록 하였다. 그리고 발행사가 지정기구 이사회에 지정을 요청하면 지정기구가 평가사를 지정하고, 지정을 받은 평가사는 이를 거부 또는 수락할 수 있게 되어 있다. 또한 同 이사회는 적격 평가사의 성과를 평가하는 규칙을 제정하여 최소한 연 단위로 성과를 평가하도록 되어 있다.

33. 당시 지정제 반대론자들은 반대 사유로 다음과 같은 장애요인을 제시하였다. 첫째, 적절한 성과평가기법을 찾기 어렵다는 문제점이다. 현실적으로 신용평가사들이 평가한 표본들이 상이(내생성·표본 크기 등 이슈)하기 때문에 평가사들 간 성과를 객관적으로 비교하기 어려워 지정제도는 사실상 순환제도로 운영될 수밖에 없다. 둘째, 신용평가등급 의존도 심화 현상에 대한 우려이다. 자칫 정부의 자율규제기구가 지정한 평가사의 신용등급을 공식적으로 '승인'하는 신호로 해석될 수 있다는 위험이다. 셋째,

가사 지정 제도의 도입이 무리임을 주장하였다. 논의 결과 미국에서는 결국 평가사 지정제의 도입이 무산되었는데, 대안으로 구조화 상품의 평가에 대하여 정보 공개를 통한 무의뢰 평가를 도입하기 위한 17g−5 프로그램이 운영 중이다. 구체적으로 구조화 상품에 대한 신용평가 시 발행자issuer의 신용평가사 선택에 기인하는 등급 인플레이션 문제가 있다고 인정하고 이를 해소하기 위해서 거래소법의 규정 17g−5을 통해 발행을 의뢰받은 신용평가사에 제공하는 정보에 대하여 다른 신용평가사들도 동등하게 접근할 수 있는 인프라를 마련해 무의뢰 평가 활성화를 도모하고 있다.

관련해서 미국 신용평가 시장에서 등급 인플레이션 이슈는 구조화 상품과 결부되어 있으나, 국내 신용평가 시장에서는 회사채와 주로 연관되어 있으므로, 미국과 달리 한국의 경우 회사채에 대해 신용평가사 지정제 내지 무의뢰 평가 제도 도입을 검토할 필요가 있다. 이를 위해서는 채권의 발행시장과 유통시장 거래에 대하여 부담금을 징수하여 기금을 조성한 뒤 일정한 요건을 갖춘 적격 신용평가사 전체를 대상으로 무작위 추출 방식으로 순환 지정제를 운용하는 대안을 검토하는 것이 가능할 것이다. 다른 대안으로는 신용평가사가 신용등급을 부여해 발행된 채권 규모와 등급의 정확성accuracy에 신용평가사의 수입 구조를 연계시키는 방안도 검토할 수 있다. 구체적인 실현을 위하여 지정감사인 제도를 벤치마크하거나 감독기구 산하에 독립된 신용평가사 평가기구 설치 등을 고려해 볼 수 있을 것이다.

배상소송 시 법적 책임 문제이다. 신용평가사 중과실·고의 법규 위반으로 인한 손해배상 소송이 발생할 경우 평가사를 지정한 자율규제기구의 책임이 부각될 가능성이다.

4. 공시 및 회계 관련 제도의 평가와 과제

4.1 회계·공시 제도의 개선 연혁 및 평가

지난 20여 년간 우리 금융 당국은 자본시장법상 공시제도를 포함한 회계정보 활용의 제반 환경을 개선하기 위해 상당한 노력을 기울여 왔다. 2000년도에 분기 재무제표 공시 제도를 확립하고, 전자공시 시스템DART을 도입하면서 공시 정보의 적시성timeliness과 접근성accessibility을 획기적으로 제고한 이래, 2011년 한국채택 국제회계기준K-IFRS을 도입하였고, 2014년 미공개 정보 이용 규제를 확대하여 공정공시를 강화하는 등 우리 자본시장은 국제적 정합성global standard에 부합하는 방향으로 정보 환경을 선진화하고자 다방면의 개혁을 추진하였다.

그럼에도 회계·공시 정보의 주된 이용자인 투자자들은 한국 자본시장의 정보 환경을 좀처럼 긍정적으로 평가하지 않고 있다. 외국인 투자자를 대표하는 MSCI는 정보 흐름의 불완전성·비효율성 등을 우리나라 자본시장을 선진 시장으로 분류하기 어려운 원인 중 하나로 지적하고 있는데,[34] 실제 우리나라 상장기업의 공시 위반 건수는 해마다 증가하고 있다(홍지연, 2021). 이에 이 절에서는 그간의 회계·공시 제도의 개선 과정을 반추하면서 더 나은 정보 환경을 확충하기 위한 효과적인 방향성을 제시하고자 한다.

(1) 회계·공시 제도 개선 연혁

1) 2000년대

2000년대에는 전반적으로 공시 정보의 적시성 및 정보 이용자의 접근성 제고에 주력하였다. 이 시기는 특히 양적 측면에서 공시제도의 하부구조infrastructure를

34. MSCI, 2022. 6., "Global Market Accessibility Review Report".

확충한 시기로 평가할 수 있다.

구체적으로, 2000년부터 시행한 분기 재무제표 공시는 반기보고서 및 사업보고서에 더해 분기별로 기업의 재무상태 및 경영성과를 보고하도록 하였다. 조중석 · 조문희(2006)는 분기 재무제표 공시로 회계정보의 적시성이 향상되면서 시장 전반의 정보 비대칭성information asymmetry이 완화됨을 실증하였다. 같은 해 상장기업의 모든 공시서류를 전자적으로 공시하는 전자공시 시스템DART을 도입하면서, 공시 정보에 대한 정보 이용자의 접근성 역시 비약적으로 제고되었다. 실제로 전영순 등(2004)은 전자공시 시스템 도입 이후 이익 정보가 주가에 반영되는 시점이 정기주주총회일에서 정기주주총회 소집공시일로 앞당겨졌음을 실증하였다. 전자공시 시스템을 통해 정기주주총회 소집공시일부터 투자자들이 요약재무제표에 대한 실시간 접근이 가능해지면서 이익 정보의 적시성이 향상되었을 뿐 아니라, 전문투자자와 일반 투자자 간 정보 수집 능력 차이에 기초한 정보 비대칭성 역시 완화된 것으로 평가된다.

나아가 2002년 11월부터 시행된 공정공시제도는 투자자 간 정보력 격차에 의한 불공정거래 소지를 더욱 완화하고자 하였다. 중요 정보를 재무분석가나 기관투자자 등에게 선별적으로 제공하지 못하도록 함으로써 모든 투자자에게 동등한 정보 접근성을 보장하는 제도적 기반을 마련한 것이다. 장준경 등(2007)은 이러한 공정공시 도입 이후 호재good news에 대한 주가 변동성과 악재bad news에 대한 거래량 변동성이 감소하여 정보 비대칭성이 일부 개선된 것으로 평가했다.

한편, 금융감독원은 2007년부터 전자공시 시스템에 XBRLeXtensible Business Reporting Language을 적용하면서 국제적으로 표준화된 형태의 재무정보 공시 기반을 마련하였다. 김이배(2009)는 XBRL을 통한 재무정보 공시의 표준화가 투자자의 정보 처리 비용을 줄이고, 회계정보의 국제적 호환성을 제고하므로, 이를 효과적으로 활용하면 회계투명성이 향상될 수 있다고 주장했다.

표 9-2 2000년대 이후 공시 관련 주요 제도 개선 및 중점 개선 요소

연도	제도 개선	중점 개선 요소	정책 방향성
2000	분기 재무제표 공시	적시성	양적 기반 확충
2000	전자공시 시스템 도입	접근성	
2002	공정공시제도 도입	공정성	
2007	전자공시 시스템 XBRL 적용	접근성	
2011	한국채택국제회계기준(K-IFRS) 도입	완전성·유용성	질적 기반 확충
2015	미공개 정보 이용 규제 확대	공정성	
2018	개정 외부감사법 시행	완전성	
2020	전자공시 시스템 Open API 도입	활용성	양적 기반 고도화
2023	XBRL 주석 공시 확대	활용성	
2024	영문 공시 확대	접근성	

2) 2010년대

2010년대에는 2000년대 초반 확충한 양적 특성의 공시제도 기반을 보다 고도화하여 공시 정보의 공정성fairness과 완전성completeness 제고에 주력하였다. 전반적으로 질적 특성 측면에서 공시제도의 하부구조를 확충한 시기로 평가할 수 있다.

우선 2011년 한국채택국제회계기준K-IFRS을 전면 도입하면서 회계투명성 제고를 통한 자본시장 활성화를 도모하였다. 국제적 정합성에 부합하는 국제 공용의 회계기준을 적용함에 따라 경제적 실질에 기초하여 보다 유용하고 비교 가능한 회계정보를 제공할 수 있게 된 한편(유용근 등, 2013), 원칙 중심 회계기준의 해석상 어려움, 이해관계자 간 의견충돌 등 다양한 이행 부담 요인에 대해 개선 요구도 지속되었다(조성표 등, 2013; 이영한 등, 2020). 강평경 등(2022)은 학계에서 이익 조정 정도의 측정 변수로 널리 활용하는 재량적 발생액의 절댓값과 매수-매도호가 스프레드로 측정한 정보 비대칭 수준이 K-IFRS 도입 이후 감소하는 추세를 관측하였으며, 이를 회계투명성이 향상된 가운데 공시 정보의 신뢰도 상승에 따라 자본시장 내 정보 비대칭 수준이 완화된 것으로 평가하였다.

2015년에는 시장질서 교란행위에 대한 규제를 시행하여 미공개 정보 이용 행위를 보다 엄격하게 규율하고자 하였다. 구체적으로 미공개 정보 이용을 금지하는 내부자의 범위뿐 아니라 미공개 정보의 성격과 범위를 폭넓게 정의하였다. 이에 투자자의 투자 판단에 중대한 영향을 미칠 수 있는 정보와 이를 아는 자는 모두 규제대상에 포섭되었으며, 2차 이상의 다차 수령자에 의한 미공개 정보 이용 행위 역시 포괄적으로 규제할 수 있게 되었다. 조수지 · 양철원(2018)은 이러한 제도 시행이 재무분석가의 활동을 위축시키고 이익 예측의 정확성을 떨어뜨려 단기적으로는 자본시장 내 정보 생성 활동에 부정적인 영향을 미치는 측면이 있지만, 장기적으로는 더욱 공정하고 양질의 예측 정보를 공급하기 위한 건전한 제도 개선의 과정이라고 평가하였다.

2018년에는 개정 외부감사법을 시행하여 외부감사의 독립성을 대폭 강화하였다. 재무제표 감사 품질의 향상을 위해 상장회사 감사인을 등록제로 전환하고, 감사인 지정designation을 확대하였으며, 표준감사시간제를 통해 적정 수준의 감사자원 투입 여건을 보장하고자 하였다. 아울러 재무제표의 완결성을 높이고자 내부감사기구를 강화하고 내부회계관리제도의 인증 수준을 검토에서 감사로 상향하는 등 상당수의 개선안을 시행하였다. 이를 통해 회계정보의 완전성을 높여 공시 정보에 대한 시장 전반의 신뢰도를 제고하고자 하였다.

3) 2020년대

2020년대 들어서는 공시 정보의 전자적 활용성을 더욱 높이고, 외국인 투자자의 정보 접근성을 개선하는 등 공시제도의 정보화digitalization 및 국제화globalization에 치중하고 있다. 2000년대 초반의 정책 방향성을 뒤이어 양식 기반을 고도화하는 시기로 평가할 수 있다. 구체적으로 Open API를 도입하고 XBRL을 주석 공시까지 확대 적용하는 등 거대 언어 모형large language model을 비롯한 대용량 자료 기반의 분석이 쉽도록 전자공시 시스템을 고도화하고 있다. 아울러, 2024년 자산 10조 원 이상 또는 외국인 지분율 30% 이상 유가증권시장 상장기업부터 영문 공시를 단계적으로 확대하여 외국인 투자자의 정보 접근성 역시 제고할 계획이다.

(2) 근원적 문제로의 접근 필요성

상술하였듯 우리 금융 당국은 자본시장 내 공시제도의 양적·질적 기반을 확충하기 위해 다방면에 걸쳐 지속적인 노력을 기울여 왔다. 그럼에도 2023년 6월 MSCI는 우리나라 자본시장의 정보 환경을 여전히 개선이 필요한improvements needed 상태로 평가하였다. 이는 3등급의 평가 체계에서 최하단에 해당한다.[35] 영문 정보의 접근성 향상, 배당공시 개선 등 일부 긍정적 평가도 있었으나, 이러한 제도 개선이 정보 흐름의 완전성·효율성 등 근본적인 공시 품질에 관한 평가 결과에 유의적인 영향을 미치지는 못한 것이다. 공시 정보의 질적 수준 측면에서 근원적 문제의 개선이 필요한 상황으로 인식할 수 있다.

그럼에도 2020년대 들어 금융 당국이 추진 중인 주요 공시제도의 개선 방향은 질적 수준 제고보다는 양적 기반을 다시금 강화하는 방향으로 초점이 맞추어져 있다. 물론 대용량 자료big data, 생성형 인공지능generative artificial intelligence 등 정보기술이 빠르게 발전하는 가운데 XBRL, Open API 체계를 신속히 고도화하여 기술 진보에 조응하는 정보 환경의 하부구조를 구축한 점은 높이 평가할 만하다. 실제 우리나라 전자공시 시스템의 전자적 활용성은 해외 주요국에서 벤치마크 대상으로 삼을 만큼 상당히 우수한 것으로 평가되고 있다(심준용·정우준, 2023). 아울러 영문 공시 확대는 외국인 투자자의 정보 접근성을 제고하여 우리나라 상장기업의 국제적 가시성을 높이는 효과를 기대할 수 있다(이승호, 2022).

다만, 양적 하부구조 강화에 초점을 맞춘 제도 개선이 실질적으로 유용하고 신뢰 가능한 정보의 공시로 이어지지 못하고 있는 점은 심층적으로 살펴볼 문제이

35. MSCI, 2023. 6., "Global Market Accessibility Review Country Comparison Report".

다.[36] 문제의 핵심은 공시 주체인 기업이 여전히 공시의 중요성에 대한 이해도가 낮고, 이에 따른 기업의 공정한 공시와 기공시 사항의 충실한 이행을 기대하기 어려운 사례들이 지속 발생하는 데에 있다.[37] 자본시장 내 규율 체계 역시 이와 같은 공시 위반 행위를 실효적으로 억제하거나 정보 비대칭성을 완화하기 위한 유인 체계로 활용되지 못하고 있으며, 이를 개선하기 위한 일관성 있는 장기 로드맵 역시 부재한 상황이다. 앞으로의 정보 환경 강화를 위한 제도 개선안은 고도화된 하부구조에 걸맞게 실제 공시 내용의 수준을 질적으로 높이는 데 초점을 맞출 필요가 있다.

4.2 정보 환경 고도화를 위한 개선과제

(1) 정보 공급 촉진의 유인 체계 확립

우리 자본시장은 그간 양적 · 질적으로 국제적 정합성에 부합하는 수준의 공시 기반을 마련해 왔음에도 공시 주체의 적시성 있고 충실한 정보 공개를 기대하기 어려운 상황에 놓여 있다. 이에는 여러 가지 원인이 있겠으나, 새로운 정보 공급을 촉진하는 유인 체계가 부재한 거래정지 제도 측면에서 상당 부분 개선의 여지가 있을 것으로 판단된다.

해외 선진 시장의 경우 중대한 정보 비대칭적 상황이 발생하였을 때 원인 사유의 공시를 거래재개 요건으로 하여 매매를 일시 정지한다. 모든 투자자가 가격 민감 정보에 공평하게 접근할 수 있도록 기업이 새로운 정보를 적시에, 그리고 충실히 공급하도록 유도하는 유인 체계로서 거래정지 제도를 활용하는 것이다. 이를

---

36. 그간 확충한 공시제도의 양적 기반을 활용하여 공시의 질적 수준을 제고하고자 하는 시도가 일부 있었으나(예 : 2009년 전자공시 시스템을 통한 대규모 기업집단 현황 공시 의무화, 2010년 개별 임원의 보수 공시 의무화 등), 대체로 특정 사안에 한정된 정보 비대칭성을 해소하는 미시적 제도 개선으로 평가할 수 있다.

37. 구체적으로 공시담당자의 업무 미숙에 따른 공시 누락, 경영진의 기회주의적인 공시, 실질적 정보의 미제공 혹은 사후 제공 사례들을 비롯하여 불성실 공시 사례들이 지속해서 발생하고 있다.

통해 가치 관련 정보의 공급을 촉진하고 정보 기반 거래informed trading를 활성화하여 시장의 가격 발견 기능을 강화하고 있다(Engelen and Kabir, 2006).

반면, 한국거래소의 거래정지 제도 운용은 투자자 보호 및 시장 관리에 보다 초점이 맞추어져 있다(이상호, 2022). 상당수 거래정지 상황에서 미숙련 투자자의 피해 가능성을 사전 차단하기 위해 원인 사유의 해소를 거래재개 요건으로 두고 있어 장기간 거래를 중단하는 경우가 많다. 이는 잠재적 투자자의 피해를 예방하는 효과는 있겠으나, 정보 환경 측면에서는 거래정지를 유발한 원인 사유에 관해 새로운 정보 공급이 신속히 이루어지지 못하는 문제가 뒤따른다. 특히 상장폐지 사유 및 상장적격성 실질심사 사유의 발생, 파산 및 법정관리 신청, 회생절차 개시, 자본잠식 발생, 감사의견 요건 미충족 등 기업 가치 측면에서 중대한 악재가 발생한 상황에서도 원인 사유 및 개선 계획에 관한 공시가 적시에 이루어지지 않고 있으며, 정보 비대칭적 상황이 거래정지 기간에 비례하여 지속되는 경향이 있다.

실제 최근 우리나라 상장기업의 거래정지 기간이 상당히 장기화되고 있음에도 정보 기반 거래 환경이 조성되지 못하는 점은 개선 검토가 필요하다. 미국·일본 거래소는 정보 기반 거래 활성화에 초점을 맞추어 거래정지 제도를 운용하고 있으며, 상장폐지 심사 과정 등에서도 원인 사유의 해소 여부를 거래정지와 원칙적으로 연동하지 않고 있다. 우리나라 역시 가능한 한 거래재개의 요건을 원인 사유의 충실한 공시로 전환하여 정보 공급 촉진의 유인 체계로서 거래정지 제도를 활용하는 방안을 검토할 수 있다. 미숙련 투자자의 잠재적 피해를 차단하기 위해 시장 관리적 측면에서 거래를 장기간 중단하는 성격의 조치는 최소화하고, 새로운 정보를 신속히 공급하도록 유도하여 공정한 정보 경쟁을 촉진하는 방향으로 제도 규정을 재설계하는 것이다.

동시에 조회공시 제도의 고도화된 운영 또한 뒷받침될 필요가 있다. 현재 한국거래소는 풍문 또는 보도의 사실 여부를 제한적으로 확인하는 수준에서 조회공시 제도를 운영하는 측면이 있다. 유의적인 정보 비대칭적 상황으로 판단할 수 있는 사안에 대해서는 포괄적이고 적극적으로 조회공시를 요구할 필요가 있고, 기업은 적시에 내실 있는 공시를 통해 관련 정보의 비대칭적 상황을 신속히 해소하고자 노력하여야 한다. 이를 위해서는 거래소의 시장감시 기능을 대폭 강화하고, 조회공시 내용과 대상 기업을 특정하는 과정에 일관된 원칙과 절차를 마련할 필요가 있다.

(2) 공시 위반 행위의 실효적 제재

기업의 불성실한 공시 행태를 실효적으로 억제하지 못하는 규제 환경 역시 개선이 필요할 것으로 판단한다. [그림 9-1]을 살펴보면, 코스닥 상장기업을 중심으로 공시 위반 건수가 지속 증가 추세에 있음이 확인된다. 이에 관련 제재금 규모도 2016년 11.9억 원에서 2020년 25억 원으로 크게 확대되었으나 과연 제재 수준이 위반행위가 야기한 피해 규모에 비례하는지에 대해서는 심층적 논의가 필요할 것이다. 실제 박채린 등(2020)은 불성실공시법인에 대한 제재로서 벌점과 제재금 간 제재 효과를 비교·분석하였으며, 벌점을 제재금으로 대체한 기업의 시장 반응market reaction이 덜 부정적임을 실증하고 공시 위반 제재금의 적정 수준을 재검토할 필요성을 역설하였다.

그림 9-1 공시 위반 기업 수 추이 및 제재금 부과 현황

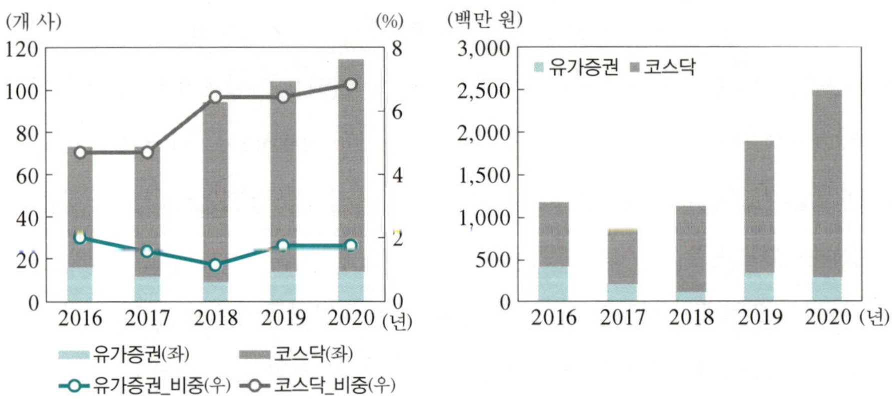

(a) 공시 위반 기업 수 추이 (b) 제제금 부과 현황

출처 : 한국거래소 공시시스템(KIND), 홍지연(2021) 재인용.

보다 세부적으로 '자회사의 주요 경영사항'과 관련한 수시공시조차 누락되는 사례가 더러 발생하고 있는데, 상장회사의 공시담당자로서 이와 같은 업무 미숙은 용인되어서는 안 될 것이다. 경영진의 기회주의적인 공시 행위 역시 엄격한 제재가 필요하다. 이를테면 대표이사가 주주에게 공표한 배당 성향을 합리적인 이유 없이 이행하지 않는다거나, 지나치게 낙관적인 전망 정보를 제공하여 정보 이용자의 혼란을 초래하는 사례 등은 근절될 필요가 있다. 아울러 실질적 정보가 포함되지 않은 상용구boilerplate 수준의 공시나 적시성이 현저히 떨어지는 사후적 공시 또한 개선이 필요하다. 특히 횡령·배임 등 상장적격성 실질심사 대상 사유가 발생하여 장기간 거래정지가 수반되는 상황에서조차 사안의 발생 원인, 기업의 개선 계획 등 중요 정보가 적시에 공시되지 않고 기업심사위원회 내에서만 관련 논의가 이루어지고 있는 점은 정보적 관점에서 대리인 문제agency problem를 더 심화시키는 요인일 수 있다.

우리나라는 민사소송을 수단으로 하는 사적 제재가 발달하지 못하여 단기적으로는 금융 당국이 주도하는 과징금제도의 역할이 매우 중요하다고 볼 수 있다(김자봉, 2019). 그러나 현재의 불성실 공시에 대한 제재 수준, 공시 위반 행위에 대한 과징금 수준은 금융규제의 비례 원칙을 실현하지 못하고 있어 공시 위반 행위를 근절하기 어려운 법제 환경으로 평가된다. 우선은 공시 주체의 내실 있는 정보 공시를 유도하기 위해 과징금 제재를 실효적인 수준으로 강화할 필요가 있다. 보다 장기적 관점에서는 증권집단소송제를 활성화하여 공시 위반 행위에 대한 소송 위험을 현실화하고, 피해 주주의 권익을 보호하는 방안을 적극적으로 강구할 필요가 있을 것이다.

5. 향후 10년을 위한 제언

우리 경제의 구조에 근본적인 변화가 발생한 1997~1998년의 경제위기 이후 지난 20여 년 동안 자본시장 인프라 영역에서 상당한 수준의 진전이 이루어졌다. 그러나 우리나라 자본시장의 투명성과 효율성에 대하여 회의적인 시각이 상당 부분 잔존하고 있으며, 이를 극복하기 위하여 자본시장 인프라 영역에서 많은 노력이 필요한 것이 사실이다.

자본시장 관련 법령의 영역에서 첫째, 기관별 규제와 열거주의positive system로 요약되는 종래의 규제 틀을 탈피하고 기능별 규제와 포괄주의negative system 원칙을 채택한 자본시장법 제정의 목적을 온전히 실현하기 위하여 신축적인 법령 해석과 적용으로 시장 변화에 능동적으로 대응하는 규제 문화를 구축할 필요가 있다. 지나치다고 생각될 정도로 조심스러운 규제 당국의 태도로 인하여 가상자산에 대한 규제 공백이 상당 기간 지속되고 있고, 금융의 디지털화 진전에 따라 유사한 사례가 발생한 개연성이 상존하고 있음을 감안할 때 시장 환경 변화에 따른 신상품의 출현이나 투자자 보호의 요구에 대한 규제 당국의 능동적이고 신축적인 대응이 매우 중요할 것으로 판단된다. 둘째, 자본시장 불공정거래의 범위 확대와 규제 수단 강화를 위하여 최근 이루어진 법률 개정의 효과가 기대한 바와 같이 발휘될 수 있도록 세부 기준과 절차를 명확하게 정립하고 일관되게 적용할 필요가 있다. 불공정거래행위에 대한 형사처벌 강화, 과징금 제도와 자진신고자 감면제도 도입, 불공정거래로 인한 경제적 이익의 산정 기준 명확화, 불공정 행위자에 대한 자본시장 거래 제한 및 상장사 임원 취임 제한 등 다양한 조치들이 지난 2~3년의 기간 동안 도입되어 과거 증권거래법이나 이전의 자본시장법에 비하여 불공정거래에 대한 제재의 수준과 수단이 한층 강화된 것은 사실이지만, 관건은 그간 불공정거래에 대하여 소극적인 자세를 버리지 않고 있다는 비판을 받아오던 정책 당국과 법원이 새로 도입된 제도의 실행에 얼마나 적극적으로 임할 것인지에 대하여 시장의 의구심이 일각에 존재한다는 점이다. 다음으로 소액주주 또는 일반 주주 이익 보호를 위하여 취해진 다양한 제도 개편의 실효성 확보를 위하여 추가적인 노력이 필요하다. 이중 상장으로 인한 자회사 일반 주주의 보호에 취약하다는 비판이 있으므로, 향후 법률 개정 등 추가적인 정비가 필요하며, 취득 후 소각하지 않고 보유하고 있다가 우호 지분 의결권 행사를 위하여 활용된다는 우려와 비판에 직면하고 있는 자기주식에 대하여 보유 한도를 설정하거나 강제 소각토록 하는 방안, 처분할 때 신주발행과 동일한 절차를 적용토록 하는 방안 등 다양한 대안이 제안되어 있으므로 자사주를 활용한 일반 주주 이익 침해의 가능성을 차단하기 위한 조치가 취해질 필요가 있다. 한편 경영진의 위법 및 부당한 행위로 인한 일반 주주의 이익 침해 문제에 대응하기 위해서도 내부자거래 사전공시제도 등의 제도 개선이 지속적으로 이루어져야 할 것이며, 가장 효과적인 수단인 상법상 주주대표소송의 요건을 완화함으로써 제도의 실효성을 확보할 필요가 있다. 특히 다중대표소송의 경우 상장회사 지분율 요건을 충족시키는 것이 큰 장애물로 작용하고 있으므로 대표소송 및 다중대표소송 제기를 위한 소수주주권을 단독주주권으로 전환하거나 비자발적 주주지위 상실 시에는 대표소송의 원고적격을 유지하는 등의 입법적 개선이 필요하다는 주장이 있음에 주목할 필요가 있다.

정보 생산 인프라의 영역에서는 두 가지 과제가 제시되었다. 먼저 대체거래소 활성화를 위한 제도 환경을 조성하고 거래소의 수직적 통합 체제를 근본적으로 재편함으로써 주식 유통시장의 경쟁을 촉진할 필요가 있다. 수평적 시장경쟁 도입은 대체거래소ATS의 시장 진입을 허용하는 방식으로 현실화되고 있다. 대체거래소와 거래소 간 경쟁을 통하여 거래비용 절감과 신속한 거래체결 등 사회 후생 제고가 기대된다. ATS가 본격적인 영업을 시작하는 시점에서 실효적인 경쟁이 가능하도록 거래 가능 상품의 범위를 적절하게 허용하고 한국거래소가 수행할 것으로 보이는 시장감시 업무의 공정성 확보를 위한 방안 등에 대하여 지속적인 논의가 필요하다. 거래소시장과 코스닥시장의 수직적 통합 체제에 대해서도 근본적인 검토가 필요하다. 코스닥 시장은 신시장으로서 성공적이라는 국제적 평가와 달리 국내에서는 높은 변동성, 기관투자자의 참여 미흡, 혁신 기업 상장의 어려움 등 다양한 문제점이 지적되면서 그리 후한 평가를 받지 못하고 있다. 일각에서는 코스닥시장이 유가증권시장 대비 열등한 기업이 상장된 시장이라는 인식으로 인하여 시장 발전이 저해되고 있으므로 독립적인 운용이 필요함을 지적하면서 그 구체적 방안으로 현행 통합운용 체제를 탈피하여 수직적 경쟁 체제를 도입하는 방안을 제시하고 있다. 다음으로 신용평가 시장의 비용 부담 구조에서 발생하는 각종 문제에 대응하기 위하여 신용평가사의 수입 구조에 대한 근본적인 검토가 필요하다. 구체적으로 회사채에 대해 신용평가사 지정제 내지 무의뢰 평가 제도 도입을 검토할 필요가 있다. 이를 위해서는 채권의 발행시장과 유통시장 거래에 대하여 부담금을 징수하여 기금을 조성한 뒤 일정한 요건을 갖춘 적격 신용평가사 전체를 대상으로 무작위 추출 방식으로 순환 지정제를 운용하는 대안을 검토하는 것이 가능할 것이다. 다른 대안으로는 신용평가사가 신용등급을 부여해 발행된 채권 규모와 등급의 정확성accuracy에 신용평가사의 수입 구조를 연계시키는 방안을 검토할 수 있다. 이의 실현을 위하여 지정감사인 제도를 벤치마크하거나 감독기구 산하에 독립된 신용평가사 평가기구 설치 등을 고려해 볼 수 있다.

공시와 회계 제도 영역에서는 먼저 문제가 되는 주식에 대한 거래정지 기간을 대폭 축소 및 최소화하고 새로운 정보가 신속하게 공급되도록 제도를 재설계할 필요가 있다. 또한 성실한 공시를 유도하기 위하여 불성실 공시에 대한 제재를 실효적인 수준으로 강화할 필요가 있다. 가능한 한 거래재개의 요건을 원인 사유의 충실한 공시로 전환하여 정보 공급 촉진의 유인 체계로서 거래정지 제도를 활용하는 방안을 검토할 수 있다. 미숙련 투자자의 잠재적 피해를 차단하기 위해 시장 관리적 측면에서 거래를 장기간 중단하는 성격의 조치는 최소화하고, 새로운 정보를 신속히 공급하도록 유도하여 공정한 정보 경쟁을 촉진하는 방향으로 제도 규정을 재설계하여야 할 것이다. 동시에 조회공시 제도의 고도화된 운영 또한 뒷받침될 필요가 있다. 유의적인 정보 비대칭적 상황으로 판단할 수 있는 사안에 대해서는 포괄적이고 적극적으로 조회공시를 요구할 필요가 있고, 기업은 적시에 내실 있는 공시를 통해 관련 정보의 비대칭적 상황을 신속히 해소하고자 노력하여야 한다. 이를 위해서는 거래소의 시장감시 기능을 대폭 강화하고, 조회공시 내용과 대상 기업을 특정하는 과정에 일관된 원칙과 절차를 마련할 필요가 있다. 우리나라는 민사소송을 수단으로 하는 사적 제재가 발달하지 못하여 단기적으로는 금융 당국이 주도하는 과징금 제도의 역할이 중요하므로 우선은 공시 주체의 내실 있는 정보 공시를 유도하기 위해 과징금 제재를 실효적인 수준으로 강화할 필요가 있다. 보다 장기적 관점에서는 증권집단소송제를 활성화하여 공시 위반 행위에 대한 소송 위험을 현실화하고, 피해 주주의 권익을 보호하는 방안을 적극적으로 강구할 필요가 있다.

부록

대담 : 한국 금융의 미래

사회 : 이기영(경기대 경제학부 교수, 전 한국금융학회장)

토론(가나다 순) : 김우찬(고려대 경영학과 교수) · 신보성(자본시장연구원 선임연구위원)

이종구(김 · 장 법률사무소 변호사) · 정중호(한양대 경제학부 특임교수)

이기영_오늘 바쁜 시간 할애해 대담에 참석해 주셔서 대단히 감사합니다. 한국금융학회는 창립 35주년을 기념해서 한국 금융의 미래를 주제로 향후 10년의 도전 과제와 금융부문의 방향을 모색하는 프로젝트를 진행하고 있습니다. 오늘 대담은 이러한 프로젝트의 일환으로서, 금융분야의 각계 전문가 네 분을 초청해서 한국 금융의 미래를 좌우하는 주요한 이슈를 집중적으로 토론하는 자리로 마련되었습니다. 시간 관계상 바로 토론에 들어가도록 하겠습니다.

Session 1
디지털과 금융의 미래

1. 디지털 경제와 금융

이기영_첫 번째 토론 주제인데요, 디지털 경제에 대한 것입니다. 디지털 경제의 확산은 금융부문에도 지대한 영향을 주고 있어 금융회사와 금융시장이 어떻게 이에 대응해야 하는가에 대한 논의가 많이 있습니다. 그런데 정작 이를 이용하는 국민에게 그것이 어떠한 도움이 되는지, 또는 어떠한 부작용을 경계해야 하는지에 대한 근본적인 질문은 다소 부족한 것 같습니다. 최근 동향을 감안할 때 어떠한 디지털 금융에 특히 흥미 있고 관심이 가는지부터 이야기를 풀어가보겠습니다. 김우찬 교수님은 어떤 것이 흥미 있으신가요?

김우찬_사실 일상생활에서 모바일 뱅킹이라든지 모바일 결제 같은 서비스는 이미 많은 분이 사용하고 계십니다. 또 암호화폐에 투자하는 분들도 대단히 많고, 스타트업이나 정치인들의 경우에는 크라우드 펀딩도 활용하고 있습니다. 그래도 역시 최근에 가장 많은 관심을 받는 것은 인공지능AI이 금융에 미칠 영향이라고 생각됩니다.

특별히 이와 관련해서는 빅데이터를 이용한 AI 기술이 신용평가, 대출심사, 자산운용, 위험 관리 등에 어떻게 활용될지가 관심입니다. 또 AI 기술이 발전하면 고객에게 더 개인화된 서비스 제공이 가능한데, 이와 관련해서 어느 정도의 진전이 이루어질지도 관심사입니다.

이종구_저는 핀테크, 빅테크에 대한 주제는 뒤에서 논의할 거라서 블록체인을 활용한 가상자산 시장 위주로 말씀드리겠습니다. 토큰 증권STO 시장도 규제 체계가 어느 정도 잡혀 있고, 그동안 증권화하기 어려웠던 실물 자산도 증권화를 하였지만 이를 토큰화하는 성격이 강해서 사실 혁신성이 크게 있어 보이지는 않습니다. 그보다는 비증권성 가상자산, 요즘 얘기하는 비트코인이라든지 또는 이더리움이라든지 그런 시장이 더 흥미롭습니다. 물론 내재가치가 존재하느냐, 가격 변동성, 불법거래, 사기 등 많은 문제가 있지만 이 시장이 여러 가지 의미를 가지고 있다고 봅니다. 탈중앙화와 달러 가치 하락으로 인한 중앙은행 불신을 토대로 해서 비트코인이 시작되었지만 최근 움직임은 비트코인 현물 ETF가 미국 SEC로부터 승인된 데서 보듯이 자산으로서의 측면이 강조되고 있습니다. 다만 전통 금융시장에 본격적으로 가상자산이 편입되기 시작하면서 앞으로 많은 변화가 있을 걸로 예상이 됩니다. 특히 기관 자금이 들어오면서 최소한 비트코인이 투자자산으로 인정을 받기 시작하였는데, 이와 더불어 가상자산 생태계가 그 저간이 되는 블록체인 기술 발전과 함께 많이 확산될 걸로 예상합니다. 이는 전통 금융시장 및 빅테크 등과의 경쟁, 그리고 CBDC를 추진하고 있는 중앙은행과 상호작용을 통해서 금융시장, 특히 지급결제 시장에 엄청난 영향을 줄 것으로 예상이 되고 있습니다.

블록체인은 그 장점에도 불구하고 아직 해결할 기술 문제가 있습니다. 소위 블록체인 트라이레마Blockchain Trilemma라고 해서 탈중앙화, 보안성, 확장성 세 가지를 동시에 충족하기 어렵다는 명제가 있는데, 요즘 보안성과 확장성의 문제를 해결하기 위한 기술적·학문적 연구가 많이 진행되고 있습니다. 메인넷의 속도 문제를 해결하기 위해서 레이어 2가 활용되고 있고, 스마트 계약이 가능한 이더리움뿐만 아니라 그것이 불가능한 비트코인에서도 스마트 계약에 버금가는 다양한 기술적 해결을 위한 노력이 진행되고 있습니다. 보안과 확장성의 문제가 어느 정도 해결이 되면 생태계가 한 단계 진화할 걸로 봅니다. 그 경우 소위 Dapp들이 생기면서 실생활에 적용하는 단계로 진입할 수 있을 것으로 예상을 하고요. 일반 대중이 카카오나 아마존 등의 애플리케이션이 어떻게 작동되는지 모르면서도 프로그램을 사용하듯이 앞으로 기초가 되는 기술이 블록체인인지 여부를 물을 필요 없이 활용할 수 있는 애플리케이션이 머지않아 등장하지 않을까 예상합니다. 그리고 요즘은 블록체인 관련 가상자산 말고도 웹3 얘기를 많이 하고 있는데, 이는 개인 정보를 본인이 컨트롤하면서 블록체인상으로 거래나 활동을 하는 걸 크게 일컫는 것으로 금융 영역 외에서의 여러 경제활동에 확산될 것으로 보입니다.

이기영_말씀하신 대로 여러 가지 영역에서 디지털 경제와 디지털 금융이 우리에게 많은 변화를 줄 것은 분명한 것 같습니다. 하지만 이를 우려하는 분도 많은 것 같습니다. 이러한 변화가 인류 전체에 기여하기 위해서는 어떤 부분의 발전이 중요하다고 생각하시나요? 이를 위해서는 어떠한 방향으로 발전되어야 할까요?

김우찬_제가 생각하기에 세 가지 부작용 또는 도전 과제가 있다고 생각됩니다. 먼저, 소비자 보호의 문제가 있습니다. 이와 관련해서는 개인정보 유출 문제, 사이버 범죄의 문제, 빠른 속도로 발전하는 디지털 금융에 적응하지 못하는 디지털 디바이드의 문제를 지적할 수 있습니다. 두 번째는 금융 규제와 감독의 문제입니다. 이와 관련해서는 빅테크와 핀테크 간 규제의 형평성 문제, 자금 세탁의 문제, 사이버 공격에 따른 금융회사 건전성 문제 등을 지적할 수 있습니다. 끝으로 통화 정책과 관련해서는 블록체인 기술을 활용한 탈중앙화를 용인할 것인지 아니면 중앙은행이 직접 디지털 화폐를 발행할 것인지가 중요한 과제라고 생각합니다.

이종구_이미 지적을 하셨는데, 디지털 금융이 편리성, 투명성, 효율성 등 긍정적인 측면이 있지만 한편으로는 개인정보 보호 문제라든지 해킹, 자금 세탁, 또 고령자와 저소득층의 접근성 등 다양한 문제들이 남아 있습니다. 특히 자금 세탁 문제는 우리가 북한하고 대치하고 있는 상황에서 심각한 이슈가 될 수 있습니다. 현재 우리 법에서는 트래블 룰Travel Rule이라는 게 있어서 가상자산의 송수신자에 대한 정보를 가상자산 사업자 간에 제공하도록 요구하고 있기는 하지만 외국에서는 이런 제도가 아직 구비되지 않은 경우가 많고 국내에서도 개인 간 직접 거래 등에는 트래블 룰이 적용되지 않아서 모든 거래가 포착되지 않고 있어 자금 세탁의 문제는 근본적으로 해결되지 않았습니다.

투명성과 관련하여서는, 퍼블릭 블록체인의 경우 모든 정보가 공개되긴 합니다마는 과연 모든 거래가 공개되는 것이 개인정보 보호 차원에서 바람직한 거냐 하는 데는 이견이 있어서 투명성과 개인정보 보호 두 가지를 어떻게 조화할지가 이슈인 것 같습니다. 최근 암호학이 발전하면서 가상자산 거래에서 개인 키를 공개하지 않고 거래를 효율화하는 영지식, 소위 제로날리지zero knowledge 솔루션이 적용되기 시작했고, 또 암호화된 상태에서 정보의 연산을 하는 동형 암호 기술 등이 발전을 하면서 개인정보 보호와 거래의 투명성이 조화롭게 공존하는 그런 시기가 오지 않을까 기대합니다.

그리고 탈중앙화에 대해서도 가상자산을 많이 보유한 자들의 의사결정력이 커서 과연 탈중앙화가 실제 작용하는지에 대한 비판도 있고, 중앙화된 기구가 대신 일을 처리해 주는 것이 더 효율적일 경우도 있어 탈중앙화가 항상 좋은 것인지에 대한 의문도 제기되고 있습니다. 결국 금융이 자금의 수요와 공급을 매개하는 기능을 하고, 금융혁신은 시장의 공백 또는 실패가 있을 경우에 이를 메꾸고 대체하는 것이라고 보면, 현재 제3의 중앙화된 금융회사 등의 비효율성을 어느 정도 제거하고 소비자들 간에 직접 거래하고 분산원장으로 해킹을 방지하는 방식으로 진화하게 될 것 같습니다.

이기영_네, 고맙습니다. 하지만 디지털 금융의 발전이 모두에게 동등하게 혜택이 가지도 않고 때로는 경제주체들 간 갈등을 야기하기도 하는 것 같습니다. 디지털 금융의 발전과 관련해서 좀 더 현실적인 고민을 해보기로 하지요. 빅테크 기업과 기존 금융회사와의 관계입니다.

디지털 금융의 발전으로 빅테크 기업이 전통적으로 금융회사가 했던 기능을 대신하는 경향이 관찰되고 있습니다. 특히 플랫폼 경제의 발전은 금융회사와 빅테크 기업 간 디지털 금융의 영역을 둘러싼 갈등을 유발하고 있습니다. 이 과정에서 금융회사란 무엇인가에 대한 전통적인 이론과 비금융회사와 금융회사에 대한 분리의 유효성에 대한 의문도 제기되고 있는 실정입니다. 과연 디지털 경제에서 금융회사와 비금융회사 간의 영역 분리가 더 이상 무의미하거나 유효성이 없는 것인가요? 디지털 금융 시대에 금융회사와 빅테크 간의 영역 구분은 어떻게 정립되어야 할까요?

신보성_최근 플랫폼 빅테크 기업들이 엄청난 집객 효과를 바탕으로 금융업계에 속속 진출하고 있습니다. 여기에다 빅테크 기업들의 인터넷은행업 진출도 이루어진 상태입니다. 그런데 이들 빅테크 기업은 본질적으로 산업자본입니다. 이처럼 산업자본의 금융업, 특히 은행업 진출이 이루어지자 은행들이 강하게 반발하고 있는 형국입니다. 즉, 상호주의 원칙 하에 은행들도 테크 기업을 비롯한 본질적으로 금융에 해당하는financial in nature 것이 아닌 영역에도 진출할 수 있도록 규제 완화를 요구하고 있는 것이지요.

결론부터 말씀드리면 상호주의 원칙을 들어 은행이 빅테크 등 금융과 무관한 부문에 진출하는 것은 바람직하지 않다고 생각합니다. 제가 이렇게 말씀드리는 첫 번째 논거는 불공정 경쟁의 가능성입니다. 은행은 다른 산업과는 달리 최종 대부자 기능, 예금보험, 지급보증 등 소위 안전망safety net을 제공받고 있습니다. 따라서 우리나라 은행이 망한다는 것은 사실 생각도 할 수 없는 일입니다. 그리고 은행에 주어지는 안전망은 평소 자금 조달 비용funding cost 하락이라는 형태로 암묵적 보조금을 제공합니다. 은행이 누리는 특권은 이뿐만이 아닙니다. 현재의 부분준비제도에서는 통화량의 대부분을 중앙은행이 아닌 민간은행들이 만들어 내고 있습니다. 예금통화 창출을 통한 엄청난 시뇨리지 역시 오직 은행만이 누리는 배타적 특권인 것입니다. 이처럼 안전망이 제공하는 암묵적 보조금에다 시뇨리지에 따른 이익까지 독점하고 있는 은행이 여타 부문에 진출할 경우 심각한 불공정 경쟁 문제를 야기할 수밖에 없습니다. 안전망과 시뇨리지 혜택을 누리는 은행과 나머지 경제주체들 간의 경쟁은 출발선 자체가 다르다는 것이지요. 따라서 은행들의 빅테크 부문 진출을 그들이 주장하는 것처럼 상호주의 관점에서 접근해서는 안 된다고 생각합니다.

올바른 접근방식은, 다양한 특권을 누리는 은행의 타 부문 진출을 계속 엄격히 규제하는 한편, 빅테크 기업의 시장지배력 확대에 보다 강력한 규제를 부과하는 것이라 생각합니다. 이는 물론 공정위 소관이 되겠지요. 제 요지는 빅테크 기업의 시장지배력 확장은 별도로 접근할 사안이며, 따라서 은행의 빅테크 등 신사업 진출 확대의 논거가 되어서는 안 된다는 것입니다.

은행의 빅테크 등 신사업 진출에 반대하는 두 번째 논거는 금융시스템 리스크입니다. 테크 부문 등에 은행의 진출을 허용하는 이유로 경쟁을 통해 기술혁신을 촉진하려는 목적도 있다고 봅니다. 하지만 신기술이라는 게 경계가 모호합니다. 그래서 일단 은행이 신기술이라는 명목으로 타 부문으로 진출하는 물꼬가 트이면 이를 되돌리기 어렵다고 생각합니다. 무엇보다 은행은 안전망 덕분에 하방 리스크가 제거된 상태인데, 이런 상황에서 신기술이라는 명목으로 모험적인 사업을 벌여 실패했을 때의 부담은 고스란히 납세자에게 귀속됩니다. 이런 측면에서 적어도 안전망의 우산 아래 있는 은행이 여타 부문에서 경쟁을 펼칠 여지는 가급적 차단하는 게 바람직하다고 생각합니다.

정중호__디지털 기술에 기반한 플랫폼의 등장은 전통적인 산업 간 경계가 사라지는, 소위 빅블러 현상을 초래했습니다. 이는 금융산업에서도 보편적인 흐름이 된 지 오래되었지요. 대형 플랫폼 사업자들이 금융서비스와 비금융서비스를 결합하여 새로운 가치를 제공하는 융복합서비스 내지 재묶음화Re-Bundling 전략은 금융-비금융을 망라하여 점점 더 핵심적인 경쟁전략이 되고 있습니다. 디지털 경제에서 금융회사와 비금융회사 간 영역 분리는 더 이상 명확하지 않은 게 사실입니다. 국내에서도 간편결제를 필두로 핀테크, 빅테크로 불리는 기술 기반 사업자들이 출현하였고, 디지털 금융에 대한 정부의 강력한 의지 하에 인터넷 전문은행, 규제샌드박스, 금융상품 중개 허용, 오픈뱅킹, 마이데이터 등 다양한 제도 변화가 나타났습니다. 이를 통해 플랫폼 사업자들은 라이선스 취득, 인수나 파트너십 등 다양한 방식으로 금융업 진입을 확대해 왔습니다. 반면에 금융법제를 근간으로 하는 금융규율 체계는 이렇듯 빠르게 진화하고 있는 산업과 시장의 변화를 따라가지 못하고 전통적인 분류체계와 기준을 고수하고 있는 게 사실입니다. 더구나 대형 플랫폼 사업자들의 금융업 진출 허용이 대부분 기존 금융법제를 우회하거나 예외를 인정하는 방식으로 이루어졌다는 것도 지적되어야 합니다.

여기에서 발생하는 첫 번째 문제가 바로 비대칭 규제 이슈입니다. 규제 정합성의 관점에서 볼 때 지금까지 이루어진 디지털 금융 정책은 기존 금융회사에게는 과잉 규제를, 대형 플랫폼 사업자에게는 과소 규제라는 불균등한 규율 체계를 초래했다고 생각합니다. 소위 기울어진 운동장 이슈입니다. 두 번째는 이 문제를 해결하기 위한 바람직한 규율 체계가 무엇인가 하는 이슈입니다. 우리나라가 지금까지 채택하고 있는 업종별·기관별 규율 체계가 플랫폼과 융복합화로 대표되는 디지털경제에서도 여전히 유효한가 또는 작동 가능한가라는 물음이지요. 제 생각에 기존의 업종 중심 분류체계에 입각한 규율 체계는 더 이상 작동하지 않습니다. 동일 기능-동일 규제라고 하는 기능별 또는 횡단적 규율 체계로의 전환이 필요하다고 생각합니다.

물론 여기에는 전제가 있습니다. 앞서 언급한 디지털 금융의 발전이 금융소비자들의 이용 편의성을 제고하고, 정보비용이나 거래비용을 낮춰줌으로써 긍정적인 후생효과를 가져다 주었다는 판단입니다. 영역 간 분리보다 융복합화로 인한 사회적 편익이 충분히 크다면 우리가 나아가야 할 방향은 명확해 보입니다. 불균등한 규제 적용 및 과잉-과소 규제 해소를 통한 금융규율 체계의 일관성 확립을 한 축으로, 소비자의 편의성 제고 및 혁신적 서비스의 촉진을 다른 한 축으로 하는 규제 혁신이 필요하다고 생각합니다.

신보성__한 가지 보태면, 저 역시 정 소장님이 말씀하신 빅테크에 대한 과소 규제 문제는 심각하게 바라봐야 한다고 생각합니다. 다시 말해, 은행이 주장하는 상호주의 접근방식은 불공정 경쟁과 시스템 리스크 문제를 야기할 수 있기 때문에 은행에 대한 규제 완화가 아니라 빅테크에 대한 규제 강화 쪽으로 접근하는 것이 타당하다는 겁니다.

정중호__규제 강화가 해법인가에 대해서는 좀 더 고민해야 하는 문제라고 생각합니다. 이 문제는 디지털 금융의 발전이 가져다주는 사회경제적 영향에 대한 평가와 관련이 있을 겁니다. 이를테면, 과소 규제된 영역의 부작용을 막기 위해 규제를 강화해서 규제 수준을 맞추는 방식이 경제 전체의 효익과 효율성, 그리고 안정성에 도움이 될 것인지, 아니면 과잉 규제되는 부분들을 일정한 조건 하에서 규제 수준을 낮추는 것들이 사회적 편익과 소비자 후생을 높이는 것인지에 대해서는 좀 더 구체적인 고민들이 필요하다고 봅니다. 이건 선험적으로 얘기할 수 있는 건 아닌 것 같다는 생각이 좀 들고요.

그리고 신 박사님께서는 은행들이 상호주의 원칙을 내세우면서 비금융 영역 진출을 요구한다고 말씀하셨지만, 그게 전면적으로, 예를 들어 여태까지 하지 못했던 비금융업무 전부를 다 풀어줘라는 식은 아니라고 봅니다. 그거는 신 박사님이 말씀하신 여러 가지 우려 사항들이 우후죽순격으로 발생할 것이 명백하기 때문에 저도 별로 바람직하지도 않고 관리가 가능하지도 않다고 생각합니다. 하지만 이것들을 일정한 조건이나 요건들을 확립하고 적용하면서 이 문제에 접근하는 것은 진지하게 고민할 필요가 있다고 생각합니다. 어떤 게 더 우리 사회 전체의 편익을 높이는 방법인가가 핵심이겠지요.

이종구_지금 말씀하신 그런 이슈는 고민할 게 많다는 데 동의합니다. 제 생각에는 영역 분리가 더 이상 무의미하거나 유효성이 없는 건 아니고, 다만 영역이 모호해져 가니 규제의 한계를 어디까지 할 거냐 하는 게 이슈인데요. 결국 '동일 기능, 동일 규제 원칙'이 상당히 중요하다고 봅니다. 앞으로 플랫폼 기업, 즉 빅테크 기업이 금융을 안 할 수 없을 것이고, 전통 금융회사들도 자꾸 다른 분야로 넘어가려고 하는 추세를 거스르기는 어려울 것 같습니다. 그런 상황에서 그러면 어떤 규제 프레임워을 가져가야 될 거냐 하는 건데 결국은 '동일 기능, 동일 규제' 원칙을 잘 적용하는 방향이 맞는 것 아니냐는 생각입니다.

이기영_관련해서 금융정책적인 측면을 더 생각해 보는 것도 필요할 것 같습니다. 이처럼 금융회사와 빅테크 기업의 역할이 혼재되는 양상이 나타나면서 일부에서는 금산분리 원칙이 폐기되어야 한다는 주장을 하고 있습니다. 어떻게 생각하시는지 말씀해 주시면 고맙겠습니다.

신보성_앞서 말씀드린 바와 같이 은행만이 누리는 안전망과 시뇨리지라는 특권을 고려할 때 은행이 금융과 무관한 분야에 진출하는 것은 차단되어야 한다고 생각합니다. 동시에 빅테크를 비롯한 산업자본이 은행업에 진출하는 것 역시 차단되어야 할 것입니다. 빅테크를 비롯한 산업자본이 은행업을 영위하는 순간 이들에게도 안전망이라는 우산이 제공될 수밖에 없고, 결국은 납세자 부담도 그만큼 커지기 때문입니다. 결국 은행의 비금융부문 진출, 산업자본의 은행업 진출은 양 방향 모두 규제되어야 하며, 따라서 은산분리는 지속되어야 한다고 생각합니다.

정중호_우선 저는 금산분리 원칙 자체는 역사적으로나 논리적으로 매우 중요한 규율 원칙이라고 생각합니다. 다만 아까도 말씀드렸던 것처럼 이러한 영역 분리가 적어도 시장 영역에서 더 이상 명확하게 작동하지 않는 금융환경 하에서는 좀 더 현실적이고 유연한 해법을 찾아야 한다고 생각합니다. 또한 산업 간 융복합화로 대변되는 디지털 혁신이 가져다줄 수 있는 사회적 편익을 얼마나 가치 있는 것으로 평가하느냐에 따라 규제 방향도 달라질 수 있다고 생각합니다.

저는 일본의 금융규제 개혁 사례가 좋은 참고가 될 수 있다고 생각하는데요. 일본은 디지털 혁신에 의해 새로이 등장하는 다양한 서비스를 포괄할 수 있는 유연한 규율 체계를 확립한다는 큰 틀에서 2010년대 중반 이후 대대적으로 업종별 금융규제 체계를 기능별 횡단적 규제 체계로 전환하고 있습니다. 이로부터 자연스럽게 연결되는 게 이러한 기능별 규율 체계 하에서 은행의 업무 범위 규제는 어떻게 해야 하는가 하는 문제입니다. 일본은 2021년 은행법 개정을 통해 은행이 자회사로 둘 수 있는 '은행업 고도화 등 회사'가 영위할 수 있는 업무 범위를 대폭 확대하였습니다. 2016년에 처음 도입된 '은행업 고도화 등 회사'는 이전에는 주로 핀테크 회사에 대한 출자에 한정된 것이었는데, 이 개정안으로 지역경제 활성화, 산업생산성 향상, 기타 지속 가능한 사회 구축에 기여하는 업무를 수행하는 회사로 그 대상이 확대되었습니다. 여기에는 저출산·고령화, 기업 구조조정이나 사업 승계 등과 같이 일본 사회가 안고 있는 구조적 문제에 대한 대응이나 벤처 지원, 지역경제 활성화, 기후변화 대응 등을 위해 은행의 사회적 역할 확대가 긴요하다는 인식이 깔려 있습니다. 2021년의 은행법 개정이 2020년에 발표된 일본 국가성장전략의 후속조치로 논의되었다는 사실에 주목할 필요가 있습니다.

그렇다고 아무 영역이나 진출을 허용하는 것은 아닙니다. 기본적으로 제조업이나 상품 가공 등은 여전히 엄격하게 금지하고 있으며, 통상의 자회사 인가 기준보다 엄격한 추가 기준을 적용합니다. 이를테면 해당 자회사에 대한 출자가 전액 훼손되더라도 은행의 손익에 미치는 영향은 양호해야 한다든가, 거래상의 우월적 지위를 부당하게 이용하여 거래조건 등에 불공정한 행위를 할 우려가 없다고 인정되어야 합니다. 즉, 업무 범위 규제 완화가 애초 은산분리 원칙의 도입 취지인 금융안정 훼손이나 불공정 경쟁을 초래하지 않도록 규율하고 있는 겁니다. 결국 금융과 비금융의 경계가 명확했던 시대에 확립된 은산분리 규제를 규제 빅블러 시대에도 그대로 적용하기는 어려운 거 아닌가 생각합니다. 오히려 동일 기능-동일 규제 원칙 하에서 은산분리 원칙의 도입 취지를 살리되, 혁신의 사회적 편익과 금융 안정 사이에 균형을 찾는 게 필요하다고 생각합니다.

김우찬_사실 금산분리 원칙은 이미 부분적으로 폐기됐습니다. 아시겠지만 인터넷 전문은행이 등장하면서 비금융 주력자의 의결권 지분을 34%까지 인정해 줬기 때문입니다. 더 큰 문제는 동일 기능, 동일 규제도 하지 않고 있다는 것입니다. 인터넷 전문은행도 은행인데 증권회사나 보험회사에 적용되는 대주주 적격 심사 기준보다 완화된 기준이 적용되고 있기 때문입니다. 예컨대, 인터넷 전문은행의 경우 은행 지분을 직접 소유한 자에 대해서만 대주주 적격성 심사를 하고, 은행을 사실상 지배하는 자에 대해서는 심사하지 않습니다. 또한 인터넷 전문은행의 경우 대주주가 담합이나 시장지배력 남용으로 공정거래법을 위반해도 대주주 적격성에 아무런 문제가 없습니다.

이종구_지금 대부분 은산분리를 얘기하시는 것 같은데, 이 은산분리가 왜 들어왔나를 역사적으로 생각해 보면 산업자본이 금융자본을 컨트롤하게 되면서 자기들에게 유리하게 자금을 운용하는 문제 때문이잖아요. 그런데 최근 디지털화가 진전되면서 산업자본이 금융자본을 컨트롤하는 데 핵심이라고 볼 수 있었던 정보의 비대칭성 문제는 정보가 실시간 공유되어 상당 부분 통제가 가능하게 되었고, 감독 당국의 기능도 많이 좋아져서 원래 은산분리 시 고려했던 그 이슈는 상당히 극복된 거 아닌가 하는 생각입니다.

김우찬_제가 추가적으로 말씀을 드리면 국제 금융위기 이후 미국 학계에서는 은산분리의 필요성이 오히려 더 강조되었습니다. 은행 주주의 과도한 위험 추구 성향 때문입니다. 은행업은 기본적으로 차입금에 해당하는 예금으로 장사를 하는 업종인 데다가, 신보성 박사님께서도 말씀하셨지만, 이 차입금에 대한 명목적 또는 암묵적 지급보증으로 인해 주주의 위험 추구 성향이 높을 수밖에 없습니다. 대주주가 존재하면 더욱 그렇습니다. 따라서 은행법상의 여러 규제와 감독으로 사금고화나 불공정거래 이슈가 해소되었다고 은산분리의 근거가 사라지는 것은 아닙니다.

신보성_저도 한 마디 덧붙일까 합니다. 제가 이 변호사님 말씀의 취지를 정확히 이해했는지 모르겠지만, 감독 당국이 금융회사에 대한 정보를 충분히 확보하고 있어 효과적인 감독이 가능하므로 규제는 완화해도 되지 않겠냐고 말씀하신 것으로 판단됩니다. 다시 말해 요즘 같은 세상에서는 사전 금지처럼 거친 접근이 아니라 감독 당국의 역량에 의존하는 세련된 접근법이 보다 효율적일 수 있다는 말씀인 것 같습니다.

아쉽지만 역사적 경험은 그렇지 않음을 보여줍니다. 미국에서 글래스스티걸법을 제거할 때도 정확히 동일한 주장이 비등했습니다. 이에 따라 은행업과 증권업 분리 규제는 철폐하되 은행의 위험 추구를 사후 감독으로 보완하는 것으로 결론이 났습니다. 하지만 규제 철폐 이후 10년도 지나지 않아 글로벌 금융위기를 맞았지요. 감독이 실패하는 이유는 모럴 해저드 유인이 너무 강해 외부자인 감독 당국이 이를 막을 재간이 없기 때문입니다. 안전망이라는 우산 덕분에 하방 리스크가 제거된 상태에서 모험적 자산운용이 가능해질 경우 기대와 달리 사후적 감독은 효과를 내기 어렵다는 겁니다.

은산분리 규제도 마찬가지라고 생각합니다. 은행이 빅테크 등 비금융업종으로 진출하는 벽이 일단 허물어지고 나면 안전망을 남용하려는 유인이 너무나 강하기 때문에 이러한 유인을 사후 감독으로 차단하는 것은 불가능합니다. 물론 산업자본이 은행업에 진출하는 경우도 마찬가지구요. 따라서 거칠기는 하지만 사전 금지 규제를 통해 은행업이 산업자본과 결합되는 것을 원천적으로 차단하는 것이 바람직합니다. 일반적으로 시스템 리스크를 억제에는 모듈화modularization가 유용한 것으로 알려져 있는데, 은행과 산업자본 분리는 이러한 모듈화를 금융에 적용하는 하나의 사례에 해당한다고 볼 수 있습니다.

2. 미래의 화폐제도

이기영_역시 뜨거운 토픽입니다. 꼭 마지막으로 첨언을 하셔야 되겠다 하시는 분 없으시면 열기를 식히기 위해서 다음 주제로 넘어가 보지요. 디지털 금융의 발전이 중앙은행을 중심으로 한 화폐제도를 어떻게 변화시킬지도 많은 말들이 오가는 주제입니다. 많은 사람들이 디지털 화폐 또는 디지털 자산의 발전이 중앙은행을 축으로 한 화폐제도를 전면적으로 변화시킬 것이라고 전망합니다. 하지만 그 방향에 대해서는 의견이 엇갈립니다. 비트코인 등 암호화폐가 기존의 중앙집중적인 화폐제도를 대신해야 한다는 주장과 중앙은행이 CBDC 구축 등을 통해서 화폐제도의 중심으로 남는 것이 현실적이라는 주장이 팽팽히 의견을 달리하고 있습니다. 어떻게 전망하시나요? 미래의 바람직한 화폐제도는 어떠해야 할까요?

이종구_블록체인을 활용한 가상자산 시장과 중앙은행 디지털 화폐 간에 상당한 경쟁이 예상됩니다. 지금 여러 나라 중앙은행이 CBDC를 테스트하거나 검토 중에 있고, 한국은행도 CBDC 활용성 테스트를 진행하고 있습니다. 법화의 디지털화를 통해서 화폐의 지급 한도, 사용처 등을 프로그램화할 수 있는 수준으로 소위 Programmable Money가 가능한 수준으로 기술이 발전하였다는 측면과, 민간 시장에서 중앙은행 발행 통화를 위협할 만한 디지털 화폐의 사용이 가속화할 경우에 통화 정책이나 국가의 경제 통제권이 약화될지도 모른다는 우려가 서로 상승 작용을 일으키면서 진행이 되고 있는데요. 중앙은행이 CBDC를 발행할 경우에는 자국 내에서 국민이 믿고 활용하는 측면이 강할 것이고, 그만큼 가상자산에 대한 수요는 줄어들 수 있을 겁니다.

그러나 국경 간 거래의 편의성, 또 가상자산에 대한 가치 저장 수단으로서의 수요, 기타 생태계의 발전 정도에 따라 그 경쟁이 어떻게 될지는 현재로선 예단하기가 어려운 것 같습니다. 가상자산 시장에서는 이미 스테이블코인이 결제수단으로 활용되고 있는데, 향후 CBDC가 활성화될 경우 스테이블코인과 CBDC 간의 주도권 다툼이 있을 것으로 보입니다. 국민의 중앙은행에 대한 신뢰가 어느 정도 있는 나라에서는 CBDC가 우세할 것으로 예상되는데, CBDC의 실제 활용 사례, 개인정보의 국가의 접근에 대한 불안감 해소 방안 등 요소들에 영향을 받을 것으로 보입니다.

그러나 금융시장이 불안하고 자국 통화의 평가 절하 등에 불만인 나라에서는 과연 그렇게까지 CBDC가 널리 받아들여질 수 있을지는 잘 모르겠습니다. 그래서 CBDC와 가상자산 간의 경쟁은 결국 장기적으로는 양자가 비교우위가 있는 곳에서 균형을 찾을 것으로 보이는데, 현재 기술의 급격한 변화, 정치·경제 환경의 변화에 따라 나라마다 그 균형을 찾는 시점과 결과는 다를 걸로 저는 예상을 하고 있습니다. 디지털 화폐의 경제 내의 중요성이 커질수록 중앙은행의 통화정책 경로와 시스템 안정성 등이 기존과 많이 달라질 수 있는데, 이는 앞으로 각국 금융 당국의 골치 아픈 문제로 와닿을 걸로 보입니다.

BIS 중심으로 여러 나라에서 이루어지고 있는 CBDC 활성화 실험의 결과도 중요한데요. 소위 '화폐의 단일성Singleness of Money' 관점에서 볼 때 민간에서 발행되는 스테이블코인이 발행회사의 부채이고, 발행회사가 파산할 가능성이 언제나 있기 때문에 법화와 교환 가격이 변동할 가능성이 있는 것이 사실입니다. 그렇기 때문에 결국은 중앙은행이 백업하는 CBDC가 훨씬 나은 대안이라고 주장을 하고 있습니다. 일리가 있는 견해이기는 하지만 결국 시장에서 CBDC의 장점에 비해서 민간 시장에서 발행된 화폐가 보다 편하고 유익하다고 판단할 경우 CBDC가 이길까는 아직은 예단하기 어려울 것 같습니다. 사용자의 편의성과 정책 효율성을 동시에 달성할 수 있도록 유연한 제도가 정착되는 것이 바람직하지 않을까 하는 생각을 해봅니다.

정중호_이종구 변호사님께서 잘 설명해 주셨는데요. 디지털 화폐의 도입에서 핵심적인 관건은 Programmable Money를 가능하게 해주는 기술, 즉 토큰화tokenisation 기술에 기반한 거래의 효율성 향상 등 잠재적 이점과 금융거래 시스템의 안정성 간 최적 조합을 찾는 것입니다.

현대 화폐시스템은 중앙은행이 발행하는 현금통화와 상업은행의 부채인 예금통화 2층 체계two-tier system로 작동하고 있습니다. 상업은행은 예금통화를 통해서 지급결제 서비스와 신용 서비스를 제공하고, 중앙은행은 상업은행이 창출한 화폐, 즉 은행 부채를 지급준비금으로 전환해 준다는 신뢰성 있는 약속을 제공하는 역할 분담에 기초하여 화폐시스템이 작동하고 있습니다. BIS의 신현송 박사가 지적하듯이 이러한 2층 시스템의 토대는 '화폐의 단일성' 유지에 있습니다.

그러나 스테이블코인의 가치는 현금 상환을 약속한 발행자 약속의 신뢰성에 의존합니다. FTX, 루나-테라 사태에서 보듯이 자신이 발행한 코인의 100%를 현금통화로 보유하지 않는 한 액면가로부터의 이탈이나 소위 코인런coin-run은 스테이블코인 세계에서 쉽게 발생할 수 있습니다. 화폐의 단일성에 대한 신뢰가 무너지면 금융시장도 더 이상 작동하지 않거나 금융위기를 초래할 수도 있을 겁니다. 그렇다고 디지털 화폐를 CBDC로 일원화하는 것도 문제가 있습니다. 소위 보편적Universal CBDC의 도입은 금융 긴장 시 은행 예금이 중앙은행으로 유출되는 탈중개화 위험이나 국가 간 통화 대체 위험 등을 증폭시킬 수 있기 때문입니다. 게다가 중앙은행은 직접 KYC, AML 등의 관리와 인프라 운영 등 컴플라이언스 책임을 부담해야 합니다.

그보다는 현재의 2층 시스템과 유사하게 은행이 발행하는 디지털 화폐인 예금토큰과 CBDC의 조합이 바람직하다고 봅니다. 중앙은행은 도매용 CBDC를 발행·유통시키면서 디지털 화폐의 최종 대부자 기능을 수행하고, 시중은행은 예금토큰을 발행하여 민간에 디지털 화폐 유동성을 공급하는 형태인 거죠. 만일 추가적으로 비은행 사업자의 진입이 필요하다면, 이들은 완전지준제도 기반 하에서 스테이블코인을 발행하게 하고, 결제 및 지급 서비스를 제공하되 대출과 예금 수취는 금지하는 겁니다. 아니면 이들의 보유자산을 전액 은행 예금으로 예치하도록 의무화하는 방법도 있을 겁니다. 보유자산을 100% 지준금으로 중앙은행에 예치하거나 상업은행 예금으로만 예치하게 되면 이들의 신용 창출을 억제할 수 있고, 긴급유동성과 같은 금융안전망에 편입시킬 이유도 없습니다. 대신 규제 수준도 상업은행에 비해 낮은 수준으로 설계할 수 있고요. 수수료에 기반한 지급결제 사업자로 자리매김하는 것이죠.

하지만 디지털 화폐 도입에서 우리가 현실적으로 부딪히는 문제가 몇 가지 있습니다. 첫째, 디지털 화폐를 발행할 수 있는 비은행 지급결제 사업자의 요건, 자격은 어떠해야 하고, 어떻게 규율할 거냐라는 이슈가 있습니다. 둘째, 디지털 화폐 도입 시 효율성이 제일 높다고 생각하는 게 국경 간 거래인데, 이 국경 간 거래가 초래할 부작용이나 리스크가 분명히 있단 말이죠. 아까 화폐 주권도 말씀을 드렸지만, 그러면 이 국경 간 거래에서의 이 디지털 화폐의 허용 범위를 어떻게 할 것이냐도 고민거리입니다. 셋째, 통화정책의 유효성 또는 통화정책 전달 메커니즘의 작동 방식이 이전과 어떻게 달라질 것인지, 또는 관리 가능한 것인지 여부에 대해 검토가 필요합니다. 이 세 가지 문제가 깊이 있게 검토되어야 디지털 화폐에 기반한 새로운 화폐시스템의 모습이 좀 드러나지 않을까 싶습니다. 아직까지는 불확실성이 많이 남아 있다 이렇게 봅니다.

신보성_민간의 디지털 화폐가 주권화폐와 대등한 수준에서 경쟁할 것이라는 예상에 대해 저는 다른 생각을 갖고 있습니다. 결론부터 말씀드리면, 민간 디지털 화폐의 사용은 제한적일 수밖에 없고, 따라서 주권화폐를 보완하는 역할에 머물 것이라 판단합니다. 일례로 우리가 세금을 낼 때 정부는 주권화폐만을 수용합니다. 따라서 설령 민간 디지털 화폐가 시중에서 일부 유통된다고 하더라도 세금이나 벌금 등의 납부를 위해 반드시 주권화폐로 바꿔야 하는 시점이 도래합니다. 민간 디지털 화폐가 제한적·보완적 용도로만 사용될 것이라고 말씀드리는 것은 이 때문입니다.

나아가 통화와 국가는 애초 분리 불가능한 것이라 생각합니다. 즉, 일국의 통화는 헌법적 지위를 갖는 것으로 해당 국가와 결코 분리될 수 없습니다. 통화 창출 및 이와 관련한 인프라는 국방, 치안 등과 마찬가지로 주권국가가 독점적으로 제공해야 하는 공적 서비스에 해당한다는 것입니다. 이러한 점에서도 적어도 지금과 같은 주권국가가 존재하는 한 민간 디지털 화폐의 영역은 한정될 수밖에 없다고 생각합니다.

그리고 민간이 발행한 스테이블코인에 대한 얘기가 있었는데요. 민간업자가 스테이블코인의 안정성을 확보한다는 명목으로 국채를 비롯한 우량채를 담보자산으로 보유할 경우 이러한 비즈니스 모델은 정확히 은행업에 해당합니다. 채권 등 수익성 자산을 보유하면서 무수익 스테이블코인을 발행해 준다는 점에서 은행이 대출을 통해 예금통화를 창출하는 것과 다를 바 없기 때문입니다. 즉, 민간 스테이블코인 업자는 은행과 마찬가지로 통화 창출을 바탕으로 시뇨리지를 얻는 것이며, 따라서 이들 업자를 은행과 같은 수준으로 규제해야 한다는 것이지요.

이종구_지금 가상자산 시장만 커지는 게 아니고 젊은이들이 갈수록 가상세계에서 많은 생활을 하잖아요. 특히 게임 같은 거요. 메타버스도 앞으로 확대될 거고요. 이렇게 되면서 우리 경제 자체가 가상화될 가능성이 많거든요. 그래서 결국은 이제 돈이 현실 세계로 안 나와도 되는 사회가 오는 거지요. 가상세계에서 그냥 계속 살면 되니까. 그렇기 때문에 스테이블코인이 장기적으로 어떻게 될 거냐를 한 번 더 생각해 봐야 될 것 같아요.

그 다음에 제가 걱정하는 건 이런 겁니다. 지금 이미 스테이블코인이 엄청나게 규모가 커지고 있어요. 최근 뉴스에도 나왔는데, 일본에서도 신탁은행들이 스테이블코인을 발행하기 시작했는데요. 홍콩에서도 발행을 한다고 하구요. 결국은 지금까지 Financial Stability Board 등 국제기구에서는 아직 스테이블코인의 발행 규모가 크지 않기 때문에 금융 안정성에 미치는 영향은 적다고 보았는데요. 그런데 기초가 되는 담보 물건이 국채나 공채, 우량 회사채 이런 거잖아요. 갈수록 발행량이 많아지면서 실물경제랑 연계성이 커지게 되지요. 그래서 앞으로 이 스테이블코인의 향배가 매우 중요하겠다. 그러니까 혹시 테라-루나 사태, FTX 사태 같은 가상자산 시장의 붕괴가 올 경우 그 지급결제 수단인 스테이블코인으로 인한 실물경제에 미치는 파급 효과를 상당히 주시해야 할 것 같다는 생각입니다.

신보성_본래 스테이블코인이라고 하면 코인 발행 시 고객에게 받은 돈을 운용하면 안 됩니다. 그런데 만약 받은 돈으로 국채라든지, 회사채라든지 이런 수익이 나는 자산을 매입하는 순간 은행업이 되는 거죠. 일부 가상공간에서의 필요 때문에 스테이블코인에 대한 수요가 있을 수 있다는 의견에 대해서는 충분히 공감합니다. 스테이블코인 시장이 확대된 데는 수요 측 요인이 일부 작용했다는 겁니다. 하지만 사람들의 수요보다는 민간업자들의 시뇨리지 획득을 위한 공급 측 요인이 스테이블코인 시장의 확대에 결정적인 역할을 하고 있다고 생각합니다. 일례로, 스테이블코인 발행 시 받은 돈을 100% 그대로 보관하고 있으면 문제 될 게 없고, 규제도 불필요합니다.

그러나 그렇게 하는 민간업자는 들어본 적이 없습니다. 죄다 코인 발행 시 받은 돈을 수익성 자산으로 운용하고 있습니다. 자산과 부채 간 수익률 차이를 앉아서 쉽게 얻으려 하는 것이죠. 결국 많은 민간업자들이 스테이블코인을 앞다투어 발행하는 것은 은행업 라이센스 없이 시뇨리지를 먹으려고 하는 것 그 이상도 이하도 아닙니다. 민간 스테이블코인 시장이 커지면 은행 위기와 같은 사례가 충분히 나타날 수 있습니다. 그러니까 일정 수 이상의 고객이 한꺼번에 스테이블코인을 현금화해 달라 요구할 경우 민간업자들은 보유자산을 대거 매각해야 하고, 이로 인해 전체 자산시장이 충격을 받아 자산가격이 폭락하는 문제가 발생합니다.

정중호_신 박사님께서 지적하신 문제들을 방지하기 위해서는 스테이블코인 발행자의 법적 지위나 규제 수준에 대해 다각적이고 심도 깊은 검토가 필요하다고 생각합니다. 이와 관련해서 20221년도에 영란은행이 스테이블코인을 제도화하는 4가지 유형을 제시한 적이 있습니다. 앞서 말씀드린 것처럼, 첫째, 보유자산을 100% 중앙은행 지준금으로 보유하도록 의무화하는 방법, 둘째, 보유자산을 전액 상업은행 예금으로 예치하는 모델이 있구요. 셋째는 스테이블코인 발행자를 아예 은행으로 인가하고, 기존의 은행 규제를 전부 적용하는 모델도 언급하고 있습니다. 마지막으로 보유자산을 국공채 등 고유동성 자산으로 제한하는 모델도 제시하고 있습니다. 뒤의 두 모델은 부분지준제도에 편입되고, 긴급유동성에 대한 접근이 가능한 형태가 되겠지요. 그러면서 해당 사업 모델이 초래하는 위험에 따라 모델별로 자본 규제나 유동성 규제, 리스크 관리 등 여러 가지 규제 수준들을 차등화해서 적용하는 방안은 검토할 만하다고 생각합니다.

신보성_지금 논의하는 내용은 17세기 중반 런던의 금장goldsmith이 은행업자가 되는 과정과 사실상 동일합니다. 고객에게 받은 법정통화(본원통화)를 100% 보관하지 않고 수익이 나는 자산(국채 등 소위 안전자산)을 매입하는 경우를 생각해 보죠. 이럴 경우 민간업자가 발행하는 스테이블코인이 통화로서 수용되기 시작합니다. 그런데 이렇게 코인에 대한 수용성이 생기는 순간 스테이블코인 업자는 정확히 은행이 됩니다.

실제로 코인의 수용성이 확보되어 있다면 코인 업자는 시장에서 국채, 주식 등 자산을 매입하면서 자신의 코인을 찍어 지불하면 됩니다. 이게 바로 신용 창출, 통화 창출에 해당합니다. 코인업자는 허공에서ex nihilo 뚝딱 스테이블코인을 찍어낸 후 이를 넘겨주고 수익이 나는 자산을 보유할 수 있는 것이죠. 꼭 은행처럼 대출을 해야만 신용 창출이 일어나는 것은 아닙니다. 수용성 있는 통화를 무에서 만들어 내고, 이 통화를 지급함으로써 그것이 무엇이든 수익이 나는 자산을 매입할 수 있다면 이는 정확히 신용 창출에 해당합니다. 다만 은행과 달리 대출이 아닌 우량채만 보유한다는 점에서 내로우뱅크narrow bank에 해당하겠지만요. 아무튼 고객에게 받은 법정통화를 100% 보관하는 경우가 아닌 한 스테이블코인 발행업자는 무조건 은행업 규제를 받아야 합니다. 그렇지 않으면 은행 라이센스 없이 은행업을 영위하는, 소위 규제차익regulatory arbitrage을 막을 방법이 없습니다.

이기영_혹시 마지막으로 첨언하시고 싶으신 분 없으시면 첫 세션의 토론은 여기서 일단 마무리를 하도록 하겠습니다.

Session 2

경제구조와 금융의 미래

3. 저성장·고령화 시대에서 금융의 역할

이기영_네, 토론 계속하도록 하겠습니다. 한국 경제가 고령화·저성장 구조로 진입함에 따라 금융의 역할에 대한 새로운 변화를 요구하고 있지만, 금융시장이 이러한 경제구조 변화 요구에 충분히 대응하지 못하고 있다는 비판이 있습니다. 은행 중심의 금융 구조가 금융 수요 변화에 대응하지 못하고 있는 상황에서 자본시장 역시 기대와는 달리 이를 대체할 기능을 발전시키지 못하고 있습니다. 가령 은행이 전통적으로 담당해 왔던 기업 구조조정 기능을 자본시장이 원활하게 대신하지 못하고 있으며, 유통시장만 발전하고 있을 뿐 기업의 자금 공급 기능을 수행하는 발행시장은 아직도 미성숙해서 금융중개 기능이 미흡한 것이 사실입니다. 질문드리겠습니다. 저성장·고령화 사회에서 금융의 어떤 기능이 발전해야 되는지부터 말씀해 주시면 고맙겠습니다.

김우찬_성장을 위해서는 자본의 축적 또는 노동의 증가가 있거나 경제의 효율성이 높아져야 합니다. 그런데 현실적으로 우리가 기대해 볼 수 있는 것은 경제의 효율성뿐입니다. 따라서 기술혁신을 위한 R&D 투자와 교육, 기업 간 경쟁, 자원 또는 자본의 효율적 배분이 중요해지는데, 금융도 이에 이바지하는 방향으로 발전해야 한다고 생각합니다. 그런 의미에서 모험자본 시장의 활성화, 은행의 기업금융 확대, 증권 발행 시장의 활성화, 주주 환원 증대, 자본시장을 통한 기업 구조조정 등이 필요하다고 생각합니다.

고령화와 관련해서는 자산운용 업계에 대한 신뢰 제고가 중요한 과제입니다. 은퇴 이후에도 상당 기간 삶을 누려야 하므로 안전자산에만 투자할 수 없습니다. 어느 정도의 위험을 감수하고 투자해야 하는데, 자산운용 업계에 대한 낮은 신뢰가 이를 어렵게 합니다. 고령화와 함께 또 중요한 과제로 대두되는 것이 고령 금융소비자에 대한 금융 교육입니다. 제대로 된 금융소비자 교육이 이루어졌다면 최근 잇달아 발생한 불완전판매 사태의 규모도 이렇게까지 크지는 않았을 것입니다.

신보성_향후 실물경제의 크기, 즉 파이를 얼마나 키울 수 있는가가 관건인데, 문제는 급속한 고령화로 파이를 키우는 데는 한계가 있을 수밖에 없다는 것입니다. 따라서 우리나라의 현실을 고려할 때 파이를 키우는 것도 중요하지만 파이가 줄어드는 걸 방지하는 데 초점을 두는 게 좀 더 효율적인 접근법일 수 있다는 생각입니다. 소중한 생산물을 허투루 낭비하는 기업들을 솎아내야 한다는 걸 말씀드리는 겁니다. 즉, 고령화·저성장 시기에 진입한 우리 경제에 무엇보다 중요한 과제는 다름 아닌 기업 구조조정이라는 것이지요. 2023년 기준으로 우리나라 상장사 중에서 무려 42%가 이자 보상 비율 1 미만입니다. 이는 부가치를 창출하지 못하는, 아니 부가치를 갉아먹는 기업이 거의 절반 가까이 됨을 뜻합니다. 좀비기업의 목적은 이윤 창출이 아니라 생존입니다. 따라서 생산물 시장에서는 덤핑을 주저하지 않고, 생산요소 시장에서는 생산요소 확보 경쟁을 펼칩니다. 이 때문에 정상 기업이 제대로 활동하기가 어렵습니다. 이처럼 정상 기업의 진입과 성장을 가로막는 좀비기업이 늘어나고, 이들이 시장에 머무는 기간이 길어지면 실물경제의 파이는 갈수록 축소될 수밖에 없습니다.

한 가지 주목할 점은 좀비기업 비중이 높아지는 게 전 세계적인 현상이라는 겁니다. 최근 연구에 따르면, 주요국의 상장기업 중 좀비기업 비중은 1980년대 말 4%에서 2017년 15%로 4배 가까이 늘어났습니다. 전 세계적으로 좀비기업이 급증한 이면에는 과잉 금융이 있습니다. 좀비기업 증가는 부가가치를 창출하지 못하는 기업에게도 금융이 계속 제공되었음을 의미하는데, 이는 금융 총량의 급격한 증가에도 금융의 본질적인 기능인 정보 생산은 비례해서 늘지 않았음을 시사합니다. 이런 점에서 이제 금융중개 기능에 대해 근본적인 고민이 필요한 시점이 되지 않았나 생각합니다.

최근 우리나라에서 가계금융 대신 기업금융을 더 늘려야 한다는 논의가 활발합니다. 이런 논의에 원칙적으로는 동의하지만, 문제는 가계부채뿐만 아니라 기업부채도 과도한 상황에 이르렀다는 점입니다. 실제로 우리나라 민간기업에 대한 총여신은 GDP의 100%를 초과한 상태입니다. 따라서 기업에게 추가로 자금을 공급하는 것보다는 어떻게 하면 부가가치를 갉아먹는 기업을 잘 솎아낼 것인가를 연구하고, 이를 통해 자원배분의 효율성을 높이는 것이 우리나라 금융이 향후 더 집중해야 하는 문제이지 않을까 생각합니다.

이기영_말씀하신 대로 금융이 해야 할 과제가 많음에도 금융의 기능이 미흡하다는 것이 일반적인 평가인 듯합니다. 그렇다면 금융의 기능이 개선되지 못하는 이유는 무엇인가요? 금융중개 기능 개선을 위해서는 어떤 노력을 해야 할까요? 은행 중심의 간접금융 기능이 한계가 있으므로 자본시장의 기능이 활성화되어야 한다는 주장이 이미 오래전부터 있었는데, 왜 자본시장은 아직도 기대한 만큼 기능하지 못하는 것일까요?

김우찬_먼저 은행의 경우 외환위기 이전에는 기업금융이 과도한 측면이 있었습니다. 이 때문에 외환위기도 있었고요. 하지만 그 이후에 기업금융이 급속도로 위축되어 이제는 은행이 가계금융, 소비자 금융, 부동산 금융을 주로 하는 상황이 되었습니다.

그런데 기업금융 과소 문제는 은행에만 원인이 있다고 생각하지 않습니다. 외환위기 이후 부채를 과도하게 줄인 기업에도 원인이 있다고 봐야 합니다. 만약 부채 비율이 기업의 가치를 극대화하는 적정 비율에 미치지 못한다면, 이는 기업 측에서 해소해야 합니다. 그리고 만약 경영자들이 이를 해소하지 않으면 미국에서처럼 행동주의 펀드라도 나서서 이를 요구해야 합니다.

자본시장에서의 금융중개는 기업 공개IPO 과정에서의 신주 발생, 공개 이후의 신주 발행, 조달 자본의 활용, 그리고 주주 환원으로 이루어지는데, 이 중에서 IPO

는 어느 정도 수준을 유지하고 있으나 공개 이후 신주 발행이 활발하지 않습니다. 여러 가지 원인이 있겠지만, 그중 하나는 지분 희석을 꺼리는 지배주주가 신주 발행에 소극적이기 때문입니다.

발행시장과는 달리 유통시장은 그 규모가 상당합니다. 우리 증시의 일간 거래량은 약 15조 원에 이르고 있는데, 이는 개인투자자의 비중이 매우 높기 때문입니다. 미국과 영국 증시의 개인투자자 비중은 20%에 불과한데, 우리나라 증시의 개인투자자 비중은 68%입니다. 그 원인으로는 간접투자 상품에 대한 낮은 신뢰, 자본이득세의 부재를 꼽을 수 있습니다. 높은 개인투자자 비중은 자본시장 포퓰리즘이라는 예전에는 생각하지도 못한 폐해를 초래하고 있습니다. 주식 투자 인구가 1,400만 명이 넘어가면서 사실상 유권자의 수와 비슷해지는 상황에서 정치인들이 개인투자자들의 요구에 매우 민감해졌습니다. 작년 11월에는 위기 상황이 아님에도 공매도를 전면 중단했습니다.

한편, 자본 활용의 효율성을 높이려면 유휴 자산 매각, 부실 사업 매각, 비핵심 사업 매각 등의 기업 구조조정이 평상시에 끊임없이 이루어져야 하는데, 우리나라의 경우 부도 위기에 몰리지 않는 한 이러한 노력이 이루어지지 않고 있습니다. 반면 미국과 일본의 경우는 행동주의 펀드의 요구로 기업 구조조정이 평상시에 이루어지고 있습니다. 구조조정 과정에서 매각되는 비핵심 사업을 매입하는 사모펀드의 역할도 매우 중요합니다.

주주 환원의 경우 최근 들어 그 사정이 조금 좋아지고 있지만 여전히 다른 나라에 비해 부족합니다. 기본적으로 대리인의 문제가 핵심 원인이지만 높은 배당 소득세율도 한몫 하고 있다고 생각합니다. 우리나라에서 금융소득이 2천만 원 이상이면 종합과세가 이루어지는데, 최고세율이 45%입니다. 지방세를 합치면 49.5%가 됩니다. 지배주주 입장에서는 배당을 늘릴 경제적 유인이 없습니다. 하지만 배당소득을 저율 분리과세한다고 큰 효과가 있을지는 아직 미지수입니다. 박근혜 정부 때 배당소득증대세제를 실시한 바 있지만 효과가 미미했기 때문입니다.

신보성_김우찬 교수님이 워낙 자세한 내용까지 말씀해 주셔서 제가 첨언할 내용은 많지 않습니다. 따라서 저는 자본시장의 중개 기능 부진의 원인에 대해 간략히 말씀드리겠습니다. 자본시장이든, 은행이든 중개기관의 핵심적인 역할은 결국 정보 생산이라고 생각합니다. 이러한 점에서 자본시장이 제대로 기능하지 못하고 있다는 말은 결국 자본시장의 정보 생산이 취약한 상태에 머물러 있다는 말과 같은 것이라 하겠습니다.

본래 증권회사의 본업은 거래deal의 성사를 통해 수수료commission를 받는 것입니다. 아울러 유동성이 낮은 증권을 재고inventory로 보유하면서 고객들이 원할 때 거래상대방이 되어 시장을 조성market making해 주고 일부 스프레드를 취하는 것입니다. 그러다 보니까 증권회사의 대차대조표 규모는 클 필요가 없었습니다.

그런데 최근 들어 상황이 많이 변했습니다. 무엇보다 증권회사의 대차대조표가 크게 확대됐습니다. 일례로 골드만삭스의 대차대조표는 2000~2007년 기간 동안 무려 4배가 되었습니다. 국내 증권회사의 대차대조표도 2010년 대비 3배 가까이 확대되었습니다. 당연히 자산 규모가 급증했고, 이러한 자산 규모 급증을 뒷받침한 것은 주로 부채였습니다.

부채의 크기뿐 아니라 부채의 성격도 중요한데, 늘어난 증권회사의 부채는 대부분 단기 부채로 구성되어 있습니다. 이 말은 유동성이 낮은 자산을 보유하는 상태에서 초단기 차입에 의존해 레버리지를 크게 높였다는 말입니다. 그런데 이는 소위 만기 변환maturity transformation이라는 은행의 비즈니스 모델을 흉내 내는 것입니다. 증권회사뿐만 아니라 헤지펀드 등도 유사한 전략으로 옮겨갔습니다.

이처럼 대차대조표가 확대된 상태에서 만기 변환을 통해 손쉽게 수익을 얻을 경우 본연의 정보 생산 활동에서 취득하는 수수료(거래 성사)나 스프레드(시장 조성)의 크기는 하찮아 보이기 마련입니다. 바로 이 때문에 새로운 기업을 자본시장으로 데리고 오는 발행시장 업무나 시장 조성 업무 등 정보 생산이 극히 중요한 업무들이 제대로 활성화되지 못하고 있다고 생각합니다. 기업 구조조정 역시 마찬가지입니다. 기업 구조조정이 활성화되려면 부실 기업에 대한 정보 생산에 바탕한 정확한 가치평가가 선행되어야 합니다. 결국 기업 구조조정이 미미한 이유도 자본시장 중개기관의 정보 생산이 부족한 데 따른 것이라고 하겠습니다.

여기서 한 가지 의문이 제기되는데요. 은행과 달리 안전망이 제공되지 않는 자본시장 플레이어가 왜 은행의 비즈니스 모델을 흉내 내는가 하는 것입니다. 이는 결국 그동안의 경험에 기인한다고 생각됩니다. 지난 글로벌 금융위기 당시 미국은 자본시장 익스포저를 크게 늘린 은행을 구하느라 자본시장 플레이도 구하는 좋지 못한 선례를 남겼습니다. 이러한 미국의 사례는 이후 거의 전 세계의 표준이 되었구요. 그러다 보니 우리나라의 자본시장 플레이어 역시 은연 중에 자본시장에서의 만기 변환으로 유동성 문제가 불거지면 시스템 리스크를 우려한 당국이 구제할 것이라는 기대를 갖게 된 것으로 보입니다. 결국 자본시장 플레이어들의 은행 흉내 내기의 이면에는 자본시장에서의 파산도 좀처럼 허용하지 않으려는 각국 당국의 스탠스가 자리하고 있다고 생각합니다. 그리고 그 결과 자본시장 플레이어들이 정보 생산과는 무관한 대차대조표 확대 및 만기 변환에 집중하는 것이구요.

이종구__제가 한 말씀 드려도 될까요? 방금 신 박사님 말씀하신 마지막 부분이 저한테는 굉장히 와닿는데요. 증권회사의 파산 가능성이 실제로 있을 경우 구제금융 등을 통해서 정부가 구제해 주지 않을까 하는 데 따른 모랄 해저드 말씀하셨잖아요. 저는 그게 상당히 중요한 이슈라고 봐요. 왜냐하면 지금 문제가 되고 있는 부동산 프로젝트 파이낸스 논의에 가장 많이 얘기되는 회사들이 증권회사거든요. 증권회사들, 특히 중소형 증권회사들이 부동산 시장이 괜찮을 때는 많이 벌었거든요. 그런데 지금 상황이 나빠 부실이 자꾸 커지다 보니까 이제 사회적으로 문제가 되고 그러는데요.

은행은 예금자 보호를 해야 되니까 구제해 주어야 하지만 증권회사는 모험자본 운영 관리 성격이 강하다 보니 정부가 나서서 이들을 구제해 줄 필요가 없다는 것이 일반적인 인식인데, 우리나라에서는 당국도 그렇고 증권사도 일부는 증권회사가 망하면 안 된다는 생각이 있는 것 같아요. 그래서 부동산 PF에 대한 대응도 사실은 그동안 돈 많이 벌었으면 어려울 때는 책임을 지는 게 맞는 건데 그게 무서워서 제대로 된 대응을 못하는 상황이 아닌가 생각이 듭니다.

신보성_저는 이러한 상황의 발단이 미국의 글래스-스티걸법 폐지와 관련 있다고 생각합니다. 당시 미국의 은행들이 자본시장에 나가 소위 그림자은행shadow banking을 만들어 냈는데요. 은행은 수많은 금융기관의 연쇄고리로 이루어진 그림자은행에 80%에 달하는 보증을 제공했습니다. 은행이 자본시장에 진출하는 과정에서 자신에게 주어진 안전망을 남용함으로써 모험적인 자산운용에 매진했음을 여실히 보여주는 증거라 하겠습니다. 그 결과 연준은 은행으로 불똥이 튀는 것을 차단하기 위해 그림자은행에 관여한 수많은 자본시장 플레이어까지 빠짐없이 구제했습니다.

이종구_신 박사님 말씀하신 취지는 알겠는데, 데이터를 보니 우리나라 부동산 PF는 2011년 저축은행 사태 이후에 많이 변했잖아요. 그래서 지금 우리 상업은행들은 사실 PF 익스포저가 작아요.

신보성_네, 정확한 지적입니다.

이종구_그리고 예를 들면 부동산 신탁 회사들이 준공 보증도 하고, PF에 관여하는 기관들이 여럿으로 분산이 됐는데요. 이번 PF 때문에 우리 은행 시스템이 크게 문제가 될 거냐 하는 점이 관건인데요, 대출 규모로 보나 실제 은행이 대부분 또 선순위 대출을 한다는 점에서 보더라도 은행의 리스크가 현저하게 줄어들었거든요.

신보성_제가 국내 부동산 PF에서 은행이 문제를 일으켰다고 말씀드리는 것은 아닙니다. 제 취지는 이렇습니다. 글로벌 금융위기 당시 미국을 비롯한 주요 선진국에서는 그림자은행과 관련한 자본시장 플레이어들을 죄다 구제했습니다. 그리고 이로 인해 우리나라에서도 자본시장 플레이어들 간에 안전망에 대한 암묵적 기대가 형성되었을 가능성이 크다는 것입니다. 특히나 예전 같았으면 증권회사의 대차대조표가 크지 않아 개별 증권회사의 문제가 시장에 미치는 충격이 미미했습니다. 그러나 지금은 대차대조표가 커지면서 자산과 부채가 큰 폭으로 확대되었고, 또한 조달은 단기 차입이 주종을 이루고 있거든요. 증권회사가 참여한 부동산 PF도 정확히 동일한 구조입니다. 부동산 PF의 자산은 유동성이 극히 낮은 부동산 관련 프로젝트인 반면, 조달은 단기 ABCP이지 않습니까. 부동산 PF의 구조가 은행의 만기 변환 모델을 흉내 내고 있는 겁니다. 결과적으로 증권회사들이 대차대조표를 키우면서 만기 변환까지 수행하다 보니 증권회사에 문제가 생겼을 때 은행처럼 금융시스템에 가하는 충격도 커질 수밖에 없게 된 것이지요. 그 결과 증권회사의 파산을 예전처럼 대수롭지 않게 여기기 어렵다는 데 정부 당국의 고민이 있다고 생각합니다.

이종구__예, 그 말씀도 일리가 있어요. 그런데 제가 말씀드리고자 하는 것은 결국은 그 시스템 리스크가 증권회사에서 어디까지 올 거냐에 대한 깊은 연구가 안 돼 있는 것 같다는 점입니다. 그래서 은행의 시스템 리스크하고 증권회사의 시스템 리스크가 그러면 어떻게 다른 것이냐, 그 다음에 그 연결고리가 어디에 있는 것이냐 하는 문제인데요. 그런 연구가 사실은 많지 않는 것 같아요. 지금 말씀하신 대로 증권사의 사이즈가 커졌기 때문에, 예를 들어 ABCP 시장이 망가지면 시스템 리스크가 온다 생각을 하는데, 과연 그 경로가 어떻게 되는지 그 충격이 얼마나 되는지에 대한 실증적인 연구는 별로 없더라고요. 신용평가사들이 부동산 PF와 관련된 여러 가지 리포트가 많이 나왔는데, 상당 부분은 총량적으로 문제가 있을 수 있다, 그리고 시스템 리스크로 전이될 가능성이 있다고 하는 거지 그 시스템 리스크가 전이되는 경로와 정도에 대한 정밀한 분석은 부족한 거 같더군요.

신보성__시스템 리스크가 전이되는 경로는 명확하다고 생각합니다. 부동산 PF를 포함해 증권회사 부채의 주종을 이루는 단기 차입이 차환roll-over되지 않을 경우 증권회사는 차입금 상환을 위해 보유자산을 급하게 처분fire sale해야 합니다. 그런데 규모가 커진 증권회사들이 대량의 유가증권을 한꺼번에 시장에 던지면 자산가격이 폭락하고, 비슷한 자산을 보유한 여타 금융기관의 대차대조표도 망가질 수밖에 없습니다. 이것이 시스템 리스크가 전이되는 경로입니다. 시스템 리스크가 증폭되는 경로는 명확한데, 문제는 리스크의 크기입니다. 리스크의 크기를 파악하려면 PF 사업장별로 다 뜯어 봐야 하는데, 이게 현실적으로 쉽지는 않습니다. 다만, 감독 당국은 파악하고 있는 것으로 알고 있습니다. 정확한 정보가 없어 단언하기는 어렵지만 일부 중소형사에서 부동산 PF에 대한 노출도가 상대적으로 큰 반면, 대형사의 익스포저는 크지 않습니다.

이종구_네, 중소형 증권사의 부동산 PF 관련 금액이 그렇게 크지는 않거든요. 그러면 그런 회사들이 문제될 경우에 어떤 시스템 리스크가 있는지에 대한 (물론 감독원은 정보를 가지고 있을지는 모르겠는데) 정보가 우선 정확하지 않고요. 당국에서도 문제를 확대하지 않기 위해서라도 그런거 같기도 합니다.

4. 고령화와 자산운용 서비스

이기영_지금 말씀하신 자본시장에서의 구조조정과 관련한 문제는 사회가 성숙될수록, 다른 말로 하면 늙어갈수록 점점 더 심각하게 다가오는 이슈라고 생각되네요. 사회가 늙어갈수록 또 하나 금융부문에 요구되는 기능이 하나 더 있습니다. 고령화에 따른 금융의 역할 중에서 은퇴 이후의 삶을 대비하는 것을 지원하는 자산운용 서비스의 중요성이 강조되고 있습니다. 자산운용 시장이 양적으로는 확대되고 있지만 고령 투자자 피해가 계속 발생하는 등 아직까지 자본시장에서 자산운용 서비스가 제대로 정착하지 못하고 있습니다. 현재 우리나라 자산운용 서비스의 문제점은 무엇인지부터 짚어 봤으면 좋겠습니다.

정중호_우리 사회에서 고령화 본격화에 대응한 자산운용 서비스의 중요성은 여러 번 강조해도 지나치지 않겠죠. 서비스 제공자인 금융회사의 행태랄까, 역량 차원에서 얘기하자면 두 가지 문제점이 있는 것 같습니다. 첫째, 기본적으로 우리나라의 자산운용 서비스는 주로 자산 형성기 내지 축적 단계에 있는 소비자들에게 집중하고 있다는 겁니다. 둘째, 제공되는 서비스가 대부분 상품 위주로 이루어지고 있다는 점입니다.

그런데 시니어 계층은 일정 시점이 되면 젊은 시절에 나름대로 열심히 축적해 온 자산들을 소비하거나 축소해야 되는 단계에 이르게 됩니다. 사실 이 단계에서 자산운용이 훨씬 더 중요해지고, 필요에 따라서 단일 상품 위주가 아니라 포트폴리오 차원의 관리와 운영 자문 같은 게 필요합니다. 예를 들어 퇴직 후에는 이제 지출 규모도 조금 축소 내지는 관리를 해야 되고, 그 다음에 상속이나 증여 문제, 연금 문제, 이런 것들이 종합적으로 계획·관리되어야 하는 겁니다. 이 문제에 대한 해법를 찾아주고 합리적인 자문을 제공해 주는 게 시니어 계층에 대한 금융서비스의 가장 기본적인 틀이라고 하겠지요. 이런 걸 묶어서 종합재산관리라고 본다면, 이런 서비스 제공이 아직까지 그렇게 활성화가 안 돼 있는 게 현실이라고 생각합니다.

특히 일부 고자산가 내지 부유층에 대해서는 PB 서비스나 WM 서비스라는 이름으로 자산 관리와 운용이 비교적 활발하게 이루어지고 있지만, 대중 부유층이나 중산층에 대한 서비스 제공 역량은 아직 만족할 만한 수준에 이르지 못하고 있다고 봅니다. 여기에서 제가 좀 중요하게 생각하는 제도 영역이 신탁인데요. 연금도 있고 보험도 있지만 사실은 신탁이라는 서비스 영역이 제도적으로 중요하다고 생각합니다. 앞서 말씀드렸듯이 단품 위주가 아니라 종합적인 자문 또는 상품 제공이나 운용이 가능한 영역이니까요. 일본 같은 경우도 2000년대 초반 신탁법을 개정하면서 재신탁부터 시작해서 종합재산 신탁이 빠르게 발전했고, 고령화에 대응한 다양한 맞춤형 상품들이 제공되면서 종합재산관리 수단으로서 신탁업이 자리를 잡았다고 이해하고 있습니다. 우리나라의 경우도 최근에 신탁업 혁신 방안이 발표되었고, 운용 규제가 풀리는 등 제도가 정비되고 있습니다. 그렇지만 지금까지는 신탁업이 종합재산관리 수단으로서 활용되는 부분들이 조금 미진했다고 생각합니다.

결국 고령화 시대에 대응해서 금융회사들 또한 자산 형성 단계보다는 자산 축소 단계의 금융서비스 제공 역량, 단품 위주의 판매보다는 종합재산관리와 자문 제공 역량을 키워야 하고, 특히 대중 부유층이나 중산층 소비자들을 대상으로 서비스 영역을 확장하려는 노력이 필요하다고 생각합니다.

이종구_네, 한마디만 첨언을 하자면 제도적인 문제가 있다고 보는데요. 자산운용 시장의 불완전판매, 특히 나이 드신 분들에 대한 불완전판매가 이슈가 되고 있는데, 여기에는 제도적인 문제가 한 가지 있습니다. 제조와 판매 분리 정책 소위 '재판 분리' 정책입니다. 잘 아시겠습니다마는 외환위기 이후 투신사를 구조조정하면서 상품의 제조와 판매를 분리해서 왔는데, 이는 판매사가 상품에 대한 이해를 충분히 한다는 전제 하에서 효과가 있는 건데 우리나라는 판매를 주로 은행에서 하거든요. 그런데 은행 창구에서 판매 상품들에 대한 충분한 이해가 없이 실적 위주로 판매 행위를 하다 보니 불완전판매를 하는 경우가 많은 것이 현실입니다.

그래서 이제는 운용사가 상품을 직접 판매할 수 있는 채널을 확대하고 또 은행 등 판매사의 경우에는 충분한 교육을 통해서 상품에 대한 이해가 제대로 된 상태에서 판매 활동을 할 수 있도록 하는 게 맞는 것 같아요. 지금은 펀드 운용사들이 규모도 작고 지점 설치도 안 되니까 직접판매 채널이 없는 거죠. 이는 일반 투자자가 아닌 기관 고객들한테 판매하는 운용사들도 유사한 문제인 거 같구요. 판매사를 중간에 껴서 해야 되는데 판매사들이 전문성이 부족해서 그 상품에 대한 충분한 이해 없이 판매활동을 하다 보니 이슈가 있는 건데요. 상황이 많이 변했는데도 왜 이런 상황이 계속되는 거냐 하면, 제 생각에는 결국 정부 정책과 관계가 있는데, 은행이 예대마진 위주의 수익 구조에서 탈피하고 비이자 수익을 확대하려니까 결국은 펀드 판매 쪽이 손쉽게 되면서 판매 활동을 넓혀 온 게 사실이잖아요? 제 생각에는 이런 제도적인 문제점도 검토해야 한다고 생각합니다.

5. 가계부채의 위험

이기영_네, 감사합니다. 이번 세션 마지막 주제는 가계부채입니다. 모두가 인지하듯이 과도한 가계부채는 미래의 문제 이전에 현재 당면한 과제입니다. 한국의 GDP 대비 가계부채 비율은 선진국 중 네 번째로 높고, 최근 3년 동안 다른 나라보다 가계부채 비율의 증가 속도가 가장 높은 것으로 나왔습니다. 과도한 가계부채로 인해서 금융시스템 위험이 증가하고 있으며, 부의 불평등 심화 등 경제·사회적인 후유증도 우려되고 있는 것이 사실입니다. 어떤 해결책이 있을까요?

이종구_어느 정도가 감내할 만한 가계부채 규모인지에 대해서는 다양한 견해가 있을 수 있겠습니다. 그런데 우리나라 가계부채 규모와 증가율은 조금 전 사회자께서도 말씀하셨지만 다른 나라에 비해 상당히 높았던 것이 사실이고요. 금융시스템 위기는 다양한 경로에 의해서 발생할 수 있지만, 많은 학자들이 지적해 왔듯이 부채의 규모와 증가 속도가 중요한 위기 요인인 것도 사실입니다. 부채는 가계부채, 기업부채, 정부부채로 나눠 생각해 볼 수 있고, 1997년 우리나라 외환위기는 기업부채가 원인이었다면, 2008년 글로벌 위기는 미국의 가계부채에서 시작된 겁니다. 우리나라는 글로벌 위기 이후 다른 나라들이 디레버리징한 것과는 반대로 가계부채가 증가하여 위험한 수준이라는 지적이 많은데요. 중요한 것은 규모도 규모지만 속도가 중요한데, 이윤수 교수 논문에서도 지적하듯이 우리나라는 최근 가장 가계부채가 빠르게 증가한 나라입니다.

이런 가계부채의 증가는 여러 경로를 통해서 금융시스템에 영향을 미치는데요. 우선, 금융시장의 불안을 증폭시키고 금융시스템 안정성을 위협할 수 있습니다. 둘째로 이윤수 교수 논문도 지적하고 있지만 과도한 가계부채는 경제성장을 저해할 수 있습니다. 가계부채의 증가로 인해 소비자들의 소비와 투자가 제약되기 때문인데요. 특히 소비에 의존하는 경제에서는 가계부채 문제가 더욱 심각한 영향을 미칠 수 있겠습니다. 가계부채의 증가는 한편으로는 금리 상승의 압력을 증가시킬 수가 있는데, 중앙은행은 금융시장의 불안을 진정시키기 위해서 금리를 인상할 수도 있고, 이는 가계부채를 상환하는 데 부담을 가중시킬 수가 있겠습니다.

하지만 이윤수 교수 논문도 지적하고 있듯이 가계부채로 인한 금융위기 가능성은 높지 않은 것으로 보입니다. 이는 저소득층보다는 자산이 많은 고소득층 부채 비율이 높기 때문인데요. 따라서 시스템 위기나 금융기관의 급격한 부실화보다는 부채로 인해서 우리나라 경제의 성장에 미치는 악영향이 더 우려스럽습니다. 특히 가계부채의 상당 부분이 주택담보대출이기 때문에 주택담보대출에 대한 상환능력이 낮은 저소득층이나 젊은 세대 소비지출 감소 등으로 인한 저성장과 이들의 경제활동이 위축될 위험이 큰 것으로 보입니다. 장기적으로 부동산 가격의 하향 안정화가 필수인데, 정부는 여러 가지 정책적·정치적 이유로 부동산 금융 정책, 세제 정책으로 부동산 가격을 안정화하지 못하고 오히려 변동성 원인을 제공하고 있습니다.

일시적인 정책 효과보다는 중장기적으로 부동산 공급 정책, 부동산 금융 정책을 일관되게 시행해야 하지만 5년 단임 대통령제 하에서 추진이 쉽지 않다고 봅니다. 그리고 금융회사 입장에서는 이자를 쉽게 벌 수 있고 연체율 관리가 비교적 수월한 가계대출 비중을 줄이고 기업대출을 할 수 있는, 또는 다른 소득을 창출할 수 있는 그런 역량 강화가 필수적이지 않나 하는 그런 생각입니다.

신보성_네, 이미 이종구 변호사님이 말씀 주신 부분이기도 한데요. 우선 첫 번째로 거시경제 차원에서 상당히 우려됩니다. 개인적으로는 금융기관 건전성 차원보다는 거시경제 차원의 영향이 훨씬 크다고 생각됩니다. 우리나라의 가계부채는 이미 GDP 대비 100%를 넘었죠. 그런데 이렇게 늘어난 부채를 누가 부담하고 있는가가 중요한데, 당연히 소득과 자산이 적은 가계일수록 더 많은 부채를 지고 있을 수밖에 없습니다. 문제는 소득과 자산이 적은 가계일수록 한계소비성향이 높습니다. 한계소비성향이 높은 가계들이 원리금 상환에 따른 가처분소득 감소에 직면하면서 경제 전체의 소비가 큰 폭으로 줄어듭니다. 이러한 점에서 향후 소비 위축에 따른 실물경제 부진은 불가피합니다.

그리고 시간이 지나도 가계부채가 실물경제 성장을 제약하는 문제가 해소될 가능성은 크지 않다고 생각합니다. 가계가 부채를 상환하려면 실물경제 성장을 통해 소득이 늘어야 하는데, 지금의 저성장 국면은 앞으로도 이어질 것으로 보여 상황이 녹록지 않습니다. 개인적으로는 가계가 소득 증가를 통해 부채를 상환할 수 있는 단계는 이미 지났다고 봅니다. 결국 가계부문의 소득과 부채 간의 현격한 불균형은 어떻게든 해소되어야 하는데, 이러한 점에서 채무 조정이 불가피한 상황에 가까워지고 있지 않나 생각합니다. 이미 부채 규모가 감당할 수 없는 수준으로 커졌다는 점에서 기존의 정통적인 방식으로는 당면한 가계부채 문제를 해결하기 어렵다고 판단됩니다. 따라서 장기적으로 채무 조정에 대한 준비를 체계적으로 해나가야 할 것입니다.

저는 전 세계적으로 부채가 대규모로 집적되어 있다는 점에서 현재 걱정하는 인플레이션보다는 향후 디플레이션을 더 우려해야 한다고 생각합니다. 하지만 디플레이션을 막기 위해 금리를 내리면 다시 부동산 구입 등을 위한 가계부채가 또다시 늘어날 가능성이 큽니다. 따라서 지금과 같은 상황에서는 비상한 정책 동원이 필요하다고 생각합니다. 우리나라도 과거에 시행했던 대출 총량 규제와 통화 증가율 관리라는 정책수단을 세계적인 추세에 맞추어 시행하지 않습니다. 미래의 위험을 생각할 때 구시대적이고 거친 규제라고 여겼던 대출 총량 규제 등도 이제는 적극적으로 고려할 때라고 생각합니다.

김우찬_네, 짧게 한 가지만 말씀드리고 싶은데요. 현재 가계부채의 대부분은 부동산 관련 차입이므로, 부동산 투자와 가계부채는 매우 밀접한 관련이 있습니다. 이와 관련해서 제가 우려하는 점은 이번 정부가 종합부동산세를 상당히 많이 완화해 부동산 투기 억제 장치가 실종되었다는 점입니다. 지금처럼 금리가 상대적으로 높은 상황에선 문제가 없지만, 저금리 기조가 다시 찾아오면 부동산 투기 열기가 다시 일어날 텐데 종합부동산세율이 낮은 상황에서는 부동산 투기가 억제되지 않아 부동산 관련 차입이 대폭 늘어날 것이고, 이로 인해서 가계부채 문제는 더 가중될 우려가 있습니다.

정중호_저도 신 박사님 말씀하신 대로 채무 조정이 불가피한 시기가 올 것으로 예상합니다. 다만 채무 조정이라는 정책이 매우 이례적인 것이어서 금융위기가 발생하는 경우가 아닌 잠재적인 위험만 있는 상황에서 이를 시행하는 것은 여러 정치·사회적 반발이나 형평성, 투명성 확보 등 실행상의 어려움에 부딪힐 수 있습니다.

채무 조정이라는 극단적인 상황이 오지 않도록 하기 위해서는 결국 신용 공급을 줄이는 수밖에 없습니다. 신 박사님께서 총량 규제를 말씀하셨습니다만, 이를 직접적으로 하기보다는 간접적인 총량 규제 방안도 생각할 필요가 있습니다. 가령 거시건전성 위험에 연계해 위험가중치를 측정하여 은행 등 금융회사의 건전성 규제에 적용하는 것도 생각해 볼 수 있겠습니다. 또는 경기 대응 완충자본 규제를 가계부채에 실제 적용할 수도 있겠습니다. 기본적으로 은행의 유인체계를 감안하여 총량 규제 효과를 도모할 수 있는 방안이 부작용을 줄일 수 있고 불필요한 논란을 피할 수 있는 방법이 아닐까라고 생각해 봅니다.

신보성_네, 좋은 아이디어라고 생각합니다.

이기영_고맙습니다. 혹시 첨언하실 내용 없으면 이걸로 두 번째 세션을 마무리하겠습니다.

Session 3

지배구조, 저평가, 그리고 대외적 위험

6. 금융회사의 지배구조

이기영_마지막 세 번째 세션입니다. 이제 끝날 때까지 달려보도록 하지요. 최근 은행이 과도한 이익을 추구하면서 금융소비자 피해가 발생하고 있으며, 과점적 지위를 활용해 공적 이익을 훼손하고 있다는 비판이 있습니다. 그 원인의 하나가 은행의 경영진이 부담하는 책임에 비해 과도한 권한을 행사하고, 경영권 유지를 위해 지배구조를 왜곡하기 때문이라는 지적이 있습니다. 이와 관련해서 토론해 보겠습니다. 우선 대주주가 없는 은행 또는 금융지주회사의 지배구조의 문제점은 무엇이고, 어떠한 점이 개선돼야 되는가부터 말씀을 들어보도록 하겠습니다.

김우찬_자기자본보다는 예금 등 금융소비자가 제공한 차입금에 크게 의존하는 은행의 경우 금융소비자가 그 주인이라고 해도 큰 무리가 없습니다. 그런데 우리나라 은행은 금융소비자를 제대로 모시기는커녕 불완전판매의 대상으로 삼고 있어 문제입니다. 기업 거버넌스를 주인에게 충성을 다하도록 하는 모든 장치라고 정의했을 때 우리나라 은행의 거버넌스는 대단히 잘못되어 있다고 봐야 합니다.

또 다른 문제는 금융소비자에게 손해를 입힌 임원의 책임을 제대로 추궁할 수 없다는 점입니다. 내부통제 시스템을 제대로 갖추지 못한 것을 이유로 감독 당국이 신분 제재를 할 수 있지만 실효성이 없습니다. 문책성 경고의 경우 즉시 퇴임할 필요 없이 3년간만 임원 선임이 제한되는데, 행정소송을 제기하면 확정 판결이 나올 때까지 계속 선임될 수 있기 때문입니다. 최근 금융회사 지배구조법이 개정되어 책무 구조도를 만들어야 하고, 책임 소재도 분명해졌지만 행정소송을 통한 연임은 여전히 가능한 상황입니다.

따라서 신분 제재보다는 손해를 끼친 임원을 대상으로 배상 책임을 묻는 것이 더 효과적일 수 있는데, 이 또한 사실상 불가능합니다. 은행이 불완전판매를 하는 경우 금융 당국으로부터 거액의 과태료가 부과되고, 손해를 본 금융소비자들에게 손해배상을 하게 되는데, 이는 전적으로 은행이 부담합니다. 이 경우 손해를 입은 은행의 주주는 내부통제 시스템을 제대로 갖추지 않은 은행 임원을 대상으로 주주대표소송을 제기할 수 있습니다만, 이 경우에도 은행이 금융지주회사의 완전 자회사인 경우에는 사실상 불가능합니다. 은행의 유일한 주주인 금융지주회사가 소를 제기해야 하는데, 금융지주회사의 회장 본인이 은행장을 겸하거나 은행장과 한배를 탄 동료이기 때문입니다.

이런 문제를 해결하기 위해 2020년에 도입한 제도가 바로 다중대표소송제도입니다. 모회사의 주주가 자회사 임원을 대상으로 소송을 제기할 수 있게 한 것입니다. 그런데 입법 과정에서 소송을 제기할 수 있는 지분 요건이 대폭 상향 조정되었습니다. 모회사가 상장회사인 경우 당초 0.01%(6개월 보유)였던 요건이 0.5%(6개월 보유)로 무려 50배 상향 조정된 것입니다. 금융회사 임원에 대한 주주대표소송 요건이 0.001%(6개월 보유)인 것을 고려하면 무려 500배 높은 요건입니다. 결국 제도 도입 후 3년 반이 지났지만 다중대표소송은 단 1건도 제기되지 않았습니다. 국민연금을 포함한 기관투자자들이 소송을 꺼리는 상황에서 개인투자자들이 소송을 제기해야 하는데, 개인투자자 입장에서 0.5%는 너무 높은 지분 요건이기 때문입니다.

정중호_사실 저는 이 이슈에 대해 크게 할 얘기는 없는데요. 질문에서 은행이 과도한 이익을 추구하면서 금융소비자 피해가 발생하고 있다고 하셨는데, 일단 과도한 이익을 추구했냐는 원인 행위를 지배구조 문제와 직접 연결시키기는 쉽지 않다는 생각이구요. 다만 금융소비자 피해는 대단히 중요하다고 생각합니다. 기업의 지배구조 이슈는 기본적으로 본인이든, 대리인이든 권한과 책임의 비례성 원칙이 지켜져야만 바람직하다는 데서 출발한다고 봅니다. 현실에서는 그렇지 못하기 때문에 내부 지배구조 측면에서는 경영진과 이사회 간에 견제와 균형 기능이 미흡하다든지, 사외이사의 독립성이나 책임성이 부족하다든지, 외부 지배구조와 관련해서는 시장감시 기능이 부재하다든지 하는 얘기들을 많이 하죠.

그런데 우리나라의 경우 금융회사를 대상으로 지배구조법을 제정하면서 제도적으로 구축할 수 있는 규정이나 체계 같은 것들은 이미 존재하는 거 아닌가 합니다. 물론 완성형이라는 의미보다는 그런 규정이나 제도가 미비해서 이런 것들이 잘 안 되는 걸까에 대해서는 조금 의문이 있기는 해요. 하지만 조금 전에 김 교수님께서 말씀하신 내부통제 강화와 관련해서 책무 구조도 도입은 상당한 의미가 있다고 봅니다. 잇따르는 소비자 피해가 발생하는 것들과 맞물려서 내부통제 체계 내에서 임직원 각자의 책임과 권한을 명확하게 하고, 무슨 일이 터졌을 때 누가 어떻게 책임져야 할지 규정한 셈인데, 소비자 보호나 리스크 관리 준수 의무를 강화한 건 매우 시의적절하다고 봅니다. 물론 총괄 관리 의무라고 하는 대표이사의 의무라는 게 뭔가 좀 불명확하지 않냐는 말씀도 하셨지만, 이 문제는 점차 사례가 쌓여가면서 해결될 문제라고 생각합니다. 그런 면에서 저는 현 단계에서는 사외이사의 독립성이나 이사회의 견제 기능 강화 등이 주요 의제라기보다는 오히려 내부통제 쪽에서 책임을 명확하게 하려는 시도가 의미 있는 것이라고 생각하고, 조금 지켜볼 필요가 있는 거 아닐까 생각합니다.

이기영_감사합니다. 그러면 논의를 좀 진전시켜 볼까요? 최근 은행이 사회적인 공기로서 제 역할을 다하지 못하고 있다는 비판이 많이 제기되고 있습니다. 은행이나 금융지주회사는 단순히 사적인 기업으로 보아야 합니까? 아니면 은행의 공적 기능이나 사회적 책임도 반드시 필요한 것인가요?

김우찬_은행 또는 은행을 지배하고 있는 금융지주회사는 여러 가지 측면에서 특수성이 있습니다. 먼저, 이들은 공적인 기능을 수행합니다. 지급결제 업무를 수행하고, 유동성 문제를 감수하면서까지 단기 예금을 장기 대출로 만기 전환하며, 자원배분의 역할을 수행합니다. 이처럼 공적인 기능을 수행하는 만큼 은행이 실패했을 때는 경제 전체에 체계적 위험이 초래됩니다. 지급결제 시스템이 마비되고, 대출 및 차입 관계로 연결된 다른 금융회사로 위험이 전이됩니다. 그런데 문제는 은행의 주주가 과도한 위험을 추구하는 경향이 있다는 것입니다. 이는 주주가 자기자본보다는 예금 등 차입금에 의존하고, 이 차입금은 예금자 보호, 또는 중앙은행의 최종 대부 기능으로 인해 지급이 보증되어 있기 때문입니다.

은행의 거버넌스도 이러한 특수성을 고려해서 설계되어야 합니다. 주주의 이익보다는 자본 대부분을 제공하는 금융소비자의 이익이 오히려 더 우선시되어야 하고, 지급보증을 한 정부의 재정 부담도 고려해야 합니다. 이런 점에서 은행 임원의 보수를 주가에만 연동시킬 것이 아니라 발행한 은행채의 금리와 신용부도 프리미엄에 연동시켜야 한다는 주장도 있습니다. 또 체계적 위험을 초래할 수 있는 만큼 건전성 유지가 매우 중요한데, 이와 관련해서 대주주의 적격성 심사가 제대로 이루어져야 합니다.

한편 은행의 사회적 책임과 관련해서 초과이익 환수제 또는 횡제세가 논의된 적이 있습니다. 우선 금융소비자 보호, 건전성 유지 등을 위해 각종 규제가 부과되면 초과이윤이 발생할 가능성이 크지 않습니다. 하지만 이러한 규제에도 불구하고 초과이윤이 발생할 수 있는데, 이는 환수할 필요가 없다고 봅니다. 각종 규제를 준수한 것으로 사회적 책임을 다한 것으로 보아야 하고, 굳이 환수한다고 건전성이 더 높아지거나 소비자들이 더 보호되는 것도 아니기 때문입니다.

정중호_일단 앞에서도 은행에만 제공되는 금융안전망 얘기를 했었고, 여러 가지 규제라는 틀을 통해 보호받기 때문에 은행은 특수하다 등등 말씀하셨던 것 대부분 동의하고요. 그렇다면 지배구조 측면에서 금융회사한테 공적 기능이나 사회적 책임을 부과할 수 있느냐, 또는 그게 필요하냐를 물어보시는 걸로 이해합니다. 아마도 2019년도쯤인가요? 미국의 쟁쟁한 기업 CEO들이 모인 비즈니스 라운드 테이블에서 기업의 목적은 단순히 이윤 추구만이 아니고 사회 전체의 이익을 증진시키는 것이어야 한다는 선언 비슷한 걸 했던 적이 있습니다.

이러한 원칙을 좀 더 분명하게 천명한 게 바로 다보스 선언 2020입니다. 부제가 '4차 산업혁명 시대 기업의 보편적 목적'이지요. 기업들이 추구해야 할 새로운 모델로 이해관계자 자본주의를 제시하면서 기업은 주주의 가치뿐만 아니라 종업원, 고객, 거래기업, 지역사회, 그리고 사회 전체 등 다양한 이해관계자의 이해를 위해 복무해야 한다고 선언합니다. 구체적으로 공정한 경쟁과 부패에 대한 무관용, 직원들의 근로조건과 복지 향상 노력, 지속적인 교육훈련을 통한 고용 안정성 제고, 공정한 납세 등을 제시했습니다. 이 선언에 뒤이어 그 다음 해에 세계경제포럼WEF 내의 국제기업자문위원회International Business Council는 이해관계자 자본주의 측정 지표 체계를 마련하여 발표하고, 기업 가치 평가에 반영할 것을 권고하기도 했지요. 이런 시도들은 금융회사가 가져야 할 공적 기능이나 사회적 책임을 뭔가 측정 가능한 지표로 체계화하고, 그게 나름대로 구속력을 갖게 되기를 바라는 흐름인 거죠. 근데 법적 구속력은 없죠.

결국 그런 것들이 실질적으로 구속력을 갖기 위해서는 사회적으로 규범화가 되거나 아니면 그것의 가치를 자본시장에서 기업 가치를 평가할 때 반영해 주고, 그래서 경영진들이 지표를 관리해야 되고 그런 기준들을 지켜야 되겠구나라고 생각을 해야만 작동 가능한 거잖아요. 그런데 어떤 공적 기능과 사회적 책임을 규정화해서 목표로 삼았을 때 그게 기업의 재무적인 성과와 어떤 비례관계를 갖는지 명확하지 않다는 게 많은 문헌들의 연구 결과라고 알고 있습니다. 그러면 기업의 재무적인 성과와 직접 연결되지 않는 목표를 어떻게 구속력 있게 그 기업 또는 지배구조에서 작동할 수 있는 그런 어떤 기준 규정으로 도입할 수 있겠느냐. 사실은 저는 이게 나쁘게 얘기하면 캠페인 이상으로 진화하기는 힘들다고 생각합니다. 다만 도덕적으로 굉장히 의미 있고 중요한 것이죠. 근데 그거를 강제하는 건 바람직한가 여부와는 별개로 가능하지 않다고 봅니다.

신보성__저 역시 은행의 사회적 책임에 대해서는 정 소장님 의견에 100% 공감합니다. 강력한 안전망이 제공되는 은행산업에서 사회적 책임이란 다름 아닌 부정적 외부효과negative externality를 줄이는 것이라 생각합니다. 다시 말해 건전 경영을 통해 납세자와 실물경제에 미치는 부정적 영향을 최소화하는 것이야말로 은행이 사회적 책임을 다하는 것입니다. 각종 공익활동, 기부행위 등은 은행의 사회적 책임과는 아무런 상관이 없는, 따라서 논점만 흐리는 것들이라 생각합니다.

다음으로 김우찬 교수님 말씀하신 초과이익 환수에 대해서 한 말씀 드리고자 합니다. 제 개인적으로 시장주의자라고 자부합니다만, 최근 은행이 누리는 막대한 이익에 대해서는 달리 볼 여지가 있지 않을까 합니다. 지금 모든 경제주체들이 소득 저하와 부채 누증으로 엄청난 어려움을 겪고 있는데, 은행만은 예외입니다. 은행의 이익은 사상 최고 수준을 기록하고 있는데, 이러한 이익이 어디서 비롯됐는지 생각해 볼 필요가 있습니다.

최근 은행이 누리는 막대한 이익은 은행의 노력에 의한 것이 아닙니다. 연준과 한국은행이 만들어준 것이지요. 실제로 글로벌 금융위기 이후 이어진 장기간의 초저금리 정책으로 민간의 부채, 즉 은행의 대출자산은 크게 증가했습니다. 이처럼 대출자산이 사상 최고 수준으로 늘어난 상태에서 인플레이션을 우려한 중앙은행이 기준금리를 인상한 결과 은행의 대출 수익은 자동적으로 늘어날 수밖에 없습니다. 한마디로 통화정책으로 인해 은행이 돈벼락windfall을 맞은 겁니다. 이러한 상황에서 은행의 대규모 이익이 온전히 은행의 수익 창출 노력에 따른 것이라고 말할 수 있을까요? 어쩌면 어려움을 겪고 있는 대부분의 경제주체에게 돌아가야 할 몫을 소수의 민간은행이 독점적으로 향유하고 있는 것은 아닐까 하는 생각을 지우기 어렵습니다. 저도 이전에는 이런 생각을 전혀 하지 않았는데, 과잉 금융이 우리 경제와 사회에 미치는 부작용을 지켜보면서 최근 여러 가지로 생각에 변화가 있습니다.

7. 주식시장의 저평가?

이기영_감사합니다. 이제 최근 핫 이슈로 떠오르고 있는 자본시장의 문제로 가보겠습니다. 시장은 물론이고 정부도 한국의 주식이 저평가되어 있다고 보고 이러저러한 조치를 발표하고 있습니다. 왜 주가가 저평가되었는가에 대해서는 이전에도 많은 의견이 제시되었습니다. 일각에서는 불투명하고 낙후된 회사 지배구조가 한국 주식시장에서 기업 가치를 저평가하는 이유라고 주장하기도 합니다. 정부는 주식시장의 저평가를 해소한다는 명분으로 공매도 금지, 주식 양도세 대주주 기준의 상향 조정, 금융투자소득세 폐지, 소위 밸류업 프로그램의 실시 등 각종 조치를 취하고 있습니다. 최근 조치를 어떻게 평가하시나요?

김우찬_윤석열 정부 출범 후 자본시장을 선진화하기 위한 여러 가지 노력이 있었습니다. 쪼개기 상장 문제를 해결하기 위해 물적분할 반대 주주에게 주식매수청구권을 부여했고, 인적분할 시 자사주에 신주를 배정하는 소위 '자사주 마법'을 금지했으며, 아직 국회를 통과하지는 못했지만 의무공개매수제도 도입 방안을 내놓았습니다.

그런데 최근에는 주로 감세를 통해 코리아 디스카운트 문제를 해결하려는 모습을 보여 우려됩니다. 작년 12월에는 대주주의 연말 매도 폭탄을 막아 증시 변동성을 줄이겠다고 주식양도세 대주주 기준을 10억 원에서 50억 원으로 대폭 상향 조정했고, 올해 1월에는 국민 자산 형성에 도움을 주겠다고 금융투자소득세 폐지를 약속했으며, 지배주주 일가가 상속가액을 낮추기 위해 주가를 일부러 떨어뜨리고 있다고 보고 상속세율 인하까지도 약속했습니다.

하지만 이들 감세 조치들로 밸류업이 될지는 의문입니다. 주식 양도소득세 완화 조치가 정당화되려면 세금을 피하려는 대주주의 연말 대량 매도와 이로 인한 주가 급락 현상이 실제해야 합니다. 하지만 손해를 보면서까지 주식을 헐값에 내놓을 대주주는 없을 것입니다. 합리적인 대주주라면 시간을 두고 조금씩 매도해 손해를 최소화할 것이기 때문입이다. 물론 여러 가지 이유로 그렇게 하지 못하는 대주주들도 있을 수 있습니다. 하지만 이 경우에도 주가에 미치는 영향은 제한적일 수밖에 없습니다. 저가 매수 기회를 노리는 다른 투자자들의 매수 주문이 쇄도할 것이기 때문입니다.

금융투자소득세가 시행되지 않으면 주식 양도 소득이 5천만 원 이상인 부자만 세금 감면 혜택을 받습니다. 따라서 금융투자소득세 폐지 조치가 '부자'뿐만 아니라 '일반 국민'에게도 도움을 주려면 주가에 긍정적인 영향을 미쳐 자산 형성에도 움을 주어야 합니다. 하지만 학계 연구 결과에 따르면 금융투자소득세와 같은 자본이득세는 주가에 중립적입니다. 유통시장에서 주식에 대한 매입 수요를 줄여 주가를 떨어뜨릴 수도 있지만 차익 실현 매물을 줄여 주가를 끌어올릴 수도 있기 때문입니다. 이 두 가지 효과는 다수의 해외 연구를 통해 모두 실증적으로 입증되었습니다. 저평가 문제가 없는 미국과 일본이 모두 자본이득세를 부과하고 있다는 점도 시사하는 바가 큽니다.

상속세율 인하도 올바른 처방이 아닙니다. 상속가액을 낮추려는 것은 지배권을 자녀에게 물려주기 위함이고, 이렇게 하려는 것은 결국 회사를 지배했을 때 취할 수 있는 각종 사적 편익이 상당히 크기 때문입니다. 이런 경우 사적 편익을 없애기 위한 거버넌스 개혁이 근본적인 해결책입니다. 사적 편익을 얻을 수 없게 되면 자녀 입장에서 지배권을 물려받기보다는 고가의 주식을 물려받는 것이 더 유리하기 때문입니다.

상속세율 인하 조치의 또 다른 문제점은 세율이 0% 가까이 대폭 낮추지 않으면 상속가액을 낮추려는 유인이 사라지지 않는다는 것입니다. 그렇다고 세율을 이렇게 대폭 낮출 수도 없습니다. 상속세를 부과하는 원래의 정책 목표를 달성할 수 없게 되기 때문입니다. 상속세는 부의 불평등 문제와 싸울 수 있는 가장 강력한 수단입니다. 만약 상속세율 인하로 부의 세습을 차단하지 못하면 불로소득 계층의 양산, 기회 불평등 심화, 근로의욕의 저하 등을 초래해 우리 경제의 활력과 역동성을 떨어뜨리게 될 것입니다. 코리아 디스카운트 문제를 해결하려고 죄 없는 상속세를 건드리면 코리아 디스카운트 문제를 해결하기는커녕 오히려 주식 투자 환경만 더욱 열악하게 만들 수 있습니다.

이기영_김우찬 교수님 말씀을 들으면 비관적이네요. 김우찬 교수님께 추가적인 질문을 드려야겠네요. 주가가 저평가되었다면, 이것은 어떻게 해결해야 할까요?

김우찬_우리나라 자본시장의 밸류업을 진정으로 원한다면 재계의 거센 반대가 있더라도 코리아 디스카운트의 근본 원인인 현재의 총수 또는 경영자 중심의 거버넌스 구조를 고쳐 주주 중심의 거버넌스 구조로 업그레이드해야 합니다. 이를 위해서는 세 가지 영역에서 주주 임파워먼트empowerment 개혁 조치들이 종합적으로 함께 이루어져야 합니다.

첫 번째 영역은 이사 선임과 이사 보수 책정에서 일반 주주들의 영향력을 강화하고, 문제성 거래에 대한 거부권을 일반 주주들에게 부여하는 내용을 담고 있습니다. 예컨대 이사 선임에서 일반 주주의 영향력을 높이기 위해 대주주 의결권 제한이 실질적인 효력을 갖는 분리 선출 감사위원회의 수를 현재의 1명에서 감사위원 전원으로 늘릴 필요가 있습니다. 또 이사와 일반 주주의 경제적 이해관계를 일치시키고, 총수 일가에 대한 보수가 과도하게 책정되지 않도록 임원 보수 정책을 이사회가 아닌 주주총회 승인 안건으로 전환할 필요가 있습니다. 이와 관련해서는 영국식 세이온페이say-on-pay 제도를 참고할 필요가 있습니다. 영국은 2013년부터 기존의 세이온페이 제도를 이원화해 당해연도에 적용할 임원 보수 정책은 주주 승인 사항으로 전환하고, 전년도 보수 집행 내용은 주주의 권고적 표결 사항으로 남겼습니다. 특수관계인 간 내부거래도 이사회가 아닌 주주총회 승인 사항으로 전환하고, 일반 주주의 과반 동의majority of minority를 받도록 해야 합니다. 계열사 간 합병이나 분할 안건은 이미 주주총회 승인 사항이지만 총수의 이익과 일반 주주의 이익이 충돌할 수 있는 거래인 만큼 총수와 그 특수관계인의 의결권을 제한할 필요가 있습니다. 기존 지배주주가 과도하게 높은 프리미엄으로 지배권을 매각하지 못하도록 일반 주주들이 보유한 지분 전량을 같은 프리미엄을 받고 새로운 지배주주에게 매각할 수 있도록 해야 합니다. 즉, 기업 인수자로 하여금 지분 100%에 대해 의무공개매수 제의를 하도록 해야 합니다. 정부는 재작년 말 기업 인수 시장 위축을 우려해 50% + 1주만 공개매수하는 반쪽짜리 제도를 내놓았지만, 이는 주주 평등 대우의 원칙에 어긋나고 의무공개매수제도가 도입되면 프리미엄 수준이 떨어져 인수대금이 과도하게 상승하지 않는다는 점을 고려하지 못한 방안입니다.

두 번째 영역은 문제 거래를 사전에 차단하지 못해 일반 주주의 이익이 침해된 경우 사후적으로 이사들이 주주에 대해 손해배상 책임을 지도록 하는 내용을 담고 있습니다. 이를 위해서는 우선 회사에 손해를 끼친 이사를 상대로 주주가 회사를 대신해 그 책임을 추궁하는 주주대표소송을 활성화할 필요가 있습니다. 공익소송인 만큼 1주만 보유해도 소 제기가 가능한 단독주주권으로 만들거나 금액 기준으로 소 제기에 필요한 주식 보유 요건을 대폭 낮춰야 하고, 증거 편재 문제를 해결하기 위한 디스커버리 제도를 도입하거나 충실 의무 위반 사건의 경우 입증 책임을 전환해 주주가 거래의 불공정성을 입증하는 것이 아니라 이사가 거래의 공정성을 입증하도록 해야 합니다. 나아가 상법 개정을 통해 이사가 회사뿐만 아니라 주주에 대해서도 충성 의무가 있음을 분명히 할 필요가 있습니다. 지금은 부당한 비율로 계열사가 서로 합병하더라도 손해를 본 주주는 이사를 상대로 소송을 제기할 수 없습니다. 현행 상법과 대법원 판례는 회사에 대한 책임만 안정하고 있고, 회사 자체는 합병 비율이 부당하더라도 직접적인 손해가 없기 때문입니다.

세 번째 영역의 거버넌스 개혁은 앞서 설명한 개혁으로, 일반 주주들에게 부여된 권한을 기관투자자들이 적극적으로 활용토록 하는 개혁입니다. 이를 위해 우리나라 최대 기관투자자인 국민연금의 거버넌스 구조를 개편해 대통령과 재벌의 눈치를 보지 않고 주주권을 행사할 수 있도록 해야 합니다. 하지만 여러 가지 이유로 이것이 어렵다면 국민연금이 행동주의 펀드에 투자자로 참여하도록 해 행동주의 펀드의 규모와 수를 늘리는 것도 방법입니다. 지금도 국민연금이 외부 운용사를 통해 간접 운용을 하고 있지만, 투자일임 형태로 하고 있어서 외부 운용사가 투자한 주식은 국민연금의 소유가 되고, 주주권도 국민연금이 행사합니다. 외부 운용사는 독자적으로 주주권을 행사할 수 없는 구조입니다. 이렇게 운용하기보다는 대체 자산군에 속한 사모 투자, 벤처캐피탈, SOC 등의 다른 펀드처럼 국민연금이 행동주의 펀드의 유한책임사원으로 참여하면 주식의 소유자가 펀드가 되어 주주권을 독자적으로 행사할 수 있게 되는 장점이 있습니다.

이종구_예전에는 코리아 디스카운트라면 지정학적 이슈를 많이 지적했는데, 요즘은 그 얘기를 아예 하지도 않잖아요. 그런데 이 얘기는 많이 하는 것 같아요. '정부 정책의 일관성' 문제. 저는 회사법 차원에서의 이슈도 당연히 개선이 돼야 될 것 같은데, 좀 더 크게 보면 우리나라 정책의 일관성이 너무 없다는 생각이 많이 들어요.

비근한 예이지만 이번에 공매도를 금지했는데, 사실 공매도 금지의 파급 효과는 상당히 크거든요. 이 조치가 특히 외국 투자자들을 상대로 한 측면이 많은데, 기본적으로 우리나라의 정책은 외국 투자자를 환영하는 편이거든요. 공매도 금지는 급박한 상황에서 할 수도 있기는 하지만, 지금 위기 상황도 아닌데 거의 모든 나라에서 허락하고 있는 정책을 전격적으로 금지한 것이 과연 잘한 것이냐 하는 의문이 있고, 그 다음으로는 공매도 금지의 목적이 결국은 국내 일반 투자자와 외국인, 기관투자자 사이의 기울어진 운동장을 평평하게 해주겠다는 건데, 굳이 금지까지 안 해도 가능한 것이거든요. 일종의 오버 액션인데, 그로 인한 외국인 투자자로부터의 신뢰 상실이라는 큰 대가를 치루는 거지요. 한 번 잃어버린 신뢰를 다시 회복하기가 쉽지 않다는 우려가 있습니다.

공매도 조치 이후 당국에서 상장사에 대한 '밸류업 프로그램'이 나왔어요. 일본에서는 성공적이었다는 평이 있기 때문에 장기적으로 계속 활용, 개선하면 우리나라에도 좋겠습니다. 사실 국내보다 외국 투자자들에게는 이 프로그램에 대해 기대가 더 있는 걸로 보입니다. 문제는 이 두 개의 정책 조합을 보면, 공매도는 금지시켜 놓고 밸류업은 하는 게 정책 일관성이 있느냐 하는 겁니다. 한국이 처한 상황은 사실 상대적으로 좋은 편이거든요. 왜냐하면 지금 중국은 미중 갈등의 지정학적 이유, 중국 경제 불황 등으로 외국 자본이 많이 떠나고 있잖아요. 그래서 대체 투자처를 찾고 있는데, 일본, 인도, 한국 등이 그 대상이거든요. 그럼에도 한국에 대해서는 약간 주저하는 이유가 정책이 왔다갔다 하니까, 일관성이 없으니까 주저한다는 얘기를 많이 듣게 됩니다. 코리아 디스카운트를 없애기 위해 주주 정책, 상법 개정 등 당연히 합리적인 노력을 해야 된다는 데 이견이 없습니다만, 큰 그림에서 보면 옛날에 지정학적 문제를 얘기하듯이 한국 정책의 일관성 결여, 합리성 결여 이런 것들이 어떻게 보면 코리아 디스카운트 문제의 근저에 깔려 있는 본질적인 이슈가 아닌가 하는 생각입니다.

김우찬_외국인들도 밸류업에 대해서 많은 관심을 갖고 있습니다. 하지만 우리나라 정부 정책에 일관성이 없다 보니 총선 이후 밸류업 정책이 흐지부지되는 것 아니냐는 질문이 많습니다. 기대는 많지만 의심을 떨쳐버리지 못하고 있습니다.

약 25년 동안 우리나라 기업 거버넌스를 지켜봤던 Jamie Allen ACGA 사무총장에 따르면 코리아 디스카운트의 일차적인 원인은 후진적인 기업 거버넌스이지만 이에 못지않게 중요한 것이 정부 정책의 일관성 결여라고 합니다. 본인이 수년간 우리나라 법무부, 금융위원회, 금융감독원, 거래소 사람들을 만났지만 방한할 때마다 담당자가 바뀌어 있었고, 입장도 달랐다고 합니다. 따라서 만약 거버넌스 개혁, 밸류업을 제대로 하고 싶다면 종합적이고도 다년간에 걸친 중장기 계획을 세워 일관성 있게 추진해야 함을 강조합니다.

이종구_맞아요. 구조적인 이슈가 있는 거죠. 아까 잠깐 다른 세션에서도 말씀드렸지만 5년 단임제일 수도 있고요. 공무원들이 자주 자리를 바꾸는 구조적인 이슈도 있고 여러 가지가 복합적으로 문제가 되는데요. 4년 중임제면 달라질 거냐. 미국도 4년 중임제지만 대통령이 바뀌니 많이 바뀌잖아요. 그렇지만 기본적인 거는 그래도 안 바뀌는 게 있잖아요. 우리나라도 탄탄한 기본은 갖추고 있어야 하는데, 그런 게 부족하다는 비판을 많이 하는 것 같아요.

김우찬_외국인 투자자들이 지적하는 또 다른 문제는 우리나라 재벌의 힘이 너무 막강하다는 것입니다. 일본의 경우 지배주주의 힘이 약해서 정부가 뭐를 하자고 하면 큰 반대 없이 따라오는데, 우리나라의 경우는 재계가 정부에 맞서서 싸운다는 것입니다. 총수 중심의 거버넌스가 유지되는 한 코리아 디스카운트 문제의 근본적인 해소가 어렵다는 입장입니다.

8. 대외적 위험요인과 한국 금융

이기영_좋습니다. 이제 대외적인 요인과 관련해서 질문을 드리려고 합니다. 한국 경제는 대외 의존적 특성이 두드러지고, 이에 따라 한국 금융 역시 대외적인 요인에 의해 크게 영향을 받고 있습니다. 최근 기후 환경 변화에 따른 에너지 전환, 국제 공급 시설의 변화, 미중 간의 무역 분쟁, 보호무역주의와 현지화Localization 등 국제 경제 환경의 변화가 급격하게 진행되고 있고, 이와 함께 전 세계적인 금리 상승 및 그로 인한 금융시장의 변동성 증가 등 국제 금융시장의 환경 변화가 예상되고 있습니다. 질문드리겠습니다. 금융시장의 안정성 측면에서 주시해야 할 대외적인 요인 중 주목해야 할 것은 무엇이고, 금융 안정성을 위해 어떠한 대비가 필요한지, 특히 정부가 정책적으로 어떠한 대응을 할 필요가 있는지 말씀 주시면 고맙겠습니다.

신보성_지금 대외적으로 가장 큰 문제는 과잉 부채 문제라고 생각합니다. 과잉 부채는 전 세계적 문제이긴 한데, 특히 이웃나라 중국의 부채 문제가 심각한 것으로 추정됩니다. 세계은행에 따르면 중국의 GDP 대비 민간여신은 2007년 106%에서 2020년 183%가 되었습니다. 불과 15년 만에 2배 가까이 늘어난 셈입니다. 그리고 2007년의 수치는 전 세계 평균을 밑도는 것이었으나 지금은 전 세계 평균을 한참 웃돌고 있습니다. 문제는 경제 규모 세계 2위의 큰 나라에서 부채가 이렇게 빠른 속도로 늘어난 결과 자산시장의 붐버스트에 따른 영향이 심각하다는 것입니다. 한때 식을 기미가 없던 부동산 시장을 비롯한 자산시장이 급격히 냉각되면서 중국의 13억 인구를 다 동원해도 미분양 주택을 채울 수 없다는 통계까지 나오고 있는 실정입니다. 중국의 경우 부채로 끌어 올린 자산가격이 하락하면서 자산가격이 부채 규모를 하회하는 소위 부채-디플레이션 압력이 고조되고 있다고 하겠습니다.

우려되는 점은, 중국이 부채-디플레이션 압력을 이웃나라로 수출하면서 우리 경제가 타격을 입지 않을까 하는 것입니다. 실제로 중국과 겹치는 일부 제조업 분야의 기업들이 중국 기업의 저가 공세로 상당 부분 타격을 입지 않을까 염려되고, 이렇게 되면 이들 기업과 거래하는 금융기관의 건전성에도 문제가 초래될 수 있다고 봅니다. 그리고 중국의 저가 공세로 국내 시장의 물가가 하락할 경우 국내에서도 부채-디플레이션 가능성이 나타날 개연성을 배제하기 어렵습니다. 이런 상황에서 정책 당국의 역할은 당분간 디레버리징, 즉 부채 감축에 전력을 다하는 것이라고 판단됩니다. 그리고 만약 부채 감축이 현실적으로 어렵다면, 적어도 부채가 추가로 늘어나지 않도록 총력을 기울여야 한다고 생각합니다.

정중호_저는 금융 분절화 얘기를 하고 싶은데요. 지정학적 갈등과 긴장으로 인한 공급망 교란이나 재편과 불가분한 문제라고 봅니다. 흔히 말하는 글로벌 가치사슬이 과거에는 효율성에 입각한 국제 분업구조를 지향했다면, 지금은 신뢰 가치사슬, 쉽게 말하면 끼리끼리 진영 논리에 맞춰가지고 공급망이 재편되고 있다는 거잖아요. 거기에 바이든 정부 같은 경우는 신산업 정책을 기반으로 한 자국 우선주의를 노골적으로 추진하고 있고, 미국 중심의 신뢰 가치사슬 구축 흐름의 영향은 실물부문의 공급망 재편뿐 아니라 금융부문에서도 나타나고 있다는 게 제일 고민일 것 같습니다. 결국은 그게 국경 간 자본 배분이나 자산 포트폴리오 구축에서도 투자자들의 입장에서는 기회집합이 훨씬 더 줄어들고 제한된다는 측면이 있을 것이고, 거꾸로 쏠림 현상이 더 심해질 가능성도 커지는 거죠. 유사시 이러한 투자 흐름의 급격한 변화는 결국 금융 안정에 영향을 미칠 수 있다는 생각을 합니다. 더구나 이 문제에 대응하기 위해 우리가 가지고 있는 수단은 외환보유고 확충을 제외하면 사실 많지 않아서 조금 더 신중하게 모니터링할 필요가 있다는 생각입니다.

이종구_우리나라는 대외 경제 의존도가 워낙 커서 사실은 국제적으로 뭐가 진행되고 있는지 정말 잘 봐야 할 것 같은데, 그 논문에서 지적을 잘했더라고요. 우리나라가 금융안정망 강화를 위해서 국내적으로는 외환보유고, 양자 단위에서는 통화 스와프, 지역 단위에서는 지역 금융안정망, 글로벌 차원에서는 IMF 금융 지원과 외환 건전성 정책 등을 잘 마련해야 한다는 건데요. 우리나라는 1997년 외환위기로 인한 낙인 효과로부터 트라우마가 있는 것 같고요. 2007년 글로벌 위기 당시 외환시장이 급격하게 변동해서 충격이 상당히 있었는데, 향후 부채 효과가 어떤 형태로 우리나라에 충격을 줄지는 모르겠지만, 글로벌 금융시장에서 우리나라의 외환시장을 안정화할 수 있는 방안을 미리 잘 강구해 놓는 게 필요한 것 같습니다.

제가 금융위원회에 근무할 때 얘기입니다만, 글로벌 위기 이슈를 논의하느라 홍콩 통화 당국의 대표였던 Norman Chan이라는 분과 회의를 했는데, 우리나라 외환보유고가 얼마냐고 물어보더라구요. 그래서 당시에 얼마 정도라고 대답을 했더니 픽 웃더니 한국 경제 규모에 그 정도로는 어림도 없다고 그러더라고요. 그래서 그 정도면 그래도 작지 않은 금액인데 왜 그러냐고 물었더니, 세계 금융시장의 규모, 헤지펀드들의 외환시장 공격 가능성 등을 생각하면 그 규모는 충분하지 않다고 본다고 하더라고요. 그때 기억이 지금도 생생한데 어쨌든 우리나라는 대외 안전망이 매우 중요하고 사전에 정부가 미리 준비를 잘해 놓으면 좋겠다는 생각입니다.

그 다음으로는 금융회사들의 위기 관리 능력이 많이 올라갔으면 좋겠다는 겁니다. 사족입니다만 한 가지 첨언하자면, 우리나라는 이상하게도 일부 대기업을 제외하고 전반적으로 국제적인 경험이나 역량에 대한 평가가 다소 박한 것 같아요. 조금씩 나아지고 있는 것 같긴 하지만 국제적인 경험과 감각을 가지고 있는 분들을 우리 금융기관이나 정부에서 좀 더 많이 활용할 수 있는 시스템이 필요하지 않은가 싶어요.

김우찬_저는 대외 여건과 관련해서 가장 걱정되는 것은 역시 미국의 금리 인상이라고 생각합니다. 지금은 미국에서 금리 동결 또는 인하를 논하고 있어서 큰 문제가 없지만, 만약 상황이 바뀌어 금리를 인상하게 되면 외환시장이 불안해질 겁니다. 우리나라의 경우 가계부채 문제 때문에 미국처럼 금리를 충분히 올릴 수 없기 때문이지요. 그렇다고 외환위기를 걱정하지는 않습니다. 외환보유액이 상당하고, 항상 문제가 되었던 외화 표시 단기 외채 규모도 적절히 관리하고 있기 때문입니다.

9. 마무리

이기영_고맙습니다. 제가 드릴 질문은 다 드렸습니다. 하지만 말씀하실 마지막 기회를 드립니다. 지금까지 토론한 내용도 좋고 토론하지 않은 내용도 좋습니다. 꼭 해야 하는데 하지 못하신 말씀 있으시면 자유롭게 말씀해 주세요.

김우찬_AI가 가져올 위험요인에 대해 말씀드리고자 합니다. 먼저 모델 리스크를 생각해 볼 수 있습니다. 수많은 금융회사가 사용하는 AI 모형에 결함이 생겨 이들 금융회사가 동시다발적으로 부실해지면 체계적인 위험이 발생할 수 있습니다. 둘째는 AI가 블랙박스라는 사실입니다. 예측을 했는데 왜 그런 예측을 했는지는 아무도 모르기 때문에 문제가 생겼을 때 책임 소재를 파악하기 어려운 문제가 있습니다. 그냥 AI가 했다. 따라서 나는 책임이 없다고 항변하면 금융 감독에 문제가 생깁니다. 그 다음으로 금융산업의 잉여 인력 양산 문제가 있습니다. AI가 신용평가, 자산운용, 위험 관리 등 모든 일을 대신하면 금융산업에 엄청난 인력 감축이 이루어질 수 있습니다.

정중호_앞에서 짧게 나왔던 얘기입니다만, 인구 구조 변화 대응이 가장 중요한 아젠다 중 하나일 것 같습니다. 저출산, 고령화와 관련해서 미시적인 해법도 중요하지만, 인구 구조 변화가 초래할 거시경제의 작동 방식 변화에도 주목해야 한다고 생각합니다. 지난 30년간 세계 경제에 엄청나게 긍정적인 노동 공급 충격을 주었던 인구 유입과 변동은 더 이상 기대하기 어렵습니다. 향후 고령화의 진전으로 인한 노동력 증가율 하락과 부양인구비 상승, 세계화의 둔화 등은 세계 경제를 디플레이션 편향에서 인플레이션 편향으로 이동시킬 것이라는 주장에도 귀를 기울일 필요가 있다고 생각합니다.

더 큰 문제는 부채입니다. 명목금리의 상승과 재정적자의 악화가 진행되는 가운데 여전히 상승하는 민간부채는 우리 경제의 성장에 심각한 도전이 될 것입니다. 더구나 부채 비율이 너무 높은 수준이어서 금리 상승, 특히 저성장기의 금리 상승은 채무자를 지탱하기 어려운 상태로 내몰 수 있습니다. 인구 구조 변화와 함께 금리 상승과 저성장이 맞물리게 되면 중기적으로 스태그플레이션 위험이 우리에게는 점점 더 큰 숙제가 되지 않을까 생각합니다. 우리 경제가 이러한 상황에 봉착하지 않으려면 무엇보다 타이트한 노동시장에 대한 기업의 투자, 특히 디지털 및 자동화 기술에 대한 투자를 통해 생산적 자본 배분을 확대하고 성장 잠재력을 높이는 노력이 필요하겠지요.

여기에 은행의 적극적인 역할이 필요하다고 생각합니다. 예컨대 은행은 이미 국내 및 해외 기업 모두에게 금융서비스를 제공하는 중요한 파트너지만, 단순한 자금 공급자 대신에 산업별 전문성을 가진 무역 파트너로 진화할 수도 있습니다. 또한 혁신 초기 단계에 있는 유망기업에 대한 자금 조달 지원을 통해 산업 혁신을 촉진시키는 역할도 중요하다고 생각합니다. 앞으로 전통적인 자금중개와 상품 판매를 넘어서 융복합 서비스와 투자를 통해 경제의 효율성 및 산업 혁신을 촉진하는 은행의 역할 확대 방안에 대한 고민이 더욱 필요할 것이라고 생각합니다.

신보성_저는 요즘 지금의 금융제도가 과연 지속 가능한가에 대한 질문을 계속하게 됩니다. 그러니까 중앙은행이 최정점에 있고 그 아래로 은행, 은행 아래 여타 금융기관들이 피라미드식으로 위치하는 현재의 금융시스템이 앞으로도 지속될 수 있을지 의문이 든다는 것입니다. 제가 이런 의문을 품게 된 것은 글로벌 금융위기 이후의 대규모 양적 완화, 장기간 지속된 제로금리 정책의 심각한 부작용을 목격한 데 따른 것입니다.

은행을 비롯한 금융부문을 구제함으로써 대출이 계속 제공되기만 하면 실물경제는 어려움을 겪지 않는다는 것이 기존 주류 경제학bank view의 시각이었습니다. 그러나 양적 완화와 제로금리 정책의 결과는 지금 우리가 목격하고 있는 바와 같이 사상 최고 수준의 부채 누증과 자산 양극화입니다. 이로 인해 실물경제는 저성장의 늪에서 벗어나지 못해 대다수 경제주체는 큰 어려움을 겪는 반면, 금융부문은 비대해지고, 아울러 최상위계층의 자산은 큰 폭으로 증가했습니다. 금융부문 지원에 초점을 맞춘 통화정책, 자산 양극화를 초래하는 기존의 통화정책이 과연 언제까지 지속될 수 있을까요? 미국을 위시해서 전 세계적으로 극단주의 지도자의 입지가 강화되는 작금의 현실은 통화정책에 따른 결과와 무관하지 않다고 생각합니다. 결국 기존의 통화정책이 초래한 결과는 앞으로 경제체제, 나아가 정치체제까지 변화시킬 휘발성을 안고 있다고 여겨집니다. MMT와 같은 극단적 주장이 일부 학계와 정치권에서 세를 불리고, 모두를 위한 양적 완화QE for the people 등의 구호가 확산되는 현상은 이러한 맥락에서 이해할 수 있습니다.

이종구_신 박사님 말씀하신 것하고도 일맥상통하는데, 저는 앞으로 금융시장이 큰 싸움터가 될 거라고 봅니다. 중앙은행을 포함해서 전통 금융시장, 빅테크 시장, 그리고 가상자산 시장 이 3자 간에 상당한 경쟁이 있을 것 같아요. 승자가 누가 될지는 알 수 없지만, 이미 중앙은행 위주의 화폐제도에 대한 불신이 심하잖아요.

그런데 최근의 상황이 과거와 다른 점은 기술이 급속히 발전한다는 거죠. 전문가들조차 따라가기 어려운 속도로 변화하고 있잖아요. 이런 상황에서 중앙은행이나 정부에 대한 믿음이 줄어들면 화폐제도나 금융시스템이 어떻게 변할 거냐 정말 예단하기 어렵다는 거지요.

제가 보기에 앞으로 10년 정도 지나 이런 모임을 다시 해서 우리가 지금 한 얘기를 되돌아 본다면, 지금 예상했던 것 이상으로 엄청난 변화가 있지 않을까 하는 생각입니다. 지금의 전통 금융기관 모습이 많이 사라지지 않을까요? 이 엄청난 변화 앞에서 우리 금융의 모습이 어떨지 그게 제일 궁금합니다.

이기영_네, 고맙습니다. 이상으로 장시간에 걸친 대담을 모두 마무리하겠습니다. 귀한 시간을 내주시고 좋은 의견을 허심탄회하게 말씀해 주신 토론자 분들께 진심으로 감사드립니다. 역시 선수들이에요. 자기 규제를 엄격히 하셔서 정해진 시간 내에 딱 마치게 됐습니다. 하여튼 고생 많이 하셨습니다.

이종구_사회자님 너무 잘하셔서….

신보성_시간 관리 잘하시네요.

이기영_고맙습니다.

| 참고문헌 |

CHAPTER 01
디지털 경제의 출현과 금융산업의 미래

[국내 문헌]

고동원(2022), 「탈중앙화금융(DeFi)의 현황과 법제 정비 방향」, 『*KIF Working Paper*』 2022-21, 한국금융연구원.

곽선호(2022), 「은행에 대한 디지털자산 관련 자기자본 규제 방안과 영향」, 『금융브리프』 31-17, 한국금융연구원.

구본성·이순호(2020), 「한국 금융산업의 2030 비전과 과제 : 개관—코로나 위기 이후 금융의 디지털화를 중심으로」, 『KIF 연구총서』 2020-01, 한국금융연구원.

권민경(2021), 「스마트계약에 기반한 DeFi의 활용 가능성」, 『이슈보고서』 21-24, 자본시장연구원.

______(2023), 「새로운 금융형태로서 DeFI의 가능성 점검」, 자본시장연구원.

금융감독원(2020), "금융회사, 다양한 분야에 클라우드컴퓨팅 이용 활발", 보도자료, 2020년 7월 20일.

_________(2023), "금융 IT 안전성 강화를 위한 가이드라인".

금융보안원(2023), "금융분야 AI 보안 가이드라인".

금융위원회·금융감독원·한국거래소·예탁결제원(2023), "토큰 증권(Security Token) 발행·유통 규율체계 정비방안", 보도자료, 2023년 2월 6일.

김남현(2022), 「미국의 디지털자산 규제동향과 시사점」, 『금융리스크리뷰』 2022년 겨울, 19-4, 예금보험공사.

김동환(2021), 「저성장, 디지털 시대 은행의 비즈니스 모델과 규제」, 『KIF 연구보고서』 2021-08, 한국금융연구원.

______(2022), 「한국경제의 복합위기 가능성과 금융안전망」, 『KIF 분석보고서』 2022-08, 한국금융연구원.

김범수·윤지환(2022), 「핀테크 확대가 금융안정에 미치는 영향」, 『금융안정연구』, 제23권 제1호, 예금보험공사.

김영식·권오익(2022), 「중앙은행 디지털화폐(CBDC) 발행의 의의 및 필요성—지급결제시스템을 중심으로」, 『경제분석』, 제28권 제4호, pp. 4-48.

김자봉(2021), 「빅테크의 금융참여에 대한 글로벌 규제 논의와 시사점」, 『금주의 논단』 30권 9호, 한국금융연구원.

_____(2022), 「디지털 금융법제의 체계적인 구축 필요성과 과제」, 『금융브리프』 31-28, 한국금융연구원.

김재현·이석호(2021), 「한국 금융산업의 2030 비전과 과제: 보험산업—코로나 위기 이후 금융의 디지털화를 중심으로」, 『KIF 연구총서』 2021-01, 한국금융연구원.

김혜련(2023), 「인공지능(AI) 시대, 진화하는 은행업」, 『*Deloitte Insights*』 2023년 8월.

노성호(2023), 「금융산업에서의 인공지능(AI) 활용 방안에 따른 리스크 요인 분석」, 『이슈보고서』 23-13, 자본시장연구원.

노태석(2023), 「가상자산이용자 보호법 제정의 의미와 향후 전망 in 디지털 자산과 금융의 미래」, 『*Digital Economy View*』 4권, 한국인터넷기업협회.

노형식(2019), 「금융 및 금융규제 복잡성 증대의 시사점」, 『금주의 논단』 28권 2호, 한국금융연구원.

디지털플랫폼정부(2023), 「디지털 심화 시대, 디지털 리터러시 강화 방안」, 『디지털플랫폼정부(DPG) 시리즈』 2023-3.

박동욱(2021), 「CBDC 설계 고려사항 및 최근 동향」, 『*AI TREND WATCH*』 2021-10, 정보통신정책연구원.

박창균(2018), 「핀테크와 시스템위험」, 『금융리스크리뷰』 2018년 봄, 15-1, 예금보험공사.

백연주(2023), 「금융 마이데이터의 현황과 과제」, 『금융브리프』 32-9, 한국금융연구원.

삼정KPMG(2022), "빅테크를 통해 바라본 디지털 금융의 방향".

서병호(2022), 「국내 금융회사의 클라우드 현황 및 과제」, 『금융브리프』 31-26, 한국금융연구원.

_____(2023a), 「국내 금융회사의 효율적인 디지털 전환을 위한 과제」, 『금융브리프』 32-15, 한국금융연구원.

_____(2023b), 「온라인 채널의 금융소비자 보호 이슈 및 과제」, 『금융브리프』 32-21, 한국금융연구원.

서정호(2021), 「국내은행의 인공지능 도입현황과 경영과제」, 『금융브리프』 30-24, 한국금융연구원.

_____(2022), 「금융업의 인공지능 활용과 정책과제」, 『KIF 정책분석보고서』 2022-01, 한국금융연구원.

서정호·이병윤(2020), 「한국 금융산업의 2030 비전과 과제: 은행—코로나 위기 이후 금융의 디지털화를 중심으로」, 『KIF 연구총서』 2020-02, 한국금융연구원.

송민규·연태훈(2021), 「한국 금융산업의 2030 비전과 과제: 금융투자업—코로나 위기 이후 금융의 디지털화를 중심으로」, 『KIF 연구총서』 2021-02, 한국금융연구원.

안수현·정대·이지은·노은영·강영기(2022), 「디지털 금융시대 금융법 현대화: 해외사례 및 시사점」, 『*KIF Working Paper*』 2022-20, 한국금융연구원.

안유미(2022), 「가상자산 사업화를 위한 금융회사와 테크기업의 경쟁과 협력 가속화」, 『자본시장포커스』, 자본시장연구원.

연태훈(2023), 「금융안정에 대한 AI의 잠재적 위협과 관리 방안의 모색」, 『금융브리프』 32-18, 한국

금융연구원.

오태록(2023), 「산업자본의 금융상품 판매대리·중개업 진입에 따른 이슈와 정책적 시사점」, 『금융브리프』 32-21, 한국금융연구원.

우리금융경영연구소(2023), "글로벌 은행의 디지털 기업금융 강화 사례와 시사점", 『*Digital Insight*』.

유주선(2023), 「디지털금융 보안정책 동향—2023년 개정 개인정보보호법을 중심으로」, 『코스콤리포트』 2023년 5월호, 코스콤.

윤영수·채승병(2005), "복잡계 개론 : 세상을 움직이는 숨겨진 질서 읽기", 삼성경제연구소.

이광상(2021), 「중앙은행 디지털통화 발행의 편익 및 유의점」, 『금융브리프』 30-25, 한국금융연구원.

이대기(2022a), 「가상자산이 금융안정에 미치는 영향」, 『금융브리프』 31-17, 한국금융연구원.

_____(2022b), 「스테이블 코인의 잠재적 위험과 규제체계 필요성」, 『금융브리프』 31-16, 한국금융연구원.

이도경(2021), "빅테크가 금융안정에 미치는 영향, 빅테크 금융진출의 리스크 요인 점검 세미나", 한국금융연구원.

이령화(2022), 「양자컴퓨터와 금융의 변화」, 『이슈N뉴스』, 코스콤.

이명활(2022), 「準화폐적 스테이블 코인과 민간의 화폐발행」, 『KIF 분석보고서』 2022-07, 한국금융연구원.

이병관(2023), 「디지털 뱅크의 성장과 향후 과제」, 『금융브리프』 32권-5, 한국금융연구원.

이석훈·조성훈(2023), 「빅테크의 금융진출과 공정경쟁」, 『연구보고서』 23-02, 자본시장연구원.

이성복(2021), 「핀테크에 의한 금융혁신 양상과 시사점」, 『연구보고서』 21-03, 자본시장연구원.

_____(2023), 「종합지급결제업 도입 쟁점과 시사점」, 『이슈보고서』 23-20, 자본시장연구원.

이소영(2021), 「미국의 스테이블 코인 규제방안(Report on Stablecoins) 주요 내용 및 시사점」, 『금융리스크리뷰』 2021년 겨울, 18-4, 예금보험공사.

이순호(2021), "빅테크에 대한 해외 금융규제 규율현황 및 시사점", 빅테크 금융진출의 리스크 요인 점검 세미나, 한국금융연구원.

이승호(2021), 「중앙은행 디지털화폐(CBDC)의 의의, 영향 및 시사점」, 『자본시장포커스』 2021-03호, 자본시장연구원.

이시한(2022), 『NFT의 시대 : 미래의 기회를 선점하는 부의 연금술』, 다산북스.

이은옥(2023), 「디지털금융 보안정책 동향_금융업계의 사이버 위협과 리스크 대응법」, 『코스콤리포트』 2023년 5월, 코스콤.

이정두(2023), 「플랫폼 금융 등 새로운 규제수요 대응을 위한 자율규제 시스템의 정비」, 『금융브리프』 32-21, 한국금융연구원.

이진현(2023), 「금융권 클라우드의 확대」, 『코스콤리포트』 2023년 10월, 코스콤.

이태우(2023), 「생성형 AI 시대, 금융회사의 '일하는 방식'의 변화」, 『코스콤리포트』 2023년 11월, 코스콤.

이해붕(2023), 「EU의 암호자산시장법(MiCA)과 시사점 in 디지털 자산과 금융의 미래」, 『*Digital Economy View*』 4권, 한국인터넷기업협회.

이효섭(2021), 「빅테크와 금융회사의 규제 격차로 인한 금융리스크 분석」, 『자본시장포커스』 2021-20, 자본시장연구원.

_____(2023), 『빅테크의 금융진출과 금융안정』, 연구보고서 23-04, 자본시장연구원.

인호(2020), 『부의 미래, 누가 주도할 것인가—블록체인과 디지털 자산혁명』, 미지biz.

임경(2014), 『돈은 어떻게 움직이는가』, 생각비행.

임병화(2023), 「디지털 자산 바로 알기 in 디지털 자산과 금융의 미래」, 『*Digital Economy View*』 4권, 한국인터넷기업협회.

장명현(2022), 「빅테크의 금융서비스 진출에 대한 IMF의 규제 방안 논의」, 『해외여신금융동향』 2022-2, 여신금융연구소.

장보성(2022), 「스테이블 코인의 리스크와 정책 과제」, 『이슈보고서』 22-28, 자본시장연구원.

_____(2023), "중앙은행 디지털 화폐가 가져올 금융산업의 환경 변화", 자본시장연구원.

장혜원(2021), 「중앙은행 디지털화폐(CBDC) 발행에 대한 소고」, 『금융리스크리뷰』 2021년 봄, 18-1, 예금보험공사.

전선애(2022), 「핀테크, 빅테크와 금융산업 : 전망과 과제」, 『금융리스크리뷰』 2021년 겨울, 18-4, 예금보험공사.

정영식·오갑진·한원태·백예인·강은정·김유리(2023), 「금융위기 전개 과정 및 요인 분석 : 복잡계와 머신러닝 방법론을 중심으로」, 『연구보고서』 22-17, 대외경제정책연구원.

정의현(2021), 「Web 3.0의 현황과 전망」, 『*AI Network Lab Insight*』 3권, 한국지능정보사회진흥원.

최순영(2022), 「글로벌 금융회사의 가상자산 사업 현황」, 『자본시장연구원 이슈보고서』 22-17.

최흥식·구본성(2021), 「코로나 위기 대응과 금융의 향후 과제」, 『KIF 금융분석리포트』 2021-06, 한국금융연구원.

한국딜로이트그룹(2022), "기회의 땅 메타버스로의 초대", 자체 보고서.

한국은행(2022a), "연준, 중앙은행 디지털통화(CBDC) 보고서 주요 내용", 워싱턴주재원 보고서.

_______(2022b), "중앙은행 디지털화폐(CBDC) : 한국은행의 준비와 비전", 지급결제제도 컨퍼런스.

_______(2022c), "중앙은행 디지털화폐(CBDC) 주요 이슈별 글로벌 논의동향".

_______(2023a), "BOK 이슈노트 : 주요 사건을 통해 살펴본 암호자산 시장의 취약성 평가 및 시사점".

_______(2023b), "지급결제 측면에서 본 암호자산 거래소 운영 구조 및 시사점".

한국지능정보사회진흥원(2023), 「인공지능 국제규범 정립을 위한 국제기구 구축 방안에 대한 제언」, 『지능정보사회 법제도 이슈리포트』 2023-04.

홍성국(2018), 『수축사회 성장 : 신화를 버려야 미래가 보인다』, 메디치미디어.

홍익희(2022), "리플과 이더리움의 탄생, 암호화폐 세계를 확장하다", 2022년 3월 17일, 주간조선.

홍지연(2023), 「미국 금융사의 핀테크기업과의 제휴 현황 및 관련 지침 마련」, 『자본시장포커스』, 자본시장연구원.

황순민(2022), 「황순민 기자의 더테크웨이브」, 매일경제 2022. 10.

황현철(2023), 「디지털 자산 산업 발전을 위한 과제 in 디지털 자산과 금융의 미래」, 『*Digital Economy View*』 4권, 한국인터넷기업협회.

[해외 문헌]

Adalid, R., Á. Álvarez-Blázquez, K. Assenmacher, L. Burlon, M. Dimou, C. López-Quiles, N. M. Fuentes, B. Meller, M. A. Muñoz, P. Radulova, C. Rodriguez d'Acri, T. Shakir, G. Šílová, O. Soons, and A. V. Veghazy, (2022), "Central Bank Digital Currency and Bank Intermediation," *Occasional Paper Series* 293, European Central Bank.

Adrian, T., (2021), "Bigtech in Financial Services," Speech at European Parliament Fintech Working Group, Available on https://www.imf.org/en/News/Articles/2021/06/16/sp061721-bigtech-in-financial-services.

Adrian, T., T. Iyer, and M. S. Qureshi, (2022), "Crypto Prices Move More in Sync With Stocks, Posing New Risks," IMF Blog, Available on https://www.imf.org/en/Blogs/Articles/2022/01/11/crypto-prices-move-more-in-sync-with-stocks-posing-new-risks.

Aldasoro, I., S. Doerr, L. Gambacorta, R. Garratt, and P. K. Wilkens, (2023), "The Tokenisation Continuum," *BIS Bulletin* No. 72, BIS.

Aramonte, S., S. Doerr, W. Huang, and A. Schrimpf, (2022), "DeFi Lending: Intermediation Without Information," *BIS Bulletin* No. 57.

Aramonte, S., W. Huang, and A. Schrimpf, (2021), "DeFi Risks and the Decentralisation Illusion," *BIS Quarterly Review*, December 2021, BIS.

Auer, R., B. Haslhofer, S. Kitzler, P. Saggese, and F. Victor, (2023), "The Technology of Decentralized Finance (DeFi)," *BIS Working Papers* No. 1066.

Auer, R., J. Frost, L. Gambacorta, C. Monnet, T. Rice, and H. S. Shin, (2021), "Central Bank Digital Currencies: Motives, Economic Implications and the Research Frontier," *BIS Working Papers* No. 976.

Auer, R., M. Farag, U. Lewrick, L. Orazem, and M. Zoss, (2022), "Banking In the Shadow of Bitcoin? The Institutional Adoption of Cryptocurrencies," *BIS Working Papers* No. 1013.

Azar, P. D., G. Baughman, F. Carapella, J. Gerszten, A. Lubis, J. Perez-Sangimino, D. E. Rappoport, C. Scotti, N. Swem, A. Vardoulakis, and A. Werman, (2022), "The Financial Stability Implications of Digital Assets," *Finance and Economics Discussion Series* 2022-058, FRB.

Bache, I. W., (2021), "FinTech, BigTech and Cryptos—Will New Technology Render Banks Obsolete?," Speech by Deputy Governor of Norges Bank.

Bains, P., A. Ismail, F. Melo, and N. Sugimoto, (2022a), "Regulating the Crypto Ecosystem: The Case of Stablecoins and Arrangements," *FinTech Notes* 2022/008, IMF.

Bains, P., N. Sugimoto, and C. Wilson, (2022b), "BigTech in Financial Services: Regulatory Approaches and Architecture," *Fintech Notes* 2022/002, IMF.

Battiston, S., J. D. Farmer, A. Flache, D. Garlaschelli, A. G. Haldane, H. Heesterbeek, C. Hommes, C. Jaeger, R. May, and M. Scheffer, (2016), "Complexity Theory And Financial Regulation," *Science* 351.6275. 818-819.

BCBS, (2022), "Prudential Treatment of Cryptoasset Exposures," BIS.

_____, (2023), "Digital Fraud and Banking: Supervisory and Financial Stability Implications," *Discussion paper*, BIS.

Beau, D., (2023), "Opportunities and Challenges of the Tokenisation of Finance," Introductory statement at the European and American Chamber of Commerce event, 17 January 2023.

Beck, T., (2021), "Digital Technology and Financial Innovation: A Literature Survey," *KIF Working Paper* 2021-05.

Behnam, R., (2022), Keynote Address at the Brookings Institution Webcast on The Future of Crypto Regulation.

BIS, (2022), "Banking in the Shadow of Bitcoin? The Institutional Adoption of Cryptocurrencies," *Working Paper*.

Boissay, F., G. Cornelli, S. Doerr, and J. Frost, (2022), "Blockchain Scalability and the Fragmentation of Crypto," *BIS Bulletin* No. 56.

Bouri, E., D. Gabauer, R. Gupta, and A. K. Tiwari, (2021), "Volatility Connectedness of Major Cryptocurrencies: The Role of Investor Happiness," *Journal of Behavioral and Experimental Finance* 30, 100463.

Brunnermeier, M. K., H. James, and J.-P. Landau, (2020), "The Digitalization of Money," *BIS Working Papers* No. 941, BIS.

Buterin, V., (2021), "Why Sharding is Great: Demystifying the Technical Properties," Available on https://vitalik.ca/general/2021/04/07/sharding.html.

Carapella, F., E. Dumas, J. Gerszten, N. Swem, and L. Wall, (2022), "Decentralized Finance (DeFi): Transformative Potential & Associated Risks," FRB.

Carapella, F., G. Chuan, J. Gerszten, C. Hunter, and N. Swem, (2023), "Tokenization: Overview and Financial Stability Implications," *Finance and Economics Discussion Series* 2023-060, Washington: Board of Governors of the Federal Reserve System.

Carletti, E., S. Claessens, A. Fats, and X. Vives, (2020), "The Bank Business Model in the Post-Covid-19 World," *The Future of Banking* 2, IESE Banking Initiative, CEPR.

Carstens, A., S. Claessens, F. Restoy, and H. S. Shin, (2021), "Regulating Big Techs in Finance," *BIS Bulletin* No. 45.

Cartens, A., (2023), "Big Techs in Finance: Forging a New Regulatory Path," Speech at BIS conference.

CGDFS, (2023), "Financial Stability Risks from Crypto Assets in Emerging Market Economies," *BIS Papers* No. 138, BIS.

Citi, (2023), "Quantum Computing: Moving Quickly From Theory to Reality," Citi GPS.

Corbae, D., P. D'Erasmo, and K. Liu, (2023), "Market Concentration in Fintech," *Working Papers* 23-11, FRB Philadelphia.

Corbet, S., A. Meegan, C. Larkin, B. Lucey, and L. Yarovaya, (2018), "Exploring the Dynamic Relationships Between Cryptocurrencies and Other Financial Assets," *Economics Letters* 165, 28-34.

Crisanto, J. C., J. Ehrentraud, and M. Fabian, (2021), "Big Techs in Finance: Regulatory Approaches and Policy Options," *FSI Briefs* No. 12.

CRS, (2022), "Big Tech in Financial Services," *CRS Report*, Congressional Research Service.

Danielsson, J. and A. Uthemann, (2023), "On the Use of Artificial Intelligence in Financial Regulations and the Impact on Financial Stability," *SRC Discussion Paper* No 125, LSE and SRC.

Danielsson, J., R. Macrae, and A. Uthemann, (2022), "Artificial Intelligence and Systemic Risk," *Journal of Banking and Finance* 140, 106290.

Dedola, L., M. Ehrmann, P. Hoffmann, A. Lamo, G. P. Pardo, J. Slacalek, and G. Strasser, (2023), "Digitalisation and the Economy," *Working Paper Series* 2809, ECB.

Demertzis, M. and C. Martins, (2023a), "Decentralised Finance: Good Technology, Bad Finance," *Policy Brief Issue* No. 09/23, April 2023, Bruegel.

____________________________, (2023b), "The Value Added of Central Bank Digital Currencies: a View from the Euro Area," *Policy Brief Issue* No. 13/23, June 2023, Bruegel.

Deshmukh, S., S. Warren, and K. Werbach, (2021), "Decentralized Finance (DeFi) Policy-Maker Toolkit," *White Paper* June 2021, World Economic Forum.

Doerr, S., J. Frost, L. Gambacorta, and V. Shreeti, (2023), "Big Techs in Finance," *BIS Working Papers* No. WP1129.

Duffie, D., T. Foucault, L. Veldkamp, and X. Vives, (2022), "Technology and Finance," *The Future of Banking* 4, IESE Banking Initiative, CEPR.

Duley, C., L. Gambacorta, R. Garratt, and P. K. Wilkens, (2023), "The Oracle Problem and the Future of DeFi," *BIS Bulletin* No. 76, BIS.

Ehrentraud, J., J. L. Evans, A. Monteil, and F. Restoy, (2022), "Big Tech Regulation: In Search of a New Framework," BIS Financial Stability Institute.

Ernst and Young, (2022), "Crypto Derivatives Are Becoming a Major Digital Asset Class."

ESRB, (2023), "Crypto-Assets and Decentralised Finance."

Feyen, E., H. Natarajan, and M. Saal, (2023), "Fintech and the Future of Finance: Market and Policy Implications," World Bank Group.

FSB, (2019), "BigTech in Finance: Market Developments and Potential Financial Stability Implications."

____, (2022), "Assessment of Risks to Financial Stability from Crypto-assets."

____, (2023a), "FSB Global Regulatory Framework for Crypto-Asset Activities," Umbrella Public Note to Accompany Final Framework.

____, (2023b), "High-level Recommendations for the Regulation, Supervision and Oversight of Global Stablecoin Arrangements: Final report."

____, (2023c), "IMF-FSB Synthesis Paper: Policies for Crypto-Assets."

____, (2023d), "International Regulation of Crypto-asset Activities-a Proposed Framework: Overview of Responses to the Consultation."

____, (2023e), "The Financial Stability Risks of Decentralised Finance."

Galindo, D. and J. Ferraioli, (2022), "Cryptocurrency 201: What Is Ethereum?," Morgan Stanley.

Gambacorta, L., F. Khalil, and B. M. Parigi (2021), "Big Techs vs Banks," *HKIMR Working Paper* No. 29/2021, Hong Kong Institute for Monetary and Financial Research.

Gambacorta, L., R. Gambacorta, and R. Mihet, (2023), "FinTech, Investor Sophistication and Financial Portfolio Choices," *BIS Working Pape*rs No. 1091.

Garrido, J. M. (2023), "Digital Tokens: A Legal Perspective," IMF WP/23/151.

Garrido, J. M., Y. Liu, J. Sommer, and J. S. Viancha, (2022), "Keeping Pace with Change: Fintech and the Evolution of Commercial Law," *Fintech Notes* 2022/001, IMF.

Guerreiro, J., S. Rebelo, and P. Teles, (2023), "Regulating Artificial Intelligence," DP18625, CEPR.

IMF, (2023a), "Central Bank Digital Currency—Initial Considerations."

____, (2023b), "G20 Note on the Macrofinancial Implications of Crypto Assets," *IMF G20 Note*, February.

Infante, S., K. Kim, A. Orlik, A. F. Silva, and R. J. Tetlow, (2022), "The Macroeconomic Implications of CBDC: A Review of the Literature," *Finance and Economics Discussion*

Series 2022-076, Federal Reserve Board.

Iyer, R. and A. Popescu, (2023), "New Evidence on Spillovers Between Crypto Assets and Financial Markets," IMF.

Iyer, T., (2022), "Cryptic Connections: Spillovers Between Crypto and Equity Markets," *Global Financial Stability Notes* No. 2022/001, January, IMF.

Jones, C. I., (2023), "The A. I. Dilemma: Growth versus Existential Risk," *Working Paper* 31837, NBER.

Kass-Hanna, J., A. C. Lyons, and F. Liu, (2022), "Building Financial Resilience Through Financial and Digital Literacy in South Asia and Sub-Saharan Africa," *Emerging Markets Review* 51, 100846.

Koh, T. Y. and J. Prenio, (2023), "Managing Cloud Risk—Some Considerations for the Oversight of Critical Cloud Service Providers in the Financial Sector," *FSI Insights on Policy Implementation* No. 53, FSI in BIS.

Kosse, A., M. Glowka, I. Mattei, and T. Rice, (2023), "Will the Real StableCoin Please Stand Up?," *BIS Papers* No. 141

Kotovskaia, A. and N. Meier, (2022), "BigTech Cryptocurrencies—European Regulatory Solutions in Sight," *SAFE Policy Letter* No. 97.

Koyluoglu, U., B. J., P. Suhag, and K. Singh, (2023), "The Blockchain Evolution—All Roads Lead to Rome: Navigating Blockchains Transformative Path," Oliver Wyman.

Lannquist, A. and, B. Tan, (2023), "Central Bank Digital Currency's Role in Promoting Financial Inclusion," *Fintech Notes* 2023/011, IMF.

Leung, V., J. Wong, A. Ying, and W. Wan, (2023), "An Assessment on the Benefits of Bond Tokenisation," *HKIMR Working Paper* No.17/2023, Hong Kong Institute For Monetary and Financial Research.

Liao, G. and J. Caramichael, (2022), "Stablecoins: Growth Potential and Impact on Banking," *International Finance Discussion Papers*, 1334, Board of Governors of the Federal Reserve System.

Liu, J., I. Makarov, and A. Schoar, (2023), "Anatomy of a Run: the Terra Luna Crash," *NBER Working Paper Series* 31160.

Lusardi, A., (2019), "Financial Literacy and the Need for Financial Education: Evidence and Implications," *Swiss Journal of Economics and Statistics* 155, 1-8.

Lusardi, A. and O. S. Mitchell, (2023), "The Importance of Financial Literacy: Opening a New Field," *Working Papers* 31145, NBER.

Makarov, I. and A. Schoar , (2022), "Cryptocurrencies and Decentralized Finance (DeFi)," *BIS Working Papers* No. 1061, BIS.

Naceur, S. B., B. Candelon, S. Elekdag, and D. Emrullahu, (2023), "Is FinTech Eating the Bank's Lunch?," WP/23/239, IMF.

Ocampo, D. G., J. Taneja, J. Yong, and J. Zhu, (2023), "From Clicks to Claims: Emerging Trends and Risks of Big Techs' Foray into Insurance," *FSI Insights on Policy Implementation* No. 51, FSI.

OECD, (2021), "Artificial Intelligence, Machine Learning and Big Data in Finance Opportunities," Challenges and Implications for Policy Makers.

Oliver Wyman and Elevandi, (2023), "Shaping Tomorrow's Digital Asset Landscape Together," Point Zero Forum 2023.

Panetta, F., (2021), "Stay Safe at the Intersection: the Confluence of Big Techs and Global Stablecoins," Speech at the Conference on Safe Openness in Global Trade and Finance Organised by the UK G7 Presidency and Hosted by the Bank of England.

Panos, G. A. and J. O. Wilson, (2020), "Financial Literacy and Responsible Finance in the FinTech Era: Capabilities and Challenges," *European Journal of Finance* 26, 4-5, 297-301.

Parvez,. A.-A., E. H. Katha, M. K. Shaeba, and S. Hossain, (2023), "Fintech and Inclusive Growth: Evidence from 25 Asian Developing Countries," *ADBI Working Paper Series* No. 1385.

Petralia, K., T. Philippon, T. Rice, and N. Véron, (2019), "Banking Disrupted? Financial Intermediation in an Era of Transformational Technology," *Geneva Reports on the World Economy* 22, ICMB, CEPR.

Prete, A. L., (2022), "Digital and Financial Literacy as Determinants of Digital Payments and Personal Finance," *Economics Letters* 213, 110378.

Richter, F., (2023), "Worldwide Market Share of Leading Cloud Infrastructure Service Providers," Available on https://www.statista.com/chart/18819/worldwide-market-share-of-leading-cloud-infrastructure-service-providers.

Tourpe, H., A. Lannquist, and G. Soderberg, (2023), "A Guide to Central Bank Digital Currency Product Development: 5P Methodology and Research and Development," *Fintech Notes* 2023/007, IMF.

Salvi del Pero, A., P. Wyckoff, and A. Vourc'h, (2022), "Using Artificial Intelligence in the Workplace: What Are the Main Ethical Risks?," *OECD Social, Employment and Migration Working Papers* No. 273, OECD Publishing, Paris.

Schär, F., (2021), "Decentralized Finance: On Blockchain—and Smart Contract-Based Financial Markets," *Federal Reserve Bank of St. Louis Review* 103, No. 2, 153-174.

Schmeling, M., A. Schrimpf, and K. Todorov, (2023), "Crypto Carry," *BIS Working Paper* No.

1087.

UK Finance and Oliver Wyman, (2023), "The Impact of AI in Financial Services: Opportunities," Risks and Policy Considerations, UK Finance.

Waerzeggers, C., I. Aw, and J. Cheng, (2023), "Taxing Stablecoins," *Fintech Notes* 2023/002, IMF.

WEF, (2023), "Evolution of Non-Fungible Tokens," *Insight Report* October 2023.

Weingärtner, T., F. Fasser, P. Reis Sá da Costa, and W. Farkas, (2023), "Deciphering DeFi: A Comprehensive Analysis and Visualization of Risks in Decentralized Finance," *Journal of Risk and Financial Management* 16, 454.

World Bank, (2023), "Infrastructure Tokenization: Does Blochchain Have a Role in the Financing of Infrastructure?"

[번역]

디스트리트-헥슬란트(2020), 『중앙은행 디지털화폐에 대한 개괄 및 고찰』, 분석보고서.

마크 뷰캐넌(2019), 『내일의 경제 : 복잡계 과학이 다시 만드는 경제학의 미래』, 이효석 옮김, 사이언스북스. (원제 : Forecast: What Physics, Meteorology, and the Natural Sciences Can Teach Us About Economics)

브랑코 밀라노비치(2017), 『왜 우리는 불평등 해졌는가 ; 30년 세계화가 남긴 빛과 그림자』, 역자 서정아. (원제 : Global Inequality)

세스 스티븐스 다비도위츠(2018), 『모두 거짓말을 한다 : 구글 트렌드로 밝혀낸 충격적인 인간의 욕망』, 역자 이영래, 더퀘스트. (원제 : Everybody Lies)

에드워드 챈슬러(2022), 『금리의 역습(The price of time)』, 임상훈 역, 위즈덤하우스.

유발 하라리(2020), 『초예측 : 부의 미래(세계 석학 5인이 말하는 기술 자본 문명의 대전환)』, 웅진지식하우스.

유발 하라리·재레드 다이아몬드·닉 보스트롬·린다 그래튼·다니엘 코엔·조앤 윌리엄스·넬 페인터·윌리엄 J. 페리(2019), 『초예측—세계 석학 8인에게 인류의 미래를 묻다』, 오노 가즈모토 엮음, 정현옥 옮김, 웅진지식하우스. (원제 : 未來を讀む: AIと格差は世界を滅ぼすか, 2018년)

제임스 리카즈(2015), 『화폐의 몰락, 율리시즈』. (원서 : The Death of Money: The Coming Collapse of the International Monetary System)

____________(2017), 『은행이 멈추는 날』, 더난출판사. (원서 : The Road to Ruin)

존 D. 터너, 윌리엄 퀸(2021), 『버블 : 부의 대전환—돈의 미래를 결정하는 지각변동』, 최지수 역, 다산북스. (원제 : Boom and Bust: A Global History of Financial Bubbles)

크리스 스키너(2015), 『디지털뱅크, 은행의 종말을 고하다』, 역자 안재균, 미래의창. (원제 : Digital Bank: Strategies to Launch or Become a Digital Bank)

페르 박(2012), 『자연은 어떻게 움직이는가? 복잡계로 설명하는 자연의 원리』, 역자 정형채·이재우·한승. (원제 : How nature works: the science of self-organized criticality)

[기타]

김범준(2018), 「복잡계 과학이란 무엇일까」, 카오스 사이언스. (동영상)
박성준(2022), 「디지털 자산 투자를 위해 반드시 알아야 할 블록체인 생태계」, 카이로스 북클럽. (동영상)
이두희(2017), 「클라우드 시대의 서막」, 『명견만리』, KBS지식. (동영상)
中澪(2023), 「金融デジタル化は金融包摂につながるか」, 2023年 5月 8日 全10頁, 『대화총연』.

CHAPTER 02
중앙은행에 대한 새로운 도전

[국내 문헌]

강기윤·장인기·최병호(2022), 「중앙은행 디지털화폐(CBDC) 발행이 은행산업 및 거시경제에 미치는 영향」, 『경제분석』, 제28권 제4호 119-170.
김갑래·김준석(2021), 『가상자산 거래자 보호를 위한 규제의 기본 방향』, 자본시장연구원 이슈보고서.
김정균·김보경·이유진(2018), 『블록체인이 산업과 국제무역에 미치는 영향 및 시사점』.
송준혁(2017), 「가상화폐와 통화정책」, 『나라경제』.
이효섭(2019), 「Stablecoin을 중심으로 한 암호화폐 및 CBDC 관련 현황과 전망 분석」, 금융결제원.
장보성(2021), 『중앙은행 디지털화폐(CBDC)가 금융산업 환경에 미치는 영향 및 평가』, 자본시장연구원 이슈보고서.
조성훈·황인도(2022), 「중앙은행 디지털화폐(CBDC) 발행이 통화정책 파급경로에 미치는 영향 : DSGE 모형을 통한 분석」, 『경제분석』, 제28권 제4호 49-118.
한국은행(2018), 『암호자산과 중앙은행』.
_______(2022), 「암호자산 규제 관련 주요 이슈 및 입법 방향」, 지급결제조사자료 2022-3호.

[해외 문헌]

Adrian, T. and T. Mancini-Griffoli, (2019), "The Rise of Digital Money," *IMF Note*, No. 19/001.
Andolfatto, D., (2018), "Assessing the Impact of Central Bank Digital Currency on Private Banks," *Working Papers*, No. 2018-026, Federal Reserve Bank of St. Louis.
Auer, R., J. Frost, L. Gambacorta, C. Monnet, T. Rice, and H. S. Shin, (2021), "Central Bank Digital Currencies: Motives, Economic Implications and the Research Frontier," *Annual Review of Economics*, Forthcoming.

Bank for International Settlements, (2018), "Central Bank Digital Currencies," *CPMI Papers*, No. 174. March.

Bank of England, (2020), "Central Bank Digital Currency: Opportunities, Challenges and Design," *Discussion Paper*.

Barrdear, J. and M. Kumhof, (2022), "The Macroeconomics of Central Bank Digital Currencies," *Journal of Economic Dynamics and Control* 142, 1-24.

Bech, M. L. and R. Garratt, (2017), "Central Bank Cryptocurrencies," *BIS Quarterly Review September 2017*, 55-70.

Bjerg, O., (2017), "Designing New Money—The Policy Trilemma of Central Bank Digital Currency," *Copenhagen Business School Working Papers*.

Bordo, M. D., (2021), "Central Bank Digital Currency in Historical Perspective: Another Crossroad in Monetary History," *NBER Working Paper*, 29171.

Bordo, M. D. and A. T. Levien, (2017), "Central Bank Digital Currency and the Future of Monetary Policy," *NBER Working Papers*, No. 23711.

Broadbent, B., (2016), "Central Banks and Digital Currencies," speech at the London School of Economics, London, 2 March 2016.

Brunnermeier, M. K. and D. Niepelt, (2019), "On the Equivalence of Private and Public Money," *Journal of Monetary Economics* 106, 27-41.

Brunnermeier, M. K., H. James, and J. P. Landau, (2019), "The Digitalization of Money," *NBER Working Papers* 26300.

Carstens, A., (2019), "The Future of Money and the Payment System: What Role for Central Banks?," Lecture at the Princeton University, Princeton, New Jersey, 5 December 2019.

Chiu, J., S. M. Davoodalhosseini, J. Jiang, and Y. Zhu, (2023), "Market Power and Central Bank Digital Currency: Theory and Quantitative Assessment," *Journal of Political Economy* 131, 1213-1248.

Choi, S., B. Kim, Y. S. Kim, and O. Kwon, (2023), "Central Bank Digital Currency and Privacy: A Randomized Survey Experiment," *Bank of Korea Working Paper* 2022-13.

Consolo, A., G, Cette, A. Bergeaud, V. Labhard, C. Osbat, S. Kosekova, G. Basso, H. S. Basso, E. Bobeica, E. Ciapanna, L. Dedola, C. Foroni, H. Freystatter, C. Giron, B. Hartwig, M. I. Perinado, V. Jarvis, E. M. Lopez, M. F. Mohr, R. Morris, G. Motyovszki, A. Nakov, P. N. Rebelo, F. Petroulakis, I. Rubene, R. Trezzi, and L. Vivian, (2021), "Digitalisation: Channels, Impacts and Implications for Monetary Policy in the Euro Area," *European Central Bank Occasional Paper* No. 2021/266.

Ehrentraud, J., J. L. Evans, A. Monteil, and F. Restoy, (2022), "Big Tech Regulation: In

Search of a New Framework," *BIS Occasional Paper* No. 20.

Emarketer, (2024), Worldwide Retail Ecommerce Forecast 2024. https://www.emarketer.com/content/worldwide-retail-ecommerce-forecast-2024

European Central Bank, (2020), "Report on a Digital Euro".

__________, (2021), *ECB Digital Euro Consultation Ends with Record Level of Public Feedback*, Press Release.

Fernández-Villaverde, J., D. Sanches, L. Schilling, and H. Uhlig, (2021), "Central Bank Digital Currency: Central banking for All?," *Review of Economic Dynamics* 41, 225-242.

Fiedler, S., K-J. Gern, and U. Stolzenburg, (2019), "The Impact on Digitalisation on the Monetary System," *Monetary Dialogue Papers*. Federal Reserve, (2022), "Money and Payments: The U. S. Dollar in the Age of Digital Transformation".

Fung, B. S. and H. Halaburda, (2016), "Central Bank Digital Currencies: A Framework for Assessing Why and How," *Bank of Canada Staff Discussion Paper*, No. 2016-22.

Garratt, R. J. and M. J. Lee, (2021), "Monetizing Privacy," *Federal Reserve Bank of New York Staff Reports*, No. 958.

Kang, K. Y., (2024), "Digital Currency and Privacy," *Theoretical Economics* 19, 131-167.

Keister, T. and D. Sanches, (2023), "Should Central Banks Issue Digital Currency?," *The Review of Economic Studies* 90, 404-431.

Kim, Y. S. and O. Kwon, (2019), "Central Bank Digital Currency and Financial Stability," *Working Papers* 2019-6, Economic Research Institute, Bank of Korea.

Kumhof, M. and C. Noone, (2018), "Central Bank Digital Currencies—Design Principles and Balance Sheet Implications," *Working Paper* No. 725, Bank of England.

Lee, K. and J. Park, (2023), "Digital Literacy, Financial Inclusion, and Physical Cash Demand During the COVID-19 Pandemic," *Working Paper*.

Manna, M., M. T. Chimienti, M. M. Adachi, P. Athanassiou, I. Balteanu, A. Calza, C. Devaney, E. D. Fernandez, F. Eser, I. Ganoulis, M. Laot, R. Poignet, S. Sauer, D. Schneeberger, L. Stracca, J. Tapking, C. Toolin, C. Tyler, and H. Wacket, (2019), "Crypto-Assets: Implications for Financial Stability, Monetary Policy, and Payments and Market Infrastructures," *European Central Bank Occasional Paper* No. 223.

Meaning, J., B. Dyson, J. Barker, and E. Clayton, (2021), "Broadening Narrow Money: Monetary Policy with a Central Bank Digital Currency," *International Journal of Central Banking* 17, 1-42.

Monnet, C., A. Petursdottir, and M. Rojas-Breu, (2021), "Central Bank Account For All: Efficiency and Risk Taking," *Working Paper*.

Ozili, P. K., (2023), "CBDC, Fintech and Cryptocurrency for Financial Inclusion and Financial Stability," *Working Paper*.

Prasad, E., (2019), "New and Evolving Financial Technologies Implications for Monetary Policy and Financial Stability in Latin America," *Working Paper*.

Rose, J., (2023), "Understanding the Speed and Size of Bank Runs in Historical Comparison," *Economic Synopses Federal Reserve Bank of St. Louis*, 12, 1-5.

The Bank of Canada, European Central Bank, Bank of Japan, Sveriges Riksbank, Swiss National Bank, Bank of England, Board of Governors of the Federal Reserve and Bank for International Settlements, (2020), "Central Bank Digital Currencies: Foundational Principles and Core Features," Report No. 1.

Williamson, S., (2022), "Central Bank Digital Currency : Welfare and Policy Implications," *Journal of Political Economy* 130, 2829-2861.

CHAPTER 03

노령화와 금융시장의 변화, 그리고 정책과제

[국내 문헌]

강환구(2017), 「인구구조변화가 인플레이션의 장기 추세에 미치는 영향」, 『BOK 경제연구』 2017-11, 한국은행.

고용노동부(2022년 기준), 『고용형태별근로실태조사』.

고용노동부·금융감독원(2023), "2022년도 퇴직연금 적립 및 운용 현황 분석", 2023년 7월 26일.

국민연금공단(2023), 『국민연금 공표통계』.

국민연금재정계산위원회·국민연금재정추계전문위원회·국민연금기금운용발전전문위원회(2013), "국민연금 제도 개선 방향에 관한 공청회".

금융감독원(각 연도), "연금저축 현황 및 시사점".

_________(각 연도), 『퇴직연금통계』.

금융투자협회(2021), 『2021 주요국 가계 금융자산 비교』.

김경록(2012), "생애자산관리 퍼즐과 금융기관의 역할", 2022년 12월 한국금융센터 발표 자료.

김경록·김대환·김성일(2023), 「다층연금체계 하 퇴직연금 기능 강화를 위한 세부 제도 개선방안 연구」, 고용노동부 정책연구용역사업.

김소영·이종화(2006), 「인구구조 변화가 저축과 경상수지에 미치는 영향」, 『한국경제의 분석』, 제12권 제1호, 1-54, 한국금융연구원.

보건복지부(2018), "제4차 국민연금 재정계산을 바탕으로 한 국민연금 종합 운영계획", 보도자료.

서영미(2015), 『주요국의 가계금융자산 형성 지원 제도 및 시사점—금융투자상품 활용을 중심으로』, 금융투자협회.

유희원 외 3명(2022), 『국민연금제도의 사각지대 현황과 대응방안』, 국민연금연구원.

통계청(2021), 『장래인구추계 : 2020~2070년』, 보도자료.

_____(각 연도), 『퇴직연금통계』.

_____(2023), 『2023년 2/4분기 가계동향조사』.

한국은행(2017), 『인구구조 고령화의 영향과 정책과제』.

[해외 문헌]

Abel, A. B., (2001), "Will Bequests Attenuate the Predicted Meltdown in Stock Prices When Baby Boomers Retire?," *The Review of Economics and Statistics*, Vol. 83, pp. 589-595.

Australian Government, (2016), "Development of the framework for Comprehensive Income Products for Retirement," *Discussion Paper*.

Bakshi, G. S. and Z. Chen, (1994), "Baby Boom, Population Aging, and Capital Markets," *Journal of Business*, Vol. 67, pp. 165-202

Bank of Japan, (2016), Financial Stability Report.

Belke, A., C. Dreger, and R. Ochmann, (2015), "Do Wealthier Households Save More? The Impact of the Demographic Factor," *International Economics and Economic Policy*, Vol. 12, pp. 163-173.

Bloom, D. E., D. Canning, R. K. Mansfield, and M. Moore, (2007), "Demographic Change, Social Security Systems, and Savings," *Journal of Monetary Economics*, Vol. 54, pp. 92-114.

Constantinides, George M., John B. Donaldson, and R. Mehra, (2002), "Junior Can't Borrow : A New Perspective On The Equity Premium Puzzle," *Quarterly Journal of Economics*.

Crawford, A. and U. Faruqui, (2011), "What Explains Trends in Household Debt in Canada?," *Bank of Canada Review*, pp. 3-15.

Huang, Yanshu and Jennifer Curtin, (2019), "International trends and reforms in pension policy and delivery : comparative models for accumulation and decumulation," *Puplic Police Institute*, Univ. of Auckland.

Kim, Seiwan and Namwon Hyung, (2023), "Different demands for almost the same assets? : Demographic structure's different effect on direct and indirect equity purchase," *International Review of Finance*, October.

Kim, Seiwan, Youngmin Kim, and Bong-Soo Lee, (2019), "Early 60s Are Not Old Enough : Evidence from Twenty-One Countries' Equity Fund Market," *Journal of International Money and Finance*, April.

Kim, Sei-Wan, Joshua Krausz, Kiseok Nam, (2013), "Revisiting asset pricing under habit formation in an overlapping-generations economy," *Journal of Banking and Finance*.

The Australian Government the Treasury, (2014), "Financial System Inquiry Final Report".
Yaari, (1965), "Uncertain Lifetime, Life Insurance, and the Theory of the Consumer," *Review of Economic Studies*, 32(2).

CHAPTER 04
가계부채의 지속 가능성 및 부동산 금융의 안정화

[국내 문헌]

고성수(2023), 「주택대출시장 및 MBS시장」, 『한국의 부동산금융 : 성과와 과제』, 주택도시보증공사.

김경환 · 조만(2023), 「거시건전성과 주택금융 규제」, 『한국의 부동산금융 : 성과와 과제』, 주택도시보증공사.

김성환 · 최성호(2020), 「수도권 아파트시장의 연령대별 매수자 특성 분석 : 3 · 40대 공황 구매, '영끌'인가 '능력'인가」, 『*CERIK · KCB Housing Market Insight*』 Vol. 2, 11월.

김영일 · 노신영 · 이윤수(2023), 「코로나 이후 가계부채의 현황과 위험도 점검」, 『금융연구』, 제37권 제4호.

김원혁 · 김승현 · 이윤수(2020), 「가계대출의 증가와 차주의 상환부담에 따른 연체확률 분석」, 『국제경제연구』, 제26권 제2호, 63-88.

김훈 · 박나연 · 김주영 · 이차순 · 박지수(2020), 「우리나라 은행산업의 미래와 시사점」, 『조사통계월보』, 한국은행.

문윤상(2023), 「전세보증금 반환보증제도 개선방안」, 『*KDI Focus*』.

박창균(2010), 「1997년 경제위기 이후 가계신용 증가와 정책대응에 대한 평가」, 『한국경제의 분석』, 제16권 제1호.

박춘성 · 이보미(2018), 「우리나라 주택담보대출의 동적특성 : 그룹별 대출 및 연체 추세에 대한 미시분석」, 『KIF 연구보고서』 2018-01.

유주희(2022), 「전세자금대출 보유 가구 특성 : 가구 데이터를 활용한 분석」, 『*NICE Credit Insight*』, NICE평가정보.

윤석헌 · 박창균 · 원승연 · 한재준 · 허석균(2016), 「한국 가계부채 부실 정리를 위한 해외 가계부채 사례연구」, 『한국금융연구센터 보고서』.

이윤수 · 이수형 · 유혜미 · 김원혁 · 김창용 · 김승현(2020), 「개인 데이터를 활용한 부동산 시장 현황 분석」, 『*DATA Insight*』, 한국지능정보사회 진흥원 .

허석균(2023), 「국가부채 : 전반적 평가」, 『한국금융학회 특별정책심포지엄 자료』.

[해외 문헌]

Greenwood, Robin and Samuel G. Hanson, (2013), "Issuer Quality and Corporate Bond

Returns," *Review of Financial Studies*, Vol. 26, No. 6, 1483–1524.

Indarte, S., (2022), "The Costs and Benefits of Household Debt Relief," INET Private Debt Conference.

Jordà, Òscar, Moritz Schularick, and Alan M. Taylor, (2016), "The great mortgaging : housing finance, crises and business cycles," *Economic Policy*, Vol. 31, Issue 85, 107 – 152.

Kim, Se-Jik and Hyun Song Shin, (2009, 2013), "Financing Growth without Banks : Korean Housing Repo Contract," SNU and Princeton University.

Laeven, Luc and Fabian Valencia, (2008), "Systemic Banking Crises : A New Database," *IMF Working Paper*, September.

Mian, Atif, Amir Sufie, and Emil Verner, (2017), "Household Debt and Business Cycles Worldwide," *Quarterly Journal of Economics*, Vol. 132, Issue 4, November, 1755 – 1817.

Rognile, M., (2015), "Deciphering the Fall and Rise in the Net Capital Share : Accumulation or Scarcity?," *Brookings Papers on Economic Activity*, 1 – 54.

Schularick, Moritz and Alan M. Taylor, (2012), "Credit Booms Gone Bust : Monetary Policy, Leverage Cycles, and Financial Crises, 1870 – 2008," *American Economic Review*, Vol. 102, No. 2, April, 1029–1061.

Sufi, Amir, (2023), "Housing, Household Debt, and the Business Cycle : An Application to China and Koreatown," *NBER Working Pape*r 31489.

Sufi, Amir and M. Taylor, (2021), "Financial crises : A survey," *NBER Working Paper* 29155.

CHAPTER 05
한국 경제의 금융중개 기능 고도화

[국내 문헌]

고영선(2008),『한국경제의 성장과 정부의 역할 : 과거, 현재, 미래』, 한국개발연구원.

금융개혁위원회(1997),『금융개혁 1차 보고서』.

___________(1997),『금융개혁 2차 보고서』.

___________(1997),『금융개혁 3차 보고서』.

박순홍 · 연강흠(2009),「기업지배구조가 보유현금수준에 미치는 영향」,『재무연구』, 22(2), 1–36.

박영석 · 신현한(1998),「기업집단의 내부자본시장과 투자의사결정」,『재무연구』, 11(2), 1–21.

백종호(2023),「日 3대 금융그룹의 글로벌 전략 변화 및 시사점」,『*Hana Financial Focus*』, 하나금융경영연구소.

빈기범 · 서은숙(2014),「기업의 예비적 현금보유가 경기침체에 미치는 영향」,『재무관리연구』, 31(1), 173–214.

서근우(2011), 「은행의 가계대출 급증 : 행태론적 원인 분석」, 『금융연구』, 25(1), 99-128.

송녹정 · 빈기범 · 우석진 · 김건욱(2020), 「기업 현금 보유 행위의 예비적 동기 및 보험 효과에 관한 이론 및 실증적 증거」, 『금융공학연구』, 19(3), 29-62.

은행연합회(2023), 『은행경영통계』.

조성빈 · 임경묵(2007), 『소유-통제의 괴리 측정 방법론에 관한 소고』, 연구자료 2007-01, KDI.

한국은행(2008), 「일본 금융기관의 해외 사업 진출 확대 내용과 평가」, 『해외 경제 포커스』, 조사국 해외조사실, 1-10.

[해외 문헌]

Almeida, Heitor, Chang Soo Kim, and Hwanki Brian Kim, (2015), "Internal capital markets in business groups : Evidence from the Asian financial crisis," *Journal of Finance* 70, 2539-2586.

Arrow, Kenneth J., (1962), "The Economic Implications of Learning by Doing," *Review of Economic Studies* 29, 155-173.

Baumol, William J., (2002), *The Free-Market Innovation Machine: Analyzing the Growth Miracle of Capitalism*, Princeton University Press.

Berger, Allen N. and Emilia Bonaccorsi Di Patti, (2006), "Capital structure and firm performance : A new approach to testing agency theory and an application to the banking industry," *Journal of Banking and Finance* 30, 1065-1102.

Borio, Claudio, Leonardo Gambacorta, and Boris Hofmann, (2017), "The influence of monetary policy on bank profitability," *International Finance* 20, 48-63.

Chen, Peter, Loukas Karabarbounis, and Brent Neiman, (2017), "The global rise of corporate saving," *Journal of Monetary Economics* 89, 1-19.

Ducret, Romain and Dusan Isakov, (2020), "The Korea discount and chaebols," *Pacific-Basin Finance Journal* 63, 101396.

Granger, C. W. J., (1969), "Investigating causal relations by econometric models and cross-spectral method," *Econometrica* 37, 424-438.

Jensen, Michael C. and William Meckling, (1976), "Theory of the Firm : Managerial Behavior, Agency Costs and Ownership Structure?," *Journal of Financial Economics* 3, 305-360.

Joh, Sung Wook, (2003), "Corporate Governance and Firm Profitability : Evidence from Korea before the Economic Crisis," *Journal of Financial Economics* 68, 287-322.

Lucas, Robert E. Jr., (1988), "On the mechanics of economic development," *Journal of Monetary Economics* 22, 3-42.

________________, (1993), "Making a Miracle," *Econometrica* 61, 251-272.

Opler, T., L. Pinkowitz, R. Stulz, and R. Williamson, (2001), "Corporate cash holdings,"

Journal of Applied Corporate Finance 14, 55-67.

Pomerleano, Michael and William Shaw, (2005), *Corporate restructuring : lessons from experience*, World Bank Publications.

Rhee, Robert J., (2020), "The Political Economy of Corporate Law and Governance : American and Korean Rules Under Different Endogenous Conditions and Forms of Capitalism," *UF Law Scholarship Repository*, University of Florida.

Shin, Hyun-Han and Rene M. Stulz, (1998), "Are internal capital markets efficient?," *Quarterly Journal of Economics* 113, 531-552.

Stiglitz, Joseph E. and Bruce C. Greenwald, (2015), *Creating a learning society : a new approach to growth, development, and social progress*, Columbia University Press.

Stulz, Rene M., (1990), "Managerial discretion and optimal financing policies," *Journal of Financial Economics* 26, 3-27.

Woo, S. J., K. B. Binh, and Y. S. Byun, (2021), "The Effects of Tax Penalty on Retained Earnings : Evidence from Quasi-Natural Experiment in South Korea," *Asian Journal of Law and Economics* 12, 213-235.

CHAPTER 06

저탄소 경제 전환과 금융산업의 대응

[국내 문헌]

관계부처 합동(2023), "국가 탄소중립·녹색성장 기본계획(안)".

김창훈·이수민(2021), 「에너지전환 촉진을 위한 지속가능금융 분류체계 구축방안」, 『에너지경제연구원 기본연구보고서』 21-04, 에너지경제연구원.

노현·이재철·서진우·이종혁·박윤구, "가뜩이나 차반도체 부족한데 … 美 한파 차업계 패닉", 2021년 2월 17일, 매일경제. https://www.mk.co.kr/news/business/9753736

안지연·박복영·배유진·안혜지·하기욱(2022), 「글로벌 기후금융의 현황과 발전방향 : 녹색채권을 중심으로」, 『KIEP 대외경제정책연구원 연구보고서』 21-37, 대외경제정책연구원.

이근대·임덕오(2021), 「재생에너지 공급확대를 위한 중장기 발전단가(LCOE) 전망 시스템 구축 및 운영(2/5)」, 『에너지경제연구원 기본연구보고서』 21-24, 에너지경제연구원.

한국신용평가(2022), 『KIS 신용평가 일반론—ESG 위험의 분석』.

한국은행(2021), 「대·중소기업의 녹색금융 접근성 평가 및 시사점」, 『금융안정보고서』.

[해외 문헌]

Alessi, L. and S. Battiston, (2022), "Two sides of the same coin : Green Taxonomy alignment versus transition risk in financial portfolios," *International Review of Financial Analysis*

84 (July), 102319.

Almeida, M. and P. Lonikar, (2021), *Post–issuance reporting in the green bond market*, Climate Bonds Initiative.

Andersson, M., J. Morgan, and C. Baccianti, (2020), "Climate Change and the Macro Economy," *European Central Bank (ECB) Occasional Paper Series* 243.

AON, (2023), *2023 Weather, Climate and Catastrophe Insight*, AON.

Bank for International Settlements, (2021), *Climate–related financial risks—measurement methodologies*.

Bank of England, (2015), *The impact of climate change on the UK insurance sector : A Climate Change Adaptation Report by the Prudential Regulation Authority*, Bank of England.

______________, (2018), *Transition in thinking : The impact of climate change on the UK banking sector*, Bank of England.

______________, (2019), *A framework for assessing financial impacts of physical climate change*.

______________, (2023), *The Bank of England's climate–related financial disclosure 2023*, Bank of England.

Bank of Japan, (2021), *The Bank of Japan's Strategy on Climate Change*, Bank of Japan.

Bank of Korea, (2021), *Financial Stability Report* 2021. 6, Bank of Korea.

Barbier, E. B., (2020), "Greening the Post–pandemic Recovery in the G20," *Environmental and Resource Economics* 76(4), 685–703.

Battiston, S., (2019), "The importance of being forward–looking : managing financial stability in the face of climate risk," in *Banque de France's Financial Stability Review* 23.

Battiston, S., A. Mandel, I. Monasterolo, F. Schütze, and G. Visentin, (2017), "A climate stress–test of the financial system," *Nature Climate Change*, 7(4), 283–288.

Battiston, S., I. Monasterolo, J. Min, K. Riahi, and B. van Ruijven, (2021a), "Enabling or Hampering? Climate Risk and the Role of Finance in the Low–Carbon Transition," *SSRN Electronic Journal*, 1–6.

Battiston, S., I. Monasterolo, K. Riahi, K, and B. van Ruijven, (2021b), "Accounting for finance is key for climate mitigation pathways," *Science*, 372(6545), 918–920.

Battiston, S., P. Jakubik, I. Monasterolo, K. Riahi, and B. Van Ruijven, (2019), "Climate risk assessment of the sovereign bond portfolio of european insurers," *Financial Stability Report 2019*, 69–89.

Battiston, S., Y. Dafermos, and I. Monasterolo, (2021c), "Climate risks and financial stability," *Journal of Financial Stability* 54, 100867.

BCBS, (2022), *Principles for the effective management and supervision of climate–related financial risks*, Bank of International Settlements.

Bingler, J. A., C. Colesanti Senni, and P. Monnin, (2022), "Understand what you measure : Where climate transition risk metrics converge and why they diverge," *Finance Research Letters* 50, 103265.

Bolton, P. and M. Kacperczyk, (2021), "Do investors care about carbon risk?," *Journal of Financial Economics* 142(2), 517-549.

Bolton, P., M. Despres, L. A. Pereira da Silva, R. Svartzman, and F. Samama, (2020), *The green swan*, Bank of International Settlements.

Bucheli, J., N. Conrad, S. Wimmer, T. Dalhaus, and R. Finger, (2023), "Weather insurance in European crop and horticulture production," *Climate Risk Management* 41, 100525.

Buchner, B., A. Clark, A. Falconer, C. Macquarie, R. Tolentino, and C. Watherbee, (2019), *Global Landscape of Climate Finance 2019*, Climate Policy Initiative.

CalPERS, (2017), *Report to the Legislature-Senate Bill 185.*

Capasso, G., G. Gianfrate, and M. Spinelli, (2020), "Climate change and credit risk," *Journal of Cleaner Production* 266, 121634.

Chava, S., (2014), "Environmental externalities and cost of capital," *Management Science* 60(9), 2223-2247.

Climate Bonds Initiative, (2015), *Scaling up Green Bond Markets for Sustainable Development.*

____________________, (2020), *Climate Bonds Treasurer Survey 2020.*

____________________, (2023), *Sustainable Debt Global State of the market 2022.*

CPI (Climate Policy Initiative), (2021), *Global Landscape of Climate Finance 2021.*

Dafermos, Y., M. Nikolaidi, and G. Galanis, (2018), "Climate Change, Financial Stability and Monetary Policy," *Ecological Economics* 152, 219-234.

Dawkins, L. C., D. J. Bernie, F. Pianosi, J. A. Lowe, and T. Economou, (2023), "Quantifying uncertainty and sensitivity in climate risk assessments : Varying hazard, exposure and vulnerability modelling choices," *Climate Risk Management* 40, 100511.

Diluiso, F., B. Annicchiarico, M. Kalkuhl, and J. C. Minx, (2021), "Climate actions and macro-financial stability : The role of central banks," *Journal of Environmental Economics and Management* 110, 102548.

Divest Oregon, (2023), *California estimates $598 million positive impact from coal divestment.*

EBA, (2021), "Mapping climate risk : Main findings from the EU-wide pilot exercise," *EBA Report* 11.

Egli, F., B. Steffen, and T. S. Schmidt, (2018), "A dynamic analysis of financing conditions for renewable energy technologies," *Nature Energy* 3(12), 1084-1092.

Egli, F., D. Scharer, and B. Steffen, (2022), "Determinants of fossil fuel divestment in

European pension funds," *Ecological Economics* 191. 107237.

European Central Bank, (2022), *2022 Climate Risk Stress Test*.

____________________, (2023a), *Climate–related risks to financial stability*.

____________________, (2023b), "Exposure of financial institutions to transition risk," in *Financial Stability Review*, May 2021.

European Investment Bank, (2023), *EIB Group 2022 Climate Bank Roadmap Progress Report*.

Fatica, S., G. Kátay, and M. Rancan, (2022), "Floods and firms : vulnerabilities and resilience to natural disasters in Europe," *JRC Working Papers in Economics and Finance* 2022/13.

Ferrazzi, M., S. Zwart, and F. Kalantzis, (2021), "Assessing climate change risks at the country level : the EIB scoring model," *EIB Working Paper*.

Forsta AP–Fonden, (2020), AP1 divests from fossil fuels. https://www.ap1.se/en/news/ap1-divests-from-fossil-fuels/

Fried, S., K. Novan, and W. B. Peterman, (2022), "Climate policy transition risk and the macroeconomy," *European Economic Review* 147, 104174.

Greenwood, N. and P. Warren, (2022), "Climate risk disclosure and climate risk management in UK asset managers," *International Journal of Climate Change Strategies and Management* 14(3), 272–292.

Halvorssen A. M, (2021), "How the norwegian swf balances ethics, esg risks, and returns," In Hammond, P. B., Maurer, R. Mitchell, O. (eds) *Pension Funds Sustainable Investment : Challenges and Opportunities*, Oxford University Press.

Hansen, L. P., (2021), "Central banking challenges posed by uncertain climate change and natural disasters," *Journal of Monetary Economics* 125, 1–15.

Hourcade, J. C., D. Dasgupta, and F. Ghersi, (2021), "Accelerating the speed and scale of climate finance in the post–pandemic context," *Climate Policy* 21(10), 1383–1397.

IFC, (2022), *Green Bond Framework*.

IPCC, (2018), *Global warming of 1.5°C*, Cambridge University Press, Cambridge, UK and New York, USA.

_____, (2022), *Climate Change 2022 : Mitigation of Climate Change*, Cambridge University Press, Cambridge, UK and New York, USA.

IRENA, (2023), *Renewable Power Generations Costs in 2022*.

Jung, J., K. Herbohn, and P. Clarkson, (2018), "Carbon risk, carbon risk awareness and the cost of debt financing," *Journal of Business Ethics* 150, 1151–1171.

Kabir, M. N., S. Rahman, M. A. Rahman, and M. Anwar, (2021), "Carbon emissions and default risk : International evidence from firm–level data," *Economic Modelling* 103,

105617.

Kreibiehl, S., T. Y. Jung, S. Battiston, P. E. Carvajal, C. Clapp, D. Dasgupta, N. Dube, R. Jachnik, K. Morita, N. Samargandi, and M. Williams, (2022), *Investment and finance*, In : Shukla, P. R., Skea, J., Slade, R., Al Khourdajei, A., van Diemen, R., McCollum, D., Pathak, M., Some, S., Vyas, P., Fradera, R., Belkacemi, M., Hasija, A., Lisboa, G., Luz, S., Malley, J. (eds.) Climate Change 2022 : Mitigation of Climate Change. Contribution of Working Group III to the Sixth Assessment Report of the Intergovernmental Panel on Climate Change, Cambridge University Press, Cambridge, UK and New York, USA.

Krueger, P., Z. Sautner, and L. T. Starks, (2020), "The importance of climate risks for institutional investors," *Review of Financial Studies* 33(3), 1067-1111.

Lamperti, F., V. Bosetti, A. Roventini, and M. Tavoni, (2019), "The public costs of climate-induced financial instability," *Nature Climate Change* 9(11), 829-833.

Manso, G., B. Strulovici, and A. Tchistyi, (2010), "Performance-sensitive debt," *Review of Financial Studies* 23(5), 1819-1854.

Matsumura, E. M., R. Prakash, S. C. Vera-Munoz, (2014), "Firm-value effects of carbon emissions and carbon disclosures," *Accounting Review* 89(2), 695-724.

Miglietta, F., G. Di Martino, and V. Fanelli, (2023), "The environmental policy of the Norwegian Government Pension Fund-Global and investors' reaction over time," *Business Strategy and the Environment* 32(6), 3721-3736.

Millar, R. J., J. S. Fuglestvedt, P. Friedlingstein, J. Rogelj, M. J. Grubb, H. D. Matthews, R. B. Skeie, P. M. Forster, D. J. Frame, and M. R. Allen, (2017), "Emission budgets and pathways consistent with limiting warming to 1.5℃," *Nature Geoscience* 10(10), 741-747.

Monasterolo, I. and S. Battiston, (2020), "Assessing Forward-Looking Climate Risks in Financial Portfolios : A Science-Based Approach for Investors and Supervisors," *NGFS Occasional Paper : Case Studies of Environmental Risk Analysis Methodologies*.

MunichRE, (2018), *NatCatSERVICE Methodology*.

NGFS, (2019), "A Call for Action : Climate Change as a Source of Financial Risk," *NGFS Report* (April).

_____, (2021), *Guide on climate-related disclosure for central banks*.

Oestreich, A. M. and I. Tsiakas, (2015), "Carbon emissions and stock returns : Evidence from the EU Emissions Trading Scheme," *Journal of Banking & Finance* 58, 294-308.

Park, D., J. Lee and H. Park, (2023), "The asset-pricing implications of carbon risk in korea," *Journal of International Financial Management & Accounting* 35(1), 7-35.

Park, D., Y. J. Kang, and J. Lee, (2023), "Carbon Intensity, Default Risk, and Investors' Attention to Environment : Evidence from South Korea," *International Review of Economics & Finance* 88, 1104-1121.

Pathak, M., R. Slade, P. R. Shukla, J. Skea, R. Pichs-Madruga, and D. Urge-Vorsatz, (2022), *Technical Summary*, In : Shukla, P.R., Skea, J., Slade, R., Al Khourdajei, A., van Diemen, R., McCollum, D., Pathak, M., Some, S., Vyas, P., Fradera, R., Belkacemi, M., Hasija, A., Lisboa, G., Luz, S., Malley, J. (eds.) Climate Change 2022 : Mitigation of Climate Change. Contribution of Working Group III to the Sixth Assessment Report of the Intergovernmental Panel on Climate Change, Cambridge University Press, Cambridge, UK and New York, USA.

Reboredo, J. C. and A. Ugolini, (2022), "Climate transition risk, profitability and stock prices," *International Review of Financial Analysis* 83, 102271.

Reboredo, J. C. and L. A. Otero, (2021), "Are investors aware of climate-related transition risks? Evidence from mutual fund flows," *Ecological Economics* 189, 107148.

Reinders, H. J., D. Schoenmaker, and M. van Dijk, (2023), "A finance approach to climate stress testing," *Journal of International Money and Finance* 131, 102797.

Rempel, A. and J. Gupta, (2020), "Conflicting commitments? Examining pension funds, fossil fuel assets and climate policy in the organisation for economic co-operation and development (OECD)," *Energy Research & Social Science* 69, 101736.

S&P Global, (2022), *Weather Warning : Assessing countries' vulnerability to economic losses from physcial climate risks*.

Seltzer, L. H., L. Starks, and Q. Zhu, (2022), "Climate regulatory risk and corporate bonds," *National Bureau of Economic Research* w29994.

Seto, K. C., S. J. Davis, R. B. Mitchell, E. C. Stokes, G. Unruh, and D. Ürge-Vorsatz, (2016), "Carbon Lock-In : Types, Causes, and Policy Implications," *Annual Review of Environment and Resources* 41, 425-452.

Sharfman, M. P. and C. S. Fernando, (2008), "Environmental risk management and the cost of capital," *Strategic Management Journal* 29(6), 569-592.

TCFD, (2017), *Recommendations of the Task Force on Climate-related Financial Disclosures*.

The Investor Agenda, (2022), *2022 Global Investor Statement to Governments on the Climate Crisis*.

UNEP FI and NIESR, (2022), *Economic Impacts of Climate Change : Exploring short-term climate related shocks for financial actors with macroeconomic models*.

UNFCCC, (2015), *The Paris Agreement*.

Venturini, A., (2022), "Climate change, risk factors and stock returns : A review of the literature," *International Review of Financial Analysis* 79, 101934.

Wallenberg, N., D. Rayner, F. Lindberg, and S. Thorsson, (2023), "Present and future heat stress of preschoolers in five Swedish cities," *Climate Risk Management* 40, 100508.

World Bank, (2020), *Pension Systems + Climate Risk : Measurement + Mitigation.*

__________, (2022), *State and Trends of Carbon Pricing 2022.*

CHAPTER 07

국제경제질서 변화와 금융 국제화

[국내 문헌]

강태수 · 임태훈 · 서현덕 · 강은정(2015), 『국제금융시장 변동성 증대에 대응한 거시건전성정책 연구』, 연구보고서 15-02, 대외경제정책연구원.

기획재정부(2018), "혁신성장과 수요자 중심 외환제도 · 감독체계 개선방안", 보도자료, 2018년 9월 27일.

_________(2021), "치앙마이 이니셔티브 다자화(CMIM) 개정 협정문 발효", 보도자료, 2021년 3월 31일.

김경근 · 김소영(2017), 「인구구조와 경상수지」, 『BOK 경제연구』, 제2017-23, 한국은행 경제연구원.

김경수 · 백승관 · 송치영 · 임준환 · 허인(2015), 「원화국제화 : 현황, 이슈와 과제」, 『한국경제의 분석』, 제12권, 제3호, 115-184.

김소영 · 양두용 · 오준범(2014), 「자본통제와 거시건전성 조치가 자본유출입에 미치는 영향 : 자본자유화 지수 추정을 중심으로」, 『한국경제의 분석』, 제20권, 제3호, 57-109.

김효상 · 양다영 · 강은정(2019), 『개방경제에서 인구구조 변화가 경상수지 및 대외자산 축적에 미치는 영향분석 및 정책적 시사점』, 연구보고서 19-22, 대외경제정책연구원.

박복영 · 안지연(2011), 「자본이동 변동성의 원인 분석과 정책 시사점」, 오늘의 세계경제 2011(11), 대외경제정책연구원.

송원호 · 조종화 · 양두용 · 신종협 · 이인구 · 김한성 · 이형근 · 신관호 · 박대근 · 정용승(2007), 『원화 국제화 추진에 따른 장단점 비교와 정책적 시사점』, 연구보고서 07-05, 대외경제정책연구원.

양두용 · 조종화 · 안형도 · 송원호 · 김혁황 · 정재근 · 박대근(2004), 『외환위기 이후 한국의 금융국제화 진전과 향후 과제』, 연구보고서 04-09, 대외경제정책연구원.

오용협 · 백승관 · 김연실(2008), 『원화국제화에 대한 연구 II』, 연구보고서 08-12, 대외경제정책연구원.

윤영진(2021), 「코로나19 충격에 대응한 중앙은행 간 통화스와프의 국내 외환시장 안정 효과」, 『경제학연구』, 제69권, 제3호, 179-210.

이승호(2022), 『외국환거래법의 개편 필요성 및 방향에 대한 고찰』, 이슈보고서 22-20, 자본시장연구원.

이아랑 · 나승호 · 채동우(2023), 「자본이동 및 환율 변동성에 대응한 통합적 정책체계 논의와 시사점」, 『한국경제포럼』, 제16권 제1호, 83-115.

이제민(2017), 『외환위기와 그 후의 한국 경제』, 한울아카데미.

최경욱·박준서(2020), 「우리나라 외환시장 오퍼레이션의 행태 및 환율변동성 완화 효과」, 『*Journal of Korean Economic Studies*』 38, 33~67

한국은행(2016), 『한국의 외환제도와 외환시장』.

_______(2020), "은행 선물환포지션 한도 25% 확대", 보도자료, 2020년 3월 17일.

한국은행 국제수지과(1997), 「자본자유화의 진전과 자본수지 구조변화」, 『조사통계월보』, 1997년 12월호, 한국은행.

한원태·정영식·임희동·김승현(2023), 「한·일 통화스왑 재개와 정책 시사점」, 『KIEP 세계경제 포커스』, 제6권, 제22호, 대외경제정책연구원.

[해외 문헌]

Adrian, T., C. Erceg, J. Lindé, P. Zabczyk, and J. Zhou, (2020), "A Quantitative Model for the Integrated Policy Framework," *IMF Working papers*, NO. 2020/122

Agosin, M. R., J. D. Díaz, and M. Karnani, (2019), "Sudden stops of capital flows : Do foreign assets behave differently from foreign liabilities?," *Journal of International Money and Finance* 96, 28-36.

Ahir, H., N. Bloom, and D. Furceri, (2022), "The world uncertainty index," *NBER Working paper*, No.29763.

Ahnert, T., K. Forbes, C. Friedrich, and D. Reinhardt, (2021), "Macroprudential F.X. regulations : Shifting the snowbanks of F.X. vulnerability?," *Journal of Financial Economics*, 140, 145-174.

Aizenman, J., H. Ito, and G. K. Pasricha, (2021), "Central Bank Swap Arrangements in the COVID-19 Crisis," *NBER Working paper*, No. 28585.

Aizenman, J., M. D. Chinn, and H. Ito, (2016), "Monetary policy spillovers and the trilemma in the new normal : Periphery country sensitivity to core country conditions," *Journal of International Money and Finance* 68, 298-330.

Andreasen, E., S. Bauducco, and E. Dardati, (2019), "Capital Controls and Firm Performance," *Working Papers Central Bank of Chile*, 852.

_______________________________________, (2021), "Beware the Side Effects : Capital Controls Cause Misallocation and Reduce Welfare," paper presented at conference "S1 2021 International Finance & Macroeconomics," Sponsored by NBER, Cambridge, MA.

Arslanalp, S., B. Eichengreen, and C. Simpson-Bell, (2022), "The stealth erosion of dollar dominance and the rise of nontraditional reserve currencies," *Journal of International Economics* 138, 103656.

Banerjee, R., M. B. Devereux, and G. Lombardo, (2015), "Self-oriented monetary policy, global financial markets and excess volatility of international capital flows," *NBER working paper*, No. 21737.

Basu, S., E. Boz, G. Gopinath, F. Roch, and F. Unsal, (2020), "A Conceptual Model for the Integrated Policy Framework," *IMF Working papers*, NO. 2020/121.

Bau, N. and A. Matray, (2022), "Misallocation and capital market integration: Evidence from India," *NBER Working Paper*, No 27955.

Bekaert, G., C. Harvey, and C. Lundblad, (2005) "Does Financial Liberalization Spur Growth?," *Journal of Financial Economics* 77, 3-55.

Bertaut, Carol, B. von Beschwitz, and S. Curcuru, (2023). ""The International Role of the U.S. Dollar" Post-COVID Edition," FEDS Notes. Washington : Board of Governors of the Federal Reserve System, June 23, 2023, https://doi.org/10.17016/2380-7172.3334.

Bianchi, J. and E. G. Mendoza, (2020), "A Fisherian approach to financial crises : Lessons from the Sudden Stops literature," *Review of Economic Dynamics* 37, S254-S283.

Bleck, A. and X. Liu, (2018), "Credit expansion and credit misallocation," *Journal of Monetary Economics* 94, 27-40.

Broner, F. and J. Ventura, (2016), "Rethinking the Effects of Financial Globalization," *The Quarterly Journal of Economics* 131, 1497-1542.

Caballero, J. A., (2016), "Do Surges in International Capital Inflows Influence the Likelihood of Banking Crises?," *The Economic Journal* 126, 281-316.

Caballero, R. J. and G. Lorenzoni, (2014), "Persistent Appreciations and Overshooting : A Normative Analysis," *IMF Economic Review* 62, 1-47.

Chanda, A., (2005), "The influence of capital controls on long run growth : Where and how much?," *Journal of Development Economics* 77, 441-466.

Chinn, M. and H. Ito, (2006) "What Matters for Financial Development? Capital Controls, Institutions, and Interactions," *Journal of Development Economics* 81, 163-19.

Chinn, M. D. and E. S. Prasad, (2003), "Medium-term determinants of current accounts in industrial and developing countries : an empirical exploration," *Journal of international economics* 59, 47-76.

Cho, D. and C. Rhee, (2014). "Effects of quantitative easing on Asia : Capital flows and financial markets," *The Singapore Economic Review* 59, 1450018.

Chorzempa, M., (2023), "An age of sanctions," *East Asia Forum Quarterly* 15.

Converse, N., (2018), "Uncertainty, capital flows, and maturity mismatch," *Journal of International Money and Finance* 88, 260-275.

den Besten, T., P. D. Casola, and M. M. Habib, (2023), "Geopolitical fragmentation risks and international currencies," *The International Role of the Euro*, ECB.

Edison, H. J., R. Levine, L. Ricci, and S. Torsten, (2002) "International Financial Integration and Economic Growth," *Journal of International Monetary and Finance* 21, 749-76.

Edwards, S., (2001) "Capital Mobility and Economic Performance: Are Emerging Economies Different ?," *NBER Working Paper*, No. 8076.

Eichengreen, B. J., (1992), *Golden fetters : the gold standard and the Great Depression, 1919–1939*: Oxford University Press.

______________, (2006), *Global imbalances and the lessons of Bretton Woods*, MIT Press.

______________, (2011), *Exorbitant Privilege: The rise and fall of the Dollar and the Future of the International Monetary System*, Oxford University Press.

______________, (2019), "Two views of the international monetary system," *Intereconomics* 54, 233-236.

Eichengreen, B. J., C. Macaire, A. Mehl, E. Monnet, and A. Naef, (2022), "Is Capital Account Convertibility Required for the Renminbi to Acquire Reserve Currency Status?," Centre for Economic Policy Research.

Fatum, R. and J. Yetman, (2018), "Accumulation of foreign currency reserves and risktaking," *BIS Working Papers*, No. 728.

Fendoğlu, S., (2017), "Credit cycles and capital flows: Effectiveness of the macroprudential policy framework in emerging market economies," *Journal of Banking and Finance* 79, 110-128.

Fernández, A., M. W. Klein, A. Rebucci, M. Schindler, and M. Uribe, (2016), "Capital control measures: A new dataset," *IMF Economic Review* 64, 548-574.

Forbes, K. J., (2007), "One cost of the Chilean capital controls: Increased financial constraints for smaller traded firms," *Journal of International Economics* 71, 294-323.

Ghosh, A. R., J. D. Ostry, and M. S. Qureshi, (2016), "When Do Capital Inflow Surges End in Tears?," *American Economic Review* 106, 581-85.

Gopinath, G., (2015), "The international price system," *NBER Working paper*, No. 21646.

Gopinath, G. and J. C. Stein, (2021), "Banking, trade, and the making of a dominant currency," *The Quarterly Journal of Economics* 136, 783-830.

Gopinath, G., E. Boz, C. Casas, F. J. Díez, P. O. Gourinchas, and M. Plagborg-Møller, (2020), "Dominant currency paradigm," *American Economic Review* 110, 677-719.

Gruber, J. W. and S. B. Kamin, (2007), "Explaining the global pattern of current account imbalances," *Journal of international money and Finance* 26, 500-522.

Han, C. and K. Shin, (2018), "What Explains Current Account Surplus in Korea?," *Asian Economic Papers* 17, 70-93.

Huh, I, (2023), "The Macroprudential Measures' Effects on the Korean Foreign Exchange Market," *Journal of Economic Theory and Econometrics* 34, 1-24.

Huh, I. and J. An, (2014), "An Empirical Evaluation of Macro-Prudential Measures in Korea : Focusing on Debt Inflows," *Asian Economic Papers* 13, 68-85 .

IMF, (2012), "The Liberalization and Management of Capital Flows : an Institutional View," *Discussion Paper*.

Kim, H. S., Y. Wang, Y. S. Jeong, L. Zhang, C. Zhou, S. Nam, J. Y. Moon, C. S. Kim, S. Kim, J. An, S. Kim, and D. Yang, (2021), "Internationalzation of the Korean Won in the Light of the RMB Internationalization," *Policy Analysis* 21-01, Korea Institute for International Economic Policy.

Kindleberger, C. P., (1986), *The world in depression, 1929–1939*, University of California Press.

Kose, A. M., E. Prasad, K. Rogoff, and S-J Wei,(2006), "Financial Globalization : A Reappraisal," *IMF Working Paper*, WP/06/189.

Krugman, P. R., (1979), "Vehicle currencies and the structure of international exchange," *NBER working paper*, No. 333.

_____________, (1984), The international role of the dollar : theory and prospect, In J. Bilson, R. Marston (eds.) *Exchange rate theory and practice* (pp. 261-278), University of Chicago press.

Levy-Yeyati, E., (2008), "The cost of reserves," *CIF Working Papers*, No. 102006.

Li, X. and S. Dan, (2022), "Total Factor Productivity Growth at the Firm-Level : The Effects of Capital Account Liberalization," *Journal of International Economics* 139, 103676.

Magud, N. E. and E. R. Vesperoni, (2015), "Exchange rate flexibility and credit during capital inflow reversals : Purgatory … not paradise," *Journal of International Money and Finance* 55, 88-110.

Nier, E. W., T. T. Olafsson, and Y. G. Rollinson, (2020), "Exchange Rates and Domestic Credit—Can Macroprudential Policy Reduce the Link?," *IMF Working papers*, No. 2020/187.

Obstfeld, M., (2012), "Does the current account still matter?," *American Economic Review* 102, 1-23.

Obstfeld, M., J. C. Shambaugh, and A. M. Taylor, "Financial Instability, Reserves, and Central Bank Swap Lines in the Panic of 2008," *American Economic Review : Papers & Proceedings* 99, 480-486.

Park, D., A. Ramayand, and K. Shin, (2016), "Capital flows during quantitative easing : Experiences of developing countries," *Emerging Markets Finance and Trade* 52, 886-

903.

Perks, M., Y. Rao, M. J. Shin, and K. Tokuoka, (2021), "Evolution of bilateral swap lines," *IMF working paper*, No. 21/210.

Prasad, E., (2017), *Gaining currency : The rise of the renminbi*, Oxford University Press.

________, (2022), "Enduring preeminence : The US dollar might slip, but it will continue to rule," *FINANCE & DEVELOPMENT*, IMF.

Prasad, E. and L. Ye, (2013), "The Renminbi's prospects as a global reserve currency," *Cato J.* 33, 563.

Prasad, E., K. Rogoff, S-J. Wei, and M. A. Kose, (2003), "Effects of Financial Globalization on Developing Countries : Some Empirical Evidences," IMF.

Prasad, E., R. Rajan, and A. Subramanian, (2006), "Foreign Capital and Economic Growth," IMF.

Prasad, E., T. Rumbaugh, and Q. Wang, (2006), "Putting the Cart Before the Horse? Capital Account Liberalisation and Exchange Rate Flexibility in China," *Globalisation and Economic Growth in China*, 115-138.

Quinn, D., (1997), "The Correlates of Change in the International Financial Regulation," *American Political Science Review* 91, 531-551.

Reinhardt, D., L. A. Ricci, and T. Tressel, (2013), "International capital flows and development : Financial openness matters," *Journal of International Economics* 91, 235-251.

Reinhart, C. M. and K. S. Rogoff, (2009), *This time is different : Eight centuries of financial folly*, Princeton University Press.

Rey, H., (2013), "Dilemma not Trilemma : The Global Financial Cycle and Monetary Policy Independence," Proceedings-Economic Policy Symposium-Jackson Hole, Federal Reserve of Kansas City Economic Symposium, 285-333.

Rodrik, D., (1998), "Who Needs Capital Account Convertibility?," in : Fischer et al. eds., *Should the IMF Pursue Capital-Account Convertibility?*, Princeton Essay in International Finance, No. 207.

The People's Bank of China, (2022), *2022 RMB Internationalization Report*.

Tooze, A., (2018), *Crashed : How a decade of financial crises changed the world*, Penguin.

Varela, L., (2018), "Reallocation, Competition, and Productivity : Evidence from a Financial Liberalization Episode," *Review of Economic Studies* 85, 1279-1313.

Yepez, J. F., (2021), "Unintended Consequences of U. S. Monetary Policy Shocks : Dutch Disease and Capital Flow Measures in Emerging Markets and Developing Economies," *IMF Working papers*, No. 2021/209.

[국내 문헌]

김도의 · 민용기(2020), 「은행의 사회책임활동(CSR) 몰입수준과 경영성과 : 가시성의 조절 효과를 중심으로」, 『대한경영학회지』 33.6 : 1059-1085.

김동원 · 노형식(2013), 「금융지주회사의 CEO 리스크와 지배구조 개선방안」, 『KIF 금융리포트』 2013. 5 : 1-118.

남유선 · 김홍년(2021), 「국내 금융그룹의 지배구조와 발전 방향」, 『법학논총』 33.3 : 185-221.

노종화(2020), 「우리은행 DLF 상품 불완전판매 관련 제재조치의 정당성에 관한 법률적 쟁점 검토」, 『경제개혁이슈』 1-30.

_____(2022), 「금융회사 내부통제기준 관련 의무의 범위와 판단 기준—우리은행, 하나은행 DLF 불완전판매 사건 중심으로」, 『경제개혁이슈』 1-24.

서병호 · 권흥진(2020), 「OECD 회원국 은행그룹의 PBR 결정요인 분석 및 시사점」, 『KIF 연구보고서』 1-124.

송동엽 · 정성창(2018), 「일반은행의 소유구조와 사회적 책임 활동 : 소유형태를 중심으로」, 『재무관리연구』 281-300.

이건범(2011), 「금융지주회사 지배구조 개선방향 : '금융그룹'의 시각을 중심으로」, 『민주사회와 정책연구』 20 : 150-189.

이병관(2022), 「일본의 전환금융 현황과 향후 과제」, 『주간금융브리프』 31.4 : 24-26.

이성복(2021), 「은행지주회사의 그룹 내부통제체계 실태와 개선 방향」, 『금융감독연구』 8.1 : 171-218.

이지수(2012), 「기업지배구조 개선을 위한 새로운 접근방법 : 스웨덴 사례를 중심으로」, 『기업지배구조연구』 44 : 89-95.

이지언 · 이대기(2021), 「국내은행의 효율성과 시사점」, 『KIF 연구보고서』 2021. 1 : 1-78.

이창민(2017), 「기업지배구조 개혁에 대한 제언」, 『한국경제포럼』 10.2 : 67-84.

이창민 · 정준영(2017), 「관료 출신 사외이사는 기업에 기여하는가? 금융회사 사외이사를 중심으로」, 『재무관리연구』 34.4 : 159-195.

이창민 · 최한수(2017), 「국내 상장기업 임원진 보수 결정요인 분석」, 『법경제학연구』 14.1 : 117-168.

_____(2019), 「우리나라 경영권 프리미엄 현황 분석(2014-2018)」, 『경제개혁연구소 이슈 & 분석』 1-14, 경제개혁연구소.

이창민 · 최한수 · 안준혁(2023), 「한국의 금융시장에 대마불사의 문제는 존재하는가?」, 워킹페이퍼.

임형석 · 이재연(2015), 「채권자 손실분담(Bail-in) 국제논의와 국내도입시 고려요인 분석」, 『KIF 정책분석보고서』 2015. 7 : 1-105.

자본시장연구원(2023), 「최근 미국 내 Anti-ESG의 확산」, 『자본시장포커스』.

전성인(2014), 「금융지주회사 소유 및 지배구조 규제의 문제점과 개선방향」.

정성창·송동엽(2020), 「우리나라 일반은행의 사회적 책임 활동과 배당정책」, 『산업경제연구』 33.4 : 945-965.

황순주(2018), 「베일인 제도의 실행 가능성에 관한 이론적 분석」, 『산업조직연구』 26.3 : 19-66.

[해외 문헌]

Acharya, V. V., D. Anginer, and A. J. Warburton, (2016), "The end of market discipline? Investor expectations of implicit government guarantees," *Investor expectations of implicit government guarantees* (May 1, 2016).

Azar, J., M. C. Schmalz, and I. Tecu, (2018), "Anticompetitive effects of common ownership," *The Journal of Finance*, 73(4), 1513-1565.

Bae, K. H., J. K. Kang, and J. M. Kim, (2002), "Tunneling or value added? Evidence from mergers by Korean business groups," *The Journal of Finance*, 57(6), 2695-2740.

Bebchuk, L. A. and J. M. Fried, (2003), "Executive compensation as an agency problem," *Journal of economic perspectives*, 17(3), 71-92.

______________________________, (2006), "Pay without performance: Overview of the issues," *Academy of Management Perspectives*, 20(1), 5-24.

Bebchuk, L. A., A. Cohen, and H. Spamann, (2010), "The wages of failure : Executive compensation at Bear Stearns and Lehman 2000-2008," *Yale J. on Reg.*, 27, 257.

Bénabou, R. and J. Tirole, (2010), "Individual and corporate social responsibility," *Economica*, 77(305), 1-19.

Berns, K. V. and P. Klarner, (2017), "A review of the CEO succession literature and a future research program," *Academy of Management Perspectives*, 31(2), 83-108.

Bertrand, M., (2020, May), "Gender in the twenty-first century. In *AEA Papers and proceedings*," (Vol. 110, pp. 1-24), 2014 Broadway, Suite 305, Nashville, TN 37203 : American Economic Association.

Bertrand, M. and S. Mullainathan, (2003), "Enjoying the quiet life? Corporate governance and managerial preferences," *Journal of political Economy*, 111(5), 1043-1075.

Cai, J. and R. A. Walkling, (2011), "Shareholders' say on pay : Does it create value?," *Journal of Financial and Quantitative Analysis*, 46(2), 299-339.

Carey, D. C. and D. Ogden, (2000), *CEO succession*, Oxford University Press.

Cassel, J., J. Lerner, and E. Yimfor, (2022), *Racial diversity in private capital fundraising* (No. w30500), National Bureau of Economic Research.

Cerasi, V., S. M. Deininger, L. Gambacorta, and T. Oliviero, (2020), "How post-crisis regulation has affected bank CEO compensation," *Journal of International Money and Finance*, 104, 102153.

Choi, H., H. G. Kang, W. Kim, C. Lee, and J. Park, (2016), "Too big to jail? Company status and judicial bias in an emerging market," *Corporate Governance : An International Review*, 24(2), 85-104.

Claessens, S., S. Djankov, J. P. Fan, and L. H. Lang, (2002), "Disentangling the incentive and entrenchment effects of large shareholdings," *The Journal of Finance*, 57(6), 2741-2771.

Darouichi, A., S. Kunisch, M. Menz, and A. A. Cannella Jr., (2021), "CEO tenure : An integrative review and pathways for future research," *Corporate Governance : An International Review*, 29(6), 661-683.

Djankov, S., R. La Porta, F. Lopez-de-Silanes, and A. Shleifer, (2008), "The law and economics of self-dealing," *Journal of financial economics*, 88(3), 430-465.

Erkens, D. H., M. Hung, and P. Matos, (2012), "Corporate governance in the 2007-2008 financial crisis : Evidence from financial institutions worldwide," *Journal of corporate finance*, 18(2), 389-411.

Ewens, M. and R. R. Townsend, (2020), "Are early stage investors biased against women?," *Journal of Financial Economics*, 135(3), 653-677.

Faccio, M. and L. H. Lang, (2002), "The ultimate ownership of Western European corporations," *Journal of financial economics*, 65(3), 365-395.

Fahlenbrach, R. and R. M. Stulz, (2011), "Bank CEO incentives and the credit crisis," *Journal of financial economics*, 99(1), 11-26.

Gabaix, X. and A. Landier, (2008), "Why has CEO pay increased so much?," *The quarterly journal of economics*, 123(1), 49-100.

Gadhoum, Y., L. H. Lang, and L. Young, (2005), "Who controls US?," *European Financial Management*, 11(3), 339-363.

Gandhi, P., H. Lustig, and A. Plazzi, (2020), "Equity is cheap for large financial institutions," *The Review of Financial Studies*, 33(9), 4231-4271.

Gantchev, N., M. Sevilir, and A. Shivdasani, (2020), "Activism and empire building," *Journal of Financial Economics*, 138(2), 526-548.

GAO, (2014), Large Bank holding Expectations of Government Support.

Giroud, X. and H. M. Mueller, (2011), "Corporate governance, product market competition, and equity prices," *the Journal of Finance*, 66(2), 563-600.

Hartzmark, S. M. and K. Shue, (2022), "Counterproductive sustainable investing : The impact elasticity of brown and green firms," *Available at SSRN* 4359282.

Henderson, L., C. Herring, H. D. Horton, and M. Thomas, (2015), "Credit where credit is due? : Race, gender, and discrimination in the credit scores of business startups," *The*

Review of Black Political Economy, 42(4), 459–479.

Hu, H. W. and D. Xu, (2022), "Manager or politician? Effects of CEO pay on the performance of state-controlled Chinese listed firms," *Journal of Management*, 48(5), 1160–1187.

Huang, K. J., D. G. Bui, Y. T. Hsu, and C. Y. Lin, (2022), "The ESG Washing Practices in Banks : Evidence from Syndicated Loan Market," *Available at SSRN* 4115079.

Jensen, M. C., (1986), "Agency costs of free cash flow, corporate finance, and takeovers," *The American economic review*, 76(2), 323–329.

__________, (1993), "The modern industrial revolution, exit, and the failure of internal control systems," *The Journal of Finance*, 48(3), 831–880.

Jensen, M. C. and W. H. Meckling, (1976), "Theory of the firm : Managerial behavior, agency costs and ownership structure," *Journal of financial economics*, 3(4), 305–360.

Johnson, S., R. La Porta, F. Lopez-de-Silanes, and A. Shleifer, (2000), "Tunneling," *American Economic Review*, 90(2), 22–27.

Kaul, A. and J. Luo, (2018), "An economic case for CSR : The comparative efficiency of for profit firms in meeting consumer demand for social goods," *Strategic Management Journal*, 39(6), 1650–1677.

Kelly, B., H. Lustig, and S. Van Nieuwerburgh, (2016), "Too-systemic-to-fail : What option markets imply about sector-wide government guarantees," *American Economic Review*, 106(6), 1278–1319.

Kim, W., (2012), "Investor protection and the mode of acquisition : Implications for ownership dilution and formation of pyramids," *Financial Management*, 41(1), 55–93.

Koetter, M., J. W. Kolari, and L. Spierdijk, (2012), "Enjoying the quiet life under deregulation? Evidence from adjusted Lerner indices for US banks," *Review of Economics and Statistics*, 94(2), 462–480.

Lee, C., (2011), "New evidence on what happens to CEOs after they retire," *Journal of Corporate Finance*, 17(3), 474–482.

Lee, C. and L. Wu, (2022), "A comparison of CEO pay-Korean listed firms and US listed firms," *Applied Economics Letters*, 29(2), 155–158.

Lee, Changmin, Hansoo Choi, and Xiyao Bao, (2022), "Does the Market Discipline Work? Evidence from Chaebol Tycoon's Corporate Fraud in Korea," *Working Paper*.

Manso, G., (2011), "Motivating innovation," *The Journal of Finance*, 66(5), 1823–1860.

McNeil, C. R. and T. I. Smythe, (2009), "Division manager lobbying power and the allocation of capital," *Financial Review*, 44(1), 59–85.

Mian, A., A. Sufi, and E. Verner, (2017), "Household debt and business cycles worldwide," *The Quarterly Journal of Economics*, 132(4), 1755–1817.

Morse, A., V. Nanda, and A. Seru, (2011), "Are incentive contracts rigged by powerful CEOs?," *The Journal of Finance*, 66(5), 1779-1821.

Nenova, T., (2003), "The value of corporate voting rights and control : A cross-country analysis," *Journal of financial economics*, 68(3), 325-351.

Pan, Y., E. S. Pikulina, S. Siegel, and T. Y. Wang, (2022), "Do equity markets care about income inequality? Evidence from pay ratio disclosure," *The Journal of Finance*, 77(2), 1371-1411.

Piemonte, C., O. Cattaneo, R. Morris, A. Pincet, and K. Poensgen, (2019), Transition Finance : Introducing a new concept.

Rajan, R., H. Servaes, and L. Zingales, (2000), "The cost of diversity : The diversification discount and inefficient investment," *The Journal of Finance*, 55(1), 35-80.

Shleifer, A. and R. W. Vishny, (1986), "Large shareholders and corporate control," *Journal of political economy*, 94(3, Part 1), 461-488.

__________________________, (1989), "Management entrenchment : The case of manager-specific investments," *Journal of financial economics*, 25(1), 123-139.

Starks, L. T., (2023), "Presidential address : Sustainable finance and ESG issues—Value versus values," *The Journal of Finance*, 78(4), 1837-1872.

Stathopoulos, K. and G. Voulgaris, (2016), "The importance of shareholder activism : The case of say-on-pay," *Corporate Governance : An International Review*, 24(3), 359-370.

Stein, J. C., (2003), "Agency, information and corporate investment," *Handbook of the Economics of Finance*, 1, 111-165.

Sufi, A., (2023), "Housing, Household Debt, and the Business Cycle : An Application to China and Korea," (No. w31489), *National Bureau of Economic Research*.

Ueda, K. and B. W. Di Mauro, (2013), "Quantifying structural subsidy values for systemically important financial institutions," *Journal of Banking & Finance*, 37(10), 3830-3842.

Wu, M. W. and C. H. Shen, (2013), "Corporate social responsibility in the banking industry : Motives and financial performance," *Journal of Banking & Finance*, 37(9), 3529-3547.

[기타]

금융감독원(2023. 12), 은행지주·은행의 지배구조에 관한 모범관행
(https://www.fsc.go.kr/no010101/81211?srchCtgry=&curPage=&srchKey=sj&srchText=%EB%82%B4%EB%B6%80%ED%86%B5%EC%A0%9C&srchBeginDt=&srchEndDt=)

금융위원회(2023. 12), 금융회사의 지배구조에 관한 법률 개정안
(https://www.fsc.go.kr/no010101/81211?srchCtgry=&curPage=&srchKey=sj&srchText=%EB%82%B4%EB%B6%80%ED%86%B5%EC%A0%9C&srchBeginDt=&srchEndDt=)

유엔책임투자원칙(Principals for Responsible Investments)
(https://www.unpri.org/)
지속가능금융공시규제(Sustainability Finance Disclosure Regulation ; SFDR)
https://finance.ec.europa.eu/regulation-and-supervision/financial-services-legislation/implementing-and-delegated-acts/sustainable-finance-disclosures-regulation_en
Accountable Capitalism Act
(https://www.congress.gov/bill/115th-congress/senate-bill/3348)
Annual reports : Credit Swiss
(https://www.credit-suisse.com/about-us/en/reports-research/annual-reports.html)
Bank of America Proxy Statement
(https://investor.bankofamerica.com/regulatory-and-other-filings/proxy-statements)
CEO Tenure Rates.
(https://corpgov.law.harvard.edu/2023/08/04/ceo-tenure-rates-2/)
CG Watch 2023.
(https://www.acga-asia.org/cgwatch.php)
Global Sustainable Investment Review 2022.
(https://www.gsi-alliance.org/members-resources/gsir2022/)

CHAPTER 09

자본시장 인프라 : 평가와 과제

[국내 문헌]

강평경·이영한·김성환·최웅열(2022), 「K-IFRS의 도입과 정보환경변화 추세분석 : 이익의 질과 정보 비대칭을 중심으로」, 『회계저널』, 제31권 제6호, 107-140.
경제개혁연대(2019), 「금융회사 대주주 자격 심사의 문제점 및 개선 방안」, 『경제개혁이슈』 2019-7호.
＿＿＿＿＿(2021), 「제20대 대선 입법과제 제안—공정하고 지속가능한 기업과 시장을 위한 개혁 과제」, 『경제개혁이슈』 2021-4호.
금융위원회(2016), "신용평가시장 선진화 방안", 보도자료, 2016년 9월 22일.
김건식·정순섭(2023), 『자본시장법』, 제4판, 박영사.
김부식·김우찬·이용준(2023), 「의무공개매수제도 도입이 지배의 사적이익에 미치는 영향 분석」, 『재무연구』 제36권 제3호, 1-30.
김영근(2022), 「금융소비자보호법 시행 1년의 회고」, 『*BFL*』 제111호.
김용재(2016), 「영국법상 Chinese Wall 규제 분석과 향후 자본시장법 개정에 대한 시사점 도출」, 『금융법연구』, 제13권 제2호, 3-34.
김이배(2009), 「회계투명성 제고-IFRS와 XBRL의 도입」, 『세무와 회계저널』, 제10권 제4호, 225-

247.
김자봉(2019), 『증권규제 비례원칙에 대한 비교법적 연구—미국 증권법과 국내 자본시장법상 '민사적 금전제재(과징금)'에 대한 법경제학적 논의를 중심으로』, KIF금융분석보고서, 금융연구원.
김준석·강소현(2023), 『코리아 디스카운트 원인 분석』, 이슈보고서 23-5, 자본시장연구원.
김태진(2016), 「금융회사의 지배구조에 관한 법률에서의 주주통제」, 『*BFL*』 제79호.
김효연(2013), 「자본시장법상 종합금융투자사업자 규제」, *BFL* 제60호.
남길남(2017), 『세계 거래소 산업의 변화와 특징—증권거래소를 중심으로』, 조사보고서 17-01, 자본시장연구원.
박준·한민(2022), 『금융거래법』, 제3판, 박영사.
신보성·박경서(2005), 『우리나라 자본시장 규제와 선진화 방안』, 연구보고서, 한국증권연구원.
심준용·정우준(2023). 「국가별 XBRL 공시 현황 및 시사점: 선행연구 및 사례를 통해」, 한국회계학회 동계학술대회.
안수현(2007), 「불공정거래행위 규제법제의 새로운 전개」, 『*BFL*』 제22호.
원종현(2014), 「한국거래소 선진화 전략의 주요 내용과 한계」, 이슈와 논점 제783호, 국회입법조사처.
유용근·문보영·최은실(2013). 「영업이익 산정방식에 따른 영업이익의 가치관련성 비교」, 『회계저널』, 제22권 제2호, 1-21.
이병래(2007), 「자본시장법의 투자자보호제도」, 『*BFL*』 제22호
이상호(2022), 「주식 거래정지 장기화와 투자자 보호 관점의 전환 필요성」, 『자본시장 포커스』 2022-16호, 자본시장연구원
이승호(2022), 『MSCI 선진국지수 편입의 효과, 선결과제 및 시사점』, 이슈보고서 22-06, 자본시장연구원.
이영한·안성희·황문호(2020), 「정보이용자 관점의 원칙중심회계—금융위원회의 회계감독지침이 회계정보의 시장 반응에 미치는 영향」, 『회계저널』, 제29권 제6호, 245-278.
임재연(2010), 『부정거래행위의 성립요건과 유형, 증권 불공정거래의 쟁점(1)』, 정순섭·노혁준 편저, 소화.
전상수(2022), 『금융소비자보호법』, 홍문사
전영순·노준화·배길수(2004), 「전자공시시스템(DART System)의 도입이 이익정보가주가에 반영되는 시점에 미친 영향」, 『회계저널』, 제13권 제4호, 77-100.
정순섭(2013), 「금융규제법 체계의 관점에서 본 자본시장법」, 『*BFL*』 제61호
조성표·박선영·하석태·김현아(2013), 「IFRS 도입으로 인한 장기영업손실의 흑자전환에 대한 자본시장의 반응」, 『회계학연구』, 제38권 제4호, 261-295.
조수지·양철원(2018), 「시장질서교란행위 규제가 애널리스트 정보 생성에 미치는 영향」, 『한국증권학회지』, 제47권 제2호, 295-326.
조중석·조문희(2006), 「분기보고공시와 정보비대칭」, 『회계저널』, 제15권 제2호, 59-72.

진상범·최문희(2014), 「KIKO 사건에 관한 대법원 전원합의체 판결의 논점—적합성 원칙과 설명 의무를 중심으로(상)」, *BFL* 63호

최문희(2013), 「자본시장법상 주권상장법인 특례규정의 존재 의의와 개선과제」, 『*BFL*』 제61호.

홍지연(2021), 「국내 상장기업의 공시위반 및 제재 현황과 시사점, 『자본시장 포커스』 2021-18호, 자본시장연구원.

[해외 문헌]

CFA Institute, (2022), *Enhancing Investors' Trust*.

Chen, J., B. Hwang, and M. Teo, (2023), "Did the Game Stop for Hedge Funds?," *SSRN working paper*.

Engelen, P. and R. Kabir, (2006), "Empirical Evidence on the Role of Trading Suspensions in Disseminating New Information to the Capital Market," *Journal of Business Finance & Accounting* 33, 1142-1167.

Hamilton, J., (1979), "Marketplace Fragmentation. Competition, and the Efficiency of the Stock Market," *The Journal Of Finance* 34, 171-187.

Morkoetter, S. and T. Wetzer, (2017), "Conflicts of Interest and the Role of Financial Advisors in M&A Transactions : Empirical Evidence from the Private Equity Industry," *University of St. Gallen, School of Finance Research Paper* No. 2015/15.

ㄹ

ㅁ

ㅅ

ㅇ

ㅈ

ㅊ

ㅋ

ㅌ

숫자 및 영문

한국 금융의 미래

발행일 | 2024년 6월 5일 1쇄 발행

엮은이 | 한국금융학회

펴낸이 | 박기남

기획·영업 | 박정헌

펴낸곳 | **율곡출판사**

등록 | 1989.11.10. 제2014-000031호

주소 | 08590 서울시 금천구 가산디지털1로 84(에이스하이엔드 8차), 803호

전자우편 | yulgokbook@naver.com

홈페이지 | http://www.yulgokbooks.co.kr

전화 | (代) 02) 718-9872/3

팩스 | 02) 718-9874

ISBN 979-11-91812-70-1 93320

정가 33,000원

※ 엮은이와의 협의 하에 인지는 생략합니다.

※ 파본 및 잘못된 책은 구입하신 서점에서 바꾸어 드립니다.